Studien zur Geschichte der Produktivkräfte

FORSCHUNGEN ZUR WIRTSCHAFTSGESCHICHTE

herausgegeben von
Jürgen Kuczynski und Hans Mottek
Band 15

Studien zur Geschichte der Produktivkräfte

Deutschland zur Zeit der Industriellen Revolution

Studien zur Geschichte der Produktivkräfte

Deutschland zur Zeit der Industriellen Revolution

herausgegeben von
KARL LÄRMER

AKADEMIE-VERLAG · BERLIN
1979

Erschienen im Akademie-Verlag, DDR – 108 Berlin, Leipziger Str. 3–4
Lektor: Heidemarie Kruschwitz

Lizenznummer: 202 · 100/242/79
Nina Striewski
Gesamtherstellung: IV/2/14 VEB Druckerei »Gottfried Wilhelm Leibniz«,
445 Gräfenhainichen · 5291
Bestellnummer: 753 491 5 (2140/15) LSV · 0305
Printed in GDR
DDR 38,– M

Inhaltsverzeichnis

Vorbemerkung des Herausgebers

Ähnlich wie der im Akademie-Verlag 1976 erschienene – ebenfalls vom Institut für Wirtschaftsgeschichte an der Akademie der Wissenschaften der DDR veröffentlichte – Sammelband „Wirtschaft und Staat im Imperialismus“ will auch dieser Band dem Leser Studien und Vorarbeiten zu einem größeren Forschungsvorhaben, in diesem Fall einer mehrbändigen „Geschichte der Produktivkräfte in Deutschland“, vorstellen.

Diese jetzt häufiger angewandte Form der Publikation ergibt sich zunächst aus dem Streben, Forschungsergebnisse für größere Werke, deren Fertigstellung viele Jahre in Anspruch nimmt, rascher der gesellschaftlichen Praxis und dem wissenschaftlichen Meinungsstreit anzubieten.

Sie beruht aber auch darauf, daß große Gesamtdarstellungen wirtschaftshistorischer Prozesse eine Fülle interdisziplinärer Forschungsarbeiten erfordern, die zwar in die Gesamtdarstellung eingehen, aber dort nicht in ihrer Vollständigkeit dargeboten werden können. Das aber bedeutet einen Informationsverlust, eine Reduzierung der Effektivität der Forschung, der es entgegenzuwirken gilt.

Die Auswahl der Studien, die in diesem Band zur Publikation kommen, wurde unter drei Gesichtspunkten vorgenommen.

Zum einen werden Arbeiten zu Wissensgebieten vorgestellt, die zwar an sich schon Gegenstand der Forschung gewesen sind, die aber für Deutschland in ihrer Beziehung zur Industriellen Revolution von marxistischer Seite kaum fundiert behandelt wurden. Dazu gehören unter anderem insbesondere Fragen der Beziehung zwischen der Entwicklung von Wissenschaft und Industrieller Revolution sowie Bevölkerungsfragen.

Umgekehrt wurde, da hier für Deutschland von marxistischer Seite reichlich Material vorliegt, zum Beispiel auf eine ausführliche Behandlung der Entwicklung der industriellen Produktivkräfte verzichtet und dieser Problemkreis nur im Zusammenhang mit methodologischen Fragen und Überlegungen zum Verhältnis von Dampfkraft und Wasserkraft in verschiedenen Territorien mit unterschiedlichen natürlichen Ressourcen dargestellt.

Zum anderen enthält der Band eine Reihe von Studien, die sich dadurch auszeichnen, daß sie neue Fakten und Materialreihen – theoretisch verarbeitet – zu verschiedenen Spezialgebieten der Geschichte der Produktivkräfte bringen.

Schließlich werden Arbeiten dargeboten, an deren Diskussion im Sinne des wissenschaftlichen Meinungsstreits nach Auffassung der Autoren und des Herausgebers ein dringendes Bedürfnis besteht. Und dies um so mehr, als die Autoren von jenen theoretischen Überlegungen zum Inhalt, Verlauf und zur Periodisierung der Industriellen Revolution in Deutschland und in den deutschen Staaten ausgehen, die in den letzten Jahren in der interdisziplinären Diskussion entwickelt wurden, Überlegungen, die jedoch unter den marxistischen Wirtschaftshistorikern keineswegs unbestritten sind.

Dazu kommt, daß in Einzelfragen auch unter den Autoren des Sammelbandes, die Wirtschaftshistoriker, Wissenschaftshistoriker, Wirtschaftsgeographen und Agrarhistoriker sind, Meinungsverschiedenheiten bestehen. Sie resultieren zum Teil daraus, daß sich gleiche Tatbestände zum Beispiel aus der Sicht des Agrarwissenschaftlers anders darstellen als aus der Sicht des Chemiehistorikers.

Der Herausgeber hält es aber im Interesse der Klärung dieser Divergenzen für notwendug, auch diese offenen Probleme der Forschung zur Diskussion zu stellen.

Da Professor Wolfgang Jonas, der diesen Sammelband zu Problemen der Entwicklung der gesellschaftlichen Produktivkräfte in den ersten sieben Jahrzehnten des 19. Jahrhunderts, insbesondere im Zusammenhang mit der Industriellen Revolution in Deutschland und einzelnen deutschen Staaten initiierte und konzipierte, aus gesundheitlichen Gründen zur Zeit die Herausgabe des Bandes nicht besorgen konnte, mußte diese Arbeit in meine Hände gelegt werden.

Karl Lärmer

Einleitung

In seinem zum 30. Todestag von Marx geschriebenen Artikel „Drei Quellen und drei Bestandteile des Marxismus" bemerkt Lenin: „Der *historische Materialismus* von Marx war eine gewaltige Errungenschaft des wissenschaftlichen Denkens. Das Chaos und die Willkür, die bis dahin in den Anschauungen über Geschichte und Politik geherrscht hatten, wurden von einer erstaunlich einheitlichen und harmonischen wissenschaftlichen Theorie abgelöst, die zeigt, wie sich aus einer Form des gesellschaftlichen Lebens, als Folge des Wachsens der Produktivkräfte, eine andere, höhere Form entwickelt – wie zum Beispiel aus dem Feudalismus der Kapitalismus hervorgeht."[1]

Die Entwicklung der Produktivkräfte in den vorkapitalistischen Gesellschaften ging im allgemeinen sehr langsam vor sich. Schon als sie das „Kommunistische Manifest" verfaßten, hatten Marx und Engels erkannt: „Die Bourgeoisie kann nicht existieren, ohne die Produktionsinstrumente, also die Produktionsverhältnisse, also sämtliche gesellschaftlichen Verhältnisse fortwährend zu revolutionieren. Unveränderte Beibehaltung der alten Produktionsweise war dagegen die erste Existenzbedingung aller früheren industriellen Klassen. Die fortwährende Umwälzung der Produktion, die ununterbrochene Erschütterung aller gesellschaftlichen Zustände, die ewige Unsicherheit und Bewegung zeichnet die Bourgeoisepoche vor allen früheren aus."[2]

Es ist daher nicht erstaunlich, daß die rapide Entwicklung der Produktivkräfte im Gesellschaftssystem des Kapitalismus immer wieder die Aufmerksamkeit der Wirtschaftswissenschaftler, Historiker und Techniker erregt hat, und da von der Revolution der Produktivkräfte eine Revolution „sämlicher gesellschaftlicher Verhältnisse" ausging, so wurden allmählich alle Gesellschaftswissenschaftler und alle historisch orientierten Naturwissenschaftler in den Kreis der Interessierten und Forschenden einbezogen.

Dabei entwickelte sich schnell ein Meinungsstreit über praktisch alle Probleme, die auftauchten. Ein Meinungsstreit, der bis heute andauert – unter bürgerlichen, zwischen bürgerlichen und marxistischen und auch unter marxistischen Forschern.

Als ich 1975 mein Buch „Vier Revolutionen der Produktivkräfte"[3] veröffentlichte, schrieb mir ein amerikanischer Wirtschaftshistoriker:" Wie schön, daß wir und Sie wenigstens darin übereinstimmen, daß es in England eine industrielle Revolution von 1540 bis 1640 gegeben hat." Unter „wir" verstand er die bürgerlichen, unter

[1] *Lenin, W. I.*, Werke, Bd. 19, Berlin 1962, S. 5.

[2] *Marx, Karl/Engels, Friedrich*, Werke, Bd. 4, Berlin 1959, S. 465.

[3] *Kuczynski, Jürgen*, Vier Revolutionen der Produktivkräfte – Theorie und Vergleiche, Berlin 1975.

„Sie“ die marxistischen Wirtschaftshistoriker. Doch kaum hatte mich sein Brief erreicht, als in England eine Studie von Coleman erschien, die die ursprünglich von J. U. Nef entwickelte These einer industriellen Revolution in dieser Zeit auf das heftigste angriff.[4] Ja, in meinem Buch selbst drucke ich kritische Bemerkungen von Wolfgang Jonas ab, in denen er gewisse Zweifel über eine industrielle Revolution von 1540 bis 1640 anmeldet.

Sogar betreffend die Große Industrielle Revolution, die 1760 einsetzte, gibt es einen englischen Wirtschaftshistoriker, der zumindest den Ausdruck Revolution vermeiden möchte.[5]

Wir sehen, wie außerordentlich verschieden die Entwicklung der Produktivkräfte im vormonopolistischen und speziell im vormaschinellen Kapitalismus eingeschätzt wird, auch selbst wenn es sich nur um Fragen der Technik handelt.

Dazu kommt, daß in der nicht-marxistischen Literatur die Tendenz besteht, die industrielle Revolution zu stark als eine technische zu sehen und die Revolutionierung des Menschen, der die Instrumente, der die Technik handhabt, ungenügend als Produktivkraft zu beachten. Eine Tendenz, die sich auch in der marxistischen Literatur erhalten hat, obgleich Marx seit den Vorarbeiten zum „Kapital“ die Produktivkraft Mensch und ihre Wandlung während der kapitalistischen Entwicklung sehr genau untersucht hat.

Es war Wolfgang Jonas, der Initiator dieses Bandes, der in unserer Republik den Kampf gegen Tendenzen einer technizistischen Betrachtung der Produktivkräfte mit aller Energie geführt hat, so daß sie heute bei uns größtenteils überwunden sind.

Im „Anti-Dühring“ setzt Engels die Große Industrielle Revolution, die um 1760 einsetzte, und die Große Französische Revolution von 1789 insofern gleich, als beide die Grundlagen der Gesellschaft und damit die ganze Gesellschaft umwälzten. Natürlich hatte, im Gegensatz zu Frankreich, in England bereits seit mehr als 100 Jahren eine kapitalistische Gesellschaft bestanden, und seit annähernd 200 Jahren bestimmten kapitalistische Produktionsverhältnisse den Charakter der Wirtschaft. Aber es war die Große Industrielle Revolution, die die Hauptklassen des Kapitalismus, die Industriebourgeoisie und das Industrieproletariat, schuf. Damit wurde aber auch eine völlig neue Lage im Klassenkampf und entsprechend in der Innenpolitik geschaffen. Natürlich reagierten auch Ideologie, Kultur und Wissenschaft auf die neuen Verhältnisse.

In der Untersuchung der Reaktion der gesamtgesellschaftlichen Verhältnisse auf die Große Industrielle Revolution sind wir noch weit zurück. Wir besitzen noch keine nationale oder gar eine internationale Geschichte der Schönen Literatur als Geschichte der Reaktion der Belles Lettres auf diese Industrielle Revolution, obgleich seit bald einem halben Jahrhundert eine Reihe wertvoller Einzelstudien, insbesondere von marxistischer Seite, vorliegen. Das Gleiche gilt für die Bildende Kunst. Wesentlich besser steht es mit der Technik. Weniger gut wieder mit der Wissenschaft. Es liegt noch ein riesiges Forschungsgebiet vor uns, wenn wir eine wirklich tiefschürfende Geschichte der Großen Industriellen Revolution in Europa und Nordamerika schreiben wollen.

Und das Gleiche gilt für das doch so viel engere Gebiet der Geschichte der Produktivkräfte, erst recht, wenn wir sie, wie in diesem Band, bis 1870 ausdehnen, gar nicht

[4] *Coleman, D. C.*, Industry in Tudor and Stuart England, London and Basingstoke 1975.

[5] *Ashton, T. S.*, An economic history of England: The 18th century, London 1955.

zu reden von der Vorgeschichte der Großen Industriellen Revolution, auf die in diesem Band ebenfalls bisweilen kurz in dieser oder jener Richtung eingegangen wird.

Dazu kommt, daß die gegenwärtige Entwicklung, der rapide wissenschaftlich-technische Fortschritt, wenn auch nicht neue Forderungen, so doch eine ganz neue Gewichtung der Forderungen an den Forscher stellt. Es ist darum nicht verwunderlich, daß Probleme der Wissenschaftsgeschichte zur Zeit der Großen Industriellen Revolution und speziell die Problematik der Beziehungen zwischen Basis, unter besonderer Berücksichtigung der Produktivkräfte, und wissenschaftlichem Überbau eine zunehmende Rolle spielen.

Weiter muß man beachten, daß die Forschungen in den verschiedenen Ländern sich in sehr verschiedener Richtung bewegt haben. Zum Beispiel ragt England in der Untersuchung der Bevölkerungsentwicklung während der Großen Industriellen Revolution hervor, wogegen Deutschland und später auch die Deutsche Demokratische Republik auf diesem Gebiet arg hinterherhinken. Frankreich hat gute Arbeit in Richtung der Analyse soziologischer Faktoren geleistet – insbesondere die „Schule der Annales" – und die USA holen in dieser Richtung auf, während wir in dieser Beziehung noch weiter zurück sind als die BRD. Jedoch übertreffen wir, allein schon durch die Forschungen Forbergers, alle anderen Länder in der Detailuntersuchung des Überganges von der Manufaktur zur Fabrik.

Wie Karl Lärmer in seiner Vorbemerkung erklärt, handelt es sich im folgenden um Vorarbeiten für ein großes Werk zur Geschichte der Produktivkräfte. Und weiter sagt er mit Recht, daß Vorarbeiten gerade auf den Gebieten notwendig sind, auf denen Lücken in der Forschung vorhanden sind. Wenn darum die Aufsätze in diesem Band auch nicht Neuland betreten, so kann man doch aus so manchen von ihnen allein schon auf Grund der bisher relativ geringen Bearbeitung des Gebietes besonders viel lernen. Das gilt, um nur ein Beispiel zu nennen, etwa für den Aufsatz über die Beziehungen zwischen der Entwicklung der Produktivkräfte und der Physik.

Manchmal kommen einem auf Grund der Darstellung auch Gedanken, die unsere Literatur ungenügend beachtet hat – zum Beispiel bei der Studie von Hans-Heinrich Müller die Idee: Wie ungenügend haben wir bisher die jeweilige Rolle der extensiven und intensiven Entwicklung in Landwirtschaft und Industrie untersucht! Kann man sagen, daß die extensive Entwicklung der Landwirtschaft für Westeuropa, insbesondere für Deutschland, in der hier untersuchten Zeit und erst recht wohl später doch nur eine ganz untergeordnete Rolle gespielt hat im Gegensatz zur Industrie?

Wenn ein Literaturwissenschaftler dieses Buch in die Hand nimmt, wird er hoffentlich voller konstruktiven Ärgers feststellen, daß seine Disziplin praktisch nicht berücksichtigt ist, und sich an die Arbeit machen, hier eine dringend notwendige Ergänzung zu schaffen – sich dabei vielleicht auch an meine Studien über „Immermann und die Industrielle Revolution" und über Ernst Willkomm erinnern[6] und uns Wirtschaftshistoriker doch nicht ganz so fern seiner Disziplin empfinden. Dabei sind die Beziehungen zwischen der Entwicklung der Produktivkräfte und der Schönen Literatur oft recht kompliziert. Einmal, weil sie so einfach direkte sind – etwa wenn Désiré Nisard während der Industriellen Revolution in Frankreich berichtet: „Gegen-

6 *Kuczynski, Jürgen,* Gestalten und Werke, Soziologische Studie zur deutschen Literatur, Berlin 1969.

wärtig beschäftigt sich unsere ganze Poesie mit dem Bug von Dampfschiffen und den Schienen der Eisenbahn"[7] – und sodann, weil sie ein andermal so dünne und entfernte sind – etwa, wenn man hört, daß trotz des intensiven Mechanisierungsprozesses die Verleihung des Preises für den von der französischen Akademie 1844 ausgeschriebenen Dichterwettkampf über das Thema: Die Entdeckung des Dampfes als wichtiger Faktor der Industrieentwicklung, um zwei Jahre über den vorgesehenen Termin hinausgeschoben werden mußte, bis genügend Gedichte zur Beurteilung eingegangen waren.

Unerschöpflich ist die in diesem Band angeschnittene Thematik, und darum kann man natürlich auch nicht den Vorwurf erheben, daß sie nicht erschöpfend behandelt ist. Man wird das nutzen, was uns hier gegeben ist. Man wird von sich aus Pläne schmieden, um neue Gedanken und Forschungen zur Problematik beizutragen. Und man wird gespannt auf das dreibändige Hauptwerk warten.

Jürgen Kuczynski

[7] *Nisard, D.*,, Mélanges, Bd. II, Paris 1838, S. 370.

Karl Lärmer

Zur Problematik der Periodisierung der Geschichte der Produktivkräfte im 19. Jahrhundert – Ein Diskussionsbeitrag

Vorbemerkung

Die sichtbar gewachsene Forschung auf dem Gebiet der Geschichte der gesellschaftlichen Produktivkräfte, besonders des 19. Jahrhunderts, verlangt ein erneutes Durchdenken einer Reihe methodologischer Probleme, zu denen die Periodisierung gehört.

Die Notwendigkeit einer Periodisierung der Geschichte der Produktivkräfte, die von der Periodisierung des totalen historischen Prozesses abweicht, dient der weiteren Fundierung und Qualifizierung der Periodisierung des historischen Gesamtprozesses. Ernst Engelberg geht davon aus, daß die „Kategorie der sozialökonomischen Gesellschaftsformation . . . die umfassendste und allgemeinste sozialhistorische Totalität“[1] widerspiegelt. Er schreibt: Die „Kategorie der sozialökonomischen Gesellschaftsformation erfaßt das letztlich grundlegende und bewegende Verhältnis, von dem aus alle gesellschaftlichen Beziehungen historisch entstehen und sich zum System ausbilden: die Dialektik von Produktivkräften und Produktionsverhältnissen. Die Lehre von der sozialökonomischen Formation geht von der chronologisch ersten und inhaltlich bestimmenden gesellschaftlichen Beziehung, der materiellen Produktion, aus. Sie schafft damit das objektive Bezugssystem für die Ein- und Zuordnung der verschiedenen komplizierten Teilsysteme der Gesellschaft in ihrem Struktur- und Entwicklungszusammenhang. Dieses Bezugssystem ist – in allgemeinster Weise ausgedrückt – durch die Dialektik von Basis und Überbau und ihrem vermittelnden Kettenglied, dem Klassenkampf, gegeben.“[2]

Folgerichtig kommt Ernst Engelberg zu der Feststellung: „Aus all diesen Gründen werden wir bei der Setzung von Periodisierungseinschnitten solch markante Ereignisse – meist tatsächlich eine Summe von Fakten – berücksichtigen müssen, die eine Veränderung in den Beziehungen und Klassenverhältnissen zwischen den Klassen und Klassenfraktionen zueinander bzw. zum Staat, aber auch der Völker und Staaten zueinander ausdrücken. Wir haben sowohl den inneren als auch den äußeren, den regionalen wie auch den internationalen Aspekt der Klassenbeziehungen zu berücksichtigen.“[3]

Für die politische Geschichte muß der Hauptgegenstand die Erforschung der Klassenkämpfe sein, können Gesichtspunkte für die Periodisierung vor allem Höhepunkte der Klassenauseinandersetzung sein, also Revolutionen – auch Konterrevolutionen – Streiks, bewaffnete Kämpfe, die Gründung und die Entwicklung der Klassenkampforganisationen oder auch militärische Konflikte zwischen den Staaten. Das heißt auch, daß Periodisierungseinschnitte zeitlich exakt bestimmbar sind.

[1] *Engelberg, Ernst,* Zu methodologischen Problemen der Periodisierung, in: Zeitschrift für Geschichtswissenschaft, 1971, H. 10, S. 1224.

[2] Ebenda.

[3] Ebenda, S. 1225.

Anders liegen die Dinge bei der Untersuchung der Geschichte der gesellschaftlichen Produktivkräfte. Wolfgang Jonas schrieb zu diesem Problem: „Revolutionäre Umgestaltungen der materiell-technischen Basis sind oft nur als Summierung vieler einzelner kleiner Sprünge zu erkennen und erstrecken sich, je weiter die Geschichte zurückverfolgt wird, über zum Teil sehr beträchtliche Zeiträume. Mitunter kann man auf bestimmten Teilgebieten der Technik gewaltige Sprünge feststellen, die zu keiner wirklich revolutionären Umgestaltung und Ausstrahlung führten, die aber für den Historiker eine Gefahr darstellen, da sie ihn leicht zu Fehleinschätzungen verleiten können."[4]

Letztlich kommt Wolfgang Jonas zu dem Schluß, daß es gegenwärtig nur ein grundlegendes Periodisierungskriterium für die Geschichte der Produktivkräfte gibt, „nämlich die Einteilung in die Perioden: Handarbeit, Maschinenarbeit, automatische Produktion."[5] Er schränkt ein: „Eine solche Periodisierung ist äußerst sinnvoll, um zu einem tiefen Verständnis der gegenwärtig beginnenden wissenschaftlich-technischen Revolution vorzustoßen. Das ist viel, doch hilft diese Periodisierung nicht, die Entwicklung innerhalb dieser drei Perioden zu erfassen; darunter einer solchen Periode wie der Handarbeit, die von der Menschwerdung bis zur Industriellen Revolution reicht."[6]

Dem kann insofern widersprochen werden, als diese Feststellung hilft, das Feld für detailliertere Untersuchungen abzustecken. Dies um so mehr, als Wolfgang Jonas – Karl Marx zitierend – eine Reihe von Gesichtspunkten nennt, die, gewiß in einer längeren Forschungsphase, für Zwecke der Periodisierung der Entwicklung der gesellschaftlichen Produktivkräfte im 19. Jahrhundert in ausreichender Weise erfaßbar sind. Karl Marx schrieb, jene Faktoren herausarbeitend, von denen die Produktivität der gesellschaftlichen Arbeit abhängig ist: „Abgesehen von den Unterschieden in den natürlichen Energien und den erworbnen Arbeitsgeschicken verschiedner Völker muß die Produktivkraft der Arbeit in der Hauptsache abhängen:

1. von den *Natur*bedingungen der Arbeit, wie Fruchtbarkeit des Bodens, Ergiebigkeit der Minen usw.

2. von der fortschreitenden Vervollkommnung der *gesellschaftlichen Kräfte der Arbeit*, wie sie sich herleiten aus der Produktion auf großer Stufenleiter, Konzentation des Kapitals und der Kombination der Arbeit, Teilung der Arbeit, Maschinerie, verbesserte Methoden, Anwendung chemischer und andrer natürlicher Kräfte, Zusammendrängung von Zeit und Raum durch Kommunikations- und Transportmittel und aus jenen andren Einrichtungen, wodurch die Wissenschaft Naturkräfte in den Dienst der Arbeit zwingt und wodurch der gesellschaftliche und kooperative Charakter der Arbeit zur Entwicklung gelangt. Je größer die Produktivkraft der Arbeit, desto kleiner die auf eine gegebne Menge Produkt verwendete Arbeit."[7]

Die Forschung wird zwar nicht in der Lage sein, diese Faktoren im volkswirtschaftlichen Rahmen exakt zu erfassen. Sie ist aber für das 19. Jahrhundert durchaus befähigt, eine ganze Reihe grundsätzlicher Aussagen zu machen und zu belegen, und sie kann auch an einzelnen Betrieben und Industriezweigen zu modellhafter Aussage kommen.

[4] *Jonas, Wolfgang/Linsbauer, Valentine/Marx, Helga*, Die Produktivkräfte in der Geschichte, Bd. 1, Berlin 1969, S. 46.

[5] Ebenda, S. 51.

[6] Ebenda.

[7] *Marx, Karl/Engels, Friedrich*, Werke, Bd. 16, Berlin 1962, S. 126f.

Der die Entwicklung der gesellschaftlichen Produktivkräfte im 19. Jahrhundert in den deutschen Staaten prägende Prozeß ist die Industrielle Revolution, von der ausgehend das Gesamtsystem der gesellschaftlichen Produktivkräfte umgewälzt wurde. Das heißt, es gilt vor allem vier Prozesse, die die Industrielle Revolution ausmachen, zu untersuchen.

1. Die Herausbildung und Entwicklung des Übergangs von der Handarbeit zur Maschinenarbeit, d. h. die Entstehung und Entwicklung des dreiteiligen Maschinensystems in der ihm gemäßen Form der Organisation der Produktion, der Fabrik, und in Verbindung damit das partielle Heraustreten des unmittelbaren Produzenten aus dem Fertigungsprozeß.

2. Die sich auf der Basis des Kernprozesses[8] der Industriellen Revolution vollziehenden revolutionären Veränderungen in den anderen Bereichen der materiellen Produktion.

3. Die in Abhängigkeit von der revolutionären Umwälzung der gesellschaftlichen Produktivkräfte verlaufenden Veränderungen in den Produktionsverhältnissen, die radikale Umgestaltung der Klassenstruktur, besonders die Entstehung und Entwicklung der Hauptklassen des Kapitalismus, der Industriebourgeoisie und des Industrieproletariats.

4. Das Wirksamwerden der ökonomischen Gesetze des Kapitalismus, das am exaktesten am Charakter der zyklischen Überproduktionskrisen sichtbar wird.

Es geht also um die Erfassung jener Revolution in den gesellschaftlichen Produktivkräften, an dessen Beginn die deutschen Staaten Agrarproduzenten waren, an dessen Ende die industrielle Produktion in Deutschland dominierte, einer Revolution der Produktion, die Karl Marx in die Worte faßte: „Die Bourgeoisie hat in ihrer kaum hundertjährigen Klassenherrschaft massenhaftere und kolossalere Produktionskräfte geschaffen, als alle vergangnen Generationen zusammen. Unterjochung der Naturkräfte, Maschinerie, Anwendung der Chemie auf Industrie und Ackerbau, Dampfschiffahrt Eisenbahnen, elektrische Telegraphen, Urbarmachung ganzer Weltteile, Schiffbarmachung der Flüsse, ganze aus dem Boden gestampfte Bevölkerungen – welches frühere Jahrhundert ahnte, daß solche Produktionskräfte im Schoße der gesellschaftlichen Arbeit schlummerten."[9]

Wenn sich die Erforschung und damit die Periodisierung der Geschichte der Produktivkräfte des 19. Jahrhunderts komplizierter darstellt als die der politischen Geschichte, dann ist das nicht nur ein Problem der verfügbaren Quellen, sondern vor allem der spezifischen Materie. Zunächst wird man sehen müssen, daß sich qualitativ neue Produktivkräfte relativ unauffällig im Schoße der alten Produktionsverhältnisse entwickeln und deshalb der Beginn eines neuen Prozesses in den Produktivkräften wesentlich schwerer zu ermitteln und zu datieren ist als die auf der Entwicklung dieser neuen Produktivkräfte sich aufbauenden neuen Klassen und Schichten und die damit im Zusammenhang stehenden sozialen und politischen Widersprüche und Kämpfe.

Diese Problematik wird zum Beispiel sichtbar, wenn man daran denkt, daß es feudale und kapitalistische Manufakturen gab, oder daran, daß kapitalistische Produktivkräfte – einschließlich der Fabriken – sich schon beachtlich entwickelt

[8] *Jonas, Wolfgang*, Thesen zur Industriellen Revolution, in: Jahrbuch für Wirtschaftsgeschichte, Teil 2, Berlin 1974, S. 273ff.

[9] *Marx, Karl/Engels, Friedrich*, Werke, Bd. 4, Berlin 1959, S. 467.

hatten, bevor die bürgerliche Revolution in den deutschen Staaten einsetzte. Das heißt aber, dem Klassenkampf, der schließlich Lösung des Widerspruches zwischen den neuen Produktivkräften und den alten hemmenden Produktionsverhältnissen durch die Revolution – auch durch die Reform –, die eine zeitweilige Übereinstimmung zwischen den Produktivkräften und den Produktionsverhältnissen hervorbringen, geht ein langer Prozeß der Entwicklung der neuen Produktivkräfte voraus, der erfaßt werden muß. Diesen Gedanken unterstrich Karl Marx in einem Brief an Annenkow vom 28. Dezember 1846, in dem er schrieb: „Die Menschen verzichten nie auf das, was sie gewonnen haben, aber das bedeutet nicht, daß sie nie auf die Gesellschaftsform verzichten, in der sie bestimmte Produktivkräfte gewonnen haben. Ganz im Gegenteil. Um des erzielten Resultats nicht verlustig zu gehen, um die Früchte der Zivilisation nicht zu verlieren, sind sie gezwungen, sobald die Art und Weise ihres Verkehrs (commerce) den erworbenen Produktivkräften nicht mehr entspricht, alle ihre überkommenen Gesellschaftsformen zu ändern."[10]

Zum anderen ist auch die siegreiche Revolution in ihrer Wirksamkeit zunächst nicht mehr als die Schaffung von Produktionsverhältnissen, die die Entfaltung der qualitativ schon existenten, quantitativ noch schwach entwickelten Produktivkräfte ermöglichen. Das gilt gewiß für alle Elemente der gesellschaftlichen Produktivkräfte, wird aber besonders an der Hauptproduktivkraft, dem Menschen, sichtbar. Die bürgerliche Revolution befreit ihn durch Dekret in Stunden von allen feudalen Bindungen und macht ihn dadurch zum doppelt freien Lohnarbeiter bzw. zum potentiellen Bourgeois. Damit ist aber nur die juristische Basis dafür geschaffen, daß er seiner Rolle als Produktivkraft, entsprechend den Anforderungen der neuen Qualität der gesellschaftlichen Produktivkräfte, als Leiter der Produktion, also als Industriebourgeois, oder als Produzent, also als Industrieproletarier, gerecht werden kann. Für den doppelt freien Lohnarbeiter bedeutet sein Status, daß er sich nun anschicken kann, den qualvollen Weg, qualvoll nicht zuletzt deshalb, weil dazu Jahrzehnte notwendig sind, der Entwicklung zum Industrieproletarier anzutreten. Sehr treffend wird dies in einem Schreiben einer preußischen Staatsbehörde vom 24. Januar 1841 sichtbar. Es heißt da: „Versuche, die früher hin und wieder stattgefunden hatten, um diesen oder jenen Erwerbszweig selbst bei diesen Gewerben (Land- und Holzwirtschaft – d. Verf.) für einheimisch zu machen, scheiterten in der Regel, und zwar entweder an der Unerfahrenheit der Unternehmer ... oder auch – und dies vielleicht am öftensten – an der Nicht-Anstelligkeit und Unbrauchbarkeit der hiesigen Arbeiter, welche sich in den Zwang gewisser mitunter anstrengender Arbeitsstunden nicht einfügen, auch überhaupt nichts erlernen wollten."[11] Schon diese Problemkreise zeigen die Beziehung zwischen der Geschichte als der Geschichte von Klassenkämpfen und der Geschichte der Produktivkräfte, auf deren Basis sich das Ringen um die Produktionsverhältnisse vollzieht. Es wird auch deutlich, wie notwendig eine differenzierte Betrachtung beider Sphären ist, wie zwangsläufig es bei der Periodisierung zu Divergenzen kommen muß.

Wenn es gilt, die politische Geschichte in jenem Zeitraum zu untersuchen, in dem sich in den damals fortgeschrittenen kapitalistischen Ländern die Industrielle Revolu-

[10] Ebenda, Bd. 27, Berlin 1963, S. 453.

[11] Zentrales Staatsarchiv, Abteilung II (Merseburg), Rep. 120, D, XIV, 1, Akte Nr. 13, Vol. 1 (im folgenden: ZStA, Abt. II).

tion vollzog, also die Jahrzehnte etwa von der Mitte des 18. Jahrhunderts bis einschließlich des zweiten Drittels des 19. Jahrhunderts, bieten sich folgende Hauptperioden bzw. Perioden an:

Erste Hauptperiode: 1789 bis 1830, mit den Perioden 1789 bis 1807, 1807 bis 1815 und 1815 bis 1830.

Zweite Hauptperiode: 1830 bis 1848, mit den Perioden 1830 bis 1840, 1840 bis 1844 und 1844 bis 1848.

Dritte Hauptperiode: 1848/1849 bis 1871, mit den Perioden 1848 bis 1849, 1849 bis 1859 und 1859 bis 1871.

Unter Beachtung all der Faktoren, die zu einer solchen Periodisierung führen, wird der Historiker, der die Geschichte der Produktivkräfte erforscht, zu einer davon abweichenden Periodisierung kommen müssen, nämlich:

Ende des 18. Jahrhunderts bis zu den dreißiger Jahren des 19. Jahrhunderts,
dreißiger Jahre bis zum Beginn der fünfziger Jahre,
fünfziger Jahre bis zum Beginn der sechziger Jahre.

Der Beginn der Industriellen Revolution in den deutschen Staaten (Ausgang des 18. Jahrhunderts bis zu den dreißiger Jahren des 19. Jahrhunderts)

Die für die politische Geschichte genannte und durchaus legitime Periodisierung erscheint bei der Betrachtung der revolutionären Umwälzung des Systems der gesellschaftlichen Produktivkräfte, die sich im Verlauf der Industriellen Revolution vollzog, sowohl für die deutschen Staaten als auch im internationalen Rahmen nicht anwendbar.

Sie beachtet wohl die französische Revolution als die klassische Form der bürgerlichen Revolution, von der zahlreiche nachhaltige Impulse auf die antifeudale Bewegung Europas und darüber hinaus ausgingen. Dagegen bleibt unberücksichtigt, daß der welthistorische Beginn der Schaffung der materiell-technischen Basis des vormonopolistischen Kapitalismus, der auch auf das vorrevolutionäre Frankreich einwirkte, mit dem Einsetzen der Industriellen Revolution um 1760 in dem damals schon bürgerlichen England zu datieren ist. Darauf hinzuweisen ist um so notwendiger, als England nicht zuletzt deshalb mehr als ein Jahrhundert das in jeder Beziehung stärkste kapitalistische Land war. Die Betonung der Industriellen Revolution in England als welthistorischer Zäsur ist nicht nur durch ihre produktionsumwälzende Rolle bedingt. Sie ergibt sich ebenso aus gesellschaftlichen Auswirkungen dieser technischen Umwälzung sowohl für die Klassenstruktur und den Klassenkampf als auch für das Entstehen der materiell-technischen Basis des Wirkens der ökonomischen Gesetze des Kapitalismus der freien Konkurrenz.

Die Klassiker des Marxismus-Leninismus machten immer wieder auf die Einheit dieser drei Komponenten der Industriellen Revolution aufmerksam. So schrieb Friedrich Engels: „Während in Frankreich der Orkan der Revolution das Land ausfegte, ging in England eine stillere, aber darum nicht minder gewaltige Umwälzung vor sich. Der Dampf und die neue Werkzeugmaschine verwandelten die Manufaktur in die moderne große Industrie und revolutionierten damit die ganze Grundlage der bürgerlichen Gesellschaft ... Mit stets wachsender Schnelligkeit vollzog sich die

Scheidung der Gesellschaft in große Kapitalisten und besitzlose Proletarier . . ."[12] Und: „Die Geschichte der arbeitenden Klasse in England beginnt mit der letzten Hälfte des vorigen Jahrhunderts, mit der Erfindung der Dampfmaschine und den Maschinen zur Verarbeitung der Baumwolle. Diese Erfindungen gaben bekanntlich den Anstoß zu einer industriellen Revolution, einer Revolution, die zugleich die ganze bürgerliche Gesellschaft umwandelte und deren *weltgeschichtliche Bedeutung* (Hervorhebung vom Verf.) erst jetzt anfängt erkannt zu werden. England ist der klassische Boden dieser Umwälzung, die um so gewaltiger war, je geräuschloser sie vor sich ging, und England ist darum das klassische Land für die Entwicklung ihres hauptsächlichen Resultats, des Proletariats."[13]

W. I. Lenin schrieb: „Der Übergang von der Manufaktur zur Fabrik bedeutet eine völlige technische Umwälzung . . . auf diese technische Umwälzung aber *folgt* (Hervorhebung vom Verf.) unvermeidlich die radikalste Umwälzung der gesellschaftlichen Produktionsverhältnisse, die endgültige Spaltung der verschiedenen an der Produktion beteiligten Gruppen, der vollständigste Bruch mit der Tradition, eine Verschärfung und Ausdehnung aller düsteren Seiten des Kapitalismus und gleichzeitig eine umfassende Vergesellschaftung der Arbeit durch den Kapitalismus."[14]

Das heißt aber, welthistorisch setzten der Beginn der Schaffung der materiell-technischen Basis des Kapitalismus der freien Konkurrenz, das Entstehen seiner beiden Hauptklassen mit ihren Kernen, der Industriebourgeoisie und dem Industrieproletariat, und das Wirksamwerden seiner ökonomischen Gesetze in England ein. Diese Faktoren hat die Geschichte der Produktivkräfte zur Kenntnis zu nehmen und zu verarbeiten. Dies um so mehr, als zahlreiche Länder der Erde vielfältigen Einwirkungen dieses Prozesses unterlagen.

Aber auch für die Periodisierung der Entwicklung der gesellschaftlichen Produktivkräfte in den deutschen Staaten des ausgehenden 18. und des beginnenden 19. Jahrhunderts, die entscheidend durch die Industrielle Revolution geformt wurde, ist die Zäsur 1789 nicht unproblematisch.

Wenn man davon ausgeht, daß die Kategorie gesellschaftliche Produktivkraft sowohl quantitative als auch qualitative Elemente enthält, dann stellt sich zunächst die Frage, wann traten in den deutschen Staaten erstmalig Ansätze zur Ersetzung der Handarbeit durch die Maschinenarbeit auf, wann traten die ersten Ansätze zur Herausbildung des dreiteiligen Maschinensystems in Erscheinung, wie entwickelten sich diese Ansätze weiter?

Erste Anfänge maschineller Produktion traten in den deutschen Staaten bereits vor der Wende vom 18. zum 19. Jahrhundert auf. Seit 1782 wurden in Sachsen, dem Pionierland der Industriellen Revolution in Deutschland, Spinning-Jennys eingesetzt, jene Maschinen, von denen Friedrich Engels für England sagte – und dies gilt generell –, daß sie „in der bisherigen Lage der . . . Arbeiter eine durchgreifende Veränderung"[15] hervorbrachten und sich „so schon mit der ersten noch sehr unvollkommenen Maschine das industrielle Proletariat"[16] entwickelte. Die Spinning-Jenny, bekanntlich noch

[12] *Marx, Karl/Engels, Friedrich*, Werke, Bd. 20, Berlin 1962, S. 243.
[13] Ebenda, Bd. 2, Berlin 1957, S. 237.
[14] *Lenin, W. I.*, Werke, Bd. 3, Berlin 1956, S. 464.
[15] *Marx, Karl/Engels, Friedrich*, Werke, Bd. 2, Berlin 1957, S. 239.
[16] Ebenda, S. 240.

kein Attribut der Fabrik und auch in Sachsen handwerklich bzw. manufakturell genutzt, leitete aber die Zerstörung der alten handwerklichen Basis ein und schuf gleichzeitig vielfältige Voraussetzungen für den Übergang zur maschinellen Großproduktion, so zum Beispiel durch die Möglichkeit der Entstehung jener Phase der kapitalistischen Produktion und Ausbeutung, die durch extensive Methoden gekennzeichnet war. Fast gleichzeitig – 1783/1784 – gründete Brüggelmann in Ratingen die erste mechanische Spinnfabrik auf dem europäischen Kontinent.

Die Dominanz der feudalen Produktionsverhältnisse ließ noch zu, daß in diesen beiden Gebieten in den folgenden zwei Jahrzehnten die ersten deutschen Textilproduktionszentren entstanden, sie verhinderten jedoch eine raschere Verbreitung der maschinellen Großproduktion. So waren zwar um 1800 in Sachsen etwa 2000 Spinning-Jennys in Betrieb[17], doch erst im gleichen Jahr kam es zu zwei Fabrikgründungen, in Gestalt einer mechanischen Wollspinnerei und einer Baumwollspinnerei. Typisch ist nicht nur die Größenordnung dieser Fabriken, die zunächst nur über 620 bzw. 432 Spindeln verfügten, sondern auch, daß sie mit Wasserkraft betrieben wurden.

Neben den feudal geprägten Produktionsverhältnissen behinderte das Niveau des Maschinenbaus eine raschere Verbreitung der Fabrikproduktion. Der Maschinenbau, handwerklich organisiert, brachte zwar eigenständige Leistungen hervor, existierte aber technisch und ökonomisch wesentlich durch den Nachbau englischer Maschinen, wobei im Maschinenbau die Verwendung des Werkstoffes Holz stark verbreitet war. Da zu dieser Zeit die Ausfuhr von Maschinen aus England drastisch unterbunden wurde und selbst die Beschaffung von Zeichnungen und Modellen auf große Schwierigkeiten stieß, mußte das Leistungsvermögen der in den deutschen Staaten gebauten Maschinen weit hinter dem besonders Englands zurückstehen. Selbst 1825 hieß es in einer Unterlage des preußischen Finanzministeriums über die Hindernisse beim Import englischer Maschinen: „Die Ausfuhr der Maschinen (aus England – d. Vf.) für die Baumwollspinnerei und Weberei ist wenigstens mit zehn Jahren Deportation, in einzelnen Fällen mit dem Strange verpönt. Es hält daher schwer, Personen zu finden, welche die Maschinenausfuhr übernehmen, und diese lassen sich ganz enorm bezahlen. . .“[18]

Erst mit der Gründung der schon genannten Fabriken in Sachsen setzte dort und in einigen anderen deutschen Territorien ein keineswegs ungestörter, insgesamt aber kontinuierlicher, relativ stabiler und sich beschleunigender Fabrikbildungsprozeß ein, der von Veränderungen in den Produktionsverhältnissen, besonders seit den preußischen Reformen, begleitet war. Deshalb muß man den Beginn der Industriellen Revolution in den deutschen Staaten um die Wende vom 18. zum 19. Jahrhundert datieren. Mit den Reformen, die Friedrich Engels als Beginn der bürgerlichen Revolution chrakterisierte[19], vollzogen sich wesentliche Veränderungen in den Produktionsverhältnissen, die die Weiterentwicklung der neuen Produktivkräfte begünstigten. So durch die Freisetzung von Arbeitskräften aus der Landwirtschaft, die Erhöhung der Lebensmittel- und der Rohstoffproduktion, die Gewerbefreiheit – eingeengt durch Zünfte, Innungen etc. –, die begrenzte Freizügigkeit der Arbeitskräfte, er-

[17] *Blumberg, Horst,* Die deutsche Textilindustrie in der industriellen Revolution, Berlin 1965, S. 26.

[18] ZStA, Abt. II, Rep. 120, C, XII, 2, Akte Nr. 63, Vol. 1, Bl. 26.

[19] *Marx, Karl/Engels, Friedrich,* Werke, Bd. 18, Berlin 1962, S. 513.

schwert durch Schwierigkeiten des Niederlassungsrechtes etc. Zum anderen blieben die Reformen nicht ohne Einfluß auf die Haltung des Staates zur aufkommenden Industriebourgeoisie. Der Staat, der einerseits die Auflösung der feudalen Produktionsverhältnisse und deren vielfältige Rudimente nur zögernd vornahm, war umgekehrt bereit, die aufkommende Industriebourgeoisie bei der Gewinnung der modernen Produktionstechnik zu unterstützen. Sei es durch die in verschiedensten Formen finanzierte Industriespionage in England, Frankreich und Belgien, sei es durch die zollbegünstigte Einfuhr von Maschinen, sei es durch die Unterstützung bei der Anwerbung von Fachkräften aus dem Ausland etc. Diese Faktoren waren – das sei am Rande bemerkt – für die Herausbildung der maschinellen Großproduktion in den deutschen Staaten wesentlich bedeutender als der historische Zufall der Kontinentalsperre, die wohl Sachsen zeitweilig von der übermächtigen englischen Konkurrenz befreite, die aber die Entwicklung der modernen Produktivkräfte in anderen deutschen Staaten außerordentlich belastete. Welche Bedeutung dem wie auch immer gearteten „Import“ englischer Produktionstechnik in dieser Phase der Industriellen Revolution in den deutschen Staaten beigemessen wurde, zeigt sich schon daran, daß im allgemeinen Sprachgebrauch bei der Gründung einer Fabrik der Terminus „Anlegung einer Fabrik nach englischer Art“ üblich war. Friedrich Harkort schrieb, von einer Informationsreise aus England zurückkehrend, in diesem Zusammenhang am 20. Februar 1819 an den preußischen Handelsminister: „England behauptet sein Übergewicht nicht so sehr durch das größere Capital und aufgewecktere Thätigkeit, wie durch bessere Anwendung mechanischer Kräfte, rücksichtlich der größeren Vollkommenheit unzähliger Maschinen.“[20] Deshalb bediente sich auch Harkort bei der Gründung seiner „mechanischen Werkstatt“ nicht nur englischer Maschinen, sondern in seinem Unternehmen sollten „inländische Arbeiter durch erfahrene englische Meister unterrichtet werden“.[21]

Der handwerkliche Maschinenbau im Lande war zwar zunächst in der Lage, den noch relativ geringen Maschinenbedarf durch Nachbauten zu decken. Größere Betriebe suchten jedoch schon englischer Maschinen habhaft zu werden. Selbst die Einreise ausländischer Unternehmer zum Zwecke der Fabrikgründung war nicht ungewöhnlich. So lesen wir in den Akten des preußischen Finanz- und Handelsministeriums aus dem Jahre 1816 von der Absicht William Cockerills, in Guben und Cottbus je eine Wollfabrik einrichten zu wollen. Es heißt unter anderem: „Er bringt hierzu eine Menge Maschinentheile, Werkzeuge und Modelle aus den Werkstätten mit, die er bereits in Frankreich und den Niederlanden besessen, und beziehet zugleich die Haupttheile zu zwei Dampfmaschinen aus England.“[22] Trotz des Imports von Kapital, Maschinen, technischen Fachräften und Leitungskräften, trotz einer beachtlichen Industriespionage kam man 1825 im preußischen Finanzministerium zu der Feststellung: „Die Baumwollspinnerei u. -Weberei . . . steht gegen die englische 20 Jahre zurück. Die neuesten englischen Maschinen zu diesem Zweck sind . . . völlig unbekannt.“[23]

Obwohl die Fabrikbildung durch die Reformen begünstigt wurde, verlief sie quantitativ und qualitativ nicht so, daß die Jahre von 1807 bis 1815, also jene für die

[20] ZStA, Abt. II, Rep. 120, D. XIV, 1, Akte Nr. 17, Bl. 7.
[21] Ebenda.
[22] Ebenda, Rep. 120, C, VII, 2, Akte Nr. 65, Vol. 1, Bl. 1.
[23] Ebenda, Akte Nr. 63, Vol. 1, Bl. 26.

politische Geschichte so gewichtige Periode, besonders in Erscheinung treten würden und die Berechtigung einer Zäsur angemessen erschiene. Selbst die militärischen Auseinandersetzungen und die Nachkriegsjahre blieben ohne einschneidende Auswirkungen.

Die von Rudolf Forberger ausgewertete Fabrikstatistik Sachsens weist folgende Werte aus: Die Zahl der Fabriken stieg von zwei im Jahre 1800 auf 930 im Jahre 1837.[24] Dabei ist es von besonderem Interesse, daß von diesen 930 Fabriken 713 in der Textilindustrie angesiedelt waren, weil dies die These ad absurdum führt, wonach die Industrielle Revolution wirklich erst in den dreißiger Jahren eingesetzt habe und nicht die Textilindustrie, sondern die Transportmittelindustrie die Pilotindustrie der Industriellen Revolution in den deutschen Staaten gewesen sei.

Tatsächlich hatte sich bis zum Beginn der dreißiger Jahre sowohl in der Baumwollspinnerei als auch in der Wollspinnerei die Maschinenarbeit gegenüber der Handarbeit bereits durchgesetzt. Dazu kommt, daß auch in der Tuchproduktion in den zwanziger Jahren Anfänge einer Mechanisierung der Produktion vorhanden waren und im Bereich der Appretur zunehmend Rauh- und Schermaschinen Anwendung fanden. Wenn in dieser Phase der Industriellen Revolution noch traditionelle Antriebskräfte wie Wasserräder die dominierende Rolle spielten, so doch z. B. in der Wollspinnerei im Rahmen eines zentralen Antriebssystems. Zum anderen nahm die Anwendung von Dampfmaschinen besonders in den zwanziger Jahren sichtbar zu, nutzte die sächsische Wirtschaft 1820 fünf Dampfmaschinen, stieg deren Zahl bis 1830 auf 25. In Preußen, wo die Dampfkraft schon seit dem Ende des 18. Jahrhunderts Anwendung fand, waren 1830 schon 215 Dampfmaschinen im Einsatz.[25] Schließlich etablierte sich der Maschinenbau als selbständiger kapitalistischer Produktionszweig. Die Fortschritte im Prozeß der Industriellen Revolution drücken sich nicht zuletzt in einem maßvollen, aber sichtbaren Anstieg der Kohle- und der Roheisenproduktion aus. Wurden 1800 0,3 Millionen Tonnen Kohle gefördert und 0,004 Millionen Tonnen Roheisen produziert, so lagen die analogen Werte bereits 1820 bei 1,5 Millionen bzw. bei 0,09 Millionen Tonnen.[26] Relativ unberührt von den sich vollziehenden Veränderungen blieb das Verkehrswesen, wenn auch schon seit den zwanziger Jahren die Dampfschiffahrt die Schiffshandwerker zu ruinieren begann.

Die eingeleiteten Veränderungen in der materiell-technischen Basis bewirkten in der Textilindustrie bereits den Beginn der Konzentration der Produktion. So beschäftigten die Gebrüder Lindheim, die 1822 in Ullerdorf eine Maschinenspinnerei gegründet hatten, schon ein Jahr später 300 Arbeitskräfte.[27] C. G. Hauboldt sagte am 15. März 1834 über sein Unternehmen: „Als Maschinenbauer beschäftige ich in meinen Ateliers über 400 Arbeiter."[28] Während 1814 in Chemnitz 36 mechanische Spinnereien mit durchschnittlich zehn Spinnmaschinen existierten, gab es 1831 dort

[24] *Forberger, Rudolf*, Die Aufnahme der maschinellen Fertigung durch sächsische Manufakturen, in: Jahrbuch für Wirtschaftsgeschichte, Teil 1, Berlin 1960, S. 236.

[25] *Lärmer, Karl*, Zur Einführung der Dampfkraft in die Berliner Wirtschaft in der ersten Phase der Industriellen Revolution (Vom Ausgang des 18. Jahrhunderts bis zum Jahre 1830), in: Jahrbuch für Wirtschaftsgeschichte, Teil 4, Berlin 1977, S. 122.

[26] *Kuczynski, Jürgen*, Die Geschichte der Lage der Arbeiter unter dem Kapitalismus, Bd. 1, Berlin 1961, S. 89.

[27] ZStA, Abt. II, Rep. 120, D, XIV, 1, Akte Nr. 49.

[28] Ebenda.

nur noch acht Spinnbetriebe, die jedoch im Durchschnitt über 25 Spinnmaschinen verfügten. Die Zahl der in diesen Betrieben beschäftigten Arbeitskräfte war von durchschnittlich 36 auf 95 angestiegen.[29] Die Zunahme des Proletariats darf jedoch nicht zu der Annahme verleiten, daß es sich ausschließlich um Industrieproletariat gehandelt hätte. Die Mechanisierung der Spinnerei, die noch keineswegs von der Mechanisierung der Weberei begleitet war, hatte zur Folge, daß die Diskrepanz im Produktionsvermögen beider Bereiche durch eine wachsende Zahl von Handarbeitern, genauer: Heimarbeitern ausgeglichen werden mußte. Das heißt, es entstand eine Situation, die Karl Marx so charakterisierte: „Ergreift die Maschinerie Vor- oder Zwischenstufen, welche ein Arbeitsgegenstand bis zu seiner letzten Form zu durchlaufen hat, so vermehrt sich mit dem Arbeitsmaterial die Arbeitsnachfrage in den noch handwerks- oder manufakturmäßig betriebnen Gewerken, worin das Maschinenfabrikat eingeht.“[30]

Dennoch waren schon in dieser Phase der Industriellen Revolution die Veränderungen in der Sozialstruktur enorm. Von den etwa 23 Millionen Einwohnern der deutschen Staaten – einschließlich Österreichs – waren um 1800 etwa 50000 kapitalistisch ausgebeutete Lohnarbeiter. Dazu kamen noch etwa 25000 Berg- und Steinbrucharbeiter.[31] 1832 dagegen war die Zahl der Lohnarbeiter – außerhalb des Agrarsektors und ausschließlich Österreichs – auf etwa 450000 gestiegen.[32] Diese Veränderungen drückten sich auch in der Entwicklung der Streikaktivität aus. Nach den bisher vorliegenden Untersuchungen kam es zwischen 1801 und 1810 zu sechs Streiks, zwischen 1811 und 1820 zu fünf Streiks und zwischen 1821 und 1830 zu siebzehn Streiks.[33]

Obwohl sich die materiell-technische Basis des Kapitalismus der freien Konkurrenz bis zu den dreißiger Jahren sichtbar entwickelte, wurde dieser Prozeß durch zahlreiche Abhängigkeiten vom Staatsapparat und von halbfeudalen Rudimenten in den Produktionsverhältnissen gehemmt, so daß von einem uneingeschränkten Wirken der ökonomischen Gesetze des Kapitalismus nur mit Einschränkungen die Rede sein kann. Die materiell-technische Basis war noch so schwach, daß sie zu keiner eigenständigen zyklischen Überproduktionskrise führen konnte, was nicht bedeutet, daß der Krisenimport über den Handel nicht verheerende Folgen in der Wirtschaft der deutschen Staaten gehabt hätte. Zum anderen war die Bourgeoisie selbst noch in einem zünftlerischen „Monopoldenken“ befangen. Das findet seinen Ausdruck zum Beispiel darin, daß Unternehmer, die auf diesen oder jenen Wegen in den Besitz ausländischer – in der Regel englischer Maschinen – kamen, eine Garantie vom Staat darüber zu erlangen suchten, die ihnen auf Jahre den alleinigen Besitz und Betrieb derartiger Maschinen gewährleisten sollte.[34] Ihre politische und ökonomische Schwäche erlaubte es dem feudal-bürokratischen Staatsapparat auch, dann, wenn Maschinen mit Zollerleichterungen eingeführt wurden – und oft war das Voraussetzung für die Aufnahme der maschinellen Produktion – den Unternehmer zu

29 *Kuczynski, Jürgen*, a. a. O., Bd. 1, S. 290.
30 *Marx, Karl/Engels, Friedrich*, Werke, Bd. 23, Berlin 1962, S. 467f.
31 *Kuczynski, Jürgen*, a. a. O., Bd. 1, S. 89; 222.
32 Ebenda, S. 222.
33 Ebenda, S. 140.
34 ZStA, Abt. II, Rep. 120, D, VI, 2, Akte Nr. 2, Vol. 1, Bl. 1.

verpflichten, Zeichnungen von diesen Maschinen den staatlichen Stellen zu übergeben und jedem, der das nur wollte, ein eingehendes Studium dieser Maschinen zu gestatten.[35]

Die Entfaltung der Industriellen Revolution
(Von den dreißiger Jahren bis zum Beginn der fünfziger Jahre)

Wenn der Historiker, der die Geschichte der Produktivkräfte erforscht, mit dem Historiker, der die politische Geschichte untersucht, auch grundsätzlich darin übereinstimmen kann, daß die Jahre um 1830 und um 1870 Zäsuren darstellen, so besteht in der weiteren Untergliederung dieses Zeitraumes diese Konformität nicht mehr. Aus der Sicht qualitativer und quantitativer Wandlungen im System der gesellschaftlichen Produktivkräfte sind nur folgende Einschnitte möglich:
dreißiger Jahre bis zum Beginn der fünfziger Jahre,
fünfziger Jahre bis zum Beginn der sechziger Jahre.

In dem zuerst genannten Zeitraum war die nun einsetzende Phase der Industriellen Revolution vor allem dadurch gekennzeichnet, daß der Prozeß der Fabrikbildung sprunghaft anstieg, immer weitere Bereiche der materiellen Produktion erfaßte, die Herausbildung des dreiteiligen Maschinensystems rasche Fortschritte machte und das Transport- und Nachrichtenwesen insbesondere durch den Bau von Eisenbahnen eine neue Qualität erhielt. Mit der beginnenden Verwendung der Dampfkraft in der Binnenschiffahrt und im Landverkehr (Eisenbahn) erreichte die Industrielle Revolution jene Phase, in der „eine Revolution in den allgemeinen Bedingungen des gesellschaftlichen Reproduktionsprozesses, d. h. den Kommunikations- und Transportmitteln“[36] notwendig wurde.

Möglich wurde dieser Aufschwung, weil in der vorangegangenen Phase der Industriellen Revolution eine relativ stabile und entwicklungsfähige industrielle Basis entstanden war, die auch im Überbau, in den Produktionsverhältnissen, Veränderungen verursacht hatte.

In diese Zeit fiel die Bildung des Deutschen Zollvereins, der natürlich der weiteren Entfaltung der materiell-technischen Basis und dem Wirken der ökonomischen Gesetze Raum gab, der aber wesentlich durch die vorangegangene Entwicklung der gesellschaftlichen Produktivkräfte erzwungen worden war.

Folgerichtig begannen Industriebourgeoisie und Industrieproletariat an politischem und ökonomischem Gewicht zu gewinnen. Im Gegensatz zur vorangegangenen Phase entwickelte sich nun die industrielle Produktion rascher als die agrarische. Der Maschinenbedarf der Leichtindustrie dominierte nach wie vor vor dem der Schwerindustrie, die Fabrikbildung in der Leichtindustrie ging besonders rasch vor sich. So kam es allein in Sachsen zwischen 1834 und 1838 zu 319 Betriebsgründungen in der Textilindustrie, wobei es sich in der Mehrzahl um Fabriken handelte.[37] 1849 gab es in

[35] *Lärmer, Karl*, Maschinenbau in Preußen, Ein Beitrag zur Problematik Staat und Industrielle Revolution, in: Jahrbuch für Wirtschaftsgeschichte, Teil 2, Berlin 1975, S. 13ff.

[36] *Marx, Karl/Engels, Friedrich*, Werke, Bd. 23, Berlin 1962, S. 404f.

[37] *Blumberg, Horst*, a. a. O., S. 106f.

Preußen u. a. schon 720 Hütten, 257 chemische Betriebe, 2061 Wollspinnereien, 798 Tuchfabriken, 608 Baumwollwebereien und 368 Papierfabriken.[38]

Neben dem quantitativen Wachstum der Fabrikindustrie kam es besonders in den vierziger Jahren in den deutschen Staaten zur Anwendung neuer Werkzeugmaschinen und Verfahren. So erlaubte die Einführung der sogenannten Vorspinnkrempel zum Beispiel in der Streichgarnindustrie eine wesentliche Vereinfachung des Fertigungsprozesses bei gleichzeitiger Hebung der Arbeitsproduktivität und der Qualität der Erzeugnisse. Im gleichen Jahrzehnt wurden in der Feinspinnerei die Jennyspinnmaschinen und die Mulespinnmaschinen durch die sogenannten Mule-Jennys abgelöst.

In der Kammgarnspinnerei waren die Waterframe und die Mule schon die Regel, die Jenny nur noch Ausnahme. Der entscheidende Fortschritt bestand in diesem Bereich jedoch in der nun einsetzenden Ablösung der Handkämmerei durch die Maschinenkämmerei.

Nicht minder große Veränderungen traten seit den dreißiger Jahren im Bereich der Appretur ein, die u. a. durch die Einführung der Hammerwalze charakterisiert waren. Über die in der Appretur erzielten Fortschritte heißt es in einem Bericht über die Entwicklung der Berliner Industrie: „Die ganze Vorbereitung der Stoffe geschah mit außerordentlicher Vollendung in künstlichen Geschwindbleichen in Chlor und in umfangreichen Appreturanstalten mit Maschinen, Vorrichtungen zum Rauhen und Scheren.“[39] Und: „An die Stelle der Handdruckerei war allgemein die Formendruckerei getreten, die . . . in ihren Leistungen den in England erfundenen Maschinendrucken kaum nachstanden. Einige Besitzer größerer Kattundruckereien, namentlich Dannenberger, Nauen und Löwe, hatten sogar angefangen das englische Druckwalzensystem einzuführen.“[40]

Über die Entwicklung der chemischen Industrie heißt es im gleichen Bericht rückschauend aus dem Jahre 1849: „Dem allgemeinen Fortschritt der Textilindustrie entsprechend, hatten sich auch die Bleich- und Appretur-Anstalten, Zeugdruckereien und Färbereien entwickelt.“[41] Und: „Außerordentlich hatte die steigende Industrie auf die Vermehrung der chemischen Fabriken hingewirkt. Von Jahr zu Jahr nahm bei vielen Fabrikationszweigen, namentlich bei der Bleicherei, Färberei, Druckerei und der Bereitung von Kurzwaren, der Bedarf an chemischen Produkten zu. Daher trat an die Stelle der im Jahre 1831 vorhandenen unbedeutenden chemischen Fabriken schnell eine Reihe bedeutender Anlagen.“[42] Obwohl chemische Betriebe in diesen beiden Jahrzehnten aus Gründen des Umweltschutzes ihren Sitz von Berlin in die weitere Umgebung der Stadt verlegen mußten, stieg die Zahl der Beschäftigten von 58 im Jahre 1837 auf 356 im Jahre 1849.[43] Die beginnende Entwicklung einer chemischen Industrie – aber auch z. B. der Metallurgie – unterstreicht die qualitativ neue Funktion, die die Naturwissenschaften nun durch die Industrielle Revolution erfahren,

[38] *Kuczynski, Jürgen*, a. a. O., Bd. 2, Berlin 1962, S. 17.

[39] Das Fabrikwesen Berlins in den Jahren 1805–1861. Besonderer Abdruck aus dem Königlichen Preußischen Staatsanzeiger, Jg. 1868, Nr. 3, 15, 22, 34, 40, 52, 98, 104, 109, 115, (im folgenden: Das Fabrikwesen Berlins), S. 16.

[40] Ebenda, S. 17.

[41] Ebenda, S. 27.

[42] Ebenda, S. 34.

[43] Ebenda.

denn die „Anwendung der Mechanik, Chemie usw., kurz der Naturwissenschaften ... wird überall bestimmend."[44]

Auch in der Seidenindustrie Berlins kam es zwischen 1830 und 1849 zu wesentlichen Veränderungen, die der schon genannte Bericht so schildert: „Allerdings waren von den kleinen Anstalten die meisten eingegangen ... dafür gab es jetzt aber einige recht bedeutende Anstalten. So beschäftigten die Unternehmer Meyer u. Söhne in ihren Fabriken in Berlin und Bernau über tausend, mehrere andere, wie Baudouin, Hitzig und Gabain, einige hundert Arbeiter. Diese Anstalten waren sämtlich mit den neuesten Vorrichtungen, namentlich Jaquard-Maschinen, versehen und wetteiferten ... mit dem Auslande."[45]

Schließlich fanden seit der zweiten Hälfte der dreißiger Jahre Maschinenwebstühle für Streichgarn und Kammgarn Eingang in die Produktion, deren Zahl sich in den vierziger Jahren langsam vermehrte. Die 2529 Webereien Preußens verfügten 1846 über 4603 mechanische Webstühle und über 78423 Handwebstühle. Bis 1849 stieg zwar die Zahl der Betriebe und der mechanischen Webstühle auf 2636 bzw. 5018 an, doch die Zahl der Handwebstühle hatte sich gleichfalls auf 79992 erhöht.[46]

Dennoch ist diese Veränderung nicht nur deshalb von großer Bedeutung, weil damit die Mechanisierung in den Bereich der Weberei eindrang, sondern auch deshalb, weil Maschinenwebstühle die Anwendung der Dampfkraft förderten und dadurch Bedingungen für die Entstehung des kompletten dreiteiligen Maschinensystems auch in der Weberei entstanden. Die sächsische Wollindustrie nutzte 1846 immerhin schon 53 Dampfmaschinen mit einer Kapazität von 538 PS.[47] In der Berliner Industrie stieg die Zahl der Dampfmaschinen von 29 mit 392 PS im Jahre 1837 auf 113 Dampfmaschinen mit 1265 PS im Jahre 1849[48], in Preußen von 423 Dampfmaschinen mit 7513 PS auf 1264 Dampfmaschinen mit 67149 PS (vgl. Tabelle 1).[49]

Tabelle 1
Verteilung der Dampfmaschinen in der deutschen Industrie

	Zahl der Dampfmaschinen			PS-Leistung		
	1837	1849	Steigerung in %	1837	1849	Steigerung in %
Bergbau	120	332	176,7	3344	13695	309,5
Metallindustrie u. Maschinenbau	62	283	356,5	1281	6652	419,3
Spinnerei u. Weberei	136	274	101,5	1683	3691	119,3
Mühlen	31	187	503,2	415	2046	393,0

Quelle: *Kuczynski, Jürgen*, Die Geschichte der Lage der Arbeiter unter dem Kapitalismus, Bd. 1, Berlin 1961, S. 158.

44 *Marx, Karl/Engels, Friedrich*, Werke, Bd. 23, S. 485.
45 Das Fabrikwesen Berlins, a. a. O., S. 46.
46 *Kuczynski, Jürgen*, a. a. O., Bd. 2, S. 18.
47 *Blumberg, Horst*, a. a. O., S. 33.
48 Das Fabrikwesen Berlins, a. a. O., S. 37.
49 *Kuczynski, Jürgen*, a. a. O., Bd. 1, S. 158.

In diesen Veränderungen der materiell-technischen Basis, die neben qualitativen Veränderungen vor allem natürlich noch auf die extensive Produktion und Ausbeutung orientiert war, liegt der Schlüssel zur Erklärung des Aufschwungs der Produktion in den vierziger Jahren, der sich u. a. in den Zahlen der Tabellen 2 und 3 niederschlägt.

Tabelle 2
Index der Maschinengarnproduktion 1839/1848
(1834/1838 = 100)

Streichgarn	120
Kammgarn	170
Baumwollgarn	178
Flachs	290

Quelle: *Blumberg, Horst*, Die deutsche Textilindustrie in der industriellen Revolution, Berlin 1965, S. 37.

Tabelle 3
Index der Webereiproduktion 1839/1848
(1834/1838 = 100)

Streichgarn	120
Kammgarn	170
Baumwolle	160
Leinen	110

Quelle: *Blumberg, Horst*, Die deutsche Textilindustrie in der industriellen Revolution, Berlin 1965, S. 39.

Das Emporschnellen der maschinellen Produktion in der Leichtindustrie, die zunehmende Verwendung der Dampfkraft in der Produktion überhaupt waren von entsprechenden Veränderungen auch im Verkehrswesen begleitet. Die Dampfkraft, in der Binnen- und Seeschiffahrt schon vordem vereinzelt genutzt, fand mit dem Mitte der dreißiger Jahre in den deutschen Staaten einsetzenden Eisenbahnbau ein neues Wirkungsfeld. Wenn auch in den vierziger Jahren noch nicht von einem Eisenbahnnetz gesprochen werden kann – es existierten bis dahin nur einzelne, in der Regel nicht miteinander verknüpfte Strecken –, so wuchs die Streckenlänge der deutschen Eisenbahnen von 549 Kilometer im Jahre 1840 auf 6044 Kilometer im Jahre 1850, das heißt auch, der deutsche Anteil an der internationalen Schienenlänge stieg von 7 Prozent auf 16 Prozent.[50] Verbrauchte der deutsche Eisenbahnbau in den Jahren von 1839 bis 1841 pro Jahr 26774 Tonnen Roheisen, so waren es in den Jahren von 1842 bis 1844 schon 49575,35 Tonnen und zwischen 1845 und 1847 116876,95 Tonnen.[51] Sowohl die Entwicklung in der Leichtindustrie als auch im Verkehrswesen konnten nicht ohne Auswirkungen auf den schwerindustriellen Sektor bleiben, obwohl die Aufhebung der Maschinenausfuhrverbote in England im Jahre 1842 Importe erleichterte. Folgerichtig begann sich in den vierziger Jahren im Entwicklungstempo der Abteilungen I und II insofern eine neue Relation anzubahnen, als die Abteilung I nun schneller zu wachsen begann als die Abteilung II. Begünstigt wurde dieser Prozeß u. a. durch den 1844 eingeführten Zollschutz für Roheisen. Die Verschiebung

[50] Ebenda, S. 160.
[51] Ebenda.

des Wachstumstempos zwischen der Produktion von Konsumtionsmitteln und von Produktionsmitteln ist ein wichtiger Indikator des Reifegrades der Industriellen Revolution. Er manifestiert den rasch wachsenden Bedarf an Eisen, Stahl, Maschinen und den endgültigen Übergang zu durchgehend aus metallischen Werkstoffen gefertigten Maschinen, er unterstreicht auch einen zunehmenden Energiebedarf.

Dies zeigen folgende Fakten. Die Roheisenproduktion entwickelte sich von 0,12 Millionen Tonnen im Jahre 1830 auf 0,17 Millionen Tonnen im Jahre 1840 und auf 0,21 Millionen Tonnen im Jahre 1850.[52] Die Kohlenproduktion stieg von 3,4 Millionen Tonnen im Jahre 1840 auf 7,0 Millionen Tonnen im Jahre 1850.[53] Die PS-Kapazität der in den deutschen Staaten installierten Dampfmaschinen betrug 1840 0,04 Millionen PS, 1850 aber 0,26 Millionen PS.[54] Welch gewichtige Rolle die Dampfkraft in der Metallindustrie zum Beispiel Berlins spielte, zeigt, daß von den für Fabrikationszwecke 1849 im Gange befindlichen 113 Dampfmaschinen „nicht weniger als 40 für die metallische Fabrikation in Thätigkeit waren."[55]

Wenn auch in den vierziger Jahren für den Maschinenbau generell der leichtindustrielle Maschinenbedarf dominierte, so mußte er sich, bedingt durch die steigenden Anforderungen aus der Schwerindustrie und dem Verkehrswesen, zunehmend von seiner handwerklichen Basis lösen. Damit bahnte sich aber jener qualitative Wandel im Maschinenbau an, der für die fabrikmäßige Produktion, für die maschinelle Produktion von Maschinen typisch ist. Alfred Schröter charakterisierte den deutschen Maschinenbau der Jahre von 1836 bis 1846 so: „In dieser Zeit entsteht die Grundlage der deutschen Maschinenbauindustrie. Sie ist durch das Vorhandensein zahlreicher größerer und vieler mittlerer Maschinenbaubetriebe charakterisiert. Die fabrikindustriell und manufakturell organisierten Betriebe beherrschen das Bild. Zwar sind die handwerklichen Betriebe noch in der Mehrzahl, jedoch nehmen ihr Anteil und ihre Bedeutung fortlaufend ab. Vom Ende dieser Etappe an kann man von der Existenz eines deutschen Maschinenbaus sprechen."[56] Über die Leistungsfähigkeit des Berliner Maschinenbaus wurde 1849 festgestellt: „Alle Arten sowohl von technischen Hülfsmaschinen, dem Hauptbestandteile jeder mechanischen Werkstätte, als andere Maschinen wurden so gearbeitet, daß selbst die englischen Fabrikate die Konkurrenz kaum ertragen konnten."[57] Gleichzeitig mußte aber darauf hingewiesen und eingeräumt werden: „Die älteren Anstalten begannen jetzt einen fabrikmäßigen Betrieb; unter den neu entstandenen nahmen die Egell'sche und die Freund'sche den ersten Platz ein ... nur in der Fertigung großer Maschinen, welche kolossale Betriebseinrichtungen erforderten, standen die Berliner Anstalten den ausländischen noch nach."[58]
In den vierziger Jahren herrschte in der Maschinenbauindustrie neben Dreh-, Bohr- und Hobelmaschinen noch die Universalmaschine vor, aber in Verbindung mit der Dampfmaschine, deren Zahl ebenso wuchs wie die Zahl der Neugründungen von Maschinenbaubetrieben. Die Produktion des Maschinenbaus läßt sich in drei Gruppen

[52] Ebenda, Bd. 1, S. 91; Bd. 2, S. 122.
[53] Ebenda, Bd. 1, S. 90; Bd. 2, S. 122.
[54] Ebenda, Bd. 1, S. 158.
[55] Das Fabrikwesen Berlins, a. a. O., S. 28.
[56] *Schröter, Alfred/Becker, Walter*, Die deutsche Maschinenbauindustrie in der industriellen Revolution, Berlin 1962, S. 111.
[57] Das Fabrikwesen Berlins, a. a. O., S. 29.
[58] Ebenda, S. 19.

gliedern: den Textilmaschinbau, den Dampfmaschinenbau und den Bau von Einrichtungen, deren der Eisenbahnbau bedurfte, und schließlich den Bau von Landmaschinen und den Gerätebau.

1833 stellte die Abteilung Handel und Fabrikation beim preußischen Finanzministerium über die Leistungsfähigkeit des Maschinenbaus und den Maschinenbedarf noch fest: „Diese Niederlassung (einer Maschinenbauanstalt – d. Vf.) ist für die diesseitige Gewerbsamkeit offenbar von dem größten Interesse, wie die tägliche Erfahrung es lehrt, bei neuen Fabrik Anlagen, wobei ein großes Bedürfnis von Maschinen besonders für die Baumwollspinnerei und Weberei, Kammgarnfabrikation eintritt, wir stets vom Auslande abhängig waren".[59] Eine analoge Einschätzung gab 1835 der Unternehmer August Jung aus Elberfeld, der, als er von einer Reise, die ihn nach England, Belgien, Frankreich und in die Schweiz geführt hatte, schrieb, er habe die Überzeugung gewonnen, „daß die zweckmäßigsten Maschinerien für die Baumwollspinnerey und Weberey nach neuester Art, ja selbst Wasserrad, Dampfmaschine und Getriebe nicht ausgeschlossen, nur aus dem Auslande bezogen werden können, indem sie zur Zeit noch in keiner vaterländischen Werkstätte so vollkommen gemacht werden."[60]

Wie sehr sich die Situation schon in der Mitte der vierziger Jahre geändert hatte, drückte sich auch in einer veränderten Zollpolitik Preußens aus. Während bis zu den vierziger Jahren Anträge von Unternehmern auf zollfreie oder eine zollbegünstigte Einfuhr von Maschinen – wenn auch nach eingehender, bürokratisch anmutender Prüfung – in der Regel sehr großzügig gehandhabt wurden, nahm nun die Zahl der ablehnenden Bescheide zu. Die Begründungen für negative Entscheidungen entsprachen grundsätzlich den folgenden Beispielen. So ließ die Königlich Technische Deputation für Gewerbe 1844 wissen: „Endlich müssen wir die Meinung des Bittstellers, wonach Maschinen wie die in Rede stehende mit allen ihren neuartigen als praktisch und tüchtig erwiesenen Verbesserungen in Preußen schwerlich schon existieren dürften, nicht allein entschieden in Abrede stellen, sondern noch hinzufügen, daß im Inlande dergleichen Maschinen eben so tüchtig und dabei wohlfeiler gebaut werden".[61]

1846 hieß es in einem analogen Zusammenhang: „Die Dampfmaschine (es handelte sich um eine importierte Dampfmaschine – d. Verf.) . . . ist einer eingehenden Prüfung unterzogen worden und es hat sich ergeben, daß Maschinen dieser Art im Inlande bereits bekannt sind und von jedem besseren Maschinenbauer hergestellt werden".[62] Wenn es den deutschen Staaten in dieser Phase der Industriellen Revolution partiell gelang, Anschluß an die Produktionstechnik der fortgeschrittenen Länder zu gewinnen, so stieg dennoch – bedingt durch die noch zu schmale Produktionskapazität des Maschinenbaus – der Maschinenimport beachtlich an. Zum anderen kann nicht übersehen werden, daß der Maschinenbau – und andere Produktionszweige – auch keineswegs von englischen Werkstoffen und Fachkräften unabhängig wurde. So berichtete eine preußische Behörde 1841 über die 1838/1839 gegründete Eisengießerei Negenborn in Danzig, daß das Unternehmen bereits „im blühenden Betriebe steht . . . weil die aus denselben hervorgehenden Arbeiten ebenso, wie die Eisengußwaren mit

[59] ZStA, Abt. II, Rep. 120, C, VII, 2, Akte Nr. 66, Bl. 9.
[60] Ebenda, Akte Nr. 63, Vol. 1, Bl. 101.
[61] Ebenda, Akte Nr. 75, Bl. 137.
[62] Ebenda, Bl. 174.

den besten englischen und schottischen derartigen Fabrikationen wetteifern."[63] Der Betrieb war jedoch nicht nur mit englischen Maschinen ausgestattet, sondern von den 104 Beschäftigten waren 14 Engländer, die die entscheidenden Positionen in der Produktion besetzten.[64] Der Betriebsleiter, ein Schotte, fuhr auf Kosten des Unternehmers regelmäßig nach England, um sich teils „mit den Fortschritten im Gebiet der Technik selbst bekannt zu machen, theils um in Schottland das rohe Material einzukaufen."[65]

Besonders nachhaltige Veränderungen vollzogen sich in der metallurgischen Industrie. Während bis 1844 die Hochofenproduktion stagnierte, wuchs sie in den vier Jahren nach Einführung des Zollschutzes für Roheisen um das Doppelte, d. h. von 171 148 Tonnen auf 229161 Tonnen.[66] Wesentliche produktionstechnische Ursache dafür war die in dieser Periode vollzogene Durchsetzung des Puddelprozesses. Das Puddelverfahren war auch insofern von großer Bedeutung, weil es technologisch den Großbetrieb erzwang und über die Konzentration der Produktion zu der für den vormonopolistischen Kapitalismus typischen Konzentration auch der Arbeitskräfte führte. So verfügte die Hermannhütte, 1839 gegründet, zehn Jahre später bereits über 42 Puddelöfen, 348 Walzen, eine Maschinenbauwerkstatt und mehr als 800 Arbeitskräfte.[67] Zum anderen machte sich in der Metallurgie insofern eine weitere Neuerung bemerkbar, als der Kokshochofen in die Produktion einzudringen begann und damit die Ablösung des Puddelverfahrens ankündete. Von den 124 Hochöfen der Saar waren 1847 schon ein Drittel Kokshochöfen.[68] Auch der Bergbau unterlag wesentlichen Veränderungen durch die verstärkte Nutzung von Kraftmaschinen, deren Bedeutung vor allem darin bestand, daß sie eine quantitative Ausdehnung des Abbaus ermöglichten und dadurch Bedingungen für die Deckung des steigenden Bedarfs an bergbaulichen Produkten entstanden.

Der schwerindustrielle Maschinenbedarf, gepaart mit dem des Verkehrswesens, stellte an den Maschinenbau neue Ansprüche, die nur auf der Basis der maschinellen Produktion von Maschinen gedeckt werden konnten. So hatte zum Beispiel die Firma Borsig, 1837 mit 50 Arbeitskräften gegründet, in den ersten zwölf Jahren ihres Bestehens die Zahl der Arbeitskräfte nicht nur auf etwa 800 gesteigert, sondern u. a. 65 Dampfmaschinen und 90 Lokomotiven produziert.[69]

Die Deckung des rasch ansteigenden schwerindustriellen Bedarfs konnte nur bedingt durch Importe gedeckt werden. Der Maschinenbauindustrie bot sich hier eine enorme Chance. In einem Bericht über die Entwicklung der Berliner Industrie heißt es dazu: „Minder drückend als auf die vorher angeführten Zweige des Maschinenbaus (gemeint ist der Leichtmaschinenbau – d. Vf.) wirken diese Uebelstände auf diejenigen Anstalten, die sich mit der Anfertigung von Dampfmaschinen, ferner von Maschinen für Hütten-, Eisenbahn- und Werkstatt-Betrieb beschäftigen, da diese kostbaren Maschinen nicht mit einer so bedeutenden Conkurrenz im Inlande zu kämpfen haben, wie bei den leichteren Maschinen, und sodann weil die Besteller bei

[63] Ebenda, Rep. 120, D, XIV, 1, Akte Nr. 13, Vol. 1, Bl. 183.
[64] Ebenda, Bl. 187.
[65] Ebenda, Bl. 188.
[66] *Mottek, Hans*, Wirtschaftsgeschichte Deutschlands, Bd. 2, Berlin 1969, S. 180.
[67] Ebenda, S. 177.
[68] Ebenda, S. 179.
[69] Das Fabrikwesen Berlins, a. a. O., S. 29.

Beschaffung derartig großer Werke eine persönliche Garantie verlangen, welche die ausländischen Maschinen-Fabriken in gleichem Maße nicht gewähren, endlich, weil diese Maschinen den Localitäten angepaßt werden müssen, und deshalb mit größerem Risiko vom Auslande bezogen würden.“[70]

So wurde der Übergang zur maschinellen Produktion von Maschinen eine der Grundvoraussetzungen für den weiteren stetigen Verlauf der Industriellen Revolution. Das für diese Phase der Industriellen Revolution typische Übergreifen der Ablösung der Handarbeit durch die Maschinenarbeit auf weitere Bereiche der materiellen Produktion, die Ersetzung der natürlichen Kräfte durch die Dampfkraft auch im Verkehrswesen, die beginnende Mechanisierung der Agrarproduktion, die verstärkte Ausnutzung chemischer, chemo-thermischer und chemo-physikalischer Verfahren in den Bereichen, in denen der Einsatz von Werkzeugmaschinen technologisch nicht möglich war, bewirkten auch eine nachhaltige Veränderung der Klassenstruktur. Die Zahl der nichtlandwirtschaftlichen Arbeiter erhöhte sich bis zum Vorabend der Revolution von 1848 auf etwa eine Million.[71] Gleichzeitig stieg die Streikaktivität gewaltig an. Sind aus den Jahren von 1831 bis 1840 neun Streiks bekannt, so aus der Zeit von 1841 bis 1850 bereits 89.[72] Diese Streiks richteten sich gegen fallende Reallöhne, steigende Arbeitszeiten, gegen das betriebliche Strafsystem etc. Sie waren deshalb der erste Anstoß auf dem Wege zur Beseitigung jener Phase der kapitalistischen Ausbeutung und Produktion, die vorrangig extensiv orientiert war. Auch qualitativ gewann die sich formierende Arbeiterklasse. Der Gründung des Bundes der Gerechten im Jahre 1836 folgte 1847 die Bildung des Bundes der Kommunisten, der ersten deutschen proletarischen Kampfpartei. Wie gefürchtet das Proletariat jener Jahre von den Herrschenden schon war, mögen folgende Passagen aus einem Schreiben des Berliner Polizeipräsidenten vom 11. Oktober 1845 an das preußische Finanzministerium veranschaulichen, in dem sich das Polizeipräsidium gegen die Gründung einer Spinnerei wandte. Es heißt dort: „Durch den ungewissen und in den meisten Fällen für die hiesigen Verhältnisse nicht einmal ausreichenden Lohn wird ein Haufen von Proletariern herangebildet, welche nirgend, am wenigsten aber hier in der Residenz gewünscht werden kann. Noch in der neuesten Zeit sind bei den Kattundruckern, welche doch schon mehr Kunstfertigkeit und eine festere Stellung besitzen, als die Arbeiter an den Spinnmaschinen, bedenkliche Symptome gefährlicher Coalitionen bemerkbar geworden . . . Das Polizeipräsidium darf insbesondere nicht wünschen, daß hier eine große Spinnerei angelegt wird, da die Erfahrung mit diesen Anstalten in Schlesien und am Rhein die Befürchtung rechtfertigen, daß der Betrieb derselben den gefährlichsten Fluktuationen entgegenführt.[73]

Raum für die weitere Entfaltung des bis dahin entstandenen Niveaus der gesellschaftlichen Produktivkräfte entstand im Ergebnis der bürgerlich-demokratischen Revolution von 1848. Sie hinterließ zwar zunächst politisch eine konterrevolutionäre Adelsherrschaft, führte aber zu einem ökonomischen und schließlich auch zu einem politischen Erstarken der Industriebourgeoisie und zum weiteren quantitativen und

[70] Stadtarchiv Berlin, Bestand: Corporation der Berliner Kaufmannschaft (im folgenden: Corporation), Akte Nr. 1181, Bl. 19.
[71] *Kuczynski, Jürgen*, a. a. O., Bd. 1, S. 222.
[72] Ebenda, Bd. 1, S. 140, 189, 193; Bd. 2, S. 28, 98.
[73] ZStA, Abt. II, Rep. 120, D, VI, 2, Akte Nr. 19.

qualitativen Erstarken der Arbeiterklasse. Zu den Früchten der Revolution im Sinne der Freisetzung von Stimuli für die weitere Entfaltung der Produktivkräfte gehörten u. a. eine liberalere Wirtschaftsgesetzgebung, das sogenannte Miteigentümergesetz, die verstärkte Freisetzung von Arbeitskräften aus der Landwirtschaft und die Schaffung des Ministeriums für Handel, Gewerbe und öffentliche Arbeiten. Damit entstanden weitere wesentliche Begünstigungen für die Fortentwicklung der bürgerlichen Produktionsverhältnisse, die qualitative Veränderungen im System der gesellschaftlichen Produktivkräfte ermöglichten und eine neue, die abschließende Periode der Industriellen Revolution in den deutschen Staaten einleiteten, eine Periode, die – bei dem gegebenen Forschungsstand – in den sechziger Jahren endete.

Die Vollendung der Industriellen Revolution
(Vom Beginn der fünfziger Jahre bis zu den sechziger Jahren)

Schon am Ende der vierziger Jahre waren Zeichen einer Krise in der Entwicklung der Industriellen Revolution sichtbar geworden. Die sich formierende Arbeiterklasse setzte sich immer nachdrücklicher gegen die extensiven Formen ihrer Ausbeutung durch die Bourgeoisie zur Wehr. Die Bourgeoisie konnte aber nur dann zu neuen – den intensiven – Methoden der Ausbeutung finden, wenn sie die technologischen Bedingungen für die intensive Produktion schuf. Diese setzte u. a. den Übergang zur maschinellen Produktion von Maschinen voraus. Die – wenn auch bescheidenen – Veränderungen in Basis und Überbau, die im Gefolge der bürgerlich-demokratischen Revolution entstanden waren, so auch durch Erleichterungen bei der Gründung von Aktiengesellschaften, begünstigten den erneuten qualitativen Wandel des Systems der gesellschaftlichen Produktivkräfte. Die Industrielle Revolution in den deutschen Staaten trat in jene Phase ein, die Karl Marx so charakterisierte. „. . . auf einer gewissen Entwicklungsstufe geriet die große Industrie auch technisch in Widerstreit mit ihrer handwerks- und manufakturmäßigen Unterlage. Ausreckung des Umfangs der Bewegungsmaschinen, des Transmissionsmechanismus und der Werkzeugmaschinen, größere Komplikation, Mannigfaltigkeit und strengere Regelmäßigkeit ihrer Bestandteile, im Maße wie die Werkzeugmaschine sich von dem handwerksmäßigen Modell, das ihren Bau ursprünglich beherrscht, losriß und eine freie, nur durch ihre mechanische Aufgabe bestimmte Gestalt erhielt, Ausbildung des automatischen Systems und stets unvermeidlichere Anwendung von schwer zu bewältigendem Material, z. B. von Eisen statt Holz – die Lösung aller dieser naturwüchsig entspringenden Aufgaben stieß überall auf die persönlichen Schranken. . .“[74] Und: „Die furchtbaren Eisenmassen aber, die jetzt zu schmieden, zu schweißen, zu schneiden, zu bohren und zu formen waren, erforderten ihrerseits zyklopische Maschinen, deren Schöpfung der manufakturmäßige Maschinenbau versagte. Die große Industrie mußte sich also ihres charakteristischen Produktionsmittels, der Maschine selbst, bemächtigen und Maschinen durch Maschinen produzieren. So erst schuf sie ihre adäquate technische Unterlage und stellte sich auf ihre eignen Füße.“[75]

[74] *Marx, Karl/Engels, Friedrich*, Werke, Bd. 23, S. 403f.
[75] Ebenda, S. 405.

Das aber bedeutete, daß die Maschinenarbeit nunmehr Bereiche wie den Maschinenbau und die Metallurgie – auch über chemo-thermische Umwälzungen – erfaßte. Ursächlich für diese Veränderungen war der generell rasch ansteigende Maschinenbedarf. Wenn der schwerindustrielle Maschinenbedarf seit den fünfziger Jahren bestimmend wurde, so darf nicht verkannt werden, daß auch in der Leichtindustrie, vor allem aber in der Textilindustrie, der Prozeß der Mechanisierung der Produktion weiter rasche Fortschritte machte. So stieg zum Beispiel die Garn- und Wollproduktion in den Jahren von 1850 bis 1857 um etwa 100 Prozent. Immer weitere Bereiche und Teilbereiche unterlagen der maschinellen Produktion. Besondere Beachtung verdient in diesem Zusammenhang die zunehmende Mechanisierung der Weberei, besonders auch deshalb, weil sie eng mit der Anwendung der Dampfkraft verbunden war. Verfügte die sächsische Wollindustrie 1846 über 53 Dampfmaschinen mit einer Kapazität von 538 PS, so waren es zehn Jahre später schon 179 Dampfmaschinen mit 1796 PS und 1861 276 Dampfmaschinen mit 3313 PS.[76]

Trotz dieser Fortschritte in der mechanischen Weberei verschoben sich die Relationen zwischen Handweberei und Maschinenweberei noch relativ langsam (siehe Tabelle 4).

Tabelle 4
Webstühle in preußischen Fabriken

	1849	1855	1861
Mechanische Webstühle	5018	6178	15258
Handwebstühle	79992	53358	28012

Quelle: Kuczynski, Jürgen, Die Geschichte der Lage der Arbeiter unter dem Kapitalismus, Bd. 2, Berlin 1962, S. 18.

Allgemein ist jedoch trotz des langsamen Durchsetzens der mechanischen Weberei und des Selfactors ein weiteres Ansteigen der Produktion und der Fabrikbildung zu konstatieren, das vorrangig auf dem Einsatz besserer Spinnmaschinen und verbesserter Dampfmaschinen beruhte. Der deutsche Baumwollverbrauch stieg von 46 Millionen englischer Pfund im Jahre 1850 auf 140 Millionen englische Pfund im Jahre 1860.[77]

Schon 1857 konnte für die Berliner Wirtschaft konstatiert werden: „Erst seit dem Jahre 1852 hat man hier begonnen, sowohl die besseren glatten Stoffe, als auch alle Arten von Nouveautés zu arbeiten, welche früher bezogen wurden, jetzt rivalisieren die hier gefertigten Stoffe mit den besten des In- und Auslandes und haben das Vorurtheil,welches sonst für das fremde Fabrikat bestand, glücklich besiegt."[78] Und: „Umfangreiche Aufträge für das In- und Ausland sicherten den Fabriken Beschäftigung".[79]

Selbst für die Berliner Seidenproduktion konnte 1856 gesagt werden: „Besonders bedeutend war das Jahr über das Geschäft in seidenen Waaren, wo der Bedarf unge-

[76] *Blumberg, Horst,* a. a. O., S. 93

[77] *Kuczynski, Jürgen,* a. a. O., Bd. 2, S. 15.

[78] Bericht über den Handel und die Industrie von Berlin im Jahre 1857, erstattet von den Ältesten der Kaufmannschaft von Berlin, S. 34.

[79] Ebenda, S. 35.

achtet der hohen Seidenpreise stieg, und besonders erfreulich ist die Erscheinung, daß in diesen Waaren, wie bereits länger in baumwollenen und wollenen Manufakturen, die inländische Betriebsamkeit und Erfindungsgabe ... mit den auswärtigen Fabrikaten immer erfolgreicher concurriert."[80]

Den qualitativen Sprung, der sich im Prozeß der Industriellen Revolution in diesen Jahrzehnten vollzog, zeigt die PS-Leistung der in den deutschen Staaten installierten Dampfmaschinen (siehe Tabelle 5).

Tabelle 5
Dampfmaschinen
(in Mio PS)

1840	0,04
1850	0,26
1860	0,85
1870	2,48

Quelle: Kuczynski, Jürgen, Die Geschichte der Lage der Arbeiter unter dem Kapitalismus Bd. 2, Berlin 1962, S. 13 und 122.

Welches Ausmaß die Nutzung der Dampfkraft in der schwerindustriellen Produktion erfuhr, unterstreicht die Verteilung der Dampfmaschinen in der Industrie Preußens (siehe Tabelle 6).

Tabelle 6
Dampfmaschinen in der preußischen Industrie

Jahr	Bergbau u. Hütten		Textil-industrie		Maschinen-bau		Gesamt-industrie	
	Zahl	PS	Zahl	PS	Zahl	PS	Zahl	PS
1849	332	13695	274	3691	91	1354	1445	29483
1855	569	24748	443	6929	201	2048	3050	61960
1861	1528	60387	738	16152	373	4139	6669	137377

Quelle: Kuczynski, Jürgen, Die Geschichte der Lage der Arbeiter unter dem Kapitalismus, Bd. 2, Berlin 1962, S. 17.

Wenn der Maschinenimport bei der Bewältigung der Anforderungen der Industrie eine beachtliche Rolle spielte, so wirkten sich die Veränderungen in der materiell-technischen Basis nachhaltig auf den deutschen Maschinenbau aus. Empfing der Maschinenbau bis dahin seine Impulse vor allem von der Textilindustrie und dem Eisenbahnbau, so erhielt er sie jetzt aus dem schwerindustriellen Sektor. Dampfmaschinen, Förderanlagen, Pumpen, Gebläse, hydraulische Einrichtungen, Luppenwalzen, Werkzeugmaschinen, Puddelöfen, Kokshochöfen bestimmten seine Produktion. Daneben verstärkte sich der Landmaschinenbau, setzte der Bau von Zuckerfabriken und Brennereien ein. Zum anderen hatte er den Bedarf der aufkommenden chemischen Industrie an Dampfmaschinen, Apparaten und Instrumenten zu decken.

80 Bericht über den Handel und die Industrie von Berlin im Jahre 1856, erstattet von den Ältesten der Kaufmannschaft von Berlin, S. 35

Bewältigt wurde diese Aufgabe sowohl durch die quantitative Ausdehnung der Zahl der Maschinenfabriken wie auch durch die Vervollkommnung des dreiteiligen Maschinensystems. Die fünfziger Jahre brachten für den Maschinenbau den Sieg der Dampfmaschine. Gab es im preußischen Maschinenbau des Jahres 1849 erst 91 Dampfmaschinen, so stieg deren Zahl bis 1858 auf 279.[81] Gleichzeitig kam es zu einer massenhaften Anwendung – und damit zur Verdrängung der Handarbeit – von verbesserten Hobel- und Bohrmaschinen, zur Verfeinerung der Universalmaschinen, zu einem weiteren Vordringen der Spezialmaschine. Die Fräsmaschine setzte sich durch, Vertikal-, Radial-, Zylinder- und Landlochbohrmaschinen fanden Eingang in die Produktion, Drehbänke mit selbsttätigem Planzug traten zunehmend in Erscheinung. Die Qualität der Erzeugnisse wuchs so beachtlich, daß ein partieller Maschinenexport möglich wurde. Im Bericht der Kaufmannschaft von Berlin heißt es über die Jahre 1850 und 1851 u. a.: „. . . so findet hier nur die allgemeine Bemerkung Platz, daß sich das Maschinenbaufach in allen seinen Zweigen auf die blühendste und erfolgreiche Weise in Berlin entwickelt hat, und daß die hiesigen Anstalten sich einen solchen Namen erworben, daß England und Nordamerika mit Achtung und hoher Anerkennung auf sie blicken und ein ansehnlicher Theil des europäischen Continents Bestellungen hierher gelangen läßt."[82] Schon zu Beginn der fünfziger Jahre wurden Erzeugnisse des Berliner Maschinenbaus in alle Zollvereinsstaaten, nach Österreich, Rußland und Schweden exportiert. Zu den bevorzugten Exportgütern gehörten Textilmaschinen, Druckmaschinen, Lokomotiven, Mühlenwerke und Maschinen für die Rübenzuckerproduktion und für Brennereien.[83] Wie der Berliner Maschinenbau florierte, zeigt auch die Zahl der Beschäftigten, die von 9014 im Jahre 1855 auf 10242 im Jahre 1856 anstieg.[84]

War die progressive Entwicklung des Maschinenbaus einerseits verursacht durch den Bedarf anderer Bereiche der schwerindustriellen Produktion, so initiierte sie natürlich umgekehrt Anforderungen an diese Produktionszweige. So besonders an den Bergbau und die Metallurgie, die gleichfalls sowohl von der Leichtindustrie, dem Verkehrswesen und der chemischen Industrie gefordert wurden.

Während die Kohlenproduktion zwischen 1850 und 1860 von 7 Millionen Tonnen auf 17 Millionen anstieg und im folgenden Jahrzehnt 34 Millionen Tonnen erreichte, lagen die analogen Werte für die Roheisenproduktion bei 0,21 Millionen Tonnen bzw. bei 0,55 und 1,39 Millionen Tonnen.[85] 1851 wurde über den Steinkohlenbedarf Berlins gesagt: „Seitdem Berlin zu einer so bedeutenden Fabrikstadt herangewachsen ist, seitdem es eine so große Anzahl von Maschinenbauanstalten, fünf Eisenbahnen . . . hat entstehen sehen, hat der Verbrauch an Steinkohle hier so ungemein zugenommen, daß man als den jährlichen Bedarf Berlins wohl eine Summe von anderhalb bis zwei Millionen Lasten davon annehmen kann."[86]

[81] *Schröter, Alfred/Becker, Walter*, a. a. O., S. 180.

[82] Bericht über den Handel und die Industrie von Berlin in den Jahren 1850 und 1851, erstattet von den Ältesten der Kaufmannschaft von Berlin, S. 55.

[83] Bericht über den Handel und die Industrie von Berlin in den Jahren 1852 und 1853, erstattet von den Ältesten der Kaufmannschaft von Berlin, S. 34.

[84] Bericht über den Handel und die Industrie von Berlin im Jahre 1856, erstattet von den Ältesten der Kaufmannschaft von Berlin, S. 15.

[85] *Kuczynski, Jürgen*, a. a. O., Bd. II, S. 122.

[86] Bericht über den Handel und die Industrie von Berlin in den Jahren 1850 und 1851, erstattet von den Ältesten der Kaufmannschaft von Berlin, S. 36.

Die Steigerung der Kohlenproduktion beruhte weiterhin auf dem verstärkten Einsatz technischer Mittel wie Dampfmaschinen, Pumpen und moderner Förderanlagen und der dadurch möglichen quantitativen Ausdehnung des Bergbaus. Im Bereich der Metallurgie traten dagegen zum Teil wiederum neue Verfahren auf. Besonders gravierend erwies sich in der Metallurgie die in den fünfziger Jahren beginnende Durchsetzung des Kokshochofens, weil dieses Produktionsverfahren neben qualitativen Verbesserungen der Erzeugnisse geeignet war, den Erfordernissen der industriellen Entwicklung gerecht zu werden. Allein in den Jahren von 1851 bis 1856 wuchs der Anteil der Kokshochöfen, gemessen an der Gesamtzahl der Hochöfen Preußens, von 25,6 Prozent auf 56,7 Prozent.[87] Die Jahresleistung eines Arbeiters stieg in den Jahren von 1852 bis 1858 von 421 Zentnern auf 558 Zentner.[88]

Dennoch stellte der Bericht der Ältesten der Berliner Kaufmannschaft für das Jahr 1855 fest: „Größer noch würde der Verbrauch des Eisens gewesen sein, wenn das von der englischen Regierung erlassene Ausfuhrverbot viele, besonders für den Maschinen- und Schiffsbau wichtigen Sorten Eisen und Eisenplatten nicht sehr nachtheilig auf den deutschen Eisenhandel gewirkt hätte. Die deutschen Eisenwerke waren, selbst bei der größten Anstrengung, nicht im Stande, den Bedarf zu befriedigen, welcher Umstand vielen Maschinenfabriken die Erfüllung ihrer Contrakte unmöglich machte".[89]

Ein Jahr später heißt es: „Daß die deutschen Eisenwerke bei dem fortwährenden Aufschwung der Maschinenbau-Fabriken und des Schiffbaues den Bedarf nicht decken können, liegt auf der Hand. Englisches und schwedisches Eisen wird ungemein stark verbraucht."[90]

In diese Phase des Aufschwungs, in die die Entstehung eines deutschen Eisenbahnnetzes mit internationalen Verbindungen ebenso fiel wie die Einführung der drahtlosen Telegraphie, in der „die Industrie 1857 ihren Bestand an Maschinen weit über das Bedürfnis eines gewöhnlichen Verkehrs hinaus vermehrt hatte"[91], brach folgerichtig 1857 die erste in den deutschen Staaten organisch gewachsene zyklische Überproduktionskrise herein. Ein zeitgenössischer deutscher Bericht schildert sie so: „Durch ihre große Verbreitung steht die Krisis von 1857 einzig in der Geschichte des Handels da. Kein Land, kein Handelsstand konnte unter diesen Umständen dem anderen Hilfe bringen, überall hatte man mit eigener Noth zu kämpfen und alle Kräfte zur Selbsterhaltung anzustrengen."[92]

Diese erste bodenständige zyklische Überproduktionskrise in den deutschen Staaten war in vieler Hinsicht ein für die Entwicklung der Industriellen Revolution tiefgreifendes Ereignis. Bis dahin war die Wirtschaft zwar auch von den zyklischen Krisen des Kapitalismus betroffen worden, diese Krise aber war Ausdruck des eigenen Ent

87 *Mottek, Hans*, a. a. O., S. 180

88 Ebenda.

89 Bericht über den Handel und die Industrie von Berlin im Jahre 1855, erstattet von den Ältesten der Kaufmannschaft von Berlin, S. 17.

90 Bericht über den Handel und die Industrie von Berlin im Jahre 1856, erstattet von den Ältesten der Kaufmannschaft von Berlin, S. 14.

91 Bericht über den Handel und die Industrie von Berlin im Jahre 1858, erstattet von den Ältesten der Kaufmannschaft von Berlin, S. 19.

92 Bericht über den Handel und die Industrie von Berlin im Jahre 1857, erstattet von den Ältesten der Kaufmannschaft von Berlin, S. 1.

wicklungsstandes der Produktivkräfte, die in Widerspruch mit den Produktionsverhältnissen geraten waren. Einen Widerspruch, der eine gewaltsame Lösung erzwang. Zum anderen stellte die Krise ein untrügliches Kennzeichnen dafür dar, daß die ökonomischen Gesetze des Kapitalismus der freien Konkurrenz voll wirksam waren. Damit kündete sich das Ende der Industriellen Revolution an. Schließlich forcierte sie in ihrem Ergebnis den allgemeinen Übergang von den extensiven Methoden der Produktion und der Ausbeutung zu den intensiven Methoden eines Prozesses, für den durch den in den fünfziger Jahren eingeleiteten Übergang zur maschinellen Produktion von Maschinen die notwendigen Voraussetzungen entstanden waren. Wie jede zyklische Krise war auch die von 1857 „Ausgangspunkt einer großen Neuanlage"[93] von fixem Kapital. Dennoch war die Neuanlage von fixem Kapital, die nach der Krise von 1857 stattfand, in den deutschen Staaten von besonderer Natur. Die deutsche Industriebourgeoisie war, besonders in der Schwerindustrie, ähnlich wie die Englands um 1830 und die Frankreichs um 1848 an die Grenzen der Möglichkeiten der extensiven Ausbeutung gelangt. Der Arbeitstag von 12, 14 und mehr Stunden ließ sich nicht mehr verlängern. Eine weitere Senkung der Reallöhne, die die physische Existenz der Arbeiterklasse bedroht hätte, war angesichts des seit 1848 einsetzenden Widerstandes der Arbeiterklasse nicht mehr möglich. Die Zahl der Streiks erhöhte sich besonders um 1857 sprunghaft. Von den 106 Streiks der Jahre von 1850 bis 1859 entfielen 41 auf das Jahr 1857.[94] Die Forderungen der Arbeiterklasse richteten sich besonders auf höhere Reallöhne und kürzere Arbeitszeiten. Die erzielten Lohngewinne konnten aber aus der Sicht der Mehrwertgewinnung nur durch die Erhöhung der Arbeitsproduktivität und der Arbeitsintensität erzielt werden. Das jedoch beschwor die Gefahr einer weiteren Verschärfung des proletarischen Klassenkampfes herauf. Deshalb zog es die Bourgeoisie vor, auf die Reduzierung der Arbeitszeit und die Erhöhung der Reallöhne einzugehen und gleichzeitig sich durch die zielstrebige Nutzung der modernsten Produktionstechnik auf die Gewinnung des relativen Mehrwertes zu orientieren. Allgemein drückte sich dieser im Gefolge der Krise einsetzende Prozeß dadurch aus, daß nicht vor allem mehr, sondern qualitativ bessere Maschinen in den Produktionsprozeß einbezogen wurden, daß in jenen Bereichen der Volkswirtschaft, in denen die Mechanisierung der Produktion bis dahin schwach entwickelt war, das dreiteilige Maschinensystem zügig erweitert wurde und die Mechanisierung der Produktion auch die zurückgebliebenen Landesteile erfaßte. Mit diesem Wechsel in den Produktions- und Ausbeutungsmethoden erhoffte die Industriebourgeoisie gleichfalls — und durchaus zu Recht — international konkurrenzfähig zu werden.

In der Leichtindustrie — und hier wieder besonders in der Textilindustrie — wurde in jenen Jahren die maschinelle Produktion in einem Ausmaß entwickelt, das zu der Feststellung berechtigt, daß in den schziger Jahren die maschinelle Produktion volkswirtschaftlich bestimmend wurde. Selbst in der Flachsspinnerei setzte sich die Maschine durch. Die Erfolge, auch unter dem Aspekt der Ausschaltung der ausländischen Konkurrenz, blieben nicht aus. So heißt es im Bericht der Ältesten der Berliner Kaufmannschaft für das Jahr 1860: „Die zollvereinsländischen einfachen Garne gewannen mehr und mehr Anerkennung und Verbreitung, und konnten nicht nur mit den englischen Gespinnsten, von denen sie viele Sorten aus dem Markt verdrängt

[93] *Marx, Karl/Engels, Friedrich,* Werke, Bd. 24, Berlin 1963, S. 186.
[94] *Kuczynski, Jürgen,* a. a. O., Bd. 2, S. 38.

haben, concurrieren, sondern sogar über Hamburg exportiert werden."[95] Zur Kammgarnproduktion wird 1867 gesagt: „Die französischen Spinner suchen hier ein Feld für ihre Garne zu erringen, doch werden bei gleichen Preisen deutsche Kammgarne vorgezogen."[96]

Obwohl der mechanische Webstuhl auch schon vordem in der Textilindustrie eine Rolle gespielt hatte, trat erst nach der Krise von 1857 ein sichtbarer Aufschwung ein. Dabei muß gesehen werden, daß es sich nicht einfach um mechanische Webstühle mit Dampfbetrieb handelte, sondern diese Maschinen ständigen Verbesserungen unterlagen. Gleichzeitig ist es von Interesse, daß der Staat, der am Ende der vierziger Jahre immer unwilliger die zollfreie bzw. zollermäßigte Einfuhr von Maschinen vornahm bzw. sie ablehnte, nunmehr wieder positiver und ohne jede Verpflichtung für den Einkäufer auf derartige Anträge reagierte. So lesen wir in einem entsprechenden Bericht aus dem Jahre 1861 für Berlin: „Aus dem gleichen Grunde (um gegen die englische Produktion konkurrenzfähig zu bleiben – d. Vf.) hat sich auch ein Theil der hiesigen Fabrikanten veranlaßt gesehen, mechanische Webereien einzurichten, und es hat sich auch bewährt, daß das Fabrikat den Vorzug vor Handweberei verdient ... und die königliche Regierung hat mit großer Bereitwilligkeit die Einführung der neuen Maschinen aus England zu ermäßigten Zollsätzen gestattet."[97] Damit hatte der Staat seine Haltung zur Handweberei, die M. Reichenheim in seiner Eigenschaft als preußisches Mitglied der internationalen Jury bei der Pariser Ausstellung von 1856 in einem Bericht an das Ministerium für Handel, Gewerbe und öffentliche Arbeiten mit folgenden Worten geschildert hat, korrigiert. Reichenheim schrieb: „Schwer hat man sich in Deutschland entschließen können zur mechanischen Weberei überzugehen. Man hat vielmehr unter schwierigsten Verhältnissen die Handweberei zu erhalten gesucht, bis fast der größte Theil der Baumwollen-Weberei in Verfall kam, oder bis zu einem Punkte des Jammers für die damit beschäftigten Weber."[98] Und: „Deutschland hat auch in der Baumwollen-Weberei dem alten Schlendrian nicht entsagen können."[99]

So gewichtig die Veränderungen in allen Bereichen der Leichtindustrie waren, wesentlich ist, daß durch den Übergang zu intensiven Methoden der Produktion und der Ausbeutung der noch in den fünfziger Jahren gegebene Gegensatz zwischen der Arbeitsleistung in der Abteilung I und der Abteilung II durch die Einführung moderner Produktionstechniken und Verfahren sich zu verflachen und zu schwinden begann. Die Nivellierung dieses Gegensatzes durch die rasch steigende Produktivität in der Schwerindustrie führte zu einem gleichmäßigen Wachstum der Arbeitsleistung sowohl in der Leicht- als auch in der Schwerindustrie und damit zur vollen Herausbildung der beiden Grundabteilungen der Produktion. Dadurch wurde ein weiterer Teilprozeß der Industriellen Revolution vollendet, trat ein weiteres Merkmal ihres Endes auf. Die volle Ausbildung der Abteilung I und II schuf in der materiell-technischen Basis

95 Bericht über den Handel und die Industrie von Berlin im Jahre 1863, erstattet von den Ältesten der Kaufmannschaft von Berlin, S. 68.

96 Bericht über den Handel und die Industrie von Berlin im Jahre 1867, erstattet von den Ältesten der Kaufmannschaft von Berlin, S. 54.

97 Bericht über den Handel und die Industrie von Berlin im Jahre 1862, erstattet von den Ältesten der Kaufmannschaft von Berlin, S. 53.

98 Stadtarchiv Berlin, Bestand: Corporation, Akte Nr. 335, Bl. 193.

99 Ebenda, Bl. 192.

des vormonopolistischen Kapitalismus die ihm „adäquate technische Unterlage“[100] im Rahmen der gesamten Volkswirtschaft.

Wie im vergangenen Jahrzehnt stieg im Bergbau der sechziger Jahre die Arbeitsproduktivität – neben der Steigerung der Intensität der Ausbeutung – durch das weitere Wachstum der Ausnutzung der Dampfkraft in der Wasserhaltung und der Förderung weiter an, ohne daß der eigentliche Abbau wesentliche technische Veränderungen erfuhr. Die seit den fünfziger Jahren entstandenen Großbetriebe im Bergbau steigerten dennoch ihre Produktion enorm. Wurden in den deutschen Staaten 1860 17 Millionen Tonnen Kohle produziert, so waren es zehn Jahre später bereits 34 Mio. Tonnen.[101]

In der Metallurgie dagegen wurden die Holzkohlehochöfen in den sechziger Jahren durch verbesserte Kokshochöfen fast völlig verdrängt. Machte der Anteil der Kokshochöfen in Preußen 1860 70 Prozent aller Hochöfen aus, so waren es 1869 87,6 Prozent.[102] Das 1856 entwickelte Windfrischverfahren Bessemers und der 1867 geschaffene Siemens-Martin-Ofen begannen sich sehr rasch durchzusetzen und das technologische Bild zu bestimmen. Die Steigerung der Flußstahlproduktion auf dem Gebiet des Zollvereins von 34259 Tonnen auf 161829 Tonnen in den Jahren von 1861 bis 1869 war nur durch die Nutzung des Bessemerverfahrens möglich.[103] Gleichzeitig begann mit dem Bessemerverfahren die Ära der Stahlproduktion. Dies wiederum verlangte neue Verformungsmethoden und entsprechende Produktionsmittel. Zum anderen entstand die Notwendigkeit einer stärkeren wissenschaftlichen Durchdringung der Technologie. In den Berichten der Berliner Kaufmannschaft drücken sich die Umwälzungen in der Metallurgie u. a. so aus:

1858: „Gußstahl wird noch immer von England in mäßigen Quantitäten eingeführt; man fängt indeß auch an, vielen deutschen Stahl zu verarbeiten, – ein erfreuliches Zeichen für die Vervollkommnung dieses Industriezweiges.“[104]

1860: Import „von englischem Walzeisen hat im Jahre 1860 fast gänzlich aufgehört und nur bestes Staffordshire Eisen wurde in mäßigen Partien eingeführt.“[105]

1863: „Der inländische Stahl nimmt in erfreulicher Weise von Jahr zu Jahr an Güte zu und wenn er auch dem englischen in dieser Beziehung noch nicht gleich steht, so dürfte es doch nicht allzu lange mehr währen, bis die rheinischen Fabriken, deren Zahl sich im verflossenen Jahre wieder vermehrt hat, den Vorsprung, den die Engländer durch ihre längere Erfahrung besitzen, abgewonnen haben werden.“[106]

1869: „Der Import schwedischen Eisens war nur von geringer Bedeutung und englisches Eisen kam fast gar nicht in den Handel, dasselbe wird durch den Fortschritt unserer inländischen Industrie immer mehr verdrängt.“[107]

[100] *Karl, Marx/Engels, Friedrich*, Werke, Bd. 23, S. 405

[101] *Kuczynski, Jürgen*, a. a. O., Bd. 2, S. 122.

[102] *Mottek, Hans*, a. a. O., S. 180.

[103] Ebenda, S. 179.

[104] Bericht über den Handel und die Industrie von Berlin im Jahre 1858, erstattet von den Ältesten der Kaufmannschaft von Berlin, S. 19.

[105] Bericht über den Handel und die Industrie von Berlin im Jahre 1860, erstattet von den Ältesten der Kaufmannschaft von Berlin, S. 20.

[106] Bericht über den Handel und die Industrie von Berlin im Jahre 1863, erstattet von den Ältesten der Kaufmannschaft von Berlin, S. 20.

[107] Bericht über den Handel und die Industrie von Berlin im Jahre 1869, erstattet von den Ältesten der Kaufmannschaft von Berlin, S. 30.

Der Maschinenbedarf aller wesentlichen Produktionszweige stellte – trotz des erhöhten Maschinenimports – quantitativ und qualitativ neue Anforderungen an den Maschinenbau. Der Maschinenbau wurde diesen Anforderungen besonders dadurch gerecht, daß er Maschinen produzierte, die den Anforderungen der intensiven Produktion und Ausbeutung entsprachen. Zum anderen trat die Verwendung von Spezialmaschinen an die Stelle von Universalmaschinen, entstand ein spezieller Werkzeugmaschinenbau. Gleichzeitig griff die maschinelle Fertigung auf genormte Schrauben, Muttern, Bolzen und Gewinde über, entstanden im Werkzeugmaschinenbau Ansätze der Serienproduktion. Neben der Arbeitsteilung im Gesamtmaschinenbau wurden die Werkstoffprüfungen durch Ingenieure in den Betrieben und Konstruktionsabteilungen selbstverständliche Bestandteile des Produktionsprozesses. Das dadurch gewonnene Leistungsvermögen des Maschinenbaus fand nicht zuletzt darin seinen Ausdruck, daß 1863 der Maschinenexport des Zollvereins den Maschinenimport übertraf. Die erreichte Qualität der Produktion war beachtlich. So verzichteten zum Beispiel schon Ende 1857 Unternehmer auf die Einfuhr englischer mechanischer Webstühle, wenn ihnen keine Zollfreiheit gewährt wurde.[108]

Über die Qualität der deutschen Webstuhlproduktion heißt es in einem Schreiben des preußischen Finanzministeriums an Minister von der Heydt am 2. 10. 1859, „daß mechanische Webstühle von ausgezeichneter Güte in Chemnitz gebaut würden".[109] In einer Einschätzung über die Position des Berliner Maschinenbaus bei der Londoner Ausstellung 1862 wurde u. a. hervorgehoben: „Unser Wagenbau hat sich auch auf der Londoner Ausstellung vor den Erzeugnissen fast aller anderen Länder hervorgethan, wie denn überhaupt die hiesige Maschinen-Industrie auf der Ausstellung ... eine hervorragende Stellung einnahm und zahlreiche Auszeichnungen davontrug."[110]

Die bereits im Ansatz vorhandene chemische Industrie vervollkommnete sich in den fünfziger und sechziger Jahren wesentlich. Neben die Farbchemie traten die Kalichemie und die industrielle Herstellung von Soda. So bedeutende Unternehmen wie die Farbwerke Leverkusen (1850), die Farbwerke Höchst (1862) und die Badische Anilin- und Sodafabrik (1863) wurden in diesen Jahrzehnten gegründet. Damit begann ein Industriezweig an Bedeutung zu gewinnen, dessen Entwicklung von vornherein mit der Entwicklung der Wissenschaft eng verknüpft war. Im Zusammenhang mit der Färberei stellte ein Bericht der Berliner Kaufmannschaft 1863 fest: „Die Erfindung der Anilinfarben gehört zu den einflußreichsten der Neuzeit."[111] 1861 war man hinsichtlich der Sodaproduktion zu folgender Einschätzung gekommen: „Die inländische Soda steht der englischen in keiner Beziehung nach, sie übertrifft letztere sogar meist in Folge sorgsamerer Bearbeitung an Reinheit und Weiße ... Das Haupthindernis einer noch schnelleren Ausdehnung der Soda-Fabrikation liegt in den hohen Preisen der Steinkohle, namentlich für Berlin".[112]

Die in den fünfziger und sechziger Jahren erzielten gewaltigen Fortschritte in der

108 ZStA, Abt. II, Rep. 120, C, 2, Akte Nr. 63, Vol. 4, Bl. 216.

109 Ebenda, Akte Nr. 65, Vol. 3, Bl. 24.

110 Bericht über den Handel und die Industrie von Berlin im Jahre 1862, erstattet von den Ältesten der Kaufmannschaft von Berlin, S. 32.

111 Bericht über den Handel und die Industrie von Berlin im Jahre 1863, erstattet von den Ältesten der Kaufmannschaft von Berlin, S. 68.

112 Bericht über den Handel und die Industrie von Berlin im Jahre 1861, erstattet von den Ältesten der Kaufmannschaft von Berlin, S. 31.

Entwicklung der gesellschaftlichen Produktivkräfte faßte Friedrich Engels in die Worte: „Wer Rheinpreußen, Westfalen, das Königreich Sachsen, Oberschlesien, Berlin und die Seestädte 1849 zum letztenmal gesehen hatte, erkannte sie im Jahre 1864 nicht wieder. Überall waren Maschinen und Dampfkraft eingedrungen. Große Fabriken waren größtenteils an die Stelle der kleinen Werkstätten getreten. Dampfschiffe ersetzten nach und nach die Segelschiffe, zunächst in der Küstenschiffahrt und dann im Überseehandel. Die Eisenbahnlinien vervielfachten sich, auf den Werften, in den Kohlen- und Erzgruben herrschte eine Aktivität, zu der sich die schwerfälligen Deutschen bis dahin für völlig unfähig gehalten hatten." [113] Die umfassende Mechanisierung der industriellen Produktion war nicht nur an eine Umstrukturierung der Produzenten, sondern auch an qualitativen Wandel in Anforderungen an die Produktivkraft Mensch gebunden. Während die Bevölkerung Preußens in den Jahren von 1849 bis 1861 um 13 Prozent zunahm, nahm die Zahl der in Industrie und Handwerk Tätigen um 21 Prozent, der im Maschinenbau Tätigen um 97 Prozent zu.[114]

Die mit dem Übergang zu den Formen der intensiven Produktion und Ausbeutung entstandenen Maschinensysteme stellten an einen Teil der unmittelbaren Produzenten erhöhte bildungsmäßige Anforderungen. 1835 schrieb zum Beispiel der Spinnereibesitzer Oberempt aus Rauenthal an den preußischen König: „Dem Spinner (gemeint ist der Spinnereibesitzer – d. Verf.) könnte zur strengsten Pflicht gemacht werden, die Arbeiter von Morgens Sechs bis Mittags 11 Uhr Arbeiten zu laßen, damit den Schulpflichtigen Kindern der nöthige Elementar Unterricht von Elf bis halb ein Uhr ertheilt wird, weil Sie in dieser Zeit sitzen so Ruhen Sie sich körperlich aus, dann haben Sie noch eine halbe Stunde Zeit worin Sie die frische Luft genießen nach Hause gehen Essen und um halb zwei wieder an die Arbeit gehen, bis Abends Acht oder Neun Uhr, weil Ihnen der frühe Feierabend nicht nützlich ist".[115] Ein solches Maß schulischer und beruflicher Bildung war ausreichend, wenn der Produzent rein mechanische Arbeiten bzw. einfache Kontrollfunktionen im Rahmen eines unkomplizierten Teiles des Fertigungsprozesses wahrnahm, wie ihn zum Beispiel der Berliner Fabrikant Moritz Gerhard noch 1855 beschrieb. Er charakterisierte die Tätigkeit seiner Arbeiter so: „Wie bei einer Dampfmaschine der Dampf das Räderwerk treibt, so setzt bei mir der Arbeiter den Stuhl in Bewegung, fast ohne zu wissen, welches Genre oder Defrein er produziert. Erst nachdem er ca. 1/2 Elle angefertigt, sieht er, was ihm für Arbeit auf den Stuhl gegeben."[116]

Anders war schon die Situation im Berliner Maschinenbau des gleichen Jahres. Dort hatten die Arbeiter im Verhältnis zur Provinz zehn Prozent höhere Löhne errungen. „Dieses Mißverständnis strebt Berlin durch gediegenere Arbeiten und zeitgemäße Fortschritte in der Vervollkommnung der Maschinen auszugleichen, wozu unser Platz vorzugsweise durch tüchtige Arbeitskräfte, Capital, Unternehmungsgeist und durch die Conzentration alles Neuen und Besseren befähigt und berufen ist."[117] Waren in der Periode der extensiven Produktion und Ausbeutung nur geringe schuli-

[113] *Marx, Karl/Engels, Friedrich*, Werke, Bd. 19, Berlin 1962, S. 168.
[114] *Kuczynski, Jürgen*, a. a. O., Bd. 2, S. 130.
[115] ZStA, Abt. II, Rep. 120, VI, D, 2, Akte Nr. 11, Vol. 1, Bl. 151.
[116] Stadtarchiv Berlin, Bestand: Corporation, Akte Nr. 335, Bl. 176.
[117] Bericht über den Handel und die Industrie von Berlin im Jahre 1856, erstattet von den Ältesten der Kaufmannschaft von Berlin, S. 16.

sche und berufliche Elementarkenntnisse für den Produzenten notwendig, so änderte sich das in der intensiven Periode wesentlich. Überall dort, wo komplizierte Prozesse in der Fertigung auftraten, wie im maschinellen Maschinenbau oder auch im Transport- und Nachrichtenwesen, bedurfte ein Teil der unmittelbaren Produzenten einer besseren fachlichen Ausbildung. Dabei muß gesehen werden, daß der qualitative Wandel der Vermittlung von Kenntnissen vor sich allem auf der Ebene der Fach- und Berufsschulen vollzog. Den deutschen Staaten gelang es, seit der Mitte der fünfziger und in den sechziger Jahren im Gewerbeschulwesen Anschluß an die führenden Länder zu gewinnen. Diesem seit dem Ende der vierziger Jahre zu beobachtenden Streben der Bourgeoisie kam entgegen, daß die Arbeiterklasse und ihre Organisationen gleichfalls energisch für die Verbesserung des Bildungs- und Ausbildungswesens eintraten. Während aber die Arbeiterklasse neben der fachlichen Bildung um eine wissenschaftliche Weltanschauung rang, versuchte die Bourgeoisie die Bildungseinrichtungen für die fachliche Qualifizierung und die Verbreitung ihrer Ideologie zu nutzen. Sie befand sich in diesem Streben in völliger Übereinstimmung mit dem Staat, einem Staat, der am Ende der sechziger Jahre die ökonomischen Interessen der Bourgeoisie in allen wesentlichen Fragen vertrat. Die in den fünfziger und sechziger Jahren gegründeten Unternehmerorganisationen wie der „Kongreß deutscher Volkswirte", der „Preußische Handelstag", der „Verein für die bergbaulichen Interessen" u. a. waren nicht nur Ausdruck der Konstituierung und der Organisierung der Bourgeoisie, sondern sie nahmen wesentlichen Einfluß auf den Überbau. Die Verfassung des Norddeutschen Bundes trug deutlich die Handschrift dieser Klasse, denn – so Friedrich Engels –: „Die Bundesverfassung entzog die ökonomisch wichtigsten Verhältnisse der Gesetzgebung der Einzelstaaten und wies ihre Regelung dem Bunde zu: gemeinsames Bürgerrecht und Freizügigkeit im ganzen Bundesgebiet, Heimatberechtigung, Gesetzgebung über Gewerbe, Handel, Zölle, Schiffahrt, Münzen, Maß und Gewicht, Eisenbahnen, Wasserstraßen, Post und Telegraphen, Patente, Banken, die ganze auswärtige Politik, Konsulate, Handelsschutz im Ausland . . . Die meisten dieser Gegenstände wurden nun rasch, und im ganzen in liberaler Weise, durch Gesetze geordnet. Und so wurden denn endlich – endlich! – die schlimmsten Auswirkungen der Kleinstaaterei beseitigt, diejenigen, die einerseits der kapitalistischen Entwicklung, andererseits dem preußischen Herrschergelüste am meisten den Weg versperrten."[118]

Diese Anpassung des Überbaus an die Basis muß dem Historiker, der die Geschichte der Produktivkräfte untersucht, von der Periodisierung her gewichtiger erscheinen als die Gründung des deutschen Kaiserreiches, das ja nichts anderes tat, als den Grundgehalt der Verfassung des Norddeutschen Bundes zu übernehmen und auf jene relativ kleinen Staaten mit zu übertragen, die dem Bund nicht angehört hatten. Doch auch unter dem Gesichtspunkt der sich im Verlauf der Industriellen Revolution entwickelnden und organisierenden Arbeiterklasse war die Reichsgründung belanglos. Vielmehr ist festzustellen, daß die quantitativ und qualitativ wachsende Arbeiterklasse sich in den fünfziger Jahren überregional zu organisieren begann, in den sechziger Jahren die örtlichen und überregionalen Gewerkschaftsorganisationen sprunghaft anstiegen, 1863 der Allgemeine Arbeiterverein und 1869 die Sozialdemokratische Arbeiterpartei, als Grundstein für eine revolutionäre Massenpartei, entstand.

[118] *Marx, Karl/Engels, Friedrich,* Werke, Bd. 21, Berlin 1962, S. 435.

Zusammenfassend kann festgestellt werden, daß in den sechziger Jahren in der materiellen Produktion die Handarbeit durch die Maschinenarbeit bzw. durch analoge Verfahren und Prozesse volkswirtschaftlich überwunden war, daß die beiden Hauptklassen des Kapitalismus konstituiert und organisiert waren und die ökonomischen Gesetze des vormonopolistischen Kapitalismus wirkten. Das heißt aber, die Schaffung der materiell-technischen Basis des Kapitalismus, die Herausbildung der Produktionsabteilungen I und II, die Industrielle Revolution war beendet.

Siegfried Richter

Zur historischen Entwicklung der gesellschaftlichen Arbeitsteilung zwischen der Produktion von Produktionsmitteln und Konsumtionsmitteln im 19. Jahrhundert

Jede Gesellschaftsformation, welcher Form auch immer, muß jeweils einen bestimmten Teil ihres Arbeitsvermögens der produktiven wie der individuellen Konsumtion zuführen. Von der stofflichen Seite her betrachtet, stellt sich das gesellschaftliche Gesamtprodukt stets dar in einem bestimmten Quantum von Produktionsmitteln und in einem solchen von Konsumtionsmitteln. Dieses quantitative Verhältnis zwischen Produktionsmittel- und Konsumtionsmittelproduktion unterliegt jedoch einem historischen Wandel. Die quantitative Proportionierung der gesellschaftlichen Arbeit im angedeuteten Sinne verändert sich, allgemein ausgedrückt, mit dem Entwicklungsstand der gesellschaftlichen Produktivkräfte, der sich seinerseits in einer entsprechenden Form der Produktionsverhältnisse widerspiegelt. Diese historisch-theoretische Prämisse fixiert gleichzeitig den wesentlichen Ausgangspunkt für die folgende Untersuchung.

Die *gesellschaftliche* Arbeitsteilung zwischen Produktionsmittelproduktion einerseits und Konsumtionsmittelproduktion andererseits bezeichnet ein *qualitativ* neues Phänomen in der Entwicklung der gesellschaftlichen Arbeitsteilung. Das heißt, die Proportion zwischen Produktionsmittel- und Konsumtionsmittelproduktion unterliegt nicht nur einem quantitativen Wandel. Auf einer bestimmten Stufe der sozialökonomischen Entwicklung institutionalisiert sich vielmehr die Produktion beider Bereiche als im *gesellschaftlichen Rahmen* arbeitsteilig voneinander geschiedene Abteilungen der gesellschaftlichen Produktion. Quantitative Verschiebungen der Proportionen führen unter veränderten sozialökonomischen Umständen zu qualitativ neuen Formen der gesellschaftlichen Arbeitsteilung. Doch folgen wir den historischen Leitlinien.

Solange die lebendige Arbeit die hauptsächliche Grundlage für den gesellschaftlichen Reproduktionsprozeß bildet — wie in den vorkapitalistischen Produktionsweisen —, verändert sich lediglich das quantitative Verhältnis, in welchem die gesellschaftliche Gesamtarbeit auf die produktive bzw. die individuelle Konsumtion aufgeteilt werden muß. Für eine im gesellschaftlichen Rahmen gesonderte Herstellung von Produktionsmitteln gibt es jedoch unter diesen Umständen kaum sozialökonomische und technische Funktionen. Die einfache und erweiterte Reproduktion innerhalb der vorkapitalistischen Produktionsweisen ist vorrangig eine Angelegenheit der lebendigen Arbeit. Sie ist daher in überwiegendem Maße mit der individuellen Konsumtion verbunden. Die für den Produktionsprozeß notwendigen Produktionsinstrumente werden zum großen Teil in jenen Produktionszweigen angefertigt, in die sie auch als Produktionsinstrumente eingehen. Diese Feststellung gilt sowohl für den Sektor der landwirtschaftlichen wie für den Sektor der nichtlandwirtschaftlichen Produktion. Ein sicheres Indiz dafür bietet die Marktstruktur der gesamten vorkapitalistischen Zeit, die, trotz aller Veränderungen im Detail, primär durch Produkte bestimmt ist, die der individuellen Konsumtion dienen.

Das ist im Prinzip auch noch in den frühen Entwicklungsphasen der kapitalistischen Gesellschaft, einschließlich der Manufakturperiode, der Fall. Lenin äußert sich zu dieser Problematik in seinem Werk „Die Entwicklung des Kapitalismus in Rußland" folgendermaßen:

„Grundlage der Warenwirtschaft ist die gesellschaftliche Arbeitsteilung. Die verarbeitende Industrie scheidet sich von der extraktiven Industrie, und beide teilen sich wieder in kleinere Arten und Unterarten, die ihre besonderen Produkte in Warenform erzeugen und sie mit allen anderen Produktionszweigen austauschen. So vermehrt die Entwicklung der Warenwirtschaft die Zahl der selbständigen Industriezweige, die Tendenz dieser Entwicklung geht dahin, die Erzeugung nicht nur jedes einzelnen Produkts, sondern sogar jedes einzelnen Teils des Produkts zu einem besonderen Industriezweig zu machen."[1] Und im folgenden definiert Lenin expressis verbis, was er unter „verarbeitender und extraktiver Industrie" versteht: Manufaktur und Landwirtschaft.[2]

Daraus folgt hinsichtlich der Charakteristika für die Teilung der Arbeit während der Manufakturperiode des Kapitalismus:

1. Teilung der Arbeit innerhalb der Werkstatt (individuelle Arbeitsteilung),
2. Teilung der Arbeit innerhalb der Gesellschaft in Gestalt der Scheidung der verarbeitenden von der extraktiven Industrie, die sich wieder in mannigfaltige Arten und Unterarten gliedern.

Beide Formen bilden von der Seite der Teilung der Arbeit die grundlegenden Momente des gesellschaftlichen Produktionsprozesses und seiner volkswirtschaftlichen Struktur.

Die genannten beiden Sektoren der gesellschaftlichen Produktion unterscheiden sich demnach – wie übrigens auch die Arten und Unterarten innerhalb dieser beiden Bereiche – nicht primär dadurch, daß hier Konsumtionsmittel und dort Produktionsmittel produziert werden. Sie unterscheiden sich in viel stärkerem Maße durch die Verschiedenartigkeit des Arbeitsgegenstandes, der Rohstoffe und der Produktionsinstrumente sowie der gebrauchswertmäßigen Form des Produktes.[3] Zudem müssen die Anforderungen, die an die einfache und erweiterte Reproduktion des Kapitals auf dieser Entwicklungsstufe der gesellschaftlichen Produktivkräfte gestellt werden – sofern die Manufaktur auch tatsächlich auf kapitalistischer Grundlage produziert – nach wie vor vorrangig durch die lebendige Arbeit befriedigt werden. All das aber gibt keine ausreichende Existenzgrundlage ab für die im gesellschaftlichen Rahmen arbeitsteilige Herstellung von Produktionsmitteln. Bestenfalls kann man die Gliederung der gesellschaftlichen Produktionsprozesse dieser Zeit in extraktive und verarbeitende Industrie als eine Art Vorstufe für die sich später konstituierende gesellschaftliche Arbeitsteilung zwischen Produktionsmittel- und Konsumtionsmittelproduktion ansehen.

[1] *Lenin, W. I.*, Die Entwicklung des Kapitalismus in Rußland, in: Werke, Bd. 3, Berlin 1956, S. 25f.

[2] Ebenda, S. 26.

[3] Die extraktive Industrie liefert lediglich jenen Teil der Rohstoffe, der nicht im Bereich der verarbeitenden Zweige selbst gewonnen wird.

Diese Situation ändert sich grundlegend in dem Maße, wie durch die Industrielle Revolution die der kapitalistischen Produktionsweise adäquate materiell-technische Basis in Gestalt der maschinellen Großindustrie geschaffen wird. Wenn die manuelle Grundlage des kapitalistischen Produktionsprozesses durch die maschinelle verdrängt wird, ändern sich die Reproduktionsbedürfnisse des Kapitals. Marx und besonders Lenin haben im Zusammenhang mit der Analyse der Realisation des gesellschaftlichen Gesamtproduktes auf diesen Umstand verwiesen. In seiner Schrift „Notiz zur Frage der Theorie der Märkte" merkt Lenin generalisierend an: „In der Tat, die Analyse der Realisation hat gezeigt, daß die Bildung des inneren Marktes für den Kapitalismus nicht so sehr auf der Linie der Konsumtionsmittel erfolgt als vielmehr auf der Linie der Produktionsmittel. Hieraus folgt, daß sich die erste Abteilung der gesellschaftlichen Produktion (Produktion von Produktionsmitteln) rascher entwickeln kann und muß als die zweite (Produktion von Konsumtionsmitteln)."[4]
Und anläßlich der Untersuchung der Entwicklung des Kapitalismus in Rußland präzisiert Lenin: „Die rasche Entwicklung der Fabrikindustrie in Rußland schafft einen gewaltigen und stets wachsenden Markt für Produktionsmittel (Baumaterialien, Brennstoffe, Metall etc.), vergrößert besonders schnell den Teil der Bevölkerung, der mit der Produktion von Gegenständen der produktiven und nicht der individuellen Konsumtion beschäftigt ist."[5] Und schließlich: „Eine andere Besonderheit der Entwicklung der gesellschaftlichen Produktivkräfte durch den Kapitalismus besteht darin, daß die Zunahme der Produktionsmittel (der produktiven Konsumtion) die Zunahme der individuellen Konsumtion weit überflügelt".[6]

Es bleibt daher zunächst festzuhalten, daß mit dem Übergang zur fabrikmäßigen Großproduktion der Anteil der vergegenständlichten Arbeit im Reproduktionsprozeß des Kapitals erheblich zunimmt, was wiederum die Bourgeoisie dazu veranlaßt, einen quantitativ größeren Teil der gesellschaftlichen Gesamtarbeit und des Kapitals in der Sphäre der produktiven Konsumtion anzulegen. Hierdurch verschieben sich die Proportionen zwischen dem Teil der Gesamtarbeit und des Kapitals, die für produktive Zwecke, und demjenigen, der für konsumtive Zwecke aufgewendet werden muß, zugunsten des ersteren. Daß sich diese Anforderungen unter den Bedingungen der kapitalistischen Verhältnisse als blindwirkende Gesetze, als außerhalb des Bewußtseins der Produzenten realisieren und demzufolge allen sozialökonomischen Antagonismen dieser Gesellschaft ausgeliefert sind, ändert nichts an ihrem objektiven Charakter.

Mit der Verdrängung der manuellen durch die maschinelle Arbeit ist aber nicht nur ein Quantitätsproblem im angedeuteten Sinne verbunden. Die maschinelle Großproduktion bringt gleichzeitig auch einen grundlegenden Wandel im Kapitalverhältnis mit sich. Vergegenständlichte und lebendige Arbeit treten sich nunmehr als qualitativ gewandelte Elemente des Kapitals im Produktionsprozeß gegenüber. Unter den manuellen Produktionsbedingungen des frühen Kapitalismus (Verlag, Hausindustrie, Manufaktur) ist die vergegenständlichte der lebendigen Arbeit beigeordnet, der unmittelbare Produzent wendet das Werkzeug an. Aus diesem Grunde bewegen sich die einfache und die erweiterte Reproduktion der gegenständlichen Elemente des Kapitals – wie übrigens auch die Mehrwertproduktion – in beschränktem Rah-

[4] *Lenin, W. I.*, Notiz zur Frage der Theorie der Märkte, in: Werke, Bd. 4, Berlin 1955, S. 49.
[5] *Ders.*, Die Entwicklung des Kapitalismus in Rußland, in: Werke, Bd. 3, S. 568.
[6] Ebenda, S. 618.

men. Unter maschinellen Produktinsbedingungen des Kapitalismus dagegen wird die lebendige Arbeit der vergegenständlichten Arbeit untergeordnet, die Maschine wendet den Arbeiter an und erzwingt den von vornherein kooperativen Charakter des Produktionsprozesses. Marx kleidet das in folgende Worte: „Erst in der großen Industrie lernt der Mensch, das Produkt seiner vergangenen, bereits vergegenständlichten Arbeit auf großem Maßstab gleich einer Naturkraft umsonst wirken zu lassen."[7]

Erst die quantitative Vermehrung der vergegenständlichten Arbeit im kapitalistischen Produktionsprozeß und vor allem ihre qualitativ veränderte Stellung im Kapitalverhältnis gibt eine ausreichende sozialökonomische und technologische Funktion ab für die Existenz einer im gesellschaftlichen Rahmen arbeitsteilig verselbständigten Produktion von Produktionsmitteln. Im speziellen sind es die Akkumulationsbedürfnisse des Kapitals auf dieser Entwicklungsstufe der Produktivkräfte – Ersatz der verschlissenen sowie Produktion zusätzlicher Produktionsmittel in Gestalt von Maschinen etc. für die Erweiterung des Produktionsprozesses, die die Arbeitsteilung im genannten Sinne erzwingen. Mit dem Übergang zur maschinellen Großproduktion des Kapitalismus entsteht demzufolge jene volkswirtschaftliche Struktur, wie sie seit der zweiten Hälfte des 19. Jahrhunderts charakteristisch ist und die in ihrer Grundlage auf der gesellschaftlichen Arbeitsteilung zwischen Produktionsmittel- und Konsumtionsmittelproduktion beruht.

Historisch gesehen nimmt dieser Prozeß seinen Ausgangspunkt in der Industriellen Revolution, genauer gesagt in der beginnenden Massenanlage von constantem fixem Kapital. Die beginnende und seitdem fortdauernde Massenanlage von Maschinen im kapitalistischen Produktionsprozeß induziert nicht nur eine steigende Nachfrage nach ihnen und dehnt die Produktionsmöglichkeiten quantitativ aus. Viel wichtiger in diesem Zusammenhang ist der Übergang zur maschinellen Herstellung der Maschinen selbst. Nur unter diesen Bedingungen sind die Ansprüche der produktiven Konsumtion und in weiterem Rahmen auch die der konsumtiven Konsumtion zu befriedigen. Es entspricht daher durchaus dem Entwicklungsstand der gesellschaftlichen Arbeitsteilung, wenn sich nunmehr die Produktion von Maschinen und ähnlichen Produktionsinstrumenten als selbständiger, von der Konsumtionsmittelproduktion arbeitsteilig geschiedener Bereich der Produktion etabliert, der selbst wieder Raum für eine nach innen gerichtete Arbeitsteilung und Spezialisierung bietet. In diesem Sinne und erst mit dieser Konsequenz stellt sich, wie Marx anmerkt, mit der Produktion von Maschinen durch Maschinen die große Industrie auf die ihr adäquate Grundlage.

Die sozialökonomische Funktion einer im gesellschaftlichen Rahmen arbeitsteilig spezialisierten Herstellung von Produktionsmitteln beruht also auf der Vorrangigkeit der vergegenständlichten Arbeit für die Reproduktion des Kapitals. Ihre technische Funktion ergibt sich aus der massenhaften Anwendung von Maschinen und anderer technischer Produktionsinstrumente im Produktionsprozeß. Damit hat sich die gesellschaftliche Arbeitsteilung zwischen Produktionsmittel- und Konsumtionsmittelproduktion endgültig konstituiert und bildet seitdem eine wesentliche Grundlage für die volkswirtschaftliche Struktur des gesellschaftlichen Produktionsprozesses.

Für die folgende Entwicklung erscheint es interesssant zu verfolgen, welche spezifi-

[7] *Marx, Karl,* Das Kapital, Bd. I, in: MEW, Bd. 23, Berlin 1962, S. 409.

schen Formen und Proportionen die Arbeitsteilung zwischen den beiden großen Abteilungen der gesellschaftlichen Produktion annimmt. In diesem Zusammenhang ist es auch für die kapitalistische Gesellschaft von Bedeutung, die Dinge sowohl aus der Sicht der Produktions- wie auch der Konsumtionsmöglichkeiten zu betrachten. Die Erweiterung der Möglichkeiten für die Konsumtionsmittelproduktion, wie sie mit der Ausdehnung der kapitalistischen Produktionsweise in die Breite und die Tiefe eines gegebenen Landes stattfindet, wirkt ihrerseits auf die Formen und Proportionen der Arbeitsteilung zwischen den beiden Abteilungen zurück. Man denke beispielsweise an die arbeitsteilige Verselbständigung der Dienstleistungen als einem spezifischen Sektor der Volkswirtschaft.
Ehe wir auf die historische Seite unseres Problems zu sprechen konmmen, sei kurz eine prinzipielle methodologische Konsequenz der bisherigen theoretischen Betrachtungen angemerkt. Es handelt sich darum, daß die arbeitsteilig spezialisierte Produktion von Produktionsmitteln und Konsumtionsmitteln im gesamtgesellschaftlichen Rahmen als Problem vorrangig von theoretisch-ökonomischem Interesse ist. Als wirtschaftspolitisch-praktisches Problem erlangt es nur *zeitweise* und *unter bestimmten* gesellschaftlichen Bedingungen Bedeutung, und zwar unter den Bedingungen seiner praktischen Institutionalisierung in Gestalt arbeitsteilig selbständiger Sektoren des gesellschaftlichen Produktionsprozesses.

Diesen Gegebenheiten hat die historische Untersuchung Rechnung zu tragen. Sie hat weiterhin den Umstand zu berücksichtigen, daß ein zuverlässiger und aussagekräftiger Indikator, der über den Grad und die Entwicklung der gesellschaftlichen Arbeitsteilung zwischen den beiden großen Abteilungen der gesellschaftlichen Produktion in Maß und Zahl Auskunft gibt, bisher nicht vorhanden ist.[8] Wir sind deshalb in dieser Hinsicht sowohl auf theoretische Erörterungen wie auch auf Analogieschlüsse angewiesen.

Was diesen letzteren Punkt anbelangt, so kommt für die historische Darstellung der Herausbildung eines *industriellen* Maschinenbaus und seiner Zulieferindustrien gravierende Bedeutung zu. Erst die massenhafte Herstellung mechanischer Produktionsausrüstungen auf mechanisch-maschinellem Wege verwandelt die dafür erforderlichen Arbeitsgegenstände, Rohstoffe etc. in stoffliche Elemente der Produktionsmittelherstellung. Im Zuge dessen wechseln jene Produktionszweige, die diese Materialien produzieren (z. B. Montanindustrie, Eisenverhüttung etc.), in den gesellschaftlichen Bereich der Produktionsmittelherstellung über.

Wenn wir die diesbezügliche Situation in Deutschland während des 19. Jahrhunderts ins Auge fassen, dann bestätigen sich diese soeben allgemein getroffenen Vorbehalte hinsichtlich der quantitativen Meßbarkeit im Detail. Unter diesen Gesichtspunkten sind die nachfolgenden historischen Erörterungen zu betrachten, die in kurzen Zügen die hauptsächlichsten Phasen in der Herausbildung und Entwicklung der gesell-

[8] So bezeichnen die Produktions- und auch die Beschäftigtenstatistiken lediglich die *quantitativen* Proportionen zwischen Produktionsmittel- und Konsumtionsmittelproduktion; über den Grad der Arbeitsteilung vermögen sie kaum etwas auszusagen. Bedeutungsvoller in dieser Hinsicht ist die Beobachtung des Wachstumstempos beider Abteilungen. Aber auch das bedarf der historisch-theoretischen Interpretation, da nicht in jedem Falle höheres Wachstumstempo der Produktionsmittelproduktion auf fortschreitende Arbeitsteilung zwischen beiden Abteilungen zurückzuführen ist.

schaftlichen Arbeitsteilung zwischen Produktionsmittel- und Konsumtionsmittelproduktion in Deutschland zum Gegenstand haben.

Bei dieser Betrachtung muß man zunächst einige generalisierende Feststellungen über die allgemeine ökonomische Situation des deutschen Kapitalismus zu Beginn des 19. Jahrhunderts vorausschicken, die auch für unser Problem von erheblicher Bedeutung sind. Die verzögerte und zum Teil deformierte Herausbildung kapitalistischer Elemente im gewerblichen und landwirtschaftlichen Sektor der Produktion infolge der langandauernden feudalen Restauration hat an der Schwelle zum 19. Jahrhundert einen beträchtlichen Rückstand in der ökonomischen Entwicklung Deutschlands gegenüber Westeuropa, vor allem gegenüber England und Frankreich zur Folge. Mangelnde ökonomische Zentralisation bis weit ins 19. Jahrhundert hinein und ein starkes ökonomisches Gefälle zwischen den westlichen und östlichen Territorien wirken gleichfalls in dieser Richtung.

Unter diesen Umständen vollzieht sich die Herausbildung der großen Industrie im Gefolge der industriellen Revolution – die ja für unser Problem von gravierender Bedeutung ist – in Deutschland mit erheblicher zeitlicher Verzögerung gegenüber England. Ihr in mancher Hinsicht andersartiger Verlauf bleibt gleichfalls nicht ohne Rückwirkung auf den arbeitsteiligen Verselbständigungsprozeß von Produktionsmittel- und Konsumtionsmittelproduktion.

Betrachtet man den historischen Verlauf des Entstehens der großen Industrie in Deutschland, so läßt sich unschwer feststellen, daß bis in die Mitte der dreißiger Jahre des 19. Jahrhunderts nur in den bescheidensten Maßstäben industrielle Produktionsformen im wirklichen Sinne existieren und daher von einer arbeitsteiligen Verselbständigung der Produktionsmittel- und Konsumtionsmittelproduktion kaum, bestenfalls als in den allerersten Anfängen befindlich, gesprochen werden kann. Mottek konstatiert, daß erst um die Mitte der dreißiger Jahre des 19. Jahrhunderts wesentliche Voraussetzungen für den Übergang zur Massenanlage von constantem fixem Kapital als wertmäßiger Ausdruck des nunmehr in mechanischen Produktionsmitteln angelegten Teiles des Kapitals geschaffen sind. Die Erweiterung des Marktes durch den preußisch-deutschen Zollverein, der gleichzeitig die erste Phase der ökonomischen Zentralisation in Deutschland darstellt – die Verwandlung überschüssiger Geldfonds in industrielles Kapital spielen hier eine Rolle. Die Reproduktionsbedürfnisse des Kapitals werden also bis zur Mitte der dreißiger Jahre noch mit Abstand durch die Erfordernisse der lebendigen Arbeit bestimmt. Namentlich fehlt bis zu dieser Zeit ein entsprechender Markt in Deutschland, der die Produktion von Produktionsmitteln hätte nachhaltig stimulieren können.

Diese Feststellungen werden durch die Situation in der deutschen Maschinenbauindustrie erhärtet. Die Untersuchungen A. Schröters über die Entstehung der deutschen Maschinenbauindustrie in der ersten Hälfte des 19. Jahrhunderts datieren die „Entwicklung von Keimen der Maschinenbauindustrie“ in der Zeit zwischen 1790 und 1820.[10] Wörtlich heißt es dazu: „Charakteristisch ist das vereinzelte Auftreten von kleinen Maschinenbaubetrieben an verschiedenen Stellen Deutschlands. Sie sind überwiegend als Handwerk, jedoch auch bereits als Manufaktur organisiert. Es *domi-*

[9] *Mottek, Hans*, Wirtschaftsgeschichte Deutschlands, 2 Bde., Berlin 1964, S. 130f.

[10] Siehe hierzu und auch für das folgende: *Schröter, Alfred/Becker, Walter*, Die deutsche Maschinenbauindustrie in der industriellen Revolution, Berlin 1962, S. 111.

nieren Maschinenbauwerkstätten anderer Industriezweige sowie solche ausländischer Gründer." Hervorhebung vom Vf.) Die Zeit zwischen 1821 und 1835 definiert Schröter als die „beginnende Entstehungsperiode der Maschinenbaubetriebe (1. Etappe)" mit der erläuternden Feststellung: „Zahlreiche handwerkliche oder andere kleinere selbständige Betriebe geben dem deutschen Maschinenbau dieser Zeit das Gepräge." Es ist daher durchaus kein Fehlschluß anzunehmen, daß unter diesen Umständen der qualitativ größere Teil des deutschen Aufkommens an Eisen, Kohle etc. für konsumtive Zwecke bestimmt gewesen sein muß. Die Zunahme des deutschen Produktionsvolumens für Eisen und Kohle kann deshalb nicht ohne weiteres identifiziert werden mit einer sich ausdehnenden Produktionsmittelproduktion bzw. mit dem Vorhandensein einer ausgebildeten gesellschaftlichen Arbeitsteilung zwischen Produktionsmittel- und Konsumtionsmittelproduktion.

In der zweiten Hälfte der dreißiger Jahre des 19. Jahrhunderts zeichnen sich deutliche Elemente einer ersten deutschen Investitionswelle ab, die auf den beginnenden Übergang zur Massenanlage von constantem fixem Kapital hindeuten. Durch die englische Krise des Jahres 1837 unterbrochen, findet dann zu Beginn der vierziger Jahre erstmals in Deutschland eine Massenanlage von constantem fixem Kapital statt, auf der sich der erste zyklische Aufschwung des deutschen Kapitalismus vollzieht.[11]

Als auslösendes Moment tritt neben die eben erwähnten der Aufschwung des Eisenbahnbaus in Deutschland. Dies zeigt sich in steter Zunahme des Eisenverbrauchs

Tabelle 1
Verbrauch des Zollvereins an Roheisen für den inneren Bedarf 1834 bis 1850:
(in Tonnen)

Jahr	Roheisen-erzeugung	Einfuhr	Ausfuhr	Roheisen-verbrauch	Stabeisen, Schienen und Stahl
1834	110105	24697	13763	121039	7475
1835	115461	27750	14976	128235	9768
1836	149066	21746	17359	153453	8687
1837	155601	24183	18463	161321	7813
1838	152603	47597	16366	183834	18861
1839	167357	46344	18813	194888	17014
1840	172983	76294	19717	229560	21854
1841	170658	95861	20884	395635	27705
1842	170495	133257	18234	285518	46680
1843	174188	212483	17604	369067	49202
1844	171145	186560	17826	339879	75394
1845	184813	102904	18893	268824	49132
1846	198861	165399	28159	336041	51254
1847	229161	204843	19910	414094	52241
1848	213238	110290	14678	323850	31986
1849	197698	58689	16582	239805	8102
1850	211639	134658	21466	324831	9889

Quelle: *Beck, Ludwig*, Geschichte des Eisens. Vierte Abteilung: Das XIX. Jahrhundert, Braunschweig 1899, S. 731f.

[11] Siehe *Mottek, Hans*, a. a. O., S. 132.

innerhalb des Zollvereins. Aber bis in die vierziger Jahre hinein verzeichnet die Statistik des Deutschen Zollvereins steigende Einfuhren bei Schwerindustrieprodukten, vor allem bei Eisen und Eisenbahnmaterialien (vgl. Tabelle 1).[12]

Noch 1842 ist nur knapp ein Sechstel des deutschen Lokomotivparks deutscher Herkunft, 1851 bereits mehr als die Hälfte. Es ist keinesfalls abwegig, hieraus den Schluß zu ziehen, daß erst gegen Ende der vierziger Jahre des 19. Jahrhunderts die Produktionsmittelherstellung innerhalb des Zollvereins einigermaßen die inneren Ansprüche auf dem schwerindustriellen Sektor zu befriedigen beginnt und sich von diesem Zeitpunkt an als arbeitsteilige selbständige Abteilung des Produktionsprozesses konstituiert.

Dies wird von der Seite des Maschinenbaus weitgehend bestätigt. Schröter datiert die Hauptentstehungsperiode der deutschen Maschinenbauindustrie in die Zeit zwischen 1836 und 1846 und schreibt:

„In dieser Zeit entsteht die Grundlage der deutschen Maschinenbauindustrie. Sie ist durch das Vorhandensein zahlreicher größerer und vieler mittlerer Maschinenbaubetriebe charakterisiert. Die fabrikindustriell und manufakturell organisierten Betriebe beherrschen das Bild. Zwar sind die handwerklichen Betriebe noch in der Mehrzahl, jedoch nehmen ihr Anteil und ihre Bedeutung fortlaufend ab. *Vom Ende dieser Etappe an kann man von der Existenz eines deutschen Maschinenbaus als Industriezweig sprechen.*“[13]

Dabei ist zu berücksichtigen, daß der deutsche Maschinenbedarf der vierziger Jahre vorzugsweise durch die Ansprüche der Leichtindustrie stimuliert wird.

Die fünfziger und sechziger Jahre des 19. Jahrhunderts sind gekennzeichnet durch ein beschleunigtes Wachstum der deutschen Industrieproduktion insgesamt, wobei in den fünfziger Jahren die Produktion von Produktionsmitteln erstmalig schneller steigt als diejenige von Konsumtionsmitteln (siehe Tabelle 2).

Tabelle 2
Entwicklung der deutschen Industrieproduktion von 1800–1860
(1860 = 100)

Jahrzehnt	insgesamt	Produktionsgüter	Konsumgüter
1801–1810	(6)	9	(3)
1811–1920	(7)	9	(5)
1821–1830	(12)	13	(10)
1831–1840	(23)	21	(25)
1841–1850	(36)	37	(35)
1851–1860	(78)	81	(75)

Quelle: *Kuczynski, Jürgen*, Die Geschichte der Lage der Arbeiter unter dem Kapitalismus, Bd. 1/2, Berlin 1961/1962, S. 93 bzw. S. 15. (Die Zahlen in Klammern sind Schätzungen von J. Kuczynski d. Vf.).

[12] Vgl. *Bondi, G.*, Deutschlands Außenhandel 1815–1870, Berlin 1958, S. 101. „Wenn zeitweise, wie 1843/44 die Eiseneinfuhr die inländische Produktion überstieg, so beweist das, daß der Eisenbahnbau und die Erweiterung der Produktionsanlagen eben nur mit Hilfe der Einfuhr möglich, und die nachfolgende Entwicklung, die auf dem Aufschwung der vierziger Jahre aufbaute, gleicherweise davon abhängig war.“

[13] Vgl. *Schröter, Alfred/Becker, Walter*, a. a. O., S. 111.

Außerdem geht zu Beginn der sechziger Jahre die deutsche Industrie – insbesondere die deutsche Schwerindustrie – zu intensiven Formen der Produktion und der Ausbeutung über.

Das sind untrügliche Zeichen einer fortschreitenden Konsolidierung der gesellschaftlichen Arbeitsteilung zwischen Produktions- und Konsumtionsmittelherstellung in der deutschen Industrie. Ausgangspunkt dieser Entwicklung ist der seit 1852/1853 einsetzende zyklische Aufschwung, der die Gründung zahlreicher Unternehmungen auslöste und das Volumen der gesamten deutschen Industrieproduktion bis zum Beginn der Krise 1857 verdoppelte. Der dadurch zunehmende Bedarf an Produktionsinstrumenten, der ferner erweitert wird durch den fortschreitenden Eisenbahnbau und die steigende Nachfrage nach Geräten und Maschinen seitens der Landwirtschaft und der ländlichen Industrie, erfordert, immer größere Mengen von Eisen und Stahl zu verformen. Dieser Bedarf konnte nur durch eine in gesellschaftlichem Rahmen verselbständigte und im Umfang weiter wachsende Produktionsmittelindustrie befriedigt werden, zumal die Anfang der fünfziger Jahre beginnende Gründungswelle die Anlage von Kapital in der Produktionsmittel herstellenden Sphäre immer lohnender erscheinen ließ.

Der weitere Fortgang in der gesellschaftlichen Arbeitsteilung zwischen Produktionsmittel- und Konsumtionsmittelherstellung zeigt sich von der Seite des Kapitals darin, daß nunmehr auch im kapitalistischen Deutschland die Ansprüche an den Reproduktionsprozeß von der stofflich-gebrauchswertmäßigen Seite vorrangig durch die Produktionsmittelproduktion erfüllt werden müssen. Das gilt sowohl für die Erweiterung des Produktionsprozesses wie auch im Hinblick auf den hohen moralischen Verschleiß der Ausrüstung etc. Sichtbarer Ausruck hierfür ist das bereits erwähnte einsetzende schnellere Wachstum der Produktion von Produktionsmitteln gegenüber der Produktion von Konsumtionsmitteln innerhalb der deutschen Industrie.

Der Verselbständigungsprozeß der Produktionsmittelherstellung in jener Zeit wird weiter vertieft durch die Gründung zahlreicher größerer Unternehmen in den sich entwickelnden Industriezentren des kapitalistischen Deutschland – Rheinland/Westfalen und das preußische Oberschlesien –, die sich ausschließlich mit der Herstellung von Produktionsmitteln beschäftigen.[14] Die im gesellschaftlichen Rahmen arbeitsteilige Herstellung von Produktionsmitteln in der deutschen Industrie befestigt sich ferner durch ein sich in den fünfziger Jahren herausbildendes System der arbeitsteilig-kooperativen Spezialisierung *zwischen* den verschiedenen, an der Herstellung von Produktionsmitteln beteiligten Betrieben und Werkstätten. Mit anderen Worten: auch im Bereich der Produktionsmittelherstellung beginnt sich eine Struktur zu etablieren, die die künftigen Produktionszweige innerhalb der deutschen Produktionsmittelproduktion im Ansatz erkennen läßt. Für den Bereich des Maschinenbaus ist das von W. Becker[15] untersucht und ausführlich beschrieben worden. Damit vollzieht sich im Bereich der Produktionsmittelproduktion ein Prozeß, der innerhalb der Konsumtionsmittelproduktion in einen wesentlich früheren Zeitraum fällt, wenngleich auch hier die arbeitsteilig kooperative Spezialisierung der Konsumtionsmittel herstellenden Zweige durch den Übergang zur maschinellen Großproduktion in neue Richtungen und Bahnen gelenkt wird.

[14] Ebenda, S. 203f.

[15] Vgl. ebenda, S. 188ff.

In den sechziger Jahren setzt sich der bereits im vorangegangenen Jahrzehnt zu beobachtende Konzentrationsprozeß in der deutschen Industrie, besonders aber in der Schwerindustrie fort. Der Anteil der Großbetriebe stieg ebenso wie die Durchschnittszahl der Beschäftigten pro Betrieb, und in manchen Zweigen ist bereits ein absoluter Rückgang in der Zahl der Betriebe zu beobachten. Die preußische Maschinenbauindustrie erreicht beispielsweise gegen Ende der sechziger Jahre einen erheblichen Grad der Konzentration, der in einigen Fällen direkt an das Monopol heranführt.[16]

Bis zum Beginn der siebziger Jahre ist das kapitalistische Deutschland zu einem Industrieland ersten Ranges herangewachsen. Der ökonomische Rückstand gegenüber Frankreich war weitgehend aufgeholt worden, der ökonomische Rückstand gegenüber Großbritannien hatte sich verringert. Die Grundlage der Volkswirtschaft des preußisch-deutschen Reiches bildete die mechanische Großindustrie sowie eine in Umfang und Inhalt ausgebildete gesellschaftliche Arbeitsteilung zwischen Produktionsmittel- und Konsumtionsmittelherstellung.

In diesen historischen Phasen etwa vollzieht sich bis 1870 im kapitalistischen Deutschland die Konstituierung der gesellschaftlichen Arbeitsteilung zwischen Produktionsmittel- und Konsumtionsmittelherstellung. Sie bleibt bestimmendes Moment für die volkswirtschaftliche Grundstruktur der folgenden Jahrzehnte, in denen die kapitalistische Produktionsweise unter den Bedingungen der freien Konkurrenz im preußisch-deutschen Reich ihre volle Ausprägung erfährt und schließlich in den Imperialismus hinüberwächst.

Unter der Ägide der fortschreitenden Entwicklung der gesellschaftlichen Produktivkräfte wie der Herrschaft des Monopolkapitals im Laufe des 20. Jahrhunderts vollziehen sich jedoch sozialökonomische Veränderungen, die auch für die von uns zu behandelnde Problematik von einigem Interesse sind. In Anbetracht dessen, daß es sich hierbei um Vorgänge handelt, die sich als allgemeine Entwicklungstendenzen äußern, bedürfen sie einer theoretischen Interpretation.

Die Herrschaft des Monopolkapitals oder des Imperialismus mit allen ihren sozialökonomischen Attributen beruht in ihrem Kern auf der Konzentration und Zentralisation der Produktion und des Kapitals, die, bedingt unter anderem durch die Konkurrenz der Kapitale untereinander, einen so hohen Grad erreicht, daß sie ins Monopol umschlägt. Dieser Prozeß findet seine Widerspiegelung sowohl im Bereich der Produktivkräfte wie der Produktionsverhältnisse. Es ist hier nicht unsere Aufgabe, ihn im einzelnen zu beschreiben, wohl aber bestimmte Seiten mit Bezug auf unser Thema zu beleuchten.

Das monopolkapitalistische Unternehmen unterscheidet sich sozialökonomisch von der kapitalistischen Fabrik unter anderem dadurch, daß es über eine größere Masse Kapital gebietet und einen größeren Teil des gesellschaftlichen Produktionsprozesses monopolistisch beherrscht. Technologisch-ökonomisch aus der Sicht der Produktivkräfte betrachtet, unterscheidet es sich von der Fabrik durch ein fortgeschritteneres Stadium der mechanisch-maschinellen Produktionsmethoden, der Vergesellschaftung der Produktion sowie der Organisation der gesellschaftlichen Arbeit. Es ist seinem produktions-organisatorischen Charakter nach vielfach ein kombi-

[16] Von Kuczynski anhand der amtlichen Statistik des Preußischen Staates, Jg. 1, Berlin 1863, nachgewiesen.
Kuczynski, Jürgen, Die Geschichte der Lage der Arbeiter unter dem Kapitalismus, Bd. 2, Berlin 1962, S. 18f.

niertes Unternehmen, das verschiedene Produktionsstufen in sich vereinigt, die vorher, unter den Bedingungen der Fabrik und der freien Konkurrenz, als ökonomisch und juristisch selbständige Produktionseinheiten existierten. Gravierende Momente dieses Prozesses seitens der Produktivkräfte sind Massenproduktion, mechanische Fließfertigung auf der Grundlage der dreigliedrigen Arbeitsmaschine, großindustrielle chemische Verfahren sowie allgemein die Fortschritte in der wissenschaftlichen Durchdringung der Produktion.

Die Profitrealisierung des kombinierten monopolkapitalistischen Unternehmens – und darin besteht ein wesentlicher Vorteil und Unterschied gegenüber dem Einzelkapital in Gestalt der Fabrik – vollzieht sich auf der Basis einer ökonomisch wie technologisch bedeutend höheren Kontinuität des befindlichen Produktionsprozesses. Weiterhin werden die bisherigen Warenbeziehungen zwischen arbeitsteilig selbständigen Produktionsprozessen ersetzt durch ökonomisch leichter zu beherrschende Kooperationsbeziehungen. Viele wissenschaftlich-technische Errungenschaften des ausgehenden 19. und 20. Jahrhunderts sind ökonomisch profitabel überhaupt nur anzuwenden unter den Bedingungen des kombinierten Unternehmens, d. h. der Kombination oder der Zusammenfassung verschiedener Produktionsstufen unter die Verfügungsgewalt eines selbständigen Kapitals. Das gilt für die Anwendung der mechanischen Fließfertigung in allen Bereichen der Produktion, das gilt besonders für die modernen chemischen Verfahren der verschiedensten Art.

Diese Zusammenfassung verschiedener Produktionsstufen zu einem großen monopolkapitalistischen Unternehmen in Gestalt der vertikalen Kombination – sie folgt technologisch-ökonomisch dem Entwicklungsstand der gesellschaftlichen Produktivkräfte und stellt sich unter kapitalistischen Bedingungen als Monopolisierung dar – erfolgt nun nicht etwa ausschließlich in der Weise, daß sich bisher arbeitsteilig getrennte Produktionsprozesse zur Herstellung von Produktionsmitteln *oder* solche zur Herstellung von Konsumtionsmitteln vereinigen. Ganz im Gegenteil, ökonomische und technologische Vorteile ergeben sich vielfach gerade aus einer Kombination von Produktionsmittel und Konsumtionsmittel herstellenden Produktionsprozessen. Dies vor allem dann, wenn aus den gleichen Ausgangsmaterialien der ersten Produktionsstufe durch die Angliederung der folgenden Produktionsstufen sowohl Produktionsmittel wie auch Konsumtionsmittel profitabel hergestellt werden können. Hinzu tritt ferner die profitable Verwendung der vom Hauptproduktionsprozeß anfallenden Nebenprodukte. Dieser Sachverhalt wird besonders deutlich in der chemischen Industrie, der Elektroindustrie, aber auch in den großen Monopolunternehmen der Eisen- und Stahlindustrie. Er ist real nachprüfbar an den großen europäischen und amerikanischen Monopolunternehmen des 20. Jahrhunderts. Damit ist jener Zustand erreicht, von dem Lenin sagt, es sei schwierig, ein Monopolunternehmen einem bestimmten Industriezweig zuzuordnen. Es ist sicherlich ebenso schwierig, viele Monopolunternehmen in die Produktionsmittel bzw. in die Konsumtionsmittel produzierende Abteilung des gesellschaftlichen Produktionsprozesses einzugliedern.

Unsere kurze, ausschließlich theoretische Erörterung zeigt mit genügender Deutlichkeit, daß das kombinierte monopolkapitalistische Unternehmen in Gestalt der vertikalen Kombination die Tendenz zeigt, *die in gesellschaftlichem Rahmen etablierte Arbeitsteilung zwischen Produktionsmittel- und Konsumtionsmittelproduktion* durch die Zusammenfassung verschiedener Produktionsstufen sowie der gemeinsamen Herstellung von Produktionsmitteln und Konsumtionsmitteln in einem großen Unternehmen zu überspringen. Und nicht nur das. Mit Bezug auf einen höheren theoretischen Verallgemeinerungsgrad der polit-ökonomischen Aussage läßt sich festhalten, daß die auf einer bestimmten Entwicklungsstufe der Produktivkräfte und der Produktionsverhältnisse einsetzende und sich befestigende Institutionalisierung dieser Arbeitsteilung in Form der beiden großen Abteilungen der gesellschaftlichen Produktion auf einer fortgeschrittenen Stufe der gesellschaftlichen Entwicklung – bei aller quantitativen Dominanz der Produktionsmittelherstellung – im Begriff ist, durch andere Organisationsformen der Produktion verdrängt zu werden.

Hans Wussing

Zur gesellschaftlichen Stellung der Mathematik und der Naturwissenschaften in der Industriellen Revolution

Unbestritten ist die zeitliche Koinzidenz: Während sich in den fortgeschrittenen Ländern West- und Mitteleuropas die Industrielle Revolution vollzog, nahmen dort die Naturwissenschaften einen überaus raschen Aufschwung. Mathematik und Astronomie, Physik, Chemie, Zoologie, Botanik und Geowissenschaften lieferten eine überwältigende Fülle neuer Tatsachen und stießen zu tiefliegenden Einsichten vor. In einer Periode durchgreifender gesellschaftlicher Änderungen trat auch in den Naturwissenschaften der Entwicklungsgedanke hervor, der als übergeordnetes Prinzip alle Einzeldisziplinen unter sich fassen und eine neue Gesamtansicht der Natur liefern sollte. Von nun an konnte die Natur als etwas Gewordenes und sich Entwickelndes begriffen und studiert werden.

Umstritten dagegen ist das Maß der Wechselwirkung zwischen diesen beiden Sphären gesellschaftlichen Lebens: Waren es zwei getrennt ablaufende historische Prozesse? War der Aufschwung der Naturwissenschaften während dieser Zeit Ursache oder Wirkung der Industriellen Revolution? Wie stark waren beide Entwicklungsgänge gegenseitig Voraussetzung füreinander?

Hierzu gibt es eine breite Skala von Meinungen. Sie reicht von der Konstatierung der Beinahe-Zufälligkeit der Gleichzeitigkeit beider Entwicklungsprozesse bis zur Erklärung der Identität von einer industriellen und zugleich wissenschaftlichen Revolution während des Zeitraumes vom Ende des 18. bis zur Mitte des 19. Jahrhunderts.

Die Bestimmung der Art und des Maßes der gegenseitigen Beziehungen zwischen Industrieller Revolution und Entwicklung der Naturwissenschaften ist eine komplizierte und für die marxistische Historiographie zentrale Frage, die überdies wegen der starken geschichtsbildenden Funktion der Industriellen Revolution für die Allgemeingeschichte auch einen paradigmatischen Charakter besitzt.

Möglicherweise ist die Antwort auf das gestellte Problem aber auch noch mehrdeutig in dem Sinne, daß sie davon abhängen könnte, welche konkreten historischen Erscheinungen zum Maßstab erklärt werden. Die Palette derartiger durchaus angemessener historischer Parameter ist reichhaltig: Das Wechselverhältnis der Naturwissenschaften mit der Produktion, das Wechselverhältnis der Naturwissenschaften mit den Produktionsverhältnissen, die Stellung der Naturwissenschaften im System der Wissenschaften, die inhaltliche Neuorientierung der Naturwissenschaften in ihren einzelnen Zweigen und deren Verhältnis zueinander, methodische Neuorientierung der Naturwissenschaften, gesellschaftliche Neubestimmung vom Sinn und Zweck der Naturwissenschaften, Organisationsformen der Wissenschaften in Institutionen, Ausbildung, Informationsaustausch, naturwissenschaftliche Kenntnisse als Teil des allgemeinen gesellschaftlichen Bewußtseins u. a. m.

Dies sind echte Teilaspekte der zur Debatte stehenden komplexen Fragestellung. Hier soll der Versuch unternommen werden, das Problem lösbarer zu fassen, indem die Aspekte des Wechselverhältnisses von Produktion und Naturwissenschaften in den Mittelpunkt gerückt werden.

Zunächst ist eine Klarstellung notwendig. Daß die Naturwissenschaften weitgehender Anwendungen auch in der materiellen Produktion fähig seien, ist durchaus keine Entdeckung der Industriellen Revolution, ganz im Gegenteil! Von ihren Ursprüngen her ist die Naturwissenschaft das Produkt handfester Auseinandersetzungen des Menschen mit der Natur zur Sicherung seiner materiellen Existenz. Antike und Renaissance kannten – natürlich innerhalb der Grenzen ihrer Produktionsverhältnisse – überzeugende Beispiele nützlicher Umsetzung von Kenntnissen und Erfahrungen über die Natur in materielle Produktion. Während der Renaissance vollzogen sich darüber hinaus in den Kreisen der mit dem Frühkapitalismus ökonomisch verbundenen „artefici“ und „ingegneri“ die literarische Entdeckung der Produktion und danach die Herausbildung der klassischen Naturwissenschaft[1], hinsichtlich der Methode und in ersten – physikalischen – Bestandteilen sogar dem Inhalte nach. Naturforschend – handwerklich orientierte „Akademien“ gehörten ganz typisch zum Erscheinungsbild der führenden Fürstenhäuser der Renaissance; unter den Sforza wurde 1563 in Milano sogar eine Art technische Universität ins Leben gerufen, das „Collegio degli Ingegneri, Architetti ed Agrimensori“. Freilich konnte es sich nicht lange halten.

Das 17. Jahrhundert brachte eine bemerkenswerte Fülle technischer, insbesondere mechanischer Konstruktionen hervor. Aber erst das 18. Jahrhundert rang sich dazu durch, technische als wissenschaftliche Leistungen anzuerkennen, nicht zuletzt durch das Praxisverständnis der Aufklärung. Überdies zeugen gerade die bedeutendsten Enzyklopädien – so etwa die „Cyclopaedia or an Universal Dictionary of Art an Sciences“ von Chambers (seit 1728), die große französische „Encyclopédie“ (seit 1751), das „Große Universal Lexicon aller Wissenschaften und Künste“ von Zedler (seit 1732) – von einer systematischen Bestandsaufnahme der gewerblichen Künste und von einer bewußten Suche nach Verbindungen zwischen Gewerben und Manufakturen und den Kenntnissen über die Natur.

Es bedurfte also nicht erst der Industriellen Revolution, um Naturwissenschaft und materielle Produktion gegenseitig ins Blickfeld zu rücken.

Wir dürfen zugleich andererseits auch davon ausgehen, daß die Industrielle Revolution ohne die Naturwissenschaften ausgelöst wurde, und zwar in dem Sinne, daß sie nicht kausal an der Initialphase der Industriellen Revolution beteiligt war.[2] J. Wyatt

[1] Vgl. *Harig, G.*, Über die Entstehung der klassischen Naturwissenschaften in Europa, in: Aufbau, 13. Jg. (1957), S. 331 ff.

[2] Mit einiger Berechtigung könnte man vielleicht dieses Urteil in folgendem Punkte etwas abschwächen: Aus der großen Zahl der Erfinder und Ingenieure Europas und Nordamerikas, die sich mit der Suche nach leistungsstarken und zuverlässigen Antriebskräften beschäftigten, die überdies noch unabhängig sein sollten von Zufälligkeiten wie Windstärke und Wasserführung der Flüsse, ragt der Engländer J. Smeaton (1724–1792) hervor. Nach wissenschaftlichen Arbeitsmethoden vorgehend, verfertigte er maßstabsgerechte Modelle von Wasserrädern, variierte Form und Größe der Schaufelräder, maß dann die abgegebene Kraft und das alles in Abhängigkeit von Menge und Geschwindigkeit des strömenden Wassers. Später untersuchte er ebenso gründlich die Leistungs-

(1700–1766), J. Kay (um 1750), J. Hargreaves (1778), R. Arkwright (1732–1792), C. Wood (um 1772), H. Maudsley (1771–1831), E. Whitney (1765–1825) und S. Crompton (1753–1827) standen – als Erfinder, Ingenieure, Uhrmacher, Weber, Geistliche, Feinmechaniker – außerhalb der geistigen Traditionen damaliger akademischer Naturwissenschaft. Die entscheidenden technischen Erfindungen wie Spinnmaschine, Schnellschütze, Webstuhl, Drehbank und Support und Fräsmaschine stellen technische Umwälzungen dar, deren Kernprozeß[3] in der Einführung der werkzeugführenden Maschine bestand, die an Stelle der ihre Gliedmaßen und Werkzeuge benutzenden Menschen treten konnte. Dies sowie die außerhalb der damaligen naturwissenschaftlichen Traditionen befindliche soziale Stellung der Pioniere der Industriellen Revolution – zumal im England des ausgehenden 18. Jahrhunderts – ist übrigens von K. Marx im „Kapital" hervorgehoben[4] und entsprechend gewürdigt worden.

Diese Feststellung über die *kausale* Absenz der Naturwissenschaften in der Initialphase der Industriellen Revolution darf indes nicht mit der anderen, ebenso unbestreitbaren Tatsache verwechselt werden, daß in den Ursprungsländern der Industriellen Revolution schon recht früh, noch im ausgehenden 18. Jahrhundert, in einigen Kreisen der Naturwissenschaftler erkannt wurde, daß ein neues Zeitalter für die Naturwissenschaften heraufziehen werde, das den Naturwissenschaften ganz neue, weitreichende Möglichkeiten eröffnen werde.

Diese optimistische Haltung war neu: Die Naturwissenschaftler des 18. Jahrhunderts wurden sich – trotz einer Vielzahl von großartigen Erfolgen im Einzelnen – der Stagnation bewußt, in die die Naturwissenschaft der Tendenz nach geraten war, zumal, wenn man deren gesellschaftlichen Effekt an dem Zeichen zu messen hatte, unter dem sie am Ausgang der Renaissance angetreten war. Das große Programm Francis Bacons (1561–1626), wonach die Naturwissenschaft ganz neue, erweiterte, ja nahezu paradiesische Lebensverhältnisse schaffen werde, hatte sich als undurch-

fähigkeit von Windmühlen, bis er sich um 1770 systematisch der Verbesserung der atmosphärischen Maschine zuwandte und diese bis zur Grenze ihrer Leistungsfähigkeit durchbildete.
Auch J. Watt (1736–1819) wuchs auf in einer Atmosphäre des Suchens nach neuen und erweiterten Kraftquellen. Als Sohn eines schottischen Zimmermanns erlernte er in London das Feinmechanikerhandwerk und wurde 1757 als Mechaniker an der Universität Glasgow angestellt. Dort wirkte der Medizinprofessor J. Black (1728–1799), der zu dieser Zeit gerade bedeutende Fortschritte in der Wärmelehre erzielt hatte, indem er Wärme, spezifische Wärme, Temperatur und Wärmekapazität begrifflich getrennt hatte. Als Watt beauftragt wurde, das Modell einer zu Lehrzwecken benutzten Newcomen-Maschine zu reparieren, entdeckte er, daß das Modell relativ mehr Kohle verbrauchte, d. h. einen geringeren Wirkungsgrad besaß als das Original. Eine genaue Analyse, bei der Watt die Ergebnisse Blacks zugute kamen, lieferte Watt konkrete Unterlagen über die Dampfverschwendung bei der Newcomen-Maschine. Um dies zu vermeiden, hielt Watt den Hauptzylinder der Maschine beständig auf derselben Temperatur und ließ den Dampf in einer getrennten Kammer kondensieren: Die Grundidee der Dampfmaschine war geboren und die Naturwissenschaft hatte immerhin Pate gestanden.

[3] Hier folge ich der Terminologie von W. Jonas (Berlin) und J. Kuczynski (Berlin).

[4] *Marx, Karl/Engels, Friedrich,* Werke, Bd. 23, Berlin 1962, S. 512f.

führbar erwiesen. J. Wallis (1616–1703), der Altmeister britischer exakter Naturwissenschaft, beklagte bereits 1698 den „unfruchtbaren Zustand der Philosophie“, d. h. der Naturwissenschaft. Die Royal Society bedauerte es 1701, daß „der ungestüme Widerspruch der Unwissenden und die Vorwürfe der Unvernünftigen ihre Pläne zur Erzielung einer Folge nützlicher Erfindungen unglücklicherweise durchkreuzt hätten.“[5]

Mit anderen Worten: Die direkte, sich sozusagen automatisch vollziehende Umsetzung der wissenschaftlichen Revolution des 16. und 17. Jahrhunderts in Aufschwung und Ausdehnung der Produktion blieb Utopie.

Gerade eben die Industrielle Revolution ist der historische Beweis dafür, daß fruchtbare gegenseitige Beziehungen großen Stils zwischen Wissenschaft und Produktion weitaus vielschichtiger sein müssen, als Bacon wissen konnte. Vor allem aber setzten sie ein gegenüber dem 17. Jahrhundert qualitativ erhöhtes Niveau der Produktion voraus, eben die beiden technischen Revolutionen der Industriellen Revolution, die Werkzeugmaschine und die Antriebsmaschine, und den dadurch bewirkten Übergang zum Fabriksystem.

Gerade darum auch ist die historische Analyse der Tätigkeit von Personen, Gesellschaften und Institutionen so aufschlußreich, die, der Initialphase der Industriellen Revolution historisch zugehörig, im Berührungsfeld von Wissenschaft und sich formierender großer Industrie standen: Als klassisches Beispiel ist immer wieder die sog. „Lunar-Society“ in Birmingham herausgezogen worden,[6] ähnlich lohnend zur Untersuchung ist die „Manchester Literary and Philosophical Society“.

Bei unvoreingenommener Betrachtung zeigt sich, daß in dieser frühen Zeit der Industriellen Revolution der Fortschritt der Produktion eher von Erfindungsreichtum, von der Ausbeutung fremder Ingeniosität und von unternehmerischem Geschick abhing als vom Maß der verwendeten Wissenschaft. Es war vielmehr das Streben nach Einzelbeziehung der Naturwissenschaft als der solcherart erzielte Effekt, der die Weitsicht jener Personen auszeichnet, jener Pioniere, die die Umwandlung der Naturwissenschaft in eine gesellschaftliche Produktionskraft gedanklich vorbereiteten.

Realiter schuf erst der vollzogene Übergang zur Industriellen Revolution, schufen erst etablierte große Industrie und Fabriksystem die erweiterten Möglichkeiten zur Rezeption der Naturwissenschaften durch die Produktion.[7]

[5] Zit. nach: *Mason, S. F.*, Geschichte der Naturwissenschaft, Stuttgart 1961, S. 334.

[6] Vgl. *Kuczynski, Jürgen*, Wissenschaft und Gesellschaft. Studien und Essays über sechs Jahrtausende, Berlin 1972. Der Autor schenkt im Kapitel VI, Die Industrielle Revolution in England, speziell der Lunar-Society gebührende Aufmerksamkeit. Doch vermag ich bezüglich der Wertung der dortigen Beziehungen zwischen Naturwissenschaft und beginnender Industrieller Revolution durch J. Kuczynski nicht zu folgen, insbesondere nicht der Formulierung (S. 159) von der „Verwissenschaftlichung der Produktion“. Überdies widerspricht sich J. Kuczynski bis zu einem gewissen Grad selbst. Zum Beispiel hebt er (S. 146) selbst die auch von mir geteilte Meinung hervor, daß die Männer der Lunar-Society in vielen Beziehungen den Artefici der Renaissance näher standen als dem Wissenschaftler-Techniker des 19. Jahrhunderts.

[7] Um eine ungefähre Zeitangabe zu machen, soll die Jahrhundertwende benannt werden. Selbstverständlich wird man für die fortgeschrittenen Länder (England, Frankreich) früher zu datieren haben als für die Mehrzahl der deutschen Staaten oder gar für die Entwicklung in Rußland. Was das zeitliche Verhältnis betrifft, so lagen die deutschen

Maschinenbau, Brücken, Waffen, Schiffe, Bergwerke und Eisenbahnen erhöhten sprunghaft den Bedarf an Eisen, Stahl, Nichteisenmetallen, Kohle und anderen Grundmaterialien, Hüttenleute, Chemiker und Ingenieure waren auf den Plan gerufen. Die Gewinnung von Textilhilfsstoffen wie Schwefelsäure, Soda, Bleichmitteln und Farben bildete ein weiteres Hauptbetätigungsfeld der Chemiker. Probleme der Konstruktion von Maschinenelementen, der Kraftübertragung, der Reibung, der Präzisionsmechanik und der Energiegewinnung brachten Teile der Physiker und Mathematiker in weitaus engere Beziehung zur materiellen Produktion als je zuvor. Dazu kam das breite gesellschaftliche Interesse an rasch und zuverlässig über weite Entfernungen arbeitenden Nachrichtenverbindungen, das es zu befriedigen galt. Die explosionsartig sich ausdehnenden Industriestädte, in denen das sich entwickelnde Industrieproletariat unter menschenunwürdigen Bedingungen zu hausen gezwungen war, warfen Probleme auf wie die der Versorgung mit bisher noch nicht gekannten Mengen an Lebensmitteln, Wasser, Heizmaterial u. a. m., solche des innerstädtischen Verkehrs, der Seuchenverhütung, der Beleuchtung von Straßen und Fabrikationsräumen, des Hoch- und Tiefbaues. Nicht zuletzt schuf die Notwendigkeit, immer größere Mengen an Lebensmitteln für eine rasch wachsende Bevölkerung bereitzustellen, eine Reihe von Berührungspunkten zwischen Naturwissenschaft und Landwirtschaft.

So etwa könnte man die großen gesellschaftlichen Problemkreise der Industriellen Revolution kennzeichnen, die damals für die Naturwissenschaften relevant waren und es demnach für unsere heutige Historiographie sind.[8]

Staaten in der Anfangsphase der Industriellen Revolution weit, um ein bis zwei Generationen, hinter England und Frankreich zurück. Gegen Ende dieser Periode aber hatte Deutschland aufgeholt und auf einigen Gebieten sogar die Führung übernommen. Dieses pauschale Urteil muß aber differenziert verstanden werden hinsichtlich der Wechselwirkung der einzelnen naturwissenschaftlichen Disziplinen und spezieller Produktionszweige.
Hier zur Illustration nur zwei interessante zeigenössische Äußerungen: J. W. Goethe am 1. 9. 1829 an J. P. Eckermann: „Während aber die Deutschen sich mit Auflösung philosophischer Probleme quälen, lachen uns die Engländer mit ihrem großen praktischen Verstande aus und gewinnen die Welt.“ Goethes Gespräche mit Eckermann, Leipzig o. J., S. 496. Im Jahre 1871 dagegen, nach dem Sieg Preußen/Deutschlands über Frankreich schreibt L. Pasteur (1822–1895) in einer Lyoner Tageszeitung:“ Während Deutschland seine Universitäten vervielfältigte und zwischen ihnen den nützlichen Wetteifer entfaltete, ihren Professoren und Doktoren Ehre und Hochachtung erwies, geräumige Laboratorien mit glänzender instrumenteller Ausstattung errichtete, achtete das durch seine Revolution geschwächte und dauernd mit dem unfruchtbaren Suchen nach der besten Regierungsform beschäftigte Frankreich kaum seine Einrichtungen für das Hochschulwesen.“ Zit. nach: *Vallery-Radot, R.*, Louis Pasteur, Freudenstadt / Paris 1948, S. 274. Und ein Gutachten der Pariser Akademie, angefertigt in den ersten Monaten des Waffenstillstandes, gipfelt in dem Urteil: „Wir sind durch die Wissenschaft besiegt worden.“ Zit. nach: Ebenda, S. 275. (Diese beiden Mitteilungen verdanke ich Herrn Dr. H. Pilz, Leipzig.)

[8] Man sollte einige Passagen bei Marx und Engels auch als historisches Dokument lesen, d. h. als Äußerung von Zeitgenossen der Industriellen Revolution, als Widerspiegelung der hauptsächlichen Eindrücke, unter denen sie als überaus aufmerksame Beobachter ihrer gesellschaftlichen Umwelt mit Einschluß damaliger technisch-naturwissenschaft-

In diesen Sphären nun tritt das quantitativ und qualitativ neue Verhältnis zwischen Naturwissenschaft und Produktion zutage.

Quantitative Aussagen beziehen sich auf die seit der Jahrhundertwende rasch wachsende Anzahl von naturwissenschaftlich orientierten Wissenschaftlern und wissenschaftlichen Gesellschaften. Für Hochschulen und Universitäten kam es geradezu zu einer zweiten Gründungswelle, vergleichbar mit der Zeit der sich formierenden Hochscholastik im 13. und 14. Jahrhundert.

Qualitative Aussagen sind hier vergleichsweise noch aussagekräftiger und berühren das Wesen eines langen, in die Gegenwart hinaufreichenden Prozesses, der als Herausbildung der Naturwissenschaft zur Produktivkraft verstanden werden muß.

Die Industrielle Revolution hatte gewaltige gesellschaftliche Probleme aufgeworfen. Es war nur natürlich, Umschau zu halten nach geeigneten Mitteln für deren Lösung. Die Erkenntnis von der – auch – naturwissenschaftlichen Relevanz produktionstechnischer Probleme ging über in die Schlußfolgerung, daß die Ergebnisse der Naturwissenschaft aneigenbar seien und man sich ihrer nur zu bedienen habe. Den Unternehmern des sich formierenden Kapitalismus trat die Naturwissenschaft entgegen als eine durch den Verlauf der Geschichte vom direkten Produktionsprozeß abgetrennte und somit verselbständigte, zugleich besitzerlose und zumindest potentiell profitmehrende Angelegenheit.

In dieser historischen Situation drückt sich ein doppelter Aspekt aus:

Was zunächst die Eigentumsverhältnisse an den Naturwissenschaften, d. h. die Stellung der Naturwissenschaften innerhalb der Produktionsverhältnisse betrifft, so spricht Marx mehrfach direkt von der Exploitation der Wissenschaften durch den Kapitalismus.[9] Was andererseits die Stellung der Naturwissenschaften zu den materiellen Produktivkräften betrifft, so spricht Marx von der „Einverleibung . . . der Naturwissenschaften in den Produktionsprozeß“ der großen Industrie, und zwar im Hinblick auf die notwendigerweise zu erhöhende Produktivität der Arbeit.[10]

licher Sensationen standen. Man analysiere etwa in dieser Hinsicht jene berühmte Stelle aus dem „Kommunistischen Manifest“, geschrieben am Vorabend der 48er Revolution. „Die Bourgeoisie hat in ihrer kaum hundertjährigen Klassenherrschaft massenhaftere und kolossalere Produktionskräfte geschaffen als alle vergangenen Generationen zusammen. Unterjochung der Naturkräfte, Maschinerie, Anwendung der Chemie auf Industrie und Ackerbau, Dampfschiffahrt, Eisenbahnen, elektrische Telegraphen, Urbarmachung ganzer Weltteile, Schiffbarmachung der Flüsse, ganze aus dem Boden hervorgestampfte Bevölkerungen- welch frühes Jahrhundert ahnte, daß solche Produktionskräfte im Schoß der gesellschaftlichen Arbeit schlummerten.“
Marx, Karl/Engels, Friedrich, Werke, Bd. 4, Berlin 1959, S. 467.

9 Beispielsweise heißt es bei Marx: „Die Wissenschaft kostet dem Kapitalisten überhaupt ‚nichts‘, was ihn durchaus nicht hindert, sie zu exploitieren. Die ‚fremde‘ Wissenschaft wird dem Kapital einverleibt, wie fremde Arbeit“.
Ebenda, Bd. 23, Berlin 1962, S. 407.

10 „Aber zur Ausbeutung dieser Gesetze für Telegraphie usw. bedarf es eines sehr kostspieligen und weitläufigen Apparats. Durch die Maschine wird, wie wir sahen, das Werkzeug nicht verdrängt. Aus einem Zwergwerkzeug des menschlichen Organismus reckt es sich in Umfang und Anzahl zum Werkzeug eines vom Menschen geschaffnen Mechanismus. Statt mit dem Handwerkszeug, läßt das Kapital den Arbeiter jetzt mit einer Maschine arbeiten, die ihre Werkzeuge selbst führt. Wenn es daher auf den ersten Blick

Soweit sich die Naturwissenschaftler selbst zum bewußten Fürsprecher und Gestalter dieser „Einverleibung" der Naturwissenschaft in den Produktionsprozeß machten bzw. machen konnten und wollten, handelte es sich für sie um die Kategorie der Anwendung oder Aufprägung einer naturwissenschaftlichen Disziplin und ihrer Ergebnisse auf bestimmte Zweige der Produktion bzw. auf konkrete Produktionsinstrumente.

In der Tat war — was diesen Zusammenhang betrifft — die Redeweise „Anwendung von . . . auf . . ." die Vokabel der Zeit. Unter dieser fast stereotypen Titelstruktur erschienen die einschlägigen, d. h. produktionsbezogenen naturwissenschaftlichen Schriften. Diese Bezeichnung drückt geradezu symbolisch die der entfalteten Industriellen Revolution adäquate Form der neuen historischen Stufe[11] des Wechsel-

klar ist, daß die große Industrie durch Einverleibung ungeheurer Naturkräfte und der Naturwissenschaft in den Produktionsprozeß die Produktivität der Arbeit außerordentlich steigern muß, ist es keineswegs ebenso klar, daß diese gesteigerte Produktivkraft nicht durch vermehrte Arbeitsausgabe auf der andren Seite erkauft wird. Gleich jedem andren Bestandteil des konstanten Kapitals, schafft die Maschinerie keinen Wert, gibt aber ihren eigenen Wert an das Produkt ab, zu dessen Erzeugung sie dient. Soweit sie Wert hat und daher Wert auf das Produkt überträgt, bildet sie einen Wertbestandteil desselben. Statt es zu verwohlfeilern, verteuert sie es im Verhältnis zu ihrem eignen Wert. Und es ist handgreiflich, daß Maschine und systematisch entwickelte Maschinerie, das charakteristische Arbeitsmittel der großen Industrie, unverhältnismäßig an Wert schwillt, verglichen mit den Arbeitsmitteln des Handwerks- und Manufakturbetriebes". Ebenda, S. 407f.

Daher auch kommt Marx, an anderer Stelle, bezüglich des Maßes der Herausbildung der Wissenschaft als Produktivkraft, zu der Feststellung:" Die Natur baut keine Maschinen, keine Lokomotiven, Eisenbahnen, electric telegraphs, selfacting mules ect. Sie sind Produkte der menschlichen Industrie; natürliches Material, verwandelt in Organe des menschlichen Willens über die Natur oder seiner Betätigung in der Natur. Sie sind von der menschlichen Hand geschaffne Organe des menschlichen Hirns; vergegenständlichte Wissenskraft. Die Entwicklung des capital fixe zeigt an, bis zu welchem Grade das allgemeine gesellschaftliche Wissen, knowledge, zur unmittelbaren Produktivkraft geworden ist, und daher die Bedingungen des gesellschaftlichen Lebensprozesses selbst unter die Kontrolle des general intellect gekommen, und ihm gemäß umgeschaffen sind. Bis welchem Grade die gesellschaftlichen Produktivkräfte produziert sind, nicht nur in Form des Wissens, sondern als unmittelbare Organe der gesellschaftlichen Praxis; des realen Lebensprozesses." *Marx, Karl*, Grundrisse der Kritik der politischen Ökonomie, Berlin 1953, S. 594.

An anderer Stelle wiederum, mit Bezug auf die Agrikultur, spricht Marx von „bewußter technologischer Anwendung der Wissenschaft". *Marx, Karl/Engels, Friedrich*, Werke, Bd. 23, S. 528.

[11] Eine Arbeitsgruppe (Leitung Prof. Dr. H. Wußing und Dr. I. Strube) am Karl-Sudhoff-Institut für Geschichte der Medizin und der Naturwissenschaften der Karl-Marx-Universität Leipzig beschäftigte sich im Rahmen des Forschungsthemas „Geschichte der Produktivkräfte in Deutschland" (Leitung Prof. Dr. W. Jonas, Akademie der Wissenschaften der DDR, Institut für Wirtschaftsgeschichte) mit einer Klassifizierung der historischen Entwicklung des Wechselverhältnisses zwischen Naturwissenschaften und Produktion. Im Jahre 1970 wurde eine achtzigseitige Dokumentation zu diesem Thema abgeschlossen. Darin wurden folgende chrakteristische Stufen als historische Entwicklungsphase herausgearbeitet und mit Beispielen belegt; dadurch entsteht eine Art histo-

verhältnisses zwischen Naturwissenschaft und Produktion aus. Zwei als Folge historischer Prozesse soziologisch und gesellschaftlich-strukturell getrennte[12] gesellschaftliche Sphären hatten neue Formen der Wechselbeziehungen gefunden.[13]

Freilich war es kein Umschwung, der sich über Nacht vollzogen hätte. Die Ein-

rischer Äquivalenz zwischen dieser Stufenfolge und der aufsteigenden Folge der Produktionsverhältnisse.
a) Implizite Naturwissenschaft: Vorhandensein von Kenntnisse, Erfahrungen und Fertigkeiten im Produktionsprozeß (Urgesellschaft, Antike, Feudalismus)
b) Entstehung von naturwissenschaftlichen Disziplinen aus dem Produktionsprozeß heraus (Frühkapitalismus)
c) Anwendung von naturwissenschaftlichen Disziplinen – nach eigenständiger Entwicklung – auf die Produktion (Industrielle Revolution)
d) Produktion auf der Grundlage von naturwissenschaftlichen Disziplinen (Kapitalismus der freien Konkurrenz)
e) Produktion mittels naturwissenschaftlicher Disziplinen (monopolistischer Kapitalismus)
f) Integration von Naturwissenschaften und Produktion (Übergangsperiode vom Kapitalismus zum Sozialismus/Kommunismus)
Diese Zuordnung geben nur das Prinzipielle des Zusammenhanges wieder und zwar derart, daß die jeweils höchste Stufe des Wechselverhältnisses bezeichnet wird, während frühere Stufen noch weiterwirken und sogar quantitativ überwiegen können.
Für ausführliche Informationen sei auf die erwähnte Dokumentation verwiesen sowie auf: *Vussing, G.*, O vzaimootnošenii meždu estestvennymi naukami i proizvodxtvom, in: Voprosy istorii estestvoznanija i techniki, Moskva (1974), S. 47f.

12 Der begrenzte Raum reicht nicht aus, den dialektischen historischen Prozeß darzustellen, der bei anhaltender Wechselbeziehung zwischen Produktion und Naturwissenschaft zu einer soziologischen, klassenmäßigen Trennung und folgweise auch teilweise inhaltlichen Trennung der beiden Sphären führte.
Man vergleiche auch K. Marx: „Die Kenntnisse, die Einsicht und der Wille, die der selbständige Bauer oder Handwerker, wenn auch auf kleinem Maßstab, entwickelt, wie der Wilde alle Kunst des Krieges als persönliche List ausübt, sind jetzt nur noch für das Ganze der Werkstatt erheischt. Die geistigen Potenzen der Produktion erweitern ihren Maßstab auf der einen Seite, weil sie auf vielen Seiten verschwinden. Was die Teilarbeiter verlieren, konzentriert sich ihnen gegenüber im Kapital. Es ist ein Produkt der manufakturmäßigen Teilung der Arbeit, ihnen die geistigen Potenzen des materiellen Produktionsprozesses als fremdes Eigentum und sie beherrschende Macht gegenüberzustellen. Dieser Scheidungsprozeß beginnt in der einfachen Kooperation, wo der Kapitalist den einzelnen Arbeitern gegenüber die Einheit und den Willen des gesellschaftlichen Arbeitskörpers vertritt. Er entwickelt sich in der Manufaktur, die den Arbeiter zum Teilarbeiter verstümmelt. Er vollendet sich in der großen Industrie, welche die Wissenschaft als selbständige Produktionspotenz von der Arbeit trennt und in den Dienst des Kapitals preßt." *Marx, Karl/Engels, Friedrich*, Werke, Bd. 23, S. 382.

13 Man vergleiche dazu auch K. Marx, der ebenfalls den neuen Charakter hervorhebt. „Mit der Entwicklung der Fabrikwesens und der sie begleitenden Umwälzung der Agrikultur dehnt sich nicht nur die Produktionsleiter in allen Industriezweigen aus, sondern verändert sich auch ihr Charakter. Das Prinzip des Maschinenbetriebs, den Produktionsprozeß in seine konstituierenden Phasen zu analysieren und die so gegebnen Probleme durch Anwendung der Mechanik, Chemie usw. kurz der Naturwissenschaften zu lösen, wird überall bestimmend."
Ebenda, S. 485.

sicht in die neue gesellschaftliche Funktion der Naturwissenschaft reifte nicht oder nur höchst langsam an den der Tradition verhafteten, in großen Teilen noch feudal strukturierten Universitäten und Akademien Europas.

Ein neuer Typ aber von Hochschulen wurde zum Schrittmacher, der der polytechnischen Schulen, aus denen später die Technischen Hochschulen hervorgingen. Marx ordnet ihnen im Kap'tel 13 des „Kapital“ (Maschinerie und große Industrie) einen bedeutenden Rang zu, und zwar im Zusammenhang mit der bewußten Anwendung der Naturwissenschaft und dem Entstehen „der ganz modernen Wissenschaft der Technologie“: „Ein auf Grundlage der großen Industrie naturwüchsig entwickeltes Moment dieses Umwälzungsprozesses sind polytechnische und agronomische Schulen . . .[14]

Das Urbild aller polytechnischen Schulen, an das sich alle weiteren dem Lehrbetriebe nach und inhaltlich anlehnten, wurde 1794 in Paris ins Leben gerufen, auf Beschluß noch der Jacobinerregierung, im Feuer der Großen Französischen Revolution.[15] In Forschung und Lehre paarten sich vom Beginn an die Spitzenleistungen europäischer Naturwissenschaft mit dem festen Vorsatz, die Anwendung der Naturwissenschaften zu suchen und zu finden. Die Pariser École Polytechnique wurde in den ersten dreißig, vierzig Jahren ihres Bestehens zum unbestrittenen naturwissenschaftlichen Zentrum der Welt[16] und zum Schrittmacher[17] der Umsetzung der Naturwissenschaft zum Nutzen für die Produktion. Auch strukturell kam diese Absicht zum Ausdruck: Die Absolventen der École Polytechnique traten in sog. „Anwendungsschulen“ ein: École des Ponts et Chaussees, École des mines, zivile Ingenieurschule, militärische Ingenieurschule (Genieschule), Artillerieschule und andere mehr.

Mit der École Polytechnique hatte sich die französische Bourgeoisie ein Instru-

[14] Das Zitat läuft folgendermaßen weiter: „. . ., ein anderes sind die ‘écoles d’enseignement professionel‘, worin die Kinder der Arbeiter einigen Unterricht in der Technologie und praktischen Handhabe der verschiedenen Produktionsinstrumente erhalten.“ Ebenda, S. 512.

[15] Vgl. *Pinet. G.*, Histoire de l’Ecole Polytechnique, Paris 1887; *Wußing, Hans*, Die École Polytechnique – eine Errungenschaft der Französischen Revolution, in: Pädagogik, 13. Jg. (1958), H. 9, S. 646ff. – Die spezifischen Bedingungen im revolutionären Frankreich – wirtschaftliche Blokade militärische Koalition fast des ganzen, feudalen Europa gegen Frankreich, Konterrevolution im Innern – brachten es mit sich, daß die Pariser École Polytechnique einen militärischen Zuschnitt erhielt, der durch Napoleon I. sogar noch betont wurde.

[16] Um dies in einer Hinsicht zu dokumentieren: An der École Polytechnique in Paris wirkten in ihrer ersten Phase u. a. J. L. Lagrange (1736–1812), P. S. Laplace (1749–1827), S. D. Poisson (1781–1840), A. L. Cauchy (1789–1857), G. Monge (1746–1818), L. Poinsot (1777–1859), J. V. Poncelet (1788–1867), A. M. Ampére (1775–1836), L. J. Gay-Lussac (1778–1850), E. L. Malus (1775–1812), A. Fresnel (1788–1827), A. F. Fourcroy (1755–1809), P. L. Dulong (7185–1838), A. Petit (1791–1820), C. Berthollet (1748–1822), J. Thenard (1777–1857), L. N. Vauquelin (1763–1829).

[17] Die entfaltete Industrielle Revolution schuf sich überdies in Frankreich noch eine weitere Form der institutionalisierten Form der Wechselbeziehung zwischen Naturwissenschaft und Technik, und zwar mit dem 1796 gegründeten „Conservatoire des Arts et Metiers“, einer Art Mitteldung zwischen Museum und Konstruktionsbüro, in dem technische Verbesserungen aufgestellt und der Öffentlichkeit zugänglich gemacht werden sollten. Das Gegenstück dazu in England bildete die Royal Institution, die überdies noch Aufgaben der Popularisierung der Naturwissenschaft übernahm.

ment zur Ausbildung ihrer Ingenieure, zur Inganghaltung und erweiterten Reproduktion ihrer Produktion und zur Vergrößerung ihres Profits geschaffen. Die Pariser polytechnische Schule machte Schule; ihr Erfolg strahlte in die anderen Länder hinüber, die von der Industriellen Revolution erfaßt wurden.

Die Grundidee jener Pariser Schule, jener „Schule ohne Vorbild und Nachbild", wie sie der progressive deutsche Mathematiker C. G. J. Jacobi (1804–1851) 1835 in einer Werbeveranstaltung[18] zugunsten einer polytechnischen Schule nach Pariser Muster in Preußen bezeichnet hatte, wurde Ende der zwanziger und in den dreißiger Jahren im allgemeinen rezipiert, freilich unterschiedlich modifiziert in den verschiedenen Staaten, auch in den verschiedenen deutschen Staaten.[19]

[18] Jacobi hielt am 22. Mai 1835 in einer öffentlichen Sitzung der physikalisch-ökonomischen Gesellschaft im damaligen Königsberg einen Vortrag mit der Absicht, das Projekt einer preußischen polytechnischen Schule zu unterstützen. Nachdem Jacobi den Verfall der Geisteswissenschaften im nachrevolutionären Frankreich konstatiert hat, führt er aus: „Dagegen ist der Unterricht in den sogenannten exakten Wissenschaften in einer früher nie gekannten Art entstanden; Kenntnisse, welcher früher nur das Eigentum einiger Wenigen waren, bei denen man einen dafür ganz besonders gestimmten Geist voraussetzte, sind Gemeingut aller Gebildeten dieses großen Volkes geworden und durchdringen sein Leben nach allen seinen Verzweigungen. Es entsteht eine Schule, in welche Alle, welche sich dem Land- und Wasserbau, dem Hüttenwesen, der Artillerie, dem Genie widmen, die Weihe einer höheren mathematischen Vorbildung erhalten, die das Seminar aller Lehrer der Mathematik, Physik und Chemie für ganz Frankreich ist, aus der alle Mitglieder der jetzigen Akademie der Wissenschaften in diesen Fächern hervorgegangen sind. Hier soll diejenige Bildung ertheilt werden, die den Staatsdiener über die gemeine Routine erhebt und ihn vor dem Versinken in's Handwerksmäßige bewahrt; die hier erworbene Einsicht durchdringt die Fabriken und alle Gewerbezweige des Handwerkers. Die ersten Gelehrten Europa's, wie sie sich nur in einer Welthauptstadt vereinigt finden, stehen ihr vor; es ist eine Schule ohne Vorbild und ohne Nachbild in Europa."
Jacobi, C. G. J., Gesammelte Werke, Bd. VII, Berlin 1891, S. 356.

[19] Was die Verhältnisse in Deutschland betrifft, so soll in Stichworten an Folgendes erinnert werden.
Noch der Aufklärung und den Kameralwissenschaften verhaftet waren das 1745 gegründete Collegium Carolinum in Braunschweig, die Bauakademie (1799), das Ackerbauinstitut in Möglin (1806), das Collegium medico-chirurgicum (1724) sowie die Bergbauschule in Berlin (1770) und die Bergakademie von Freiberg (1765) und Clausthal (1775).
In Preußen wurde schon seit 1820 die Gründung einer polytechnischen Schule ernsthaft erörtert; A. v. Humboldt (1769–1859) z. B. suchte Gauß (1777–1855) als deren Leiter zu gewinnen. Über die Gründungsbestrebungen und das Scheitern des Projektes liegt eine Studie vor:
Manegold, K.-H., Eine École Polytechnique in Berlin, in: Technikgeschichte, Bd. 33 (1966), S. 182ff.
Das Projekt einer polytechnischen Schule in Berlin schlug fehl; so gingen die anderen deutschen Staaten voran; Karlsruhe 1825, München 1827, 1828 Dresden (technische Bildungsanstalt), 1829 Stuttgart (Höhere Gewerbeschule), 1830 Kassel, 1831 Hannover, 1833 Darmstadt, 1835 Angliederung einer technischen Abteilung an das Collegium Carolinum in Braunschweig. – Berlin erhielt 1827 mit dem sog. Gewerbeinstitut eine andere Form technischen Bildungsganges.
Die Habsburger Monarchie besaß schon seit 1806 in Prag („Ständisches Polytechnisches Institut") und seit 1715 in Wien („Polytechnisches Institut") polytechnische Schulen.

Umstritten war insbesondere das Maß.und das Niveau der naturwissenschaftlichen Ausbildung an den polytechnischen Schulen, also sozusagen deren abstraktes Niveau. Hier reichte die Skala der Argumentationen über alle Motivationen hinweg, von einer Einsicht in die neue Funktion der Naturwissenschaften bis zu Äußerungen im offensichtlichen Interesse von Personen oder Personengruppierungen.

Doch war es ein durchaus objektiv existierendes Problem: Konnten die naturwissenschaftlichen Disziplinen, so wie sie zu Anfang des 19. Jahrhunderts vorlagen, durch bloße „Anwendung von ... auf ..." den gewünschten Effekt erzielen? Die Naturwissenschaftler sahen sich mit dem Vorwurf ihrer übergroßen Forderungen an die künftigen Ingenieure konfrontiert, und natürlicherweise gesellte sich zu der vormaligen Praxisabstinenz der Theorie die Theorieaversion der Praxis.

Die Lösung des offensichtlichen Widerspruches um die Anwendungsfähigkeit der Naturwissenschaften bahnte sich um die Mitte des 19. Jahrhunderts an: Die Modifikation naturwissenschaftlicher Disziplinen unter den Forderungen der Praxis, der Industrie insbesondere, schlug um in die Herausbildung technischer Wissenschaften.[20] Beispielsweise wuchs aus der Darstellenden Geometrie, die an der École Polytechnique und durch G. Monge (1746–1818) eine beherrschende Stellung eingenommen hatte und von ihm als „Sprache des Ingenieurs" verstanden wurde, das Technische Zeichnen als Grundbestandteil der Ingenieurausbildung hervor. Neben die strenge Mechanik, deren Durchbildung J. L. Lagrange (1736–1812) zu verdanken

Wien und Karlsruhe (sowie in der zweiten Hälfte des 19. Jahrhunderts München) besaßen ein besonders hohes wissenschaftliches Niveau in dem Sinne, daß hohe naturwissenschaftlich-mathematische Anforderungen mit bewußter Suche nach Produktionswirksamkeit verbunden waren. Daher ist die eingehende Analyse des Wechselverhältnisses von Naturwissenschaften, technischen Wissenschaften und Anwendungen an diese Institutionen sowie des Wirkens der dort führenden Persöhnlichkeiten besonders aufschlußreich. Überhaupt bilden eingehendere biographische Studien interessante Details. Eine ausführliche Analyse verdienten Werk und Leistung von F. J. R. Redtenbacher (1809–1863), langjähriger und erfolgreicher Professor der Mechanik und Maschinenlehre an der polytechnischen Schule in Karlsruhe, der zweifellos in praktischer wie theoretischer Hinsicht eine Schlüsselstellung im süddeutschen Raum einnahm.
Für Preußen ist neben A. L. Crelle (1780–1855) das Werk von Chr. P. W. Beuth (1781–1853) aufschlußreich: Beuth, einflußreicher preußischer Gewerbepolitiker und Schlüsselfigur der beginnenden und von ihm in die Wege geleiteten Industrialisierung, seit 1819 Direktor der in der Zeit der Stein/Hardenbergschen Reformen gegründeten „Technischen Deputation für das Gewerbe", Begründer der „Technischen Gewerbeschule" in Berlin (1821, seit 1827 „Gewerbeinstitut") und seit 1830 Direktor der „Allgemeinen Bauschule", der späteren „Baukademie", schrieb im Jahre 1824: „Wo die Wissenschaft nicht in die Gewerbe eingeführt ist, da gibt es kein sicher gegründetes Gewerbe, da gibt es kein Fortschreiten." Zit. nach: *Manegold, K.-H.*, Universität, Technische Hochschule und Industrie. Ein Beitrag zur Emanzipation der Technik im 19. Jahrhundert unter besonderer Berücksichtigung der Bestrebungen Felix Kleins. Schriften zur Wirtschafts- und Sozialgeschichte, Bd. 16, Berlin 1970, S. 17f.

20 Hochinteressant und lohnend für die hier berührten Zusammenhänge wäre eine Analyse der Tendenzen in dem Joh. G. Dingler (1778–1855) im Jahre 1820 gegründeten „Polytechnischen Journal", der ersten technisch-wissenschaftlichen Zeitschrift Deutschlands. Auch hier wirkte das französische Vorbild nach: Die „École Polytechnique" in Paris besaß seit ihren Anfängen ein eigenes Publikationsorgan.

war, trat die technische Mechanik, die die Idealisierung der „reinen" Mechanik nicht unbesehen akzeptieren konnte und auch die Reibung zu berücksichtigen hatte. Nach der Mitte des 19. Jahrhunderts wird man von Thermodynamik und von Technischer Thermodynamik, von Elektrodynamik und Elektrotechnik zu sprechen haben, von Chemie und Agrikulturchemie usw.

Zu den mehr oder weniger starken Modifikationen naturwissenschaftlicher Disziplinen traten sozusagen echte technische Disziplinen hinzu, deren kein Urbild in den Naturwissenschaften entsprach, denen aber naturwissenschaftliche Elemente innewohnten, wie z. B. Maschinenbaulehre, Metallurgie, chemische Technologie, Turbinenbau.

Im Grunde war damit bereits, wie die weitere historische Entwicklung im letzten Drittel des 19. Jahrhunderts zeigen sollte, die Frage nach der Doppelseitigkeit der höheren mathematisch-naturwissenschaftlichen Bildung und Ausbildung positiv beantwortet. Nach in Deutschland besonders heftigen und mit Standesinteressen belasteten Streitigkeiten war Universitäten und Technischen Hochschulen gleichermaßen Existenzberechtigung[21] zugewiesen, die beiden Institutionen Produktion und speziell die Industrie als Wirkungsfeld zugeordnet hatte, wenn auch in unterschiedlicher Weise.

Diese Entwicklung gehört jedoch bereits einer historischen Periode jenseits der Industriellen Revolution in Deutschland an und soll daher außerhalb der Darlegung bleiben.

Doch ist es nützlich, wenigstens in einer Hinsicht einen Blick auf die den 60er Jahren folgende Entwicklung zu werfen, das Wesen des Wechselverhältnisses zwischen Naturwissenschaft und Produktion während der Industriellen Revolution sollte so – durch Vergleich – deutlicher hervorgehoben werden können.

Betrachtet man den durch die Anwendung der Naturwissenschaften auf die Produktion erzielten Effekt, so kann man davon sprechen, daß er in der Hauptsache im Technologischen spürbar wurde, d. h. in der Umsetzung naturwissenschaftlicher Grundeinsichten und in der Ausdehnung im wesentlichen bekannter Produktionsmethoden auf fabrikmäßige Bedingungen. Marx faßt diese Seite sogar in die Terminologie „Verwandlung des Produktionsprozesses in technologische Anwendung der Wissenschaft".[22]

Der Ausgang der Industriellen Revolution und der Übergang zum entwickelten vormonopolistischen Kapitalismus dagegen sah – auf der Basis der ihrerseits fortentwickelten Naturwissenschaft, worüber noch zu sprechen sein wird – eine naturwissenschaftliche Durchdringung der Grundlagen des Produktionsprozesses, und zwar sowohl bestehender als neu sich entwickelnder Produktionen. Beispielsweise tritt für die Elektroindustrie und die chemische Farbenindustrie, für Maschinenbau, Metallurgie, Ausbau der Kommunikationssysteme aller Arten die „Produktion auf der Grundlage von naturwissenschaftlichen Kenntnissen" als neue, wesentlich werdende Form des Wechselverhältnisses[23] zwischen Naturwissenschaft und Produktion hervor.

[21] Es würde hier zu weit führen, auf die gegenseitigen Versuche einzugehen, inhaltlich und organisatorisch Universitäten und Technische Hochschulen untereinander zu subsumieren; beide „Unterjochungsversuche" (Ausdruck der Zeit) wurden vorgetragen. Vgl. *Manegold, K.-H.*, Universität, a. a. O., Bd. 16.

[22] *Marx, Karl/Engels, Friedrich*, Werke, Bd. 23, S. 652.

[23] Vgl. Anmerkung 11.

Während der Industriellen Revolution nahm die Naturwissenschaft ihrerseits einen gewaltigen Aufschwung, getragen von dem gesellschaftlichen Impuls ihrer Wirkung – der wirklichen wie der potentiellen – bei der Anwendung auf bedeutende gesellschaftliche Sphären.

Als Folge der durchgreifenden gesellschaftlichen Relevanz der Darstellenden Geometrie, die an den polytechnischen Schulen so stark hervorgetreten war, kam eine sowohl in die Breite als auch in die Tiefe gehende Aus- und Durchbildung der Geometrie zustande: Die Nichteuklidische Geometrie löste eine Revolution in den Grundlagen der Geometrie aus. Projektive Geometrie, analytische Geometrie und synthetische Geometrie traten als gesonderte Disziplinen mit spezifischen Arbeits- und Forschungsmethoden hervor. Die klassischen Methoden der Analysis, d. h. der Differential- und Integralrechnung sowie der Theorie der unendlichen Reihen erfuhren eine kritische Durchleuchtung und begriffliche Analyse; das Ergebnis bestand in der Errichtung einer logisch strengen, tragfähigen Basis der weitreichenden Methoden der Analysis. Noch nicht in expliziter Form, aber doch schon einen anderen, späteren Typ der Mathematik ankündigend, traten in der Algebra Formen strukturellen Denkens hervor. In der Physik entwickelten sich neben der Mechanik mit ihren Minimalprinzipien weitere ihrer Gebiete zu selbständigen physikalischen Disziplinen; Elektrodynamik, Optik und Thermodynamik traten als ausgedehnte Forschungsgebiete hervor. Die Entdeckung und Formulierung des Energieprinzips rückte ein fundamentales Naturgesetz in den Vordergrund. Neben den engen Beziehungen zwischen Chemie und Produktion, die sich bereits in früheren Phasen der Industriellen Revolution manifestiert hatten, vollzog sich – symbolisiert durch die Namen A. L. Lavoisier (1743–1794) und J. Dalton (1766–1844) – in den theoretischen Grundlagen der Chemie eine wissenschaftliche Revolution. Neben die anorganische trat die organische Chemie als neuer, selbständiger Zweig der Chemie. Die Aufstellung des periodischen Systems der Elemente eroberte der Chemie ganz neue, außerordentliche Formen der Reflexion und Selbstreflexion über den inneren Zusammenhang und die Einheit der Naturkräfte. In den biologischen Wissenschaften wirkte die Entdeckung der Zelle als der Grundstruktur pflanzlichen und tierischen Lebens im ähnlichen Sinne basisbildend für eine ganze Disziplin, die zugleich eine Fülle von Einzeleinsichten hervorbrachte und, auf dem Wege über die Physiologie, zusammen mit der Chemie, der Medizin eine naturwissenschaftliche Grundlage zu schaffen begann. Astronomie, Kosmogonie, Paläobotanik, Paläozoologie und geologische Wissenschaften bewiesen überzeugend, daß die Erde auch eine Geschichte in der Zeit besessen hatte. So trat auch hier der Entwicklungsgedanke als bestimmendes gedankliches Moment hervor, wie zur Mitte des Jahrhunderts mit der Abstammungslehre der Mensch als Produkt der Natur erkannt wurde.

Die Studie soll ausklingen in einer Besinnung auf den Kern der hier umrissenen gesellschaftlichen Stellung der Naturwissenschaften in der Industriellen Revolution

[24] Es ist hier nicht der Ort, auf andere Aspekte der gesellschaftlichen Stellung der Naturwissenschaften einzugehen, die, wiewohl sehr aufschlußreich, doch, wie ich meine, vergleichsweise sekundär sind, gemessen an den Formen der Wechselbeziehungen zwischen Naturwissenschaften und Produktion. Interessant ist unter diesen zusätzlichen Aspekten die Entwicklung naturwissenschaftlicher Gesellschaften. Für Deutschland vgl. dazu *Siefert, Helmut,* Das naturwissenschaftliche und medizinische Vereinswesen im deutschen Sprachgebiet (1750–1850) – Idee und Gestalt –, Marburg 1967.

eines äußerst vielschichtigen dialektischen Prozesses, von dem nur einige Seiten[24], berührt werden konnten.[25]

Die Initialphase der Industriellen Revolution kam zustande ohne kausale Beteiligung der Naturwissenschaften. Die entfaltete Industrielle Revolution setzte naturwissenschaftlich relevante gesellschaftliche Problemkreise auf die Tagesordnung, mit der Formel der „Anwendung naturwissenschaftlicher Kenntnisse auf bestimmte Zweige der Produktion" kann die der Industriellen Revolution entsprechende Wechselwirkung zwischen Naturwissenschaften und Produktion beschrieben werden. Ihr gesellschaftliches Ergebnis bestand in einer Verwandlung des Produktionsprozesses in technologische Anwendung der Wissenschaft (Marx), in der Herausbildung zwischen Produktion und Naturwissenschaften vermittelnder technischer Wissenschaften und im kolossalen Aufschwung sowohl der Produktivkräfte als auch der Naturwissenschaften selbst. Die Ausgangsphase der Industriellen Revolution läßt auf dieser Basis bereits eine neue höhere Stufe des historisch sich entwickelnden Wechselverhältnisses zwischen Produktion und Naturwissenschaften im Keim erkennen, die für die Zeit des entwickelten Kapitalismus der freien Konkurrenz auf eine gegenüber der Periode der Industriellen Revolution insgesamt vertiefte gesellschaftliche Funktion der Naturwissenschaften hindeutet.

Irene Strube

Chemie und Industrielle Revolution

In seinen „Thesen zum Wesen der Industriellen Revolution" hat W. Jonas[1] darauf hingewiesen, daß alle ihre Erscheinungen in ihrem Wesen nur dann begriffen werden können, wenn sie „primär von ihrem Kernprozeß, der Ablösung der Handarbeit durch die Maschinenarbeit oder anders ausgedrückt, durch die Ersetzung des Handwerkers durch den Maschinen bedienenden Fabrikarbeiter abgeleitet werden." Er hat aber gleichzeitig darauf aufmerksam gemacht, daß neben der Einführung der Werkzeugmaschine als revolutionärem Kernprozeß sich weitere revolutionäre Umwälzungen im Bereich der Arbeitsmittel vollzogen, die historisch notwendig und integrierender Bestandteil der Industriellen Revolution waren. Neben der Wattschen doppeltwirkenden Dampfmaschine mit Schwungrad und der Entwicklung der Transmissionsmechanismen nennt er auch „historisch notwendige Umwälzungen auf dem Gebiet chemischer und chemothermischer Technologien, um Produktionsstufen, die nicht auf der mechanischen Bearbeitung des Gegenstandes beruhen, dem mechanisierten Produktionsprozeß integrierbar zu machen."[2]

Im folgenden soll die Wechselwirkung zwischen Chemie und Industrieller Revolution einer speziellen Untersuchung unterzogen werden, denn die Chemie hatte nicht nur wesentlichen Anteil an dieser Revolution, indem sie durch außerordentliches Anwachsen der Metallurgie die für die Maschinenarbeit benötigten Metalle bereitstellte. Ganz neue chemische Produktionszweige wurden im Verlaufe der Industriellen Revolution und als Folge ihrer Forderungen begründet: die Produktion von Textilhilfsstoffen – Soda, Schwefelsäure, Chlor–, die Produktion von brennbaren Gasen zu Beleuchtungs- und Heizzwecken sowie die Herstellung von Düngemitteln u. a. m.

Diese chemischen Industriezweige, besonders – neben der Metallurgie – jene, die Textilhilfsstoffe erzeugten, waren immanenter Bestandteil der Industriellen Revolution, auch wenn sie nicht, wie die Produkte von Dampf- und Werkzeugmaschinen, zum Kernprozeß der Industriellen Revolution gehörten. Ohne die massenhafte Produktion von Guß- und Schmiedeeisen in neuen technischen Anlagen mit neuen Hilfsmitteln, ohne die Entwicklung der chemischen *Industrie*, die die sprunghafte und ständig steigende Nachfrage nach Wasch-, Absäuerungs- und Bleichmitteln befriedigen und die bis dahin vorwiegend verwendeten natürlichen Rohstoffe bzw. Naturkräfte (Natursoda, Pottasche, Buttermilch, Licht und Sonne) ersetzen konnte, wäre weder das Rohmaterial für den Bau der neuen Kraft- und Werkzeugmaschinen in dem notwendigen massenhaften Umfang vorhanden gewesen, noch hätten die mit ihrer

[1] *Jonas, Wolfgang*, Thesen zum Wesen der Industriellen Revolution, in: Jahrbuch für Wirtschaftsgeschichte, Berlin 1974, Teil 2, S. 279.

[2] Ebenda, S. 274.

Hilfe u. a. produzierten Textilien weiterverarbeitet werden können. Denn die besonders seit der Industriellen Revolution in der Textilindustrie zum Einsatz gekommene Baumwollfaser mußte chemisch behandelt werden, da sie ihrer bräunlichen Farbe wegen im Rohzustand weder von den Färbereien verarbeitet noch den Käufern als Fertigprodukt angeboten werden konnte. Dazu aber brauchte man große Mengen an Soda, an Absäuerungs- und Bleichmitteln, die nur eine chemische Industrie zu liefern vermochte.

Die Grundlegung dieser chemischen *Industrie* erfolgte etwa zwischen 1795 und 1825, wobei Frankreich hinsichtlich der Produktion von Soda und Chlor England um rund 30 Jahre voranging, während Deutschland sowohl bei der Herstellung von Textilhilfsstoffen als auch auf metallurgischem Gebiet erst ab 1830 nachfolgte. Sowohl Frankreich als auch Deutschland wurden etwa ab 1830 in ihrer industriell-chemischen Produktion aber von England weit überrundet.

Die Grundlegung der chemischen Industriezweige, zuerst – neben der Metallurgie – die Soda-, Schwefelsäure- und Bleichmittelindustrie und ihr rascher Aufschwung, wurden einerseits möglich durch den neuen, qualitativ höheren Entwicklungsstand, den die theoretische Chemie gegen Ende des 18. Jahrhunderts durch die Aufstellung der Oxidationstheorie durch Lavoisier und der Atomtheorie durch Dalton erreichte. Denn durch die Lavoisiersche Lehre wurde nicht nur der Oxidations-Reduktionsprozeß (der u. a. Grundlage jeder Metallurgie ist) erstmals theoretisch richtig widergespiegelt; Lavoisiers neue Lehre ordnete auch zum ersten Male den – schon seit der Antike vorhandenen – chemischen Grundbegriffen „Elemente“ und „Verbindungen“ die richtigen Begriffsumfänge zu.[3] Seit Lavoisier erst wußten die Chemiker, welche Stoffe chemische Elemente im Sinne chemischer Grundstoffe und welche chemische Verbindungen, chemisch zusammengesetzte Stoffe sind, und erst von dieser Zeit an war es daher möglich, den Verlauf einer chemischen Umsetzung in qualitativer Hinsicht theoretisch richtig widerzuspiegeln und aus der Kenntnis der möglichen Umsetzung theoretische Voraussagen abzuleiten. Die auf der Basis der neuen Lavoisierschen Elementenlehre aufgestellte Atomtheorie Daltons legte den Grund auch für eine Erfassung der quantitativen Verhältnisse, die den chemischen Umsetzungen zugrundeliegen, so daß die Chemiker etwa ab 1810 in der Lage waren, die qualitative und quantitative Zusammensetzung der chemischen Stoffe immer genauer zu erforschen und immer exaktere theoretische Voraussagen über die Möglichkeiten und Bedingungen für die Gewinnung bestimmter, gewünschter Stoffe aus anderen, wohlfeileren, zu machen. Zu diesen Wissenschaftlern gehören in der Periode der Industriellen Revolution vor allem Vertreter aus den verschiedenen europäischen Staaten: J. J. Berzelius, H. Davy, M. Faraday, C. L. Berthollet, L. N. Vauquelin, L. J. Gay-Lussac, A. Avogadro, St. Cannizzaro, F. Wöhler, J. Liebig, R. Bunsen, R. Fresenius, E. Mitscherlich, H. Roscoe, C. Schorlemmer, A. Kekulé, A. Baeyer, C. Graebe, C. Liebermann, F. F. Runge, A. M. Butlerov, D. J. Mendeleev und viele andere.

Unter ihnen nimmt in Deutschland J. Liebig eine Sonderstellung ein, denn er war es, der auch die chemische Forschung auf eine breitere Basis stellte, indem er Lehre und Ausbildung in der Chemie erstmals organisierte, die Chemie zu einer Disziplin mit

[3] *Strube, Irene*, Zum Problem der Einheit von historischer und logischer Entwicklung der chemischen Theorien im 18. Jahrhundert, in: Schriftenreihe für Geschichte der Naturwissenschaft, Technik und Medizin (im folgenden: NTM), Leipzig 1967, H. 10, S. 95ff.

eigenem Gegenstand und eigener, spezifischer Aufgabenstellung machte und damit den Beruf des Chemikers überhaupt schuf. In Liebigs Gießener Laboratorium ist ein großer Teil der bedeutenden europäischen Chemiker des 19. Jh. ausgebildet worden, seine Organisation von chemischer Lehre und Forschung auf breiter Basis wurde beispielgebend für alle Länder.

Die Entwicklung der chemischen Theorie, die verstärkte Ausbildung von wissenschaftlich gebildeten Chemikern und das damit verbundene rasche Anwachsen der chemischen Kenntnisse überhaupt (der theoretischen wie der praktischen; bis zum Ausgang der Industriellen Revolution war z. B. der größte Teil aller natürlich vorkommenden Elemente entdeckt) bilden jedoch nur die eine Seite der Voraussetzungen, die das Anwachsen der chemischen Produktion und damit den Anteil der Chemie an der Industriellen Revolution bedingten. Die Begründung der chemischen Industrie und ihr rascher Aufschwung in den Jahren zwischen 1800 und 1870 hing nämlich außerdem ganz wesentlich von jenen Stimuli ab, die ihr durch die grundlegenden Veränderungen im Bereich der Werkzeug- und Kraftmaschinen, deren Herstellung und Einsatz besonders in der Textilindustrie gegeben wurden. Dabei wurden aus jenen Produktionsbereichen nicht nur die grundlegenden Forderungen nach bestimmten chemischen Produkten, die die nicht mehr ausreichenden Naturprodukte ersetzen sollten, gestellt; sie stellten gleichzeitig auch die Werkzeuge, die Maschinerie zur Verfügung, die für die industriell-technische Fertigung der geforderten neuen chemischen Produkte Voraussetzung waren. Wenn man nur die Entwicklung der anorganisch-chemischen Industrie (Soda, Schwefelsäure, Chlor, Metalle, besonders Gußeisen, Stahl und Kupfer) betrachtet, so erweisen sich – zumindest bis zu den 50er Jahren des 18. Jahrhunderts – diese Stimuli, die der chemischen Produktion von Textilindustrie und Maschinenbau gegeben wurden, für ihre Entwicklung während der Industriellen Revolution als viel ausschlaggebender als jene Impulse, die sie von der neuen chemischen Wissenschaft erhielt. Anders verhält es sich dagegen mit der Entwicklung der organisch-chemischen Industrie, besonders bezüglich der gezielten Herstellung synthetischer Farbstoffe, die ohne eine weit entwickelte theoretische Chemie undenkbar gewesen wäre. Ihre Entwicklung fällt aber erst in die Periode der ausgehenden Industriellen Revolution und leitet bereits die historisch nächste Etappe ein.

Im folgenden soll an der Entwicklung von Soda-Schwefelsäure und Bleichmittelindustrie, von Metallurgie, Leuchtgas- und Düngemittelindustrie der Anteil der Chemie an der Industriellen Revolution dargestellt werden.

Einflüsse der Industriellen Revolution auf die Entstehung der Soda-, Schwefelsäure- und Bleichmittelindustrie

A. Sodaindustrie: Die Nachfrage nach Soda und Pottasche (Natrium- bzw. Kaliumkarbonat) stieg in der zweiten Hälfte des 18. Jahrhunderts stark, in den 70er Jahren sprunghaft an. Ursachen dafür sind die Ausweitung der Glasfabrikation (die vorwiegend Pottasche verarbeitete), die Vergrößerung der Seifensiedereien, vor allem aber das plötzliche Anwachsen der Textilindustrie, die in ständig steigenden Mengen baumwollene Waren produzierte, die gewaschen, gebleicht und gefärbt werden mußten. Für alle Prozesse waren Soda und Pottasche notwendige Hilfsstoffe, die bei der sprunghaften Nachfrage keinesfalls in ausreichender Menge zur Verfügung standen. W. Treue[4] führt aus, daß damals zur Bleiche von einer Tonne Baumwolle 91 kg Schwefelsäure, 47 kg kalzinierte Soda und 4,7 kg Chlorkalk nötig waren und daß andererseits die Baumwollproduktion in den USA entsprechend der Tabelle 1 anstieg:

Tabelle 1
Baumwollproduktion der USA und Baumwollverbrauch im deutschen Zollgebiet:
(in Tonnen)

	Baumwollproduktion in den USA	Baumwollverbrauch im deutschen Zollgebiet	
1800	16000	1836–1845	11500
1810	38000	1846–1855	20000
1820	72000	1856–1865	48000
1830	158000	1866–1870	70000
1896	1500000	1871	116800

Quelle: *Brockhaus*, Conversationslexikon, Bd. 2, Leipzig 1875. S. 1004.

Pottasche, das der Soda chemisch ähnliche, billigere Produkt von beiden, war bis dahin durch Verbrennen von Holz und nachfolgendes Auslaugen der Asche gewonnen worden und enthielt zwischen 50 und 85 Prozent Kaliumkarbonat, Soda hatte man als Naturprodukt aus Ägypten importiert (Trona) bzw. durch Verbrennen sodahaltiger Strandpflanzen, Auslaugen der Asche und nachfolgende Kristallisation gewonnen. Das dabei in England hergestellte Produkt hieß Kelp und hatte einen Natriumkarbonatgehalt von 2–5 Prozent, das spanische Produkt hieß Barilla, mit einem Gehalt an Natriumkarbonat von 8,5–30 Prozent.

Der Mangel an Soda und Pottasche wurde zunächst durch Steigerung der Pottaschegewinnung aufgefangen. G. Fester[5] schreibt: „Das zunehmende Bedürfnis der Glashütten, Seifensiedereien und Färbereien, demgegenüber die von den Oststaaten gelieferten Mengen nicht mehr ausreichten, hatten eine erhebliche Preissteigerung des Artikels bewirkt, so daß noch in der zweiten Hälfte des 18. Jahrhunderts an vielen Stellen in Deutschland neue Siedereien entstanden. So haben besonders Hessen und der Hunsrück, dann auch der Harz, der Schwarzwald, Sachsen und Preußen viel Pottasche erzeugt."

Nach J. A. C. Chaptal[6] importierte Frankreich 1787 Pottasche aus Deutschland für 213000 Fr., aus Österreich für 365000 Fr., aus Preußen für 1075000 Fr.

Die steigende Nachfrage nach Soda und Pottasche hatte bereits um die Mitte des 18. Jahrhunderts einige Chemiker, besonders in Frankreich veranlaßt, beide Produkte chemisch zu analysieren, um sie danach durch chemische Umwandlung aus anderen Rohstoffen zu gewinnen. Rund 50 Jahre vor Lavoisiers neuer chemischer Theorie fand H. L. Duhamel, daß Soda und Kochsalz die gleiche „Basis" (NaOH) besitzen; A. S. Marggraf wies 1758/59 die Unterschiedlichkeit von Soda und Pottasche aufgrund verschiedener „Basen" (NaOH-KOH) nach, Duhamel schließlich versuchte schon

[4] *Treue, Wilhelm,* Die Bedeutung der chemischen Wissenschaft für die chemische Industrie 1770–1870, in: Technikgeschichte, Bd. 33, Düsseldorf 1966, Nr. 1, S. 27.

[5] *Fester, Gustav,* Die Entwicklung der chemischen Technik von ihren Anfängen bis ins 19. Jahrhundert, Berlin 1923, S. 151.

[6] *Chaptal, J. A. C.,* De l'industrie françoise, I, Paris 1819, p. 69, 72, 78,

1736, Soda aus Kochsalz herzustellen. Er verwandelte Kochsalz mittels Schwefelsäure in Glaubersalz (Natriumsulfat), glühte dieses mit Kohle und zersetzte das dabei entstehende Natriumsulfid mit Essigsäure zu Natriumacetat, das beim Glühen (Kalzinieren) Soda (im Gemisch mit Ätznatron) liefert. Vor allem wegen der Essigsäure, die ja auch nur als Naturprodukt zur Verfügung stand, war das Verfahren nicht technisch verwertbar. 1775 zeigte C. W. Scheele, daß sich beim Filtrieren einer Kochsalzlösung durch Bleiglätte Natronlauge bildet, die man auf festes Natriumhydroxid bzw. Soda verarbeiten kann.

Im gleichen Jahr, 1775, setzte die Französische Akademie der Wissenschaften einen Preis von 12000 Livres aus für die beste Methode der Bereitung von Soda aus Kochsalz.

In Frankreich wurden daraufhin mehrere Verfahren ausprobiert (viel mehr auf der Basis experimenteller Kenntnisse als wissenschaftlicher Erkenntnisse) und einige Sodafabriken eingerichtet:

1779 entstand die Fabrik des Chemikers Malherbe in Javelle, die auf der Basis der Angaben von Duhamel bis zum Natriumsulfid arbeitete und dieses durch Zugabe von Eisen (anstelle der teuren Essigsäure) zersetzte. Ein ähnliches Patent nahm der Engländer Higgins 1781.

1782 produzierte der Chemiker Guyton de Morveau mit seinem Teilhaber Carny in der Salpeterfabrik in der Picardie Soda, indem er eine Mischung von Kochsalz und Kalk feuchter Luft aussetzte, wobei Soda auf dem Kalk „ausblüht".

Um 1787 haben Chaptal in Montpellier und Athénas in Paris sodahaltiges Ätznatron (NaOH) nach dem veränderten Scheeleschen Verfahren durch Einwirkung von Bleioxid auf Natriumsulfat produziert; letzteres wurde ebenfalls aus Kochsalz durch Rösten mit Vitriol, später Pyrit hergestellt.

1789 fand N. Leblanc ein weiteres Verfahren und schlug dem Herzog von Orleans als Finanzier die Fabrikation von Soda nach seinem Verfahren vor, das an das Verfahren von Malherbe bzw. von Duhamel anknüpfte, (bis zur Stufe des Natriumsulfids) das Natriumsulfid aber mittels des billigen Kalks (zuerst nahm er Kreide) in Soda umwandelte. In Leblancs Patent, das er 1791 erhielt, heißt es: „Zwischen eisernen Walzen pulvert und mischt man folgende Substanzen: 100 ℔ wasserfreies Natriumsulfat, 100 ℔ reine Kalkerde, 50 ℔ Kohle. Die Mischung wird in einem Flammofen ausgebreitet; die Arbeitslöcher werden verschlossen und geheizt."[7]

Mit finanzieller Unterstützung des Herzogs von Orleans und dem Chemiker Dizé als Teilhaber nahm Leblanc die Sodafabrikation in St. Denis auf. Während der französischen Revolution wurde der Herzog jedoch hingerichtet, die Sodafabrik geschlossen und 1794 Leblancs Patent vom Wohlfahrtsausschuß als das geeignetste der Sodaherstellung aus Kochsalz veröffentlicht. 1806 arbeiteten nach diesem Patent die Fabrik von Payen in Paris, die von Carny in Dieuze; es entstanden Sodafabriken in Rouen, Alais, Marseille und in anderen Orten Frankreichs. Nach Chaptal[8] betrug der Kochsalzverbrauch all dieser Fabriken 400000 Zentner pro Jahr, der Wert der

[7] Siehe *Lunge, Georg*, Handbuch der Sodaindustrie und ihrer Nebenzweige, Bd. II, Braunschweig 1909, S. 420f.

[8] *Chaptal, J. A. C.*, a. a. O., Bd. II, S. 173.

erzeugten Produkte 2–3 Millionen Franken. Daraus errechnete Fester[9] eine Jahresproduktion von 200000 bis 300000 Zentnern Soda, die Anfang des Jahrhunderts in Frankreich aus Kochsalz hergestellt wurden. Haber[10] errechnete aus den Angaben Chaptals den gleichen Wert von 10–15000 t Alkali, denen in England eine Produktion von höchstens einigen hundert Tonnen synthetischer Soda gegenüberstanden. (Die englischen Angaben errechnete Haber nach Angaben von R. C. Clapham „An Account of the Commencement of Soda Manufacture on the Tyne" in: Trans. Newcastle Chem. Soc. 1, 1868–71, 29 bis 45).

Das Leblanc-Verfahren wurde in England durch W. Losh (1814) eingeführt, der in Walker am Tyne kleine Mengen Soda aus Kochsalz produzierte. 1818 produzierte die Firma Tennant in Glasgow jährlich 100 t. Die langsame Entwicklung der Sodaproduktion nach Leblanc in England resultiert aus der hohen Steuer, die dort auf dem Kochsalz lag und die daraus erzeugte Soda unverhältnismäßig verteuerte. Haber schreibt dazu:[11] „In 1805 the excise was raised to £ 30 per ton ... In 1815 a Select Committee of the House of Commons, after examining a petition from bleachers, recommended, that salt, used for bleaching–powder manufactur be exempt from duty. The committee also demanded: ... from the Legislature a remittance of all duties on the raw materials used ..., and especially on common salt and sulphur (Haber zitierte nach Report from Select Committee on Laws Relating to Bleaching Powder, P. P. 1814–15, III 129) ... But all the efforts were in vain and it was only when Huskisson went to the Board of Trade, that the repealers obtained satisfaction ... he annoinced in 1823 that salt duty would come to an end on 1 January 1825". In England hatte man deshalb durch gesteigerte Kelpherstellung und durch Sodaimporte versucht, die steigende Sodanachfrage zu befriedigen.

Nach Haber[12] importierte England folgende Mengen an Pottasche und Barilla, die

Tabelle 2
Englands Importe von Barilla und Pottasche:
(in Tonnen)

Jahr	Barilla	Pottasche
1800	8600	?
1815	3800	6400
1820	9500	7200
1830	15100 (12000)	11700
1835	7300	6500
1840	2800	4300
1854	3100	?
1850	1400 (1740)	7900
(1856)	(2730)	
(1864)	(1260)	

Quelle: ***Haber, L. F.***, The Chemical, Industry During the Nineteenth Century, Oxford 1958, S. 10;
Lunge, G., Handbuch der Sodaindustrie Bd. II, 3. Aufl. Braunschweig 1909 S. 69.

[9] ***Fester, Gustav***, a. a. O., S. 151.
[10] *Haber, L. F.*, The Chemical Industry During the Nineteenth Century, Oxford 1958, S. 10.
[11] Ebenda, S. 11.
[12] Ebenda, S. 13. – Haber dienten als Unterlage Archivalien über „Trade and Navigation of the United Kingdom".

in Tabelle 2 ausgewiesen sind. Die Zahlen in ( ) stellen die Exporte von Barilla nach England dar, nach Lunge[13]):

Nach der Aufhebung der Salzsteuer verbreitete sich in England das Leblanc-Verfahren sehr rasch, die dort gebauten Fabriken nahmen viel größere Dimensionen als in Frankreich an.

Zunächst wurde neben Tennant James Muspratt führend, der eine Fabrik in Liverpool gründete. Im gleichen Jahr folgte die Firma Cookson & Co (die spätere Jarrow Chemical Company) in South Shields und von 1827 an entstand eine ganze Reihe von Fabriken, sowohl in Lancashire im Westen als auch an den Ufern des Tyneflusses im Osten Englands.[14]

In Deutschland hat sich um 1800 nur eine einzige Fabrik mit der Herstellung von Soda aus Kochsalz beschäftigt, die unter der Leitung von C. S. L. Hermann stehende Fabrik in Schönebeck/Elbe. Auf Veranlassung des Chemikers Hermbstädt wurde hier Soda aus dem Natriumsulfat der Kochsalzmutterlaugen gewonnen, zuerst entsprechend dem Verfahren von Duhamel über das Sulfid und Acetat, seit 1802 nach dem Leblanc-Verfahren; seit 1805 war dort ein großer und ein kleiner Sodaofen in Betrieb (nach Fester[15], vgl. dazu auch F. Welsch[16]). Diese Fabrik produzierte aber noch 1843 nur ca. 200 t Soda. Nach Treue[17] nahm 1827 die Sodafabrik zu Käferthal bei Mannheim, eine Aktiengesellschaft, die Produktion von Leblanc-Soda auf, ihr folgte die Saline Ludwigshalle bei Wimpfen am Neckar im gleichen Jahr.

Erst um 1850, nachdem in Preußen die Salzsteuer aufgehoben worden war, die dort fünfmal so hoch wie die ehemalige englische war, setzte sich die Leblanc-Sodafabrikation in Deutschland durch. Goldstein[18] schreibt dazu: „Die rasche Entwicklung der Zollvereinsländischen Großindustrie begünstigte die Gründung neuer Fabriken, so daß bereits 1854 viele Sodafabriken ihre Erzeugnisse auf der allgemeinen Industrieausstellung zu München ausstellten. Mit Preisen wurden u. a. bedacht: Pfeiffer, Schwarze & Co. in Kassel wegen langjährigen, schwunghaften Betriebes der Sodafabrikation“, J. W. A. Siegerist in Buckau und C. Matthes & Weber in Duisburg ⟨wegen bedeutender Fabrikation von hochgrädiger kohlensaurer und ätzender Soda⟩.“

Er führt weiter eine Reihe von Fabriken an, die in den 50er und 60er Jahren errichtet wurden, teilweise aber schon 1896 nicht mehr existierten: „Der Verein chemischer Fabriken in Mannheim, die Fabriken zu Trotha, Rheinau (Baden), Heinrichshall, die Fabrik an der Lüneburger Saline, die chemischen Fabriken Pommerensdorf (Stettin), Silesia (Schlesien), Rhenania (Stolberg-Aachen), ferner die Fabriken in Köpenick, Charlottenburg, Oranienburg, Barmen u. a. m.“. Im Jahre 1873 gab es in Deutschland 31 Sodafabriken, das in ihnen angelegte Kapital betrug ca. 44 Millionen Mark, die Zahl der Arbeiter ca. 7000[19]. Im Vergleich dazu betrug in England das

13 *Lunge, Georg*, a. a. O., Bd. II, S. 69.

14 Ebenda, S. 102.

15 *Fester, Gustav*, a. a. O., S. 151.

16 *Welsch, Fritz*, Die Entwicklung der Sodaindustrie in Deutschland, in: NTM, 1972, H. 2, S. 49ff.

17 *Treue, Wilhelm*, a. a. O., S. 34.

18 *Goldstein, J.*, Deutschlands Sodaindustrie in Vergangenheit und Gegenwart, Stuttgart 1896, S. 14.

19 Ebenda, S. 217.

Anlagekapital zur gleichen Zeit 140 Millionen Mark, die Zahl der Arbeiter ca. 22000.[20] Goldstein[21] entnahm dem Geschäftsbericht der „Silesia" die Produktionsziffern der Tabelle 3 für die Jahre 1871–1873.

Tabelle 3
Sodaproduktion der „Silesia";
(in Zentnern)

Jahr	Kalzin. Soda	Kaustische Soda	Kristallsoda	Schwefelsäure	Glaubersalz	Salzsäure
1871	45000	1200	1200	190000	90000	150000
1872	64000	2400	4000	226000	130000	160000
1873	67000	2500	2100	262000	145000	167000

Quelle: Goldstein, J., Deutschlands Sodaindustrie in Vergangenheit und Gegenwart, Stuttgart 1896, S. 53.

Die Produktion der Soda nach dem Leblancverfahren in Deutschland unterschied sich – bis auf gewisse technische Rückstände – in nichts Wesentlichem von der Englands oder Frankreichs. Damals hob Prof. Bauer (Wien) in seinem amtlichen Bericht über die Wiener Weltausstellung (1873) folgendes hervor:[22] „Wenn auch die deutsche chemische Großindustrie und speziell die Grundlage derselben, die Sodaindustrie, die englische Sodaerzeugung an Massenproduktion nicht erreicht, so wird doch nirgends sorgfältiger produziert, werden die Abfälle nirgends vollständiger verwertet, wie in Deutschland."

Im folgenden sollen noch einige Betrachtungen über den Anteil der chemischen Wissenschaft an der Ausweitung und Verbesserung der Sodaindustrie angestellt werden: Grundlage der Leblanc-Sodaproduktion ist ein chemischer Prozeß, bei dem summa summarum aus Kochsalz, Schwefelsäure, Kalk und Kohle die Endprodukte Soda, Salzsäure, Kalziumsulfid und Kohlendioxid ($2NaCl + H_2SO_4 + CaCO_3 + 2C \rightarrow Na_2CO_3 + 2HCl + CaS + 2CO_2$) gebildet werden. Von den benötigten Rohstoffen gibt es genügend große natürliche Vorräte an Kochsalz, Kalk, Kohle – Schwefelsäure dagegen ist ein von der chemischen Industrie produzierter Rohstoff. An Endprodukten entstehen – neben der gewünschten Soda und dem „harmlosen" Kohlendioxid – die „aggressiven" Nebenprodukte Salzsäure und Kalziumsulfid. Diese drei Stoffe, Schwefelsäure, Salzsäure und Kalziumsulfid und ihre Verarbeitung waren es im Falle des Leblanc-Soda-Verfahrens, die das an und für sich einfache *chemische* Verfahren Leblancs in erster Linie zu einem *technischen* Problem, zu einem Problem der *Industriellen* Revolution machten und erst in zweiter Linie chemisch-wissenschaftliche Probleme auf die Tagesordnung setzten.

Die oben summarisch genannte Reaktion verläuft in Wirklichkeit in 2 Stufen: Zuerst muß aus Kochsalz und Schwefelsäure Natriumsulfat (Glaubersalz) hergestellt werden. Als Glauber diese Reaktion im 17. Jahrhundert entdeckte und zur Herstellung seines „sal mirabile" (= Glaubersalz = ein Abführmittel) ausnutzte, arbeitete er nur

[20] Ebenda, S. 21.
[21] Ebenda, S. 53.
[22] *Bauer, G.*, in: Offizieller Bericht über die Wiener Weltausstellung im Jahre 1873, 2. Bd., Wien 1873/74.

in Glasretorten mit kleinen Mengen; dennoch klagte schon er über das stickige Salzsäuregas, dem er beim Arbeiten ausgesetzt war. Die Übertragung dieses Prozesses (wie auch anderer) von der Glasretorte in den großtechnischen Maßstab war es vor allem, was Chemiker und Techniker um die Wende vom 18. zum 19. Jahrhundert zu vollbringen hatten, und die *Meisterung* dieses, in erster Linie *technischen* Problems, war es vorwiegend, was die Begründung der chemischen Industrie und ihr rasches Wachstum während der Industriellen Revolution ermöglichte. Zum großen Teil schon lange bekannte chemische Reaktionen mußten in den *technischen* Maßstab der großen Industrie übertragen werden; als das gelungen war, leisteten die dann massenhaft erzeugbaren chemischen Produkte ihren spezifischen Beitrag im Rahmen der Industriellen Revolution. Aus diesem Grunde kann man sich keinesfalls der Meinung von W. Treue[23] anschließen, der in seiner Studie „Über die Bedeutung der chemischen Wissenschaft für die chemische Industrie 1770–1870“ resümierte, daß „es sich also mehr um eine wissenschaftliche als um eine industrielle Revolution handelte ..., daß die Bezeichnung Industrielle Revolution im Grunde falsch und irreführend ist. Es handelte sich in erster Linie um wirtschaftlich verursachte und angeregte naturwissenschaftlich-technische Erfindungen, die große wirtschaftliche Möglichkeiten erschlossen“.

Das ist ein Verwischen dessen, was während der Industriellen Revolution auf dem chemischen Sektor tatsächlich vor sich gegangen ist, sei dies nun bei der Entwicklung der Sodaindustrie, der Schwefelsäure- und Bleichmittelproduktion, der Metallurgie oder anderswo. Am Beispiel der Enwicklung der Sodaindustrie sei deshalb auf dieses Problem noch etwas ausführlicher eingegangen.

Bereits bei der Herstellung des ersten für die Sodaproduktion notwendigen Rohstoffes, des Glaubersalzes, aus Kochsalz und Schwefelsäure waren, wegen der Aggressivität der Schwefelsäure und des bei der Umsetzung anfallenden Salzsäuregases erhebliche technische Aufwände nötig. Die Apparate, die man bis dahin in Labors und Apotheken verwendet hatte, konnte man ja nicht einfach in den technischen Maßstab vergrößern, Öfen, Abzugsvorrichtungen, Kondensationseinrichtungen etc. mußten erst erdacht, konstruiert, ausprobiert etc. werden. Aus Muspratts „Encyclopädischem Handbuch der Technischen Chemie[24] sei folgende historische Übersicht über die Entwicklung der Apparate für die Darstellung von Glaubersalz und für die Kondensation des Salzsäuregases übernommen: „Die zur Darstellung des Glaubersalzes dienenden Apparate sind im Laufe der Zeit vielfach abgeändert worden. Anfangs brachte man Kochsalz und Schwefelsäure in gläserne *Retorten*, die in Sandkapellen allmählich bis zur Rotglut erhitzt und nachher zerschlagen wurden. ... Dann wendete man *eiserne Cylinder* an, die innerhalb gemauerter Öfen erhitzt wurden. Diese werden ebenfalls nicht mehr benutzt, obgleich sie schon einen größeren Betrieb als die Glasretorten gestatteten. Die Cylinder wurden durch Flammöfen verdrängt, in denen das Kochsalz in einer oder zwei bleiernen Pfannen zur Hälfte und dann im eigentlichen Ofen vollständig zersetzt wurde. Die Bleipfannen wurden dann durch eiserne ersetzt ... und diese anfangs durch die aus den Flammöfen entweichende Wärme, später durch diese und eine besondere Feuerung erhitzt ... Eine weitere wertvolle Verbes-

23 *Treue, Wilhelm*, a. a. O., S. 50.

24 Muspratts theoretische, praktische und analytische Chemie in Anwendung auf Künste und Gewerbe – Encyclopädisches Handbuch der Technischen Chemie, hg. v. H. Bunte., 6. Bd., Braunschweig 1898, Spalten 852–890.

serung bestand darin, daß man den Flammofen in einen geschlossenen *Muffelofen* verwandelte, aus dem die Gase der Feuerung, ganz getrennt von denen der Säure, in den Schornstein entweichen. ...

Um eine vollkommene Kondensation der Salzsäure zu erreichen, überhaupt die Vorteile der Flammöfen mit denjenigen der Muffelöfen zu vereinigen, stellte Johnson auf Vorschlag Fletschers im Jahre 1870 in Runcurn Gasöfen auf. Das in Siemensschen Generatoren erzeugte Gas gelangt in mehrere, unter der Ofensole laufende Kanäle und wird ... angezündet ...

Fast ebenso mannigfaltig wie die Veränderungen in den Apparaten zur Darstellung des Glaubersalzes sind diejenigen in den Apparaten zur Kondensation der Salzsäure. Die gläsernen Retorten waren mit tubulierten Vorlagen, diese durch gläserne Röhren mit halb mit Wasser gefüllten gläsernen Woulffschen Flaschen verbunden.

An die eisernen Cylinder hing man tönerne Ballons, die ebenfalls halb mit Wasser gefüllt waren ... Bei der ersten Einführung der Flammöfen wußte man die kolossalen Massen der dabei entwickelten Salzsäure nicht zu bewältigen ... man ließ die Gesamtmasse der Salzsäure in die Luft entweichen, zerstörte dadurch die ganze Vegetation in der Umgebung der Fabriken ... Als dieses nicht mehr geduldet werden konnte, baute man Schornsteine von solchen Dimensionen, daß man glaubte, die sauren Dämpfe in so hohe Luftregionen zu führen, daß sie keinen Schaden mehr anrichten könnten. Der berühmte 142 m hohe Schornstein der Tennant'schen Fabrik in Glasgow stammt aus dieser Periode. Bei der sich immer mehr ausdehnenden Fabrikation des Glaubersalzes steigerte sich die Produktion der Salzsäure aber in solchem Maße, daß auch dieses Mittel nicht mehr zureichte. ...

Die erste wesentliche Verbesserung bestand darin, daß man die sauren Dämpfe in hohe, mit Koks gefüllte Türme leitete."

Es waren die Kokstürme des Engländers Gossage, die er 1836 patentiert erhielt. Ihre Eingliederung in den technischen Prozeß der Glaubersalzgewinnung beschreibt Lunge[25] für die Fabrik Tennants in Glasgow: „Das Gas aus der Pfanne geht durch ein Steinzeugrohr von 45 cm im Durchmesser erst 5 m vertikal in die Höhe und senkt sich dann allmählich zum Kondensator hinab, mit einer Länge von 38 m. Die Gase der Muffel (Ofen, in dem die stärkere Erhitzung des in der Pfanne zuerst entstehenden Natriumbisulfats zu Natriumsulfat durchgeführt wurde – d. Vf.), welche eine Länge von 4,85 m und eine Breite von 9 m hat, gehen durch ein Rohr von 30 cm Durchmesser denselben Weg wie die Pfannengase und münden in denselben Koksturm, mischen sich aber erst innerhalb desselben mit den letzteren. Jeder Koksturm hat 1,85 m im Quadrat und 14 m Höhe (abgesehen von einem Fundament von 1,80 m und dem Aufsatz für die Wasserbehälter etc.)"

Ein anderes *technisches* Problem der Sodaherstellung war das Materialproblem. Lunge[26] schildert es z. B. für das Material der Pfanne, in der die erste Stufe des Leblancprozesses, eben die Zersetzung von Salz mit Schwefelsäure vorgenommen wurde: „Man bedenke, welche Ansprüche an eine solche Gußeisenschale gestellt werden. Sie soll den Temperaturwechsel zwischen der Temperatur des kalten Salzes und der höchstens auf 100° erwärmten Säure einerseits und andererseits der schon schwache Glühhitze erreichenden Endtemperatur der Reaktion und immer wieder zurück ertragen

[25] *Lunge, Georg*, Sodaindustrie, a. a. O., S. 121.
[26] Ebenda.

können, ohne zu springen. . . . Sie soll ferner dem Angriff des Feuers von unten und dem viel schlimmeren Angriff der heißen Säure und des schmelzenden Bisulfats von oben widerstehen. . . . Um überhaupt haltbar zu sein, müssen sie aus einer, durch die Erfahrung bestimmten, aber von den Gießereien geheim gehaltenen Mischung mehrerer Eisensorten bestehen und mit großer Sorgfalt gegossen werden."

Wie diese technischen Probleme nicht nur technische sondern *industrielle* und damit auch Probleme des durch die kapitalistische Industrie geschaffenen Proletariats wurden, kann man des weiteren sehr gut aus Lunges Darstellungen ableiten. Lunge schreibt[27]: „Zwei Umstände machen den Sulfatofenbetrieb . . . zu einem sehr unangenehmen. Der eine ist der, daß die scharfen Salzsäuredämpfe, die beim Umrühren in der Pfanne und dem Umkrählen im Kalzinierofen unvermeidlicherweise öfters aus den Arbeitsöffnungen heraustreten, den Arbeitern äußerst lästig fallen und selbstverständlich auch gesundheitsschädlich sind. . . . Aber bei ungünstiger Witterung und nicht genügendem Zuge in der Kondensation können sogar dicke Wolken von Säurenebeln aus dem Sulfathause herausquellen und selbst die Umgebung der Fabrik belästigen. . . . Ein anderer Übelstand . . . ist der, daß man, vor allem bei der Pfanne, so sehr von der Geschicklichkeit und dem guten Willen der Arbeiter abhängig ist." An anderer Stelle schreibt Lunge[28]: „Wie oben bemerkt, ist die Arbeit im Sodaofen eine ungemein anstrengende, und es ist nicht immer leicht, sich die erforderlichen Arbeitskräfte zu beschaffen, was denn gerade deshalb oft zu übermäßigen Lohnforderungen und plötzlichen Arbeitseinstellungen geführt hat. Dabei ist doch die zu verrichtende Arbeit gar keine solche, welche man als ⟨intelligente⟩ bezeichnen könnte; alles, was nötig ist, ist ein gutes Umrühren der Mischung und allerdings die richtige Beurteilung des Punktes, wann man damit aufhören und die Schmelze ausziehen soll. Es ist von vornherein klar, daß der erstere, bei weitem schwerere Teil der Arbeit, das Umrühren der Masse, viel besser und billiger durch Maschinenkraft als durch Handarbeit bewältigt werden kann, und daß die einzige, freilich noch sehr schwierige Frage, diejenige der Konstruktion eines passenden Apparates ist."

Besonders in England bemühte man sich daher um den Ersatz der Handöfen durch die Konstruktion von mechanischen, rotierenden Sodaöfen, während man in Deutschland solchen Öfen lange Zeit ablehnend gegenüberstand. Die ersten rotierenden Sodaöfen wurden in England 1848 eingeführt, in Deutschland wendeten die Fabrikanten dagegen ein: „Die Einführung derselben sei eine sehr kostspielige Sache, die sich bei den niedrigen Löhnen in Deutschland nicht rentieren könne."[29]

In einem Artikel der Deutschen Industriezeitung von 1864 forderte dagegen der französische Wissenschaftler Lamy, der von der französischen Regierung nach England entsandt worden war, die dortige Sodafabrikation zu studieren, die französischen Fabrikanten zum baldigsten Einführen rotierender Öfen auf, als einzigem Mittel, der Konkurrenz der Engländer zu begegnen. In Deutschland diskutierte noch im Jahre 1878 der führende Industrielle Robert Hasenclever in einem Beitrag gegen die Einführung von rotierenden, also mechanischen Sodaöfen anstelle der Handöfen — aus ökonomischen Gründen. Angeblich kostete — nach dort im einzelnen angeführten Berechnungen — die Herstellung von 1 t Glaubersalz mittels rotierender Öfen 2,80 Mark gegenüber 2,88 Mark für Arbeitslohn beim Handofenbetrieb. Da die gegenüber

[27] Ebenda, S. 158.
[28] Ebenda, S. 480.
[29] *Goldstein, J.*, a. a. O., S. 22,

England kleineren deutschen Fabriken aber jeweils nur 1 Ofen brauchten, dieser beim Reinigen (nach jeweils 4 Monaten) stilläge, so daß in der Fabrik noch ein zweiter Ofen gebaut werden müßte, würde daher die Einführung der englischen rotierenden Öfen für Rohsoda einstweilen keinen Vorteil bieten, und „da es augenblicklich nicht dringend erscheint, Arbeiter durch Maschinen zu ersetzen, im Gegenteil viele unbeschäftigte Leute gerne Arbeit nehmen, so können die deutschen Sodafabrikanten die Frage wegen Anlage der rotierenden Öfen vertagen.“[30] Der – schon mehrfach zitierte-Soda-Experte, der Chemiker und Technologe G. Lunge hat in derselben Monatsschrift den chemisch-technologischen Ansichten und Berechnungen Hasenclevers widersprochen mit dem Argument: „Die Reaktion im rotierenden Ofen ist so viel vollständiger als beim Handofenbetrieb, daß das Ausbringen an Soda ... pro 1000 kg Sulfat sich auf 30 bis 60 kg Soda mehr beläuft ... In England ist die Schlacht schon längst zugunsten der rotierenden Öfen entschieden, nur Mangel an Capital oder lokale Schwierigkeiten lassen hier noch stellenweise an den Handöfen festhalten.“[31]

Alle die hier genannten – und nicht genannten – Probleme sind rein industriell-technischer Natur. Mit ihrer Lösung stand und entwickelte sich oder fiel die Sodaproduktion. Dabei betrafen diese Probleme zum Teil nur den ersten Teil des Leblanc-Sodaprozesses, die chemische Herstellung des Rohstoffes Glaubersalz (Natriumsulfat) mit Hilfe der, bereits durch ein anderes chemisches Verfahren hergestellten Schwefelsäure (siehe dort). Dieses Zwischenprodukt Glaubersalz mußte nun aber zur Verwandlung in Soda erst noch im Flammofen mit Kalk und Kohle geschmolzen, die Schmelze ausgelaugt, mit entstandenes Ätznatron karbonisiert, die Lauge durch Umkristallisieren gereinigt und das als Nebenprodukt entstehende Kalziumsulfid beseitigt werden. Auch für diese – *chemisch* relativ einfachen Prozesse – war ihre *technische* Bewältigung das Ausschlaggebende der Umsetzung. Es wurden die verschiedensten Auslaugeapparate, eine Menge von Pfannen zum Verdampfen der Sodalaugen konstruiert u. a. m.

Ein *wissenschaftlich* zu lösendes Problem wäre die Beseitigung des Kalziumsulfids gewesen, das in großen Mengen anfiel und das man in England zunächst einfach auf Halden schüttete. Luft und Wasser zersetzen das Kalziumsulfid aber in exothermer Reaktion vor allem zu Schwefelwasserstoff und Schwefeldioxid, so daß diese Halden nach einiger Zeit nicht nur abscheulichen Gestank verbreiteten (die löslichen Sulfide wurden durch Regen auch in die Flüsse gespült, und Schwefelwasserstoff drang von dort u. a. in die Aborte der Wohnhäuser ein), sondern sich oft bis zu Rotglut erhitzten und entzündeten. Dieses Problem der Beseitigung des Kalziumsulfids ging man zunächst aber lange Zeit auch nur rein technisch an: Manche günstig gelegenen Fabriken versenkten den lästigen Abfall ins Meer, was aber relativ kostspielig war, man versuchte ihn – ergebnislos – als Schotter zum Bauen, als Mittel gegen Kartoffel- und Traubenkrankheiten, gegen Hausschwamm einzusetzen. 1854 ließ sich Delanoue ein Verfahren patentieren, das erstmals das Kalziumsulfid wissenschaftlich anging, wenn Delanoue sein Verfahren auch mehr durch Ausprobieren fand. Mit Wasser und Schwefel gekocht, verwandelt es sich in lösliches Disulfid, das der Erfinder zur Bereitung von Schwefelwässern für die Pharmazie verwenden wollte. Tech-

[30] *Hasenclever, Robert,* Über Sodafabrikation in Deutschland und Thelens mechanischen Eindampfapparat für Laugen, Salzsolen etc., in: Die chemische Industrie, 1. Jg. 1878, S. 8.

[31] *Lunge, Georg,* in: Ebenda, S. 88.

nische Bedeutung erlangte erst das 1861 von Schaffner und Mond (unabhängig) entwickelte Verfahren, die Verwitterung (= Oxydation) künstlich zu befördern und aus den mit Wasser zu erhaltenden Polysulfidlaugen elementaren Schwefel (für die Schwefelsäureproduktion) zu gewinnen. Unter gewaltigen finanziellen Aufwendungen gewannen sie bis zu 30 Prozent des vorhandenen Schwefels. Erst im Jahre 1882, lange nach Abschluß der Industriellen Revolution, führte Chance eine wissenschaftliche Analyse des Sodarückstandes durch und stellte eine erste Hypothese über die Vorgänge beim Verwittern der Sodarückstände auf. Aufgrund dieser Untersuchungen entwickelten dann Claus (1883) und Chance (1887) technisch durchführbare Verfahren zur Überführung des Kalziumsulfids in Schwefelwasserstoff und dann in Schwefeldioxid, das für die Schwefelsäuregewinnung einsetzbar war. Aber das geschah ebenfalls erst zu einer Zeit, die nicht mehr Industrielle Revolution war, und unter dem Konkurrenzdruck des inzwischen seit etwa 1866 sich immer mehr durchsetzenden zweiten Verfahrens der industriellen Gewinnung von Soda aus Kochsalz, des Verfahrens von E. Solvay.

Auch diesem Verfahren liegt der relativ einfache und schon länger bekannt gewesene chemische Prozeß zugrunde, daß Kochsalz beim Zusammenbringen mit Ammoniumkarbonat sich in (wasserunlösliches) Natriumbikarbonat verwandelt, das man abfiltrieren und durch Erhitzen zu Soda „kalzinieren“ kann. 1838 nahmen die Engländer H. G. Dyar und J. Hemming ein englisches Patent auf dieses Verfahren, das sie technisch besonders hinsichtlich der Rückgewinnung des Ammoniaks (Ammoniak stand damals nur als Abfallprodukt der Gasanstalten zur Verfügung) durchbildeten. (Sie erhitzten das Ammoniumchlorid mit Kalk, wobei sich das flüchtige Ammoniumkarbonat bildete, das in Bleikammern aufgefangen und dem Ausgangsprozeß der Sodabildung wieder zugeführt wurde). Dennoch war dieses Verfahren technisch unrentabel, wie Sh. Muspratt erfahren mußte, der im gleichen Jahr 1838 eine kleine Fabrik in Whitechapel errichtete. Zwei Jahre später ließ sich James Muspratt eine ebensolche in Newton bauen, aber auch die dort produzierte Soda war wegen der großen Ammoniakverluste zu teuer. Bis 1860 versuchten sich verschiedene Unternehmer, so 1840 Kunheim in Berlin, Seybel bei Wien, 1852 Grimes in Marseille mit dem Ammoniaksodaverfahren (vgl. dazu G. Lunge[32]), mußten aber alle aus Rentabilitätsgründen aufgeben. Auch die Verbesseungen an den verwendeten Apparaturen durch W. Gossage (engl. Patent 1854), Turck (französisches Patent 1854 und 1855), Schlösing und Deacon (beide englische Patente 1854) führten noch immer zu hohen Ammoniakverlusten. Aber, schreibt Lunge,[33] die Bemühungen um dieses Verfahren hatten „doch die Aufmerksamkeit sowohl der Chemiker wie die der Techniker in allen Kulturländern in hohem Grad erregt.“

Als daher E. Solvay, als Gehilfe bei seinem Onkel in einer Gasfabrik arbeitend und damit beschäftigt, Versuche zur Verwertung des Gaswassers (ammoniakhaltig) anzustellen, 1861 für sich die Reaktion zwischen Ammoniumbikarbonat und Kochsalz, die zu Soda führt, „entdeckte“, war er also keinesfalls der erste. In völliger Unkenntnis der Lage ließ er „seine“ Entdeckung in Belgien patentieren und fand in dem Advokaten Eu. Pirmez einen Finanzier für weitere Versuche. Erst in diesem Stadium stießen beide auf die vielen Vorarbeiten der o. g., gründeten aber dennoch 1863

[32] *Ders.*, Sodaindustrie, a. a. O., Bd. III, S. 1ff.

[33] Ebenda, S. 11.

die Societé Solvay et Co. mit einem Kapital von 136000 Frcs. und bauten eine Fabrik zu Couillet bei Charleroi, die 1865 in Betrieb genommen wurde und – wie zu erwarten, mit den gleichen Mißerfolgen wie bei den Vorgängern arbeitete.

Auch im Fall des Ammoniak-Soda-Verfahrens ging es also ebenso wenig um die „chemisch-wissenschaftliche" Seite des Verfahrens der Sodagewinnung als vielmehr um eine industriell-technische Bezwingung – hier des dabei auftretenden Ammoniakverlustes. Dieses Problem löste Solvay in zähem Ringen mit den Mißerfolgen durch schrittweise Verbesserung der Apparaturen. Vier Jahre nach Inbetriebnahme seiner Fabrik wurde bereits eine Dividende von 5 Prozent verteilt, im gleichen Jahr 1867 erhielt seine Soda die Bronzemedaille der Pariser Weltausstellung. Solvay verdoppelte die Anlage von Couillet und verdreifachte dadurch die Produktion. 1872 wurden in Couillet täglich zehn Tonnen Soda produziert.[34] 1872 ließ sich Solvay eine Reihe weiterer technischer Verbesserungen, besonders an dem von ihm konstruierten hohen Kohlensäurefällungsturm patentieren. Diese *technischen* Verbesserungen, die Ammoniakverluste weitgehend ausschalteten, ließen das Ammoniak-Soda-Verfahren, in der Folge auch Solvay-Verfahren genannt, zu einem industriell allgemein brauchbaren Verfahren werden. Solvay ließ noch 1872 eine weitere Fabrik in Dombasle-Varangéville bei Nancy bauen, die 1873 den Betrieb aufnahm und die Lunge als „kolossal" bezeichnete. In England griff 1872 der aus Deutschland stammende Ludwig Mond das Solvay-Verfahren auf. Nach Einigung mit Solvay wurde 1873 die Firma Brunner, Mond & Co in Winnington bei Northwich gegründet, die schon bald zur größten Sodafabrik der Welt wurde. In Deutschland hatte M. Honigmann 1870 das Ammoniak-Soda-Verfahren ebenfalls und unabhängig von Solvay aufgegriffen und in einer kleinen Fabrik bei Aachen mit eigenen Apparaturen technisch durchführbar zu machen versucht. Auf die Dauer konnte er sich aber nicht gegen Solvay behaupten. In England führte das Auftauchen des technisch rentablen und dem Leblanc-Verfahren überlegennen Solvay-Verfahrens zu einer Krisensituation und zu den o. g. verstärkten und auch erfolgreichen Bemühungen, die Nebenprodukte des Leblanc-Prozesses, Salzsäure und Kalziumsulfid, gewinnbringend zu verwerten, damit den Sodapreis zu drücken und mit der neuen Solvay-Soda konkurrenzfähig zu bleiben. Es wurden entwickelt bzw. verstärkt angewendet: Das Deacon- und Weldon-Verfahren der Salzsäureoxydation zu Chlor, das Chance-Claus-Verfahren zur Regeneration des Schwefels aus dem Kalziumsulfid. Diese Verbesserungen am Leblancprozeß in England führten zu einer hohen Produktion an Leblancsoda, die eine Überproduktionskrise herbeiführte. Sehr gelegen kam den englischen Fabrikanten daher, daß in Deutschland im Juni 1873 der Einfuhrzoll für kalzinierte Soda auf 1,50 M pro 100 kg gesenkt wurde. Die daraus für die deutschen Soda-Industriellen erwachsenden Schwierigkeiten hat R. Hasenclever 1878 in einem Artikel: „Über Sodafabrikation in Deutschland"[35] wie folgt beschrieben: „Daß die kontinentalen Sodafabriken ohne Schutzzoll der englischen Konkurrenz nicht gewachsen sind, hat R. v. Wagner (Dingl. Journ. Bd. 223 p. 302) aus den Eingaben der Sodafabrikanten nachgewiesen und ist dies begreiflich, wenn man bedenkt, daß für die Darstellung von 1 t Soda 10 mal so viel Rohmaterialien herbeigeschafft werden müssen. Wer diese Rohmaterialien von geringem Werte – nämlich Kohlen, Schwefelkies, Salz und Kalkstein, mit so geringen Kosten, wie die

[34] Ebenda, S. 13.
[35] *Hasenclever, Robert*, a. a. O., S. 7f.

Engländer, vereinigen kann, hat einen so wesentlichen Vorteil, daß auch die sorgfältigste Arbeit bei der Darstellung von Soda in Frankreich oder Deutschland der englischen Konkurrenz unterliegen muß. Der gesamten deutschen Großindustrie fehlen billige Frachten für Rohmaterialien und fertige Waren, da bisher in dem zersplitterten Deutschen Reiche weder ein einheitliches Eisenbahnnetz noch die genügende Anlage von Kanälen durchzuführen war.

Nach dem sogenannten Ammoniak-Soda-Verfahren sind zwar statt vier nur drei Rohmaterialien zu vereinigen, jedoch ist auch diese Fabrikation in Deutschland ... bisher nur versuchsweise eingeführt worden. E. Solvay, welcher in Belgien, Frankreich und England, die Darstellung von Soda mit Anwendung von Ammoniak betreibt, hat zu seiner Information die Rheinprovinz, Westfalen, Hannover und Sachsen bereist und fand einstweilen keinen Ort in Deutschland welcher ihm zur Anlage einer großen Sodafabrik geeignet schien. (Wyhlen/Baden 1881, Bernburger Werk 1884 gegründet. d. Vf.). Von den Kohlendistrikten ist das Salz weit abgelegen und auf den Salinen fehlen gute Kohlen zu niedrigen Preisen.

Bei dieser mißlichen Situation befindet sich die deutsche Sodafabrikation in einer schweren Krise, da die Engländer ihre Überproduktion hauptsächlich in Deutschland placiren, wo der Eingangszoll für Soda niedriger ist als in Österreich und Frankreich...

Unter dem Druck dieser Verhältnisse haben bereits 9 deutsche Etablissements die Darstellung von Soda eingestellt, andere setzen den Kampf ums Dasein fort, und sieht man in den meisten Fällen eine rege Tätigkeit darauf gerichtet, die Herstellung von Soda und der damit zusammenhängenden Produkte zu verbessern.“ Gerade in den Jahren nach 1878 stieg die Sodaproduktion in Deutschland enorm an (siehe auch Tabelle 4). Die Gründe dafür dazustellen, würden den Rahmen dieser Untersuchung jedoch sprengen.

Tabelle 4
Produktionstabelle für Soda
(in Tonnen)

	Jährliche Welterzeugung an Soda	Davon nach Leblanc-Verfahren	Ammoniak-Verfahren
1850	150000	150000	–
1863	300000	300000	–
1864/68	375000	374000	300
1869/73	450000 (58000)	447000 (58000)	2600
1874/78	525000 (42000)	485000	40000
1879/83	675000 (115300)	545000 (56200)	136000 (59100)
1884/88	800000	435000	365000
1889/93	1025000 (195000)	390000 (30000)	635000 (165000)
1894/98	1250000 (290000)	265000 (40000)	985000 (250000)
1902	1760000	156000	1616000

(Die Angaben in ( ) beziehen sich auf Deutschland).

Quelle: *Lunge, G.*, Handbuch der Sodaindustrie, Bd. III, Braunschweig 1909, S. 14.

Erst vom Jahre 1874 an – also auch erst nach Beendigung der Industriellen Revolution – wurde der Ammoniak-Soda-Prozeß wissenschaftlich durchforscht.[36]

B. Schwefelsäure- und Bleichmittelindustrie: Im Unterschied zu Soda ist Schwefelsäure ein Stoff, der nicht frei in der Natur vorkommt (von einigen Quellwässern abgesehen); von Anfang an mußte Schwefelsäure deshalb für gewerbliche Zwecke durch chemische Umwandlung aus anderen Stoffen hergestellt werden. Ihre Gewinnung durch Destillation von Sulfaten (Vitriolstein, Vitriolbrennereien) bzw. durch Verbrennen von Schwefel ist etwa seit dem 13. Jahrhundert bekannt; sie wurde im 16. und 17. Jahrhundert nach dem letztgenannten Verfahren besonders in Apotheken in kleinen Mengen hergestellt und zur Bereitung verschiedener Arzneien (besonders Glaubersalz) verwendet.

An der Wende vom 17./18. Jahrhundert gewann die Schwefelsäure Bedeutung für die Textilindustrie, man verwandte sie als Hilfsmittel beim Bleichen von Leinen und zum „Schwefeln der Wollenzeuge". 1744 entdeckte Barth in Freiberg die Sulfurierbarkeit des Indigos, die ihn für die Wollfärberei geeignet machte; 1750 fand Home in Edinburgh, daß sich verdünnte Schwefelsäure gut anstelle von Sauermilch zum Absäuern der gewaschenen (alkalisierten) Gewebe verwenden läßt. Dadurch stieg der Bedarf an Schwefelsäure bereits in der Vorbereitungsphase der Industriellen Revolution stark an.

In Deutschland entstanden aus diesem Grunde in den vierziger Jahren des 18. Jahrhunderts eine ganze Reihe kleiner Produktionsstätten, die durch „Brennen" von Vitrinolstein Oleum (= rauchende Schwefelsäure) herstellten. Nach Fester[37] entstanden um 1750 etwa 10 Oleumbrennereien in Sachsen, desgleichen in Preußen und Böhmen. In den 90er Jahren sollen im Erzgebirge über 30 Brennereien mit je 1–3 Beschäftigten bestanden haben. Sie wurden aber niederkonkurriert, als 1792 D. Stark in Böhmen eine ganze Reihe sehr günstig gelegener Oleumbrennereien anlegte. Er monopolisierte die Oleumproduktion fast völlig. 1841 produzierten seine Werke jährlich 23000 Ztr. Oleum. 1873 = 60000 Ztr. (nach G. Lunge[38]).

In England wurde 1736 eine Schwefelsäure-Manufaktur von E. Ward in Richmond bei London eingerichtet, die das Verfahren des Verbrennens von Schwefel in Gegenwart von Salpeter zur Herstellung von Schwefelsäure anwandte. Während Ward die Verbrennung des Schwefels in großen, 300 l fassenden Glasballons durchführte, von denen mehrere in Sandbädern nebeneinander angeordnet waren, so daß man die diskontinuierliche Verbrennung hintereinander in jedem Ballon vornehmen konnte, führte bereits 1746 Roebuck aus Birmingham anstelle der Glasballons Bleikammern ein, in denen die Verbrennung durchgeführt wurde (Bleikammerverfahren). Diese Kammern maßen 6 Fuß im Quadrat. 1749 gründete er zusammen mit Garbett eine Fabrik zu Prestonpans in Schottland, um Säure (= Kammersäure) zum Bleichen von Leinwand zu liefern (um 1800 umfaßte ihre Fabrik 108 Bleikammern). Es entstanden bald auch andere Fabriken z. B. zu Bridgenorth, zu Dowles in Worstershire, deren Kammern bereits 10 Fuß im Quadrat maßen; 1772 wurde in London eine Fabrik mit 71 zylindrischen Bleikammern, jede 6 Fuß im Durchmesser und 6 Fuß hoch, errichtet, 1797 gab es auch in Glasgow 6–8 solcher Fabriken.

[36] *Lunge, Georg*, Sodaindustrie, a. a. O., Bd. III, S. 14.

[37] *Fester, Gustav*, a. a. O., S. 140.

[38] *Lunge, Georg*, Handbuch der Schwefelsäurefabrikation und ihrer Nebenzweige, Braunschweig 1916, Bd. II, S. 1243; 1245.

Die Einführung der Chlorbleiche 1785 durch Berthollet und die Inbetriebnahme des Leblanc-Soda-Verfahrens ließ die Nachfrage nach Schwefelsäure gegen Ende des 18. Jahrhunderts sprunghaft ansteigen. Allerdings geschah dies in den einzelnen Ländern in unterschiedlichem Maße. In Frankreich, das zwanzig bis 25 Jahre vor England das Leblanc-Verfahren anwandte und auch rund 15 Jahre früher als England die Chlorbleiche einführte, machte sich die sprunghafte Erhöhung der Nachfrage nach Schwefelsäure früher bemerkbar als in England. Immerhin benötigte man ja zum Bleichen von 1 t Baumwolle neben 47 kg Soda auch 91 kg Schwefelsäure[38a]. Nachdem in Frankreich John Holker 1768 zunächst die Wardsche Glasballon-Schwefelsäure-Produktion eingeführt hatte, 1770 dann hinter das Geheimnis der Bleikammern gekommen war, waren in Frankreich eine Reihe Bleikammeranlagen gebaut worden. Es waren Anlagen in Javelle 1777, in La Paine 1782, in Marseille 1786 und in Lille entstanden.[39]

Die Bedürfnisse der Leblanc-Soda-Fabrikanten und der Bleichereien waren damit zwar zunächst zu befriedigen. Aber das Bleikammerverfahren in seinem diskontinuierlichen Betrieb war sehr umständlich und wenig rentabel, auch hinsichtlich des hohen Salpeter-Verbrauches. (Salpeter mußte aus Indien sehr teuer importiert oder mühsam „gezüchtet" werden, die chilenischen Salpeterlager, die später Salpeter viel billiger lieferten, wurden erst 1863 entdeckt. Auf chemischem Wege wurde Salpeter erst im 20. Jahrhundert im Anschluß an die Haber-Bosch-Synthese der Ammoniakgewinnung hergestellt). Man benötigte auf acht Teile Schwefel einen Teil Salpeter.

Durch experimentelle Untersuchungen auf der Basis der neuen Oxidationstheorie Lavoisiers gelangten die beiden Franzosen Clément und Desormes ab 1793 zu der Erkenntnis, daß bei der Bildung von Schwefeldioxid beim Verbrennen von Schwefel eigentlich nur Luftsauerstoff benötigt wird, während der Salpeter nur eine Vermittlerrolle, eine die Reaktion beschleunigende Rolle spielt.[40] Sie fanden heraus, daß man sehr viel Salpeter einsparen kann, wenn man einen großen Luftüberschuß anwendet, d. h., wenn man kontinuierlich immer neue Luft zur Verbrennung des Schwefels heranführt.

Die technische Umsetzung dieser wissenschaftlichen Erkenntnis erforderte wiederum die Konstruktion neuer technischer Anlagen. In den bis dahin verwendeten Bleikammern war der Schwefel in der Kammer selbst mit Salpeter verbrannt und das entstehende Schwefeltrioxid durch am Boden der Kammer befindliches Wasser, bzw. seit 1774 – nach einem Vorschlag des Franzosen De la Follie – durch in die Kammer eingeleiteten Wasserdampf aufgelöst worden. Man hatte auf diese Weise immer nur eine bestimmte begrenzte Menge Schwefel verbrennen können, mußte die Kammern dann öffnen, Frischluft einströmen lassen und den Prozeß wieder von vorn beginnen.

Einen wesentlichen – industriell-technischen – Fortschritt der Schwefelsäureproduktion nach dem Bleikammerverfahren während der Industriellen Revolution stellt daher die Einführung des kontinuierlichen Verfahrens dar, dessen wichtigste technische Voraussetzung in der Trennung von Verbrennungsanlage und Bleikammer bestand.

[38a] Vgl. S. 72

[39] *Baud, P.*, J. Holker, et la fabrication de l'acide sulphurique en France 18ème siècle, in: Comptes rendus 196, 1933, 179f.

[40] Vgl. Clément und Desormes, in: Annales de chimie 59, 329.

Zum ersten Male wurde in Frankreich eine solche kontinuierlich arbeitende Anlage durch einen Enkel John Holkers, Jean Holker, 1810 in Rouen gebaut. Drei Jahre vorher, 1807, soll in England in St. Rollox bei Glasgow eine – wenigstens teilweise – kontinuierlich arbeitende Anlage eingerichtet worden sein.[41] T. K. Derry und T. J. Williams[42] führen aus, daß schon 1803 in der Fabrik Tennants in St. Rollox erstmals Schwefel in einem separaten Ofen *neben* den Bleikammern verbrannt worden sei, was der Einführung des kontinuierlichen Verfahrens gleichkommt. Tennant brauchte damals Schwefelsäure vorwiegend für die Produktion von Bleichmitteln[42a]. 1813 unterhielt er 13 Bleikammern; die Steigerung seiner Schwefelsäureproduktion läßt sich indirekt aus seiner Produktion von Chlorkalk in den Jahren 1805 bis 1830 entnehmen. Tennant's Chlorkalkproduktion stieg von 147 t im Jahre 1805 auf 1447 t im Jahre 1830.

Eine weitere – im wesentlichen wiederum technische Verbesserung der Schwefelsäureproduktion gelang dem französischen Chemiker L. J. Gay-Lussac 1827 dadurch, daß er die aus den Bleikammern entweichenden nitrosen Gase durch verdünnte Schwefelsäure zu binden und so dem Prozeß der Schwefelsäurebildung in den Bleikammern wieder zuzuführen vermochte (die nitrosen Gase haben ja bei dem Prozeß nur eine katalytische Funktion, sind also nach der eigentlichen chemischen Reaktion wieder als solche vorhanden). Nach seinem Vorschlag wurden die entweichenden Gase der Bleikammern durch koksgefüllte Türme – sogenannte Gay-Lussac-Türme – geführt, in denen ihnen von oben verdünnte Schwefelsäure entgegenrieselt. Allerdings sollen solche Türme erst 1842 zu Chauny gebaut worden sein.[43] Der Grund für die verzögerte technische Anwendung der Gay-Lussac-Türme besteht wohl darin, daß das Verfahren von Gay-Lussac nicht richtig zu Ende geführt worden war und die Rückgewinnung der nitrosen Gase zu große Kosten und Schwierigkeiten bereitete. So wurde diese technische Verbesserung erst ab 1859 durch John Glover in England durch die Konstruktion der sogenannten Glover-Türme vollendet. Erst 1871 hat G. Lunge aber diese Türme durch Publikationen bekannt gemacht,[44] so daß sie erst nach dieser Zeit auch außerhalb Englands wirksam wurden. Die Funktion des Gloverturms besteht darin, die aus dem Gay-Lussac-Turm abfließende, mit Stickoxiden beladene verdünnte Schwefelsäure von den Stickoxiden zu entbinden und gleichzeitig die stark verdünnte Schwefelsäure zu konzentrieren. Dies gelang Glover dadurch, daß er die aus dem Gay-Lussac-Turm abfließende „Nitrosylschwefelsäure" der Einwirkung heißer Röstgase aus den Kiesröstöfen aussetzte, wodurch diese gleichzeitig noch auf die – für die Einführung in die Bleikammern – nötige niedrigere Temperatur abgekühlt wurden. Damit war die Rentabilität des Bleikammerverfahrens erneut vergrößert worden.

J. v. Liebig hat 1845 u. a. die interessante Entwicklung in der Schwefelsäureindustrie als Beispiel zur Demonstration der großen gesellschaftlichen Bedeutung der Chemie in seinem Buch „Chemische Briefe" herangezogen. Er schrieb dort u. a.:[45] „Die Nachfrage nach Schwefelsäure stieg ins Ungeheure, von allen Seiten flossen die

[41] Siehe *Lunge, Georg*, Schwefelsäurefabrikation, a. a. O., Bd. I, S. 7.

[42] *Derry, T. K./Williams, T. J.*, A. Short History of Technology, Oxford 1960, S. 536.

[42a] Vgl. S. 93.

[43] Siehe *Lunge, Georg*, Schwefelsäurefabrikation, a. a. O., Bd. I, S. 8.

[44] Vgl. ebenda, Bd. II, S. 872f.

[45] *Liebig, J. v.*, Chemische Briefe, Heidelberg 1845, S. 103.

Capitalien diesem gewinnbringenden Gewerbszweig zu, die Entstehung und Bildung der Schwefelsäure wurde auf das genaueste studiert, man kam von Jahr zu Jahr auf bessere, einfachere und wohlfeilere Gewinnungsmethoden. Mit jeder neuen Verbesserung fiel der Preis der Schwefelsäure und ihr Absatz nahm im nämlichen Verhältnis zu. Die Gefäße, worin man die Schwefelsäure darstellt, sind von Blei, ihr Umfang ist jetzt so gewachsen, daß man in eins dieser Gefäße (Bleikammer) ganz bequem ein mäßiges zweistöckiges Haus stellen kann. ... Das Löthen der Bleiplatten mit Blei (Zinn und gemischte Lothe würden zerfressen werden) kostete früher beinahe so viel wie die Platten selbst; jetzt, wo man sich des Knallgasgebläses dazu bedient, können zwei Platten miteinander durch ein Kind verbunden werden ... Um sich eine Vorstellung über den Verbrauch der Schwefelsäure zu machen, reicht es hin, zu erwähnen, daß eine kleine Schwefelsäurefabrik 5000 Centner, eine mäßig große 20000 Centner Schwefelsäure in den Handel bringt. ... Durch die Schwefelsäurefabrikation fließen ungeheure Summen nach Sicilien, sie brachte in die öden Gegenden Atakama's Gewerbefleiß und Wohlstand, sie ist es, welche die Platingewinnung in Rußland gewinnreich macht, denn die Concentrationsgefäße der Schwefelsäurefabrikanten sind von Platin, und ein jeder Kessel kostet 10–20000 Gulden, das immer schönere und wohlfeilere Glas, unsere vortreffliche Seife, sie werden heutzutage nicht mehr mit Asche sondern mit Soda dargestellt (für die Schwefelsäure Voraussetzung ist I. S.). Unsere Asche fließt als der kostbarste und nützlichste Dünger unsern Feldern und Wiesen zu."

Eine vierte Veränderung am Bleikammerverfahren war 1793 ursprünglich wiederum aus Frankreich gekommen (und war für den Einsatz der Glovertürme, der ja erst rund 60 Jahre später erfolgte, notwendige Voraussetzung gewesen). Sie betraf den eingesetzten Rohstoff Schwefel. D'Artigues und auch Clément-Desormes hatten 1793 darauf hingewiesen, daß anstelle von Schwefel auch Schwefeldioxid als Rohstoff für das Bleikammerverfahren eingesetzt werden könne,[46] das man z. B. wohlfeil beim Abrösten von Pyrit (Eisensulfid) erhält. Allerdings schlugen ihre praktischen Versuche fehl, weil sie glaubten, das Abrösten durch Zusatz von Kohle verstärken zu müssen, womit sie jedoch gerade das Gegenteil erreichten. 1835 erhielten dann die beiden Engländer Perret und Sohn in Chessy ein Patent auf die Abröstung von Kupferkies (Kupfer-Eisensulfid) und die Verwertung des dabei entstehenden Schwefeldioxids zur Schwefelsäureherstellung nach dem Bleikammerverfahren. Was bei ihnen aus der Absicht entsprungen war, den Schwefelgehalt aus den Kupferkiesen zu entfernen, um sie auf Kupfer verarbeiten zu können (und gleichzeitig das entstehende Schwefeldioxid gewinnbringend anzuwenden), das zeigte sich im Jahre 1838 als der Ausweg aus der Schwefelkrise, in die die sizilianische Regierung die Schwefelsäurefabrikanten in Europa gebracht hatte. Sie hatte das Monopol für die Ausfuhr von sizilianischem Schwefel dem Marseiller Handelshaus Taix & Comp. verliehen, das die Schwefelpreise sofort von 100 M auf 280 M erhöhte.

Innerhalb eines Jahres wurden daraufhin in England allein 15 Patente für die Gewinnung von Schwefeldioxid aus Pyriten vergeben, nach Lunge[47] noch mehr für die Gewinnung von Schwefel aus Pyriten.

Schon 1839/40 wurden in der Fabrik von Muspratt größere Mengen von irländischem

[46] *Lunge, Georg,* Schwefelsäurefabrikation, a. a. O., Bd. I, S. 62ff.

[47] Ebenda, S. 63.

und Waliser Pyrit zur Schwefelsäureherstellung verbraucht; die Rückstände (Eisen- und Kupferoxid) wurden später zu St. Helens verarbeitet. L. F. Haber[48] schreibt dazu folgendes: „Muspratt at Newton and Thomas Farmer at Kennington used British pyrites as early as 1839, Chance Brothers and others followed suit the next year. The roasting methods, devised huriedly, were unsatisfactory – much sulphur was wasted and no attempt made to interest smelters in the burnt ores. Gossage investigated these difficulties in the early 1840's and obtained patents (1843, 1845) for recovering sulphur dioxide from copper and zinc ores. The work carried out at Swansea, but had to be abandoned owing to opposition from the local authorities. It was resumed in the 1850's at Woodend, whence the roasted ores were sent to copper-works. . . . Improved roasters of the shelf type were designed and as the scale of operations increased, the cost of making acid from sulphides fell and the use of sulphur declined. Moreover, since the roasted ores contained copper, iron and other metals, smelters and refineries were established at St..Helens and Widnes in close proximity to chemical works with which they were often financially connected.“

Nach Lunge[49] wurde in England um 1860 kein Rohschwefel mehr für die Fabrikation von Schwefelsäure verwendet, in Frankreich ab 1867. Wesentlichen Anteil an der *völligen* Verdrängung des Schwefels hatten die Kupferkiese, die 1859, seit der Eröffnung der Kupferkiesgruben in Südspanien, Portugal und Norwegen in großen Mengen auf Kupfer verarbeitet wurden, dafür aber zuvor abgeröstet werden *mußten*.

In Deutschland wurden auch im Falle der Schwefelsäureproduktion die chemisch-technischen Verfahren aus England bzw. Frankreich übernommen.

Die erste Bleikammeranlage Deutschlands soll 1812/20 in Schwemmsal bei Bitterfeld errichtet worden sein,[50] ihr folgte die in Ringenkuhl bei Kassel, noch die 1820 von R. Potschappel bei Dresden errichtete Bleikammeranlage arbeitete aber nach dem diskontinuierlichen Verfahren. 1824 errichtete W. Curtius in Duisburg eine Schwefelsäurefabrik. Nach Treue[51] wuchs der Betrieb „so schnell, daß 1850 bereits eine stattliche Gruppe von Gebäuden am Rhein existierte. Der Absatz reichte mit Glasballons auf Planwagen bis Stettin und Danzig. Aber schon 1838 errichtete Curtius zusätzlich eine Sodafabrik“.

Dieser Trend, Schwefelsäure- und Soda-Produktionsstätten – möglichst noch mit der Bleichmittelherstellung – zu verbinden, ist aus Rentabilitätsgründen allgemein zu beobachten.[51a] In Deutschland ging man zwar erst nach 1867 mehr und mehr von der Verwendung von Schwefel als Rohstoff ab. Aber bereits seit den 50er Jahren entstanden hier ebenfalls Schwefelsäureproduktionsstätten in der Nähe von Hüttenwerken, die importierten Eisen- und Kupferkies verarbeiten. Auch die blendigen und glanzigen Kiese Deutschlands, auch den Kupferrohstein in Mansfeld und Swansea lernten die deutschen Fabrikanten hinsichtlich ihres Schwefelgehaltes auf Schwefelsäure zu verarbeiten. Die Freiberger Hütten verarbeiteten sogar die „armen Bleisteine“, mit nur rund 20 Prozent Schwefelgehalt. Die deutschen Kiese hatten den Nachteil, daß sie stets Blei enthielten, das – durch die Bildung von Bleisulfat beim Abrösten – einen Teil des Schwefels band, der so für die Schwefelsäureproduktion verloren ging. In

48 *Haber, L. F.*, a. a. O., S. 22.
49 *Lunge, Georg*, Schwefelsäurefabrikation, a. a. O., Bd. I, S. 63.
50 Siehe *Treue, Wilhelm*, a. a. O., S. 28.
51 Ebenda.
51a Vgl. S. 96, die Übersicht über die Produktion von Schwefelsäure in der Rhenania

Deutschland mußten daher zusätzlich technische Maßnahmen eingeführt werden.

Wie der Sodaproduktion nach dem Leblancprozeß, so liegt auch der Schwefelsäurefabrikation nach dem Bleikammerverfahren, so wie sie sich während der Industriellen Revolution entwickelt und die steil angestiegenen Forderungen vor allem vonseiten der neuen Textilindustrie erfüllt hat, keine komplizierte chemische Reaktion zugrunde, die großen *wissenschaftlichen* Einsatz bei ihrer Bewältigung gefordert hätte. Wie oben dargelegt, war der Prozeß der Schwefelsäureherstellung ja im Prinzip schon lange vor der wissenschaftlichen Revolution Lavoisiers und Daltons bekannt und gewerblich ausgenutzt worden.

Ähnliches gilt auch für den Ersatz des Rohstoffs Schwefel für dieses Verfahren durch Schwefeldioxid-Röstgas.

Und wenn auch ab 1862 theoretisch wichtige Untersuchungen über die chemischen Vorgänge in den Bleikammern publiziert, Theorien der Schwefelsäurebildung mittels des Katalysators Salpetersäure aufgestellt wurden, so haben sie doch auf die eigentliche Schwefelsäureproduktion wenig Einfluß gehabt. Die theoretischen Erörterungen hinkten dem eigentlichen chemisch-technischen Prozeß, der sich während der Industriellen Revolution durchsetzte und behauptete, hinterher. Was also die massenhafte Schwefelsäureproduktion während der Industriellen Revolution von der der Apotheken des 16./17. Jahrhunderts – und auch noch von der Wards – unterscheidet, ist wiederum die Meisterung des technischen Problems bei der Übertragung des Verfahrens von der Retorte in den großtechnischen Maßstab.

Schwefelsäure ist ja ein sehr aggressiver Stoff, den man nicht in jedem beliebigen Behälter aufbewahren kann. Die gläsernen Retorten der Apotheken waren für ihre Bereitung bestens geeignet – aber nicht für die Industrie. Es war daher schon ein großer Fortschritt, als Roebuck das Blei als das – einzig geeignete Material entdeckte, das der Schwefelsäure widersteht. Aber schon das lückenlose Auskleiden der gemauerten Kammern mit Bleiplatten brachte das technische Problem des Bleilötens mit sich, für das ein spezieller Bleilöter erst erfunden werden mußte. G. Lunge[52] berichtet, daß z. B. Dr. Richard Potschappel im Jahre 1820 beim Bau seiner Bleikammeranlage die Kammer, in Ermangelung eines Bleilöters, eigenhändig mit Zinnlot und Bügeleisen zusammensetzte. Größere technische Konstruktionen wurden nötig mit der Verwendung von Schwefelkiesen als Rohstoff des Bleikammerverfahrens. Vor dem Abrösten mußte der Kies zerkleinert werden. Dies geschah zwar in der Mehrzahl der Fabriken durch Handarbeit, in England wurden aber auch eine Reihe von Steinbrechmaschinen eingeführt. Für die Abröstung (und damit die Gewinnung des Rohstoffs Schwefeldioxid) wurden die sog. Stückkiesöfen entwickelt, Schachtöfen, bei denen die Verbrennungswärme des Prozesses selbst die Energiequelle lieferte. Wichtig war dabei die Konstruktion der Roste, die dem Material anpaßbar gemacht werden mußten. In Frankreich erfand man schon 1848, in England um 1860 eckige Roststäbe, die in Lagern drehbar waren und je nach ihrer Stellung einen engeren oder weiteren Zwischenraum erzeugten.

Wichtig war auch, für das Durchhalten eines kontinuierlichen Verfahrens, die Abbrände (meist Kupfer- oder Eisenoxid als Röstrückstände) kontinuierlich zu entfernen. G. Lunge beschreibt dafür z. B. einen eigens dafür von der Königin-Marienhütte in Kainsdorf konstruierten und gelieferten Aschenkarren.

[52] *Lunge, Georg,* Schwefelsäurefabrikation, a. a. O., Bd. I, S. 7.

„Diese Karre besteht aus zwei Teilen, erstens einem viereckigen eisernen Kasten (610×710×560 mm) mit zwei Zapfen an seiner Oberkante und zweitens einem starken, aber leichten, auf Rädern gehenden Rahmen, welcher mit Gabeln unter jene Zapfen faßt . . . Durch Aufheben der Handgriffe senkt sich zuerst der Kasten auf den Boden, dann lösen sich die Gabeln aus und der Rahmen kann zurückgefahren werden. Das Wiederaufnehmen des Kastens geschieht durch Unterfahren mit dem Räderrahmen und Niederdrücken der Handgriffe, so daß die Zapfen von den Gabeln erfaßt werden. Man kann nun dem Kasten eine solche Gestalt geben, daß er gerade in den Aschenfall des Kiesofens paßt und die Abbrände bei geschlossener Aschenfalltür durch Schütteln der Roste direkt in ihn entleeren."[53] Wie auch das richtige Mischungsverhältnis von Schwefeldioxid und Luft für den Bleikammerprozeß im wesentlichen zunächst mehr empirisch als durch wissenschaftliche Berechnungen gefunden wurde, ist ebenfalls bei Lunge dargelegt: „Balard erzählt . . . daß bei den ersten Versuchen von Perret und Olivier, Pyrit für die Schwefelsäurefabrikation zu verwenden, sie nach vielen Versuchen endlich die Verbrennung genügend leiten konnten, aber nur eine sehr kleine Ausbeute an Schwefelsäure erhielten. Sie schrieben dies ungenügendem Zuge zu und brachten einen Ventilator an: aber jetzt sank augenblicklich die Ausbeute auf ein Minimum. Man versuchte nun das andere Extrem: die Luftkanäle wurden schnell verstopft, in der Eile mit Brettern, die mit Schaffellen bedeckt und mit Stützen angedrückt wurden. Sofort wurde der Kammergang regelmäßig und damit war der Schlüssel zur Anwendung des Pyrits in der Schwefelsäurefabrikation gefunden."[54]

Es war oben darauf hingewiesen worden, daß die in Deutschland zur Verarbeitung gekommenen bleihaltigen Kiese die Konstruktion besonderer Apparaturen voraussetzte. Sie wurden in den fünfziger Jahren speziell in Deutschland entwickelt. Der Industrielle Robert Hasenclever hat diese Entwicklung in der chemischen Fabrik Rhenania in Stolberg selbst miterlebt und geschildert. Aus seinen Ausführungen sei folgendes zitiert: „Es war gleich bei Gründung der Stolberger chemischen Fabrik im Jahre 1851 ins Auge gefaßt worden, die auf den benachbarten Zinkhütten zur Röstung kommenden Schwefelerze, namentlich Zinkblende, für die Fabrikation von Schwefelsäure nutzbar zu machen. Die Zinkblende wurde damals allgemein . . . in gewöhnlichen Flammöfen mit direkter Kohlenfeuerung entschwefelt. Der Gehalt der Gase an SO_2 beträgt hierbei etwa nur 0,75 Vol%; diese Gase sind daher zur Fabrikation von Schwefelsäure ganz unbrauchbar und entweichen zum Nachteile für den Pflanzenwuchs der Nachbarschaft ins Freie.

Es wurden nun in Stolberg zuerst Öfen konstruiert, in welchen die Zinkblende indirekt erhitzt wurde und nur ein Teil der sich bildenden schwefeligen Säure ins Freie entwich, der größere Teil aber zur Schwefelsäurefabrikation in Bleikammern geleitet wurde. Die ersten Ofenkonstruktionen sind im Jahre 1855 zur Anwendung gekommen und dem damaligen Generaldirektor der Rhenania patentiert worden. Der Ofen bestand in seinem wesentlichsten Teile aus einer langen Muffel, welche von Feuerungsgasen umspült wurde. In diese wurden die Schwefelerze aufgegeben und von einem Ende zum anderen von Arbeitern unter häufigem Umrühren fortgeschau-

[53] Ebenda, S. 468.

[54] Ebenda, S. 493; berichtet nach: *Balard*, Rapports du Jury international (Exposition de 1867) Bd. 7, S. 29.

felt und geröstet. Es gelang auf diesem Wege, den halben Schwefelgehalt für die Schwefelsäurefabrikation zu gewinnen, jedoch waren die Röstgase so verdünnt, daß sich nur mit hohem Salperterverbrauch fabrizieren ließ.

Eugen Godin verbesserte den einfachen Muffelofen, indem er oberhalb desselben eine Reihe von Muffeln anbrachte, welche das Erz durchlaufen mußte, ehe es über die unterste, vom Feuer berührte, aus Thonplatten hergestellte Sohle ging. Die Gase strömten in entgegengesetzter Richtung dem Erze entgegen und wurden auf diesem Wege reicher an schwefeliger Säure. ... Der Ofen hatte jedoch den Nachteil, daß bei hohem Arbeitslohne der Gasverlust ... während des Beschickens bedeutend war, wollte man diesen Übelstand durch stärkeren Zug vermeiden, so wurden die Gase arm an schwefliger Säure ... Nun wurde „die Gerstenhöfersche Konstruktion, welche anderwärts Ende der 60er Jahre sehr gelobt wurde, für Zinkblende in Stolberg durchprobiert“[55] ... usw. Es wurden 1878 und 1883 weitere, verbesserte Öfen konstruiert, die einen optimalen Erfolg brachten.

Seit dem Jahre 1831 hatte sich ein Engländer, Peregrine Phillips jun., ein englisches Patent auf eine Entdeckung geben lassen, bei der die Schwefeltrioxidbildung aus Schwefeldioxid nicht mittels Salpeter und Wasserdampf, sondern mit einem festen Stoff katalysiert wird. Dieses Verfahren hat den großen Vorteil, daß nicht, wie beim Bleikammerverfahren, die Gegenwart von Wasserdampf zur Umsetzung notwendig ist, daß also das entstehende Schwefeltrioxid zur Bildung von Schwefelsäure nur mit Wasser in Berührung gebracht zu werden braucht, wodurch viel höher konzentrierte Säure entsteht, das nachträgliche Konzentrieren also wegfällt. Auch dieses, mehr durch Probieren als durch Einsatz neuer wissenschaftlicher Erkenntnisse gewonnene Verfahren, das sog. Kontaktverfahren der Schwefelsäuregewinnung, erlangte noch gegen Ende der Industriellen Revolution eine gewisse Bedeutung – seine eigentliche Wirksamkeit, seine rationelle Übertragung in den großtechnischen Maßstab dagegen erfolgte erst in der historisch nächsten Periode um die Wende zum 20. Jahrhundert.

Der entscheidende Passus in Phillips Patent lautet: „indem man sie (Schwefeldioxid und Luft – d. Vf.) in passendem Verhältnis mittels einer Luftpumpe oder sonstwie durch eine glühende Röhre von Platin, Porzellan oder anderes, dem heißen Schwefelsäuregas widerstehendes Material saugt, worin sich feiner Platindraht oder Platin in irgend welchem fein verteilten Zustande befindet.“[56]

Man hatte damals noch ganz geringe Erfahrungen beim Arbeiten mit Kontakten, wissenschaftlich war das Problem der Katalysatorwirkung noch gar nicht in Angriff genommen worden. So beschäftigten sich einige Wissenschaftler und Fabrikanten, besonders in Deutschland, im Labormaßstab, hin und wieder auch in technischem Maßstab damit, dieses Verfahren anwendbar zu machen. G. Magnus und W. Doebereiner berichteten 1832 über ihre Versuchsergebnisse mittels Platinmohr als Kontaktmasse.[57] Um 1852 versuchten die Hüttenwerke zu Oker, die Ergebnisse des Chemikers F. Wöhler zum gleichen Gegenstand praktisch auszunutzen. Wöhler und Mala hatten

[55] *Hasenclever, Robert,* Über Zinkblenderöstöfen mit Verwertung des ganzen Schwefelgehaltes der Erze, in: Zeitschrift des Vereins deutscher Ingenieure, Bd. XXX, 1886, Nr. 5, S. 83f.

[56] Zit. nach: *Lunge, Georg,* Schwefelsäurefabrikation, a. a. O., Bd. II, S. 1256f.

[57] Siehe Poggendorffs Annalen der Physik und Chemie, 1832, 24, 6100.

1852 ihre Untersuchungen publiziert[58], worin sie aufzeigten, daß als Kontaktmassen anstelle von Platinschwamm zum gelinden Glühen erhitztes Kupferoxid, Eisen- und Chromoxid, noch besser zusammengefälltes Chrom- und Kupferoxid geeignet sind. Die Oker-Hütten haben versucht, dieses Verfahren technisch einzusetzen, jedoch erfolglos. Folgender, aus den Akten der Hüttenwerke in Oker stammender Bericht gibt Aufschluß über die dort 1854 ausgeführten Versuche:[59] „Die Eigenschaft einiger Metalloxyde, in erhöhter Temperatur die Verbindung von schwefliger Säure und Sauerstoff ohne Zugabe von Salpeter zu bewirken, hat Veranlassung gegeben, daß in dem Laboratorium des Professors Wöhler zu Göttingen, auf diese Weise Schwefelsäure im kleinen dargestellt worden ist. Es ist dies auch hier (Oker) in größerem Maße versucht worden, indem in einer erhitzten eisernen Röhre über vorher scharf geglühtes Eisenoxyd schwefligsaure Dämpfe, mit atmosphärischer Luft verbunden, geleitet wurden. Es erzeugte sich Säure von 5° Bé (Kammersäure = 60° Bé d. Vf.), die sich in einem Bleirohre, in welches ein schwacher Wasserstrahl geführt wurde, verdichtet hatte. Eine Säurebildung ist also dadurch nachgewiesen, aber der zu diesem Prozesse nötige Zeitaufwand ist zu groß, als daß von diesem Verfahren ein Vorteil zu hoffen wäre."

Auch von Plattner[60] wurden 1854/55 ähnliche Versuche in der Muldenerhütte bei Freiberg durchgeführt, aber die Reaktion verlief für industriell-technische Maßstäbe viel zu langsam. Die von Lunge[61] erwähnten Versuche zur Beseitigung des Hüttenrauchs in den Freiberger Hütten, bei denen ähnliche Kontakte wie bei Plattner, nämlich Kieseln oder Bimsstein verwendet wurden, blieben ebenfalls erfolglos. Man hätte intensivere wissenschaftliche Studien sowohl über die Kontakte und ihre Veränderungen (Vergiftung) durch Kontaktgifte, über die einzusetzenden Mengen an Schwefeldioxid und Sauerstoff, über die benötigte Reaktionstemperatur u. a. anstellen müssen, um das Verfahren technisch rentabel zu gestalten. Aber während der Industriellen Revolution erfolgten solche Untersuchungen nicht mehr. Die Arbeiten von C. Winkler[62] der im Jahre 1875 erstmals das Kontaktverfahren in den technischen Maßstab zu übertragen vermochte, erschienen zu einer Zeit, die wiederum nicht mehr Industrielle Revolution war, ganz abgesehen davon, daß den Winklerschen Arbeiten viele Fehler zugrunde lagen, die erst um 1900 durch die intensiveren Untersuchungen von R. Knietsch in der BASF beseitigt wurden.
(Über Produktionsmengen an Schwefelsäure in einigen deutschen Werken vgl. Tabellen 6, 7, 8, 9.).

C. Bleichmittel-Industrie: Im Zusammenhang mit der Darstellung der Entwicklung von Soda- und Schwefelsäureindustrie war schon mehrfach die Gewinnung von Bleichmitteln berührt worden. Ihre Herstellung war ebenfalls eine notwendige Folgerung aus den Forderungen der Industriellen Revolution. Auch ihre Gewinnung erfolgte zunächst durch Übertragung einer, aus der experimentell-chemischen Praxis be-

[58] *Wöhler, Friedrich und Mahla*, Beobachtungen über die Bildung von Schwefelsäure aus schwefliger Säure und Sauerstoff, in: Liebigs Annalen der Chemie und Pharmazie 1852, 81, 255.

[59] *Lunge, Georg*, Schwefelsäurefabrikation, a. a. O., Bd. II, S. 1260.

[60] *Plattner, C. F.*, Die metallurgischen Röstprozesse, Freiberg 1856, S. 334ff.

[61] *Lunge, Georg*, Schwefelsäurefabrikation, a. a. O., Bd. II, S. 1262.

[62] *Winkler, Clemens*, Die Entwicklung der Schwefelsäurefabrikation im Laufe des scheidenden Jahrhunderts, in: Zeitschrift für angewandte Chemie 1900, S. 731.

kannten Reaktion in den technischen Maßstab. Es war der französische Chemiker C. L. Berthollet, der das 1774 von dem Apotheker C. W. Scheele entdeckte Chlor und dessen bleichende Wirkung für die industrielle Praxis nutzbar machte. Ebenso wie Scheele gewann Berthollet seit 1785 das Chlor durch Oxydation von Salzsäure mittels Braunstein. Zuerst wurde es, in Wasser eingeleitet, als Chlorwasser verkauft, seit 1789 wurde es in der Fabrik zu Javelle in Pottaschelösung geleitet, wobei sich vor allem Kaliumhypochlorit bildet, das als Eau de Javelle in den Handel kam. Nach Lunge wurde in England die Darstellung von Chlorwasser und seine Verwendung zum Bleichen erstmals 1789 durch de Boneuil patentiert, dem einige weitere folgten. Eine wesentliche Verbesserung des französischen Verfahrens erreichte aber erst der bereits mehrfach genannte Tennant in seiner Fabrik in Glasgow, indem er 1798 das Chlorgas nicht in Kaliumkarbonat, sondern in die billigere Kalkmilch und 1799 in trockenes Kalziumhydroxid leitete, wobei der feste, viel leichter und billiger zu transportierende Chlorkalk entsteht. 1799 errichtete er seine Fabrik in Glasgow, die Steigerung seiner Produktion an Chlor ist in folgender Tabelle aufgeführt.[63]

Tabelle 5
Chlorproduktion der Fabrik von Tennant in Glasgow
(in Tonnen)

Jahr	Menge	Preis/t (in Pfd. St.)
1799/1800	52	140
1805	147	112
1820	333	60
1825	910	27
1870	9251	8

Quelle: *Lunge, G.*, Handbuch der Sodaindustrie, Bd. III Braunschweig 1909, S. 279.

Auch im Falle der Chlorgewinnung waren es in erster Linie wieder technische Probleme, die bei der Übertragung des relativ einfachen chemischen Prozesses $2NaCl + 2H_2SO_4 + MnO_2 \rightarrow Cl_2 + MnSO_4 + Na_2SO_4 + 2H_2O$ oder, wie er sich bei Verwendung des HCl-gases der Sodaproduktion abspielt: $4HCl + MnO_2 \rightarrow MnCl_2 + 2H_2O + Cl_2$, gemeistert werden mußten. Es mußten neue Apparaturen konstruiert werden, bei denen ebenfalls Materialfragen (wegen der Aggressivität von Salz, Schwefelsäure und Chlor) im Mittelpunkt standen. Da solche technischen Probleme bei der Soda- und Schwefelsäuregewinnung bereits beispielsweise angeschnitten und dargelegt wurden, soll hier auf ihre Erörterung verzichtet werden.

Die Chlorkalkindustrie nahm ihren Aufschwung im Zusammenhang mit der Entwicklung des Leblanc-Soda-Verfahrens, da dieses große Mengen an Salzsäure als Nebenprodukt lieferte, das beseitigt werden *mußte*, und ab 1840 durch Oxydation zu Chlor beseitigt wurde. So entwickelte sich die Chlorkalkproduktion in Nachbarschaft mit der Sodafabrikation. Allerdings muß die Produktion an Chlorkalk die Nachfrage doch erheblich überschritten haben. Denn im Vergleich zu der beim Bleichen benötigten Menge Soda bzw. Ätznatron (NaOH) ist die verwendete Menge

63 *Lunge, Georg*, Sodaindustrie, a. a. O., Bd. III, S. 278.

an Chlorkalk gering, wie man z. B. folgender Beschreibung eines Bleichprozesses entnehmen kann:[64]

„J. Tribelhorn und Bolley erhielten für England ein Verfahren zum Bleichen baumwollener Garne und Gewebe patentiert. Bisher hat man beim Bleichen die baumwollenen Garne und Gewebe in Lösungen der ätzenden Alkalien gekocht. Durch Anwendung von Zinnoxyd in Verbindung mit ätzender alkalischer Lösung läßt sich aber dieses Kochen entbehren ...

Das Zinnoxyd ist i. d. sog. Präpariersalz enthalten, welches man erhält, indem man 1 kg Zinnchlorid mit Wasser auf 9–10° Baumé (1. 06–1. 07 spez. Gew.) verdünnt und bis z. Sättigungspunkt mit einer Lösung von kristallisiertem kohlensauren Natron versetzt, wozu man 940 gr. braucht. ... Sollen Baumwollgewebe gebleicht werden um als weiße Ware verkauft zu werden, so werden dieselben

1) $^1/_2$ Std. lang in lauwarmes Wasser eingeweicht
2) gewaschen
3) 2 Std. lang in eine Lösung v. 1 $^1/_2$ kg Präpariersalz in 5 l Aetznatronlauge von 39° B u. verdünnt auf 1° B eingeweicht
4) durch die Wringmaschine passiert. ...
5) $^1/_2$ Std. lang in verd. Schwefelsäure v. 1° B eingeweicht
6) gewaschen
7) in eine schwache Chlorkalklösung eingeweicht u. 4 Std. lang auf einen Haufen gelegt
8) 3 Std. lang i. verd. Schwefelsäure von 2° B eingeweicht
9) gewaschen
10) in einer Auflösung v. kohlensaurem Natron von 1 $^1/_4$° B. 3 Std. lang gekocht
11) gewaschen
12) 4 Std. lang in einer Chlorkalklösung eingeweicht, die auf ca. $^1/_2$° B verdünnt ist
13) 3 Std. lang i. verd. Schwefelsäure von 1 $^1/_2$ B eingeweicht."

„Beim Bleichen von Baumwollzeugen, welche gefärbt oder mit Dampffarben bedruckt werden sollen, verfährt man ebenso, nur verdünnt man die Flüssigkeit Nr. 3 nicht auf

Tabelle 6
Produktion von metallurgischer Schwefelsäure in Preußen 1873
(in Zentnern)

Preußen	26764
Pommern	4000
Posen	10377
Schlesien	243838
Sachsen	159721
Hannover	155383
Westfalen	18000
Hessen-Nassau	12000
insges.	630083
Produktion in Europa	1640000

Quelle: *Wagner*, *Rudolf*, Jahresbericht über die Fortschritte der chemischen Technologie, XX. Jg., Leipzig 1875, S. 276.

[64] *Wagner*, *Rudolf*, Jahresbericht über die Fortschritte der chemischen Technologie, 1. Jg. 1855, Leipzig 1856, S. 294f.

Tabelle 7
Produktion der chemischen Werke Pommerensdorf b. Stettin
(in Zentnern)

Jahr	Schwefel-säure	Soda kalz. u. kaust.	Kristall-soda	Salz-säure	Chlor-kalk
1858	25000	10000	7000	25000	– keine Prod.-
1860	47600	12000	11000	39000	– ziffern ange-
1862	61300	12000	10500	40600	– geben
1864	69200	18500	12000	42000	–
1865	76400	19600	6600	54600	–
1866	75000	15000	9000	77000	–
1867	98000	30000	15000	87000	–
1868	139000	34500	9800	90000	–
1869	93400	25900	18500	78400	8600
1870	115200	15370	9900	92000	8300
1871	133200	20600	8800	93400	9900
1872	139700	26800	14700	115000	10100
1873	149800	26530	15600	131500	14500
1874	155400	29040	20600	123800	12300
1875	138400	29860	22400	116600	13600
1876	124900	24810	23200	108100	12400
1877	141500	27410	19600	129100	21400

Quelle: *Goldstein, J.*, Deutschlands Sodaindustrie in Vergangenheit und Gegenwart, Stuttgart 1896, S. 50–72.

Tabelle 8
Produktion der Sodafabrik an der Lüneburger Saline
(in Zentnern)

Jahr	Schwefel-säure	Soda kalz. u. kaust. u. Kristallsoda	Salz-säure	Chlor-kalk
1871	10300	29700	38900	5000
1872	11100	33000	38800	6200
1873	15700	32500	35000	5850
1874	16400	29600	25000	6200
1875	13200	22000	29600	5600
1876	19900	15000	20900	4250
1877	43000	14100	39200	3650
1878	11000	13400	8400	2050

Produktion der „*Silesia*"
(in Zentnern)

1865	42000	19700	22000	keine
1866	50000	20600	21000	Angabe.
1867	50000	36000	21000	

Quelle: *Goldstein, J.*, Deutschlands Sodaindustrie in Vergangenheit und Gegenwart, Stuttgart 1896, S. 50; 88/89.

Tabelle 9
Produktion der „Rhenania“ (Aachen)
(in Zentnern)

Jahr	Schwefelsäure	Soda kalz. u. kaust.	Kristallsoda	Salzsäure	Chlorkalk
1868	–	60000		–	12000
1871	129000	52600		137000	14100
1872	155000	62900		162600	15800
1874	–	79460		–	–
1875	189000	78580		210000	15700
1876	–	70160		–	–
1877	–	61580		–	–
1878	185000	83800		–	23820

Quelle: *Goldstein, J.*, Deutschlands Sodaindustrie in Vergangenheit und Gegenwart, Stuttgart 1896, S. 74.

Tabelle 10
Größe einiger deutscher Sodabetriebe 1875 nach Menge der Produktion an Soda und Anzahl der Arbeiter

1875	Sodaproduktion (in Zentnern)	Zahl d. Arbeiter
Verein chemischer Fabriken Mannheim	180000	1085
Chem. Fabrik Rhenania	32600	680
Chem. Fabrik Griesheim b. Frankfurt	32000	400
Kgl. preuß. Fabrik zu Schönebeck	51000	415
Chem. Fabrik in Heinrichshall	20000	keine Angaben
Bayer. Aktiengesellschaft in Heufeld	30000	360
chem. Fabrik an der Lüneburger Saline	20000	132
weitere 18 Fabriken		rd. 3500

Quelle: *Goldstein, J.*, Deutschlands Sodaindustrie in Vergangenheit und Gegenwart, Stuttgart 1896, S. 54.

1° sondern auf $1^1/_2$° B ...“ Wesentliche Verbesserungen am Verfahren der Oxydation von Salzsäure wurden von zwei Engländern durchgeführt, Weldon und Deacon. Weldon machte 1870 das bei der Reaktion als Abfallprodukt entstehende Manganchlorid durch Oxydation wieder für den Prozeß der Chlorgewinnung nutzbar; Deacon ließ vom Mangandioxyd (Braunstein) als Oxydationsmittel völlig ab und oxydierte das Salzsäuregas katalytisch mit Luftsauerstoff. Auch seine Neuerungen fallen aber nicht mehr in die Zeit der Industriellen Revolution, ebensowenig die sog. Chlor-Alkali-Elektrolyse, bei der Kochsalz durch den elektrischen Strom zu Chlor und Natriumhydroxid zersetzt wird.

Die Entwicklung der Chlorkalkproduktion in Deutschland vollzog sich ebenfalls in Parallele mit der Sodafabrikation nach Leblanc. Über Produktionsziffern an Chlorkalk in den größten deutschen Sodafabriken vgl. die Tabellen 7, 8, 9.

Einflüsse der Industriellen Revolution auf die Veränderung der Verfahren bei der Eisen- und Stahlgewinnung

Es bedarf keines besonderen Nachweises, daß Ausbruch und Verlauf der Industriellen Revolution auch die Nachfrage nach Eisen und Stahl sprunghaft in die Höhe schnellen ließ, denn für den Bau fast aller neuen Maschinen waren Gußeisen oder Stahl notwendige Voraussetzung, auch erwiesen sie sich als die geeignetsten Rohstoffe für den Bau der neuen Transport- und Verkehrsmittel, von Brücken, Kesseln etc.

Die Gewinnung von Eisen und Stahl aus Eisenerzen war bereits seit dem Altertum bekannt; im Mittelalter und im 17./18. Jahrhundert waren durch technische Veränderungen die Ausbeuten beim Verhüttungsprozeß wesentlich verbessert worden. Allerdings war dabei das primitive „Rennverfahren" der alten Völker, das in *einem* Arbeitsgang schmiedbares Eisen erzeugte, zweigeteilt worden. Das Rennverfahren, bei dem in Gruben (später in einfache Herde) geschichtete und mit Eisenerz vermischte Holzkohlestücke entzündet, Tonmäntel darübergedeckt und mittels handbetriebener Blasebälge der Verhüttungsprozeß in Gang gehalten worden war, hatte keine so hohen Temperaturen erzeugt, daß das Eisen hätte flüssig werden und sich mit Kohlenstoff anreichern können. So hatte man die „Luppe", den „Wolf", einen Klumpen kohlenstoffarmes, zusammengesintertes, schmiedbares Eisen erhalten, dessen Verunreinigungen (Schlacke, Asche) nachträglich herausgehämmert werden mußten. Als man im ausgehenden Mittelalter die Dimensionen der Blasebälge aufgrund der stärkeren Antriebskraft der neuen Wasserräder und im Gefolge davon auch die Schmelzöfen vergrößern, in die Höhe bauen konnte (Stücköfen, Hochöfen), hatte man auch sehr viel höhere Temperatur erreicht. Das reduzierte Eisen schmolz während des Verhüttungsprozesses, und man erhielt kohlenstoffreiches, nicht schmiedbares Roheisen, dem man erst in einem zweiten Prozeß, dem „Frischen", einen Teil des Kohlenstoffs entziehen mußte. Dies war bis um 1780 im wesentlichen durch das sog. „Herdfrischen" geschehen, wobei man dem Roheisen in einem Holzkohlenfeuer im Frischherd Kohlenstoff entzog, solange, bis die Roheisenstücke sich zu einer „Luppe" zusammengeschweißt hatten (Schweißeisen, Schweißstahl).

Der 1740 von B. Huntsman erstmals hergestellte sog. Tiegelstahl war Schweißstahl, der in Tiegeln umgeschmolzen wurde, um ihn homogener zu machen. Er stellte einen großen Fortschritt in der Bereitung guten und harten Stahls dar.

Man verwendete aber auch das Roheisen häufig als solches (Gußeisen), seine Anwendbarkeit wurde verbessert, als man im 18. Jh. in England lernte, das Gießereiroheisen in überwölbten Flammöfen umzugießen.

Nach Johannsen[65] waren jedoch während des 18. Jahrhunderts auch noch eine ganze Menge von Rennherden in Betrieb, z. B. in der Oberpfalz, in Schlesien, die durch regulierte, wasserbetriebene Blasebälge Schmiedeeisen und daraus Stahl – wenn auch unter großer Materialverschwendung – direkt erzeugten.

Bereits in der Vorbereitungsperiode der Industriellen Revolution standen für die Eisenverhüttung zwei Probleme im Vordergrund:

1. Man konnte die Eisenproduktion nur erhöhen, wenn man die Hochöfen vergrößerte (sie wuchsen Ende des 18. Jahrhunderts und im 19. Jahrhundert von 8 auf 20

[65] *Johannsen, Otto,* Geschichte des Eisens, Düsseldorf 1953, S. 121.

bis 30 m Höhe). Mit dieser Vergrößerung mußte aber eine Vergrößerung der Windleistung Hand in Hand gehen, die man nicht durch beliebiges Vergrößern der wasserradgetriebenen Blasebälge erzielen konnte.

2. Man mußte einen Ersatz für die im Hochofen wie im Frischfeuer zur Anwendung gelangte Holzkohle finden, sie durch anderes Brennmaterial ersetzen, denn der Holzraubbau war schon für die Befriedigung der kleineren Öfen viel zu weit getrieben worden.

Das zweite der hiergenannten Probleme, Ersatz der Holzkohle, war bereits im 17. Jahrhundert von weitsichtigen Wissenschaftlern wie z. B. R. Boyle erkannt worden, der sich gegen Ende jenes Jahrhunderts mit Versuchen beschäftigte, die Holzkohle durch Steinkohle zu ersetzen. Erst A. Darby gelang es jedoch um 1713, verkokte Steinkohle im Gemisch mit Holzkohle in seiner Eisenhütte zu Coalbrookdale einzusetzen, und 1735 gelang es seinem Sohn Abraham, im Hochofen Gußeisen unter alleiniger Verwendung von Steinkohlenkoks herzustellen.[66]

Das Verkoken der Steinkohle wurde dabei ähnlich wie die Herstellung von Holzkohle in einer Art Meiler unter weitgehendem Luftabschluß durchgeführt.

Steinkohlenkoks konnte also seit jener Zeit für den Hochofenprozeß eingesetzt werden (im Großen geschah dies allerdings erst seit etwa 1770, seit der Einführung der Zylindergebläse in England).

Für den anschließenden Frischprozeß war der Steinkohlenkoks jedoch ungeeignet. Er wurde beim Herdfrischen mit dem Gußeisen ja in unmittelbare Berührung gebracht, und da der Koks Verunreinigungen, u. a. Schwefelverbindungen enthielt, war der auf diese Weise erzeugte Frischstahl schwefelhaltig, rotbrüchig, unbrauchbar. Man mußte also in den Frischherden weiterhin mit Holzkohle arbeiten. Dieser Umstand führte in England, in dem sich der Holzmangel am stärksten bemerkbar machte, zunächst dazu, daß man in großen Mengen das Roheisen nur zu Gußeisen verarbeitete (erstmals 1755 durch J. Smeaton). Das in den Hochöfen gewonnene Roheisen wurde dafür in überwölbten Schachtöfen (Kupolöfen) ungeschmolzen, die mit Steinkohle beheizt wurden. Man verbrannte das Brennmaterial getrennt von dem Schmelzmaterial auf besonderem Rost und leitete die Flamme über das Schmelzgut im Herd des Ofens. Dieses Gußeisen wurde mehr und mehr verwendet, weil es reiner als das Roheisen der Hochöfen war und weil es sich besser handhaben, besser in die verschiedenen gewünschten Formen gießen ließ als das Roheisen, das unmittelbar als Abstich aus den Hochöfen floß. Nach Beck[67] stellte man gußeiserne Rohre und Zylinder her, man goß Hämmer und Ambosse, Rostbalken, Walzen und die Gerüste der Walzen, sogar Wasserräder, man baute die Eisenbahnen – noch vor dem Bau von Lokomotiven – die Schienen und Brücken aus Gußeisen u. a. m.

Schließlich gelang es im Jahre 1783 Henry Cort, das Problem des Frischens von Roheisen mittels Steinkohlenkoks zu lösen. Allerdings bedurfte es dazu eines anderen Verfahrens als des bis dahin in den Herdfrischöfen angewandten. Das Herdfrischen wurde durch das Flammofenfrischen, das sog. Puddelverfahren abgelöst. Bei diesem Prozeß des Puddelns wird das Roheisen, getrennt vom Brennmaterial, in Flammöfen geschmolzen und dann in die ganze Masse durch wiederholtes Umrühren mit Stangen solange Luft eingepuddelt (gerührt, geschlagen), bis die Masse ihre Flüssigkeit ver-

[66] Vgl. *Beck, Ludwig,* Die Geschichte des Eisens in technischer und kulturgeschichtlicher Beziehung. Dritte Abteilung. Das XVIII. Jahrhundert· Braunschweig 1897, S. 161f.

[67] Ebenda· S. 755.

liert, gart, bis der überflüssige Kohlenstoff des Roheisens also oxidiert ist und sich Schmiedeeisen gebildet hat.

Das Puddelverfahren, das eine Massenfabrikation an Schmiedeeisen und an Schweiß- oder Puddelstahl einleitete, brachte England ein Jahrhundert lang wirtschaftlich in Führung.

Dieses Verfahren wurde 1850 wesentlich rationalisiert durch H. Bessemer, der in besonderen Öfen (Bessemerbirnen) Luft in das geschmolzene Roheisen einpreßte.

Das erste der vorhin angeschnittenen zwei Probleme einer sprunghaften Steigerung der Eisen- und Stahlproduktion betraf die nicht beliebig zu verändernde Größe der wasserradgetriebenen Blasebälge beim Vergrößern der Hochöfen.

In Frankreich konstruierte man deshalb in der 2. Hälfte des 18. Jahrhunderts eine andere Klasse von Winderzeugern, die hydrostatischen Gebläse, bei denen nicht das Wasser durch seinen Fall die Bewegung und damit den Wind erzeugte, sondern ein in ruhigem Wasser auf und nieder bewegtes Gefäß, z. B. eine Glocke. Solche „Glockengebläse" wurden auch stellenweise in Deutschland eingeführt und sind dort als Harzer Wettersatz bekannt geworden.

Wirklichen Erfolg brachte aber erst 1768 die Konstruktion des sog. englischen Zylindergebläses durch Smeaton. Nach Beck[68] war Smeaton damals derjenige Ingenieur Englands, der die meisten (Newcomenschen) Feuermaschinenanlagen ausführte und darin als größte Autorität galt. So stellte er 1768 zu Carron sein neu konstruiertes Gebläse auf, das aus zwei weiten, aufrecht stehenden Metallzylindern bestand, in denen sich jeweils ein großer Kolben auf und nieder bewegte. Aus jedem Zylinder strömte die unter dem Kolben zusammengedrückte Luft durch ein am Boden angebrachtes Windrohr in die gemeinschaftliche Form. Die Bewegung der Kolben erfolgte über eine Feuermaschine, die das Wasser auf ein großes oberschlächtiges Rad trieb, das wiederum die Gebläsezylinder in Bewegung setzte. Auch im Falle der stärkeren Winderzeugung, die für eine Vergrößerung der Hochöfen Voraussetzung war, gelang der entscheidende Durchbruch während der Industriellen Revolution zwischen 1780 und 1800 durch den Einsatz der Dampfmaschine, die Feuermaschine und Wasserrad, aber auch die unmittelbare Nähe eines Gewässers überflüssig machte.

Bei dieser sprunghaften Entwicklung in der Technik der Eisenmetallurgie wirkten die drei Ereignisse wechselweise aufeinander ein:

Mit Hilfe von Steinkohlenkoks bzw. von Steinkohlen (in den Flammöfen) wurden große Mengen Gußeisen produziert, das sich als hervorragender Werkstoff für den Bau von Maschinen aller Art bewährte,

die Einführung und Verbesserung von Werkzeugmaschinen, z. B. von Bohr- und Drehbänken ermöglichte das Ausbohren großer Zylinder, die für den Bau von Dampfmaschinen benötigt wurden,

diese Dampfmaschinen wurden u. a. in der Eisenmetallurgie zur Kraftquelle für den Betrieb der Zylindergebläse, deren starker Wind Voraussetzung war für die Vergrößerung der Hochöfen und damit für die Vervielfachung der Roheisenproduktion. Dieses Roheisen konnte in mit Steinkohlen beheizten Kupolöfen zu Gußeisen umgeschmolzen oder durch „Puddeln" in Flußeisen und dann in Stahl verwandelt werden.

Auch alle weiteren folgenden Verbesserungen am Hochofenprozeß wie an den Nachfolgeprozessen (Verbesserung des Walzens, Einführung von Dampfhämmern

[68] Ebenda S. 562.

durch Boulton und Watt etc.) sind rein technischer Art und müssen hier unberücksichtigt bleiben.

Die wesentlichen, in England hervorgebrachten Veränderungen im jahrtausende – bzw. jahrhundertealten technologischen Prozeß der Eisen- und Stahlproduktion: Ersatz der Holzkohle durch Steinkohlenkoks, Entwicklung und Einführung von durch Dampfmaschinen angetriebenen Zylindergebläsen und in deren Gefolge die Vergrößerung der Hochöfen auf das Zwei- bis Dreifache, Herstellung von Gußeisen in Kupolöfen und die Erfindung und Einführung des Puddelverfahrens anstelle des Herdfrischens – bzw. später des Bessemerverfahrens – zur Erzeugung von schmiedbarem Eisen und Stahl, diese Veränderungen wurden alle industriell-technisch voll wirksam erst nach 1780, nach dem Einsatz von Watts Dampfmaschine.

Diese wichtigen Veränderungen in der Eisenmetallurgie wurden von den anderen europäischen Staaten, einschließlich Rußlands, im wesentlichen von England übernommen.

In Deutschland wurden Fortschritte auf dem Gebiete der Eisenmetallurgie ebenfalls fast ausschließlich durch schrittweise Übernahme der in England angewandten Verfahren erreicht. In Preußen geschah das um 1790/1800 in den schlesischen Gebieten um Malapane (Mała Panew) und Gleiwitz (Gliwice).[69] Hier bemühte sich besonders F. A. v. Heinitz, seit 1777 von Friedrich II. mit der Leitung des gesamten Berg- und Hüttenwesens im preußischen Staat betraut, um die Einführung der neuen Techniken. Als königliche Manufakturen waren in Oberschlesien 1753 und 1755 Hochöfen in Malapane und die Kreuzburger Hütte sowie eine Frischfeueranlage für die königlichen Munitionsfabriken angelegt worden. Sie alle waren auf Holzkohle und Wasserkraft eingestellt. Heinitz sah die wichtigste Aufgabe in der Förderung und dem Einsatz von Steinkohle. Er sandte zwei seiner Mitarbeiter nach England, die dort die Koksbereitung und -verwendung studieren mußten und die von England sogar den berühmten Metallurgen William Wilkinson mitbrachten, der bei den Versuchen half, oberschlesische Steinkohle zu verkoken und im Hochofen einzusetzen. 1789 wurde im Hochofen zu Malapane das erste Roheisen mit oberschlesischem Koks erschmolzen. Da die Ausbeuten nur halb so groß wie zuvor mit Holzkohle waren, wurde der zweite Ofen des Werkes erweitert und erhöht (auf 9 m), von England wurde ein Dreizylindergebläse für Wasserradantrieb sowie ein eisernes Hammerwerk gekauft. 1790 studierte ein weiterer Mitarbeiter Heinitz' in England die Eisengußtechnik, um sie hernach in Preußen einzuführen.

1796 wurde eine neue Hütte in Gleiwitz gebaut (wiederum unter Beratung eines Engländers), die zwei Hochöfen (für Steinkohlenkoks) mit englischem Zylindergebläse, eine Gießerei mit zwei Kupolöfen, ein Draht- und Walzwerk und einen Blechhammer umfaßte. Die 12 m hohen Hochöfen brachten befriedigende Ergebnisse, so daß die preußische Regierung die Errichtung eines größeren Werkes beschloß. So wurde 1799/1802 in Gleiwitz (Gliwice) die Königshütte mit zunächst zwei Hochöfen erbaut, bis 1828 auf 4 Hochöfen erweitert. Im Jahre 1835 wurde dann das Puddelverfahren in Schlesien eingeführt und zwar in Rybnitz. Ganz ähnlich vollzog sich die Entwicklung in den übrigen deutschen Staaten, größtenteils waren es hier aber private Unternehmer, die in bereits vorhandenen kleineren Hüttenwerken die neuen

[69] Diese Angaben und die folgenden Fakten wurden im wesentlichen entnommen: *Johannsen, Otto*, a. a. O. S. 348ff.

technischen Verbesserungen einzuführen versuchten, mehr oder weniger mit gutem Erfolg. Summarisch seien hier einige Angaben zusammengestellt:

1817 kaufte E. Hoesch das Lendersdorfer Hochofen- und Hammerwerk. Hoesch reiste zum Studium der neuen Technik nach England. Er soll sich dort in Dowlais eingeschlichen und die Puddler bei der Arbeit beobachtet haben. Unter Mithilfe des englischen Ingenieurs Dobbes führte er dann in Lendersdorf das Puddeln und Walzen ein.

1822 erbaute Dobbes für F. Thyssen in Eschweiler ein kleines Drahtwalzwerk, das zum Ausgangspunkt der späteren Thyssenschen Großunternehmen wurde.

1831 wurde das Eisenwerk zu Neunkirch zu einem Puddel- und Walzwerk ausgebaut.

1835 wurde von Ch. und F. Remy mit Unterstützung eines Engländers bei Neuwied das Walzen von Eisenbahnschienen eingeführt, das Walzwerk wurde aus England bezogen.

1837 nahm E. Hoesch ebenfalls die Schienenfabrikation auf,
1846 ließ er ein neues Walzwerk in Eschweiler erbauen.

In vielen Fällen wurden die Hochöfen aber immer noch mit Holzkohle betrieben. Versuche, westfälische Steinkohle zu verkoken, um sie in ca. 13 m hohen Hochöfen einzusetzen, sind vor allem von J. Römheld 1847 in Mühlheim/Ruhr durchgeführt worden.

1852 richtete Römheld die Hochofenanlage der Niederrheinischen Hütte bei Duisburg ein, 1853 eine Hochofenanlage in Duisburg. Im gleichen Jahr entstanden das Hüttenwerk Hochdahl des Bergischen Gruben- und Hüttenvereins sowie die Borbecker Hochöfen, unter Leitung eines belgischen Ingenieurs erbaut.

Zwischen 1852 und 1858 entstanden im Kreise Dortmund 14 Montan-Aktiengesellschaften.

Besonders im Ruhrgebiet weitete sich das Puddelverfahren aus, und relativ große Mengen an Puddeleisen wurden hier gewonnen:

Hütte Phönix in Ruhrort	1863/64:50	Puddelöfen	82000 t Eisen
Hermannshütte in Hörde	1868/69:72	Puddelöfen	42000 t Eisen
Gutehoffnungshütte in Sterkrade	1872/73:94	Puddelöfen	93000 t Eisen

Besitzerin der Gutehoffnungshütte war gegen Ende des 18. Jhs. die Großmutter von Friedrich Krupp. Krupp erhielt seine kaufmännische Ausbildung in dieser Hütte, die er aber nach deren Verkauf im Jahre 1808 verlassen mußte. 1811 erwarb er bei Essen eine Walkmühle, um dort ein Stahlzementierwerk (Zementieren = schmiedbares Eisen in bes. Öfen mit kohlenstoffreichen Stoffen wie Holzkohle, harzige Blätter etc. erhitzen, um es zu Stahl zu härten), ein Schmelzwerk und einen Blechhammer für Stahl zu errichten. Krupp spezialisierte sich also von Anfang an auf Stahlherstellung, vor allem wollte er hinter das Geheimnis des Huntsman'schen Tiegelstahlschmelzens kommen. Seine Erfolge, er stellte Stahl für Münzstempel, auch ca. 60 kleine Gußstahlwalzen her, unterlagen jedoch seiner Finanznot. Sein Sohn Alfried setzte die Versuche erfolgreich fort, stellte 1835 eine Dampfmaschine auf und spezialisierte sich auf die Herstellung von Gußstahl für Feinwalzen, erfand dann ein Walzwerk zur Herstellung von Löffeln und gründete mit anderen eine Metallwarenfabrik. Die Einnahmen waren so hoch, daß seine Gußstahlfabrik in Essen — die er vom Vater 1826 mit sieben Arbeitern übernommen hatte, 1844 126 beschäftigte. Für den Bau der Eisenbahnen in Deutschland lieferte Krupp 1848 die ersten Gußstahlachsen für Lokomotiven, 1849 Gußstahlfedern für Lokomotiven und Wagen, Wellen für Raddampfer u. a. 1844 trat er auch ins Rüstungsgeschäft ein. Nachdem seine ans preußische Kriegsministerium eingesandten Gewehrläufe aus Gußstahl abgelehnt worden waren, erhielt er aus Ägypten größere Aufträge dafür. 1847 sandte er sein erstes gußeisernes Geschütz an die preußische Artillerieprüfungskommission. Auf der Londoner Weltausstellung 1851 wurde Krupp weltbekannt, weil seine ausgestellten Waren die höchsten Auszeichnungen ihrer Klasse erhielten. Auch Krupps Leistungen basierten nicht auf der Anwendung neuer chemischer Kenntnisse. Er verwandt für seinen Tiegelstahl lediglich gutes Ausgangsmaterial: zuerst Zementstahl aus schwedischem Eisen, dann – nachdem es G. Bremme und F. A. Lohage in Soest 1849/50 gelungen war, den Puddelprozeß technisch so zu leiten, daß Flußstahl dabei erzeugt wurde – schmolz er diesen Puddelstahl um und gründete 1866 in Essen ein eigenes Puddelwerk.

Wie oben bereits erwähnt, brachte das 1855 von Henry Bessemer erfundene neue Frischverfahren, das „Bessemer-Verfahren", einen weiteren wichtigen technischen Fortschritt in der Eisen- und Stahlherstellung. Technisch machte Bessemer nichts anderes, als daß er das mühsame „Einpuddeln" der Luft zur Oxydation des Kohlenstoffs im Roheisen dadurch ablöste, daß er Luft in die Roheisenschmelze hineinblies, später *hindurchpreßte*. Diese viel größere Luftmenge entkohlte das Roheisen nicht nur sehr viel schneller (in wenigen Minuten mehrere Tonnen), sie erwirkte auch ein starkes Ansteigen der Temperatur, so daß der entstehende Stahl in der „Bessemer-Birne", einem eigens für sein Verfahren konstruierten kippbaren Schmelzofen, in *flüssiger* Form (u. nicht wie beim Puddeln als Luppe) vorliegt. Allerdings hatte Bessemers Verfahren erst einige Schwierigkeiten zu überwinden, ehe es sich technisch durchsetzte. Beim Bessemerverfahren gehen die Verunreinigungen der Eisenerze, besonders Phosphor- und Schwefelverbindungen, in den Stahl über und machen das Endprodukt grobkristallin, rot- und kaltbrüchig. Es ist dann minderwertiger als gewöhnliches Schmiedeeisen. Erste Erfolge erzielte man mit dem Bessemerverfahren in Schweden, wo die Eisenerze phosphorarm und im Hochofen noch großenteils mit Holzkohle verhüttet worden waren, so daß auch kaum Schwefelverbindungen (aus dem Koks) sich im Roheisen befanden. Unter Verwendung solchen Roheisens setzte sich auch ab 1860 Bessemers Verfahren in England durch. Die Anwendung des Bessemerverfahrens auch für phosphorhaltige Erze, wie sie bes. in Deutschland vorkommen, wurde erst um 1877 durch die Arbeiten von S. G. Thomas und P. C. Gilchrist möglich.

Zum Schluß seien noch zwei weitere technische Erfindungen erwähnt, die während der Industriellen Revolution eine Verbesserung und Erhöhung der Stahlproduktion ermöglichten: Die Anwendung der Regenerativheizung von Friedrich Siemens und deren Anwendung zum Stahlschmelzen durch die beiden Stahlfabrikanten Emil und Pierre Martin nach einem von dem Artillerieleutnant F. v. Uchatius erfundenen Schmelzverfahren. Uchatius hatte um 1855 entdeckt, daß Tiegelstahl sehr leicht entsteht, wenn man Roheisen mit Eisenerzen oder Schrott zusammenschmilzt. Die beiden Martin traten mit Siemens in Verbindung, der ihnen in Südfrankreich einen Regenerativofen bauen ließ, der aber wegen der darin entstehenden sehr hohen Temperaturen nur als Schweißofen eingesetzt werden sollte. Pierre Martin gelang es 1864 erstmals, damit Herdstahl zu erschmelzen, indem er in das eingeschmolzene Roheisen Puddeleisenluppen, Eisenabfälle und Schrott einbrachte. Dieses sog. Siemens-

Martin-Verfahren erzeugte hervorragenden Stahl, der auf der Pariser Weltausstellung 1867 die Goldmedaille errang. In Deutschland wurde das Siemens-Martin-Verfahren um 1870 eingeführt (vgl. die Tabellen 11 und 12).

Tabelle 11
Übersicht über die Hochöfen, die Bessemer-Eisen im deutschen Zollgebiet 1872 erbliesen:
(Phosphorarmes Eisen)

Ort	Roh-Material	Anzahl d. Hochöfen
Bayrische Maxhütte	Spat- u. Brauneisenstein aus Thüringen, Grauwacke aus Eichicht	2
Königin Marienhütte bei Zwickau	Spat- u. Brauneisenstein aus Gera	1
Sächs. Eisenindustrie-Gesellschaft bei Pirna	Magneteisenstein von Berggieshübel	1
Georgs-Marienhütte bei Osnabrück	Brauneisenstein der Grube Hüggel	5
Hörder Verein	Erze aus Siegen, Nassau, d. Eifel	3
Dortmunder Union	Erze aus Spanien, Algier, Siegen und Nassau	2
Gute Hoffnungshütte bei Oberhausen	dto.	2
Phönixhütte zu Laar bei Ruhrort	dto.	1
Kruppsche Johannishütte bei Duisburg	dto.	3

Quelle: *Wagner, R.*, Jahresbericht über die Fortschritte der chemischen Technologie, XX. Jg., Leipzig 1875, S. 85.

Wagner führt dazu aus[70]: „Rechnet man für jeden Hochofen eine Jahreserzeugung von 125000 bis 150000 Zentner Roheisen, so ergibt das eine augenblickliche Produktion von 2 1/2 bis 3 Millionen Zentner deutschem Bessemer-Roheisen. Gegenüber der Produktionsfähigkeit der vorhandenen Stahlwerke ist dieses Quantum allerdings bei weitem nicht hinreichend. Es sind nämlich an Bessemer-Convertern vorhanden: (es folgt eine detaillierte Aufzählung – d. Vf.) in Summa 72 Converter. Rechnet man nur 60 im Betrieb . . ., so ergibt dies eine Produktionsfähigkeit von 9 Mill. Zentner pro Jahr. Dazu wären erforderlich . . . nach Abzug der augenblicklichen deutschen Produktion ein Import von 7 1/2 – 8 Millionen Zentner ausländisches Bessemereisen." Hieran kann man ermessen, was die Erfindung des Thomas-Verfahrens ca. fünf Jahre später für Deutschland bedeutete, das erst dann den Einsatz beliebigen Roheisens in die Bessemer-Konverter ermöglichte.

70 *Wagner, Rudolf*, Jahresbericht, a. a. O., XX. Jg., Leipzig 1875, S. 140.

Tabelle 12
Hochofenproduktion in Preußen 1872 und 1871:
(in Zentnern)

Provinz	Werke	Hochöfen	Arbeiter	Gießerei-Roheisen	Frisch-Roheisen
Preußen	1	1	9	1042	–
Schlesien	35	59	4331	4860068	5479301
Sachsen	3	3	1140	16556	800
Hannover	9	16	1910	128594	1562206
Westfalen	36	51	3888	365091	5145974
Hessen-Nassau	24	27	1648	168826	545340
Rheinprovinz	50	95	7290	322530	9288252
Hohenzollern	1	1	34	–	5780
Summe 1872	159	253	20250	1488707	22027653
Summe 1871	159	242	19202	998130	18988919
Zunahme	–	11	1048	490577	3038734
Abnahme	–	–	–	–	–

Quelle: *Wagner, R.*, Jahresbericht über die Fortschritte der Chemischen Technologie XX. Jg., Leipzig 1875, S. 86.

Entstehung und Entwicklung der Leuchtgasindustrie

Beim Experimentieren mit Kohle hatte man bereits im 17. Jahrhundert beobachtet, daß ihre trockene Destillation neben Wasserdampf und Kohlenteer vor allem ein brennbares Gas liefert. (J. Tardin, J. Clayton, J. J. Becher u. a.). Von Becher ist das Gas während seines Englandaufenthaltes bei seinen Versuchen, aus Steinkohlen Koks und Teer herzustellen entdeckt und sogar schon zum unmittelbaren Beheizen der Schmelzöfen verwendet worden.[71]

In verschiedenen Ländern wurden von verschiedenen Wissenschaftlern Versuche mit dem „Steinkohlengas“ (ein Gemisch aus Wasserstoff, Kohlenmonoxid, Methan, Ethen u. a.), aber auch mit Grubengas (im wesentl. Methan) aus Bergwerken angestellt, einige destillierten auch Knochen unter Luftabschluß und beleuchteten bzw. illuminierten ihre Häuser damit (so 1786 der Apotheker Pickel in Würzburg und G. Liebig, der Vater J. v. Liebigs).

Ernsthafte Bemühungen, das Gas technisch darzustellen und zu verwerten fanden erst gegen Ende des 18. Jahrhunderts günstigen Nährboden. 1799 nahm Ph. Lebon in Frankreich ein Patent, nach welchem Gas für Beleuchtungs- und Heizzwecke durch trockene Destillation von Holz gewonnen wurde. Lebon ersann einen Ofen mit Muffel zur Destillation und eine Art Brenner, den er „Thermolampe“ nannte. Von ihm auch wurde die Idee entwickelt, daß man das Gas durch eine Verteileranlage leicht an verschiedene Stellen transportieren könne, so daß eine einzige Destillationsstätte ein ganzes Haus mit Licht und Wasser versorgen könnte.

[71] *Becher, Johann Joachim*, Närrische Weisheit und weise Narrheit, Frankfurt 1687, S. 67.

…tahleisen	Gußwaren	zusammen	erblasen mit: Koks	Holzkohle	Gemisch
	1801	2843	–	2843	–
…00	103805	6075174	5838441	236733	–
	28819	46175	–	45375	800
…00	70373	6775882	2620987	61086	–
…81	91836	2682073	6416191	247449	112242
…98	183225	980389	423774	556615	–
…25	328521	12584728	12139097	125790	319841
	3660	9440	–	9440	–
…04	812040	29156704	27438490	1285331	432883
…08	1152248	25958805	23913481	1606403	438921
…96	–	3197899	3525009	–	–
	340208	–	–	321072	6038

Lebons Verfahren wurde 1803 in Brünn (Brno) von Z. A. Winzler für Deutschland bekannt gemacht durch die Schrift: „Die Thermolampe in Deutschland, oder, vollständige, sowohl theoretisch als praktische Anleitung, den ursprünglich in Frankreich erfundenen, nun aber auch in Deutschland entdeckten Universal-Leucht-Heiz-Koch-Sud-Destillier- und Sparofen zu errichten." Winzler hatte bei seinen Versuchen teils Holz, teils Steinkohle eingesetzt, denn bei der beginnenden Holzknappheit in Europa hatte ein Holzeinsatz keine günstige Zukunft.

Eine erste technische Anwendung des Verfahrens, Steinkohle zu vergasen, gelang im Jahre 1802 dem Engländer W. Murdoch. Er hatte bereits 1792 sein Haus mit Gas aus Steinkohlen beleuchtet und soll damals – vergeblich – versucht haben, J. Watt zur Beleuchtung der Fa. Boulton & Watt und zu den erforderlichen Versuchen zu bewegen.[72] Erst James Watt jun. willigte in Experimente mit der Gasgewinnung im Fabrikgelände ein, und 1802 wurde die Fa. Boulton & Watt anläßlich des Friedens von Amiens erstmals illuminiert. Danach aber wurde die Gasbeleuchtung sehr schnell und profitabler zum Beleuchten der Fabrikräume angewandt. Murdoch baute noch weitere „Gaswerke" für andere englische Fabriken, so für die Baumwollspinnerei Philipps & Lee u. a.

Rund 25 Jahre später wurde die Gasherstellung für Beleuchtungszwecke in Deutschland durchgebildet bzw. wurden Lizenzen dafür aus England übernommen. Schon um 1798 hatte der Freiberger Hüttenfachmann W. A. Lampadius eine Menge brennbarer Stoffe auf ihre „Vergasbarkeit" untersucht und fast gleichzeitig mit Lebon und unabhängig von ihm eine Thermolampe konstruiert, die er 1799 im Dresdner Schloß als Attraktion vorführte.

72 Zu diesen und den folgenden Angaben vgl. *Körting, Johannes*, Geschichte der deutschen Gasindustrie, Essen 1963, S. 51f.

Ebenfalls selbständig und unabhängig von Murdoch arbeitete er um 1800 an der Gewinnung von Gas aus Steinkohlen für öffentliche Beleuchtungszwecke. 1811 konnte er mit seinem Gaslicht (probeweise) einen Teil der Fischergasse in Freiberg beleuchten, 1816 führte er erstmals in Deutschland ein Gaslicht aus Steinkohlen ein, und zwar im Königlich-sächsichen Amalgamierwerk Halsbrücke bei Freiberg.

1818 folgte ihm F. W. Harkort, der das englische Verfahren zur Beleuchtung seiner mechanischen Werkstätten in Wetter an der Ruhr übernahm. Hier baute Harkort nicht nur Dampf- und Textilmaschinen, er lieferte von jener Zeit an für die Einrichtung der Textilfabriken auch die dazugehörige Gaswerksanlage mit. 1819 legte sich R. S. Blochmann in seinen mechanischen Werkstätten in Dresden ebenfalls nach englischem Vorbild ein Gaswerk an.

Im ganzen gesehen mangelte es in Deutschland aber im ersten Viertel des 19. Jahrhunderts an kapitalkräftigen Unternehmern. An diesen Umstand knüpfte die im Jahre 1824 in England gegründete Imperial Continental Gas Association an. Ihr gelang es, zuerst in Belgien Fuß zu fassen; schon am Ende des Jahres 1824 erhielt sie auch von der Stadt Hannover ein Privileg zum Bau von Gasbeleuchtungen. Das Privileg bezog sich im allgemeinen auf das ausschließliche Beleuchtungsrecht der Stadt für 20 Jahre, die Gesellschaft übernahm die Beleuchtung zu den Kosten, die für die bisherige Ölbeleuchtung aufgewendet werden mußten, sicherte aber eine verbesserte Beleuchtung zu. Die Gesellschaft errichtete Gaswerk und Rohrnetz auf ihre Kosten.[73] Nach Hannover erteilten Privilege an die „Imperial": 1825 Berlin, 1838 Aachen, 1840 Köln, 1844 Frankfurt/M., 1861 Stolberg.

In Dresden gelang es der „Imperial" nicht, Fuß zu fassen. Hier baute Blochmann mit staatlicher Unterstützung eine zunächst staatliche, dann städtische Gasanstalt für Steinkohlengas, die 1828 mit der Straßenbeleuchtung begann. 1847 beschloß die Stadtverordnetenversammlung von Berlin, die Gasbeleuchtung in eigene Hand zu nehmen. Die benötigten Rohre wurden im Eisenwerk Lauchhammer hergestellt, Berliner Maschinenbauer übernahmen es, die benötigten Retortenöfen, Gaszähler und -leuchten selbst herzustellen, ja auch für andere Orte Deuschlands Gaswerkseinrichtungen zu produzieren. 1857 wurde auf Betreiben des Bankpräsidenten L. Nulandt die Deutsche-Continental-Gas-Gesellschaft zu Dessau, eine Aktiengesellschaft, gegründet. Ihr folgte die Allgemeine-Gas-AG Magdeburg sowie eine Reihe kleinere Gasbeleuchtungs-Aktiengesellschaften.

Die Gewinnung von brennbaren Gasen durch Destillation von Steinkohlen stellt zwar einen chemischen Prozeß dar, jedoch waren zu seiner Handhabung und Ausnutzung nur relativ geringe chemische Kenntnisse nötig. Der Prozeß der Gasgewinnung, so wie er während der Industriellen Revolution entwickelt und für Beleuchtungszwecke ausgenutzt wurde, stellte in erster Linie wiederum technische Anforderungen; chemisch interessant waren höchstens die Nebenprodukte: Ammoniakwasser und Steinkohlenteer. Eine „chemische" Aufgabe war es ferner, störende Verunreinigungen des Gases, vor allem Schwefelwasserstoff daraus zu entfernen. Aber dieses Problem bewältigte man leicht, indem man das Gas durch kalkmilchhaltige Waschgefäße leitete.

Für den Prozeß der eigentlichen Gasgewinnung war aber vordergründig – wie das bei allen bisher betrachteten chemischen Verfahren zu konstatieren ist, die für die

[73] Ebenda, S. 107.

Industrielle Revolution von Bedeutung waren – das Problem der Übertragung des Laboratoriumsversuchs in den technischen Maßstab.

Bei der technischen Durchbildung der Gaserzeugungsanlage wie des Verteilersystems war neben Murdoch vor allem der Engländer S. Clegg führend. Von Clegg stammt die Schwefelwasserstoffreinigung mit Kalkmilch in besonderen Vorlagen, er entwickelte Horizontalretorten für die Destillation, den Teerabscheider, den Druckregler für den Ausgang der Gase aus der Destillationsanlage, aber auch kleinere, als Einzelregler für Wohnleuchten und schließlich die Gasuhr. Besonders Öfen und Retorten bedurften aber noch mehrfacher technischer Verbesserungen[74], desgl. die Gasreiniger, deren Inhalt man zunächst einfach in die Flüsse schüttete.

Beim Entgasen zeigte sich sehr bald, daß die eingesetzten Kohlen recht unterschiedliche Ergebnisse je nach ihrer Herkunft lieferten. Für die Wissenschaftler wurde hier die Anregung gegeben, eine Systematisierung der verschiedenen Kohlesorten zu erarbeiten, was z. B. durch die Arbeiten von Fritz Muck[75,76] geschah.

Auch für experimentell-chemische Arbeiten erwies sich die Einführung des Leuchtgases als Heizquelle als großer Fortschritt: Durch die Konstruktion des luftstromregulierbaren Bunsenbrenners konnte in den Laboratorien das unpraktische, ewig rußende Holzkohlenfeuer, das z. B. in Liebigs Laboratorium in Gießen noch in den vierziger Jahren anzutreffen war, durch Gasheizung abgelöst werden. Die nichtleuchtende Flamme eines Bunsenbrenners war dann auch Voraussetzung für die Entwicklung der Spektralanalyse durch R. Bunsen und G. Kirchhoff in den Jahren 1859/60.

Die Entwicklung der Agrikulturchemie und die Produktion chemischer Düngemittel unter dem Einfluß der Industriellen Revolution

Im Gegensatz zu den bisher betrachteten Produktionssphären, in denen während der Industriellen Revolution bereits länger bekannte chemische Umsetzungen industriell genutzt, auf ihrer Basis verschiedene neue chemische Industriezweige entwickelt wurden, die Wissenschaftler dann im Nachhinein zum Gegenstand wissenschaftlicher Analysen machten mit dem Ziel, die inzwischen angelaufene Produktion durch tiefere wissenschaftliche Erkenntnisse zu verbessern, zu rationalisieren oder zu verändern, stellt die Landwirtschaft einen der ältesten Produktionsbereiche dar, der sofort seit der neuen chemischen Lehre Lavoisiers und damit seit Beginn der Industriellen Revolution zum Gegenstand wissenschaftlicher Untersuchungen gemacht wurde. Die Aufmerksamkeit der – meist chemisch gebildeten – Wissenschaftler richtete sich dabei vorrangig auf die Pflanzen-, aber auch auf die Tierproduktion. Bezüglich der Pflanzenproduktion (und sie soll in dieser Studie im Vordergrund stehen) reichte die wissenschaftliche Aufgabenstellung von der Grundlagenforschung zur Pflanzenphysiologie über die Anfänge der Erarbeitung einer wissenschaftlichen (im umfassenden Sinne) Landwirtschaftslehre, eine chemische Bodenkunde und Düngerlehre bis

[74] Vgl. Die Entwicklung der Retortenöfen zur Leuchtgasbereitung, in: Zeitschrift des Vereins deutscher Ingenieure, 1886, S. 455ff.

[75] *Muck, Fritz,* Chemische Aphorismen über Steinkohle, Bonn 1876.

[76] *Ders.,* Chemische Beiträge zur Kenntnis der Steinkohlen, Bochum 1876.

zur Begründung einer speziellen Disziplin angewandter Naturwissenschaft, der Agrikulturchemie im Jahre 1840. Aufgrund teilweise noch unzureichender wissenschaftlicher Erkenntnisse, auch aufgrund von Mißverständnissen und der Theorie anscheinend widersprechender praktischer Ergebnisse, wurde die Agrikulturchemie während der Industriellen Revolution zu jener wissenschaftlichen Disziplin, deren Entwicklung durch ständige Konfrontation mit der Praxis (der Produktionspraxis wie der experimentellen durch Einrichtung von landwirtschaftlichen Versuchsanstalten) am energischsten vorangetrieben wurde. Die Agrikulturchemie als neue angewandte Wissenschaftsdisziplin rief ihrerseits einen neuen chemischen Produktionsbereich, die Düngemittelindustrie, ins Leben.

Dieses komplizierte Ineinandergreifen zweier Wissenschafts- und Produktionssphären: die Erarbeitung einer wissenschaftlichen Landwirtschaftslehre und die Rationalisierung der Landwirtschaft einerseits und die Begründung der Agrikulturchemie und der Düngemittelindustrie andererseits — die durchaus miteinander in enger Wechselbeziehung stehen — muß man möglichst exakt auseinanderhalten, um zu wissenschaftshistorisch relevanten und historisch logischen Aussagen über die Entwicklung jenes, für die menschliche Gesellschaft so wichtigen Gebietes und den Anteil der daran beteiligten Wissenschaftler zu gelangen. Ihre Zahl ist groß. Vertreter aus fast allen europäischen Ländern haben Anteil an der Entwicklung der gesamten Gebiete und nur einige der Wissenschaftler mit ihrem spezifisch chemischen Anteil können im folgenden betrachtet werden.

J. Ingenhousz wies schon vor der Jahrhundertwende experimentell nach, daß Pflanzen im Sonnenlicht das Kohlendioxid der Luft assimilieren, d. h., den darin enthaltenen Kohlenstoff als Nahrung aufnehmen und den Sauerstoff ausscheiden.

Th. de Saussure knüpfte 1804 in seinem Werk „Recherches chimiques sur la végétation“ Paris 1804 an diese Ergebnisse an, erweiterte sie aber wesentlich, indem er noch andere Lebensbedingungen der Pflanze, das Wasser und den Boden, besonders den Humus, in seine chemischen Untersuchungen einbezog. Durch chemische Analysen von Pflanzenaschen versuchte er, die in ihnen enthaltenen chemischen Elemente bzw. deren Verbindungen zu bestimmen, was auf der Basis der neuen Chemie Lavoisiers auch gut gelang. Er bemühte sich sogar schon, „die Regel in der Zusammensetzung der Asche nicht nur bei verschiedenen Pflanzen sondern auch in ihren verschiedenen Teilen und nach den Lebensabschnitten kennenzulernen“.[77] Er schon fand — und nicht erst C. Sprengel, wie oft behauptet wird — daß „die alkalischen Salze des Kalis oder des Natrons, die phosphorsauren Erden des Kalks oder der Magnesia, der freie oder kohlensaure Kalk, die Kieselsäure und die Oxyde des Eisens und des Mangans . . . vereinigt oder getrennt die wichtigsten Bestandteile der Asche“[78] bilden, und überzeugte sich durch Experimente, daß diese Elemente auch in dem Boden enthalten waren, auf dem die Pflanzen wuchsen, seiner Meinung nach also aus dem Boden in die Pflanzen übergegangen und nicht in diesen — wie damals von einigen Naturforschern behauptet wurde — *erzeugt* worden waren.

A. Thaer hingegen versuchte im Jahre 1809 der *Landwirtschaft* ein wissenschaft-

[77] *de Saussure, Théodore,* Recherches chimiques sur la végétation, Paris 1804 (Chemische Untersuchungen über die Vegetation), in: Oswalds Klassiker der exakten Wissenschaften Nr. 16, Leipzig 1890, S. 82.

[78] Ebenda, S. 65.

liches, nicht nur naturwissenschaftliches, Fundament zu geben und schrieb dafür sein Werk „Grundsätze der rationellen Landwirtschaft[79]. Als Zweck seiner Darlegungen führte er an: „§ 1. Die Landwirtschaft ist ein Gewerbe, welches zum Zweck hat, durch Produktion . . . vegetabilischer oder tierischer Substanzen Gewinn zu erzeugen oder Geld zu erwerben. § 2. Je höher dieser Gewinn nachhaltig ist, desto vollständiger wird dieser Zweck erfüllt . . . Nicht die möglichst höchste Produktion sondern der höchste reine Gewinn . . . ist Zweck des Landwirtes und muß es sein, selbst in Hinsicht auf das allgemeine Beste . . . § 3. Die rationelle Lehre von der Landwirtschaft muß also zeigen, wie der möglichst höchste *reine* Gewinn unter allen Verhältnissen aus diesem Betriebe gezogen werden könne“.[80]

Unter dieser Aufgabenstellung enthält das Werk vieles zur Ökonomie der Landwirtschaft, aber auch ein Kapitel, das Beziehungen zur Chemie und Pflanzenphysiologie herstellt: „Verhältnis der Düngung, der Fütterung und des Viehstandes“. Hierin vor allem legt Thaer seine Ansicht über die Chemie der Pflanzenernährung dar: „Obwohl uns die Natur verschiedene anorganische Materien darbietet, wodurch die Vegetation entweder mittels eines Reizes, den sie der Lebenstätigkeit geben, oder mittels ihrer zersetzenden Wirkung auf dem Moder belebt oder verstärkt werden kann, so ist es doch eigentlich nur der tierisch-vergatabilische Dünger, oder jener im gerechten Zustande der Zersetzbarkeit befindliche Moder (Humus), welcher den Pflanzen den wesentlichsten und notwendigsten Teil ihrer Nahrung gibt. Ich sage den *wesentlichsten*, denn es ist unbezweifelt, daß sie auch durch die Zersetzung des Wassers und der gasförmig in der Atmosphäre enthaltenen Stoffe und deren Verbindung einen anderen Teil ihrer Nahrung erhalten . . . Daß aber aus der eigentlichen unzersetzbaren und feuerbeständigen Erde nichts Bedeutendes in die Vegetation übergehe, dieses also nur instrumentell zur Stützung und Haltung der Pflanzenwurzel . . . nicht materiell als Nahrungsstoff selbst wirke“.[81] Thaer ging also nicht völlig achtlos an den Versuchen von Ingenhousz und Saussure vorüber und betrachtete den Humus nicht *allein* als den Nährstoff der Pflanzen. Aufgrund seiner Erkenntnisse erteilte er dem Landwirt einige Lehren, um der Erschöpfung des Bodens durch Düngung zu begegnen. Es sind folgende: 1. Düngung durch Mist oder 2. Ruhe bzw. „Eingrasen des Ackers und Benutzung desselben zur Weide. Durch die Fäulnis . . . des Rasens . . . wird dem Acker eine Kraft mitgeteilt die man . . . derjenigen gleichsetzen kann, welcher *ein* Fuder Dünger auf den Morgen gibt . . . Einem solchen Ruhe- oder Weidejahr ist ein Kleejahr gleichzusetzen . . . 3. Durch eine *gehörig bearbeitete reine Sommerbrache*, die nicht bloß den Acker reinigt sondern ihm auch, vermöge der dadurch vermehrten Einsaugung atmosphärischer Gase und Vermoderung der untergepflügten Gräser und Wurzeln wirkliche nährende Kraft mitteilt“.[82]

In Anlehnung an Thaer, diesen aber aufgrund der Experimente Saussures und auch eigener Versuche wesentlich ergänzend, brachte C. Sprengel 1832 seine „Chemie für Landwirte, Forstmänner und Cameralisten“[83] heraus. Schon der Titel zeigt eine andere Aufgabenstellung als bei Thaer. Sprengel berichtete, nachdem er die Hälfte

[79] *Thaer, Albrecht*, Grundsätze der rationellen Landwirtschaft, Bd. 1, Berlin 1831.
[80] Ebenda, S. 3.
[81] Ebenda, S. 244.
[82] Ebenda, S. 248f.
[83] *Sprengel, Carl*, Chemie für Landwirte, Forstmänner und Cameralisten, 2. Teil, Göttingen 1832.

seines Buches (ca. 300 Seiten) dazu verwandt hatte, die in den Pflanzen enthaltenen verschiedenen organisch-chemischen Stoffe bekanntzumachen (und nach einer allgemeinen Einleitung über den „Begriff der organischen Chemie") auf 30 Seiten über Chemische Pflanzenphysiologie und teilte dann auf rd. 100 Seiten die chemischen Bestandteile der wichtigsten land- und forstwirtschaftlichen Pflanzen aufgrund fremder, zum Teil auch eigener qualitativer und quantitativer Analysen mit. Als Beispiel diene die Feldbohne:[84] „Nach Braconnot bestehen die Bohnen aus: 7,0 Samenhäuten diese enthalten: 4,6 Holzfaser, 1,23 Gallertsäure, 1,17 Stärkemehl und eine Spur Legumin. Die übrigen 93,0 Teile der Bohnen bestehen dagegen aus: 0,7 fetter Materie, ... 42,34 Stärkemehl ... 1,0 phosphorsaurem Kalk und -Kali, kohlensaurem Kalk und organisch saurem Kali." Sprengel setzte seine eigene Aschenanalyse der Feldbohnen – Körner hinzu: „0,415 Kali, 0,816 Natron, 0,165 Kalkerde, 0,089 Schwefelsäure, 0,292 Phosphorsäure, 0,041 Chlor."

Solche chemischen Analysen der Pflanzenbestandteile, wie sie seit der Zeit Lavoisiers, der als erster „organische" Materien in qualitativer und quantitativer Hinsicht analysiert hatte, von vielen Chemikern aufgrund verbesserter Analysemethoden vorgenommen wurden, waren eine wesentliche Voraussetzung, um die Nahrungsstoffe der Pflanzen aufzufinden, um die Anfänge einer chemischen Pflanzenphysiologie, einer wissenschaftlichen Düngelehre und schließlich auf der Basis aller einen neuen Zweig angewandter Naturwissenschaft, die Agrikulturchemie, zu entwickeln. Sprengel hat daran einen großen Anteil, besonders dadurch, daß er – über Thaer hinausgehend – auf die Mineralbestandteile als *Nahrungs*mittel der Pflanzen aufmerksam machte. Aber nur vorsichtig agitierend führte Sprengel 1832 die richtigere Erkenntnis in seinem Werk ein: „Der Humus, sagt ein geistreicher Schriftsteller ist der Mittelpunkt, von welchem die organische Welt ausgeht und wieder zurückkehrt, aber diese Ansicht ist nicht ganz richtig, denn gemeiniglich enthält der Humus, so wie er sich in der Natur findet, nur wenig von den in den Pflanzen befindlichen Kali- und Natronsalzen und noch weniger besitzt er Chlorverbindungen."[85] Obgleich Sprengel die Versuche von Ingenhousz und Saussure ebenfalls kannte, nach denen das Kohlendioxid der Luft den Pflanzen ihren Kohlenstoff liefert, folgte er dieser Ansicht nur zum Teil, – wie Thaer – und lehnte sich auch im weiteren an Thaer an: „Stärke, Gummi und überhaupt alle sehr kohlenstoffreichen Pflanzenstoffe müssen sich ... deshalb durch kohlenstoffreiche Düngungsmittel in größerer Menge erzeugen lassen, als ohne dieselben"[86]. Als Dünger führte er die „sehr kohlenstoffreiche Humussäure" an. Und auch hinsichtlich der Assimilation des Kohlendioxids durch die grünen Blätter im Sonnenlicht folgte er Saussure nur halb: „Die wichtigsten Pflanzenteile sind unstreitig die Blätter, indem darin die Hauptorganisationsprozesse der von den Wurzeln dem Boden und von den Blättern der Luft entnommenen Körper vor sich gehen ... Wie wohl die meisten unorganischen Körper erst in den Blättern organisiert werden, so dürften wir doch auch annehmen, daß manche schon organisierte Körper eine noch höhere Organisation darin erfahren".[87] „Organisiert" und „organisierte Körper" bedeutet in der damaligen chemischen Sprache organisch-chemische Verbindungen.

[84] Ebenda, S. 358f.
[85] Ebenda, S. 300f.
[86] Ebenda, S. 318.
[87] Ebenda, S. 342.

Im Jahre 1827 hatte J. J. Berzelius in seinem Lehrbuch der Chemie einen prinzipiellen Unterschied zwischen anorganischen und organischen Stoffen konstatiert. Er schrieb: „Die unorganischen Elemente der organischen Körper können zwar auch nicht vernichtet werden, aber das eigentliche Wesen dieser Körper wird unwiederbringlich zerstört. – Das Wesen des lebenden Körpers ist folglich nicht in seinen unorganischen Elementen begründet, sondern in etwas anderem ... Dieses Etwas, welches wir Lebenskraft nennen, liegt gänzlich außerhalb der unorganischen Elemente und ist nicht eine ihrer ursprünglichen Eigenschaften“ [88].

In Anlehnung an die Vorstellungen von Berzelius über die „besondere Natur“ der organisch-chemischen Stoffe glaubte auch Sprengel noch – und legte dies in seinem Werk von 1832 dar – (obgleich schon 1828 F. Wöhler durch seine Synthese von Harnstoff aus Ammoniumzyanat das Gegenteil bewiesen hatte), daß alle organisch-chemischen Verbindungen *nur* durch Lebewesen erzeugt werden können, weil zu ihrer „Organisierung“ die „Lebenskraft“, die „vis vitalis“ unabdingbare Voraussetzung sei. Sprengel ist in seinem Einleitungskapitel ausführlich auf diese Besonderheit organischer Stoffe eingegangen und hat schon gleich einleitend zu seinem Werke erörtert, warum die Pflanzen zu ihrem besseren Wachstum vorwiegend *organische* Dünger benötigen: „Die höher ausgebildeten Pflanzen – die Phanerogamen – bedürfen ... zu ihrem Gedeihen schon eher organisierter Materien oder doch solcher, welche den Übergang zu den organischen Körpern bildet, dies sehen wir zum Beispiel aus der Düngung mit Humus und tierischen Excrementen, in welchen mehrere Substanzen vorkommen, die als noch organisiert betrachtet werden müssen. Man kann hierbei annehmen, daß die Pflanzen durch die in sie gelangende Vitalität gestärkt werden und daß dies der Grund ist, warum sie danach besser wachsen, denn da die Summe ihrer Vitalität durch die aufgenommene, noch organisierte Nahrung vergrößert wird, so können sie nun um so eher einen Teil davon zur Organisation anderer, in sie gelangender unorganischer Körper verwenden“ [89].

Dennoch bleibt Sprengel das Verdienst, darauf hingewiesen zu haben, daß zu den organischen Düngemitteln auch anorganische treten müssen, weil die Pflanzen die in ihren Aschen zu findenden Mineralstoffe aus dem Boden entnommen haben müssen. In seinem weiteren Werk, das Sprengel 1839 herausgab mit dem Titel „Die Lehre vom Dünger oder Beschreibung aller bei der Landwirtschaft gebräuchlicher vegetabilischer, animalischer und mineralischer Düngermaterialien nebst Erklärung ihrer Wirkungsart“ [90] hat er, wie der Titel ausweist, neben den organischen Düngestoffen die verschiedenen, von den Landwirten benutzten mineralischen Dünger analysiert und ihre Nützlichkeit dargelegt und auf weitere Mineraldünger verwiesen: „Obwohl die Landwirte in neuerer Zeit von den mineralischen Düngungsmitteln einen bei weitem häufigeren Gebrauch als früher machen ... so läßt man doch mehrere, die außer den schon benutzt werdenden noch zu Gebote stehen, gänzlich unbeachtet. Der Grund ... dürfte wohl der sein, daß man die mineralischen Körper im Allgemeinen noch nicht ganz richtig würdigt, man glaubt nämlich, sie verbessern den Boden das eine Mal nur

88 Zit. nach: *Hjelt, E.*, Geschichte der organischen Chemie, Braunschweig 1916, S. 32.

89 *Sprengel, Carl*, a. a. O., S. 11.

90 *Ders.*, Die Lehre vom Dünger ..., Braunschweig 1839. – Dem Autor war leider nur die „zweite vermehrte und verbesserte Ausgabe, Regenwalde 1845“ zugänglich, auf die sich alle Inhalts- und Seitenangaben beziehen.

physisch, befördern das andere Mal die Vegetation auch dadurch, daß sie lösend auf den Humus wirken und nutzen nur insofern, als sie die Pflanzen zum besseren Wachstum anreizen. Mit Gewißheit können wir dagegen annehmen, daß sie allen Gewächsen auch zur wirklichen Nahrung dienen und zu ihrer chemischen Konstitution eben so wesentlich erforderlich sind, als der Sauerstoff, Kohlenstoff, Wasserstoff und Stickstoff der *organischen* Düngermaterialien"[91]. (Hervorhebung vom Vf.)

Im Jahre 1840 erschien J. v. Liebigs Werk „Die organische Chemie in ihrer Anwendung auf Agricultur und Physiologie".[92] Dieses Werk, das innerhalb von sechs Jahren sechs Auflagen erlebte, begründete die Agrikulturchemie und die physiologische Chemie als spezielle neue Zweige der angewandten Chemie. Denn dieses Werk war geschrieben in der Absicht, die chemischen Grundlagen der Ernährung von Pflanze und Tier zu analysieren, die natürlichen Quellen dieser Nahrungsstoffe aufzudecken, die Veränderungen der Nahrungsstoffe im lebenden pflanzlichen und tierischen Organismus sowie die chemischen Veränderungen der Pflanzen- und Tiersubstanzen im abgestorbenen Organismus zu verfolgen um schließlich daraus der Landwirtschaft eine wissenschaftlich begründete Basis für ihre Rationalisierung zu geben.[93]

In Liebigs Werk stehen daher folgende Probleme im Mittelpunkt:

1. Welches sind die Nährstoffe für Pflanze und Tier, wie werden sie aufgenommen und welche Veränderungen erfahren sie in den Organismen?
2. Woher entnehmen Pflanze und Tier ihre Nährstoffe und welche sind deren ursprüngliche Quellen?
3. Welche dieser Quellen erneuern sich durch „natürlichen" Zufluß, welche nicht?
4. Auf welche Weise kann die Chemie beitragen, sich erschöpfende Ernährungsquellen „künstlich" zu regenerieren?

Diese Probleme, die in ihrer Gesamtheit ein exaktes, systematisches wissenschaftliches Programm darstellen, bedürften zu ihrer Klärung und Beantwortung keiner wissenschaftlichen Untersuchungen „ab ovo". Liebig konnte sich auf eine Fülle von Beobachtungen, Experimenten, Analysen, wissenschaftlichen Hypothesen stützen, die seit dem Beginn des 19. Jahrhunderts im Zusammenhang mit dem Bemühen um eine „rationelle Landwirtschaft" und mit der Entwicklung der Chemie, besonders auch der organischen Chemie an- und aufgestellt worden waren. Er nutzte sie und – konfrontiert und ergänzt mit eigenen Experimenten und Schlußfolgerungen systematisierte er sie, wobei die Quantität des Vorhandenen durch ihn in eine neue Qualität verwandelt wurde.

Über den Anteil Liebigs an der Begründung der Agrikulturchemie gehen die Meinungen der Wissenschaftshistoriker auseinander. Da in jüngster Zeit V. Klemm in einem Beitrag „Zur Bedeutung des Werkes J. von Liebigs für die Entwicklung der Pflanzenproduktion"[94] einen dem hier Dargelegten entgegenstehenden Standpunkt

[91] Ebenda, S. 320.

[92] *Liebig, Justus v.*, Die organische Chemie in ihrer Anwendung auf Agricultur und Physiologie, 1. Aufl., Braunschweig 1840. – In späteren Auflagen: Die Chemie in ihrer Anwendung . . .

[93] Vgl. ebenda, S. 3f.

[94] *Klemm, Volker*, Zur Bedeutung des Werkes Justus v. Liebigs für die Entwicklung der Pflanzenproduktion, in: Jahrbuch für Wirtschaftsgeschichte, Berlin 1973, Teil III, S. 103ff.

vertreten hat, schien es mir notwendig zu sein, die Leistung Liebigs etwas ausführlicher darzulegen.

Die Antwort, die Liebig auf die aufgeworfenen Fragenkomplexe gab, können hier zwar nicht in allen Details, mit ihren Begründungen und Argumentationen jedoch summarisch wiedergegeben werden.

Zu 1.: Nach Ansicht Liebigs dienen den Pflanzen als Nährstoffe – im Gegensatz zu allen bis dahin entwickelten Ansichten – *ausschließlich anorganische* Verbindungen. Die wichtigsten sind Kohlendioxid, Wasser, Stickstoffverbindungen (Ammoniumsalze) und eine Reihe von Mineralsalzen, deren Bedarf für verschiedene Pflanzen verschieden ist. Die wichtigsten dieser Minerale, die man durch Pflanzenaschen-Analysen für jede Pflanze genau bestimmen kann, sind: Kalium-, Natrium-, Kalzium-, Magnesium-, Eisensalze, Phosphate, Silikate, Sulfate. Kohlendioxid wird mit Hilfe der Blätter und grünen Pflanzenteile assimiliert, alle übrigen Stoffe werden durch die Wurzeln den Pflanzen zugeführt. Die Pflanze ist in der Lage, aus Kohlenstoff, Wasserstoff und Sauerstoff Verbindungen vom Typ der Kohlehydrate (Holzfaser, Stärke, Zucker und Gummi), der organischen Säuren, der Fette, Wachse und Harze aufzubauen. Aus Kohlenstoff, Wasserstoff, Sauerstoff und Stickstoff bilden sich sowohl Säuren als auch Pflanzenbasen. Im allgemeinen sind in den Pflanzen die organischen Säuren an anorganische Basen, Metalloxide, gebunden, woraus sich die Bedeutung der Mineralsubstanzen erklärt, ferner enthalten viele stickstoffhaltige Verbindungen einen Anteil von Schwefel. Fehlt nur eines der Elemente (bzw. Verbindungen), die die Pflanze für ihre Ernährung braucht, so kann auch der größte Überschuß der anderen das fehlende im allgemeinen nicht ersetzen und die Pflanze nicht gedeihen. Tiere sind – im Gegensatz zu den Pflanzen – nicht in der Lage, sich von anorganischen Stoffen zu ernähren, sie bedürfen der Pflanze als Vermittlerin zwischen dem anorganischen und dem organischen Reich, und zwar in zweierlei Hinsicht: Als Nahrungsstoff und als Produzenten von Sauerstoff, den sie bei der Assimilation im Sonnenlicht aus CO_2 und H_2O abspaltet und an die Atmosphäre zurückerstattet, so daß diese – trotz aller Atmungs- und Verbrennungsprozesse – in ihrem Sauerstoffgehalt konstant bleibt.

Der Tod von Pflanzen und Tieren ruft in den Organismen die umgekehrten chemischen Vorgänge hervor, die organischen Materien werden durch Verwesung, Gärung, Fäulnis aufgespalten, letztlich wieder in Kohlendioxid, Wasser, Ammoniak (und Schwefelwasserstoff) und in mineralische Salze und stehen damit den Pflanzen als Nahrung wieder zur Verfügung. Dieser Kreisprozeß gilt aber nur als Idealfall für ein abgeschlossenes natürliches System. In den Kultursystemen, in den industrialisierten Systemen, wird dieser natürliche Kreislauf empfindlich gestört. Dennoch bestehen auch hier enge chemische Wechselbeziehungen zwischen dem „toten" anorganischen und dem „belebten" organischen Reich, die notwendig sind, um das Leben auf der Erde zu ermöglichen und zu erhalten. Es ist dabei nicht eine besondere Kraft des Belebten, die Lebenskraft, die vis vitalis, die in den Pflanzen (z. B. nach Meinung von J. J. Berzelius und auch von C. Sprengel) auf unerforschbare Weise aus den anorganisch-chemischen Stoffen „organische" wie Stärke, Zucker, Eiweiß etc. macht, sondern es sind *chemische* Vorgänge und damit wissenschaftlich erforschbare Vorgänge, durch die Belebtes und Unbelebtes in engste Wechselwirkung miteinander treten.[95]

[95] Vgl. *Liebig, Justus v.*, Die organische Chemie, a. a. O., S. 33ff.

Liebig schreibt: „Man darf sich durch den Popanz der Lebenskraft nicht abhalten lassen, den Prozeß der Metamorphose der Nahrungsmittel und in ihrem Zusammenhang die Assimilation der Organismen in dem *chemischen* Gesichtspunkte zu betrachten ... Den Ausdruck Lebenskraft muß man vorläufig für gleichbedeutend mit dem halten, was die Medizin spezifisch oder dynamisch nennt; Alles ist spezifisch, was man nicht erklären kann, und dynamisch ist die Erklärung von Allem, was man nicht weiß".[96]

Diese naturwissenschaftlich-materialistische Position und die auch heute noch allgemeingültigen chemischen Erkenntnisse über die Art und Weise der gegenseitigen Bedingtheit von Organischem und Anorganischem hat zum ersten Male Liebig in seinem Werk zur Agrikulturchemie und chemischen Physiologie vertreten und hat damit weit mehr geleistet, als die Erkenntnisse anderer nur systematisiert zu haben.[96a]

Zu 2. Im folgenden sollen nur Liebigs Ausführungen zur Quelle der *Pflanzen*nährstoffe betrachtet werden, da die Nährstoffquellen der Tiere bereits unter 1. dargelegt sind. – Liebig fragt nach den *Quellen* für den Kohlenstoff, den Stickstoff, den Wasserstoff und beantwortete sie – wiederum aufgrund der umfassenden Kenntnis der zeitgenössischen Literatur, aber auch auf der Basis einer Reihe eigener bzw. in seinem Gießener Labor angestellter Untersuchungen. Quelle des Kohlenstoffs: Einzige Quelle für den Kohlenstoffgehalt der Pflanzen ist das Kohlendioxid. Es wird im wesentlichen von den grünen Pflanzenteilen bei der Assimilation im Sonnenlicht der Atmosphäre entnommen. Die Ansicht, daß der Humus, von der Pflanze aufgenommen, ihr die hauptsächliche Kohlenstoff-Nahrung darbietet, ist falsch. Trotzdem hat der Humus aber für die Ernährung der Pflanze eine Bedeutung, weil im Humus – als in Zersetzung begriffener organischer Substanz – die Kohlenstoffverbindungen zu Kohlendioxid abgebaut werden, so daß er eine zusätzliche Atmosphäre von Kohlendioxid am und im Boden schafft, die für die Ernährung der eben gekeimten Samen bis zur Ausbildung von grünen Pflanzenteilen und der dort einsetzenden Assimilation wichtig ist.[97] Liebig hat also keineswegs dem Humus jede Bedeutung für die Pflanzenernährung abgesprochen. Er sah in ihm eine Quelle von zusätzlichem Kohlendioxid. (Daß er gleichzeitig die wichtigste Quelle für den Ammoniakgehalt des Bodens ist, erkannte Liebig nicht, weil er als „Humus" die in Verwesung begriffene Holzfaser definierte, die aufgrund ihrer Zusammensetzung gar keine Stickstoffverbindung liefern kann).

Quelle des Wasserstoffs: Diese ist das Wasser, das bei der Assimilation in seine Elemente zerlegt und in die organische Substanz eingebaut wird.

Quelle des Stickstoffs: Stickstoff wird nach Ansicht Liebigs von Wurzeln aus dem Boden in Form von Ammoniak-Verbindungen entnommen. (Niemals ist Liebig der Meinung gewesen, die Pflanze wäre in der Lage, den Stickstoff der Luft, also N_2, zu „assimilieren"). Liebigs Frage lautet: Wie kommen die Ammoniakverbindungen in den Boden, woher stammt sein Ammoniakgehalt? Und seine Antwort ist: Der Ammoniakgehalt entstammt ursprünglich der Luft. Durch Verwesung und Fäulnis tierischer und pflanzlicher Produkte haben sich deren Stickstoffverbindungen in Ammoniak verwandelt und sind in die Atmosphäre entwichen. Dort bildet das Ammoniak mit dem Kohlendioxid das leicht lösliche und flüchtige Ammoniumkarbonat, das vom Regen und vom Schnee in den Boden, in die Ackerkrume gebracht wird. Aufgrund vieler Versuche betrachtete Liebig den Ammoniakgehalt

[96] Ebenda, S. 53, 55.

[96a] Vgl. Anm. 94. [97] Ebenda, S. 45.

der Luft wenn auch als klein, so doch als unerschöpflich, weil durch Verwesung, Fäulnis, aber auch durch Fabrikanlagen die Atmosphäre immer wieder mit Ammoniak angereichert wird und damit auch dem Boden immer wieder ersetzen kann, was ihm durch die Ernten entzogen worden ist.

Diese Ansichten von Liebig sind durchaus richtig – nur ist die Atmosphäre nicht alleiniger Lieferant von Stickstoffverbindungen, sondern u. a. auch der Humus, der den aus seiner Zersetzung hervorgehenden Ammoniak selbst bindet.

Quelle der Mineralstoffe: Als einzige Quelle kommt der Boden in Betracht. Dem Boden entzogen, können sich Mineralstoffe nicht von selbst regenerieren.

Zu 3. Nach Liebigs Ansicht stehen Kohlendioxid, Wasser und Ammoniak durch ihren Gehalt in der Atmosphäre den Pflanzen zur Verfügung, durch den Kreislauf zwischen Pflanze und Tier verringert sich der Gehalt in der Atmosphäre auch nicht, so daß auch Stickstoffverbindungen, die dem Boden durch Ernten entzogen wurden, prinzipiell durch den Ammoniakgehalt der Luft regenerierbar sind. Anders verhält es sich mit den Mineralstoffen, die mit jeder Ernte dem Feld entzogen und nur durch Düngung, z. B. mit tierischen Exkrementen, zu einem Teil auf den Acker zurückgelangen, im Laufe der Zeit also in immer geringerer Menge dort vorhanden sind. Ihr Fehlen, ihre nicht auf *natürliche* Weise erfolgende Regeneration im Boden ist es nach Liebig vor allem, die eine Erschöpfung des Bodens, schlechte und Miß-Ernten bedingt.

Diese wissenschaftlich gesicherte, aber noch nicht vollständige chemische Lehre der Pflanzen- und Tierernährung (z. B. wurde das biochemische Phänomen der Umwandlung von Luftstickstoff in Stickstoffverbindungen durch Bakterien der Leguminosen und damit eine zusätzliche Stickstoffquelle für den Boden erst 1886 durch Hellriegel und Wilfarth erkannt) versuchte Liebig nun als Basis zur Verbesserung der Landwirtschaft zu nutzen.

Zu 4. Welche Schlußfolgerungen leitete Liebig aus der gewonnenen wissenschaftlichen Basis speziell für die Pflanzenernährung ab? Aufgrund seiner Erkenntnis, daß durch die Ernten den Feldern und Wiesen nur die Mineralstoffe unwiederbringlich entzogen werden, während Kohlendioxid in der Luft ausreichend zur Verfügung steht und sich auch der Ammmoniakgehalt des Bodens „natürlich" zu regenerieren vermag, schlußfolgerte Liebig, daß man dem Boden in erster Linie jene entzogenen Mineralstoffe zurückerstatten müsse. Und zwar alle jene Mineralstoffe, die entzogen wurden bzw. die für den Anbau der gewünschten Pflanzenart speziell erforderlich sind. Liebig prophezeite, daß der Landwirt aufgrund genauer Kenntnisse über die chemische Zusammensetzung des Bodens in die Lage kommen würde, exakt wissenschaftlich zu bestimmen, womit er seinen Boden düngen müsse, um optimale Ernährungsbedingungen zu schaffen. Es sei dabei gleichgültig, ob man die fehlenden Mineralien durch den Stalldung und die menschlichen Exkremente oder einen speziell hergestellten chemischen „Kunst"-dünger dem Boden zufüge. Liebig sah aber voraus, daß mit der zunehmenden Industrialisierung, der Konzentration der Menschen in den Städten, die menschlichen Exkremente als die Rücklaufmittel für die dem Acker entzogenen chemischen Substanzen in immer geringeren Mengen auf die Äcker zurückgelangen würden und empfahl den Einsatz von Kunstdünger.

Er selbst stellte eine Reihe solcher „künstlicher" Dünger für die verschiedenen Pflanzenarten her, die zuerst in England J. Muspratt herstellte und den Landwirten verkaufte. Die englischen Landwirte erlebten damit nur Mißerfolge, weil Liebig den

Fehler begangen hatte, die chemischen Substanzen seines „Patent"-düngers in eine möglichst schwer wasserlösliche Form zu bringen. Er hatte befürchtet, das Regenwasser würde die Mineralsubstanzen sonst zu schnell aus dem Boden auswaschen. Erst die Arbeiten von Th. Way vom Jahre 1852 über die Adsorption von Salzen im Boden, die erste Erkenntnisse der physikalischen Chemie für die Bodenkunde und Pflanzenernährung nutzbar machten, belehrten Liebig eines besseren und von 1858 an stellte er wasserlösliche chemische Dünger her, deren Erfolg nicht ausblieb.

Die Kriterien der Praxis hatten Liebigs Theorie aber inzwischen in schweren Mißkredit gebracht. Die englischen Landwirte hatten ihre Erträge durch Düngung mit Mist und mit stickstoffhaltigen organischen Düngern, vor allem mit Guano aus Peru rasch wieder steigern können. So lehnte man besonders in England, aber auch in Deutschland die künstlichen Mineraldünger ab und wies darauf hin, daß man – wie die Praxis bewiese – vor allem mit stickstoffhaltigen Stoffen düngen müsse. A. Stöckhardt in Tharandt u. a. stellten die Regel auf, daß der Wert eines Düngers von dessen Stickstoffgehalt abhängig sei. Inzwischen hatte man nämlich nicht nur riesige Mengen von Guano aus Peru, sondern auch aus anderen Ländern, die in der Regenzone lagen, importiert und festgestellt, daß dieser Guano viel stickstoffärmer war. Obgleich er dafür einen viel größeren Gehalt an Phosphaten besaß, erklärte man ihn für minderwertig. Nachdem 1863 die riesigen Salpeterlager Chiles entdeckt worden waren, begann man in den 70er Jahren, diesen Salpeter – fast ausschließlich wegen seines Stickstoffgehaltes – auf die Felder zu streuen. Zwischen 1840 und fast bis zu Liebigs Tode gab es einen heftigen wissenschaftlichen Streit zwischen Liebig und den „Stickstofflern". Im Grunde genommen wurde dieser Streit für Liebig entschieden, weil er immer wieder auf die *Gesamtheit* der dem Acker zur Verfügung zu stellenden Düngemittel hinwies, wenn er auch der Stickstoff-Düngung zu wenig Raum einräumte. Prinzipiell konnte sich der Stickstoffgehalt der Böden nach Liebig mit Hilfe der Atmosphäre ja regenerieren! Übrigens hat Liebig in der 1. Auflage seiner Agrikulturchemie auf die Notwendigkeit einer Düngung der Felder mit stickstoffhaltigen Stoffen hingewiesen: „Die Kulturpflanzen empfangen von der Atmosphäre die nemliche Quantität Stickstoff, wie die wild wachsenden, wie die Bäume und Sträucher, allein er ist nicht hinreichend für die Zwecke der Feldwirtschaft".[98] Erst von der zweiten Auflage an, nachdem ihm eine Reihe von Bodenanalysen vorlagen und energisch vom Jahre 1846 an wandte er sich gegen die Meinungen besonders von J. B. Lawes und Gilbert: „daß die Quantitäten Stickstoff, welche die natürlichen Quellen den Pflanzen darbieten, für den Bedarf einer vollen Weizenernte nicht hinreichen".[99]

Dr. Kroker hatte in Liebigs Gießener Laboratorium 22 Bodenarten auf ihren Gehalt an Stickstoffverbindungen untersucht. Das Königlich-Preußische-Landes-Ökonomie-Collegium hatte ähnliche Untersuchungen durchführen lassen. Auch Liebig selbst hatte verschiedene Böden analysiert und kam zu dem Schluß: „Diese Quellen bieten der Weizenpflanze hundert- oft tausendmal mehr Stickstoff dar, als sie für die reichste Entwicklung bedarf".[100]

Wenn dennoch eine Zufuhr von stickstoffhaltigen Düngern die Erträge erhöht, so hat das seinen Grund in einer Ökonomie der Zeit, in einem „Gewinn an Zeit"[101]. „Der *Mehrertrag* . . . eines Feldes . . . hängt . . . davon ab, daß, indem man in dem

[98] Ebenda, S. 79.

[99] Zit. nach: *Ders.*, Über Theorie und Praxis in der Landwirtschaft, Braunschweig 1856, S. 7.

[100] Ebenda. [101] Ebenda, S. 21.

Boden zur günstigen Zeit Quellen schafft von Kohlensäure und Ammoniak, durch dieselben in den sich entwickelnden Pflanzen die aufsaugende Oberfläche des Feldes aufwärts und abwärts vergrößert wird. Eine doppelte Blattoberfläche muß mit doppelt so viel Luftteilchen in Berührung kommen und in derselben Zeit doppelt so viel Kohlensäure aus der Luft aufzunehmen vermögen ... Eine Kohlensäure- und Ammoniakquelle im Boden beschleunigt die Wirkung der Bodenbestandteile in der Zeit".[102] Ammoniak-düngung *allein* verdoppelt daher zwar in einem Jahr die Ernte, und vielleicht noch einige weitere Jahre. Aber jedesmal werden dem Boden dadurch auch die doppelte Menge an Mineralsalzen entzogen, so daß nach einigen Jahren auch die stärkste Stickstoffdüngung keinen Erfolg mehr zeigt. Liebig kommt zu dem Schluß: „Durch Anwendung von Ammoniak würde das Feld nicht im Ganzen mehr erzeugt haben, als ohne Ammoniak, sondern *in der Zeit* mehr.

Man wird jetzt verstehen, daß die Erträge der Felder oder ihre Fruchtbarkeit im Verhältnis stehen muß zur Summe der darin enthaltenen mineralischen Nahrungsmittel. Die Höhe der Erträge steht im Verhältnis zur Schnelligkeit der Wirkung der Bodenbestandteile in dieser Zeit".[103] Mit anderen Worten ausgedrückt heißt das: Der Gehalt eines Bodens kann sich an Stickstoffverbindungen niemals erschöpfen (wie das bei den Mineralstoffen der Fall ist), denn es stehen ihm *natürliche*, ammoniakliefernde Quellen zur Verfügung. Trotzdem ist die Wirkung *zusätzlicher* Stickstoffdüngung erwiesen, denn sie vermag *Mehr*erträge zu bewirken. Dennoch nützt diese zusätzliche Ammoniakdüngung *allein* nur dann, wenn auch die für die *Mehr*erträge benötigten anderen, also die Mineralstoffe, in der größeren Menge vorhanden sind. D. h., will man *Mehrerträge* erzielen, darf man nicht *allein* mit stickstoffhaltigen Düngern düngen, sondern muß auch das Mehr der benötigten Mineralstoffe berücksichtigen.

Die Auseinandersetzungen um die „Agrikulturchemie" zwischen 1840 und 1870 trugen ganz wesentlich dazu bei, die Aufmerksamkeit der Landwirte auf das Problem der Düngung hinzulenken, auch wenn zunächst nicht eindeutig war, womit vorrangig gedüngt werden sollte. H. Franz[104] hat diese Situation für einen Teil Deutschlands geschildert: „Der hervorragendste Punkt in der Stallmistwirtschaft ist die Anlage der Dungstätten und die Behandlung des Düngers daselbst. Anfang der siebziger Jahre fanden sich in dieser Hinsicht in ganzen Landesteilen die trübesten Zustände, die übrigens in entsprechender Abschwächung allenthalben zu finden waren ... Ein ... ausgedehnter Brauch war auch darin zu bekämpfen, daß man den Dünger zu lange auf der Dungstätte lagern ließ, ja erst ihn für reif hielt, wenn er schon sichtbar vertorft und zu einer speckigen Masse geworden war ... Handelsdünger: ... Alle diese Handelsdünger waren als solche noch im Anfang der vierziger Jahre überhaupt unbekannt. Erst in Folge der ... Bewegung nach dem Auftreten J. v. Liebigs begann man zunächst in Rheinhessen und Pfalz, primitive Knochenmühlen zu errichten, die sich schnell ausbreiteten ... Bedürfnis, die Knochenmehle schneller wirksam zu machen und gelangte zu der chemischen Aufschließung, zur Löslichmachung der Phosphorsäure. Mittlerweile war auch der Peruguano in Schiffsladungen nach Europa gelangt ... die in großen Lagern aufgefundenen Phosphoritgesteine, Koprolithen usw. wurden gleichfalls chemisch aufgeschlossen und lieferten so die Superphosphate ... Bereits um

[102] Ebenda, S. 22, 23f.
[103] Ebenda, S. 24.
[104] *Franz, H.*, Die Landwirtschaft in Thüringen und ihre Entwicklung in den letzten 50 Jahren, Berlin 1896, S. 257f.

die Mitte der sechziger Jahre bestanden in Rheinhessen, der kleinen Provinz von 25 Quadratmeilen, 5 Düngerfabriken und 75 Düngerhandlungen, welche einen jährlichen Verbrauch von 180000 Ztr. nachwiesen".

Außer Knochenmehl, Holzasche, Guano, Phosphormineralien (an denen Deutschland sehr arm ist), die mit Schwefelsäure aufgeschlossen wurden zu Superphosphaten, und getrockneten menschlichen Exkrementen, der sogenannten Poudrette, wurden ab 1860 auch die Kalisalze aus dem Abraum des Staßfurter Salzreviers als Düngemittel genutzt. Diese Abraumsalze enthalten verschiedene Kali-, Kali-Kalzium- und Kali-Kalzium-Magnesium-Verbindungen, so daß sie als mineralische Dünger hervorragend geeignet sind. Zwischen 1861 und 1870 wurden in Staßfurt die aus Tabelle 13 ersichtlichen Mengen an Rohsalzen gewonnen:

Tabelle 13
Gewinnung von Rohsalzen in Staßfurt
(in Tonnen)

Jahr	Kainit	Sylvinit	Karnallit	Bergkieserit
1861	–	–	2293	–
1865	1314	–	87671	75
1870	36582	–	268225	47
1900	1189394	147791	1697803	2047

Quelle: Müller, G., Die chemische Industrie, Leipzig 1909, S. 207.

Deutschland hatte in der Aufbereitung dieser Salze eine Monopolstellung inne.

Die Ausweitung der Produktionen künstlicher Düngemittel erfolgte im wesentlichen aber erst nach 1870 und hatte auf die Industrielle Revolution selbst keinen Einfluß mehr.

Schlußbetrachtungen

Nicht alle chemischen Produktionszweige, die sich während der Industriellen Revolution herausbildeten oder zu kapitalistischen Unternehmungen anwuchsen, konnten in der vorliegenden Studie behandelt werden. Es sind nur jene ausgewählt worden, die einen unmittelbaren Anteil am Prozeß der Industriellen Revolution hatten und sich in engster Wechselwirkung mit ihr entwickelten. Nicht berücksichtigt wurde auch die Rübenzuckerindustrie, da sie keinen eigentlich chemischen Produktionsprozeß darstellt. Ihre Entwicklung in Deutschland spiegelt sich in Tabelle 14 wider:

Ferner wurden nicht behandelt die Produktion von Sprengstoffen (bes. von Dynamit, das im Jahre 1867 von A. Nobel erstmals hergestellt wurde und das nicht nur als „Destruktivkraft" wirkte, sondern von großer Bedeutung war für die Steigerung der Arbeitsproduktivität im Bergbau und für das Straßen- und Verkehrswesen) sowie die Produktion synthetischer organischer Farbstoffe. Obgleich der Beginn der Produktion beider Industriezweige noch in die Zeit vor 1870 fällt, haben diese Produktionen und die mit ihrer Hilfe erzielten Profite keinen richtungsweisenden Anteil mehr an der Durchsetzung jenes wesentlichen Prozesses, der sich während der Industriellen Revolution abspielte und zur Herausbildung und Entfaltung des Kapitalismus der freien Konkurrenz führte.

Tabelle 14
Anwachsen der Rübenzuckerproduktion in den deutschen Ländern:

Jahr	Fabriken	Rohzuckerproduktion (in Tonnen)
1836/37	122	1408
1840/41	145	14205
1844/45	98	12968
1850/51	184	53349
1853/54	227	71038
1858/59	257	144364
1869/70	296	217192

Quelle: *Fischer, F.*, Über die Entwicklung der Rübenzuckerindustrie, in: Zeitschrift des Vereins Deutscher Ingenieure, Jg. XXX, 1886, S. 329.

Die industrielle Produktion von Dynamit und der ersten synthetischen organischen Farbstoffe erfolgte zu einer Zeit, als die Entwicklung der Chemie – im Vergleich zu ihrem Stand um 1800 – schon weit fortgeschritten war, es waren Produktionszweige, deren Produkte einen relativ hohen Entwicklungsstand der Chemie, speziell der analytischen wie der präparativen organischen Chemie voraussetzten. Diese Produktionen benötigten die Wissenschaft als Basis, sie erzwangen sehr bald auch eine Konzentration von Produktion und Kapital und stehen deshalb am Übergang vom Kapitalismus der freien Konkurrenz zum Monopolkapitalismus.

Gegen Ende der Industriellen Revolution war jene wissenschaftliche Basis vorhanden, die den Übergang in eine neue, wissenschaftsintensivere Phase der chemischen Produktion ermöglichte. Denn in der Zeit zwischen 1800 und etwa 1860 hatte die chemische Wissenschaft sich auf drei Ebenen wesentlich weiterentwickelt: 1. waren entscheidende neue Organisationsformen der Chemie entstanden, 2. hatte sich die chemische Grundlagenforschung weit ausgebreitet und hatte auf dem Gebiet der anorganischen, vor allem aber der organischen Chemie eine Vielzahl neuer Kenntnisse und tiefere Erkenntnisse hervorgebracht und 3. hatte sich eine chemische Forschungsrichtung herausgebildet, die sich ihre Aufgaben aus der industriell-chemischen Praxis ableitete, die versuchte, das weiterentwickelte chemische Wissen zur Verbesserung oder Veränderung bereits vorhandener chemischer Produktionszweige anzuwenden oder neue hervorzubringen.

Zu den Punkten 1 und 2 sind bereits einleitend einige Ausführungen gemacht worden, zu Punkt 3 seien zur Illustration noch folgende Darstellungen angeführt:

Zu Beginn der Industriellen Revolution war die Begründung und Ausweitung der chemischen Industrie zum größten Teil unabhängig von der sich entwickelnden chemischen Wissenschaft erfolgt; teilweise schon länger bekannte chemische Reaktionen mußten vor allem in den industriell-technischen Maßstab übertragen werden, und die neue chemische Lehre von Lavoisier/Dalton diente hauptsächlich dazu, die sich abspielenden chemischen Vorgänge mit den neuen, richtigen Begriffen theoretisch widerzuspiegeln.

Im zweiten Drittel der Industriellen Revolution, etwa ab 1830, warf die neue chemische Produktion wissenschaftliche Probleme auf, die von einigen Chemikern aufgegriffen und – auf der Basis einer schon weiterentwickelten chemischen Theorie –

zu lösen versucht wurden. Diese Phase kann man als die der Anwendung chemischer Kenntnisse auf die (bereits vorhandene) Produktion bezeichnen. Zu solchen Problemen gehörten: Konkurrenzdruck und Versuche der Rationalisierung der Verfahren, Rohstoffmangel und Suche nach anderen geeigneten Rohstoffen, Nutzbarmachung einheimischer Rohstoffe u. a. m. Auf einige dieser Probleme und ihre Lösung ist in der Studie hingewiesen worden, die Einführung der Gay-Lussac- und Glovertürme, die Oxidation des Salzsäuregases und des Kalziumsulfids beim Leblanc-Prozeß, der Einsatz von Schwefeldioxid-Röstgasen beim Bleikammerverfahren und die Versuche, auch die deutschen zinkhaltigen Sulfide als Rohstoffe einzusetzen, gehören ebenso dazu wie Liebigs und anderer Versuche der „*Anwendung der Chemie* auf Agrikultur und Physiologie". Des weiteren müssen hier genannt werden die Bemühungen von Robert Bunsen, im Auftrage der kurhessischen Regierung den Holzkohlehochofen von Veckershagen auf seine Energieausnutzung hin zu untersuchen, eine Aufgabe, die Bunsen zur Begründung der Gasanalyse, zur ersten wissenschaftlichen Theorie der Hochofenprozesse und zu einer wesentlich rationelleren Ausnutzung ihrer Energien führte. Bunsen führte derartige Untersuchungen im Auftrage der British Association for the Advancement of Science auch an Kokshochöfen Englands durch und soll damit den englischen Eisen-Industriellen Kosten im Werte von Millionen Pfd. Sterling erspart haben.

Von wachsender Bedeutung wurde für die chemische Industrie auch die exakte analytische Prüfung sowohl von Rohstoffen als auch von Zwischenprodukten, beispielsweise beim Puddel- und Bessemerverfahren die Bestimmung des Kohlenstoffgehaltes der Frischofenschmelze, des Phosphorgehaltes des Roheisens etc. Hier hat sich besonders der Chemiker C. R. Fresenius große Verdienste erworben, indem er um 1840 einen neuen Zweig der Chemie, die analytische Chemie, begründete. Zwar waren bis zu jener Zeit eine Menge verschiedener analytischer Methoden bekannt, aber Fresenius systematisierte sie erstmals, publizierte 1842 eine „Anleitung zur qualitativen chemischen Analyse" und 1846 eine „Anleitung zur quantitativen Analyse", die beide Rekordzahlen an deutschen und fremdsprachigen Auflagen erlebten, und er gründete 1848 in Wiesbaden ein spezielles analytisches Laboratorium, in dem er Schüler ausbildete und das – nach E. Fischers Meinung – zum damals bedeutendsten internationalen Schiedslabor wurde.

Ähnlich wie die Sodaproduktion nach Leblanc u. a. das lästige Nebenprodukt Kalziumsulfid lieferte, das man zunächst durch Versenken ins Meer, dann aber rationell zu verwerten lernte, indem man es durch chemische Umwandlung in einen nützlichen Rohstoff verwandelte, brachte im ersten Drittel des 19. Jahrhunderts die Leuchtgasindustrie das Nebenprodukt Steinkohlenteer hervor. Besonders in England und Frankreich, wo sich die Steinkohlenentgasung zuerst rasch entwickelte, standen die Industriellen vor dem Problem, die rasch anwachsenden Berge von Steinkohlenteer beseitigen zu müssen. Auch in diesem Falle versuchten einige Chemiker, durch chemische Umwandlung etwas Nützliches aus dem Teer zu gewinnen. Aber verglichen mit dem Kalziumsulfid, dessen Zusammensetzung und zu erwartende chemische Reaktionen relativ leicht zu überschauen waren, stellte der Teer ein Konglomerat der verschiedensten organisch-chemischen Verbindungen dar, von denen sich bei seiner Destillation vor allem das sog. Steinkohlenteeröl abschied. Hier gab es höher und niedriger siedende Fraktionen, basische und saure Anteile, die den Chemikern damals noch ganz unbekannt waren und über die erstmals 1833 F. F. Runge auf der Naturforscherversammlung zu Breslau (Wrocław) vortragen ließ. Runge hatte auch die blaue Farbreaktion beobachtet, die das Anilin mit Chlorkalk gab, dsgl. die prächtig rotgefärbten Farblacke der Rosolsäure beschrieben u. a. m. und hatte der Chemischen Produktenhandlung in Oranienburg, bei der er angestellt war, eine gewerbliche Verwendung vorgeschlagen, jedoch vergebens.

Dieser unbekannten Stoffe nahmen sich zuerst die chemischen Wissenschaftler an, und zwar im allgemeinen veranlaßt durch Anstöße aus der chemischen Industrie. A. W. Hofmann, ein Schüler Liebigs, erhielt 1843 von Ernst Sell (ebenfalls einem ehemaligen Liebig-Schüler) aus dessen Teerdestillationsfabrik eine Flasche Steinkohlenteeröl zur Untersuchung geschickt. Schon A. Laurent hatte den sauren Bestandteil des Teeröls, die sog. Carbolsäure (Phenol) untersucht und sie als Phenylhydrat chemisch richtig identifiziert. Hofmann nahm sich die basische Fraktion vor und, nachdem er bei Sell in Offenbach 12 Zentner Teeröl mit Salzsäure extrahiert und dabei zwei Pfd. Basengemisch erhalten hatte, begann er jene experimentellen Untersuchungen, die den ersten theoretischen Einblick in die Vielzahl der organischen Stoffe des Steinkohlenteeröls sowie deren chemische Umsetzungen ermöglichten. 1845 nach London als Leiter des dort neu errichteten Royal College of Chemistry berufen, konnte Hofmann seine Untersuchungen an der Quelle des Steinkohlenteers fortsetzen. Es ging ihm dabei in erster Linie um die theoretische Identifizierung der einzelnen Stoffe und ihrer Umwandlungen, es gelang ihm u. a., das Anilin, ein Abbauprodukt des natürlichen Indigos, als Aminobenzol zu identifizieren und es aus dem Benzol, das man in der leichtsiedenden Fraktion des Teeröls entdeckt und zur Verfügung hatte, durch Nitrierung und anschließende Reduktion zu synthetisieren. 1856 gelang es Hofmanns damaligem Schüler und Assistenten W. Perkin mehr durch Zufall, aus dem Allylanilin durch Oxydation (er wollte eigentlich Chinin synthetisieren) den ersten synthetischen organischen Farbstoff, das Mauvein, herzustellen und auf seiner Basis die erste Fabrikationsstätte für sog. Teerfarbstoffe einzurichten. Durch Analogisieren gewann Verguin in Lyon durch Oxydation von technischem Anilin (= Gemisch von Anilin und Toluidin) das Fuchsin. Zu jener Zeit wandte sich Hofmann der theoretischen Klärung der Farbstoffbildung zu. Er erkannte, daß sich aus Anilin mit Chlorkohlenstoff das Rosanilin bildet, das wegen seiner drei substituierbaren Wasserstoffatome durch alle möglichen organischen Reste die Muttersubstanz aller Anilinfarbstoffe bildet. Aus Rosanilin stellten dann Ch. Girard und G. de Laire das Anilinblau dar und begründeten auf seiner Basis die Teerfarbenfabrikation in Frankreich. Hofmann klärte die Konstitution des Anilinblaus als Triphenylrosanilin auf und bemühte sich seinerseits, von seiner neuen theoretischen Einsicht her gezielte Veränderungen am Rosanilinmolekül vorzunehmen. Mit präparativen Methoden, die besonders in Frankreich durch Wurtz entwickelt worden waren, erhielt Hofmann durch Einführung von Ethylresten (mit Hilfe des Ethyljodids) bzw. von Methylresten das Triethyl- bzw. Trimethylrosanilin, herrliche violette Farbstoffe, die als Hofmanns Violette berühmt wurden. Auf der Londoner Weltausstellung 1862 feierten die neuen Teerfarbstoffe ihren ersten Triumpf; die 13 Preisträger waren fast ausschließlich englische und französische Farbenfabrikanten, die Fabrikationskosten für die synthetischen Produkte waren sehr hoch.

Nach dem Vorbild Englands und Frankreichs entstanden in Deutschland ebenfalls einige Farbenfabriken:

1860 richtete die Farbenhandlung Fr. Bayer in Elberfels eine Fuchsinfabrik ein

1863 nahmen Meister, Lucius und Brüning in Höchst/Main ebenfalls die Fuchsinproduktion auf, wozu sie einen Chemiker einstellten.
1863 gründete W. Kalle die Farbenfabrik in Biebrich
1865 entstand die Badische Anilin- und Soda-Fabrik in Mannheim (dann Ludwigshafen)
1867 legten C. A. Martius und P. Mendelssohn-Bartholdy eine Anilinfarbenfabrik in Rummelsburg/Berlin an (die 1873 mit der Farbenfabrik von Jordan in Treptow zur AG für Anilinfarben vereinigt wurde)
1870 gründete die Farbenhandlung Leop. Cassella & Cie. eine Farbenfabrik in Mainkur.

Die meisten dieser ersten Farbenfabriken arbeiteten nach dem Vorbild der in der Industriellen Revolution entstandenen chemischen Industriezweige: ein bekannter chemischer Vorgang wird in den industriell-technischen Maßstab übertragen, – mit etwas Glück findet man gegebenenfalls ein weiteres „eigenes" Produkt.

Aber zu jener Zeit setzte auch die entscheidende Wandlung in der chemischen Produktion ein, und sie setzte vorzugsweise in Deutschland ein, wo besonders durch Liebigs Schule in erster und zweiter Generation eine Reihe hervorragender Chemiker ausgebildet worden war, die sich u. a. speziell dem Problem der organischen Farbstoffe zuwandten: A. W. Hofmann mit seinen Schülern P. Grieß, C. A. Martius und G. Merck, A. Kekulé mit seinem Schüler A. v. Baeyer, dieser mit seinen Schülern C. Graebe und C. Liebermann, später R. Willstätter, H. Caro und eine Reihe Ungenannter. Diese Wissenschaftler gingen das Problem der Gewinnung synthetischer organischer Farbstoffe von wissenschaftlicher Seite her an. An der Seite von A. W. Hofmann erforschten sie die Struktur, das Wesen der verschiedenen Farbstoffe und sannen von dieser wissenschaftlichen Warte aus auf bessere, billigere Synthesemöglichkeiten. C. A. Martius kehrte – wie 1865 A. W. Hofmann – von England nach Deutschland zurück und wurde zum Begründer der Aktiengesellschaft für Anilinfarben (Agfa), H. Caro ging nach seinem Chemiestudium 1859 nach Manchester ins Zentrum der Baumwollindustrie, um bei der Fa. Roberts, Dale & Co. das Färbereiwesen mit den neuen Farbstoffen von Grund auf zu erlernen. Dort fand er 1861/62 das Indulin, einen wertvollen blauen Farbstoff. Auf der Basis der Wissenschaft ersann er eine neue, billigere Darstellungsweise von Perkins Mauvein, mit der er Teilhaber der Fa. Roberts, Dale & Co wurde. Aber auch Caro kehrte mit seinen Erfindungen nach Deutschland zurück und trat 1868 als mitleitender Direktor in die BASF ein. Er war es dann auch, der die erfolgreichen Schüler A. v. Baeyers (der ein Jahrzehnt für die Strukturaufklärung des Indigos verwandt und dabei eine Reihe weiterer neuer Methoden der organischen Chemie, besonders die Zinkstaubdestillation entwikkelt hatte), C. Graebe und C. Liebermann, die in Bayers Laboratorium durch systematischen Abbau des Alizarins 1868/69 die Synthese des Alizarins aus Anthracen gefunden hatten, mit ihrer neuen, synthetischen Alizaringewinnung in Verbindung mit der BASF brachte, wo ihre Synthese noch technisch perfektioniert wurde.

Um 1870 nahm also auf dem Gebiet der Darstellung synthetischer organischer Farbstoffe (nicht nur der sog. Teerfarbstoffe, sondern auch einer Reihe anderer) die industriell-technische Produktion einen ganz anderen Charakter an als während der Industriellen Revolution. Die Wissenschaft, die erst im wesentlichen außerhalb der Produktion gestanden hatte, dann mit ihrem wissenschaftlichen Potential der Produktion half, durchdrang diese nun, was sowohl der Produktion wie der Wissenschaft zu großem Vorteil gereichte. Im Produktionszweig Farbenindustrie wurde seit etwa

1870 in zunehmendem Maße auf wissenschaftlicher Basis produziert. Aber auch die anderen chemischen Industriezweige wurden von diesem Zeitpunkt an von der inzwischen wesentlich weiterentwickelten theoretischen Chemie durchdrungen. Diese Verwissenschaftlichung der Produktion zog eine Rationalisierung der Produktion nach sich. Die Produktion von Schwefelsäure, Soda, Chlor, Salpetersäure, die in zunehmendem Maße auch von der neuen organisch-chemischen Industrie benötigt wurden, stieg – besonders in Deutschland – in den siebziger Jahren rasch an.

So waren auch von seiten der Beziehungen zwischen chemischer Wissenschaft und Produktion die Voraussetzungen gegeben, die mit der Industriellen Revolution geschaffene kapitalistische Produktionsweise auf eine höhere Entwicklungsstufe hinüberzuleiten.

Wolfgang Schreier

Zu Problemen der Wechselwirkungen zwischen Physik und Produktion im 19. Jahrhundert

Einige allgemeine Tendenzen der Entwicklung der Physik im 19. Jahrhundert

Um bestimmte Wechselwirkungen zwischen Physik und Produktion im einzelnen zu charakterisieren, ist es günstig, sich vorher mit einigen Tendenzen in der Physik des 19. Jahrhunderts im Überblick bekanntzumachen.

Die historisch gewachsene klassische Mechanik, die „Newtonsche Naturphilosophie", stellte bis gegen Ende des 18. Jahrhunderts das Kernstück der Physik dar. Ihre hoch entwickelte Theorie behandelte mehr oder weniger vollständig und idealisierend die Mechanik der Punktmassen, starren Körper und Flüssigkeiten. Sie beschränkte in gewissem Umfang den Spielraum für die Erkenntnisfindung in den anderen physikalischen Teildisziplinen. Deren theoretische Grundlagen waren weit weniger ausgebaut, aber auch nicht in dem Maße entwicklungsfähig wie die der Mechanik. Ebenso war der Umfang der entdeckten Effekte – an heutigen Maßstäben gemessen – im Vergleich zur Mechanik wesentlich geringer. Die Wärmelehre fußte auf der Theorie des Wärmestoffs, die Optik auf der Korpuskulartheorie des Lichts und die Elektrizitätslehre auf Anschauungen über elektrische Fluida.

Es ist deshalb durchaus berechtigt, davon zu sprechen, daß sich die Wissenschaft Physik im Laufe des 19. Jahrhunderts erst als einheitliches Wissenschaftssystem von den Eigenschaften und Zustandsformen, der Struktur und der Bewegung der unbelebten Materie etablierte. Das Gebäude der klassischen Physik formierte sich neben der Mechanik als allgemein anerkannter Grundlage aus den neuentstehenden Systemen der Elektrodynamik (ab 1820), der Wellenoptik (um 1830) und der Thermodynamik (um 1850). Der zwischen 1840 und 1850 entdeckte Energieerhaltungssatz schuf ein Band zwischen den Teildisziplinen und lehrte die äquivalente Umwandlungsfähigkeit der verschiedenen „Naturkräfte" ineinander. Gegen Ende des 19. Jahrhunderts schien die klassische Physik in sich vollendet. Die Eckpfeiler bildeten für eine „Physik der Materie" die hochentwickelte Mechanik und für eine „Physik des Äthers" die ab 1855 mathematisch umgesetzte elektromagnetische Feldtheorie. Damit verbunden war ein Aufstieg der theoretischen Physik, die, von der Mechanik ausgehend, in die anderen Teildisziplinen eindrang.

Die Ursachen und Anlässe für die Neuformierung und Neuorientierung der Physik, insbesondere in der ersten Hälfte des 19. Jahrhunderts, sind mannigfaltig. Auf eine sei hier hingewiesen. Abgesehen von den direkten Wechselwirkungen zwischen Physik und Produktion (die noch zu beschreiben sind), hat die Industrielle Revolution als Umwälzung im Bereich der Produktivkräfte auch mittelbar einen nachhaltigen Einfluß ausgeübt, der in seinen Verästelungen, Impulsen und Anregungen äußerst komplex und daher nicht leicht zu erfassen ist. Die Konstruktion und massenhafte Anwendung von Arbeits-, Werkzeug- und Antriebsmaschinen förderten neue Probleme der Bewegung und der Energieumwandlung zutage. Diese zielten auf eine Erweiterung des Systems der Mechanik (Reibung, Verformung, Werkstoffeigenschaften) und auf die Erfassung von Dampf- und Gasprozessen (Gasgesetze, Dampfdruckkurven) als Teil der Wärmelehre sowie mittelbar auf die Ausarbeitung umfassender Bewegungsgesetze der Materie, wobei die Dynamik realer (d. h. nicht idealisierter) Veränderungen der Medien (Körper, Stoffe, „Naturkräfte") mehr in den Mittelpunkt rückte. Davon profitierten mittelbar auch die Optik und die Elektrizitätslehre. Das Wiederaufgreifen der Huygensschen Ansätze zu einer Wellentheorie des Lichts findet einen Grund darin, daß die innere Dynamik der Schwingungen und Wellen als Bewegungsform der Materie tiefer ausgearbeitet wurde und besser als die Bewegung von Punktmassen die Lichtbewegung mit ihren Eigenschaften charakterisierte. Dieser Impuls wirkte neben der neuerlichen Grundlegung der Akustik über die theoretische Ausarbeitung der Elastizitätslehre, vorerst zur mechanischen Erklärung des Lichtäthers angelegt, auf die Produktion (u. a. elastische Verformung von Werkstoffen unter Belastung) zurück.

Weiterhin sind die vielfältigen Untersuchungen über die Leistung und die Leistungsverluste von Maschinen zu erwähnen, aus denen der Begriff der physikalischen Arbeit hervorging und die zur Herausbildung des Energieerhaltungssatzes beitrugen. Nicht nur durch die Industrielle Revolution veranlaßt, ist im ganzen ein Fortschritt in der physikalischen Untersuchung und Denkweise zu beobachten, der sich u. a. in einer vertieften Behandlung der Probleme, in einem engeren Wechselspiel zwischen Theorie und Experiment, im Aufsuchen und Prüfen mannigfaltiger Beziehungen und Analogien und in einer Erweiterung des Experimentierfeldes manifestierte.

Schließlich sei noch auf einen Zusammenhang zwischen der Philosophie, insbesondere der Naturphilosophie, und der Entwicklung der Physik im 19. Jahrhundert hingewiesen. Zu Beginn des 19. Jahrhunderts gewann der Dynamismus, die dynamische Naturerklärung, zunehmend an Bedeutung. Mit hervorgegangen aus der klassischen deutschen Naturphilosophie, war sie zur Naturauffassung der romantischen Naturphilosophie geworden. Ohne an dieser Stelle über den Wert oder Unwert der romantischen Naturphilosophie für die Entwicklung der Naturwissenschaften zu urteilen, muß doch zugestanden werden, daß insbesondere in der Elektrizitätslehre dynamische Vorstellungen die Erkenntnisfindung förderten. Die Überzeugung vom inneren Zusammenhang und von der Umwandlungsfähigkeit unkörperlicher, aber realer Naturkräfte wie Magnetismus, Licht, Elektrizität, Wärme führte zur Entdekkung elektrochemischer Effekte, des Elektromagnetismus, des thermoelektrischen Effekts, der elektromagnetischen Induktion und bereitete die Entdeckung des Energieerhaltungssatzes mit vor. Ebenso entstand Faradays qualitative Kraftlinientheorie auf dem Boden solcher Überlegungen. Anfänge einer Naturdialektik sind dabei nicht zu übersehen. Der Dynamismus, sich u. a. auf die Erfassung des Wechselspiels von „Kräften" (Energieformen) berufend, hatte hauptsächlich dort Erfolge, wo die analytische Methode und die atomar-stoffliche Konzeption der Naturwissenschaften versagte.

Die weitreichenden Spekulationen der romantischen Naturphilosophie über das Wesen von Naturerscheinungen riefen in den dreißiger und vierziger Jahren eine Gegenströmung hervor. Die Naturwissenschaftler verhielten sich nun skeptisch gegenüber ungesicherten weitergehenden theoretischen Verallgemeinerungen, vor allem, wenn sie in einem philosophischen Gewand auftraten. Dieses Vorurteil einer „exklusiven

Empirie" (F. Engels) hatte mit zur Folge, daß neuartige Auffassungen und Zusammenfassungen, wie der Energieerhaltungssatz oder die elektromagnetische Feldtheorie, erst dann ernsthaft beachtet bzw. anerkannt wurden, als man in der Lage war, sie mathematisch zu formulieren.

Um die Mitte des 19. Jahrhunderts hatte sich diese Gegensätzlichkeit aufgehoben und war in einer im Grunde mechanisch-materialistischen Naturauffassung, insbesondere der Physiker, aufgegangen.

Diese Prozesse resümierend, kann man die These aufstellen, daß in der Phase der Formierung der klassischen Physik als Wissenschaftssystem in der 1. Hälfte des 19. Jahrhunderts externale Faktoren wesentlich mitwirkten, während in der 2. Hälfte des 19. Jahrhunderts, in der Phase der Konsolidierung der klassischen Physik, internationale Entwicklungsfaktoren überwogen. Hinsichtlich der Wechselwirkungen zwischen Physik und Produktion zeichnet sich daraus grob vereinfacht ab, daß in der Phase der Formierung – einmal abgesehen von der Mechanik – die Physik von den Umwälzungen in der Produktion mehr profitierte, als sie ihr gab, während in der Phase der Konsolidierung die erwähnten Teildisziplinen durch den erreichten Entwicklungsstand bestimmenden Einfluß auf bestimmte Produktionssphären ausübten oder sogar zur Entstehung neuer Produktionen beitragen konnten.

Überblick über die Wechselwirkungen zwischen den Teildisziplinen der Physik und den einschlägigen Produktionssphären

Wenn man die überaus wichtigen sozialökonomischen Faktoren vorerst beiseite läßt, wird das Wechselverhältnis also grob charakterisiert durch den Entwicklungsstand der entsprechenden Wissenschaftsdisziplinen und der einschlägigen Produktionszweige Insbesondere für das 19. Jahrhundert (obwohl die Zeit nicht explizit ausgedrückt wird) hat Kedrov folgende generalisierende Feststellung getroffen: „2. Die Wissenschaft beginnt, die Technik *einzuholen*, mit ihr auf gleicher Höhe zu gehen, indem sie Aufgaben löst, die schon eine technische Realisierung finden, die in neuen Mitteln und Methoden des Produktionsprozesses verwirklicht werden. In dieser Etappe beginnt die Wissenschaft zu einer unmittelbaren Produktivkraft zu werden."[1]

Kedrov geht es um die aktive Rolle der Wissenschaft gegenüber der Produktion, ein Problem, das um so komplizierter wird, je differenzierter man die einzelnen Produktionssphären und ihren „wissenschaftlichen Überbau" heraushebt. Die Physik spielt darin eine Doppelrolle: Einmal wird sie in ihrer Gesamtheit im 19. Jahrhundert immer mehr zum Fundament der wissenschaftlichen Technik, was sich u. a. darin manifestiert, daß Physikvorlesungen an Technischen Hochschulen für viele ingenieurwissenschaftliche Disziplinen gehalten werden. Zum anderen sind die in ihrem Charakter und Grad sehr unterschiedlichen Wechselwirkungen der physikalischen Teildisziplinen mit der Produktion zu berücksichtigen. Allerdings existiert infolge der Komplexität des Forschungsgegenstandes der Physik keine „physikalische Industrie", jedoch kann man von einer mechanischen, optischen und elektrischen Industrie

[1] *Kedrov, B. M.*, Die Entwicklung der Formen des Zusammenhangs zwischen Wissenschaft und Technik, in: Wissenschaft als Produktivkraft, hrsg. v. H. Hörz/E. Lange/M. Klein, Berlin 1974, S. 24.

sprechen sowie die physikalische Wärmelehre als einen Entwicklungsfaktor für die Produktion vom Dampfmaschinen betrachten. Diese Zuordnung ist wiederum für die „mechanische Industrie“ sehr komplex, da Konstruktion von Maschinen unterschiedlicher Art und Anwendungsbereiche, aber auch das Bauwesen und andere Industrien mit der physikalischen Mechanik korrespondieren.

Im Laufe des 19. Jahrhunderts intensivierte sich die direkte Wechselwirkung zwischen den erwähnten physikalischen Teildisziplinen und den entsprechenden Produktionssphären. Grob umrissen werden folgende Entwicklungsstufen erreicht bzw. durchlaufen. Als Angelpunkt bzw. Ausgangspunkt wurde dabei die jeweilige physikalische Teildisziplin gewählt:

A. Die seit ihrer Herausbildung im 17. Jahrhundert weiterentwickelte klassische Mechanik wurde ab Ende des 18. Jahrhunderts für die mechanische Industrie aufbereitet und als technische Mechanik auf die bereits bestehende Produktion angewandt.

Die Aufbereitung für die Produktion erfolgte auf der Grundlage des Begriffs- und Gesetzesapparates der physikalischen Mechanik, wobei für die Industrie relevante mechanische Phänomene (z. B. Reibung, Verformung) neu ausgearbeitet und einbezogen wurden. Darauf stützten sich die Anfang des 19. Jahrhunderts entstehenden allgemeinen ingenieurwissenschaftlichen Disziplinen wie Technische Mechanik, Technische Kinematik und andere. Dieser Prozeß wird also dadurch charakterisiert, daß die während der Industriellen Revolution größtenteils empirisch entstandene Maschinenproduktion die Aufbereitung, Erweiterung und Anwendung des wissenschaftlichen Vorlaufs der physikalischen Mechanik erzwang. Die Abspaltung und relativ eigenständige Weiterentwicklung entsprechender ingenieurwissenschaftlicher Disziplinen ist eine Folge, die eine neue Entwicklungsphase, insbesondere in der Maschinenbauindustrie, einleitet. Keineswegs darf man dann die auf Erfahrung beruhende Konstruktion von Maschinen durch eine wissenschaftliche ersetzt denken, sondern über die Ingenieurwissenschaften fließen nach und nach wissenschaftliche Prinzipien in die Konstruktion ein.

B. Teilweise im Gegensatz zur Mechanik konnte die Wärmelehre am Anfang des 19. Jahrhunderts keine physikalische Grundlage für die Wärmevorgänge in der Dampfmaschine abgeben. Die Unzulänglichkeit der Theorie bestand vor allem darin, daß der Dampfprozeß nicht als Gasprozeß begriffen wurde und die Umwandlung von thermischer in mechanische Energie noch nicht erforscht war. Aus dem Widerspruch zwischen der Unzulänglichkeit der physikalischen Theorie und der Notwendigkeit der Vervollkommnung der Dampfmaschine kamen die entscheidenden Impulse für die Herausbildung der Thermodynamik in der Mitte des 19. Jahrhunderts. Die Thermodynamik und die darauf aufbauende technische Wärmelehre lieferten die wissenschaftliche Erklärung der Prozesse in der Dampfmaschine, trugen zu deren weiterer Verbesserung bei und gaben Anregungen für die Erfindung von Verbrennungskraftmaschinen. Es ist also festzustellen, daß insbesondere durch Watts Verbesserung der Dampfmaschine die wissenschaftliche Substanz der Wärmelehre im 18. Jahrhundert voll ausgeschöpft worden war und dadurch die Herausbildung eines weitaus umfassenderen wissenschaftlichen Systems (Thermodynamik) erzwungen wurde.

C. Die Elektrizitätslehre nahm nach der Entdeckung der chemischen Spannungsquellen (1800), des Elektromagnetismus (1820) und der elektromagnetischen Induktion (1831) in experimenteller und theoretischer Hinsicht einen großen Aufschwung. Auf der Grundlage der oben erwähnten Effekte entwickelte sich stürmisch die elektrische Drahttelegraphie als Produktionszweig der späteren Schwachstromtechnik. Nur zögernd bildeten sich mit dem Bau von elektrischen Generatoren zur Stromversorgung von Bogenlampen und galvanischen Anlagen erste Anfänge einer elektrotechnischen Industrie für Starkstromtechnik heraus. Im ganzen gesehen, erreichte dieser Elektrogerätebau bis 1880 trotz spezifischer physikalischer Forschungen auf diesem Gebiet nur eine halbempirische Stufe, die kaum über die Anwendung eines bestimmten Grundwissens der Elektrizitätslehre hinausging. Nachdem aber die Überlegenheit und Nützlichkeit der Elektroenergieversorgung überzeugend bewiesen worden war, setzte eine Aufbereitung der elektrischen Theorie, insbesondere der Feldtheorie, für die Praxis ein. Diese mündete in die Herausbildung der wissenschaftlichen Elektrotechnik als Synthese der Erkenntnisse bzw. Kenntnisse des halbempirischen Elektrogerätebaus und der wissenschaftlichen Elektrizitätslehre. Während dieses Prozesses entstand in der Zeit von 1880 bis 1900 die Elektroindustrie der Starkstromtechnik als erste Industrie auf physikalischer Grundlage.

D. Eine ähnliche Situation zeigte sich im Wechselverhältnis zwischen wissenschaftlicher Optik und optischem Gerätebau in den Jahren zwischen 1820 und 1870. Die Aufbereitung der Wellentheorie des Lichts für die Konstruktion von optischen Geräten stellt sich somit als ansteigender Prozeß dar, der in die physikalische Grundlegung der optischen Industrie mündete.

Kompliziert und aufschlußreich ist die territoriale Verteilung der Zentren der Physik und der Industrie und ihre Verlagerung im 19. Jahrhundert. Die von England ausgehende Industrielle Revolution griff auf Frankreich, Deutschland und andere Staaten des europäischen Kontinents sowie Nordamerika über. In Frankreich, das um die Jahrhundertwende auch ein Zentrum der Physik war, wurde das Ingenieurwesen theoretisch fundiert. Die Zentren der Physik verlagerten sich bis zur Jahrhundertmitte von Frankreich nach England und später auch nach Deutschland. Das beeinflußte positiv die Einführung physikalischer Erkenntnisse aus der Elektrizitätslehre, der Optik und auch der Thermodynamik in die Produktion, wobei die mit England wissenschaftlich eng verbundenen USA, insbesondere bei der Entstehung der Elektrotechnik, profitierten. Ebenso wurde der Fortschritt der technischen Wissenschaften in diesen Ländern davon berührt. Dagegen stagnierte vorübergehend die Entwicklung in Frankreich.

Nach diesem gewiß nicht vollständigen Überblick sollen einige der oben skizzierten Entwicklungsgänge herausgegriffen und näher beleuchtet werden.

Wechselwirkungen zwischen der physikalischen Wärmelehre und dem Dampfmaschinenbau

Es unterliegt keinem Zweifel, daß die Wandlung der Wärmelehre zur Thermodynamik aus der intensiven Beschäftigung der Physiker mit der Dampfmaschine hervorgegangen ist. Viel stärker, direkter und umfassender als bei der Konstruktion von Werkzeug- und Arbeitsmaschinen waren hier die Kontakte zwischen der Physik und der Technik im 18. und 19. Jahrhundert, weil auf beiden Seiten mit ähnlichen oder gar gleichen Problemen gerungen wurde. Die Produktion stellte die Aufgabe, den Wirkungsgrad und die Leistung der Dampfmaschine zu verbessern. Diese Fragestellung mündete ohne Zwischenglied in die physikalische Problematik der Umwandlung von thermischer in mechanische Energie auf der Basis von Gasprozessen. Da aber der Entwicklungsstand der physikalischen Wärmelehre vor der Entdeckung des Energieerhaltungssatzes und der beiden Hauptsätze der Wärmelehre keine prinzipielle Beantwortung dieser Fragen zuließ, suchten die Konstrukteure auf ihre Weise die Dampfmaschinen zu vervollkommnen. Ihre Forschungen und Neuerungen, die wohl empirisch waren, aber intuitiv in wissenschaftlich-physikalischer Richtung vorfühlten, gaben den Physikern wertvolle Hinweise für weitere Untersuchungen.

Man kann dieses Wechselspiel zwischen physikalischer Wärmelehre und Dampfmaschinenkonstruktion in drei Etappen einteilen. Die Frühgeschichte der Dampfmaschine erstreckt sich von O. von Guerickes Nachweis der Arbeitsfähigkeit des Luftdruckes über die Versuche C. Huygens, D. Papins bis zu den atmosphärischen Dampfmaschinen T. Saverys und T. Newcomens. Diese Etappe wird durch die Erkenntnisse über die Wirksamkeit des Luftdrucks, die Spannkraft und Kondensation des Wasserdampfes gekennzeichnet. Die zweite Etappe wurde durch die umwälzende Verbesserung der Dampfmaschine durch J. Watt und in der Physik durch die Unterscheidung zwischen Temperatur und Wärmemenge sowie die Herausbildung der Begriffe „latente Wärme" (Umwandlungswärme) und spezifische Wärme eingeleitet. Daran schloß sich die überaus fruchtbare Periode des Herantastens an die oben erwähnten Grundprobleme, die mit der Herausbildung der „mechanischen Wärmetheorie", der ersten Ausarbeitungsstufe der Thermodynamik, endete. In der dritten Etappe ergab sich eine im Wechselverhältnis zwischen Naturwissenschaften und Produktion so häufige Aufspaltung in einen physikalischen und einen technischen Zweig.

Die „dynamische Theorie der Wärme" wurde mit Hilfe der Wahrscheinlichkeitsrechnung zur statistischen Thermodynamik ausgebildet. Diese hatte u. a. große Bedeutung für die Herausbildung der Quantenphysik.

Nähere Ziele strebte die „Technische Wärmelehre" an. Ihre erste Aufgabe war es, den Wärmeprozeß in der Dampfmaschine thermodynamisch zu erklären und daraus Folgerungen zu ziehen.

Ihre Begründung nach der Entstehung der Thermodynamik zeigt wiederum, daß die Herausbildung gewisser grundlegender technischer Wissenschaften nur auf der Basis eines entwicklungsfähigen wissenschaftlichen (in diesem Falle physikalischen) Systems möglich ist. Physikalische Thermodynamik und technische Wärmelehre haben außerdem die Entstehung der Kältephysik und Kältetechnik befruchtet,[2] die Konstruktion von Verbrennungskraftmaschinen für Gas und Leichtöl mittelbar angeregt und die entscheidenden Impulse für die Erfindung des Dieselmotors geliefert. In dieser Weise trug die wissenschaftliche Fundierung der Kolbendampfmaschine zu ihrer eigenen Überwindung bei.

Die hinsichtlich der hier betrachteten Wechselwirkung wichtigste Etappe ist die von Watts umwälzender Verbesserung der Dampfmaschine bis zur Herausbildung der Thermodynamik und der Technischen Wärmelehre, also die Zeitspanne von 1760 bis 1870. Diese soll einer etwas eingehenderen Betrachtung unterworfen werden, wobei die rein technischen und konstruktiven Verbesserungen der Dampfmaschine sowie die Erweiterung ihres Anwendungsbereiches außer Betracht bleiben müssen.

[2] Vgl. *Lohmann, H.-D.*, Über das historische Wechselverhältnis zwischen Kältephysik und Produktion – ein Beitrag zur Geschichte der Entwicklung der Wissenschaft zur unmittelbaren Produktivkraft. Dissertationsschrift zur Promotion A, Leipzig 1971.

Watt hat als Universitätsmechaniker in Glasgow und auch in späteren Jahren eine Reihe von physikalischen Versuchen ausgeführt, die weit über den damaligen Stand der Wärmelehre hinausgingen. Der unmittelbare Anlaß dazu war die Konfrontation Watts mit einem Modell der atmosphärischen Dampfmaschine von Newcomen im Jahre 1764. Watt beobachtete, daß die Einspritzwassermenge der Newcomenmaschine die Hubkraft wesentlich steigerte, aber dadurch der Dampf- und Kohleverbrauch zur Wiedererhitzung des Zylinders entsprechend zunahm. Aus diesem Mißverhältnis leitete er zunächst keine empirische Verbesserung ab, sondern bestimmte in einem exakten Versuch den Zusammenhang zwischen Spannung und Temperatur des Wasserdampfs. Dazu arbeitete er eine physikalische Versuchsanordnung und die zugehörige Methode aus, mit der es ihm gelang, Dampfdruckkurven mit der Genauigkeit der Messungen von V. Regnault (1847) aufzuzeichnen. Diese Übereinstimmung ist frappierend, zeigt sie doch, daß hier auf physikalische Gesetzmäßigkeiten der Gasprozesse hingearbeitet wurde, die erst nach Carnots Überlegungen für die Wärmelehre aktuell wurden.[3]

In einem weiteren Versuch bestimmte er das entstehende Dampfvolumen aus einer gegebenen Wassermenge und die spezifische Kondensationswärme bei verschiedenen Dampfspannungen. Daraus leitete er das nur in engen Grenzen gültige „Wattsche Gesetz" ab, das die Summe von Umwandlungswärmen und „sensibler Wärme" (zur Temperaturerhöhung notwendige Wärmemenge) als konstant betrachtet. Auf der Basis dieser Versuche gelangte Watt zur Dampfmaschinenkonstruktion, die nicht mehr den Luftdruck, sondern die Dampfspannung als Antriebskraft benutzt und bei der die Kondensation des Wasserdampfes nicht mehr im Arbeitszylinder, sondern im Kondensator stattfindet. Schon in dem erwähnten Aufsatz wurde darauf hingewiesen, daß Watts Versuche unabhängig von J. Blacks Erforschung der Umwandlungswärmen erfolgte: „Die Versuche von Watt und Black ergänzten sich in vollständiger Unabhängigkeit, während ersterer für seine Forschungszwecke nur die Wärmeeigenschaften des Dampfes verfolgte, hierfür aber bestimmte Zahlenwerte feststellte, hatte Black hauptsächlich die allgemeinen Wärmeerscheinungen bei Änderung des Aggregatzustandes beobachtet und durch die größere Vielseitigkeit seiner Versuche die Erkenntnis gewonnen, daß die mechanische Veränderung des Stoffzustandes als der Grund des Verschwindens und Wiederfreiwerdens der Wärme anzusehen sei."[4] Noch drastischer hat Cardwell diese sogenannte Black-Watt-Legende zerstört: "The admitted fact that Black explained the doctrine of latent heat to Watt is the ultimate source of the Legend that Black's discovery stimulated Watt's invention. But the legend rests on a simple misunterstanding of the word 'explained'. A scientific explanation is a demonstration that a unique and puzzling event is really no more than a particular manifestation of a very common and relatively simple natural occurence ... In the same way Watt was puzzled by the unique phenomenon that he had come across experimentally, (Watt war verwirrt über die Unzulänglichkeit der Richmannschen Mischungsregel, die die Verdampfungswärme nicht berücksichtigt, kam zu einer eigenen Formulierung des Gesetzes über die 'latente Wärme', ohne es zu

[3] Diese Übereinstimmung wurde festgestellt in dem Artikel von *Ernst, A.*, James Watt und die Grundlagen des modernen Dampfmaschinenbaus, in: Zeitschrift des Vereins Deutscher Ingenieure, Bd. 40 (1896), Nr. 35, S. 973ff.; Nr. 36, S. 1013ff., 1044ff.

[4] Ebenda, S. 979.

verallgemeinern. – d. Vf.) Black was able to explain it by pointing out that it was consistent with a whole range of familiar occurences such as the boiling of kettles and the melting of snow. Black's approach had been philosophical and general and he was therefore able to identify the particular as one instance among many others, while Watt had given no thought to the general."[5] Diese Feststellung spiegelt die verschiedenen Zielrichtungen wider, unter denen die Versuche ausgeführt und ausgewertet wurden. Auf gleichen experimentellen Ergebnissen fußend, leistete Black einen Beitrag zur Herausbildung der wissenschaftlichen Theorie, während Watt seine Resultate direkt in die Konstruktion von Dampfmaschinen einfließen ließ. Bei Black ist die Verarbeitungsstufe dieser Erkenntnisse im Sinne der Wissenschaft höher, aber Watt leitete daraus einen unmittelbaren Nutzen für die Produktion her. Da jedoch bei Watt trotz ausreichender Begründung die hinreichende Verallgemeinerung im Sinne der Wissenschaft fehlte, wurden einige seiner Neuerungen (u. a. Dampfmantel für Arbeitszylinder zur Verringerung von Wärmeverlusten) nur halb verstanden und nicht weiterentwickelt. Ernst schreibt darüber 1896: „Auch in Lehrbüchern (über Dampfmaschinenbau – d. Vf.), die mehr in das Einzelne eindringen in verbreiteten Werken über die mechanische Wärmelehre, findet man noch vor 15 Jahren keine Erörterung des Wärmeaustausches, ja nicht einmal einen Hinweis auf die hierüber vorliegenden Erfahrungsthatsachen."[6] Das ist auch dafür bezeichnend, daß in dieser Etappe die praktische Zielstellung (Ökonomie der Dampfmaschine) gegenüber den idealisierenden Vorstellungen der Wissenschaft divergiert, die aber nur über diese Idealisierung zur Verallgemeinerung vordringen kann.

Zwei weitere Erfindungen, die Expansionsdampfmaschine und das Indikatordiagramm, haben die Herausbildung der Thermodynamik wesentlich beeinflußt: Bei der Expansionsdampfmaschine wurde nur ein Bruchteil des Zylinders mit Volldampf gefüllt. Danach wurde das Einlaßventil geschlossen und der Kolben durch die Expansionsfähigkeit des Dampfes getrieben. Eine solche Anordnung setzte den Dampfverbrauch herab, verminderte aber die Druckkraft während des Hubes. Daraus entstand die Frage, welcher Zusammenhang – bei Verwendung des modernen physikalischen Begriffssystems – zwischen der Leistung der Dampfmaschine und ihrem Wirkungsgrad bzw. welche Beziehung zwischen der mechanischen Arbeit pro Kolbenhub und der verbrauchten Wärmemenge bestünde. Offensichtliche Fragestellungen, die auf die Problematik der Energieumwandlung bei Kreisprozessen hinauslaufen. Der Zusammenhang zwischen Druck und Volumen im Arbeitszylinder wurde nun durch den lange von Watt geheimgehaltenen Indikator aufgezeichnet. Ein Freund J. Hornblowers, D. Gilbert, erkannte noch vor der praktischen Einführung des Indikatorgerätes, daß die Fläche unter der Druckkurve einen Wert für die „Leistungsfähigkeit" (efficiency), darstellt. In der Praxis diente das Indikatordiagramm zur genauen Bestimmung der Maschinenleistung, denn die Fabrikanten verkauften die Leistung. Jedoch wurde die Bedeutung des Indikatorinstruments für die Prüfung veränderter Dampfmaschinenkonstruktionen nicht in vollem Maße erkannt, wie das in folgendem Zitat angedeutet wird: „Schon Farey (siehe John Farey: A treatise on the steam engine. London 1827 – d. Vf.) klagt im Jahre 1827, daß die Vernachlässigung des Indikatorversuchs in England gewisse Rückschritte im Bau der Dampfmaschine

[5] *Cardwell, D. S. L.*, From Watt to Clausius, London 1971, S. 45.
[6] *Ernst, A.*, a. a. O., S. 982.

zur Folge habe, weil die Prüfung des Einflusses veränderter Konstruktionsverhältnisse unterbleibe, und auch wir Deutsche können uns nicht von dem Vorwurf freisprechen, daß dieses unentbehrliche Instrument namentlich an unseren Bildungsstätten lange Zeit gar nicht oder doch nur ganz stiefmütterlich behandelt wurde und dadurch in der Praxis sehr langsam Eingang fand."[7] Diese Geringschätzung ist wohl vor allem darauf zurückzuführen, daß die Bedeutung der von der Dampfdruckkurve umschriebenen Fläche (mechanische Arbeit pro Kolbenhub) nicht allgemein bekannt wurde.

Die Einführung der Hochdruckdampfmaschine durch R. Trevithick und seinen wissenschaftlichen Berater D. Gilbert um 1805 ist deshalb nur mittelbar abhängig vom Studium der Dampfdruckkurven. Im Vordergrund standen die offensichtlichen Vorteile der Hochdruckmaschine: die Verringerung der Maschinenabmessungen, die einen geringeren Wärmeverlust durch Konvektion, Strahlung und Leitung nach sich zog, der Wegfall des Kondensators, der eine Vereinfachung und Verbilligung der Maschine mit sich brachte. Das waren echte Vorleistungen für die Konstruktion von Lokomotiven. Allerdings wurde der Bau von Hochdruckmaschinen erst dadurch möglich, daß nun die technische Voraussetzung zur Beherrschung höherer Drucke in Zylinder, Kessel und Rohrleitungen gegeben waren. Watt selbst hatte die Möglichkeiten einer solchen Maschine erkannt, ihre technische Realisierung aber zu seiner Zeit für gefährlich gehalten. Dieser Zwiespalt zwischen wissenschaftlich-technischer Überlegung und technischer Realisation hat nicht nur bei der Dampfmaschine des öfteren den technischen Fortschritt verzögert.

Eine bestimmende Rolle spielte das Studium des Dampfdruckdiagramms aber bei der Wandlung der Wärmelehre zur Thermodynamik. Ohne Verwendung dieses Diagramms bemühten sich bedeutende französische Wissenschaftler zwischen 1810 und 1820 um die Bestimmung der von der Dampfmaschine erzeugten mechanischen Arbeit. Aber diese Berechnungen erwiesen sich in ihrer Abhängigkeit vom Kolbendruck, mittlerer Kolbengeschwindigkeit und Kolbenweg und anderen Bedingungen als zu speziell und zu kompliziert für den praktischen Gebrauch, doch fehlte auch für eine physikalische Theorie der Dampfmaschine der richtige Angriffspunkt. Ein vereinfachender, aber physikalischer Gesichtspunkt war notwendig, um die Dampfmaschine einer theoretischen Untersuchung unterwerfen zu können.

Hierfür stammt der erste Anlauf von S. Carnot, der 1824 das Indikatordiagramm auf der Basis der Gasgesetze von Boyle und Gay-Lussac interpretierte und auf diese Weise Wissenschaft und Technik zusammenführte. Carnot behandelte den Dampfdurchgang durch den Zylinder als Gasprozeß eines reversiblen Kreisprozesses, d. h. er zerlegte letzteren idealisierend in vier Teile (isotherme und adiabatische Kompressionen und Expansionen). Dabei konnte er sich auf die Resultate der Physik der Gase von Gay-Lusac und anderen stützen, die u. a. bewiesen hatten, daß die Ausdehnungskoeffizienten sowie die Differenzen der spezifischen Wärmen bei konstantem Druck bzw. konstantem Volumen für alle Gase die gleichen waren. Trotz teilweise unzureichender Voraussetzungen konnte Carnot folgende grundlegende Prinzipien für den Entwurf und die Abschätzung des Wirkungsgrades von Dampfmaschinen aus seinen Überlegungen ableiten:

1. Benutze die größtmögliche Temperaturdifferenz zwischen Kessel und Kondensator

[7] Ebenda, S. 1048.

2. Wähle bei gleichen Temperaturintervallen dasjenige aus, das auf der Temperaturskala niedriger liegt.
3. Der Arbeitsstoff (Wasserdampf, Gase) hat keine Bedeutung für die Leistungsfähigkeit, außer wenn seine Eigenschaften die Arbeitstemperaturen beeinflussen.
4. Versuche, soweit praktisch möglich, unter reversiblen Bedingungen zu arbeiten.[8]

Damit konnte Carnot den Vorteil der Hochdruckmaschinen einfach dadurch erklären, daß der bei höherem Druck erzeugte Dampf auch eine höhere Temperatur aufwies. Bei gleichbleibender Temperatur des Kondensators ergab das eine größere Temperaturdifferenz. Allerdings schien entgegen dem ersten Punkt der Vorteil bei der Benutzung von Wasserdampf gerade darin zu liegen, daß der Dampfdruck nicht linear, sondern viel schneller bezüglich der Temperatur zunahm. So klar Carnots allgemeine Folgerungen waren, für die Vorausberechnung besserer Dampfmaschinenkonstruktionen schien davon noch wenig zu profitieren. Aber die Kluft zwischen wissenschaftlicher Behandlung des Kreisprozesses und technischer Berechenbarkeit von Dampfmaschinen war aufgerissen worden.

Jedoch war durch Carnots Beurteilung der Leistungsfähigkeit der Dampfmaschinen ein Anhaltspunkt gegeben, an welchen physikalische Größen der Wirkungsgrad vorhandener Dampfmaschinen im Vergleich zum optimalen Wirkungsgrad abgeschätzt werden konnte. Aus diesem Grund kommt Cardwell zu folgender Einschätzung: "Everything that has happened since 1824 has confirmed Carnot's judgement, and we muste therefore divide the history of the heat engine into very distinct periods: before and after Carnot."[9] Das bedeutet aber nichts anderes, daß die Entwicklung der Dampfmaschine, ohne daß Carnots Auffassungen allgemein bekannt wurden oder gar durchdrangen, von der konstruktiven Seite her in Richtung auf ihre themodynamische Vervollkommnung verlief, ohne daß man sich im einzelnen in physikalischer Hinsicht Rechenschaft über die Verbesserungen geben konnte.

Das weitverbreitete Werk des Comte de Pambour „Theorie de la machine á vapeur", das ab 1839 in vielen Auflagen auch in Englisch (1839) vorlag, zeigt den Gegensatz zu Carnots Verallgemeinerungen, obwohl es in theoretischer Hinsicht fundamental angelegt war. Pambour analysierte alle Typen der zu dieser Zeit existierenden Dampfmaschinen, eine den Dampfmaschinenkonstrukteur, der auf bisherigen Erfahrungen aufbauen mußte, sehr interessierende Sache. Für die Berechnung der von der Dampfmaschine verrichteten Arbeit verwarf er das von J. V. Poncelet benutzte Boylesche Gesetz für die Expansion und entwickelte eine empirische Formel für den Dampfdruck im Zylinder. Seine Angaben sind darauf gerichtet, unter den gegebenen Bedingungen des Kessels, des Widerstandes und der Belastung der Maschine quantitative Beziehungen zwischen Geschwindigkeit, Belastung und verrichteter Arbeit herzustellen. Mit dieser Theorie glaubte Pambour die Dampfmaschinenkonstruktion berechenbar gemacht zu haben. Jedoch schenkte er dem Indikatordiagramm kaum Aufmerksamkeit und erwähnte Carnots Arbeit nicht. 1857 stellte F. Zernikow[10] fest, daß Pambours Formeln gut mit entsprechenden Versuchen übereinstimmen und die deutschen Ingenieure dessen Berechnungsgrundlagen allgemein anerkennen.

[8] Sinngemäß entnommen aus: *Kerker, M.*, Sadi Carnot and the Steam Engine Engineers, in: Isis Vol. 51 (1960), No. 165, S. 257ff. – Aus diesem Artikel stammen weitere interessante Angaben.

[9] *Cardwell, D. S. L.*, a. a. O., S. 208.

[10] *Zernikow, F.*, Die Theorie der Dampfmaschinen, Braunschweig 1857.

Dagegen blieb der praktische Wert der Carnotschen Auffassung den Ingenieuren in der Zeit von 1824 bis nach 1850 verschlossen. Selbst B. P. E. Clapeyrons Abhandlung[11] über Carnots Auffassung aus dem Jahre 1834, in der erstmals der Carnotsche Kreisprozeß, ähnlich dem Indikatordiagramm, graphisch dargestellt wurde, löste keinen Widerhall aus. Auch Clapeyron, ein führender Dampfmaschinenkonstrukteur, erwähnte in späteren Vorlesungen und Arbeiten Carnots Werk nicht mehr, bis nach 1850 dessen Bedeutung von physikalischer Seite anerkannt wurde. Obwohl Carnots Arbeit also „in the mainstream of engineering practice and theory“[12] lag, war die Aufmerksamkeit der meisten Ingenieure zu sehr an die konstruktiven Details (Verbesserung der Ventilsteuerung u. a.) gebunden, als daß sie Carnots Gedankengänge hätten ausbeuten können. So kam es, daß die in Carnots Arbeit enthaltenen physikalischen Probleme über die Umwandlung thermischer in mechanische Energie und die Reversibilität von Kreisprozessen zuerst die Aufmerksamkeit der Physiker weckte.

Nachdem J. R. Mayer erstmals aus den spezifischen Wärmen der Gase bei konstantem Druck bzw. konstantem Volumen das mechanische Wärmeäquivalent berechnet und J. P. Joule dieses experimentell bestimmt hatte, erhielt der Satz von der Erhaltung und Umwandlung der Energie durch H. von Helmholtz 1847 eine umfassende Formulierung. Aus der von Clapeyron definierten Carnotschen Funktion über die Arbeitsfähigkeit der Einheit der Wärmemenge, deren Temperatur um ein Grad sinkt, kam W. Thomson (Lord Kelvin) 1848 zur thermodynamischen Definition der Temperatur. Gestützt auf V. Regnaults genaue Messungen der Wärme- und Gaskonstanten entriß W. Thomson schließlich Carnots Theorie der Vergessenheit, indem er fragte, ob der Übergang von Wärme vom heißeren zum kälteren Körper immer einen mechanischen Effekt (wie bei der Dampfmaschine) erzeugen müsse. Mit dieser generalisierenden Fragestellung leitete er den Aufbau der „mechanischen Wärmetheorie“, der ersten Entwicklungsstufe der Thermodynamik, ein. Da W. Thomson wie Carnot im Gegensatz zu seinem Freund Joule noch auf dem Boden der alten Wärmestofftheorie stand, gelang es ihm noch nicht, die „Erhaltung“ eines Wärmestoffes mit der „Umwandlung“ von Wärme in Arbeit zu vereinbaren. Dieser Widerspruch zwischen Wärmestofftheorie und Bewegungstheorie der Wärme als Aussage über das Wesen der Wärme hatte im Zusammenhang mit der Erklärung von Prozessen in der Dampfmaschine nur eine untergeordnete Rolle gespielt.

Um 1850 erkannte man, daß beim Aufbau der Thermodynamik die Erkenntnis des Wesens der Wärme ein Kernproblem war. 1850 vermochte R. Clausius Carnots mit Joules Ideen in der „dynamischen Theorie der Wärme“ zu verschmelzen und eine erste Formulierung der beiden Hauptsätze zu geben. Der erste Hauptsatz drückte in Ergänzung zum Energieerhaltungssatz die exakten Beziehungen zwischen thermischer und mechanischer Energie aus, während der zweite – direkt aus Carnots Überlegungen hervorgehend – eine Aussage über den Richtungsablauf thermischer Vorgänge machte. In dieser Hinsicht ging er über den Energieerhaltungssatz hinaus und ließ sich nur schwer in die herrschende mechanische Naturauffassung einfügen, wie die weitere Entwicklung der Thermodynamik klarstellte. Erst 1865 hat Clausius den zweiten Hauptsatz durch Einführung der Größe Entropie quantitativ gesichert, mit deren Hilfe die physikalische Klärung irreversibler Vorgänge einsetzen konnte.

[11] *Clapeyron, B. P. E.*, Mémoire sur la puissance de la Chaleur, in: Journal dL'école polytechnique, 1834, Nr. 14, S. 153.

[12] *Kerker, M.*, a. a. O., S. 269.

Über die Auswirkung der Herausbildung der Thermodynamik für die Weiterentwicklung der Dampfmaschine berichtete Rosenberger in seiner Geschichte der Physik: „Wichtig für die Theorie der Dampfmaschine, wenn sie auch nicht ohne Anfechtung aufgenommen wurde, war die Folgerung, welche Rankine (im Jahre 1853 – d. Vf.) und Clausius gleichzeitig aus dem ersten Hauptsatz der Wärmetheorie zogen, daß nämlich vollständig gesättigter Wasserdampf, wenn er sich ausdehne, theilweise als flüssiges Wasser sich niederschlagen, wenn er aber comprimiert werde, in überhitzten Dampf übergehen müsse. Wichtiger noch für die gesammte Thermotechnik war die neue Schätzung der Wirkungsfähigkeit der Dampfmaschine, welche W. Thomson, Rankin und Clausius bei ihren Untersuchungen des zweiten Hauptsatzes der Wärmetheorie entwickelten, und die, allerdings schon in Carnot's Werk angelegt, der bis dahin herrschenden Theorie von Pambour doch ziemlich entgegengesetzt war. Nach Clausius ist das Maximum W der Arbeit, welche von einer vollkommenen Dampfmaschine (das bedeutet beim reversiblen Kreisprozeß d. Vf.) höchstens erhalten werden kann, durch die Formel

$$W = \frac{Q}{A} \cdot \frac{T_1 - T_0}{T_1}$$

bestimmt, wo Q die gesammte verbrauchte Wärme, A das mechanische Aequivalent der Wärme, T_1 die absolute Temperatur des heißeren und T_0 die des kälteren Körpers bezeichnen. Aus dieser Formel ging die damals sehr überraschende Thatsache hervor, *daß auch in der vollkommensten Dampfmaschine nicht alle von derselben aufgenommenen Wärme in Arbeit verwandelt werden kann,* daß vielmehr unter den obwaltenden Verhältnissen, bei der bedeutenden Erhebung der Temperatur aller benutzbaren Körper über den absoluten Nullpunkt, der größte Theil der Wärme unnutzbar von einem Theil der Maschine auf den anderen übertragen, oder auf innere Zustandsänderung des Körpers verwandt werden muß."[13] Dieses Zitat eines führenden deutschen Historikers der Physik aus der Sicht des Jahrzehnts zwischen 1880 und 1890 ist in verschiedener Hinsicht aufschlußreich: Seine Hinweise auf den überhitzten Wasserdampf beziehen sich auf die seit 1845 vereinzelt eingeführten Maschinen mit Überhitzer, in denen der gesättigte in ungesättigten Wasserdampf überführt und damit eine weitere Temperaturerhöhung erreicht werden konnte. Dieses Verfahren war rein zeitlich gesehen auf Carnots Ergebnisse zu gründen, wurde aber schon vor der Herausbildung der Thermodynamik angewandt. Clausius und Rankine haben sich nach 1850 der Erforschung der Expansion in Dampfmaschinen zugewandt, die von überhitztem Dampf bis zum Naßdampf (gesättigter Dampf) verläuft. Dieser Clausius-Rankine Prozeß war eine der ersten Formen, in der die nun etablierte, aber idealisierende Thermodynamik wieder für die Produktion aufbereitet wurde. Dadurch wurde zögernd Pambours Theorie überwunden. Es ist jedoch bezeichnend, daß Karmasch noch 1872 lakonisch schrieb: „Um die mathematische Theorie der Dampfmaschine haben sich in Frankreich Poncelet 1828, Navier 1835, Pambour 1835, 1839, in Deutschland Redtenbacher besondere Verdienste erworben."[14] Rosenbergers Zitat und weitere Veröffentlichun-

[13] *Rosenberger, F.*, Die Geschichte der Physik in Grundzügen, Dritter Teil, Braunschweig 1887–1890, S. 426f.

[14] *Karmasch, K.*, Geschichte der Technologie, München 1872, S. 209.

gen[15] lassen erkennen, wie stark verbunden auch die deutschen Dampfmaschinenkonstrukteure mit der empirischen Entwicklungslinie (die trotzdem teilweise hochmathematisch war) eines Pambour waren.

Die weitere Ausgestaltung der „Technischen Wärmelehre" durch G. Zeuner[16] und Rankine[17] lief also zunächst darauf hinaus, den existierenden Formen der Dampfmaschine eine wärmetheoretische Basis zu geben. Es ging also darum, die Ingenieure und Studenten mit der neuen Theorie vertraut zu machen, sie in die neue Betrachtungsweise einzuführen. Auf diesem Boden konnte u. a. mit der Einführung der Entropie- und später der Mollierdiagramme[18] auch zur vollständigen wärmetheoretischen Erschließung und Vervollkommnung der Dampfmaschine beigetragen werden, obwohl gerade in Deutschland die technische Thermodynamik zu abstrakt, d. h. zu wenig mit den Problemen der Konstruktionspraxis verknüpft, betrieben wurde. So stellte 1893 und erneut 1895 der Verein Deutscher Ingenieure die Preisaufgabe, eine kritische Darstellung der Entwicklung des Dampfmaschinenbaus während der letzten 50 Jahre anzufertigen. Für die Lösung wurde verlangt: „Sie soll nach Möglichkeit ermitteln, welchen Anteil Wissenschaft wie Schule und welchen Anteil die Industrie selbst an der Entwicklung des Dampfmaschinenbaus hat, und so eine möglichst klare Erkenntnis darüber schaffen, welcher Anstrengungen, wie vieler Arbeit der mitten in der Industrie stehenden Männer es bedurfte, um den heutigen Standpunkt zu erreichen. Hierbei sind Erscheinungen zu behandeln, wie z. B. die, daß in Deutschland der Wert des Dampfmantels (von Watt eingeführt – d. Vf.) überhaupt die Bedeutung des Wärmeaustausches zwischen Dampf und Cylindermaßen, sowohl in der wissenschaftlichen Litteratur als auch in der Industrie, eine lange Reihe von Jahren ungenügend, gar nicht oder irrtümlich gewürdigt wurde, während die Lehren der mechanischen Wärmetheorie hier in einer Ausdehnung Behandlung erfuhren wie sonst nirgends. Es wird klar zu stellen sein, daß Wissenschaft und Schule nicht selten weit hinter der Praxis zurückgeblieben sind, daß aber auch die letztere, abgesehen von anderem, manche befruchtende Anregung durch die wissenschaftliche Forschung erhalten hat."[19] Sehr treffend rief diese Aufgabenstellung dazu auf, das Wechselverhältnis zwischen Dampfmaschinenbau und Wärmetheorie als physikalischer Grundlage im

[15] Neben anderen erschien von Ferdinand Redtenbacher, dem hervorragenden Förderer der technischen Mechanik und der Maschinenbauwissenschaft, 1855 „Die Gesetze des Lokomotivbaues". Nach Rühlmann (hierzu *Rühlmann, M.*, Vorträge über Geschichte der technischen Mechanik und der damit im Zusammenhang stehenden mathematischen Wissenschaften, Leipzig 1885) wurde Redtenbachers Aufstellung der „Dynamischen Theorie", eine Zurückführung aller Erscheinungen der materiellen Welt auf die Gesetze der Mechanik der Molekularkräfte, der Grund dafür, daß er sich um die Ausbildung der mechanischen Wärmetheorie für technische Zwecke wenig kümmerte.

[16] *Zeuner, G.*, Grundzüge der mechanischen Wärmetheorie, Freiberg, 1860; *ders.*, Technische Thermodynamik, 2 Bde., Leipzig 1890.

[17] *Rankine, J. M.*, A manuel on the steam engine and other prime movers, London/Glasgow, 1859.

[18] R. Mollier, seit 1894 ordentlicher Professor für Maschinenbau und Wärmelehre an der TH Dresden, verknüpfte seit 1895 auf höherer Ebene mit neuartigen Diagrammen und Tabellen des Wasserdampfes und Untersuchungen zum Wärmedurchgang Theorie und Experiment in der technischen Thermodynamik.

[19] Zit. nach: *Ernst, A.*, a. a. O., S. 1048.

historischen Zusammenhang zu charakterisieren. Es geht daraus hervor, daß an den deutschen Bildungsstätten die technische Thermodynamik umfassend behandelt wurde, entsprechend dem allgemeinen wissenschaftlichen Aufschwung in Deutschland während der zweiten Hälfte des 19. Jahrhunderts. Befremdlich scheint auf den ersten Blick die angedeutete Divergenz zwischen der wissenschaftlichen Forschung und den konstruktiven Problemen des Dampfmaschinenbaus in den Jahren nach 1850. Teilweise ist diese Anschauung berechtigt, da an einer Reihe deutscher Technischer Hochschulen die Theorie überwog, während das technisch-wissenschaftliche Experiment an der Maschine selbst erst mit dem Aufbau von Maschinenlaboratorien möglich wurde. Außerdem wuchs die Vielfalt der Maschinen mit den erweiterten Anwendungsbereichen (u. a. für Elektrizitätswerke), und neue Teilgebiete wie der Dampfkesselbau[20] mußten wissenschaftlich erschlossen werden.

Allgemein betrachtet zeichnete sich nach der Herausbildung der technischen Thermodynamik als ingenieurwissenschaftlicher Disziplin ein echtes Überführungsproblem zwischen Wissenschaft und Technik ab, das es vorher nicht in dieser Form geben konnte, da kein umfassendes wissenschaftliches System existierte. Diese neue Situation bildete sich aber erst mit der Eigenständigkeit der technischen Thermodynamik heraus. Das hatte zur Folge, daß sich die Wissenschaft auch bisher vernachlässigten Detailproblemen (u. a. verschiedene Wärmeverluste) unter technisch-wissenschaftlichen Aspekten annehmen mußte. Daraus entstanden erst die neuartigen komplizierten Wechselwirkungen zwischen Wissenschaft und Produktion, die eine neue Phase der Entwicklung einleiteten.

Die Thermodynamik hat auch bei der Entwicklung anderer kleiner Antriebsmaschinen mitgewirkt. Nachdem sogenannte Heißluftmaschinen (die die Expansionsfähigkeit erhitzter Luft mit geringem Erfolg ausnutzten) schon in der ersten Hälfte des 19. Jahrhunderts gebaut worden waren, wurden u. a. von W. Thomson, Joule und Rankine auf der Basis der Thermodynamik wissenschaftliche Studien über diese Maschine angefertigt. Ein Buch Redtenbachers aus dem Jahre 1853 mit dem Titel: „Die cálorische Maschine“[21] zeigt jedoch, daß anfangs die neuen Erkenntnisse im wesentlichen noch unaufbereitet auf die Konstruktion von Heißluftmaschinen angewandt würden. Trotzdem wurde dadurch die Entwicklung von Heißluftmaschinen für das Kleingewerbe forciert, die bis 1890 mit den damals aufkommenden Verbrennungsmaschinen konkurrierten. Allerdings waren ihre thermodynamischen Vorteile bezüglich des Wirkungsgrades nicht voll ausnutzbar.[22] Wie unklar die weitere Entwicklung dringend gebrauchter kleiner Antriebsmaschinen neben der Dampfmaschine um 1870 war, zeigen die Äußerungen Karmaschs. Für den Einsatz des Elektromotors gab er folgende Einschätzung: „Allein neben der Kostspieligkeit haben auch andere praktische Ursachen (wohl die Stromversorgung mit Batterien wegen des noch

[20] Hierzu folgender Artikel: *Weber, F.*, Der deutsche Dampfkesselbau in der ersten Hälfte des 20. Jahrhunderts, in: Technikgeschichte, Bd. 32 (1965), Nr. 3, S. 244ff. Darin wird auf S. 252 ausgeführt, daß sich der Dampfkesselbau bis zum 1. Weltkrieg nur auf praktische Erfahrungen stützte.

[21] *Redtenbacher, Ferdinand*, Die calorische Maschine, Mannheim 1853.

[22] Siehe *Mauel, K.*, Die Rivalität zwischen Heißluftmaschine und Verbrennungsmotor als Kleingewerbemaschine und seine Gründe, in: Technikgeschichte in Einzeldarstellungen Nr. 2, Düsseldorf 1967.

fehlenden Energienetzes – d. Vf.) diese Erfindung wieder von der Tagesordnung entfernt und in den Kreis der physikalischen Experimente zurück verwiesen.“[23]

Das war eine durchaus zutreffende Beurteilung der damaligen Situation.

Auch nur geringe Aussichten räumte er der Heißluft- und der Verbrennungskraftmaschine ein: „Diesen vielseitigen und achtungswürdigen Bemühungen zum Trotz scheint die calorische Maschine zur Zeit aufgegeben zu sein, wenigstens hat sie sich keine Stelle in der Praxis des Maschinenwesens erringen können.“ und „Vielfach sind Maschinen (Verbrennungskraftmaschinen – d. Vf.) . . . in Benutzung genommen, doch ist ihre vorteilhafte Anwendung schon allein durch die Kostspieligkeit des verbrauchten Gases sehr in Zweifel gestellt, mithin ihr Platz in der Industrie noch nicht genügsam befestigt.“[24] Deutlich zeichnete sich ab, daß der Übergang auf ein neues Antriebssystem neue produktionstechnische und ökonomische Probleme aufwarf. Die Produktion von verbrennungsfähigen Gasen und Leichtölen als Energieträger für Antriebsmaschinen mußte in vielfacher Hinsicht die Konkurrenz mit der Kohle bestehen. Allein mit der Erfindung dieser Maschinen war es also nicht getan.

Obwohl nach Karmasch die Prognose der „thermodynamischen Maschinen“ in dieser Übergangszeit offenbar schleierhaft war, wurde ihre Auswahl und Entwicklung doch durch die nunmehr feststehenden thermodynamischen Prinzipien begünstigt. Der wesentliche Entwicklungssprung bei den Verbrennungskraftmaschinen – die Erfindung des Viertakt-Otto-Motors (1876) mit dem Verdichtungstakt vor der Zündung – stützte sich nach Cardwell[25] nicht auf die richtigen Prinzipien, geschah aber vor dem Hintergrund der etablierten Thermodynamik. Demgegenüber waren R. Diesels Bestrebungen darauf gerichtet, eine Maschine zu erfinden, deren Kreisprozeß eine Annäherung an den Carnotprozeß darstellen sollte und deren Wirkungsgrad deshalb weit besser lag. Das gelang ihm 1897.

Wenn man die Entwicklung der Dampfmaschine seit Watt noch einmal überblickt, lassen sich für die Zeit nach 1850 einige Schlußfolgerungen umreißen.

Die Herausbildung der Thermodyamik brachte keinen offensichtlichen Bruch in der Weiterentwicklung der Dampfmaschine mit sich, diese verlief weiterhin evolutionär. Aber bestimmte Probleme wie die Expansion, die Verwendung von überhitztem Dampf u. a. konnten jetzt auf der Basis der Thermodynamik behandelt werden. Insbesondere wurden Dampfüberhitzer erst im 1860 in größerem Umfang eingesetzt. Diese thermodynamische Untermauerung hatte neben anderen Gründen zur Folge, daß die Maximalleistung von Dampfmaschinen ab 1860 sprunghaft zunahm, soweit man das aus unvollkommenen Angaben[26] ablesen kann. Daran beteiligten sich auch deutsche Firmen, die erst ab etwa 1840 Dampfmaschinen herstellten. In welchem Maße sich neben der Leistungsoptimierung auch eine Wirkungsgradverbesserung der Dampfmaschine vollzog, konnte aus den vorliegenden Quellen nicht erschlossen werden. Die Weiterentwicklung der Kolbendampfmaschinen (außer für Lokomotiven) wurde allerdings durch das Aufkommen der Dampfturbinen (ab 1880) als ortsfeste Großmaschinen und die Einführung von Verbrennungskraftmaschinen und Elektromotoren (ungefähr ab 1885) als Kleinmaschinen überschattet.

[23] *Karmasch, K.*, a. a. O., S. 217f.
[24] *Matschoß, C.*, Die Entwicklung der Dampfmaschine, 2 Bde., Berlin 1908.
[25] *Cardwell, D. S. L.*, Technology, Science and History, London 1972, S. 166.
[26] U. a. bei *Matschoß, C.*, a. a. O., S. 223.

Wechselwirkungen zwischen der Elektrizitätslehre und dem Elektroanlagenbau

Die Zeitspanne von 1800 bis 1880 wird für Anwendung der Lehre der Elektrizität und des Magnetismus in der Produktion durch zwei bedeutende Ereignisse markiert. Um 1800 wurden die einen stationären Strom liefernden chemischen Spannungsquellen erfunden. Damit begann ein gewaltiger Aufschwung der experimentellen und theoretischen Erforschung der Elektrizität, der theoretisch im Aufbau der elektromagnetischen Feldtheorie (1865) und experimentell im Nachweis der elektromagnetischen Wellen (1887) kulminierte. Um 1880 entstanden die ersten Elektroenergieverteilungsnetze, durch die die Nützlichkeit der Verwendung von Elektroenergie (insbesondere bei Starkstromtechnik) in vollem Umfang nachgewiesen wurde. Zwischen den beiden Umschlagpunkten zeichnete sich die Anwendungsfähigkeit elektrischer Erscheinungen auf zwei Gebieten in unterschiedlicher Weise ab. Während die Drahttelegraphie als Teilgebiet der Schwachstromtechnik schon bis 1880 eine große Bedeutung erlangte und die entsprechende Industrie eine erhebliche Ausdehnung erfuhr, erreichte in der gleichen Periode die Produktion elektrischer Generatoren zur Stromversorgung von galvanischen Anlagen und Bogenlampen, also die Starkstromtechnik, nur einen geringen Umfang. Die Gründe hierfür sollen vorerst anhand einiger konkreter Entwicklungsprobleme erörtert und am Schluß verallgemeinert zusammengefaßt werden.

Der Aufschwung der Elektrizitätslehre im 19. Jahrhundert

Das gesamte 18. Jahrhundert hindurch wurden Experimente zur „Reibungselektrizität" angestellt. Die mit Elektrisiermaschinen erzeugten rasch abklingenden elektrischen Ströme erschwerten die Untersuchung. Bedeutsame Entdeckungen lagen deshalb neben der Unterscheidung von Leitern und Nichtleitern und von positiver und negativer Elektrizität auf elektrostatischem Gebiet: Es wurden die Vorform des elektrischen Kondensators, die Leidener Flasche, und als erstes Meßgerät für die sinnlich nur mittelbar wahrnehmbaren elektrischen Erscheinungen der Elektrizität das Elektroskop bzw. das Elektrometer erfunden. Um 1788 entdeckte C. A. Coulomb das nach ihm benannte Gesetz der Elektro- und Magnetostatik, das er nach dem Vorbild des Newtonschen Gravitationsgesetzes aufbaute. Er unterwarf damit Erscheinungen der Elektrizität erstmals der Berechnung. Auch die Maßeinheit der elektrischen Ladung führte er auf mechanische Größen zurück. Der von B. Franklin eingeführte Blitzableiter war das erste praktisch verwendete Gerät.

Diese Etappe endete, als der Anatom L. Galvani um 1780, ausgehend von der Reizbarkeit lebender Körper durch Elektrizität, seine Versuchsserie über die Einwirkung der Elektrizität auf präparierte Froschschenkel begann. Den großen Erfolg aus Galvanis Versuchen erntete A. Volta, der 1800 das einen stationären Strom erzeugende galvanische Element erfand. Die von H. Davy, A. Carlisle, J. W. Ritter und anderen bis 1820 mit galvanischen Elementen gefundenen Effekte der Elektrochemie (Elektrolyse des Wassers, Abscheidung von Metallen aus Salzlösungen, Schmelzflußelektrolyse) markierten den Beginn der Elektrochemie, die aber zunächst kaum produktionswirksam wurde. Auch die von Davy und W. W. Petrow mit großen

Batterien zwischen Holzkohlenstiften gezündeten grelleuchtenden Lichtbogen wurden noch nicht für die Beleuchtungstechnik ausgenutzt. Die Gründe hierfür liegen vor allem darin, daß sich die galvanischen Batterien zu rasch erschöpften, die elektromagnetische Induktion als allgemeines Prinzip aller elektrischen Generatoren aber noch nicht entdeckt war.

Die beiden nächsten umwälzenden Entdeckungen wurden vor dem Hintergrund des Industrialisierungsprozesses gemacht. Sie sind eng mit einer Auflockerung des starren mechanischen Materiebegriffs verknüpft. Den eingangs erwähnten Dynamismus als Forschungsmethode nutzend, entdeckten 1820 H. C. Oersted den Elektromagnetismus und 1831 M. Faraday die elektromagnetische Induktion. Beide Erscheinungen wurden Ausgangspunkt und Grundlage sowohl für die Schwach- und Starkstromtechnik als auch für die Wandlung der Fernwirkungselektrodynamik zur elektromagnetischen Feldtheorie. Damit begann schon um 1830 die theoretische Behandlung quasistationärer Prozesse der Elektrizität. Gleichzeitig spaltete sich die mit den experimentellen Untersuchungen wachsende Theorie der Elektrizität in zwei Richtungen auf:

A. M. Ampère erforschte ab 1820 die elektromagnetischen Wechselwirkungen zwischen stromdurchflossenen Leitern, präzisierte die Begriffe der elektrischen Spannung und Stromstärke, führte den Magnetismus auf elektrische Molekularströme zurück, erfand das Solenoid (die Spule, die dann für die elektromagnetische Telegraphie von ausschlaggebender Bedeutung wurde) und kam schließlich zu einer ersten Formulierung des Kraftgesetzes der Elektrodynamik (ein Begriff, den er prägte), die die unvermittelte instantene Fernwirkung, entnommen aus Newtons Gravitationslehre, auch der Elektrodynamik zugrundelegte. Die hier nicht anzuführenden Gegensätze zwischen Ampèrescher Elektrodynamik und den realen elektrischen Erscheinungen (obwohl schon bei Ampère Ansätze zur Überwindung zu finden sind) blieben lange unbeachtet. Die Entwicklungslinie der hochmathematischen Elektrodynamik der Fernwirkung fand ihre Krönung in den elektrodynamischen Grundgesetzen von W. Weber (1846) und F. Neumann (1845, 1847), die auch die Elektrostatik und die elektromagnetische Induktion in die Berechnung einbezogen.

Da diese Theorien ein partiell unzulängliches Erklärungsschema benutzten und im wesentlichen nur quasistationäre Ströme erfaßten, waren ihrer Weiterentwicklung Schranken gesetzt. Nur bestimmte von der Telegraphenpraxis ausgehende Einzelarbeiten, u. a. von W. Thomson und G. R. Kirchhoff, bereiteten theoretisch die Überwindung dieser Auffassung vor. Trotzdem haben Weber, M. H. Jacobi, E. Lenz u. a. durch Detailarbeiten zum Elektromaschinenbau, zur Telegraphie, über Elektromagnete, elektrische Maßsysteme und Meßgeräte die entstehende Elektrotechnik gefördert. Diese Untersuchungen waren aber mathematisch meist elementarer als die umfassenden Grundgesetze der Fernwirkungselektrodynamik. Jedoch geht man wahrscheinlich nicht fehl in der Annahme, daß die Aufbereitung der hochmathematischen Gesamttheorie der Fernwirkungsdynamik für praktische Zwecke schon wegen des benutzten Erklärungsschemas nur teilweise möglich war. Inwieweit die noch unausgereiften Anschauungen über den Magnetismus bei der Anwendung der Theorie eine Rolle spielten, muß weiteren Untersuchungen vorbehalten bleiben.

Im Gegensatz dazu erklärte Faraday die elektromagnetische Induktion schon 1831 mit Hilfe der magnetischen Kraftlinien. Faradays Ausbau der qualitativen Feldtheorie bis 1855 zeigte die Möglichkeit auf, die Wechselwirkungen elektrischer Ausbreitungsgeschwindigkeit darzustellen. Obwohl damit Faradays Rotationsversuch (Wechselwirkung von Magnet und Strom), die Urform des Elektromotors, und dessen Stromerzeugungsversuch mit einer vom Magnetfeld durchsetzten Scheibe als Grundversuch für alle elektrischen Generatoren weitaus besser zu erklären waren, blieb es bis 1855 offen, ob die elektromagnetische Feldtheorie mathematisch umzusetzen sei. Nach Vorarbeiten von W. Thomson gelang schließlich in den Jahren 1855 bis 1873 J. Clerk Maxwell der mathematische Aufbau der Feldtheorie. Die Geschlossenheit der Maxwellschen Theorie erlaubte nach ihrer Anerkennung zwischen 1875 und 1885 einen Gesamtüberblick über die elektrischen und elektromagnetischen Erscheinungen. Ihre Aufbereitung für Detailprobleme der elektrotechnischen Produktion ergab eine weit klarere Berechnungsmöglichkeit, die dann auch in der wissenschaftlichen Elektrotechnik durchgehend genutzt wurde. Maxwells Verschiebungsstromhypothese führte um 1887 zur Entdeckung der elektromagnetischen Wellen durch H. Hertz, die die Verschmelzung von Wellenoptik und Elektrodynamik besiegelte. Damit war die physikalische Voraussetzung für die drahtlose Nachrichtenübermittlung geschaffen, die um 1894 mit den Versuchen von A. Popov und G. Marconi begann.

Die Untersuchungen über Gasentladungen und Katodenstrahlen führten schließlich 1897 zur Entdeckung des Elektrons als Elementarteilchen der Elektrizität. Damit erhielten die Maxwellschen Gleichungen ihre endgültige Fassung in der Lorentz-Maxwellschen Elektronentheorie des elektromagnetischen Feldes. Diese Theorie bildete zusammen mit den schon lange vorher erkannten Strukturgesetzen des elektrischen Stromes (Ohmsches Gesetz 1826, Kirchhoffsche Gesetze 1845) und der weiterentwickelten elektrochemischen Theorie eine tragfähige Grundlage für das Gesamtgebiet der Elektrizität und des Magnetismus.

Die Entdeckung des glühelektrischen (T. A. Edison 1883) und des äußeren fotoelektrischen Effekts (W. Hallwachs 1888) bildeten die Grundlage und den Ausgangspunkt der modernen Vakuumelektronik (ab 1904), während die Halbleiterelektronik, deren Anzeichen in der zweiten Hälfte des 19. Jahrhunderts auftauchten (u. a. Gleichrichtereffekt an Mineralien, von F. Braun 1874 entdeckt), erst in den dreißiger Jahren des 20. Jahrhunderts Bedeutung erlangte. Interessant ist die Prognose, die Rosenberger um 1890 über die Weiterentwicklung der Elektrizitätslehre anstellte: „Dies führte nun in der Gegenwart einerseits zu dem Versuche, theoretisch den Weg zurück zu verfolgen und die Elektricität auf denselben Urgrund mit allen anderen physikalischen Kräften zurückzuführen, und erweckte andererseits das Bestreben, auch für die Technik alle nothwendigen Kräfteumwandlungen und Kräfteübertragungen durch die Elektricität zu vollziehen."[27] Während sich die Zurückführung der Theorie der Elektrizität auf eine Physik, die die „Mechanik aller Materie" sein sollte, in der hier angestrebten Form als undurchführbar erwies, war seine Meinung über die Entwicklungsrichtung der Elektrotechnik überraschend klar und vorausschauend.

Die Drahttelegraphie als erste Produktionssphäre der Schwachstromtechnik

Da schon im 18. Jahrhundert die optische Telegraphie eine gewisse Rolle bei der schnelleren Nachrichtenübermittlung spielte, war es kaum verwunderlich, daß bereits 1809 der Arzt S. T. von Sömmering einen elektrochemischen Telegraphen

[27] *Rosenberger, F.*, a. a. O., S. 755ff.

erdachte, bei dem im Empfangsapparat 25 Elektroden entsprechend der Zahl der Buchstaben des Alphabets in einem Trog mit angesäuertem Wasser standen. Wurde über einen der 25 bis 35 isolierten Drähte (erstmals Seidenisolierung) vom Sender der Strom einer Voltaschen Säule gesandt, stiegen im Empfänger an der mit einem Buchstaben gekennzeichneten Elektrode Glasbläschen auf. Diese Nachrichtenübermittlung entsprach dem damaligen Entwicklungsstand der Elektrizitätslehre. Sie wurde infolge ihrer Kostspieligkeit (Kabel mit 35 Adern) trotz Vorführung in München, Paris, Wien und Petersburg abgelehnt. Auch eine von J. Schweigger 1811 vorgeschlagene Vereinfachung mit nur zwei Drähten, bei der die Zeichen durch Kombination der Gasentwicklungen an zwei Elektroden gebildet werden sollten, gerieten in Vergessenheit.

Erst die Entdeckung des Elektromagnetismus (1820) ergab einen Entwicklungssprung in der Geschichte der elektrischen Telegraphie. Wurde anfänglich die Ablenkung der Magnetnadel durch stromdurchflossene Leiter (Nadeltelegraphen) zur Signalübermittlung benutzt, traten nach 1830 Systeme in den Vordergrund, bei denen auf verschiedene Weise Elektromagneten eingesetzt wurden. Aus Ampères Solenoid konstruierte 1825 W. Sturgeon den Elektromagneten mit Eisenkern, den 1830 J. Henry durch seine Untersuchungen über Intensitätsmagnete wesentlich verbesserte.

Aus der Vielzahl der Modelle der elektromagnetischen Telegraphen soll an dieser Stelle nur auf den Morseapparat wegen seiner überragenden Bedeutung im 19. Jahrhundert näher eingegangen werden. Der physikalisch interessierte Kunstmaler S. F. B. Morse entwickelte 1837 die Urform des gebräuchlichsten Schreibtelegraphen mit leicht zu erlernenden Codezeichen, die ursprünglich in der Form einer Zackenschrift, dann als Punkt und Striche aufgezeichnet wurden. Bereits die Konstruktion des ersten Gerätes zeigte einen einfachen Aufbau und folglich eine große Betriebssicherheit. Im „Geber“ wurde eine Zackenleiste („Stromschlüssel“) abgetastet, die kürzere oder längere Stromimpulse erzeugte. Im Empfänger wurde mittels eines hufeisenförmigen Elektromagneten ein Stabpendel mit Schreibstift, der über einen durch Uhrwerk bewegten Papierstreifen strich, aus der Vertikalen abgelenkt. Physikalisch wichtig war, daß eine genügend starke Batterie zur Verfügung stand, deren Strom ausreichte, um den Anker des Elektromagneten anzuziehen. Die erste Verbesserung Morses betraf diesen Punkt. 1844 schaltete er vor dem eigentlichen Empfänger einen empfindlichen „Relaismagneten“ mit einer „Linienbatterie“ ein, der den Ortskreis mit dem Schreibapparat und der Ortsbatterie im Rhythmus der Zeichen schloß und öffnete. Diese gelungene, von C. Wheatstone vorbereitete Kombination vergrößerte die Reichweite der Telegraphie. Im gleichen Jahre wurde die 64 km lange Versuchslinie zwischen Washington und Baltimore in Betrieb genommen, die erst unterirdisch, dann wegen Isoliermängeln als Freileitung ausgeführt wurde. Schließlich wurde nach A. Steinheils Versuchen für eine Leitung die Erde benutzt.

Nach verschiedenen automatischen Sendevorrichtungen, die verbessert später zur schnelleren Übermittlung wiedereingeführt wurden, konstruierten Morse und seine Mitarbeiter die manuell zu bedienende „Morsetaste“. Die Punkt-Strich-Kombinationen wurden von einem noch Ende des 19. Jahrhunderts ähnlich aussehenden Morseempfänger aufgenommen. Ab 1850 hat sich der Morsetelegraph, der sich wegen seines einfachen Codesystems auch für optische und akustische Signalwahrnehmung eignete, vielerorts durchgesetzt. Man kann nur zustimmen, wenn Karras 1904 feststellte:

„Morse und seine Freunde haben die zu dem System gehörigen Apparate von 1843 bis 1847 zu einem erstaunlichen Grade von Vollkommenheit gebracht.“[28] Abgesehen von den Formen der Zeigertelegraphen bedeutete der 1855 von D. E. Hughes erfundene Typendrucktelegraph einen weiteren Fortschritt.

Mit der Einschaltung von Verstärkerrelais (Translation) auf langen Strecken, die für die rechteckförmigen Telegraphenimpulse recht gut geeignet waren, konnten schließlich meist über Freileitungen Maximalentfernungen über 10000 km erzielt werden.[29]

Einen Einblick in die Ausbreitung der Telegraphie in Amerika vermittelt Karras[33], der angibt, daß dort Mai 1847 1000 Meilen Telegraphenlinien in Betrieb und 6000 Meilen im Bau waren. Karmasch[31] zeigt die Entwicklung des Liniennetzes des Deutsch-Österreichischen Telegraphenvereins, der ab 1854 ganz Deutschland, Österreich und die Niederlande umfaßte:

1850–978	Meilen Linie
1855–2317,7	Meilen Linie
1856–2644,6	Meilen Linie
1857–2857,3	Meilen Linie
1858–3255,8	Meilen Linie
1859–3532,8	Meilen Linie
1861–4125	Meilen Linie
1865–6106,5	Meilen Linie
1866–6574,5	Meilen Linie

Die Zunahme ist beträchtlich. Sie zeigt den schnellen Ausbau des Telegraphenververkehrs zwischen 1850 und 1870. Bereits 1867 richtete die „Telegraphenbauanstalt Siemens und Halske“ die indoeuropäische Telegraphenlinie über 10000 km von London nach Kalkutta ein.

Überblickt man alle Modifikationen der Telegraphenapparate und alle schaltungstechnischen Verbesserungen sowie die Vervollkommung der galvanischen Spannungsquellen[32] in der Zeit bis 1870, so kann man im allgemeinen feststellen, daß die Erhöhung der Betriebssicherheit der Geräte und die Vergrößerung der Reichweite durch technische Überlegungen und Konstruktionen erreicht wurden. Den Ausgangspunkt bildete die Erfindung des Elektromagneten mit Weicheisenkern, vermehrt um die Erkenntnis der Erhöhung der magnetischen Anziehungskraft durch mehr Windungen. Dieses Kernstück der Telegraphengeräte und Relais wurde für die verschiedenen Varianten der Apparate modifiziert, ohne daß eine weitergehende physikalische Durchbildung erfolgen mußte. Jedoch wurden von E. Lenz und M. H. Jacobi von 1838 bis 1844 grundlegende Gesetze über Elektromagnete bereitgestellt. Das richtige Gesetz über die Tragkraft von Elektromagneten soll erst J. Clerk Maxwell aufgestellt haben. Eindeutig überwogen jedoch die technisch-konstruktiven Verbes-

[28] *Karras, T.*, Geschichte der Telegraphie, Braunschweig 1909, S. 343.

[29] Siehe *Aschoff, V.*, Die elektrische Nachrichtentechnik im 19. Jahrhundert, in: Technikgeschichte, Bd. 33 (1966), Nr. 4, S. 402ff.

[30] *Karras, T.*, a. a. O., S. 343.

[31] *Karmasch, K.*, a. a. O., S. 138.

[32] *Hauck, W.*, Die galvanischen Elemente von Volta bis heute, Braunschweig 1881.

serungen der Geräte und Anlagen gegenüber neuen physikalischen Lösungen. Das schließt nicht aus, daß solche beispielsweise der Mehrfachtelegraphie (simultaner Telegraphenverkehr von zwei und mehr Nachrichten auf einer Leitung) angestrebt wurden.

Eine direkte Wechselwirkung zwischen der wissenschaftlichen Elektrizitätslehre und der Produktion entwickelte sich nach 1850 bei der Einführung der Telegraphie mit Unterwasserkabeln. Schon vor dieser Zeit hatten Physiker auf langen Telegraphenleitungen versucht, die Geschwindigkeit der Elektrizität zu messen. Eine frühe Messung C. Wheatstones im Jahre 1834 ergab ungefähr eineinhalb der Lichtgeschwindigkeit. Weitere Bestimmungen von W. Siemens (1845) sowie von H. Fizeau und E. Gounelle (1850) auf den Telegraphenlinien von Paris nach Rouen ergaben ein Drittel der Lichtgeschwindigkeit bei Eisendrähten und nahezu zwei Drittel der Lichtgeschwindigkeit bei Kupferdrähten. Diese noch unerklärbaren Unterschiede der Signalgeschwindigkeiten waren für die praktische Telegraphie vorerst bedeutungslos.

1851 wurde zwischen Dover und Calais das erste Seekabel und 1858 das erste Transatlantikkabel verlegt, das aber nur einen Monat betriebsfähig war. Nach einer Periode intensiver Forschung wurde schließlich 1866 ein betriebssicheres Atlantikkabel gelegt. Das technisch unlösbare Problem der Seekabel bestand darin, daß bei der Übermittlung Verzögerungen, Dämpfungen und Verzerrungen der Signalimpulse auftraten, die die Telegraphiergeschwindigkeit wesentlich herabsetzten. Dabei wurden die Rechteckimpulse zu flachen Kurven verzerrt, die das Erkennen der Zeichen erschwerten. 1854 verglich Faraday ein Unterwasserkabel mit einem gewaltigen elektrischen Kondensator, dessen innere Belegung der Oberfläche des Kupferdrahtes und die äußere Belegung dem Meerwasser entspräche. Diese Analogie, die die Grundlagenforschungen Faradays über die elektrostatische Influenz und Polarisation berührte, ließen es geraten erscheinen, die Kapazität des Kabels bei der Berechnung der Stromausbreitung mit in Rechnung zu stellen. Das bedeutete aber, theoretisch über die bisher behandelten Gesetze der Ausbreitung stationärer und quasistationärer Ströme hinauszugehen und in das physikalische Neuland der Ausbreitung instationärer Ströme oder kurzzeitiger Stromimpulse in langen Leitungen einzudringen. Ebenfalls 1854 hat der bekannte Physiker W. Thomson, einer der späteren Direktoren des Atlantikkabelunternehmens, im Anschluß an seine Theorie der elektrischen Schwingungen eine Differentialgleichung für die Stromausbreitung in Seekabeln hergeleitet, die den Einfluß der längenbezogenen Kapazität und Induktivität des Kabels berücksichtigte. Bei der Lösung vernachlässigte er die Induktivität, so daß er ein aus Fouriers Theorie der Wärmeleitung bekanntes Ergebnis erhielt. Dieses zeigte, daß keine definierte Übertragungsgeschwindigkeit der Signale zu erwarten war und eine geraume Zeit verstreicht, bis eine plötzlich an einem Ende angelegte Spannung (entsprechend dem Signal) einen gewissen Prozentsatz ihres Maximalwerts am anderen Ende des Kabels erreicht. Diese Verzögerung war proportional zum elektrischen Widerstand und zur Kapazität des Kabels, folglich proportional zum Quadrat der Länge des Kabels.[33] Thomson arbeitete auch die Unterschiede zur Übertragung auf Freileitungen heraus.

[33] Siehe *Whittaker, E.*, A History of the Theories of Aether and Electricity Vol 1, New York 1951, S. 228f.

An dieser Stelle teilte sich die Entwicklung in eine sofort praktisch auswertbare Forschung und eine theoretische Linie, die erst um die Jahrhundertwende für die Produktion von Telegraphen- und Telephonkabeln genutzt wurde. Letztere mündete 1857 in G. R. Kirchhoffs Berechnungen über die Ausbreitung einer elektrischen Störung in einem langen Draht von kreisförmigem Querschnitt. Er hat als erster bei gewissen Vernachlässigungen die Ausbreitung von Stromwellen mit Lichtgeschwindigkeit entlang des Drahtes theoretisch antizipiert, ein Resultat, das direkt zu Maxwells Annahme der Existenz elektromagnetischer Wellen hinführte. Die vollständige Differentialgleichung für die Stromausbreitung längs Drähten unter Berücksichtigung der Permeabilität und Dielektrizitätskonstanten des umgebenden Mediums, die sogenannte Telegraphengleichung, leitete 1876 O. Heaviside her. Aber erst um 1900 wurde diese theoretische Verallgemeinerung u. a. von Pupin für die Kabeltechnik aufbereitet, indem er den Einbau großer Spulen (Pupinspulen) in gewissen Abständen der Telephonkabel vorschlug, um die Dämpfung zu verringern.

Für die sofort mögliche Verbesserung der Übertragungseigenschaften von Seekabeln setzte sich W. Thomson ein. Er ließ zur Verringerung des elektrischen Widerstandes den Reinheitsgrad des Kupferdrahtes verbessern und schuf 1867 als Empfangsgerät einen sogenannten Heberschreiber (Siphon-recorder). Dieses Gerät hatte als Kernstück eine schon durch schwächste Ströme angeregte Drehspule (Vorläufer des bekannten Drehspulgalvanomerters), deren Bewegungen mittels eines gläsernen Heberstiftes auf einen Papierstreifen aufgezeichnet wurden.[34] Man kann diesen Heberschreiber als einen der ersten Telegraphenapparate bezeichnen, dessen Konstruktion von der neuerarbeiteten physikalischen Theorie ausging. Durch diesen konnte der Transatlantikkabelverkehr überhaupt erst rentabel gestaltet werden. Für seine Zeit hat also W. Thomson entsprechend dem Entwicklungsstand der Elektrizitätslehre die Kette Wissenschaft – Technik – Produktion bis zum Ende verfolgt. Thomsons Stellung als Universitätsprofessor und Grundlagenforscher sowie als Teilhaber einer Instrumentenfabrik und einer der Direktoren des Transatlantikkabelunternehmens begünstigte hier die Überführung der wissenschaftlichen Ergebnisse in die Produktion unter den Bedingungen des Kapitalismus.

Man kann also zusammenfassend feststellen, daß in der hauptsächlich technisch orientierten Gesamtentwicklung der elektrischen Telegraphie bis 1870 vorerst nur technisch unlösbare spezifische Probleme die umfassende Mitarbeit der Wissenschaftler erzwangen bzw. anregten, die damit gleichzeitig auch einen Beitrag zum weiteren Ausbau der elektrodynamischen Theorie leisteten.

Die Mitwirkung der Physik bei der Herausbildung der Starkstromtechnik

Die Zeitspanne von der Entdeckung der elektromagenetischen Induktion (1831) als Prinzip der „magnetelektrischen Stromerzeugung" bis zur Entstehung der wissenschaftlichen Starkstromtechnik als Zweig der Elektrotechnik (nach 1880) ist gekennzeichnet durch eine mittelbare beschleunigende oder auch verzögernde Mitwirkung der Physik, ohne daß eine vollständige Verarbeitung der physikalischen Erkenntnisse für den Elektromaschinenbau erfolgte bzw. kontinuierliche Grundlagenforschungen hinsichtlich der Verbesserung elektrischer Generatoren betrieben wurden.

[34] Eine Beschreibung findet sich in: *Karras, T.*, a. a. O., S. 169ff.

Das Problem zerfällt äußerlich in zwei Teile, die Entwicklung der Starkstrom verbrauchenden und die der Starkstrom erzeugenden Geräte und Maschinen.

Zunächst einige Bemerkungen zu ersterem. Abgesehen von handbetriebenen Geräten für die Medizintechnik wurde Starkstrom ab 1840 durch die bahnbrechenden Arbeiten M. H. Jacobis für die Galvanoplastik gebraucht.[35] Aber auch die Herstellung von Metallüberzügen begann bereits in den vierziger Jahren des 19. Jahrhunderts. In Deutschland kam nach 1870 insbesondere durch W. Pfanhauser und G. Langbein eine größere Produktion zustande. Anfangs wurden als Stromquellen galvanische Elemente benutzt, während schon in den fünfziger Jahren des 19. Jahrhunderts magnetelektrische Maschinen verwandt wurden. Allerdings zeigte sich bei zu starker Belastung, daß die Stromstärke schwankte und die Metallniederschläge porös wurden. Die Rivalität zwischen elektrischem Generator und galvanischem Element zog sich bis zum Aufbau von Elektroenergienetzen hin, der die Konstruktion vervollkommneter Generatoren einschloß. Brauchbare Generatoren für die Einzelversorgung galvanischer Betriebe lieferten in den siebziger Jahren T. Gramme sowie Siemens und Halske.

In den fünfziger Jahren begann man die Bogenlampen für die Beleuchtung von Straßen und Leuchttürmen einzusetzen. Seit der ersten Darstellung eines Lichtbogens waren über 30 Jahre vergangen. Die Nachteile des Bogenlichts bestanden darin, daß es wegen der hohen Leuchtdichte (Blendung der Augen) für Wohnräume ungeeignet war, der ungleichmäßige Abbrand der Kohlen bei Verwendung von Gleichstrom eine manuelle Einstellung notwendig machte und überhaupt die Brenndauer relativ kurz war.

Außerdem wurde je eine Lampe mit einem Stromerzeuger verbunden, oder sie wurden in Reihe geschaltet, so daß alle Lampen erlöschten, wenn eine ausfiel. Diese Schwierigkeiten überwand 1876 P. N. Jablotschkow, dessen sinnreiche Transformatorenschaltung ermöglichte, mehrere von ihm verbesserte Bogenlampen unabhängig voneinander mit einem Wechselstromgenerator zu betreiben. Die Verwendung von Wechselstrom sicherte zugleich den gleichmäßigen Abbrand der Kohlen. Mit den 1878 von F. von Hefner-Alteneck erfundenen Differentialbogenlampen wurde schließlich eine weitere Vervollkommnung hinsichtlich der Schaltung (Reihenschaltung ohne Ausfall) und des gleichmäßigen Abbrandes bei Anwendung von Gleichstrom erreicht. Nicht auszuschließen war die ständige Wartung der Lampen, insbesondere das häufige Auswechseln der Kohlen.

Von Interesse sind gewisse Rentabilitätsberechnungen für Bogenlampen. Dafür geben u. a. Erhebungen der Alliance-Gesellschaft einen Einblick, die elektrische Generatoren für die Stromversorgung von Bogenlampen für Leuchttürme herstellte. Danach lagen 1865 die stündlichen Betriebskosten bei Bogenlampenbeleuchtung mit Alliance-Maschinen bei rund 1 Franc, bei Beleuchtung in gleicher Lichtstärke mit Leuchtgas bei 3 bis 6 Francs, mit Ölbeleuchtung bei 7,5 Francs und bei der Stromversorgung der Bogenlampe mit dem leistungsstarken Bunsenelement bei 10 Francs.[36] Allerdings soll die Alliance-Gesellschaft von ungefähr 1860 bis um 1880 nicht viel mehr als zehn Stromerzeuger gebaut haben.

35 Siehe *Krämer, O. P./Weiner, R./Fett, M.*, Die Geschichte der Galvanotechnik, Saulgau/Wttbg., 1959.

36 *Mahr, O.*, Die Entstehung der Dynamomaschine, Berlin 1941 S. 92.

Schon dieser fragmentarische Einblick läßt erkennen, daß bis 1880 die Anwendungssphäre des Starkstroms trotz vorausschauender Betrachtungen über den Einsatz von Elektromotoren, die Ausnutzung der Stromwärme u. a. begrenzt war. Allerdings wiesen solche Wirtschaftlichkeitsberechnungen wie die obigen auf die zukünftige, sich noch nicht klar abzeichnende Bedeutung der Erzeugung von Starkstorm hin.

Wendet man sich nun dem Einfluß der Elektrizitätslehre auf die Entwicklung der elektrischen Generatoren zu, sind neben den halbempirischen Verbesserungen und vielen Modifikationen der „magnetoelektrischen Stromerzeuger" vor allem die von der Physik gelieferten Grundlagen des frühen Elektromaschinenbaus von Interesse, über die insbesondere Mahr[37] berichtete. Arbeiten über das Verhältnis von Magnetisierungsstrom und Magnetisierung sind schon aus den vierziger Jahren bekannt.[38] Auch über den Wert oder Unwert unterteilter Eisenkerne wurde bereits in der gleichen Zeit geschrieben.[39] Die Ankerrückwirkung wurde in den vierziger und fünfziger Jahren von den beiden Petersburger Physikern E. Lenz und M. H. Jacobi untersucht.[40] Das durch einen kurzzeitigen Kurzschluß benachbarter Teilwicklungen des Ankers hervorgerufene den Kollektor schädigende „Bürstenfeuer", vorher als Anzeichen einer gut funktionierenden Maschine betrachtet, konnte erst dann durch den Einbau von Wendepolen und Kompensationswicklungen beseitigt werden.[41] Lenz und Jacobi haben sich um die frühe Theorie der elektrischen Maschinen sehr verdient gemacht.

Um 1850 entstand eine für die Wirtschaftlichkeit elektrischer Energiesysteme verhängnisvolle Voraussage, die auf Überlegungen des berühmten Physikers W. Weber zurückging. In W. Webers Artikel über den Rotationsinduktor aus dem Jahre 1838[42] findet sich neben brauchbaren Ansätzen für eine Theorie der 1866 erfundenen Dynamomaschine (Elektrischer Generator mit Selbsterregung) und später aufgegriffenen Bauformen (Innenpolmaschine) eine Berechnung über die Wirksamkeit dieser Maschinen. Webers richtige Berechnung, daß die Maximalleistung der Maschine bei gleichem inneren und äußeren Widerstand (innerer Widerstand: Widerstand der Maschine. Äußerer Widerstand: Widerstand des Verbrauchers) erreicht sei, ergab einen Wirkungsgrad von 50 Prozent. Dieses Ergebnis wurde insbesondere von den Technikern so gedeutet, daß kein größerer Wirkungsgrad mit elektrischen Generatoren zu erzielen sei, so daß diese Form der Energieerzeugung und -übertragung höchst unrentabel erschien. Wahrscheinlich spielten bei dieser erst um 1880 überwundenen Auffassung auch Anschauungen der Telegraphentechnik mit, bei der es auf eine Leistungsoptimierung ankam, während bei der Starkstromtechnik die Wirkungsgradoptimierung in den Vordergrund trat. Jedenfalls hat als einer der ersten 1879 T. A. Edison mit Unterstützung des Physikers F. R. Upton einen elektrischen Generator mit sehr

[37] Ebenda, S. 100f.

[38] *Müller, I.*, Über den Sättigungspunkt der Elektromagnete, in: Annalen der Physik und Chemie, hg. v. J. C. Poggendorff 82 (1851), S. 181ff.

[39] Siehe auch *Joule, J. P.*, On the use of electromagnets, made of iron wire for the electromagnetic machine, in: Annals of electricity 4 (1840), S. 58ff.

[40] Siehe auch *Jacobi, M. H.*, Über die Prinzipien der elektro-magnetischen Maschinen, in: Annalen der Physik und Chemie, hg. v. J. C. Poggendorff 51 (1840), S. 368ff.

[41] *Sattelberg, K.*, Vom Elektron zur Elektronik, Berlin (West) 1971.

[42] *Weber, W.*, Der Rotationsinduktor, in: Wilhelm Webers Werke, Berlin 1892, Bd. 2, S. 119ff.

dicken Ankerdrähten (Kupferstäbe mit geringem Widerstand) gebaut, mit dem er bei voller Belastung einen Wirkungsgrad von 90 Prozent erzielte.

Über den Wert dieser frühen Berechnungen für den Elektromaschinenbau urteilte Mahr: „Für die Praxis, etwa zur Vorausberechnung von Maschinen, waren die Formeln von Lenz und Jacobi nicht zu verwerten."[43] Höher schätzte Mahr Webers Arbeiten trotz aller Mängel ein und bezeichnete sie als eine Pionierleistung auf dem Gebiete der Elektrotechnik. Auch für die spätere Zeit (1860 bis 1870) kam Mahr zu der Meinung, daß die Ansätze von Weber und Lenz zu einer Theorie der Maschinen nicht weitergeführt worden sind, so daß die Maschinen lediglich nach Gefühl und Erfahrung dimensioniert und erst die fertige Maschine durch Ausprobieren dem jeweiligen Zweck angepaßt wurde.[44] Es ist deshalb auch auf diesem Gebiet erstaunlich, daß die Entwicklung nur durch mittelbare Unterstützung der elektrischen Wissenschaft zu effektiveren Maschinen hinführte.

Aus der Vielzahl der halbempirischen Verbesserungsvorschläge ragen Siemens' Erfindung des Doppel-T-Ankers (1856), A. Pacinottis Erfindung des Ringankers (1860), von T. Gramme mit dem dynamoelektrischen Prinzip zu einem brauchbaren Generator weiterentwickelt, und schließlich Hefner-Altenecks Konstruktion des Trommelankers (1872) hervor. Kernstück aber war die Auffindung des dynamoelektrischen Prinzips (1866/67). Damit stand nun eigentlich von dieser Seite her einem Aufschwung der Starkstromtechnik nichts mehr im Wege. Trotzdem hafteten den Generatoren noch Mängel wie die starke Erwärmung der Eisenteile u. a. an, und es bestand in Kreisen der Techniker Unklarheit über ihre Ursachen, obwohl darüber schon physikalische Untersuchungen vorlagen. Noch 1881 drückte deshalb W. Siemens aus, daß es sich theoretisch nicht feststellen lasse, ob sich die geschilderten Mängel der Maschinen beseitigen lassen. Offenbar war zu dieser Zeit die Situation soweit herangereift, daß der Widerspruch zwischen mangelnder physikalischer Fundierung und den bis dahin erarbeiteten Konstruktionsprinzipien augenscheinlich wurde.

Inzwischen hatte sich von 1879 bis 1882 ein Umschwung in der Beurteilung der Verwendbarkeit des Starkstromes vollzogen. T. A. Edison hatte, unterstützt von dem Physiker F. R. Upton, in New York das erste Elektroenergieversorgungssystem eingerichtet. Es ist jedoch eine Fehlannahme, daß nur Edisons Erfindung der technisch brauchbaren Glühlampe die Errichtung des Elektroenergiesystems bestimmte. Die in Gemeinschaftsarbeit mit Physikern ausgeführte Entwicklung eines Dynamos für konstante Spannung bei wechselnder Belastung durch parallelgeschaltete Glühlampen (entgegen der bei Bogenlampen meist angewandten Serienschaltung), die Konstruktion eines Speiseleitersystems zur Vermeidung von Spannungsverlusten an Kabeln und die genaue Dimensionierung der Glühlampe für die damals für gefährlich gehaltene hohe Spannung von 110 V waren für den Aufbau der Elektroenergieverteilungsanlage ebenso notwendig.

Es mag überraschen, daß das erste Elektroenergienetz in den USA errichtet wurde, denn die Europäer hatten in der Konstruktion leistungsfähiger elektrischer Generatoren und bei der Anwendung von Starkstrom für Bogenlampen einen erheblichen technischen Vorsprung. Ein Grund dafür bestand darin, daß Edison die Rentabilität

[43] *Mahr, O.*, a. a. O., S. 55. – Dieser Abhandlung wurden weitere wertvolle Angaben über physikalische Fundierung des frühen Elektromaschinenbaus entnommen.

[44] Ebenda, S. 100.

eines elektrischen Lichtsystems im Vergleich zum Gaslicht untersucht hatte, zu positiven Ergebnissen gekommen war und auf diese Weise 1878 eine Kapitalistengruppe zur Finanzierung der Entwicklungsarbeiten bewegen konnte. Die Edison Electric Light Company mit einem Stammkapital von 300000 Dollar wurde also vor der Erfindung der technisch-brauchbaren Glühlampe, der Entwicklung eines geeigneten Generators und der Lösung des Problems der Elektroenergieverteilung gegründet. Es war also nicht sicher, ob die Entwicklungsarbeiten zu einer ökonomisch vertretbaren Produktion führen würden. Allerdings sicherten sich die Kapitalisten ab, indem sie dem Erfinder und seinen Mitarbeitern vorerst nur 50000 Dollar übergaben und sich selbst die weltweite Patentvergabe und Lizenzierung der zukünftigen Erfindungen Edisons für das elektrische Lichtsystem vorbehielten. Auch für Edison war dieser Vertrag ein Novum, denn bislang hatte er entweder Erfindungen an die Industrie verkauft oder schon existierende Erfindungen im Auftrag der Industrie verbessert und zur Produktionsreife geführt.[45]

Nach dieser Demonstration der technischen Realisation und der ökonomischen Überlegenheit der zentralen Energieversorgung hatte sich die Situation der Starkstromelektrotechnik von Grund auf gewandelt. Die entstehende Elektroindustrie sah nunmehr in der Erforschung der physikalischen Probleme der elektrischen Generatoren eine lohnende und gewinnbringende Aufgabe. Eine Reihe von Physikern, entweder als Angestellte bzw. Berater von Elektrofirmen oder als erste Vertreter der Elektrotechnik an den Technischen Hochschulen, wandten sich diesen Problemen nicht nur sporadisch, sondern in vollem Maße zu. Viele sahen sich nun in der Lage, die Vervollkommnung der Starkstromelektrotechnik als Berufsaufgabe zu wählen und deren Grundlagen als Ausgangspunkt der Weiterentwicklung völlig auf den Boden elektrischer Theorien zu stellen.

Das soll nur an einem Beispiel demonstriert werden. J. Hopkinson hatte in London und Cambridge Physik und Mathematik studiert und sich vor 1880 mit Problemen der Elastizitätslehre, der Optik und der wissenschaftlichen Elektrizitätslehre beschäftigt. Als Berater der Londoner Edisongesellschaft kam er mit Problemen der Starkstromelektrotechnik in Berührung. Ab 1880 überwogen deshalb bei ihm physikalisch-technische Arbeiten über die elektrische Beleuchtung und die Dynamomaschinen, die jedoch mit Grundlagenforschungen für die Starkstromtechnik wie die Magnetisierung von Eisen parallel liefen. Er war also einerseits bemüht, die Probleme der schon vorhandenen Einrichtungen der Starkstromtechnik wissenschaftlich aufzuarbeiten, andererseits durch Grundlagenforschung für die noch unvollständig gelösten Probleme zur Höherentwicklung der Starkstromtechnik beizutragen. Beispielsweise erarbeitete er das wissenschaftliche Fundament des 1883 von Edison eingeführten Dreileitersystems für Gleichstromverteilungsanlagen. Ein Einblick in Hopkinsons Arbeitsmethode ist einer Sammlung von Aufsätzen zur Elektrotechnik[46] aus den Jahren 1879 bis 1892 zu entnehmen. Er beschäftigt sich darin mit den vorhandenen Generatoren von Gramme, Siemens, Brush und anderen, vergleicht ihre elektrischen Eigenschaften, indem er die Strom-Spannungs-Kennlinien bis zur Höchstbelastung bei einer konstanten Drehzahl darstellt, aber auch die „Linienintegrale der magne-

[45] *Josephson, M.*, Edison, a biography, New York 1959, S. 188f.

[46] *Hopkinson, J.*, Original Papers on Dynamo Machinery and allied Subjects, New York 1893.

tischen Kraft“ relativ zur Induktion aufzeichnet. Seine Forschungen über den magnetischen Fluß im Eisen haben wesentlich zur physikalischen Klärung von Grundproblemen des Elektromaschinenbaus beigetragen. Auf dieser Basis konnten günstigere Generatorkonstruktionen gefunden werden. Mit einem Wort, dieses Buch kennzeichnet den Beginn eines physikalisch fundierten Elektromaschinenbaus und bereitete die Abspaltung der wissenschaftlichen Elektrotechnik von der physikalischen Elektrizitätslehre mit vor.

Es ist also festzustellen, daß in der Starkstromtechnik eine lange Anlaufzeit zwischen den Entdeckungen der physikalischen Prinzipien und dem Aufbau der Elektroindustrie lag. Nach anfänglichen von Physikern ausgeführten Untersuchungen über elektrotechnische Geräte und Anlagen, insbesondere Generatoren, ist ein Abflauen dieser Arbeiten um 1850 zu beobachten. Die weiterlaufende technische Entwicklung führt in losem Kontakt zur wissenschaftlichen Elektrizitätslehre zu neuartigen und verbesserten Konstruktionen. Auf deren Basis entstehen die ersten Einzelanlagen (u. a. Leuchtturmbeleuchtung) und schließlich um 1880 erste Elektroenergieverteilungsnetze. Dabei ist deutlich der Einfluß des entstehenden Finanzkapitals zu bemerken, das erst jetzt von der zukünftigen Profitabilität der Elektrizitätsanwendung überzeugt worden war. Nunmehr kam es zur Verschmelzung der Gesamttheorie der durch vor allem internale Faktoren weiterentwickelten Elektrizitätslehre mit den halbempirisch gewonnen Erkenntnissen der elektrotechnischen Produktion. Daraus ging die Elektrotechnik als selbständige technische Wissenschaft hervor, die sich von der Elektrizitätslehre abspaltete und ihr eigenes, nunmehr wissenschaftlich fundiertes Tätigkeitsfeld aufbaute. Es ist bezeichnend, daß dieser Prozeß erst mit dem Entstehen einer ausgedehnten Starkstromelektroindustrie einsetzte.

Schlußbemerkungen

Besonders aufschlußreich sind die Wechselbeziehungen der Elektrizitäts- und Wärmelehre mit den einschlägigen Produktionssphären, also der elektrotechnischen Produktion und dem Dampfmaschinenbau. Es lohnt sich, gerade diese Wechselwirkungen im Sinne einer Zusammenfassung in großen Zügen zu vergleichen.

Im Zuge der Industriellen Revolution und der Entstehung des Fabrikkapitalismus dehnte sich die Dampfmaschinenproduktion gewaltig aus. Die Dampfmaschine wurde seit Watts grundlegender Vervollkommnung (um 1760) technisch verbessert, neue Typen wurden konstruiert und neue Anwendungsbereiche erschlossen. Es entstand eine zugehörige technische Fachliteratur, die aber genau in dem Bereich unzulänglich sein mußte, für den noch keine physikalische Erklärung existierte. Erst 1824 zeigte Carnot den Weg zur physikalischen Erklärung auf, der aber erst 1850 beschritten wurde. Im Zuge der allgemeinen Anerkennung des Energieerhaltungssatzes wurden die beiden Hauptsätze der Wärmelehre formuliert, kam es zur Herausbildung der Thermodynamik. Bis zu diesem Zeitpunkt konnte die Wärmelehre kaum Beiträge für die Vervollkommnung der Dampfmaschine liefern, erst die bald darauf entstehende technische Thermodynamik erklärte die Wirkungsprinzipien und die Energieumwandlung in der Dampfmaschine physikalisch und gab Impulse für die Erfindung weiterer Wärmekraftmaschinen. Obwohl also die Beschäftigung mit den Problemen Dampfmaschine eine wesentliche Ursache für die Wandlung der Wärmelehre zur Thermodynamik war, dauerte es rund 25 Jahre, bis diese Wandlung einsetzte, die dann mit wachsender wissenschaftlicher Aktivität rasch ablief. Demgegenüber verlief der Aufbau einer technischen Thermodynamik (technische Wärmelehre) ohne große zeitliche Phasenverschiebung zur Entstehung der Thermodynamik selbst. Beide Prozesse waren teilweise sogar miteinander verflochten. Das deutet darauf hin, daß von einer technisch orientierten Entwicklung (Dampfmaschine) erst dann Impulse von der entsprechenden Wissenschaft (Wärmelehre) aufgenommen werden, wenn auch internale Faktoren (u. a. neue Denkansätze über das Wesen der Wärme) und andere Querverbindungen (u. a. Anerkennung des Energieerhaltungssatzes) das begünstigen.

Ein Grund hierfür war die berühmte Kluft zwischen Wissenschaft und Technik, die bei einem solchen spontanen, noch nicht durch eine Forschungsstrategie gelenkten Prozeß besonders hervortrat. Eine wichtige Funktion hatten dann genau die Wissenschaftler, die insbesondere durch ihr Assoziationsvermögen den Zusammenhang erkannten. Als dann aber das Wissenschaftssystem im Aufbau begriffen war, übernahm es eine aktive Rolle, auch hinsichtlich der Produktion. Nunmehr konnte auch die Produktion erfüllbare Forderungen stellen. Bernal drückte das so aus: „Gegen Ende des 19. Jahrhunderts drangen Carnots Vorstellungen und die auf ihnen beruhende Thermodynamik allmählich in den Maschinenbau ein, diese Vorstellungen wirkten sich aber mehr im revolutionären Sinne aus, sie führten zur Turbine, zum Verbrennungsmotor und zum Kühlschrank, trugen jedoch nur wenig zur Verbesserung der alten Dampfmaschine bei.“[47] Hierzu wäre nur zu bemerken, daß der von Bernal erwähnte Vorgang schon kurz nach der Jahrhundertmitte begann und die Klärung der Prozesse in der Dampfmaschine auf der Basis der Thermodynamik eine Voraussetzung für weitere Überlegungen darstellte.

Jegliche elektrotechnische Produktion beruhte unzweifelhaft auf physikalischen Entdeckungen und Prinzipien. Das faßte Bernal folgendermaßen zusammen: „Die Geschichte der Elektrizität und des Magnetismus bietet das erste Beispiel in der Geschichte für die Umwandlung eines Systems rein wissenschaftlicher Experimente und Theorien in eine Großindustrie. Die Elektroindustrie ist notwendigerweise durch und durch wissenschaftlich.“[48] Es ist auch eine von Bernal angeführte Tatsache, daß sich vorerst das Telegraphenwesen stürmisch entwickelte. Dafür lag ein ausgesprochenes gesellschaftliches Bedürfnis vor, und das elektrophysikalische Grundwissen reichte um 1850 aus, ein gebrauchsfähiges System mit Sender, Empfänger und Leitungsanlagen aufzubauen. Die Drahttelegraphie als zuerst entstandener Zweig der Schwachstromtechnik (wobei schwerlich zu entscheiden ist, ob diese schon als technische Wissenschaft anzusprechen ist, auch wenn man verschiedene Definitionen für letztere heranzieht) brauchte anfangs nur wichtige Grundgesetze der Elektrizitätslehre und vor allem praktische Erfahrungen.

Weit verschleierter waren die Aussichten von Starkstromanlagen, deren Platz im Produktivkräftesystem des Fabrikkapitalismus um 1850 nur teilweise absehbar war. Die Stromerzeuger und Stromverbraucher der Starkstromtechnik hatten einen unterschiedlichen Entwicklungsstand. Ihre Anwendungsfähigkeit wurde gerade dadurch begrenzt, daß im System Stromverbraucher – Stromerzeuger das eine oder andere Element weit weniger durchgebildet war. Gerade für die wissenschaftlich-technische Vervollkommnung der Generatoren war ein erheblich größeres elektrophysikalisches

[47] *Bernal, J. D.*, Die Wissenschaft in der Geschichte, Berlin 1961, S. 424.
[48] Ebenda, S. 440.

Wissen als für die Telegraphie notwendig. Das stand aber erst in beschränktem Maße zur Verfügung, und es hätte einer engen Zusammenarbeit zwischen elektrophysikalischer Forschung und elektrotechnischer Produktion bedurft, um die Probleme schnell zu lösen. Einer solchen nur hypothetischen Möglichkeit standen vor allem durch die herrschenden Produktionsverhältnisse verursachte ökonomische Gründe im Wege, die Bernal wie folgt charakterisiert: „Dieser Prozeß (Anwendung der Elektrizität in der Wirtschaft – d. Vf.) ging jedoch langsam vonstatten, trotz der Legende von dem wendigen kapitalistischen Unternehmer, der sich auf neue Ideen stürzt und ihre Ergebnisse vor dem Konkurrenten auf den Markt zu bringen sucht, bestanden doch außerordentlich praktische Schwierigkeiten, irgend etwas einzuführen, das noch entwickelt werden mußte, ehe es Geld brachte.“[49]

So ist es eine Tatsache, daß die Entwicklung der Starkstromtechnik und die Entwicklung der Elektrizitätstheorie bis 1880 in losem Zusammenhang nebeneinander liefen oder besser aufeinander zu liefen. Beide hatten auch unterschiedliche Ziele. Die Hauptaufgabe in der Elektrizitätstheorie bestand darin, die mannigfaltigen Phänomene der Elektrizität und des Magnetismus in wenigen grundlegenden Gleichungen zu erfassen. Diese im wesentlichen durch innerlogische Triebkräfte angeregte Entwicklung fand ihren vorläufigen Abschluß in der Anerkennung und Aufbereitung der mathematisch formulierten elektromagnetischen Feldtheorie. Die Erfolge der Starkstromtechnik wurden durch die zahlreichen erwähnten Erfindungen zur Vervollkommnung elektrotechnischer Anlagen gekennzeichnet, die den Prozeß der Einführung der Starkstromtechnik beschleunigten. Aus den vielfältigen Forschungen auf beiden Seiten mit ähnlicher Problemlage, aber verschiedener Zielrichtung erwuchs jedoch erst um 1890 die wissenschaftliche Elektrotechnik (die nach ihrer Verselbständigung das Gesamtgebiet der theoretischen und praktischen Elektrotechnik entwickelte), als mit dem Entstehen und der Verbreitung immer komplizierterer Starkstromanlagen die vollständige wissenschaftliche Fundierung unumgänglich geworden war.

Dieser ganze komplexe Prozeß, hier noch einmal grob vereinfacht skizziert, verlief natürlich widersprüchlich, schon deshalb, weil kurze Zeit nach der Einführung der Gleichstromtechnik die Wechselstromtechnik aufkam.

So unterschiedlich in Zeit und Charakter die beiden Prozesse, die Wechselwirkungen zwischen Wärmelehre und Dampfmaschinenbau sowie zwischen Elektrizitätslehre und Elektrotechnik sind, so ist doch abschließend folgendes hervorzuheben: Die Produktionsverhältnisse und die damit verflochtenen gesellschaftlichen Bedürfnisse spielten bei der Einführung und Ausdehnung beider Produktionssphären eine maßgebende Rolle. Die jeweiligen Wissenschaftsdisziplinen entwickelten sich durch innerlogische Triebkräfte und äußere Einflüsse, darunter die der Produktion als mittelbare oder direkte Anregung. Zu einem bestimmten Zeitpunkt, der durch den Entwicklungsstand der Wissenschaftsdisziplinen relativ zu den Anforderungen der Produktion und durch die Produktionsweise bedingt war, kam es zur Herausbildung entsprechender technischer Wissenschaften. Mit diesem Vorgang kam ein bewußt gestaltetes, weitaus umfassenderes und engeres, aber auch durch den Monopolkapitalismus deformiertes Wechselverhältnis zwischen der jeweiligen Wissenschaftsdisziplin und der einschlägigen Produktion mit entsprechend komplexeren Überleitungsprozessen zustande.

[49] Ebenda, S. 438.

Karl Lärmer

Berlins Dampfmaschinen im quantitativen Vergleich zu den Dampfmaschinen Preußens und Sachsens in der ersten Phase der Industriellen Revolution[a]

Vorbemerkung

Karl Marx und Friedrich Engels haben bei der Herausarbeitung der Charakteristika der Industriellen Revolution unter anderem deutlich gemacht, daß die „Dampfmaschine selbst, wie sie Ende des 17. Jahrhunderts während der Manufakturperiode erfunden ward und bis zum Anfang der 80er Jahre des 18. Jahrhunderts fortexistierte, keine industrielle Revolution hervorrief ... Es war vielmehr umgekehrt die Schöpfung der Werkzeugmaschinen, welche die revolutionierte Dampfmaschine notwendig machte."[1]

Sie unterstrichen jedoch, daß die Entwicklung der kapitalistischen Industrie ohne die Dampfkraft undenkbar gewesen wäre, da das „Maschinensystem sich nicht frei entwickeln konnte, bevor an die Stelle der vorgefundnen Triebkräfte – Tier, Wind und selbst Wasser – die Dampfmaschine trat".[2]

Deshalb ist die Geschichte der Einführung der Dampfmaschine in die materielle Produktion gleichzeitig die Geschichte der Überwindung der für den Feudalismus typischen Kraftmaschinen[3], wie des Göpels, des Tret- und des Schwungrades, der Windmühle und des Wasserrades. Während die menschliche Muskelkraft für den Antrieb eines Maschinensystems zu schwach war und „der Mensch ein sehr unvollkommnes Produktionsinstrument gleichförmiger und kontinuierlicher Bewegung ist"[4], erwies sich die ungleich größere Muskelkraft des Pferdes, „teils weil ein Pferd seinen eignen Kopf hat, teils wegen seiner Kostspieligkeit und des beschränkten Umfangs, worin es in Fabriken allein anwendbar ist", als die schlechteste der großen Bewegungskräfte, die aus der Manufakturperiode stammten.[5]

Dennoch diente die menschliche Muskelkraft als Quelle der Antriebsenergie bis in das 20. Jahrhundert hinein weiter zum Antrieb von kleinen Maschinen in Fabriken und im Handwerk, und sie trat immer wieder auf, wenn neue Betriebe gegründet wurden.

[a] Bei dieser Studie handelt es sich um die überarbeitete und erweiterte Fassung eines Aufsatzes der unter dem Titel „Zur Einführung der Dampfkraft in die Berliner Wirtschaft in der ersten Phase der Industriellen Revolution – Vom Ausgang des 18. Jahrhunderts bis zum Jahre 1830" im Jahrbuch für Wirtschaftsgeschichte, Berlin 1977, Teil 4, S. 101–126, publiziert wurde.

[1] *Marx, Karl,* Das Kapital, Bd. 1, in: MEW, Bd. 23, Berlin 1962, S. 395f.

[2] Ebenda, S. 403.

[3] *Jonas, Wolfgang/Linsbauer, Valentine/Marx, Helga,* Die Produktivkräfte in der Geschichte. Von den Anfängen bis zum Beginn der Industriellen Revolution, Berlin 1969, S. 188.

[4] *Marx, Karl,* a. a. O., S. 396.

[5] Ebenda.

Analoges gilt für die tierische Muskelkraft, besonders für die des Pferdes, das „häufig während der Kinderzeit der großen Industrie angewandt“ wurde.[6]

Schon Karl Marx hatte bei der Untersuchung der Bedeutung der Dampfkraft für die Entwicklung der kapitalistischen Industrie auf die völlig verschiedene Qualität von Muskelkraft bzw. der Kraft des Windes und der Wasserkraft hingewiesen.[7] Bei aller Überlegenheit der Dampfkraft über die Wasserkraft spielte die Wasserkraft, die sehr wohl in der Lage war, Maschinensysteme über einen Zentralantrieb zu bewegen, in der Industriellen Revolution in bestimmten Territorien eine große Rolle, so zum Beispiel in Sachsen, wie Rudolf Forberger in seiner jüngsten Arbeit nachweist.[8]

Auch in Berlin – wo allerdings bedeutendere Wasserkräfte fehlten – vollzog sich die Ersetzung der traditionellen Antriebskräfte durch die Dampfkraft in einem Jahrzehnte währenden Prozeß. Selbst der für seine Zeit kapitalkräftige August Borsig nutzte, als er in der zweiten Hälfte der dreißiger Jahre seine erste Fabrik gründete, zum Betrieb der Blasebälge zunächst menschliche Muskelkraft.[9] Allerdings legte er schon im ersten Jahr der Inbetriebnahme seiner Fabrik ein Göpelwerk für zwei Pferde an, dem 1838 eine Dampfmaschine folgte.

Die aus der menschlichen und tierischen Muskelkraft zu erzielende Antriebsenergie war zwar billiger, aber auch ungleich geringer als die der Wassermühlen und der Windmühlen. Die Überlegenheit der Mühlen war besonders bei Produktionen gegeben, in denen einfache Arbeitsprozesse zu bewältigen waren, Arbeitsprozesse jedoch, die „massenhaft und mit großem Kraftaufwand“[10] durchgeführt werden mußten und keiner ausgeprägten Kontinuität bedurften.

Problematisch war allerdings die Abhängigkeit der Mühlen von nichtkontrollierbaren und nur bedingt steuerbaren Naturprozessen und ihre Standortgebundenheit. Wenn es dennoch selbst 1851 in Berlin noch 8 Wassermühlen und 72 Windmühlen gab[11], so deshalb, weil diese Mühlen in Produktionsbereichen eingesetzt wurden, in denen eine kontinuierliche Energieabgabe nicht unabdingbar war. Bei den Windmühlen handelte es sich um 14 Lohmühlen, eine Knochenmühle und 57 Mehlmühlen. Bei den Wassermühlen um vier Mehlmühlen, zwei Lederwalkmühlen, davon eine in Verbindung mit einer Ölmühle, eine Wollzeugwalkmühle und um die Gebläsemühle der Königlichen Eisengießerei[12], die allerdings auch über die Dampfkraft verfügte.[13]

Mit James Watts, so Karl Marx, sogenannter „doppelt wirkender Dampfmaschine war ein erster Motor gefunden, der seine Bewegungskraft selbst erzeugt aus der

[6] Ebenda, S. 396f.

[7] Ebenda, S. 403.

[8] *Forberger, Rudolf*, Die Industrielle Revolution in Sachsen. Zur Geschichte der sächsischen Fabrik (1800–1861), Bd. 1: Die Revolution der Produktivkräfte (1800–1830), Abschnitt: Der Maschineneinsatz in den einzelnen Branchen, Unterabschnitt: 1. 1. 2. 2. 2 Kraftmaschinen, S. 1 (unveröffentlichtes Manuskript).

[9] *Dominik, Hans*, Die Anfänge der Berliner Maschinenbauindustrie, in: Großberliner Kalender, o. O., 1915, S. 308.

[10] *Marx, Karl*, a. a. O., S. 368.

[11] Allgemeiner Wohnungsanzeiger für Berlin, Charlottenburg und Umgebungen auf das Jahr 1851, Berlin 1851, S. 226.

[12] Ebenda.

[13] Zentrales Staatsarchiv (im folgenden: ZStA), Abt. II, Rep. 120, BB, IIa, 5, Nr. 5, Vol. 1, Bl. 315.

Verspeisung von Kohlen und Wasser, dessen Kraftpotenz ganz unter menschlicher Kontrolle steht, der mobil und ein Mittel der Lokomotion, städtisch und nicht gleich dem Wasserrad ländlich, die Konzentration der Produktion in den Städten erlaubt, statt sie wie das Wasserrad über das Land zu zerstreuen, universell in seiner technologischen Anwendung, in seiner Residenz verhältnismäßig wenig durch lokale Umstände bedingt. Das große Genie Watts zeigt sich in der Spezifikation des Patents, das er im April 1784 nahm, und worin seine Dampfmaschine nicht als eine Erfindung zu besondren Zwecken, sondern als allgemeiner Agent der großen Industrie geschildert wird."[14]

Anliegen dieser Studie ist es, vor allem das Universelle der technischen Anwendbarkeit der Dampfmaschinen und der damit verbundenen Probleme in einem zwar begrenzten, aber bedeutenden Wirtschaftsterritorium Preußens vor der ersten amtlichen Zählung der Dampfmaschinen im Jahre 1837 sichtbar zu machen. Obwohl zur Geschichte der Dampfmaschine eine umfangreiche Literatur vorhanden ist, fehlt es an Detailuntersuchungen, haben sich in die vorhandenen Publikationen Fehler eingeschlichen. Auch geben selbst speziellere territoriale wirtschaftshistorische Untersuchungen, wie die vorzügliche Arbeit von Lothar Baar[15], nur einen Gesamtüberblick bzw. nur in Teilbereichen einen genaueren Einblick in die Nutzung der Dampfkraft. Wenn auch der Verfasser nicht mit der von Baar und anderen vertretenen Auffassungen über den Verlauf der Industriellen Revolution übereinstimmt, sondern mit der von Wolfgang Jonas konform geht[16], baut diese Studie insofern auf die Untersuchung von Baar auf, als sie von der dort gegebenen Darstellung der gesamtwirtschaftlichen Entwicklung Berlins ausgeht.

Projekte und Dampfmaschinen in Berlin am Ausgang des 18. Jahrhunderts

Wenn Berlin die erste preußische und darüber hinaus die erste deutsche Stadt war, in der eine Dampfmaschine zum Antrieb von Werkzeugmaschinen in einer Baumwollspinnerei genutzt wurde, so hat dies verschiedene Ursachen. Berlin war an der Wende vom 18. zum 19. Jahrhundert eine Manufakturstadt und eines der bedeutendsten deutschen Textilzentren für Wolle, Baumwolle und Seide. Die Stadt verfügte über eine breite Palette handwerklicher Berufe und leistete Beachtliches in der Produktion von Porzellan, in der Verarbeitung von Edelmetallen und in der Zuckerraffinerie. Sodann zeichnete sich die Stadt durch eine relativ gute Verkehrslage aus, und schließlich war Berlin nicht nur eine der großen Garnisonstädte Preußens, sondern Hauptstadt des Landes und damit bevorzugtes Objekt der staatlichen Gewerbeförderungs-

[14] *Marx, Karl*, a. a. O., S. 398.

[15] *Baar, Lothar,* Die Berliner Industrie in der industriellen Revolution, in: Veröffentlichungen des Instituts für Wirtschaftsgeschichte an der Hochschule für Ökonomie Berlin-Karlshorst, hg. v. Hans Mottek, Bd. 4, Berlin 1966.

[16] *Jonas, Wolfgang,* Thesen zum Wesen der Industriellen Revolution, in: Jahrbuch für Wirtschaftsgeschichte, Berlin 1974, Teil II, S. 273 ff.; *Lärmer, Karl,* Vierte Jahrestagung des interdisziplinären Arbeitskollektivs zur Erforschung der Geschichte der Produktivkräfte. Tagungsbericht, in: ebenda, S. 263 ff.

politik.[17] Allerdings ist die seit Conrad Matschoss[18] in der Literatur verbreitete These, wonach die erste „Betriebsdampfmaschine“ Preußens „von 1800 bis 1824 in der Königlichen Porzellan-Manufaktur zu Berlin in dauerndem, sehr anstrengendem Betrieb gestanden“[19] habe, unrichtig. Richtig ist, daß diese von dem Engländer Bialdon in Gleiwitz gebaute Dampfmaschine bereits 1788 entworfen wurde[20], ihr Einsatz 1793 technisch möglich gewesen wäre[21], ihre Inbetriebnahme, bedingt durch den Widerstand fortschrittfeindlicher Kräfte unter der Führung des Freiherrn von der Reck jedoch erst im Jahre 1800 erfolgte.[22]

Aus der Tatsache, daß diese Dampfmaschine bereits 1793 betriebstüchtig war, wovon eine am 13. August 1793 von Minister von Heynitz an den preußischen König ergangene Einladung zur Besichtigung der Dampfmaschine zeugt[23], wird gelegentlich geschlossen, so von Hugo Rachel[24] und Ilja Mieck[25], daß 1793 „zum erstenmal in Berlin der Dampfbetrieb durch eine kleine Maschine von bedeutender Wirkung“[26] zur Anwendung kam.

Aktenkundig ist aber, daß das gewiß wohlinformierte Königliche Manufaktur- und Kommerzien-Kollegium selbst 1795 „die Dampfkunst“ als eine „in Berlin noch ganz unbekannte Verrichtung“ bezeichnete.[27]

Werner Sombart[28] und Josef Kulischer[29] vertreten dagegen den Standpunkt, diese Dampfmaschine habe erst 1822 ihren Betrieb aufgenommen.

[17] Zur Motivation der preußischen Gewerbeförderungspolitik vgl. u. a. *Kuczynski, Jürgen,* Die Geschichte der Lage der Arbeiter unter dem Kapitalismus, Bd. 1: Darstellung der Lage der Arbeiter in Deutschland von 1789 bis 1848, Berlin 1961, S. 29f.; *Lärmer, Karl,* Maschinenbau in Preußen. Ein Beitrag zur Problematik Staat und Industrielle Revolution, in: Jahrbuch für Wirtschaftsgeschichte, Berlin 1975, Teil 2, S. 13ff.; *Mottek, Hans,* Wirtschaftsgeschichte Deutschlands. Ein Grundriß. Bd. 2: Von der Französischen Revolution bis zur Zeit der Bismarckschen Reichsgründung, Berlin 1969, S. 49.

[18] *Matschoss, Conrad,* Die Entwicklung der Dampfmaschine. Eine Geschichte der ortsfesten Dampfmaschinen und Lokomobile, der Schiffmaschine und Lokomotive, Bd. 1, Berlin 1908.

[19] Ebenda, S. 163.

[20] Ebenda.

[21] „Koeniglich Berlin.“ 1763–1913. Gedenkblatt zum 150jährigen Jubiläum der Königl. Porzellan-Manufaktur Berlin, hg. v. der Direktion der Königl. Porzellan-Manufaktur in Berlin, bearb. v. J. Erzgraber, Berlin o. J., S. 5.

[22] *Matschoss, Conrad,* a. a. O., S. 163.

[23] „Koeniglich Berlin“, a. a. O., S. 5.

[24] *Rachel, Hugo,* Das Berliner Wirtschaftsleben im Zeitalter des Frühkapitalismus, Berlin 1931, S. 203.

[25] *Mieck, Ilja,* Merkantilismus und Liberalismus in der preußischen Gewerbepolitik von 1815 bis 1844 unter bes. Berücksichtigung Berlins, phil. Diss., Freie Universität, Berlin(West), 1957, S. 80.

[26] *Rachel, Hugo,* a. a. O., S. 203.

[27] ZStA, Abt. II, Bestand: General-Directorium: Fabriken-Departement, Tit. CCLVIII, Nr. 152, Vol. 2, Bl. 151.

[28] *Sombart, Werner,* Die deutsche Volkswirtschaft im 19. Jahrhundert und im Anfang des 20. Jahrhunderts, Berlin 1921, S. 152.

[29] *Kulischer, Josef,* Allgemeine Wirtschaftsgeschichte des Mittelalters und der Neuzeit. Mit einer Einleitung v. Jürgen Kuczynski, Bd. 2: Die Neuzeit, Berlin 1954, S. 475.

Die Bemühungen um die Einführung der Dampfkraft in die materielle Produktion hatten sich in den neunziger Jahren des 18. Jahrhunderts keineswegs nur auf die Porzellanproduktion, sondern in durchaus stärkerem Maße – wie in allen Ländern in dieser Phase der Industriellen Revolution – auf die Baumwollspinnerei konzentriert. Hans Mottek nennt, wenn er auf die Anwendung der Dampfkraft in der Berliner Wirtschaft eingeht, vor der Königlichen Porzellanmanufaktur eine nicht näher bezeichnete Baumwollspinnerei.[30] Und Hugo Rachel schreibt: „Eine andere (neben der von Wilhelm Tappert – d. Vf.) Maschinenspinnerei hat der unternehmende Fabrikant Sieburg am Pariser Platz angelegt, und zwar mit Dampfbetrieb. Die Maschine hat ihm der noch von Friedrich II. 1786 aus Kopenhagen hierher gezogene Mechaniker Nordberg gebaut. Es wurde ihm hierzu ein Vorschuß von 100000 Tlr. vom König 1794 bewilligt.“[31]

Mieck, der die Inbetriebnahme der Dampfmaschine in der Königlichen Porzellanmanufaktur auf das Jahr 1793 datiert, schreibt, Sieburg habe „im März 1796 ebenfalls eine Dampfmaschine aufgestellt“.[32] Eine nähere Untersuchung dieser Hinweise bestätigt deren grundsätzliche Richtigkeit.

Im letzten Jahrzehnt des 18. Jahrhunderts stieg mit der Erweiterung der Kattunproduktion in Preußen der Bedarf an feinem Gespinnst ebenso wie die dafür geforderten Preise.[33] Der forcierte Übergang zur mechanischen Spinnerei wurde unumgänglich.

Sieburg gehörte neben Hotho und Wilhelm Tappert zu den ersten Berliner Unternehmern, die sich um die Einfuhr bzw. um den Nachbau englischer Spinnmaschinen bemühten. In einem Bericht des preußischen General-Direktoriums des Fabrikanten-Departements vom 13. April 1783 heißt es dazu: „Der Manchester-Fabrikant Hotho hat den Riß einer solchen Maschine aus Engellandt mitgebracht, es hat ihm aber noch an einem Kunstverständigen gefehlet, der solchen Riß executiret.“[34] Und: „Der Kaufmann Sieburg Sohn, der kürtzlich aus Engelland zurück gekommen ist und mit vielem Nutzen gereiset, hat würcklich schon eine dergleichen Maschine unterwegs, und zugleich einen Spinner, der solche zu regieren weiß“.[35]

Folgerichtig bemühte man sich in den neunziger Jahren, die Dampfkraft in zwei Baumwollspinnereien – in die von Wilhelm Tappert und die von Johann Georg Sieburg – einzuführen.

Tappert hatte 1791, gemeinsam mit Alberty, eine Maschinenspinnerei, in der gleichzeitig Spinnmaschinen gebaut wurden, gegründet.[36] Diese vom Staat finanziell stark geförderte Unternehmung endete im Jahre 1796 in einem Bankrott und der zeitweiligen Übernahme durch den Staat.

Der Zusammenbruch des Tappertschen Unternehmens wurde sowohl von den staatlichen Stellen als auch von Tappert wesentlich darauf zurückgeführt, daß zum Antrieb der Spinnmaschinen nur menschliche Muskelkraft zur Verfügung stand. Bei der Reorganisation des Betriebes in Gestalt der Königlichen Garnmanufaktur – die

30 *Mottek, Hans*, a. a. O., S. 115.
31 *Rachel, Hugo*, a. a. O., S. 151.
32 *Mieck, Ilja*, a. a. O., S. 50.
33 *Rachel Hugo*, a. a. O., S. 150.
34 ZStA, Abt. II, Bestand: General Directorium: Fabriken-Departement, Tit. CCLVIII, Nr. 118.
35 Ebenda.
36 *Rachel, Hugo*, a. a. O., S. 150.

unter technischer Leitung von Tappert stand – spielte deshalb das Problem der Antriebskraft eine zentrale Rolle. Oberbergrat Rothe, der seit 1794 für die Anlegung einer elfzölligen Dampfmaschine in der Spinnerei eintrat, wies auf die Komplikationen hin, die dadurch entstanden, daß die Spinnmaschinen eines „gleichförmigen Ganges" bedurften, die Menschen aber „von Zeit zu Zeit pausieren oder langsamer oder schneller gehen".[37] Dazu kam, daß es an Dreherinnen in ausreichender Zahl fehlte, da diese Arbeit ebenso schwer war, wie schlecht entlohnt wurde. Das Königliche Manufaktur- und Kommerzien-Kollegium äußerte sich dazu am 14. März 1794 so: „An diesem Mangel an Dreherinnen habe es gelegen, daß die halbe Anstalt in der Regel still gelegen habe, die übrigen Arbeiterinnen hätten gleichwohl Wartegeld erhalten müssen".[38] Tappert, dem weniger an der Ersetzung der Muskelkraft durch die Dampfkraft lag, der sich vielmehr die Wasserkraft der Berliner Seidenmühle nutzbar machen wollte, schrieb am 1. Oktober 1793, sein Anliegen begründend, daß er bei der Nutzung eines Wasserrades „mit Gewißheit darauf rechnen" könne, „seine Anstalt unausgesetzt in Gang" zu halten, „von der Abhängigkeit von den Dreherinnen befreyt" zu sein, „die alle Augenblicke austreten, und dann immer einen Stillstand aller Maschinen, die von den Dreherinnen abhängen, verursachen."[39]

Der Trend der Abkehr von der Muskelkraft als Quelle der Antriebsenergie und die Hinwendung zur Wasser- und Dampfkraft hatte noch einen anderen gewichtigen Grund. Die Muskelkraft bewirkte – im Gegensatz zur Wasserkraft und erst recht zur Dampfkraft – einen letztlich ungleichmäßigen Gang der Spinnmaschinen. Das führte dazu, daß gerade bei dem so sehr gefragten feinen Gespinnst die dünnen Fäden immer wieder rissen.

Wurde einerseits schon im April 1794 der Umzug der Tappertschen Spinnerei in die Seidenmühle vorbereitet[40], so blieb andererseits ihre Ausstattung mit einer Dampfmaschine auch 1795 noch im Gespräch. Das zeigt unter anderem ein Bericht des Königlichen Manufaktur- und Kommerzien-Kollegiums vom 6. März 1795 an den preußischen König. Es heißt da: „Das schickliche Unterkommen der Anstalt hat seine Schwierigkeiten, die ganz außer unserem Wirkungskreise liegen ... Die Hauswirthe scheuten entweder die Dampfkunst, als einer in Berlin noch ganz unbekannten Verrichtung, oder die Quartiere waren kein Fabriken Gelaß ... In beiden Fällen war unsere Bemühung vergeblich, und wir mußten am Ende zu den beiden alten Vorschlägen, das Seidenmühlengebäude, oder die Christianschen Säle im Marstall Gebäude zurückkehren."[41]

Doch auch der preußische König versagte, wie ein Schreiben vom 5. April 1795 bestätigt, die Zustimmung zur Aufstellung einer Dampfmaschine in seinem Marstall.[42]

Damit war das erste Projekt der Nutzung der Dampfkraft in der preußischen Textilproduktion zusammengebrochen. Die Königliche Garnmanufaktur erhielt einen Wasserantrieb. Damit wurde der Übergang zu einem zentralgetriebenen Maschinensystem, zur Fabrik, vollzogen.

[37] ZStA, Abt. II, Bestand: General-Directorium: Fabriken-Departement, Tit. CCLVIII, Nr. 152, Vol. 2, Bl. 52.

[38] Ebenda, Vol. 1.

[39] Ebenda.

[40] Ebenda, Vol. 2, Bl. 97.

[41] Ebenda, Bl. 151.

[42] Ebenda, Bl. 159.

Erfolgreicher waren die Bemühungen von Johann Georg Sieburg um die Einführung der Dampfkraft in seiner Spinnerei. Sieburg hatte sich am Ende der achtziger Jahre des 18. Jahrhunderts mit dem aus Kopenhagen stammenden Charles Axel Nordberg mit dem Ziel zusammengetan, eine moderne Textilproduktion aufzubauen. Nordberg, der vier Jahre in England gelebt hatte, schien über ausgezeichnete Erfahrungen und Kenntnisse im Textilmaschinenbau und in der Maschinenspinnerei zu verfügen.[43] Allerdings ist es nur bedingt richtig, ihn als Mechaniker zu bezeichnen.[44] Nordberg hatte es zwar übernommen, für das Sieburgsche Unternehmen Spinnmaschinen zu bauen, eine Kupferdruckerei einzurichten und die Weberei und die Färberei dem modernsten technischen Stand anzupassen[45], doch er fungierte nicht nur als Mechaniker und Werkmeister, sondern auch als Teilhaber des Unternehmens. Der von ihm in das Unternehmen eingebrachte Betrag von 20000 Reichstalern[46] entsprach der Summe, die auch Sieburg bis 1799 für die Maschinenspinnerei investiert hatte.[47] Dies zu wissen ist deshalb von Bedeutung, weil Sieburg einige Jahre später Nordberg vorwarf, nur seinen eigenen Interessen gedient zu haben.[48] Völlig unrichtig ist die Darstellung Rachels, wonach Nordberg die Sieburgsche Dampfmaschine gebaut und dazu vom preußischen König 100000 Taler erhalten habe.[49]

Vielmehr wurde die Dampfmaschine aus Manchester importiert.[50] Nordberg leitete – gemeinsam mit einem englischen Mechaniker – lediglich deren Aufbau und den Bau der notwendigen Nebenanlagen.

Der Preis der Dampfmaschine ist nicht bekannt. In einer Kalkulation aus dem Jahre 1792 wurden zwar 7000 Reichstaler veranschlagt[51], es kann aber als sicher angenommen werden, daß dies eine Fehlkalkulation war, denn die vielen Komplikationen, die beim Transport und der Installation der Dampfmaschine entstanden, haben die Kosten der Maschine wesentlich erhöht. Aber sie betrugen keinesfalls 100000 Taler, denn dieser Betrag entsprach der Gesamtsumme des staatlichen Kredits, der dem Sieburgschen Unternehmen 1795 „zur Erbauung der Spinnmaschinen, der Dampfmaschine und der erforderlichen Gebäude“[52] zur Verfügung gestellt wurde. Ganz offenbar wurde dieser Kredit ordnungsgemäß verwendet, denn in keinem der Berichte, die der vom Staat in das Unternehmen eingesetzte Buchhalter Lehmann anfertigte, finden sich Hinweise auf eine andere Verwendung der Gelder. Von der Absicht Sieburgs und Nordbergs, den Antrieb der Spinnmaschinen von der menschlichen und der tierischen Muskelkraft auf die Dampfkraft umzustellen, zeugt erstmals ein Schreiben vom 3. Januar 1792, in dem um einen staatlichen Kredit gebeten

[43] Ebenda, Nr. 205, Vol. 1, Bl. 1.
[44] *Rachel, Hugo*, a. a. O., S. 151.
[45] ZStA, Abt. II, Bestand: General-Directorium: Fabriken-Departement, Tit. CCLVIII, Nr. 105, Vol. 1, Bl. 1.
[46] Ebenda, Bl. 5.
[47] *Rachel, Hugo*, a. a. O., S. 248.
[48] ZStA, Abt. II, Bestand: General-Directorium: Fabriken-Departement, Tit. CCLVIII, Nr. 188a, Bl. 2.
[49] *Rachel, Hugo*, a. a. O., S. 151.
[50] ZStA, Abt. II, Bestand: General-Directorium: Fabriken-Departement, Tit. CCLVIII, Nr. 205, Vol. 2, Bl. 33.
[51] Ebenda, Vol. 1, Bl. 19.
[52] Ebenda, Bl. 99.

wird. Es heißt: „Die angegebenen Streich- und Spinnmaschinen in Bewürckung zu setzen, wäre in Ermangelung des Waßer Triebes eine Dampfmaschine anzulegen notwendig, welche nach der neuesten Erfindung zu stehen kommt Rth. 7000. Die Gebäude zur Placierung der Dampfmaschine, die Zu- und Ableitungskanäle können gerechnet werden 8000 Rth.“[53]

Dieser Antrag verfiel mit dem Hinweis darauf, daß der Staat keinerlei Vorteile aus der Gewährung des Kredits zöge, zunächst der Ablehnung.[54] Dennoch trieb Sieburg die zur Aufstellung einer Dampfmaschine notwendigen Bauarbeiten weiter voran und bestellte in Manchester eine Dampfmaschine, die spätestens 1795 in Berlin eintraf. Dies läßt sich aus einer im Jahre 1795 erarbeiteten Kostenaufstellung ableiten, aus der hervorgeht, daß die Dampfmaschine beim Seetransport zu Schaden kam, Teile verloren gingen und dadurch zusätzliche Kosten entstanden.[55]

Die Bemühungen Sieburgs, aus England die beschädigten bzw. verlorengegangenen Teile erneut zu beschaffen bzw. sie von der Königlichen Hütte in Oberschlesien angefertigt zu bekommen, schlugen zunächst fehl.[56] Noch am 4. Februar 1797 schrieb Buchhalter Lehmann an Minister Karl Gustav von Struensee, der zu dieser Zeit dem Fabriken-Departement vorstand: „Da jedoch die Feuer Maschine, welche den Haupt-Effekt des ganzen Wercks bewürcken soll, noch bis jetzt wegen Mangel der noch fehlenden Stücke nicht im Gange ist, so kann man also nicht so strenge catouliren, indem das bisher geschehen, außer dem Vorgespinste der Roßmaschine, nur Betriebs-Werck durch Menschen Hände ist.“[57] Am 24. Mai 1797 schrieb dagegen Lehmann an von Struensee: „Die Dampfmaschine ist nun zwar gänztlich aufgestellet und auch so weit gediehen, daß sie jetzt in einer Minute mit 14 bis 16 Hieben (Hüben — d. Vf.) das große eiserne Hauptgetriebe in einer schnellen und gleichförmigen Bewegung setzt. Die dazu gehörige Spinnerey kann aber deswegen noch nicht angebracht werden, weil die zum Vorgespinst erforderlichen eisernen Geräthschaften welche schon über Jahr und Tag beym schlesischen Hüttenwerke in Bestellung gegeben sind ... nicht geliefert werden, daher sich dann der Sieburg genöthigt siehet, diese fehlenden Stücke durch den Nordberg noch einzumodellieren, und solche aus Messing verfertigen zu lassen. Da dies nicht nur einen großen Kosten Aufwand, sondern auch einen merklichen Aufenthalt erreget, so möchte wohl ein halbes Jahr verstreichen, ehe das gantze Werk, welches die Dampfmaschine bewegen soll, vollendet seÿn wird.“[58]

Durch das Eingreifen des Ministers konnte der Königlichen Hütte in Gleiwitz schließlich die Zusicherung abgerungen werden, die fehlenden Teile bis September 1797 zu liefern.[59] Im Oktober 1797 war die Dampfmaschine schließlich in Betrieb gesetzt[60], und sie blieb, wie ein Schreiben Sieburgs vom 25. März 1800 an den preußischen König zeigt, mindestens bis zu diesem Zeitpunkt in Gebrauch.[61] Allerdings war Sieburg beim Erwerb der Dampfmaschine von Nordberg offenbar nicht gut beraten worden, denn 1799 warf Sieburg Nordberg vor, er habe bei der Anschaffung der Dampfmaschine „wohl mehr für sein“ als für das Interesse Sieburgs gesorgt.[62]

[53] Ebenda, Bl. 19.
[54] Ebenda, Bl. 21.
[55] Ebenda, Bl. 84.
[56] Ebenda, Bl. 205; Vol. 2, Bl. 8.
[57] Ebenda, Vol. 2, Bl. 2.
[58] Ebenda, Bl. 8.
[59] Ebenda, Bl. 27.
[60] Ebenda, Bl. 29.
[61] Ebenda, Bl. 130.
[62] Ebenda, Nr. 188 a, Bl. 2.

Den mit dem Aufbau der Dampfmaschine beauftragten englischen Mechaniker charakterisierte Sieburg in einem Schreiben vom 23. Januar 1798 an den preußischen König als einen Menschen, „der wegen seiner äußerst liederlichen Lebens Art fast gar nicht zu gebrauchen war, den ich aber dennoch zweÿ Jahre auf meiner Fabrique dulden und ihm einen nicht verdienten Lohn habe zahlen müssen.“[63]

Tatsächlich brachte die Dampfmaschine das Sieburgsche Unternehmen nicht nur in Schwierigkeiten, sondern sie trug maßgeblich zum Bankrott des Unternehmens bei.

Lehmann schilderte die wirtschaftlichen Probleme, die diese mit Holz beheizte[64] Dampfmaschine für Sieburg brachte, in einem an Minister von Struensee gerichteten Schreiben vom 23. Oktober 1797 so: „Die Dampfmaschine ist nun zwar an sich im Gange, allein der Kosten Aufwand für Brennmaterialien á täglich 5 Rtl. steht mit den jetzt erst zu dieser Maschine aptirten 4 Streich, 4 Durchzieh und 4 Rahm Maschinen von 384 Spillen, in keinem Verhältnisse, da angeblich durch die Kraft der zu ihrer Bewegung nöthigen Dämpfe ganzttäglich 16 Rahm Maschinen von 1500 Spillen und dazu erforderlichen Streich und Vorspinn Maschinen, in Thätigkeit gesetzet werden können, und wozu auch zweÿ große Wellen in beÿden Etagen des Gebäudes schon wirklich vorhanden sind. Es muß daher jetzt beÿ den Ueberfluß der bewegenden Kraft, ein großer Theil der Dämpfe vergeblich in die Luft verfliegen.“[65] Sieburg sah 1798 das „größte Uebel“ seiner Dampfmaschine darin, daß sie „nicht von neuester Erfindung, sondern solcher Construktion ist, daß selbige wohl bey einer Stein Kohlen Mine, nicht aber hier in Berlin, wo Feuerung so äußerst kostbar ist, mit Nutzen gebraucht werden kann.“[66] Diese Beurteilung erfolgte zwar im Zusammenhang mit einem Gesuch um die verbilligte Überlassung von Brennholz durch den Staat, sie muß aber ernst genommen werden, denn Sieburg erwog zur gleichen Zeit schon die Anschaffung einer anderen Dampfmaschine[67], aber auch die Nutzung eines Wasserrades.

Die in Erwägung gezogene neue Dampfmaschine sollte den Antrieb der Maschinen über den Transmissionsmechanismus nicht direkt bewirken, sondern durch den Umweg über ein Wasserrad. Wir erfahren von diesen Überlegungen aus einem Bericht des schon genannten Lehmann. Er schrieb: „Wie es scheint, findet der Sieburg seine jetzige Dampfmaschine nicht so gantz zweckmäßig, und wenn er nicht die Kosten scheuen müßte, so würde er sich wahrscheinlich eine von der neuen Erfindung zulegen, die bloß zum Wasserheben dient, um ein Ober- und Unterschlächtiges Waßer-Rad, zum Betriebe der Maschinen, in Bewegung zu setzen.“[68]

Diese Variante der Nutzung der Dampfkraft entsprach keineswegs dem modernsten technischen Stand, sondern sie wurde vor der Entwicklung der doppelwirkenden Dampfmaschine mit Drehbewegung durch James Watt benutzt. Conrad Matschoss beurteilt das von Sieburg in Aussicht genommene technische Prinzip so: „Sobald die Dampfmaschine sich im Bergbau bewährt hatte, lag der Wunsch nahe, diese Betriebskraft auch auf die schon bestehenden Fabriken anzuwenden. Hierbei machte anfangs die Kraftübertragung von dem auf- und niedergehenden Kolben auf die sich umdrehende Maschine große technische Schwierigkeiten. Zuerst umging man sie, in-

63 Ebenda, Nr. 205, Vol. 2, Bl. 29.
64 Ebenda, 33.
65 Ebenda, Bl. 29.
66 Ebenda, Bl. 33.
67 Ebenda, Bl. 30.
68 Ebenda.

dem man das Wasserrad beibehielt und durch die Dampfmaschine das Betriebswasser immer wieder von neuem auf die notwendige Höhe heben ließ. Dazu konnte man die Pumpmaschine, die anfangs die Dampfmaschine ausschließlich war, ohne wesentliche Veränderungen sofort benutzen ... Das war natürlich ein Umweg, der die Anlage verwickelt, teuer und weniger leistungsfähig machte."[69] Offenbar begriff Sieburg bald, daß diese Lösung letztlich die in Berlin existente Brennstoffproblematik nicht berührte, denn schon im April 1799 bemühte er sich, die mit Wasserkraft ausgestatteten Werderschen Mühlen in Berlin in Erbpacht zu erhalten.[70] Wann genau Sieburg den Dampfbetrieb aufgab, ist nicht zu ermitteln. Bekannt ist, daß in der zweiten Hälfte des Jahres 1801 „das Roßwerk zum gangbaren Stand fertig gemacht"[71] wurde und die Bilanz des Unternehmens für das Jahr 1802 die Position „Pferdeankauf zur Roßmühle" ausweist.[72]

Die Erben Sieburgs bemühten sich wiederum, den Betrieb mit Hilfe der Wasserkraft vor dem Untergang zu bewahren. Sie schrieben am 31. Januar 1804 an das Königliche Manufaktur- und Kommerzien-Kollegium: „Noch ein Umstand der dem erwünschten Fortgange der Manufaktur im Wege stand, ist die fehlende Wasserkraft. Unser Erblasser hat verschiedene Versuche gemacht, diesem wichtigen Mangel abzuhelfen, aber sie sind vergeblich gewesen, und deshalb hat er zu Feuermaschinen und Pferden seine Zuflucht nehmen müssen. Wäre es durch die Mitwirkung eines hohen General-Fabriken-Departements möglich, uns eine passende Wasserkraft zu verschaffen, könnten wir z. B. die Mühle, in welcher bisher die Tappertsche Garn-Manufaktur betrieben worden, auf billige Bedingungen in Pacht erhalten, so wird unsere Garn-Manufaktur erheblichen Vorteil davon haben."[73]

Auch diesem Ersuchen wurde nicht entsprochen. Die von Tappert geleitete Königliche Garnmanufaktur ging 1805 in das Eigentum der Gebrüder Bernhardt aus Harthau bei Chemnitz über[74], das Sieburgsche Unternehmen etwa zur gleichen Zeit in den Bankrott, obwohl die Erben Sieburgs sich – wie ein Bericht des Fabriken-Departements vom Oktober 1805 zeigt – nach Kräften um die Erhaltung des Unternehmens bemühten. In diesem Bericht heißt es unter anderem: „Bis jetzt ist das Etablissement selbst als Anlage beständigen Revolutionen unterworfen gewesen, die Dampfmaschine ist abgebrochen, die von Nordberg erbauten Maschinen sind fast alle an die Seite gestellt, an den Woodwordschen Maschinen ist wieder geändert, das bisherige Roßwerk ist kürzlich wieder abgebrochen und ein neues erbaut."[75]

Faßt man die Vorgänge um die Einführung der Dampfkraft in die Berliner Wirtschaft am Ende des 18. Jahrhunderts zusammen, dann sind folgende Aspekte von Bedeutung:

Das erste Projekt der Nutzung der Dampfkraft für nichtbergbauliche Zwecke wurde – untypisch für die erste Phase der Industriellen Revolution, aber durchaus

69 *Matschoss, Conrad*, a. a. O., S. 40.

70 ZStA, Abt. II, Bestand: General-Directorium: Fabriken-Departement, Tit. CCLVIII, Nr. 188a, Bl. 2.

71 Ebenda, Nr. 205, Vol. 2, Bl. 186.

72 Ebenda, Vol. 3, Bl. 52.

73 Ebenda.

74 *Baar, Lothar*, a. a. O., S. 42.

75 ZStA, Abt. II, Bestand: General-Directorium: Fabriken-Departement, Tit. CCLVIII, Nr. 205, Vol. 3, Bl. 100.

kennzeichnend für die preußische Gewerbeförderungspolitik – nicht in einer Spinnerei, sondern für einen staatlichen Betrieb, der mit hohen Gewinnen die königliche Schatulle füllte,[76] für die Königliche Porzellanmanufaktur, entwickelt. Wenn für die Realisierung dieses Vorhabens zwölf Jahre benötigt wurden, so wegen des technischen Rückstandes Preußens gegenüber zum Beispiel England auch auf diesem Sektor. Dieser Rückstand resultierte letztlich – ebenso wie der Widerstand gegen die Inbetriebnahme der Dampfmaschine – aus der hemmenden Rolle der herrschenden Produktionsverhältnisse. Wenn im gleichen Jahrzehnt zwei weitere Projekte – typisch für die beginnende Industrielle Revolution – in der Baumwollspinnerei entstanden, so deshalb, weil hier die günstigsten technischen Bedingungen für die Anwendung der Dampfkraft gegeben waren und der nachhaltigste ökonomische Druck bestand.

Es muß und kann unbestritten bleiben, daß alle drei Projekte ohne staatliche Unterstützung nicht realisierbar waren, daß die Initiative zur Nutzung der Dampfkraft – mit der Sieburgschen Ausnahme – von Staatsbeamten ausging. Bestehen bleibt aber, daß der Plan, die Tappertsche Spinnerei mit Dampfkraft zu versehen, nicht zuletzt an der Weigerung des preußischen Königs, geeignete Räumlichkeiten des Marstalls, der anderweitig sehr wohl für Produktionszwecke genutzt wurde, zur Verfügung zu stellen, scheiterte.

Ähnlich zwielichtig stellt sich die preußische Gewerbeförderungspolitik am Beispiel Sieburgs dar. Nicht, weil der von Sieburg 1792 gestellte Unterstützungsantrag zunächst abschlägig beschieden wurde, sondern weil ihm nach der Gewährung eines Kredits jede weitere mit Kosten verbundene Hilfe versagt blieb. Seine Bitte nach Lieferung verbilligten Brennholzes wurde abgelehnt. Sein Angebot aus dem Jahre 1798, seinen Betrieb dem Staat für 100000 Reichstaler – also zum Kreditbetrag – zu verkaufen, verfiel ebenso der Ablehnung wie seine Ersuchen um die Verpachtung der Werderschen Mühlen bzw. der Seidenmühle. All das macht die fast absolute Abhängigkeit von Fabrikgründungen in Berlin vom Wohlwollen des preußischen Staates deutlich.

Bestehen bleibt, daß die erste Dampfmaschine Preußens, die dem Antrieb von Werkzeugmaschinen diente, im Herbst 1797 in der Sieburgschen Maschinenspinnerei ihre Arbeit aufnahm und – wenn auch unter großen Schwierigkeiten – mindestens bis zum Frühjahr des Jahres 1800 in Betrieb gehalten wurde. Wenn Sieburg wesentlich an dieser Dampfmaschine scheiterte, dann nicht, weil dieses englische Fabrikat technische Mängel aufwies, sondern, weil er – unerfahren und unzureichend technisch beraten – die besondere Brennstoffsituation Berlins nicht genügend berücksichtigt hatte und jede staatliche Hilfe unterblieb.

Die grundsätzliche Bedeutung des Sieburgschen Unternehmens besteht darin, daß es zeigt, wie Preußen, bei allen Besonderheiten des Verlaufs der Industriellen Revolution, die englische Entwicklung nachvollzog. Hatte die Spinnerei von Robison in Papplewick 1785 die erste Kombination von Werkzeugmaschinen, Dampfmaschine und Transmissionsmechanismus in England verwirklicht[77], so vollzog Sieburg diesen gewichtigen Einschnitt in der Entwicklung der gesellschaftlichen Produktivkräfte nur zwölf Jahre später in dem rückständigen Preußen.

[76] *Rachel, Hugo*, a. a. O., S. 203.
[77] *Matschoss, Conrad* a. a. O. S. 127.

Die Entwicklung der Nutzung der Dampfkraft von 1800 bis 1820

Im gleichen Jahr, als die Sieburgsche Spinnerei den Dampfbetrieb einstellte, vollzog sich in der Königlichen Porzellanmanufaktur der Übergang vom Pferdegöpel zur Dampfmaschine. Während aber die Sieburgsche Dampfmaschine das gesamte Maschinensystem betrieben hatte, diente die der Porzellanmanufaktur lediglich dem Antrieb der Werkzeuge, die in der ersten Produktionsstufe der Porzellanherstellung Verwendung fanden, nämlich eines Pochwerkes mit zwölf Stempeln, eines zweiten Pochwerkes mit sechs Stempeln, von zehn Mühlensteinen und drei Wasserpumpen.[78] Das Ausformen, Drehen, Modellieren, Brennen und Bemalen des Porzellans – also die entscheidenden Phasen der Porzellanproduktion – verblieben in der traditionellen Technologie, im Bereich der manuellen Arbeit. Hier wird deutlich, daß auch eine Dampfmaschine kein absoluter Maßstab für den Übergang von der manufakturellen Produktion zur Fabrikproduktion ist. Die Dampfmaschine der Porzellanmanufaktur verdrängte zwar in einem Teil der Fertigung die tierische Muskelkraft, von einer nachhaltigen Ersetzung der menschlichen Muskelkraft, der manuellen Fertigkeiten der Masse der Produzenten durch Werkzeugmaschinen mit einem Zentralantrieb kann dagegen keine Rede sein. Dieses Phänomen der frühen Industriellen Revolution zeigt sich auch bei anderen Berliner Produktionsstätten jener Jahrzehnte. Dennoch war diese Dampfmaschine, deren Leistung etwa bei 12 PS lag[79], für den weiteren Fortgang der Einführung der Dampfkraft insofern von Bedeutung, als ihre anhaltende Funktionstüchtigkeit und Rentabilität dazu beitrugen, Vorbehalte gegen die Dampfkraft abzubauen. Ihre Betriebstüchtigkeit bestätigen folgende Zahlen. War 1809 die Dampfmaschine 5579 Stunden tätig, so waren es 1810 schon 6631,5 Stunden und ein Jahr später 6757,5 Stunden.[80] Die jährlichen Betriebskosten betrugen dagegen 1812 nur 3000 Taler.[81]

Trotz dieser Ergebnisse und obwohl das Dampfmaschinenpatent von Watt im Jahre 1800 erloschen war, griff die preußische Regierung erst 1812 das Problem der Einführung der Dampfkraft wieder auf. Die Technische Gewerbedeputation begründete dies so: „In unseren Fabrikanstalten haben die Unternehmungen, Dampfmaschinen in Bewegung zu setzen, noch nicht den gewünschten Erfolg gehabt ... Die zum Betrieb der Sieburgschen Spinnerei erbaute Dampfmaschine hat ... mehr dazu beigetragen, andere Unternehmer abzuschrecken, als sie zu ähnlichen Anlagen zu ermuntern.“[82]

Die Fragwürdigkeit dieser Argumentation zeigt sich nicht nur an dem erfolgreichen Einsatz der Dampfkraft in der Porzellanmanufaktur in Berlin und in der Spinnerei der Gebrüder Alberti in Waldenburg[83], sondern auch in der Haltung der Berliner Unternehmer zur Dampfkraft. Als die preußische Regierung 1812 den Bau mehrerer Dampfmaschinen und deren Verleihung an Berliner Unternehmer beschloß, wurde eine Kommission gebildet, der der Dampfmaschinenbauer A. F. W. Holtzhausen, der Architekt und Fabriken-Kommissions-Rat Franke sowie der Oberbergrat Klügel

[78] ZStA, Abt. II, Rep. 121. I, D, II, 3, Nr. 1, Vol. 1, Bl. 15.
[79] Ebenda, Rep. 120, XIV, D, 1, Nr. 1, Vol. 1, Bl. 18.
[80] Ebenda, Rep. 121, I, D, III, 3, Nr. 1, Vol. 1, Bl. 15.
[81] Ebenda, Bl. 8.
[82] Ebenda, Rep. 120, IV A, 2, Nr. 1, Vol. 4.
[83] Ebenda, Rep. 121, I, D, III, 3, Nr. 1, Vol. 2, Bl. 83; 87.

angehörten. Die Kommission hatte jene Berliner Unternehmen zu ermitteln, die mit einer Dampfmaschine ausgestattet werden sollten. Dem Abschlußbericht der Kommission vom 27. bzw. 28. Oktober 1812 ist unter anderem zu entnehmen: Bernhardt, der eine Spinnerei an der Seidenmühle besaß, verfügte in diesem Betrieb über 53 Streichmaschinen, 13 Streckmaschinen, 12 Vorspinnmaschinen, 6 Rundspinnmaschinen, 77 Mules, 10 Waterframes, eine Walzendrehmaschine, zwei Drehbänke, eine Spindelschleifmaschine und eine Räderschneidemaschine. Als Antriebsmechanismus diente ein Wasserrad, dessen Kapazität mit der Muskelkraft von 199 Männern bzw. 33 Pferden vergleichbar war. Bernhardt erklärte, er wolle in der Nähe der Seidenmühle ein zweites Gebäude bauen lassen und plane „die Errichtung einer Dampfmaschine zum Betriebe dieser zweiten Spinnerei“[84].

Von der Bernhardtschen Spinnerei in Charlottenburg wird gesagt, „der Besitzer hat die Absicht, die Maschinerie durch eine Dampfmaschine in Betrieb zu setzen“.[85]

Tappert, der über vier Fellmaschinen, eine doppelte Fellmaschine, eine Auflockerungsmaschine, acht Streichmaschinen, zwei große Streichmaschinen, eine Kratzenmaschine, eine Rundspinnmaschine, eine Waterframe mit 48 Spindeln und eine Walzendrehmaschine verfügte, bat um die Überlassung einer 12-PS-Dampfmaschine, da sein für sechs und mehr Pferde geeignetes Roßwerk ihm zu teuer erschien und das in Abständen von zwei Stunden notwendige Umspannen der Pferde spürbare Zeitverluste brachte.[86]

Der Spinnereibesitzer Guiremand, dessen Betrieb mit einer 2-Pferde-Roßkunst ausgestattet war, mit deren Hilfe eine Auflockerungsmaschine, eine doppelte Fellmaschine und sechs Streichmaschinen betrieben wurden „wünschte sehr, statt der Pferde eine Dampfmaschine anwenden zu können, in welchem Falle er auf einer Erweiterung seiner Anlage durch Etablierung seiner Feinwollspinnerei Bedacht nehmen würde.“[87]

Lediglich die Baumwollspinnerei Hildebrand erklärte sich, da der Betrieb vor dem Umzug stand, nicht in der Lage, „über die Rathsamkeit einer Dampf-Maschine und deren Größe“[88] etwas zu sagen. Die Ergebnisse dieser Befragung zeigen, wie unrecht Matschoss hat, wenn er davon spricht, daß die Berliner Fabrikanten dem staatlichen Angebot mit Zurückhaltung gegenübergestanden hätten[89], wie falsch es ist, wenn Hans Dominik schreibt, die Spinnereibesitzer Bernhardt, Guiremand und Hildebrand hätten es vorgezogen, „beim Göpel zu bleiben“.[90]

Die preußische Regierung hatte dagegen offenbar das Bedürfnis nach Dampfmaschinen ebenso unterschätzt, wie sie ihre finanziellen und die produktionstechnischen Möglichkeiten überschätzte, denn letztlich erhielten 1815 nur Tappert und der Maschinenbauer Caspar Hummel Dampfmaschinen. Hummel, dessen 1799 gegründete Werkstatt als die älteste Berliner Maschinenbauanstalt gilt, hatte zunächst Bohrmaschinen für Gewehrläufe und Geschützläufe gebaut, befaßte sich ab 1812 mit der Anfertigung von Metallknöpfen und produzierte seit 1815 Textil- und Buchdruckerei-

84 Ebenda, Rep. 120, XIV, D, 1, Nr. 1, Vol. 1, Bl. 17.
85 Ebenda, Bl. 21.
86 Ebenda, Bl. 17.
87 Ebenda, Bl. 19.
88 Ebenda, Bl. 20.
89 *Matschoss, Conrad*, a. a. O., S. 164.
90 *Dominik, Hans*, a. a. O., S. 304.

maschinen, hatte tatsächlich das Angebot auf Verleihung einer Dampfmaschine zunächst abgelehnt. Über die Ursachen seines Gesinnungswandels schrieb er am 5. Juni 1814: „Als vor etwa 1 1/2 Jahren mir der gnädige Antrag gemacht wurde, eine auf Königliche Kost herzustellende Dampfmaschine in meiner Fabrik aufzustellen, um dadurch die Walzwerke und die übrigen Maschinen zu betreiben, war meine Fabrik noch von zu geringem Umfange, als ich hätte erwarten können, einen Dampfmaschinen-Betrieb mit Vortheil benutzen zu können. Seit dieser Zeit hat sich aber mein Gewerbe bedeutend erweitert und es ist der Betrieb durch Menschenkraft, welche ich durch ein Laufrad in Anwendung setze, nicht mehr länglich. Da mich zugleich der Gang des Geschäfts hoffen läßt, demselben noch mehrere Ausdehnung geben zu können, so ist mir eine andere als Menschen-Betriebskraft unumgänglich notwendig. Da mir die Anlage eines Roßwerkes für mein Lokal nicht passend ist und die Unterhaltung von Pferden auch zu kostbar werden würde, indem ich die Kraft nicht anhaltend, sondern nur 3 bis 4 Tage in der Woche gebrauche, so glaube ich, daß eine Dampfmaschine am zweckmäßigsten sein wird."[91]

Obwohl das Fabriken-Departement 1798 im Zusammenhang mit dem hohen Brennstoffverbrauch der Sieburgschen Dampfmaschine erklärt hatte, eine solche Dampfmaschine hätte „hier im Lande besser und wohlfeiler und mit mehrerer Feuerung Ersparnis" gebaut werden können[92] und obwohl die Dampfmaschinen für Tappert und Hummel mit größter Sorgfalt hergestellt wurden – man hatte sogar in Petersburg die Bauweise dort vorhandener Dampfmaschinen englischen Ursprungs studiert – erwiesen sie sich, auch nach Vornahme von Umbauten, letztlich als unbrauchbar.[93]

Tappert und Hummel beantragten daraufhin „englische" Dampfmaschinen.[94] Hier muß darauf hingewiesen werden, daß der Begriff „englische Dampfmaschine" keineswegs besagt, daß es sich dabei um in England hergestellte Dampfmaschinen handeln mußte. Diese Bezeichnung galt auch für Erzeugnisse aus den Werkstätten der Engländer Cockerill bei Lüttich.[95]

Im Zusammenhang mit Tappert und Hummel zeigt sich erneut das Problem der Beziehung zwischen der Dampfkraft und dem Begriff der Fabrik. Die Tappertsche Spinnerei verfügte 1819 unter anderem über drei Webstühle, 15 Spinnmaschinen mit 1322 Spindeln und 56 Arbeitskräfte.[96] Bei dieser Werkzeugmaschinenausstattung bedeutete der Übergang zur Dampfkraft gleichzeitig den endgültigen Übergang zur fabrikatorischen Produktion. Anders bei Hummel. Hier bereitete die Dampfmaschine lediglich den Übergang zur Fabrik vor. Hummel, der 1804 acht Arbeitskräfte beschäftigt hatte, besaß auch nach der Vergrößerung seiner Werkstatt bis 1816 nur zwei Walzwerke und einige Dreh- und Poliermaschinen.[97] Vor allem aber war der Maschinenbau noch handwerkliche Arbeit. So gesehen ist es völlig gleichgültig, ob sich Hummel

[91] ZStA, Abt. II, Rep. 120, XIV, D, Nr. 2, Vol. 1, Bl. 4.

[92] Ebenda, Bestand: General-Directorium: Fabriken-Departement, Tit. CCLVIII, Nr. 205, Vol. 2, Bl. 34.

[93] Ebenda, Rep. 121, D, III, 3, Nr. 1, Vol. 2, Bl. 40ff.

[94] Ebenda, Bl. 44.

[95] Ebenda, Bl. 199

[96] Staatsarchiv Potsdam, Bestand: Pr. Br., Rep. 30, Berlin B: Regierung, Tit. 72, Nr. 330, Bl. 63; 69.

[97] ZStA, Abt. II, Rep. 121, D, III, 3, Nr. 1, Vol. 2, Bl. 61.

zum Antrieb seiner wenigen Werkzeugmaschinen zeitweilig der Dampfkraft oder der Muskelkraft bediente. Alles deutet sogar darauf hin, daß er nicht einmal an drei bis vier Tagen in der Woche seine Dampfmaschine benutzte, sondern sich weiterhin vor allem des Laufrades bediente. 1830 wird seine 4-PS-Dampfmaschine sogar als „nicht in Gebrauch befindlich“[98] ausgewiesen.

Trotz des Fiaskos, das der staatliche Dampfmaschinenbau in Preußen 1815/16 erlitt, nahm die Nutzung der Dampfkraft im zweiten Jahrzehnt des 19. Jahrhunderts weiter zu.

Zu den Betrieben, die 1820 Dampfmaschinen besaßen, gehörte der der zugewanderten Engländer Charles-James und John Cockerill. Die Cockerillsche Spinnerei, gleichzeitig einer der bekanntesten Maschinenbaubetriebe jener Zeit, wurde 1815 gegründet und betrieb von vornherein eine 12-PS-Dampfmaschine, die 1817 – zu diesem Zeitpunkt beschäftigte das Unternehmen 160 Arbeitskräfte, davon 27 Kinder – durch eine 30-PS-Dampfmaschine ersetzt wurde. Rachel/Wallich charakterisieren das Cockerillsche Unternehmen so: „Da wurde nun die Wollspinnerei mit den neuesten Maschinen und überhaupt die Wollspinnerei in allen Zweigen betrieben. Die größte und vollkommenste Dampfmaschine, die es damals in Preußen gab, mit 26–30 Pferdestärken, trieb sämtliche Arbeitsmaschinen und gab zugleich die Heizung ... Etwas unerhört Neues war auch die Beleuchtung aller Räume mit selbsterzeugtem Kohlengas.“[99]

Ganz anders beurteilte der sächsische Dampfmaschinenfachmann Peschel diese Maschine. Er bescheinigte ihr zwar eine einwandfreie technische Fertigung, vertrat aber die Auffassung, daß sie „ohne genaue Kenntnis der Physik und der Lehre von den Dampfkräften und der Feuerung erbaut“[100] worden sei und „man sich daher nicht wundern könne, wenn der Ertrag und Gewinn den auf das Werk verwandten Kosten nicht entspräche.“[101] Es muß dahingestellt bleiben, von welcher Qualität die Cockerillsche Dampfmaschine war. Die Tatsache aber, daß sie bis zu ihrer Zerstörung durch einen Brand im Jahre 1831 betriebstüchtig war, und der ausgeprägte Sinn für die Profitgewinnung der Cockerills deuten darauf hin, daß Peschels Urteil doch wohl zu scharf war.

Der Verkauf der ersten Cockerillschen Dampfmaschine verschaffte 1817 der Wollspinnerei- und Weberei von Becker die Möglichkeit des Übergangs zur Dampfkraft.[102] Becker, der 1819 23 Arbeiter beschäftigte, nutzte die Dampfmaschine zum Antrieb von fünf Spinnmaschinen mit zusammen 300 Spindeln, einer Tuchwalke und fünf Scheertischen.[103]

Während mit dem Beginn der Industriellen Revolution und besonders nach dem Ende der Kontinentalsperre in der Berliner Textilproduktion generell eine rückläufige Entwicklung einsetzte, blieben einzelne Teile davon ausgenommen. Zu ihnen gehörte die Textilveredelung. Berlin – 1820 schon Zentrum der Kattundruckerei

[98] Ebenda, Rep. 120, A, V, 5, Nr. 12, Bl. 7f.

[99] *Rachel, Hugo/Wallich, Paul*, Berliner Großkaufleute und Kapitalisten, Bd. 3, Berlin 1939, S. 180.

[100] *Forberger, Rudolf*, a. a. O., Abschnitt: Sachsens Maschinenausfuhr und die Weitergabe mechanischer Herstellungsverfahren an das Ausland, 1.1.2.3., S. 16.

[101] Ebenda.

[102] *Mieck, Ilja*, a. a. O., S. 80.

[103] Staatsarchiv Potsdam, Pr. Br., Rep. 30, Berlin B: Regierung, Tit. 72, Nr. 330, Bl. 69.

Preußens —[104] konnte hier in den folgenden Jahrzehnten seine Position ausbauen. Einer der bedeutendsten Unternehmer auf diesem Gebiet war Ferdinand Dannenberger. Er hatte 1812 eine Zeugdruckerei gegründet, ließ sich 1816 eine Zeugdruckmaschine patentieren, die er bis 1820 mit zwei Roßwerken betrieb. Am 19. Mai 1820 beantragte er die zollfreie Einfuhr einer „englischen" Dampfmaschine von 16 PS[105], die wiederum ein Fabrikat aus der Werkstatt der Cockerills[106] war. Diesem Ersuchen wurde ebenso entsprochen, wie dem der 1818/1819 von Corti gegründeten und mit englischen Maschinen ausgerüsteten Berliner Patentpapierfabrik.[107]

Die PS-Leistung der ersten Dampfmaschine der Patentpapierfabrik konnte nicht exakt ermittelt werden. Bekannt ist, daß die Fabrik 1830 über zwei Dampfmaschinen mit einer Leistung von 6 bzw. 24 PS verfügte.[108] Es kann angenommen werden, daß es sich bei der zunächst angeschafften Dampfmaschine um die 6-PS-Dampfmaschine gehandelt hat.

Besondere Beachtung verdient die 6-PS-Dampfmaschine der 1805 gegründeten Gold- und Silberwarenmanufaktur Hensel & Schumann.[109] Sie wurde 1816 aufgestellt[110], bis 1902 genutzt und dann in das Deutsche Museum nach München gebracht.[111]

Diese Dampfmaschine, erbaut von Georg Christian Freund, dem Inhaber des 1815 in der Berliner Mauerstraße gegründeten ersten preußischen Spezialbetriebes für den Dampfmaschinenbau – der Betrieb beschäftigte 1824 50 Schlosser, Schmiede, Tischler, Kupferschmiede etc. – war die „erste gut arbeitende deutsche Maschine."[112]

Selbst der kritische Peschel schätzte sie zwar als noch nicht vollkommen, aber relativ besser als die Cockerillsche Dampfmaschine ein.[113] Allerdings diente sie – ähnlich wie die der Königlichen Porzellanmanufaktur – nicht dem Antrieb eines Maschinensystems, sondern lediglich der Drahtzieherei, also der ersten Fertigungsstufe.[114]

In der Literatur[115] gibt es auch Hinweise, wonach die Königliche Garnspinnerei vor ihrem Bankrott im Jahre 1817 und die Königliche Eisengießerei, gegründet 1804, Dampfmaschinen besessen haben sollen. Die Unrichtigkeit dieser Angaben kann in mehrfacher Weise belegt werden.

Zunächst sei darauf verwiesen, daß die Königliche Garnspinnerei auf Anregung des Reichsfreiherrn vom und zum Stein 1805 in Privatbesitz übergegangen war. Die

[104] *Baar, Lothar*, a. a. O., S. 63.
[105] ZStA, Abt. II, Rep. 120, C, VII, 2, Nr. 75, Bl. 1.
[106] Ebenda, Rep. 121, D, III, 3, Nr. 1, Vol. 2, Bl. 199.
[107] *Mieck, Ilja*, a. a. O., S. 88f.
[108] ZStA, Abt. II, Rep. 120, A, V, 5, Nr. 12, Bl. 8.
[109] Ebenda, Bl. 7.
[110] *Matschoss, Conrad*, a. a. O., S. 166.
[111] *Rachel, Hugo/Wallich, Paul*, a. a. O., S. 180.
[112] Ebenda.
[113] *Forberger, Rudolf*, a. a. O., Abschnitt: Sachsens Maschinenausfuhr und die Weitergabe mechanischer Herstellungsverfahren an das Ausland, 1.1.2.3., S. 17.
[114] ZStA, Abt. II, Rep. 120, A, V, 5, Nr. 12, Bl. 8.
[115] Das Fabrikwesen Berlins in den Jahren 1805–1861. Besonderer Abdruck aus dem Königlich Preußischen Staatsanzeiger, Jg. 1868, Nr. 3, 15, 22, 34, 40, 52, 98, 109, 104, 115, S. 5, 8.

neuen Eigentümer, die Gebrüder Bernhardt, aus dem an der Wasserkraft orientierten Sachsen kommend, hatten bei den Kaufverhandlungen unmißverständlich erklärt: „Diese Manufaktur würde ich bloß auf Mule-Maschinen einrichten ... Diese Mule-Maschinen selbst, so wie die ganze vorbereitende Maschinerie, müßte vom Wasser getrieben werden. Betrieb durch Dampfmaschinen wird an den meisten Orten dieses Landes, wo zugleich hinlänglich Arbeiter zu finden sind, bei weitem zu kostbar sein, anderer Unbequemlichkeiten nicht zu gedenken.“ [116]

Bernhardt dachte zwar 1812 im Zusammenhang mit der Erweiterung der Spinnerei auf dem Gelände der ehemaligen Königlichen Garnspinnerei an die zusätzliche Nutzung der Dampfkraft.[117] Es ist aber aktenkundig, daß dieses Vorhaben nicht realisiert wurde. Dazu kommt, daß die schon erwähnte staatliche Kommission, die 1812 zur Auswahl der Betriebe gegründet worden war, die für den Dampfbetrieb geeignet waren, gar nicht daran gedacht hatte, der Bernhardtschen Baumwollspinnerei eine Dampfmaschine anzubieten, da „sie durch ein Wasserrad betrieben wird, also einer Dampf-Maschine nicht bedarf“.[118] Die Vorstellung, wonach die Königliche Eisengießerei mit Dampfkraft ausgestattet gewesen sein soll, dürfte folgende Gründe haben. Es kann sich dabei um jene Dampfmaschine gehandelt haben, die bei Tappert versagte und 1817 zur Verwahrung in die Königliche Eisengießerei gebracht wurde.[119] Wahrscheinlicher ist, daß ein Dampfwagen gemeint ist, der dort gebaut und 1816 für kurze Zeit Schaulustigen vorgeführt wurde.[120] Sicher ist dagegen, daß der Dampfmaschinenbauer Freund 1819 den Bau einer Dampfmaschine für die Königliche Eisengießerei anbot[121], dieses Angebot angenommen wurde und die Lieferung der Maschine für Anfang Mai 1821 vorgesehen war.[122]

Das Ergebnis der Jahrzehnte währenden Bemühungen um die Einführung der Dampfkraft in Berlin veranschaulicht Tabelle 1.

Überschaut man die Entwicklung des Dampfmaschineneinsatzes in den Jahren von 1800 bis 1820, dann fällt zunächst auf, daß sieben der acht in diesen beiden Jahrzehnten in Gebrauch genommenen Dampfmaschinen ab 1815 installiert wurden.

Objektiv resultierte das sowohl aus der Herausbildung bürgerlicher Produktionsverhältnisse als auch aus dem in allen Teilen Preußens nach dem Fall der Kontinentalsperre entstandenen und zum Teil vernichtenden Druck der englischen Konkurrenz. So schrieb zum Beispiel Friedrich Harkort am 20. Februar 1819: „England behauptet sein Übergewicht nicht so sehr durch das größere Capital und die aufgewecktere Thätigkeit, wie durch die bessere Anwendung der mechanischen Kräfte, rücksichtlich der größeren Vollkommenheit unzähliger Maschinen.“[123] Der Kattunfabrikant Poehlmann aus Breslau begründete am 11. Februar 1817 die Anschaffung einer Dampfmaschine so: „... ich habe zu allen Zeiten mit dem Auslande concurrieren können, nur die letzten Jahre, wo England seine theils durch die Continentalsperre,

[116] ZStA, Abt. II, Bestand: General-Directorium: Fabriken-Departement, Tit. CCLVIII, Nr. 280, Vol. 1, Bl. 3.
[117] Ebenda, Rep. 120, XIV, D, 1, Nr. 1, Vol. 1, Bl. 17.
[118] Ebenda, Bl. 16.
[119] Ebenda, Rep. 121, D, III, 3, Nr. 1, Vol. 2, Bl. 102.
[120] *Mieck, Ilja,* a. a. O., S. 73.
[121] ZStA, Abt. II, Rep. 121, D, III, 3, Nr. 1, Vol. 2, Bl. 182.
[122] Ebenda, Bl. 186.
[123] Ebenda, Rep. 120, D, XIV, 1, Nr. 17, Bl. 7.

Tabelle 1
Die Dampfmaschinen in der Berliner Wirtschaft bis 1820

Art des Betriebes	Jahr der Aufnahme des Dampfbetriebes	Dampfmaschinen Zahl	PS-Leistung
Baumwollspinnerei Johann Georg Sieburg	1797*	1 (ND)	?
Königliche Porzellanmanufaktur	1800	1 (ND)	12**
Maschinenbauanstalt Caspar Hummel	1816	1 (ND)	4
Gold- und Silberwarenmanufaktur Hensel & Schumann	1816	1 (ND)	6
Schafwoll- und Baumwollspinnerei und Weberei*** Wilhelm Tappert	1816/17	1 (ND)	16
Schafwollspinnerei und Weberei Becker	1817	1 (HD)	12
Schafwollspinnerei und Weberei*** Gebr. Cockerill	1815**** bzw. 1817	1 (ND)	30
Weberei und Zeugdruckerei Ferdinand Dannenberger	1820	1 (ND)	16
Berliner Patentpapierfabrik	1820	1 (HD)	6*****

* Dampfbetrieb wurde um 1800 eingestellt
** nach einer Schätzung von A. F. W. Holtzhausen
*** gleichzeitig Maschinenbau
**** 1815 zunächst Einsatz einer 12-PS-Dampfmaschine
***** mit großer Wahrscheinlichkeit
ND Niederdruckdampfmaschine
HD Hochdruckdampfmaschine

anderen Theils durch seine vielen Maschinen so sehr angehäuften Manufacturwaren, zu allen Preisen verschleudert, wurde mir die Concurrenz unmöglich".[124]

Der preußische Staat mußte, angesichts der Kapitalschwäche der Unternehmer und des Unwillens der Kapitalkräftigen, in der aufkommenden Industrie zu investieren, zwangsläufig auch bei der Anschaffung von Dampfmaschinen helfend eingreifen. Während aber der Dampfmaschineneinsatz vor 1800 überwiegend staatlich initiiert und in jedem Fall staatlich finanziert war, deutete sich schon in der zweiten Hälfte der zwanziger Jahre des 19. Jahrhunderts ein Wandel an.

Die Dampfmaschine der Königlichen Porzellanmanufaktur war naturgemäß staatlich finanziert. Tappert und Hummel erhielten dagegen zwar die Dampfmaschinen vom Staat kostenlos zur Verfügung gestellt, alle Nebenausgaben, wie die Baukosten der Maschinenhäuser, hatten sie aber selbst zu tragen.[125] Tappert setzte allein bei den Versuchen, die erste für ihn gebaute Dampfmaschine in Betrieb zu setzen, 1300 Taler zu.[126] Darüber hinaus investierte er 4700 Taler für Umbauten und 850 Taler für Brennstoffe.[127] Für seine zweite Dampfmaschine hatte er 1000 Taler zuzuzahlen.[128]

[124] Ebenda, Rep. 120, D, IV, 2, Nr. 4.
[125] Ebenda, Rep. 120, XIV, 1, 2, Vol. 1, Bl. 4.
[126] *Mieck, Ilja*, a. a. O., S. 52.
[127] ZStA, Abt. II, Rep. 121, D, III, 3, Nr. 1, Vol. 2, Bl. 44f.
[128] *Mieck, Ilja*, a. a. O., S. 52.

Ferdinand Dannenberger, die Berliner Patentpapierfabrik und die Gebrüder Cockerill finanzierten ihre Dampfmaschinen voll. Ihnen wurde lediglich die zollfreie bzw. zollbegünstigte Einfuhr der Maschinen bzw. deren Hauptteile gestattet.[129]

Hensel & Schuhmann und Becker wurden nicht der geringsten staatlichen Unterstützung teilhaftig.[130]

Der Trend zur Ausstattung der Spinnereien mit Dampfmaschinen setzte sich weiter fort. Vier der sieben nach 1815 angeschafften Dampfmaschinen nutzte die Textilproduktion, die auch mit einer Gesamtkapazität von 58 PS das absolute Übergewicht gegenüber den anderen Branchen besaß. Dazu kommt, daß die Nutzung der Dampfkraft in der Textilproduktion qualitativ anders bewertet werden muß als in den übrigen Zweigen. Entstanden in den erstgenannten Zweigen durch die Komplettierung der Werkzeugmaschinen mit der Dampfmaschine und entsprechenden Transmissionsmechanismen auf Maschinenbetrieb gegründete Werkstätten[131], also Fabriken, so veränderte sich die Stellung der Produzenten – trotz des Übergangs zur Dampfkraft – im Arbeitsprozeß weder bei Hummel noch in der Porzellanmanufaktur oder in der Gold- und Silberwarenmanufaktur von Hensel & Schuhmann.

Trotz dieser Einschränkungen muß gesehen werden, daß sich Berlin – und Preußen – in der Nutzung der Dampfkraft von vornherein einen Vorsprung verschaffte, einen Vorsprung – und das darf nicht verkannt werden –, der auch aus den spezifischen Bedürfnissen einer Residenz und einer Garnisonstadt resultierte. Sowohl die Porzellanmanufaktur als auch die Gold- und Silberwarenmanufaktur Hensel & Schumann produzierten Luxusgüter und Waren des gehobenen Bedarfs der Militärs und des Hofes.

Wie bedeutend dieser Vorsprung war, zeigt auch folgender Vergleich. Im Königreich Bayern existierten 1816 acht Dampfmaschinen[132], im Königreich Hannover wurde die erste Dampfmaschine 1832 in einem Krankenhaus installiert[133]. Selbst die sächsische Wirtschaft verfügte 1820 nur über fünf Dampfmaschinen[134], von denen zwei im Bergbau und je eine im Hüttenwesen, in der Baumwollspinnerei und zum Farbholzraspeln eingesetzt waren.[135]

Neben den schon genannten Faktoren, die den Übergang zur Dampfkraft in Berlin förderten, muß vor allem darauf hingewiesen werden, daß es hier trotz Spree und Panke „keine Wasserkräfte gab, die als Antrieb für kapitalistische Industriebetriebe genutzt werden konnten.“[136]

Zwar hatten sich an beiden Flüssen Mühlen angesiedelt, aber ihre Zahl blieb begrenzt, denn wenn auch der Betrieb eines Wasserrades einer gewissen Wasserkraft bedarf, so wäre die Annahme, daß große oder auch nur größere Wasserläufe zur Anlage von Wasserrädern besonders geeignet seien, unrichtig. Nicht die großen Flüsse sind es,

[129] Ebenda, S. 70; ZStA, Abt. II, Rep. 120, C, VII, 2, Nr. 65, Vol. 1, Bl. 1.
[130] *Mieck, Ilja*, a. a. O., S. 70.
[131] *Marx, Karl*, a. a. O., S. 399.
[132] 1815–1915. Hundert Jahre technische Erfindungen und Schöpfungen in Bayern. Jahrhundertschrift des Polytechnischen Vereins in Bayern, München 1922, S. 75.
[133] *Matschoss, Conrad*, a. a. O., S. 173.
[134] *Forberger, Rudolf*, a. a. O., Abschnitt: Der Maschineneinsatz in den einzelnen Branchen, 1.1.2.2.2., S. 7.
[135] Ebenda.
[136] *Baar, Lothar*, a. a. O., S. 30.

an denen sich mit Wasserkraft betriebene Produktionsstätten ansiedelten, sondern deren Zuflüsse, da hier das Gefälle in der Regel stärker und der Aufwand zur Anlage von Wasserrädern ungleich niedriger ist. Ein Blick zum Beispiel auf das an der Elbe liegende Dresden und auf den Raum um Chemnitz bestätigt die Richtigkeit dieser Feststellung, denn die Zahl der mit Wasserkraft betriebenen Fabriken in und um Chemnitz war ungleich größer als im Raum Dresden. Analoges gilt für Spree und Panke, die nur bedingt zur Gewinnung von Wasserkraft erschlossen werden konnten.

Da, wie Baar schreibt, „andererseits menschlicher und tierischer Antrieb für große kapitalistische Unternehmen unbrauchbar ist", war „die Dampfmaschine der einzig mögliche Antriebsmechanismus für die Berliner Industrie während der Industriellen Revolution".[137]

Wie unzuverlässig die Wasserkraft der Panke war, zeigt unter anderem folgende Schilderung der Situation zu Beginn des 19. Jahrhunderts: „Bei Berlin selbst gab es auf dem Wedding, an der Panke, eine Papiermühle ... Ihr Betrieb litt darunter, daß das Wasser ... öfters ... ganz fehlte".[138] In der Begründung für die Anschaffung einer Dampfmaschine in der Königlichen Eisengießerei heißt es, daß „es so häufig an dem nöthigen Aufschlagwasser fehlt."[139] Deshalb erscheint die in der Literatur gelegentlich vertretene These, wonach vor 1820 die kleineren Wollspinnereien „ohne Anwendung von Dampfkraft ... meist unter Zuhülfenahme von Wasserkraft betrieben"[140] wurden, mehr als fragwürdig. So enthält die „Nachweisung der in Berlin befindlichen Maschinenspinnereien" des Jahres 1819, die auch die Antriebskräfte ausweist, keinen Hinweis auf die Nutzung der Wasserkraft in Berliner Spinnereien.[141] Gleiches gilt für die entsprechenden Nachweisungen über die „Wollen-Baumwollen- und Leinen-Fabriken"[142] und die Druckereien.[143]

Für die aufkommende Berliner Industrie bot sich in der Regel nur die Alternative zwischen Muskelkraft und Dampfkraft. Tatsächlich vollzog sich dieser Übergang – von Ausnahmen wie Hummel abgesehen – vom Pferdegöpel zur Dampfmaschine. Ein Blick auf die bedeutendsten Berliner Betriebe an der Wende zum 19. Jahrhundert bestätigt das. Über Pferdegöpel verfügten Sieburg[144], Tappert[145], Guiremand[146], Hildebrand[147], Dannenberger[148], aber auch Abeking[149], die Königliche Porzellanmanufaktur[150] und andere.

137 Ebenda

138 *Rachel, Hugo*, a. a. O., S. 184.

139 ZStA, Abt. II, Rep. 121, Abt. D, Tit. III, Sect. 3, Nr. 1, Vol. 2, Bl. 182.

140 Das Fabrikwesen Berlins in den Jahren 1805–1861 ..., a. a. O., S. 7.

141 Staatsarchiv Potsdam, Bestand: Pr. Br., Rep. 30, Berlin B: Regierung, Tit. 72, Nr. 330, Bl. 69.

142 Ebenda, Bl. 54.

143 Ebenda, Bl. 67.

144 ZStA, Abt. II, Bestand: General-Directorium: Fabriken-Departement, Tit. CCLVIII, Nr. 205, Vol. 1, Bl. 63.

145 Ebenda, Rep. 120, Abt. XIV, D, Fach 1, Nr. 1, Vol. 1, Bl. 17.

146 Ebenda, Bl. 19.

147 *Dominik, Hans*, a. a. O., S. 305.

148 *Baar, Lothar*, a. a. O., S. 66.

149 Staatsarchiv Potsdam, Bestand: Pr. Br., Rep. 30, Berlin B: Regierung, Tit. 72, Nr. 330, Bl. 67.

150 „Königlich Berlin", a. a. O., S. 5.

Wenn Sachsen, bedingt durch die rasche Verbreitung der Werkzeugmaschinen in der dortigen Textilindustrie, für sich in Anspruch nehmen kann, zeitweilig unter den deutschen Staaten führend in der Industriellen Revolution gewesen zu sein, so nicht zuletzt deshalb, weil es über ein großes Reservoir an billiger Wasserkraft verfügte. Berlin (und Preußen) besaß wesentlich geringere Wasserkraftreserven. Das bewirkte eine gewisse Verzögerung und Verteuerung bei der Entwicklung der Fabrikindustrie – man denke nur an die Kosten, die durch relativ frühe Versuche der Erschließung der Dampfkraft entstanden. Letztlich aber ist die Dampfkraft für die Fabrikindustrie unabdingbar, und die preußische Bourgeoisie war insgesamt früher als die sächsische gezwungen, die Kombination von Werkzeugmaschine, Dampfmaschine und Transmissionsmechanismus zu nutzen. Dies ist *einer* der Gründe – wenn auch vielleicht nicht der wichtigste – dafür, daß Sachsen seine mitteleuropäische Vorrangstellung in der Industriellen Revolution schließlich an Preußen abgeben mußte. Einer der Aktivposten Sachsens in der Industriellen Revolution, die Wasserkraft, wurde so allmählich zu einem Hemmnis. Ähnliches ist auch in den USA zu beobachten. Obwohl die Hochdruckdampfmaschine eine amerikanische Erfindung war, „verbreitete sich die Dampfmaschine in den Vereinigten Staaten nur langsam, vor allem wegen des Überflusses an Wasserkraftreserven.“[151] Dies unterstreicht die außerordentliche Bedeutung auch des geographischen Milieus bei der Entwicklung der kapitalistischen Industrie.

Das Anwachsen des Dampfmaschineneinsatzes in den zwanziger Jahren

Eine im Frühjahr 1830 durchgeführte Zählung „der im Berliner Polizei-Bezirke befindlichen Dampfmaschinen“, zeigt, daß deren Zahl von acht im Jahre 1820 auf 25 angestiegen war. Auch wenn die letztgenannte Zahl insofern einer Korrektur bedarf, als sie zwei Dampfmaschinen einschloß, die sich noch im Bau bzw. zum Zeitpunkt der Zählung nicht im Gebrauch befanden[152], hatte sich in den zwanziger Jahren die Zahl der eingesetzten Dampfmaschinen somit etwa verdreifacht. Ihre Kapazität war dagegen nur von etwa 102 PS auf 216,5 PS angestiegen.[153] Das weist darauf hin, daß die Zahl der von den Dampfmaschinen zu betreibenden Werkzeugmaschinen in den einzelnen Produktionsstätten teilweise weiterhin relativ klein blieb. Dennoch brachten die zwanziger Jahre sichtbare quantitative und qualitative Veränderungen in der Nutzung der Dampfkraft. Drei Betriebe, die Dannenbergsche Kattundruckerei, die Zeitungsdruckerei Haude et Spener und die Patentpapierfabrik, nutzten bereits jeweils zwei Dampfmaschinen.[154] Die Königliche Porzellanmanufaktur ersetzte 1824 ihre 12-PS-Dampfmaschine durch eine neue 16-PS-Dampfmaschine[155], und die Zahl der effektiveren Hochdruckdampfmaschinen und Mitteldruckdampfmaschinen nahm sichtbar zu. Besaßen 1820 nur die Spinnerei Becker und die Patentpapierfabrik

151 Die gegenwärtige wissenschaftlich-technische Revolution. Eine historische Untersuchung, Berlin 1972, S. 97.

152 ZStA, Abt. II, Rep. 120, Abt. II, Rep. 120, A, V, 5, Nr. 12, Bl. 7f.

153 Ebenda, Bl. 8.

154 Ebenda, Bl. 7f.

155 *Matschoss, Conrad*, a. a. O., S. 163; ZStA, Abt. II, Rep. 120, A, V, 5, Nr. 12, Bl. 7f.

Hochdruckdampfmaschinen[156], so verfügten 1830 – neben Becker – die Holzschneiderei Joseph Sala, die Imperial Continental Gas Association über je eine, die Patentpapierfabrik bereits über zwei Hochdruckdampfmaschinen.[157] Die beginnende Abwendung von den Niederdruckdampfmaschinen wird ebenso deutlich in der Zahl der nach 1820 neu eingesetzten Mitteldruckdampfmaschinen. 1820 benutzte lediglich die Gold- und Silberwarenmanufaktur Hensel & Schumann diesen Maschinentyp. 1830 gab es dagegen vier Mitteldruckdampfmaschinen in Berlin[158]. Sie wurden für den Zeitungsdruck, zur Steinbearbeitung und zur Holzbearbeitung benutzt.[159]

Eine tabellarische Zusammenfassung der sich in den zwanziger Jahren vollziehenden Veränderungen im Gebrauch von Dampfmaschinen in Berlin zeigt folgendes Bild (Tabelle 2).

Die in der Tabelle 2 enthaltenen Angaben müssen insofern korrigiert werden, als – wie schon erwähnt – die Dampfmaschine des Königlichen Gewerbeinstituts nicht unmittelbar der materiellen Produktion diente und die der Maschinenbauanstalt von

Tabelle 2:
Struktur des Dampfmaschineneinsatzes in Berlin 1820 und 1830)

Art der Produktion	Zahl der Betriebe mit Dampfkraft		Zahl der Dampfmaschinen		PS-Leistung der Dampfmaschinen	
	1820	1830*	1820	1830*	1820	1830*
Textilproduktion	4	8	4	9	74	95,5
Papierproduktion	1	1	1	2	6***	30
Lebens- und Genußmittelproduktion	–	3	–	3	–	25
Edelmetallbearbeitung	1	1	1	1	6	6
Maschinenbau	1	2**	1	2**	4	12**
Porzellanproduktion	1	1	1	1	12****	16
Holzbearbeitung	–	1	–	1	1	10
Steinbearbeitung	–	1	–	1	–	10
Zeitungsdruck	–	1	–	2	–	4
Gasproduktion	–	1	–	1	–	8
Ausbildung*****	–	1	–	1	–	4

* einschließlich des Königlichen Gewerbeinstituts und der dort befindlichen 4-PS-Dampfmaschine
** einschließlich der 4-PS-Dampfmaschinen von Hummel, die zum Zeitpunkt der Zählung nicht im Gebrauch war
*** mit großer Wahrscheinlichkeit
**** nach einer Schätzung von A. F. W. Holtzhausen
***** Königliches Gewerbeinstitut

Quelle: ZStA, Abt. II, Rep. 120, A, V, 5, Nr. 12, Bl. 7f.; vgl. auch Tabelle 1.

[156] ZStA, Abt. II, Rep. 120, A, V, 5, Nr. 12, Bl. 7f.
[157] Ebenda.
[158] Ebenda.
[159] Ebenda.

Tabelle 3
Zahl und Einsatzart der 1830 in Preußen, Berlin und Sachsen genutzten Dampfmaschinen

Art der Produktion	Preußen	davon Berlin	Sachsen
Bergbau	77*	–	7**
Textilproduktion	78	9	10
Lebens- und Genußmittelproduktion	17	3	1
Eisenhütten und Eisengießereien	16	–	2***
Maschinenbau	3	1	–
Metallverarbeitung	2	1	–
Holzbearbeitung	2	1	1
örtliche Wasserversorgung	3	–	–
Papierproduktion	3	2	–
chemische Produktion	4	–	2
Bau	1	–	–
Steingut/Porzellan	2	1	–
Zeitungsdruck	2	2	–
Lederproduktion	1	–	–
Steinbearbeitung	1	1	–
landwirtschaftliche Produktion	1	–	1
Ausbildung	1	1	–
Gasproduktion	1	1	–
nicht bekannte Produktion	–	–	1
	215	23	25***

* einschließlich einer in einem Kalksteinbruch eingesetzten Dampfmaschine
** Mindestzahl
*** einschließlich der 1802 in der Eisenhütte des Grafen Einsiedel in Lauchhammer in Betrieb genommenen und 1812 verkauften Dampfmaschine

Quellen: Die Angaben über Sachsen wurden entnommen: *Forberger, Rudolf,* a. a. O., Abschnitt: Der Maschineneinsatz in den einzelnen Branchen, Unterabschnitt:/1. 1.2.2.2./, Kraftmaschinen, S. 4ff. Die Angaben über Preußen basieren auf den Ergebnissen einer im Frühjahr und im Sommer 1830 durchgeführten Zählung (vgl. ZStA, Abt. II, Rep. 120, A, V, 5, Nr. 12.).

Caspar Hummel ausdrücklich als „nicht in Gebrauch befindlich" ausgewiesen wird.[160] Das Gesamtbild der Entwicklung bleibt dennoch grundsätzlich erhalten. Die sichtbare Zunahme der Dampfkraftnutzung resultierte vor allem aus der gewachsenen Zahl der in der Textilproduktion betriebenen Dampfmaschinen und dem Eindringen der Dampfkraft in fünf weitere Sektoren der Produktion. Drei Betriebe der Nahrungs- und Genußmittelproduktion – eine Mahlmühle, ein Schokoladenproduzent und ein Schnupftabakhersteller – sowie je ein Betrieb des Zeitungsdrucks, der Steinbearbeitung, der Holzbearbeitung und der Gaserzeugung begannen in den zwanzgier Jahren die Dampfkraft zu nutzen. Dieses relativ breite Spektrum der Dampfmaschinenanwendung unterstreicht erneut die besondere Situation Berlins als Hauptstadt, aber

[160] Ebenda.

auch in bezug auf die Probleme der Gewinnung der Antriebsenergie und den daraus entstehenden Zwang für die aufkommende Industriebourgeoisie, sich der Dampfkraft zu bemächtigen.

Anders war die Situation in Sachsen. Davon zeugt die Tabelle 3.
Es zeigt sich, daß Preußen nicht nur über ungleich mehr Dampfmaschinen verfügte als Sachsen, sondern darüber hinaus – und das ist nicht minder bedeutungsvoll – in Preußen die Dampfmaschine ungleich stärker in die verschiedensten Produktionen eingedrungen war. Diese Überlegenheit Preußens beruhte nicht zuletzt auf der relativ starken Anwendung der Dampfkraft in Berlin. Selbst Berlin ist letztlich in bezug auf die Nutzung von Dampfmaschinen Sachsen überlegen. Sogar in der Textilbranche wurde in Berlin die Dampfkraft etwas vielseitiger genutzt als in Sachsen. Von den zehn 1830 in der sächsischen Textilproduktion vorhandenen Dampfmaschinen dienten sechs dem Spindelantrieb in Spinnereien, je eine der Kunstbleiche, dem Antrieb von Trocken- und Schermaschinen bzw. der kombinierten Nutzung für den Betrieb von Spindeln, einer Walke und Appreturmaschinen.[161] Welches Bild dagegen die Berliner Textilproduktion bot, die über nur neun Dampfmaschinen verfügte, vermittelt Tabelle 4.

Tabelle 4
Verwendung der Dampfkraft in der Berliner Textilproduktion 1830

Firma	Zahl der Dampfmaschinen	PS-Leistung der Dampfmaschinen	Einsatzbereich der Dampfmaschinen
Gebrüder Cockerill	1	30	Schafwollspinnerei
Gebrüder Tappert	1	16	Schaf- und Baumwollspinnerei
Becker	1	10 – 12	Schafwollspinnerei und Walkerei
Quewa	1	2*	Seidenweberei
Gebrüder Haak	1	2,5*	Tuchappretur
Banek & Schloeßer	1	8*	Tuchappretur
Ebersberger	1	2*	Tuchscheren
Dannenberger	2	16	Kattundruck
		8*	Weißbleiche

* Dampfmaschinen, die nach 1820 in Betrieb genommen wurden

Quelle: ZStA, Abt. II, Rep. 120, A, V, 5, Nr. 12, Bl. 7f.

Diese Übersicht macht unter anderem die starke Zunahme des Einatzes der Dampfkraft in der Textilveredlung deutlich. Auch unter diesem Aspekt wird die Feststellung von Baar bestätigt, der schreibt: „Bedeutende Schritte des Appretierens, des Tuchscherens, Walkens und anderer Prozesse zur Veredlung von Geweben wurden in den zwanziger Jahren des 19. Jahrhunderts getan. Damit eilte auch das Veredelungsgewerbe in bezug auf die technische Ausrüstung der übrigen Textilindustrie voraus. In Berlin erfaßte dieser Prozeß vor allem den zur Textilveredlung gehörenden Zeugdruck, das Bedrucken von Kattun.“[162]

[161] *Forberger, Rudolf*, a. a. O., Abschnitt: Der Maschineneinsatz in den einzelnen Branchen, 1.1.2.2.2. Kraftmaschinen, S. 4f.

[162] *Baar, Lothar*, a. a. O., S. 63.

Neu unter den mit Dampfkraft ausgestatteten Betrieben der Textilbranche erscheint die Seidenweberei von Ferdinand Quewa, der für diesen Zweig der Berliner Industrie eine ähnliche Rolle spielte wie Dannenberger für den Kattundruck. Quewa gründete seinen Betrieb 1816 und führte im gleichen Jahr den Jacquard-Webstuhl in Berlin ein. Er beschäftigte sich gleichzeitig mit dem Bau von Textilmaschinen, einer Produktion, aus der später der bekannte Berliner Maschinenbaubetrieb Beermann hervorging.

Dennoch entwickelte sich die Berliner Seidenproduktion rückläufig. Waren 1826 noch 2200 Seidenwebstühle in Gebrauch, so sank deren Zahl bis Ende 1829 auf 1700 und bis zu Beginn des Jahres 1831 auf 700. Obwohl – oder gerade weil – die Berliner Seidenproduktion ihren Höhepunkt längst überschritten hatte, erhielt Quewa 1827 eine 1,5-PS-Dampfmaschine vom Staat geschenkt.[163] Da sich die Maschine als unbrauchbar erwies, mußte er zunächst weiterhin menschliche und tierische Muskelkraft zum Antrieb seiner Maschinenstühle benutzen. Im August 1829 lieferte ihm dann der Maschinenbauer Freund – wiederum auf Staatskosten – eine 2-PS-Dampfmaschine.[164]

Während in den zwanziger Jahren der Einsatz der Dampfkraft in der Edelmetallverarbeitung unverändert blieb, stieg in der Königlichen Porzellanmanufaktur durch den Kauf einer neuen Dampfmaschine im Jahre 1824 die PS-Leistung leicht an.[165]

Im Maschinenbau gab es durch die Stillegung der Hummelschen 4-PS-Dampfmaschine zwar gegenüber 1820 in Berlin eine Dampfmaschine weniger. Da aber mit der Gründung der Maschinenbauanstalt von F. A. Egells im Jahre 1821 ein sehr bedeutender mit einer 8-PS-Dampfmaschine ausgestatteter neuer Maschinenbaubetrieb[166] entstand, wuchs die PS-Kapazität auch in diesem Zweig. Der Münsterländer Egells, der 1819 und 1820 mit staatlichen Reisekostenzuschüssen in Höhe von 2100 Reichstalern England bereist hatte und dann nach Berlin gekommen war, produzierte zunächst Textilmaschinen, Mühlenwerke und Dampfmaschinen und ging nach Anlage einer eigenen Eisengießerei in der zweiten Hälfte der zwanziger Jahre zum Bau von Bergbauausrüstungen über.

Auffällig veränderten sich Zahl und PS-Leistung der Dampfmaschinen in der Papierproduktion und in der Lebens- und Genußmittelproduktion. Ursächlich dafür ist, daß in beiden Bereichen zwar einfache Mechanismen zu bewegen waren, Mechanismen jedoch, „die massenhaft und mit großem Kraftaufwand“[167] betrieben werden mußten. Deshalb und angesichts des Mangels an Wasserkraft in Berlin fand die Dampfkraft relativ früh Zugang zur Papierproduktion und in die Getreidemühlen. Verfügte die Berliner Patentpapierfabrik bereits 1820 über eine 6-PS-Dampfmaschine, so nutzte sie 1830 außerdem schon eine 24-PS-Dampfmaschine.[168] Gleiches zeigt sich in der Nahrungs- und Genußmittelproduktion.

Gliedert man die in diesem Zweig vorhandenen Dampfmaschinen auf, dann wird die Analogie zur Papierfertigung sichtbar, denn je eine 2-PS-Dampfmaschine wurde für die Schnupftabakproduktion der Gebrüder Bernhardt und für die Schokoladener-

163 *Mieck, Ilja*, a. a. O., S. 104.
164 Ebenda, S. 105.
165 *Rachel, Hugo/Wallich, Paul*, a. a. O., S. 181.
166 Ebenda, S. 182.
167 *Marx, Karl*, a. a. O., S. 368.
168 ZStA, Abt. II, Rep. 120, A, V, 5, Nr. 12, Bl. 7f.

zeugung der Firma Groß genutzt.[169] 20 bis 22 PS entfallen dagegen auf die von Freund gebaute Dampfmaschine für die Mahlmühle Schuhmann & Krauske[170], jene Mahlmühle, die 1822 als erste in den deutschen Staaten zum Dampfantrieb überging.[171] Die Besonderheiten der Müllerei und der Papierfabrikation, auf die schon hingewiesen wurde, führten dazu, daß es in Berlin bereits 1837 drei Dampfmühlen gab, dennoch wurden die Dampfmühlen über Jahrzehnte in Preußen kein ernster Konkurrent der mit traditionellen Antriebskräften ausgestatteten Mühlen. Zwar war 1861 in Preußen die Zahl der Dampfmühlen auf 668 gestiegen,[172] aber auch die Zahl der Windmühlen und der mit tierischer Muskelkraft bzw. mit Wasserkraft betriebenen Mühlen hatte weiter deutlich zugenommen.[173]

Die Bedeutung der zwanziger Jahre für den Dampfbetrieb in Berlin besteht – neben seiner quantitativen Ausdehnung – vor allem darin, daß die Dampfmaschine in weitere Bereiche der Produktion vordrang. Dadurch entstanden aber keineswegs in allen Fällen auf Maschinenantrieb gegründete Werkstätten[174], sondern die Mechanisierung ergriff oft nur Teilbereiche des Arbeitsprozesses. Diente die Dampfkraft der Patentpapierfabrik lediglich dem Zerschneiden der Lumpen, so wurde sie im Maschinenbau zum Antrieb weniger Werkzeugmaschinen benutzt. Die Dampfmaschine der Imperial Continental Gas Association, eines englischen Unternehmens, dem 1820 der Ausbau der Berliner Straßenbeleuchtung übertragen worden war, wurde zum Antrieb der Drehbänke und zum Wasserhub eingesetzt. Die der Porzellanmanufaktur diente diversen Zwecken. Eine dem preußischen Staat gehörende 10-PS-Dampfmaschine – es dürfte sich dabei um die eigentlich für die Königliche Eisengießerei bestellte handeln – wurde 1822 beim Bau der Berliner Schloßbrücke eingesetzt und 1830 beim Schleifen und Polieren der heute noch in der Nähe des Berliner Doms stehenden Granitschale benutzt.[175]

Dennoch beschleunigte die relativ hohe Zahl von Dampfmaschinen technologisch die Fabrikbildung. Das bestätigt auch die ökonomische Seite der Dampfmaschinenbeschaffung. Mit Ausnahme von Ferdinand Quewa erhielt keiner der Berliner Unternehmer, die in den zwanziger Jahren zur Dampfkraft übergingen, irgendwelche staatlichen Beihilfen.[176] Wenn diese Unternehmer die hohen Anschaffungskosten für Dampfmaschinen nicht scheuten, so läßt sich daraus ein echtes Bedürfnis nach der Dampfkraft ableiten. Dem kam entgegen, daß die preußischen Unternehmer im Verlauf der gesamten Industriellen Revolution zwar immer wieder auf den Import englischer Werkzeugmaschinen angewiesen waren[177], die preußischen Dampfmaschinenbauer jedoch sehr bald Anschluß an die internationale Entwicklung fanden und ihre

[169] Ebenda.

[170] *Mohr, Paul,* Die Entwicklung des Großbetriebes in der Getreidemüllerei Deutschlands, Berlin 1899, S. 28.

[171] Ebenda.

[172] Ebenda, S. 280.

[173] Ebenda.

[174] *Marx, Karl,* a. a. O., S. 399.

[175] *Mieck, Ilja,* a. a. O., S. 104.

[176] Ebenda.

[177] *Lärmer, Karl,* Maschinenbau in Preußen. Ein Beitrag zur Problematik Staat und Industrielle Revolution, in: Jahrbuch für Wirtschaftsgeschichte, Berlin 1975, Teil 2, S. 13ff.

Erzeugnisse sogar exportieren konnten.[178] Eine Ursache dieser Erscheinung liegt darin, daß der Dampfmaschinenbau jener Jahrzehnte vor allem Handarbeit war und außerordentliches handwerkliches Können verlangte, wodurch einer serienmäßigen Produktion Grenzen gesetzt waren. Während sich einerseits der Markt für Dampfmaschinen in Preußen rasch erweiterte, wurden diese doch andererseits nach wie vor weitgehend in Auftragsarbeit hergestellt. Dazu kam, „daß diese Maschinen den Localitäten angepaßt werden müssen, und deshalb mit größerem Risiko aus dem Auslande bezogen werden müssen."[179]

Die Berliner Unternehmer befanden sich bei der Beschaffung von Dampfmaschinen insofern in einer besonderen günstigen Lage, als in Berlin das Freundsche Unternehmen beheimatet war und über die Gebrüder Cockerill gleichfalls leicht Dampfmaschinen bezogen werden konnten. Wie sie diese Situation nutzten, zeigt, daß nach den Feststellungen von Mieck alle 1830 „in Berlin arbeitenden Dampfmaschinen" von Freund oder Cockerill gebaut worden waren.[180]

Die zwanziger Jahre des 19. Jahrhunderts brachten eine beachtliche Zunahme der industriellen Nutzung der Dampfkraft in Preußen und hier vor allem in Berlin. Preußen nahm dabei nun eindeutig eine Vorrangstellung gegenüber Sachsen ein. Die veränderte Machtkonstellation in Europa nach dem Wiener Kongreß spiegelte sich auch in der stärkeren politischen und ökonomischen Position Preußens und seiner Bourgeoisie sowie der damit verbundenen Bedeutung der preußischen Haupt-, Residenz- und Garnisonstadt wider. Eine solche Entwicklung erforderte ein ihr adäquates örtliches Wirtschaftspotential, einen ihr adäquaten Stand der regionalen Produktivkräfte.

Ein geographischer Faktor kam als verstärkendes und beschleunigendes Element hinzu. Der relative Mangel an Wasserkraft – zunächst ein Erschwernis der Mechanisierung der Produktion – schlug nun ins Positive um. Da es keine Alternative zum Dampfantrieb gab, machte seine Nutzung gerade in Berlin unverhältnismäßig rasche Fortschritte. 1820 verfügte die Berliner Wirtschaft über acht Dampfmaschinen mit einer Gesamtleistung von rund 100 PS. 1830 hatte sich deren Zahl auf 23 erhöht, und ihre Gesamtkapazität war auf nahezu 220 PS angestiegen. Maßgeblichen Anteil an dieser Zunahme hatte die Textilbranche und hier in erster Linie die Textilveredelung. Zugleich eroberte sich die Dampfmaschine neue Produktionszweige: die Nahrungs- und Genußmittelherstellung, den Zeitungsdruck, die Stein- und die Holzbearbeitung sowie die Gaserzeugung. So stützt die Ausbreitung der Dampfenergie in der Berliner Wirtschaft als Gradmesser und Kriterium der Industrialisierung die These, daß bis 1830 in Berlin ein mitteleuropäisches Zentrum der Industriellen Revolution entstanden war.

[178] ZStA, Abt. II, Rep. 120, A, V, Nr, 12, Bl. 46f.

[179] Bericht über den Handel und die Industrie von Berlin im Jahre 1856, erstattet von den Aeltesten der Kaufmannschaft von Berlin, Berlin 1857, S. 16.

[180] *Mieck, Ilja*, a. a. O., S. 81.

Volker Klemm

Der Aufschwung der Agrarwissenschaften in Deutschland und ihre wachsende Bedeutung als Produktivkraft (Ende des 18. Jahrhunderts bis 1870/80)

Seit der zweiten Hälfte des 18. Jahrhunderts wuchs die Bevölkerung in fast allen damaligen deutschen Ländern relativ rasch an. Trotz der hemmenden feudalen Produktionsverhältnisse machten Gewerbe und Handel unübersehbare Fortschritte. In zunehmendem Maße drangen Elemente der kapitalistischen Warenproduktion in die Wirtschaft ein. Unübersehbar kündigte sich auch in Deutschland die Industrielle Revolution an. Die Nachfrage an Agrarprodukten vergrößerte sich ständig. Viele Großgrundbesitzer und ökonomisch stärkere Bauern nutzten die günstige Konjunktur für landwirtschaftliche Erzeugnisse, um ihre Produktion zu intensivieren. Und als Anfang des 19. Jahrhunderts die bürgerlichen Reformen auch in der Landwirtschaft die feudalen Hemmnisse schrittweise beseitigten, beschleunigte sich dieser gesellschaftliche Entwicklungsprozeß beträchtlich. In diesen Aufschwung der Produktivtivkräfte waren die Agrarwissenschaften ebenfalls integriert.

Die endgültige Konstituierung der Agrarwissenschaften (Ende des 18. Jahrhunderts bis 1830)

Ursachen und Triebkräfte für den Aufschwung der Agrarwissenschaften

Die steigenden Anforderungen an die landwirtschaftliche Produktion führten zu einem wachsenden Bildungsbedürfnis bei einem Teil ökonomisch fortschrittlich denkender und handelnder Großgrundbesitzer bzw. ihrer leitenden Beamten. Für die Leitung der traditionellen feudalen Gutswirtschaft hatte ihr bisheriges fachliches Bildungsniveau ausgereicht. Der komplizierteren Wirtschaftsführung des entstehenden kapitalistischen Landwirtschaftsbetriebes war jedoch dieses Wissen nicht mehr gewachsen. Die „Betreibung der Landwirtschaft als ein Gewerbe“[1], die Anwendung moderner Formen der Organisation der Produktion, die Intensivierung der Pflanzen- und Tierproduktion, die erfolgreiche Behauptung in dem sich entwickelnden kapitalistischen Konkurrenzkampf setzten einen weitaus höheren Qualifikationsgrad des Leiters des Produktionsprozesses voraus. Das alte theoretische Fundament der Agrarproduktion, das fast ausschließlich auf empirisch erworbenen, vielfach jahrhundertealten Erkenntnissen beruhte, erwies sich für die Lösung dieser Aufgabe als untauglich. Die Entwicklung einer neuen Qualitätsstufe der Landwirtschaftslehre, die Entstehung eines eigenen Systems der Agrarwissenschaften, das die empirischen Erfahrungen der

[1] *Thaer, Albrecht Daniel*, Einleitung zur Kenntnis der englischen Landwirtschaft, Bd. 2, Teil 2, Hannover 1801, S. 1.

Agrarproduktion, die neuesten Erkenntnisse der gesellschafts- und naturwissenschaftlichen Grundlagenfächer und die Erfordernisse der sich entwickelnden kapitalistischen Produktionsweise in sich vereinigte, waren zu einer historischen Notwendigkeit geworden. Und Ende des 18. Jahrhunderts begann daher in Deutschland die endgültige Konstituierung der Agrarwissenschaften zu einem eigenständigen Wissenschaftskomplex.

Entscheidend gefördert wurde dieser Entwicklungsprozeß aber auch dadurch, daß in diesen Jahrzehnten die ökonomischen und naturwissenschaftlichen Grundlagendisziplinen beträchtliche Fortschritte gemacht hatten.

Der Fortschritt der Kameralwissenschaften, zu deren Gegenstand Probleme der staatlichen Verwaltung, des Handels und Gewerbes und auch der Agrarproduktion gehörten, ließ die Anzahl der landwirtschaftlichen Publikationen erheblich ansteigen.[2] Der Kameralist *Johann Beckmann* (1739–1811), der sich bei seinen ökonomischen Studien vor allem auf die Landwirtschaft konzentrierte, schuf nicht nur ein System der Landwirtschaftswissenschaften, sondern betonte zugleich schon die große Bedeutung der naturwissenschaftlichen Grundlagenfächer für diese technisch-technologischen Wissenschaftsdisziplinen.[3]

Eine ähnliche stimulierende Rolle wie der Kameralismus spielten die Ideen der französischen Physiokraten[4] und der klassischen englischen bürgerlichen Ökonomie. Der Physiokratismus stellte die Landwirtschaft in den Mittelpunkt der volkwirtschaftlichen Entwicklung. In den landwirtschaftlichen Publikationen von *Johann Christian Schubarth* (1734–1787) fanden die Gedanken der Physiokraten einen besonders beredten Ausdruck.[5] Für das Werk Albrecht Daniel Thaers, mit dessen Namen vor allem die erste systematische wissenschaftliche Begründung der Landwirtschaftslehre und damit die eigentliche Konstituierung der Agrarwissenschaften zu einem selbständigen Wissenschaftkomplex in Deutschland verbunden ist, bildeten die Vorstellungen der klassischen bürgerlichen Ökonomie Englands die wichtigste theoretische Grundlage. Sein System der Agrarwissenschaften und seine Lehre von der rationellen Landwirtschaft stützten sich in ihrer ökonomischen Begründung vor allem auf die Ideen des Schotten *Adam Smith* (1733–1790), die Thaer vor allem aus den Schriften der deutschen Schüler von Smith *Jakob Kraus* und *Leopold Krug* kennengelernt hatte.[6]

[2] Siehe *Deutsch, Reinhard*, Untersuchungen zur Entwicklung der landwirtschaftlichen Produktion in der Übergangsperiode vom Feudalismus zum Kapitalismus in Deutschland, landwirtschaftl. Diss., Berlin 1963 (MS), S. 163ff.; *Frauendorfer, Sigmund* v., Ideengeschichte der Agrarwirtschaft und Agrarpolitik im deutschen Sprachgebiet, Bd. 1, Bonn/München/Wien 1957, S. 126ff.

[3] Siehe *Beckmann, Johann*, Grundsätze der teutschen Landwirthschaft, (1. Aufl.) Göttingen 1769.

[4] *Braunreuther, K.*, Über die Bedeutung der physiokratischen Bewegung in Deutschland in der zweiten Hälfte des 18. Jahrhunderts, in: Wissenschaftliche Zeitschrift der Humboldt-Universität Berlin, Gesellschafts- und sprachwissenschaftliche Reihe 5, 1955, H56, S. 15ff.; *Nou, Joosep*, Studies in the Development of Agricultural Economics in Europe, Usala 1967, S. 59ff.

[5] *Braunreuther, K.*, a. a. O., S. 52; siehe auch *Schmiedecke*, A., Johann Chistian Schubart Edler vom Kleefeld, Zeitz 1956.

[6] Siehe *Thaer, Albrecht Daniel*, Einleitung . . ., a. a. O., S. 35; 100; *ders.*, Grundsätze der rationellen Landwirtschaft, neue Ausgabe, hg. und mit Anmerkungen versehen

Die Arbeiten von *Arthur Young* (1741–1820), damals einer der berühmtesten englischen Ökonomen und Agrarschriftsteller, bildeten eine weitere wesentliche Quelle seiner agrarökonomischen Arbeiten.[7] Thaer bezeichnete Young als „einen der verdientesten Männer des Jahrhunderts“ und widmete ihm in der „Englischen Landwirtschaft“, seiner ersten bedeutenden agrarwissenschaftlichen Publikation, ein umfangreiches Kapitel.[8]

Den zweiten grundlegenden Beitrag für die seit Ende des 18. Jahrhunderts verstärkt einsetzende wissenschaftliche Begründung der Landwirtschaftslehre und damit für die endgültige Herausbildung der Agrarwissenschaften in Deutschland leisteten die naturwissenschaftlichen Grundlagenfächer, insbesondere die biologischen Disziplinen und die Chemie.[9] Markanteste Beispiele dafür bildeten: die Entdeckung der Sauerstoffausscheidungen der grünen Pflanzen bei Licht durch den Engländer *Priestley* (1733–1804) im Jahre 1790, die endgültige Klärung der Kohlensäureassimilation der Pflanzen durch den Schweizer Botaniker *Nicolaus Theodor de Saussure* (1767–1845) im Jahre 1804, die Überwindung der phlogistischen Chemie durch den Franzosen *Antoine Laurent Lavoisier* (1743–1794) und die Begründung der Mineralanalyse durch *M. H. Klaproth* (1743–1817). Es wurde schrittweise möglich, exakte naturwissenschaftliche Methoden bei der Untersuchung der Wechselbeziehungen zwischen Boden und Pflanze sowie der Wirkungsweise von Futtermitteln anzuwenden. Aus den erreichten Ergebnissen konnten zahlreiche Schlußfolgerungen für die Steigerung der Agrarproduktion und deren Effektivität gezogen werden.

Bodenkunde, Pflanzenernährungs- und Düngelehre, die Acker- und Pflanzenbaulehre sowie die Tierernährungslehre erhielten in den folgenden Jahrzehnten schrittweise eine immer bessere naturwissenschaftliche Fundierung und wurden damit zu selbständigen landwirtschaftlichen Wissenschaftszweigen.

Der steigende Bedarf an landwirtschaftlichen Erzeugnissen, die sich in immer stärkerem Maße auch in der Landwirtschaft durchsetzenden kapitalistischen Produktionsverhältnisse, die neuen Erkenntnisse auf dem Gebiet der Ökonomie, Biologie und Chemie waren also die Triebkräfte für den Ende des 18. Jahrhunderts einsetzenden Aufschwung der Agrarwissenschaften in Deutschland. Dieser Aufschwung kam vor allem in folgenden Merkmalen zum Ausdruck: Die Landwirtschaftslehre löste sich aus der Bindung an den Kameralismus. Zum ersten Male wurde systematisch versucht, die Landwirtschaftslehre durch die damals modernsten gesellschafts- und natur-

v. Guido Krafft/C. Lehmann/Albrecht Thaer/H. Thiel, Berlin 1880, 1. Hpststck. § 19 u. 47, *ders.*, Leitfaden zur allgemeinen landwirtschaftlichen Gewerbslehre, Berlin/Wien 1815, § 60; Annalen des Ackerbaus 2. 1805, S. 103ff.; ebenda, 8. 1808, S. 169ff.; ebenda, 11. 1810, S. 464 Anmerkung.

7 *Nou, Joosep*, a. a. O., S. 85ff.; 106ff.

8 *Thaer, Albrecht Daniel*, Einleitung . . ., a. a. O., Bd. 1, S. 12; ebenda, Bd. 2/2, S. 131; 251ff.; siehe auch *Müller, Hans-Heinrich*, Albrecht Thaer und die Entwicklung der Agrarökonomie, in: Jahrbuch für Wirtschaftsgeschichte, Berlin 1973, Teil 4, S. 222f.; *Deutsch, Reinhard*, a. a. O., S. 144ff.

9 *Ehwald, Ernst*, Entwicklungslinien in der Geschichte der Bodenkunde, Albrecht-Thaer-Archiv 8. 1964, H. 1–3, S. 11; *Blank, E.*, Handbuch der Bodenlehre, Bd. 1, Berlin 1929, S. 43ff.; *Honcamp, F.*, Handbuch Pflanzenernährung und Düngelehre, Bd. 1, Berlin 1931, S. 5ff; *Schütt, Hans-Werner*, Anfänge der Agrikulturchemie in der ersten Hälfte des 19. Jahrhunderts, in: Zeitschrift für Agrargeschichte und Agrarsoziologie, 1973, H. 1, S. 84.

wissenschaftlichen Erkenntnisse zu begründen und damit aus einer bisher vor allem empirischen Technik in einen exakten technisch-technologischen Wissenschaftskomplex umzuwandeln. Das moderne System der Agrarwissenschaften entstand, und es wurden die für die Forschung und Lehre notwendigen Institutionen gegründet. Die Intensität der Wechselbeziehungen zwischen Theorie und Praxis, zwischen den Erkenntnissen der Agrarwissenschaften und der landwirtschaftlichen Produktion steigerte sich beträchtlich. Der Charakter der Agrarwissenschaften als Produktivkraft prägte sich weitaus stärker aus als in den vorhergehenden Jahrzehnten. Die Agrarwissenschaften konstituierten sich auch in Deutschland endgültig zu einem selbständigen Wissenschaftsbereich.

Die wichtigsten Forschungsergebnisse der Agrarwissenschaften

In den norddeutschen Gebieten beruhte der Übergang zu dieser neuen Qualitätsstufe der Agrarwissenschaften vor allem auf den Arbeiten des in Celle 1752 geborenen und in Möglin 1828 verstorbenen Mediziners und Landwirts *Albrecht Daniel Thaer.*[10] Thaer hat nur wenig grundsätzlich neue wissenschaftliche Entdeckungen gemacht. Ihm ging es vor allem darum, vorhandene Erkenntnisse der ökonomischen und naturwissenschaftlichen Grundlagenfächer für die Landwirtschaft anzuwenden, das schon existierende agrarwissenschaftliche Wissen kritisch zu sichten, zu ordnen und entsprechend den Erfordernissen der Praxis zu erweitern und zu vertiefen. Für Thaer gehörten die Landwirtschaftswissenschaften –, und er war eigentlich der erste, der in der deutschen landwirtschaftlichen Literatur dieses heute allgemein gültige Prinzip so klar vertrat, – eindeutig zu den angewandten Wissenschaftsdisziplinen, für die „Erfahrung“, „Versuche“, „Beobachtungen“, „Beihilfe der Naturwissenschaften“ „politische, staatswirtschaftliche, rechtskundige und merkantilische Kenntnisse“ die wichtigsten Erkenntnisgrundlagen bildeten.[11] Die durch Thaer begründete Lehre von der rationellen Landwirtschaft, – 1809 bis 1812 erschienen die „Grundsätze der rationellen Landwirtschaft“, die bedeutendste agrarwissenschaftliche Arbeit Thaers[12] – stellte sich das Ziel, eine nach wissenschaftlichen Grundsätzen organisierte, logisch berechnete Agrarproduktion durchzuführen. Die rationelle Landwirtschaftslehre suchte nach allgemeinen Zusammenhängen, den Gesetzmäßigkeiten, den naturwissenschaftlichen und ökonomischen Begründungen für die landwirtschaftlichen Prozesse. Das in den „Grundsätzen“ dargestellte System der Agrarwissenschaften entsprach in seinen wesentlichen Zügen schon den heutigen Anforderungen.

Innerhalb dieses Systems nahm die Agrarökonomie die führende Stellung ein, denn nach der Auffassung Thaers besaßen die Forschungsergebnisse der anderen agrarwissenschaftlichen Disziplinen und der naturwissenschaftlichen Grundlagengebiete für die Landwirtschaft nur dann Bedeutung, wenn ihre effektive Anwendung durch ökonomische Untersuchungen bewiesen worden wäre.[13] Das ausschlaggebende Kriterium für diese Effektivitätsberechnungen – seit dieser Zeit das entscheidende Grund-

[10] Siehe *Klemm, Volker/Meyer, Günther*, Albrecht Daniel Thaer, Pionier der Agrarwissenschaften in Deutschland, Halle 1968; *Woermann, Emil*, Albrecht Daniel Thaer, in: Große Landwirte, hg. v. Günther Franz u. Heinz Haushofer, Frankfurt/M. 1970, S. 59ff.

[11] Siehe *Thaer, Albrecht Daniel*, Grundsätze . . ., a. a. O., 1. Hptstck. § 14ff.

[12] Grundsätze der rationellen Landwirthschaft, Bd. 1–4, Berlin 1809–1812, (insgesamt erschienen bis 1900 über 30 Ausgaben dieses Werkes in neun verschiedenen Sprachen)-

[13] Siehe *Thaer, Albrecht Daniel*, Leitfaden . . ., a. a. O., Vorwort u. S. 1f.; *Gussek, Karl*

prinzip der bürgerlichen Agrarökonomie – stellte „nicht, die möglichst höchste Produktion aus dem Boden zu erzielen, sondern den möglichst höchsten Gewinn daraus zu erhalten“,[14] dar.

Der wissenschaftliche Einfluß des 1759 in Koblenz geborenen und auch dort 1844 verstorbenen *Johann Nepomuk Schwerz* konzentrierte sich vor allem auf die südwestdeutschen Gebiete.[15] Das erklärte sich auch daraus, daß Schwerz im Unterschied zu Thaer, der in seinen ökonomischen Vorstellungen vor allem auf den entstehenden großen agrarkapitalistischen Betrieb orientiert war, seine Aufmerksamkeit insbesondere dem bäuerlichen Betrieb widmete. Schwerz war zwar nicht wie Thaer bestrebt, den Komplex der Agrarwissenschaften in einem wohlgerordneten, wissenschaftlich begründeten und in einem in sich geschlossenen System darzustellen, sondern ihm ging es darum, die für die einzelnen territorialen Besonderheiten zweckmäßigsten und bewährtesten Wirtschaftsmethoden für den bäuerlichen Betrieb zu finden. Während Thaer wesentliche Anregungen aus der englischen agrarwissenschaftlichen Literatur erhielt, stützte sich Schwerz insbesondere auf Analysen der belgischen Landwirtschaft.[16] 1823 veröffentlichte er als Ergebnis seiner jahrzehntelangen Studien die „Anleitung zum praktischen Ackerbau“,[17] die zusammen mit den „Grundsätzen“ Thaers die bedeutendste agrarwissenschaftliche Publikation dieser Periode darstellte. Neben den Arbeiten von Thaer und Schwerz haben während dieser Jahrzehnte vor allem die landwirtschaftlichen Lehrbücher von *Johann Gottlieb Koppe*[18] (1782–1863), *Albrecht Block*[19] (1774–1847), *Johann Friedrich Lebrecht Schmalz*[20] (1781–1847), *Friedrich Gottlob Schulze*[21] (1795–1860), *August Gottfried Schweitzer*[22] (1788–1854)

Dieter, Analyse von Wechselbeziehungen zwischen der gesellschaftlichen Produktionsweise und der bürgerlichen landwirtschaftlichen Betriebslehre, landwirtschaftl. Habil-Schr., Rostock 1968 (Ms), S. 70ff.; *Klemm, Volker/Meyer, Günther*, a. a. O., S. 94f.; *Nou, Joosep*, a. a. O., S. 116ff.

14 *Thaer, Albrecht Daniel*, Einleitung . . ., a. a. O., Bd. 2/2, S. 1.

15 Siehe *Frauendorfer, Sigmund v.*, a. a. O., S. 227ff.; *Franz, Günther*, Johann Nepomuk Hubert von Schwerz, in: Große Landwirte, a. a. O., S. 79ff.

16 *Schwerz, Johann Nepomuk Hubert v.*, Anleitung zur Kenntniß der Belgischen Landwirthschaft, 3 Bde., Halle 1807 – 1811.

17 *Ders.*, Anleitung zum practischen Ackerbau, (1. Aufl.) 3 Bde., Stuttgart/Tübingen 1823 bis 1828.

18 *Koppe Johann Gottlieb*, Unterricht im Ackerbau und in der Viehzucht, (1. Aufl.) Berlin 1812. – Die Arbeit erlebte 1885 ihre 11. Auflage, die von Emil v. Wolff herausgegeben wurde (1885 Berlin). – Siehe auch *Gerhardt, E.*, Johann Gottlieb Koppe zur 100. Wiederkehr seines Todestages, in: Zeitschrift für Agrargeschichte und Agrarsoziologie, 1964, H. 1, S. 49ff.

19 *Block, Albrecht*, Mittheilungen landwirthschaftlicher Erfahrungen, Ansichten und Grundsätze, 3 Bde., Breslau 1829 – 1834 (1. Auf.). – Die vierte Auflage erschien 1885.

20 *Schmalz, Johann Friedrich Lebrecht*, Erfahrungen im Gebiete der Landwirthschaft, 5 Bde., Leipzig 1814 – 1824.

21 *Schulze, Friedrich Gottlob*, Nationalökonomie oder Volkswirtschaftslehre, vornehmlich für Land-, Forst- und Staatswirthe, Leipzig 1856; siehe auch *Lohmeyer, E.*, Das Studium der Landwirthschaft an der Universität Jena 1826 – 1854, Weimar 1954; *Goltz, Theodor v. d.*, Rede zur Feier des 100jährigen Geburtstages von Friedrich Gottlob Schulze, Jena 1895; Geschichte der Universität Jena 1548/58 – 1858, Festgabe zum 400jährigen Universitätsjubiläum, Bd. 1, Jena 1858, S. 419f.

22 *Schweitzer, August Gottfried*, Kurzgefaßtes Lehrbuch eines Unterrichtes in der Land-

und des Österreichers *Johann Burger*[23] (1733–1842) die Entwicklung der Agrarwissenschaften in Deutschland bestimmt.

Koppe, den A. Petersen als „einen der größten Landwirte, die je über den deutschen Acker gingen“,[24] bezeichnete, hat in Norddeutschland mit Wort und Tat einen maßgeblichen Beitrag für die Durchsetzung neuer wissenschaftlicher Erkenntnisse in die Praxis geleistet. Dennoch standen die zuletzt genannten Agrarwissenschaftler alle mehr oder weniger im Schatten der überragenden Persönlichkeiten von Thaer und Schwerz. Sie erweiterten, vertieften und vervollkommneten die Vorstellungen ihrer Vorbilder, blieben jedoch in den wesentlichen Grundprinzipien Anhänger und Propagandisten der durch Thaer und Schwerz begründeten agrarwissenschaftlichen Schulen.[25]

Die Fortschritte der Agrarwissenschaften in ihrer Gesamtheit wurden ergänzt durch eine größere Anzahl neuer Erkenntnisse der schrittweise entstehenden landwirtschaftswissenschaftlichen Einzeldisziplinen.

Mit den „Grundsätzen der rationellen Landwirtschaftslehre“ und der 1815 erschienenen „Landwirtschaftlichen Gewerbslehre“[26] Albrecht Daniel Thaers begann die Geschichte der bürgerlichen Agrarökonomie in Deutschland. Gegen Ende der Periode publizierte *Johann Heinrich v. Thünen*[27] (1783–1850) den ersten Band seines Werkes „Der isolierte Staat in Beziehung auf Landwirtschaft und Nationalökonomie“,[28] das in den folgenden Jahrzehnten zur bedeutendsten Arbeit der bürgerlichen Agrarökonomie werden sollte. Noch heute bildet die darin von Thünen vertretene Auffassung der landwirtschaftlichen Intensitätslehre ein entscheidendes Grundprinzip der kapitalistischen Agrarökonomie.

Wichtige wissenschaftliche Ergebnisse wurden auch auf dem Gebiet der Acker- und Pflanzenbaulehre und ihrer naturwissenschaftlichen Grundlagen erreicht. 1804 beginnt der Chemiker *Friedrich Hermbstaedt* mit der Herausgabe des Archivs für Agrikulturchemie.[28a] Thaer und seine Mitstreiter *Einhof* und *Crome* übertragen die von dem Schweden *Vallerius* (1709–1785) zum ersten Male klar formulierte und durch

wirthschaft zum Gebrauch bei Vorlesungen über dieselbe, 2 Bde., Leipzig 1831–1834; *ders.*, Anleitung zum Betriebe der Landwirthschaft nach den vier Jahreszeiten geordnet etc., Leipzig 1832.

23 *Burger, Johann*, Lehrbuch der Landwirthschaft. (1. Aufl.), 2 Bde, Wien 1819–1821.

24 Zit. nach: *Keune, Otto*, Männer, die Nahrung schufen, Hannover 1952, S. 42.

25 Siehe *Gussek, Karl-Dieter*, a. a. O., S. 84ff.; *Frauendorfer, Sigmund v.*, a. a. O., S. 235ff.

26 *Thaer, Albrecht Daniel*, Leitfaden . . ., a. a. O.

27 Die große Zahl der Arbeiten zum Werk Thünens hier zu nenen, ist nicht möglich. Ein Überblick dazu gibt *Thünen, Johann Heinrich v.*, Der isolierte Staat in Beziehung auf Landwirtschaft und Nationalökonomie, neuhg. v. Walter Braeuer u. Eberhardt A. Gerhardt, Darmstadt 1966, S. IXff.

28 Die erste Auflage des ersten Bandes des „Isolierten Staates“ erschien 1826 in Rostock. Eine Wertung des Werkes aus marxistischer Sicht geben Herbert Luck (Zur ökonomischen Lehre des J. H. v. Thünen, Berlin 1956) und Karl-Dieter Gussek (a. a. O., S. 91ff.). Gussek wird dabei der wissenschaftshistorischen Bedeutung Thünens weitaus besser gerecht.

28a Archiv der Agriculturchemie für denkende Landwirthe, oder Sammlung der wichtigsten Entdeckungen, Erfahrungen und Beobachtungen aus dem Reiche der Physik und Chemie für rationelle Landwirthe, Güterbesitzer, Forstmänner und Freunde der oeconomischen Gewerbe, Berlin 1804–1818.

Senebier, Ingenhouss, Hermbstaedt, Davy, u. a. erweiterte Humustheorie[28b] auf die Acker- und Pflanzenbaulehre.[29]

Die Humustheorie ging von der Grundthese aus, daß die Pflanzen ihre Nährstoffe aus dem Boden ausschließlich in Form eines humosen organischen Extraktivstoffes aufnehmen. Die Erkenntnisse von Ingenhouss, Senebier und Theodore de Saussure zur Kohlensäureassimilation der Pflanzen wurden nicht richtig interpretiert. Trotz dieser falschen naturwissenschaftlichen Grundlage gelang es Thaer und seinen Mitstreitern jedoch, den rationellen Kern dieser Pflanzenernährungstheorie für die landwirtschaftliche Praxis nutzbar zu machen,[30] denn sie zogen aus dieser Lehre die für die Pflanzenproduktion sehr wichtige Schlußfolgerung, daß die Erhaltung und Mehrung des Humusgehaltes im Boden für die Bodenfruchtbarkeit von großer Bedeutung sei. Und Thaer begründete die von ihm propagierte Fruchtwechselwirtschaft, den regelmäßigen Wechsel von Humusmehrern und Humuszehrern sowie seine Forderung nach einer systematischen organischen und mineralischen Düngung neben ökonomischen Motiven vor allem durch den Nährstoffgehalt und den positiven Einfluß des Humus auf die physikalischen Eigenschaften des Bodens. Diese richtigen Schlußfolgerungen für die Praxis bewirkten, daß die von den Anhängern der rationellen Landwirtschaftslehre vertretene Form der Humustheorie trotz ihrer fehlerhaften naturwissenschaftlichen Grundlagen zu einer bedeutenden Vorstufe der zwei Jahrzehnte später entstehenden Mineraltheorie wurde.[31] Zugleich begann damit die Geschichte einer selbständigen Düngerlehre in der deutschen landwirtschaftlichen Literatur. Thaer, Schwerz und ihre Schüler empfahlen zwar im wesentlichen die Anwendung der gleichen Düngemittel wie in der landwirtschaftlichen Literatur des 18. Jahrhunderts, aber sie begründeten nun ihre Vorschläge mit wissenschaftlichen Motiven. Zahlreiche ihrer Ansichten zur Gewinnung, Pflege und Ausbringung organischer Düngemittel und viele ihrer Vorschläge für die Bodenbearbeitung haben ihre Aktualität bis in die Gegenwart bewahrt. Der Entstehungsprozeß dieser agrarwissenschaftlichen Spezialdisziplin wurde durch die Publikation der „vollständigen Düngerlehre" von E. F. Leuchs 1825 vorerst abgeschlossen.[32] Leuchs faßte in dieser Arbeit alle wesentlichen Erkenntnisse über die Düngeranwendung systematisch zusammen, verzichtete jedoch, obwohl ihm die fruchtbarkeitsfördernde Rolle zahlreicher

28b Siehe *Wendt, Günter*, Carl Sprengel und die von ihm geschaffene Mineraltheorie als Fundament der neuen Pflanzenernährungslehre, Math.-naturwiss. Diss., Göttingen 1950, S. 5ff.; *Blanck, E.*, a. a. O., Bd. 1, S. 45ff.; *Honcamp, F.*, a. a. O., Bd. 1, S. 9ff.; *Möbius, Martin*, Geschichte der Botanik, 1. Aufl., Jena 1937, S. 229f.

29 *Klemm, Volker/Meyer, Günther*, a. a. O., S. 11ff.

30 Ebenda, S. 117ff.; siehe auch *Stamer, Hans-Heinrich*, Der wissenschaftliche Wert der Arbeiten Albert Daniel Thaer zu den Problemen der Messung und Steigerung der Bodenfruchtbarkeit, landwirtsch. Diss., Berlin 1968 (Ms), S. 141ff.; *Streßmann, Gisela*, Die Entwicklung der Auffassungen über die Bedeutung des Humus für das Niveau der Bodenfruchtbarkeit in der deutschen landwirtschaftlichen Literatur des 19. Jahrhunderts, Diplomarbeit an der Sektion für Pflanzenproduktion der Humboldt-Universität Berlin 1976 (Ms), S. 11ff.

31 *Trénel, Max*, Zur Frühgeschichte der Agrikulturchemie. Berliner Forschung und Lehre in den Landwirtschaftswissenschaften, Berlin 1956, S. 107ff.; *Woermann, E.*, Albrecht Daniel Thaer . . ., a. a. O., S. 72.

32 *Leuchs, Erhard Friedrich*, Vollständige Düngerlehre, Nürnberg 1825.

Mineralien aus eigenen Versuchen eindeutig bekannt war,[33] auf jede weitergehende theoretische Interpretation.

Stimulierend auf die Entwicklung der Pflanzenbaulehre wirkte sich in diesen Jahrzehnten der wissenschaftliche Meinungsstreit über das effektivste Ackerbausystem aus. Während Thaer und seine Anhänger aus ökonomischen und naturwissenschaftlichen Überlegungen die Fruchtwechselwirtschaft propagierten und damit die Anwendung dieses Ackerbausystems in der norddeutschen Landwirtschaft nachhaltig förderten,[34] vertraten Koppe[35] und insbesondere von Thünen[36] die Ansicht, daß über den für die Pflanzenproduktion zu wählenden Intensitätsgrad der zu erwartende Gewinn entscheide. Die Auseinandersetzungen über diese Frage reichten weit über das Jahr 1830 hinaus. Vorteilhaft an ihnen war, daß sie zu zahlreichen Untersuchungen und Publikationen über Fruchtfolgesysteme anregten und damit für die entstehende Pflanzenbaulehre einen umfangreichen, wissenschaftlich begründeten Erfahrungsschatz schufen.

Von größter Bedeutung für die Entwicklung der Acker- und Pflanzenbaulehre und die Realisierung der Erkenntnisse dieses Wissenschaftszweiges in der Pflanzenproduktion wurde die 1747 von *Andreas Sigismund Marggraf* (1709–1782) gemachte Entdeckung, daß der süße Geschmack der Wurzeln einiger einheimischer Rübenarten auf deren Zuckergehalt zurückzuführen und daß dieser Zucker chemisch mit Rohrzucker identisch sei. Nachdem es *Franz Carl Achard* (1753–1821) gelungen war, Anfang des 19. Jahrhunderts ein technologisch brauchbares Verfahren für die Gewinnung von Zucker aus Runkelrüben zu entwickeln, wuchs das Interesse der deutschen Agrarwissenschaft an Fragen des Rübenbaus beträchtlich an.[37] Zwar begann der Siegeszug der Zuckerrübe in der deutschen Landwirtschaft erst nach 1830, dennoch entstanden wesentliche wissenschaftliche Voraussetzungen für diese Veränderungen schon vor diesem Datum. In allen landwirtschaftlichen Handbüchern standen von nun an Fragen des Rübenbaus an vorrangiger Stelle. Achard selbst und die schlesische Junkerfamilie *Koppy* führten in diesen Jahrzehnten die ersten systematischen Züchtungsversuche zur Erhöhung des Zuckergehaltes der Rüben durch und legten damit den Grundstein für die Geschichte der systematischen landwirtschaftlichen Pflanzenzüchtung in Deutschland.[38]

Im Vergleich zu den wissenschaftlichen Ergebnissen auf dem Gebiet der Ökonomie und Pflanzenproduktion spielten die Fortschritte der wissenschaftlichen Disziplinen auf dem Gebiet der Tierproduktion eine weitaus bescheidenere Rolle. Das erklärte sich

[33] Ebenda, S. 157f., 164ff., 250ff.

[34] Siehe *Klemm, Volker/Meyer, Günther*, a. a. O., S. 54ff.; 124ff.

[35] *Koppe, Johann Gottlieb*, Revision der Ackerbausysteme, Berlin 1818.

[36] *Thünen, Johann Heinrich v.*, Der isolierte Staat ..., a. a. O., 2. Aufl., Rostock 1842, 1. Teil § 2 – 26c; siehe auch *Luck, Herbert*, a. a. O., S. 94ff.; *Gussek, Karl-Dieter*, a. a. O., S. 91ff.

[37] *Krzymowski, Richard*, Geschichte der deutschen Landwirtschaft, Berlin (West) 1961, S. 264ff.; *Heinisch, Ottokar*, Die Zuckerrübe. Ihre Bedeutung im Verlauf der Entwicklung zur neuen Kulturpflanze und Rohstoffpflanze für die Zuckererzeugung, Berlin 1960, S. 8ff.; *Keune, Otto*, a. a. O., S. 194ff.

[38] *Brien, H.*, Achard als Rübensamenzüchter, in: Blatt für Zuckerrübenbau 6/1899, S. 359ff.; *Reitemeier, August*, Geschichte der Züchtung landwirtschaftlicher Nutzpflanzen, phil. Diss., Breslau 1904, S. 60f.; *Heinisch, Ottokar*, a. a. O., S. 31ff.

vor allem aus zwei Motiven: Für die weitere Intensivierung der Tierproduktion mußten erst einmal in der Pflanzenproduktion die Voraussetzungen geschaffen werden, und außerdem waren die aus den feudalen Gutswirtschaften entstehenden kapitalistischen Großbetriebe in besonderem Maße an einer Förderung der Pflanzenproduktion interessiert. Eine Ausnahme machten dabei nur die Schafzucht und die Fütterungslehre.

Die gute Konjunktur für Schafwolle infolge der beginnenden Industriellen Revolution und die verhältnismäßig günstigen Möglichkeiten für eine konzentrierte Schafhaltung veranlaßten auch die deutschen Großgrundbesitzer, diesem Zweig der Tierproduktion besondere Aufmerksamkeit zu schenken. Eine entsprechende Förderung der wissenschaftlichen Grundlagen der Schafzüchtung war die logische Folge. Ende des 18. Jahrhunderts und insbesondere in den ersten Jahrzehnten des 19. Jahrhunderts erschien auch in Deutschland eine größere Anzahl von Veröffentlichungen zur Schafzüchtung und Schafhaltung.[39] Einen der wertvollsten Beiträge zu dieser Literatur lieferte wiederum Albrecht Daniel Thaer, vor allem mit seinen Arbeiten nach 1815.[40] Diese Publikationen und seine Zuchtexperimente machten ihn zum bedeutendsten deutschen Schafzüchter seiner Zeit und stellten ihn in der Geschichte der deutschen Schafzucht an einen der ersten Plätze. Die von ihm beschriebenen Zuchtmethoden wurden teilweise bis in das 20. Jahrhundert hinein in der Schafzucht angewendet. Die Verfahren der Reinzucht, Kombinations- und Verdrängungskreuzung hat Thaer in einer Weise dargestellt[41] und auch erfolgreich praktiziert, wie sie noch für mehr als ein Jahrhundert beispielhaft bleiben sollten.

Der durch Thaer und seine Anhänger so nachhaltig und erfolgreich propagierte Übergang zur Fruchtwechselwirtschaft förderte nicht nur nachhaltig die Intensivierung des Pflanzenbaus, sondern führte auch zur Entstehung einer Fütterungslehre für die landwirtschaftlichen Nutztiere. Innerhalb der jetzt angewandten Fruchtfolgen wuchs der Anteil der Feldfutterpflanzen. Damit vermehrte sich das Angebot verschiedenartiger Futtermittel beträchtlich. Neben Weidegras, Heu und Stroh, die

[39] *Finck, J. H.*, Beantwortung der von Chevalier J. Sinclair aufgeworfenen Fragen betreffend der verschiedenen Schafarten in Deutschland, Halle 1798; *Lasteyrie, C. J.*, Abhandlungen über das spanische Schafvieh, Hamburg 1800; *Pictet*, C., Erfahrungen und Beobachtungen über die spanischen Merinoschafe, Wien 1808; *Stumpf, Georg*, Versuch einer pragmatischen Geschichte der Schäfereien in Spanien, u. d. Spanischen in Sachsen-Anhalt-Dessau, Leipzig 1785; *Suedekum, F.*, Practische Bemerkungen über die Veredelung der Schafzucht auf niedersächsischen Schäfereien, sowohl über die Hindernisse und Förderungsmittel, Braunschweig 1800; *Wichmann, C. A.*, Dauberton, Katechismus der der Schafzucht zum Unterrichte für Schäfer und Schäferei-Herren nach Anleitung eines französischen Werkes zum Besten Deutschlands, bearb. u. hg. v. Christian August Wichmann, Leipzig/Dessau 1784.

[40] Siehe *Klemm, Volker/Meyer, Günther*, a. a. O., S. 141 ff.; *Schindelwegh, Ursula*, Der Beitrag A. D. Thaer zur Entwicklung der Schafzucht in Deutschland, landwirtschaftl. Diplomarbeit, Berlin 1968 (Ms).

[41] Siehe *Thaer, Albrecht Daniel*, Ueber die Gesetze der Natur, welche der Landwirth bei der Veredlung seiner Hausthiere und Hervorbringung neuer Rassen beobachtet hat und befolgen muß. Abhandlungen der physik. Klasse der Kgl. Preußischen Akademie der Wissenschaften aus den Jahren 1813–1823, Berlin 1816, S. 87 ff.; *Settegast, Hermann Gustav*, Die deutsche Viehzucht, ihr Werden, Wachsen und gegenwärtiger Standpunkt, Berlin 1890, S. 69 ff.

bisher die wichtigste Grundlage für die Viehfütterung gebildet hatten, traten zahlreiche neue Futtermittel. Es wurde nun notwendig, den Nährwert der einzelnen Futtermittel zu bestimmen und entsprehende Fütterungsregeln zu entwickeln.

Schon bei *Johann Georg Stumpf* (1750–1798) finden wir Versuche, die Futterwertigkeit der einzelnen Futtermittel miteinander zu vergleichen.[42] Es war erneut Albrecht Daniel Thaer, der auf diesem Gebiet den entscheidenden Fortschritt einleitete. Er verwendete zum ersten Male einen allgemeinen Naturalmaßstab, den Heuwert, und verglich auf der Basis des Heus alle damals gebräuchlichen Futtermittel miteinander.[43] Erst als Mitte des Jahrhunderts chemische Analysen der Futtermittel sich durchzusetzen begannen, verlor der Heuwert, der den Eiweiß- und Kohlenhydratgehalt der Futtermittel nicht beachtete, allmählich seinen Einfluß. In der Praxis wird er allerdings für dem Heu ähnliche Futtermittel teilweise noch heute verwendet.

Zahlreiche Experimente wurden außerdem über den Futterbedarf der einzelnen Tierarten abhängig vom Gewicht, Alter, Nutzungszweck und der Leistungsbelastung der Tiere durchgeführt. Man versuchte, Grundsätze über die beste Zubereitung und Mischung des Futters sowie die günstigsten Fütterungszeiten aufzustellen.[44] Neben Thaer besaßen hierfür in dieser Periode vor allem die Arbeiten des schon erwähnten *Albrecht Block* Bedeutung.[44a]

Block hat sich besonders auch um eine Erweiterung der Thaerschen Heuwerttheorie verdient gemacht und führte diese agrarwissenschaftliche Disziplin von der auf Naturalmaßstäben beruhenden Fütterunsglehre an die exakt naturwissenschaftliche, vor allem chemisch fundierte Tierernährungswissenschaft heran.

Die Entstehung von agrarwissenschaftlichen Lehr- und Forschungsinstitutionen

Mit der Entstehung eines selbständigen Systems der Agrarwissenschaften standen auch in Deutschland die Begründung und Entwicklung entsprechender Forschungs- und Lehrinstitutionen im wechselseitigen Zusammenhang.

Das erste Anzeichen dafür stellten genauso wie in mehreren anderen europäischen Ländern die seit Mitte des 18. Jahrhunderts sich bildenden landwirtschaftlichen Gesellschaften dar.[45] Mitglieder dieser Organisationen waren vor allem adlige und

[42] *Stumpf, Johann Georg*, Lehr- und Handbuch der gesamten Feld- und Hauswirthschaft für Bürger und Bauern, Prediger und Schullehrer, selbst zu akademischen Vorlesungen etc., 2 Teile, Leipzig 1793/94, Teil 1 Kap. 13; *Fraas, Carl Nicolaus*, Geschichte der Landbau- und Forstwissenschaft. Seit dem 16. Jahrhundert bis zur Gegenwart, München 1865, S. 291

[43] *Thaer, Albrecht Daniel*, Grundsätze . . ., a. a. O., 2. Hptstck. § 287, 6. Hptstck. § 25 u. 48; siehe auch *Klemm, Volker/Meyer, Günther*, a. a. O., S. 136ff.

[44] *Leuchs, Erhard Friedrich*, a. al. O., S. 382; *Weckherlin, A. v.*, Die landwirthschaftliche Tierproduktion, Bd. 1, Stuttgart/Tübingen 1846, S. 178ff.; *Fraas, Carl*, a. a. O., S. 291ff.

[44a] *Block, Albrecht*, Mittheilungen . . ., a. a. O., 2. Aufl., Bd. 2, Breslau 1837, S. 112ff.; 379ff.

[45] *Fraas, Carl*, Geschichte der Land- und Forstwissen . . ., a. a. O., S. 414ff.; *Goltz, Theodor v. d.*, a. a. O., Bd. 1, S. 375ff.; *Birnbaum, Karl*, Das Genossenschaftsprinzip in Anwendung und Anwendbarkeit in der Landwirtschaft, Leipzig 1870, S. 64ff.; *Skalweit, August*, Agrarpolitik, Handbuch der Wirtschafts- und Sozialwissenschaft in Einzelbänden, Bd. 17, Berlin 1924, S. 459ff.; *Krzymowski, Richard*, a. a. O., S. 386f.

bürgerliche Gutsbesitzer, Intellektuelle sowie an der Entwicklung der Landwirtschaft interessierte Beamte und Geistliche. Bauern gehörten den landwirtschaftlichen Vereinen nur in Ausnahmefällen an. Auf den Tagungen der Gesellschaften tauschten die Mitglieder ihre Erfahrungen über neue Produktionsmethoden aus. Im Regelfall verfügten die Gesellschaften über eine Bibliothek und eine eigene Zeitschrift. Neue Entwicklungen wurden vor allem durch die Ausschreibung von Preisfragen gefördert. Nach 1815 nahmen diese Gesellschaften einen weiteren raschen Aufschwung.[46] Allerdings wurde das im preußischen Landeskulturedikt von 1811 gegebene Versprechen, durch die Einrichtung eines Zentralbüros die wissenschaftliche Tätigkeit der Gesellschaften in Preußen mit staatlichen Mitteln nachhaltig zu fördern, bis 1830 nicht realisiert.[47] Erst 1842 entstand mit dem Landes-Ökonomie-Kollegium für Preußen ein solches Organ, das sich aber vor allem auf die Förderung der junkerlich-bourgeoisen Interessen innerhalb der Landwirtschaft orientierte.

Auch die meisten deutschen wissenschaftlichen Akademien begannen sich mit dem ausgehenden 18. Jahrhundert verstärkt mit agrarwissenschaftlichen Fragen zu beschäftigen. Insbesondere die königlich-preußische Akademie der Wissenschaften spielte hier eine positive Rolle, indem sie nach dem Vorbild der landwirtschaftlichen Gesellschaften versuchte, die Entwicklung der Agrarwissenschaften durch Verkündung gut dotierter Preisaufgaben zu stimulieren.[48]

Die weitaus größte Bedeutung für den Aufschwung der Agrarwissenschaften in Deutschland gewannen jedoch die in den ersten Jahrzehnten des 19. Jahrhunderts entstehenden akademischen landwirtschaftlichen Lehranstalten. Der entscheidende Anstoß dazu ging wie schon sooft in dieser Periode von Albrecht Daniel Thaer aus.[49] Zwar hatte *Lucas Andreas Staudinger* (1770–1842) mit Unterstützung des Hamburger Gutsbesitzers *Caspar v. Voght* (1785–1857) schon vor Thaer in Klein-Flottbeck eine selbständige landwirtschaftliche Unterrichtsanstalt geschaffen,[49a] und Thaer übernahm von dieser Insitution eine Anzahl Anregungen für seine eigenen Gründungen,[50] aber die Schule Staudingers trug weder einen hochschulmäßigen Charakter, noch hat sie einen wesentlichen Einfluß auf die Geschichte der agrarwissenschaftlichen Lehre und Forschung in Deutschland ausgeübt. Ganz anders war das bei den durch Thaer

[46] *Haushofer, Heinz,* Die deutsche Landwirtschaft im technischen Zeitalter, Stuttgart 1963, S. 74ff.; *Stadelmann, R.,* Das landwirtschaftliche Vereinswesen in Preußen, Halle 1874, S. 7ff.; 298f.; *Fraas, Carl,* Geschichte der Land- und Forstwiss. . . ., a. a. O., S. 211ff.

[47] *Klemm, Volker/Meyer, Günther,* a. a. O, S. 87. f.

[48] *Müller, Hans-Heinrich,* Wirtschaftshistorische und agrarökonomische Preisaufgaben der deutschen Akademie der Wissenschaften im 18. Jahrhundert, in: Jahrbuch für Wirtschaftsgeschichte Berlin 1972, Teil 1, S. 183ff.; *ders.,* Einige Aspekte der Viehhaltung im ausgehenden 18. Jahrhundert. Eine Analyse auf Grund von Preisschriften der preußischen Akademie der Wissenschaften über die Einführung der Stallfütterung aus dem Jahre 1788, in: ebenda, Teil 3, S. 77ff.; *ders.,* Akademie und Wirtschaft im 18. Jahrhundert, Berlin 1975, S. 125ff.

[49] *Klemm, Volker/Meyer, Günther,* a. a. O., S. 61ff.; 78ff.; 150ff.

[49a] Siehe *Ahrens, Gerhard,* Caspar Voght und sein Mustergut Flottbeck. Beiträge zur Geschichte Hamburgs, Bd. 1, Hamburg 1969, S. 111ff.; *Nagel, Fritz,* Ursprung und Entwicklungslinien des landwirtschaftlichen Unterrichtswesens in Deutschland, landwirtsch. Diss., Halle 1948 (Ms), S. 23f.

[50] Annalen der Niedersächsischen Landwirthschaft, 1. 1799, S. 122f.

fast ausschließlich mit privaten finanziellen Mitteln gegründeten landwirtschaftlichen Instituten in Celle (1802) und Möglin (1806).

Insbesondere die spätere landwirtschaftliche Akademie in Möglin wurde mit ihrem Lehrplan, ihren Lehr- und Forschungseinrichtungen sowie ihren Lehr- und Forschungsmethoden zum Vorbild für die nach 1815 in schneller Reihenfolge entstehenden landwirtschaftlichen Hochschuleinrichtungen in Hohenheim (1818 für Württemberg), Idstein (1818 für Hessen-Nassau), Schleisheim (1822 für Bayern), Tharandt (1829 für Sachsen), Jena (1826), Eldena (1835) u. a.[51] Allerdings haben für die süddeutschen Gründungen – insbesondere galt das für die von Schwerz geschaffene württembergische Akademie in Hohenheim, – auch Vorstellungen des Schweizer Pädagogen *Philipp Emanuel Fellenberg* (1771–1844) eine gewisse Rolle gespielt.[52] Das durch Friedrich Gottlob Schulze gegründete Jenenser Institut bildete die erste selbständige agrarwissenschaftliche Einrichtung an einer deutschen Universität. In der Ausbildung dieser nach dem Mögliner Beispiel entstandenen Akademien – und hierin unterschied sich ihr Lehrsystem vorteilhaft von der damals üblichen Universitätsausbildung – stellte die Einheit von Theorie und Praxis ein wichtiges Grundprinzip dar.[53] Entsprechend den Forderungen Thaers wurden die Studenten also nicht nur auf die Beherrschung der agrarwissenschaftlichen Theorie, sondern auch auf deren erfolgreiche Realisierung in der Agrarproduktion orientiert. Lehre und Forschung waren an den landwirtschaftlichen Akademien fest miteinander vereinigt. Und bis Mitte des 19. Jahrhunderts stellten daher die landwirtschaftlichen Akademien zugleich die bedeutendsten agrarwissenschaftlichen Forschungsinstitutionen in Deutschland dar.

Mit dem ersten Drittel des 19. Jahrhunderts war die Konstituierung der Agrarwissenschaften in Deutschland vollendet. Es bestand ein System der Agrarwissenschaften, das sich in seinen wesentlichen Zügen auf die damals modernsten Erkenntnisse der gesellschafts- und naturwissenschaftlichen Grundlagenfächer stützte. Eine Anzahl agrarwissenschaftlicher Spezialdisziplinen hatte sich herausgebildet, unter denen die kapitalistische Agrarökonomie eine vorherrschende Stellung einahm. Die Agrarwissenschaften verfügten über eigene Lehr- und Forschungsinstitutionen.

[51] *Goltz, Theodor v. d.*, a. a. O., Bd. II, S. 124ff.; *Krzymowski, Richard*, a. a. O., S. 255f.; *Schulze, Friedrich Gottlob*, Geschichtliche Mitteilungen über das akdemische Studium und Leben auf dem landwirtschaftlichen Institute zu Jena in den Jahren 1826–1834 und 1839–1858, Jena 1858, S. 5f.; *Lohmeyer, E.*, a. a. O., S. 3ff.; Geschichte der Universität Jena, a. a. O., Bd. 1, S. 418ff.; Universität Hohenheim-Landwirtschaftliche Hochschule 1818–1968, hg. v. Günther Franz, Stuttgart 1968, S. 19ff., 296; *Jauert, H.*, Die Pflege der Landwirtschaftswissenschaft an der Universität Greifswald. Festschrift zur 500-Jahrfeier der Universität Greifswald, Bd. 2, Greifswald 1956, S. 571ff.; *Schulze, Friedrich Gottlob*, Mitteilungen . . ., a. a. O., S. 8ff.; *Kulisch, Paul*, Die geschichtliche Entwicklung des akademischen landwirtschaftlichen Unterrichtes in Bayern, in: Bayrisches landwirtschaftliches Jahrbuch, 37, 1960, S. 745ff.; *Skibbe, Bruno*, Zur Vorgeschichte der Landwirtschaftlich-Gärtnerischen Fakultät (1806 – 1881), in: Wissenschaftliche Zeitschrift der Humboldt-Universität Berlin, 1959/60, Beih. z. Jubiläumsjahrgang, S. 229ff.; *Nagel, Fritz*, a. a. O., S. 25ff.

[52] *Haushofer, Heinz*, a. a. O., S. 80f.; *Frauendorfer, Sigmund v.*, a. a. O., S. 233f.; *Nagel, Fritz*, a. a. O., S. 21ff.

[53] Siehe *Klemm, Volker*, Albrecht Daniel Thaer. Begründer der landwirtschaftlichen Hochschulpädagogik in Deutschland, in: Wissenschaftliche Zeitschrift der Humboldt-Universität zu Berlin, Mathematisch-Naturwissenschaftliche Reihe, 1967, H. 5, S. 723ff.

Die vorwärtsschreitende Industrielle Revolution, die sich beschleunigende Entwicklung des kapitalistischen Systems stellte jedoch an die Agrarproduktion und damit auch an die Agrarwissenschaften neue Anforderungen. Es kam nun vor allem darauf an, die erst begonnene Durchdringung der Agrarwissenschaften mit den sich ständig erweiternden naturwissenschaftlichen Erkenntnissen systematisch auszubauen.

Die verstärkte naturwissenschaftliche Fundierung der Agrarwissenschaften (1830 bis 1870/80)

Die chemische Fundierung der agrarwissenschaftlichen Disziplinen für die Pflanzenproduktion

Die von Hermbstädt, Thaer u. a. begonnene chemische Fundierung der Acker- und Pflanzenbaulehre wurde in dieser Periode zielstrebig vonangeführt, denn die wachsende Intensivierung der Pflanzenproduktion stellte natürlich auch zusätzliche Ansprüche an den Nährstoffgehalt der Böden. Dafür reichte die organische Düngung, auch wenn sie beträchtlich verstärkt worden war, nicht mehr aus. Eine exakte naturwissenschaftliche Erklärung der Pflanzenernährung und die Übertragung dieser Ergebnisse auf die Acker- und Pflanzenbaulehre rückten nun in den Mittelpunkt des wissenschaftlichen Interesses. Die endgültige Konstituierung der Bodenkunde, insbesondere ihrer chemisch-physikalischen Richtung, einer chemisch fundierten Pflanzenernährungslehre und einer auf ihnen basierenden Düngerlehre zu selbständigen agrarwissenschaftlichen Disziplinen war die logische Folge. Die Fortschritte auf diesen Wissensgebieten waren von entscheidender Bedeutung für die gesamte agrarwissenschaftliche Entwicklung dieser Zeit und haben daher auch fast alle anderen landwirtschaftlichen Fachdisziplinen mehr oder weniger stark beeinflußt. Entsprechend dem zeitgenössischen Vorbild wird hier für den genannten Wissenschaftskomplex die Bezeichnung „Agrikulturchemie“ verwendet, ein Ausdruck, der schon von dem berühmten englischen Chemiker *Humphry Davy* (1778–1829) und dem deutschen Chemiker *Sigismund Friedrich Hermbstädt* (1760–1733) Anfang des 19. Jahrhunderts für diesen wissenschaftlichen Gegenstand benutzt wurde.[54]

Den ersten entscheidenden Schritt in dieser Richtung leiteten in Deutschland *Gustav Schübler* (1787–1834) und *Carl Sprengel* (1787–1849) ein. Schübler publizierte 1832 seine „Grundsätze der Agrikulturchemie“.[55] Darin untersuchte er vor

54 Davy hielt seit 1802 Vorträge zur Anwendung der Chemie in der Pflanzenproduktion. 1813 erschien seine Arbeit „Elements of agricultural chemistry, in a course of lectures for the Board aof Agriculture“. Sie wurde 1814 in Berlin als Übersetzung unter dem Titel „Elemente der Agricultur-Chemie zur Beförderung des Ackerbaus“ mit einem Vorwort von A. D. Thaer herausgegeben. 1804 hatte Hermbstädt für sein „Archiv der Agrikulturchemie“ (– siehe Anmerkung 28a) diesen Terminus ebenfalls schon benutzt.

55 *Schübler, Gustav*, Grundsätze der Agrikulturchemie in näherer Beziehung zu land- und forstwirtschaftlichen Gewerben, Leipzig 1832 (3. Aufl., Leipzig 1846 durch Franz Schulze als erster Band des „Lehrbuchs der Chemie für Landwirthe“ herausgegeben); *Blanck, E.*, a. a. O., Bd. 1, S. 60.

allem, welche Rolle die physikalischen Eigenschaften des Bodens für die Bodenfruchtbarkeit spielten, und begründete damit die moderne Bodenphysik. Sprengel, ein Schüler Thaers, gelangte, von der Humustheorie und den Erkenntnissen Saussures über die Kohlensäureassimilation der Pflanzen ausgehend, schließlich zu einer neuen Pflanzenernährungslehre, der Mineraltheorie.[56]
Alle Humustheoretiker hatten die Auffassung vertreten, daß die Pflanzen Nahrungsstoffe aus dem Boden nur in organischer, humoser Form aufnähmen. Von den bei Aschenanalysen in den Pflanzen gefundenen Mineralstoffen meinten sie, diese wären zufällig in die Pflanze gelangt. Die seit Jahrhunderten bekannte fruchtbarkeitsfördernde Wirkung von mineralischen Stoffen auf das Pflanzenwachstum führten sie vor allem auf die humuslösenden Eigenschaften derartiger Stoffe zurück.[57] Carl Sprengel ging neue Wege. Grundlage seiner Erkenntnisse bildeten umfangreiche chemische Analysen der Humusstoffe, der Pflanzenaschen und des Bodens. Und er gelangte dabei zu folgenden Erkenntnissen: Die düngende Wirkung des Humus erklärte sich aus seinen chemischen, vor allem mineralischen Bestandteilen und aus seinen günstigen Wirkungen auf die physikalischen Eigenschaften des Bodens. Die in der Pflanzenasche gefundenen Mineralien seien für die Pflanzen lebensnotwendig. Sprengel nannte hier schon die Makronährstoffe. Ihren Kohlenstoffbedarf deckten die Pflanzen vorrangig aus dem Kohlendioxyd der atmosphärischen Luft. Den freien Stickstoff der Luft könnten sie nicht verwerten, sondern sie wären auf die im Boden enthaltenen Stickstoffverbindungen angewiesen. Zum ersten Male deutete Sprengel diese Ansichten in einer Publikation des Jahres 1828 an.[58] Im folgenden Jahrzehnt erweiterte und vertiefte er seine Erkenntnisse beträchtlich.[59] Sprengel wurde damit zum eigentlichen Begründer der modernen landwirtschaftlichen Pflanzenernährungslehre in Deutschland. Vorteilhaft unterschied er sich von Justus v. Liebig vor allem dadurch, daß er einen umfassenderen Einblick in die physiologischen Vorgänge bei der Ernährung der Pflanzen besaß und daß er die Beziehungen dieser Prozesse zur praktischen Pflanzenproduktion teilweise komplexer erfaßte als später der berühmte Chemiker.

Im Unterschied zu Liebig konnte sich Sprengel jedoch vorerst mit seinen Auffassungen in der wissenschaftlichen Öffentlichkeit nicht durchsetzen.[60] Sein recht komplizierter schriftlicher Stil, der fehlende Mut zum energischen wissenschaftlichen

[56] Siehe *Wendt, Günter*, a. a. O; *Schmitt, Ludwig*, Philipp Carl Sprengel, in: Große Landwirte, a. a. O., S. 145ff.

[57] So unter anderem auch bei: *Thaer, Albrecht Daniel*, Grundsätze . . ., a. a. O., 2. Hptstck. § 250 u. 4. Hptstck. § 2; *Leuchs, Erhard Friedrich*, a. a. O., S. 7, 161ff.; *Schübler, Gustav*, a. a. O., Leipzig 1838, Bd. 2, S. 171ff.

[58] *Sprengel, Carl*, Von den Substanzen der Ackerkrume etc., in: Erdmanns Journal für Technische und ökonomische Chemie, Leipzig 1828, Bd. 2, S. 423ff.; Bd. 3, S. 42ff.; 313ff., 397ff.

[59] So in *Sprengel, Carl*, Chemie für Landwirthe und Forstmänner, 2 Teile, Göttingen 1831/32; *ders.*, Vom Ammoniak und den Ammoniaksalzen etc., in: Land- und Forstwirthschaftliche Zeitschrift, Bd. 4, Braunschweig 1836, S. 155ff.; *ders.*, Die Bodenkunde, Leipzig 1837; *ders.*, Lehre vom Dünger, Leipzig 1839.

[60] Siehe *Lemmermann, Otto*, Die Agrarkulturchemie und ihre Bedeutung für die Volksernährung, Braunschweig 1940, S. 33f.; *Wendt, Günter* a. a. O., S. 169ff.; *Goltz, Theodor v. d.*, a. a. O., Bd. 2, S. 118f.; *Haushofer, Heinz*, a. a. O., S. 151f.

Meinungsstreit, seine im Vergleich zu Liebig relativ geringe Autorität als Chemiker dürften dafür die entscheidenden Ursachen gewesen sein. Als noch vor 1840 die beiden Braunschweiger *Wiegmann* und *Polstorff* den endgültigen experimentellen Beweis für die Mineraltheorie Sprengels führten,[61] änderte das dennoch nichts an der Umstrittenheit der neuen Lehre. Dieser Kampf wurde zugunsten des wissenschaftlichen Fortschritts in Deutschland erst durch *Justus von Liebig* (1803–1875) entschieden.[62]

1840 publizierte Liebig sein berühmtes Buch „Die organische Chemie in ihrer Anwendung auf die Agrikultur und Physiologie".[63] Diese Arbeit fand schon unmittelbar nach ihrem Erscheinen eine fast sensationelle Resonanz in der Öffentlichkeit, weil sich nun die damals bedeutendste wissenschaftliche Persönlichkeit auf dem Gebiete der Chemie in Deutschland der neuen Lehre zuwandte. Bis 1843 erschienen daher vier weitere Auflagen der „Agrikulturchemie". Allerdings waren einige der von Liebig vertretenen Auffassungen recht widersprüchlich. In seiner Polemik gegen die Humustheorie ging er sogar so weit, dem Humus eine entscheidende Bedeutung für die Pflanzenernährung sowie für das Erhalten und Mehren der Bodenfruchtbarkeit überhaupt abzusprechen. Nur für die junge, keimende Pflanze sei er als Kohlenstoffquelle erforderlich.[64] Unklar war auch seine Ansicht, allerdings änderte er hier wiederholt seine Meinung, über die Notwendigkeit einer Stickstoffdüngung. So vertrat er zeitweise die Auffassung, daß die in der Atmosphäre vorhandenen Stickstoffverbindungen, insbesondere der Ammoniak, ausreichten, um die Pflanzen zu ernähren, und daß man daher in der Pflanzenproduktion grundsätzlich auf eine Zufuhr von Stickstoffdüngemitteln verzichten könne.[65]

Daher blieb trotz des beträchtlichen Aufsehens in der wissenschaftlichen Welt der Einfluß der Mineraltheorie auf die landwirtschaftliche Düngerlehre vorerst gering. Die zuletzt genannten Ansichten Liebigs lösten nicht nur eine scharfe Kritik zahlreicher Agrarwissenschaftler aus,[66] sondern widersprachen auch den praktischen Erfahrungen. Dazu kam, daß es Liebig nicht gelang, seine wichtigste Schlußfolgerung aus der Mineraltheorie für die praktische Pflanzenproduktion, die Notwendigkeit einer mineralischen Düngung, mit Experimenten wissenschaftlich exakt zu beweisen. Im Gegenteil, die von ihm empfohlenen und produzierten mineralischen Patentdünger erwiesen sich als unbrauchbar, weil man bei ihrer Herstellung die Ab-

61 *Mayer, Adolf,* Die Resultate der Agrikulturchemie, Heidelberg 1903, S. 126; *Goltz, Theodor v. d.,* a. a. O., Bd. 2, S. 120; *Lemmermann, Otto,* a. a. O., S. 19f., 28f.; *Möbius, Martin,* a. a. O., S. 237f.

62 Siehe *Klemm, Volker,* Zur Bedeutung des Werkes Justus v. Liebigs für die Entwicklung der Pflanzenproduktion, in: Jahrbuch für Wirtschaftsgeschichte, Berlin 1973, Teil 3, S. 109.

63 1. Auflage Braunschweig 1840 (im folgenden: Agrikulturchemie)

64 *Liebig, Justus v.,* Agrikulturchemie, a. a. O., 4. Auf., Braunschweig 1842, S. 73; 167; siehe auch *Streßmann, Gisela,* a. a., O., S. 35ff.; 54ff.

65 Ebenda, 6. Aufl., Braunschweig 1846, S. 274f.; 277; siehe auch *Neitz, Christine,* Der Streit um die Notwendigkeit einer Stickstoffdüngung in der deutschen landwirtschaftlichen Literatur in der ersten Hälfte des 19. Jahrhunderts, Diplomarbeit an der Sektion für Pflanzenproduktion der Humboldt-Universität Berlin 1977 (Ms), S. 11ff.

66 Siehe *Blunck, Richard,* Justus v. Liebig, Hamburg 1946, S. 145ff.; *Kulisch, Paul,* a. a. O., S. 756; *Franz, Günther,* Liebig und Hohenheim. Reden und Abhandlungen, hg. v. d. Landwirtschaftlichen Hochschule Hohenheim, H. 15, S. 5ff.

sorptionsfähigkeit des Bodens nicht richtig berücksichtigt hatte.[67] Ihren Siegeszug in der Pflanzenbau- und Düngerlehre hat die Mineraltheorie in Deutschland also erst zu Beginn der 2. Hälfte des 19. Jahrhunderts angetreten. Carl Sprengel und Justus von Liebig schufen jedoch schon vor 1850 für die chemische Durchdringung dieser agrarwissenschaftlichen Disziplinen entscheidende wissenschaftliche Grundlagen.

1862 publizierte Justus von Liebig die 7. Auflage seiner „Agrikulturchemie".[68] Und eigentlich erst damit war die Entstehungsetappe der modernen agrikulturchemischen Pflanzenernährungslehre in Deutschland vollendet worden. An dieser Entwicklung waren neben Liebig noch zahlreiche andere in- und ausländische Wissenschaftler beteiligt.

Der Franzose *Jean Baptiste Boussingault* (1802–1887), der auch schon vor Liebig die Grundprinzipien der Mineraltheorie formuliert hatte, und eine Anzahl anderer Forscher bewiesen durch exakte Pflanzenversuche die Richtigkeit der neuen Theorie.[69] *Emil von Wolff* (1818–1896), *Adolf Stöckhardt* (1809–1886) und zahlreiche andere Agrikulturchemiker widerlegten die zeitweise von Liebig vertretene These, daß eine Stickstoffdüngung nicht notwendig sei.[70] Die Wiederentdeckung des Absorptionsvermögens des Bodens und das Aufgreifen dieser Erkenntnisse durch Justus von Liebig für die Herstellung von Düngemitteln Ende der 50er Jahre führten zu einem beträchtlichen Aufschwung der Produktion von Mineraldünger.[71] Fast zur gleichen Zeit wurden die von *W. Fischer* und *Dutrechet* aufgestellten Gesetze der Membrandiffusion auf die Pflanzenernährung übertragen und damit die Prinzipien des Ionenaustausches erkannt.[72] In den 50er und 60er Jahren häuften sich in der agrarwissenschaftlichen Literatur Hinweise, daß die Leguminosen den Stickstoff der Luft verwerten könnten und den Boden mit Stickstoffverbindungen anreicherten. 1886 gelang *Hermann Hellriegel* (1831–1895) der wissenschaftliche Beweis für diese Hypothese.[73]

[67] Siehe *Blunck, Richard,* a. a. O., S. 154f.; *Wendt, Günther,* a. a. O., S. 180ff.; *Franz, Günther,* Liebig und Hohenheim, a. a. O., S. 5.

[68] Seit der 5. Auflage (Braunschweig 1843) erschien die „Agrikulturchemie" Liebigs unter dem Titel „Die Chemie und ihre Anwendung auf Agrikultur und Physiologie". Die 7. Auflage wurde 1862 ebenfalls in Braunschweig herausgegeben.

[69] *Blanck, E.,* a. a. O., Bd. 1, S. 62; *Möbius, Martin,* a. a. O., S. 238; 243; *Trénel, Max,* a. a. O., S. 89; *Ehwald, Ernst,* a. a. O., S. 13.

[70] *Stöckhardt, Julius Adolf,* Chemische Feldpredigten für deutsche Landwirte, 2 Teile, Leipzig 1851 (zit. nach: 4. unveränderte Aufl., Leipzig 1857, 1. Abt., S. 29f.; 43ff.); *Wolff, Emil,* Die Mineralstöffler und die Stickstöffler in der Landwirthschaft etc. Mitteilungen aus Hohenheim, Stuttgart 1858; *Heiden, Eduard,* Lehrbuch der Düngerlehre, 2. Aufl., Bd. 1, Hannover 1887, S. 94ff.; *Fraas, Carl,* Geschichte der Land- und Forstwissen . . ., a. a. O., S. 365; 413; *Goltz, Theodor v. d.,* a. a. O., Bd. 2, S. 286ff.; *Honcamp,* F., a. a. O., Bd. 1, S. 24; *Kulisch, Paul,* a. a. O., S. 755; *Franz, Günther,* Liebig und Hohenheim . . ., a. a. O., S. 6ff.

[71] *Heiden, Eduard,* a. a. O., Bd. 1, S. 291f.; *Bielecke, E.,* Geschichte der künstlichen Düngung, landwirtsch. Diss., Berlin 1936, S. 29ff.; *Blunck, Richard,* a. a. O., S. 210ff.

[72] *Heiden, Eduard,* a. a. O., Bd. 1, S. 275ff.; *Ehwald, Ernst,* a. a. O., S. 13.

[73] *Hellriegel,* H./*Wilfarth, H.,* Untersuchungen über die Stickstoffnahrung der Gramineen und Leuguminosen, Berlin 1888, in: Zeitschrift des Vereins für die deutsche Rübenzuckerindustrie, 1888, Beilageh. November; *Mayer, Adolf,* a. a. O., S. 114ff.; *Keune, Otto,* a. a. O., S. 92ff.; *Glathe, Hans,* Hermann Hellriegel, in: Große Landwirte, a. a. O., S. 245ff.

Aber nicht nur die wissenschaftliche Theorie der Pflanzenernährung erlebte von 1850 bis 1875 einen weiteren bedeutenden Aufschwung, sondern die Agrikulturchemiker waren auch besonders darum bemüht, diese Erkenntnisse möglichst rasch auf die Düngerlehre zu übertragen. Um diese Entwicklung haben sich in dieser Periode in Deutschland vor allem Emil von Wolff, Adolf Stöckhardt, *Wilhelm Knop* (1817–1891), *Julius Sachs* (1832–1897) und *Adolf Meyer* (1843–1942) verdient gemacht.[74] Es setzte sich endgültig die von Sprengel und Liebig u. a. initiierte Auffassung durch, daß für die Erhaltung und Mehrung der Bodenfruchtbarkeit dem Boden mineralische Nährstoffe zugeführt werden müßten und daß dafür, wenn eine reiche Ernte erreicht werden sollte, die bisher übliche organische Düngung durch eine mineralische Düngung ergänzt werden müßte. Mit umfangreichen Pflanzenversuchen wollte man feststellen, welche Nährstoffe bzw. Düngemittel für die einzelnen Pflanzenarten am meisten geeignet wären. Weitere Forschungsschwerpunkte bildeten:[75] die günstigsten Proportionen zwischen den Nährstoffen, die Wirkungsweise der eingesetzten Mineraldünger, Methoden für die Einarbeitung der mineralischen Düngemittel in den Boden.

Größere Aufmerksamkeit schenkte die Forschung in den 60er Jahren auch wieder der Rolle des Humus für die Bodenfruchtbarkeit,[76] nachdem sich die Unhaltbarkeit der Auffassung Liebigs, daß der Humus für das Niveau der Bodenfruchtbarkeit bedeutungslos sei, gezeigt hatte. Es setzte sich schließlich die Erkenntnis durch, – bahnbrechend haben hier in Deutschland vor allem die Arbeiten von Carl Sprengel,[77] des Holländers *G. J. Mulder*[78] und *Eduard Heidens*[79] gewirkt, – daß der Humus den Boden nicht nur mit Stickstoff und anderen Pflanzennährstoffen bereichere, sondern daß er auch die Temperatur, die Feuchtigkeit und die Kohärenz des Bodens positiv beeinflusse.[80] Insbesondere diese zuletzt genannten günstigen physikalischen Eigenschaften des Bodens würden eine planmäßige Humuswirtschaft auf der Basis des

[74] *Wolff, Emil*, Praktische Düngelehre, Berlin 1868. (Bis 1920 erschien die 17. Auflage dieser Arbeit), *ders.*, Die naturgesetzlichen Grundlagen des Ackerbaus nebst deren Bedeutung für die Praxis, Leipzig 1856; *Stöckhardt, Adolf*, Chemische Feldpredigten . . ., a. a. O.; *ders.*, Schule der Chemie, Leipzig 1846 (Bis 1881 waren 19 Auflagen dieser Arbeit erschienen). *Knop, Wilhelm*, Lehrbuch der Agrikulturchemie, Leipzig 1868; *Sachs, Julius*, Handbuch der Experimental-Physiologie der Pflanzen, Leipzig 1865; *ders.*, Vorlesungen über Pflanzenphysiologie, Leipzig 1882; *Mayer, Adolf*, Lehrbuch der Agrikulturchemie, Heidelberg 1871 (bis 1905 erschien die 6. Auflage dieser Arbeit); ders., Die Ernährung der landwirtschaftlichen Kulturpflanzen, Berlin 1876; *ders.*, Resultate der Agrikulturchemie, Heidelberg 1903.

[75] Siehe *Honcamp, F.*, a. a. O., Bd. 1, S. 21ff.; *Möbius, Martin*, a. a. O, S. 243f.; *Goltz, Theodor v. d.*, a. a. O., Bd. 2, S. 302f.

[76] *Heiden, Eduard*, a. a. O., Bd. 1, S. 55ff.; *Goltz, Theodor v. d.*, a. a. O., Bd. 2, S. 294f.; *Ehwald, Ernst*, a. a. O., S. 13.

[77] *Wendt, Günther*, a. a. O., S. 102ff.

[78] *Mulder, Gerhardus Johann*, Die Chemie der Ackerkrume, nach der holländischen Originalausgebe deutsch bearb. u. mit Erläuterungen versehen v. J. Müller, 3 Bde., Berlin 1861 – 1863.

[79] *Heiden, Eduard*, Lehrbuch der Düngerlehre, 2 Bde., Hannover 1887.

[80] *Mulder, Gerhardus Johann*, a. a. O., Bd. 1, S. 308ff.; ebenda, Bd. 2, S. 41f.; ebenda, Bd. 3, S. 193ff.; *Heiden, Eduard*, a. a. O., Bd. 1, S. 48ff.; siehe auch *Streßmann, Gisela*, a. a. O., S. 41ff.

Stalldungs bzw. des Gründungs unentbehrlich machen. Ganz abgesehen davon, daß der zu hohe Preis und das teilweise unzureichende Angebot die Anwendung mineralischer Düngemittel noch auf Jahrzehnte hinaus für die kleineren Landwirtschaftsbetriebe stark einschränkte.

Die Fortschritte der Pflanzenernährungs- und Düngerlehre bewirkten auch eine neue wissenschaftliche Qualität der Bodenkunde. Das Interesse an exakten Untersuchungen der chemisch-physikalischen Eigenschaften des Bodens und deren Auswirkungen auf das Pflanzenwachstum erhöhte sich beträchtlich. Es waren vor allem die neu entstehenden landwirtschaftlichen Versuchsstationen, die derartige Bodenanalysen entsprechend den territorialen Anforderungen im großen Umfange durchführten.[81] Die 1847 von *F. Senft* und 1857 von C. *Trommer* sowie *F. A. Fallon* erscheinenden Handbücher zur Bodenkunde leisteten für Deutschland einen neuen Abschnitt in der Geschichte dieses Fachgebietes ein.[82] Und man erkannte schließlich, – einen wesentlichen Beitrag dazu leisteten vor allem auch die in den 60er Jahren publizierten bodenphysikalischen Arbeiten von *W. Schumacher*,[83] – daß für die Erzielung hoher Erträge bei der Pflanzenproduktion das Vorhandensein von optimalen physikalischen Bodeneigenschaften ebenso wichtig war wie eine richtige Düngung.

Die Fortschritte der anderen agrarwissenschaftlichen Disziplinen

Die agrarökonomischen Disziplinen, die zu Beginn des 19. Jahrhunderts den Aufschwung der Agrarwissenschaften in Deutschland maßgeblich mitbestimmt hatten, stagnierten und verharrten im wesentlichen auf dem von Thaer, Koppe und Thünen erreichten Stand.[84] Infolge der günstigen Konjunktur für Agrarprodukte waren die Leiter der sich entwickelnden kapitalistischen Landwirtschaftsbetriebe vor allem daran interessiert, die Produktion rasch zu steigern. Hierfür bot bei den damaligen Bedingungen die Anwendung neuer naturwissenschaftlicher Erkenntnisse weitaus effektivere Möglichkeiten als die Berücksichtigung komplizierter ökonomischer Prinzipien. Und daher konzentrierten sich die deutschen landwirtschaftlichen Lehr- und Forschungsinstitutionen bis 1870–80 vorrangig auf die Förderung der naturwissenschaftlich orientierten agrarwissenschaftlichen Fachbereiche.

In der Pflanzenbaulehre, auf die allerdings die neuen Erkenntnisse der Pflanzenernährung bis 1850 kaum übertragen worden waren, galt die besondere Aufmerksamkeit der Erforschung der günstigsten agrotechnischen Termine bzw. den besten Saat-, Pflege- und Erntemethoden für die einzelnen Kulturpflanzen.[85] Im Vordergrund

[81] Siehe *Nehring, Kurt,* 100 Jahre landwirtschaftliche Versuchsstation Möckern 1852 bis 1952. Festschrift anläßlich des 100jährigen Bestehens der Landwirtschaftlichen Versuchsstation Leipzig-Möckern, Teil II, Berlin 1954, S. 10ff.

[82] *Senft, F.*, Lehrbuch der Bodenkunde, Jena 1847; *Trommer, C.*, Die Bodenkunde, Berlin 1857; *Fallon, Friedrich Albert*, Anfangsgründe der Bodenkunde, Dresden 1857; *ders.*, Pedologie oder allgemeine und besondere Bodenkunde, Dresden 1862.

[83] *Schumacher, Wilhelm*, Die Physik in ihrer Anwendung auf die Agrikultur und Pflanzenphysiologie, 2 Bde., Berlin 1864–1867.

[84] *Müller, Gerhard*, Der kapitalistische Charakter der agrarpolitischen Grundlagen der bürgerlichen landwirtschaftlichen Betriebslehre, landwirtschaftl. Diss., Berlin 1962 (Ms), S. 17ff.; *Gussek, Karl-Dieter*, a. a. O., S. 108ff.; *Frauendorfer, Sigmund v.*, a. a. O., S. 450ff.; *Nou, Joosep*, a. a. O., S. 146ff., 153ff.

[85] *Goltz, Theodor v. d.*, a. a. O., Bd. 2, S. 309.

standen dabei die Getreidearten und vor allem die Kartoffel, für welche die ersten bedeutenden Monographien publiziert wurden.[86]

Nach 1860 begann dann auch die Acker- und Pflanzenbaulehre im breiterem Umfang die neuen agrikulturchemischen und bodenkundlichen Forschungsergebnisse zu verarbeiten. Besonders deutlich spiegelte sich das in den ackerbaulichen Handbüchern von *Albert v. Rosenberg-Lipinski* (1. Auflage 1862) und *Adolf Blomeyer* (1. Auflage 1879) wider.[87] *Albert Schultz-Lupitz* (1831–1899) entwickelte für die trocknen nährstoffarmen Sandböden Norddeutschlands ein System, das die Vorteile des Leguminosenbaus und der mineralischen Düngung miteinander kombinierte, und schuf so eine wesentliche wissenschaftliche Voraussetzung dafür, diese Ackerflächen schrittweise in die intensive Pflanzenproduktion einzubeziehen.[88]

Fortschritte machte in dieser Periode die Pflanzenzüchtungslehre. Wenn auch die neuen Erkenntnisse der sich allmählich konstituierenden Genetik, so z. B. Forschungen in Frankreich, Holland und Deutschland zur Bildung und Entwicklung von Pflanzenhybriden,[89] und vor allem die bahnbrechende Entdeckung der Vererbungsregeln durch *Gregor Mendel* (1865), von den Pflanzen- und Tierzüchtern in Deutschland ebensowenig beachtet wurden wie in anderen Ländern, so vollzogen sich dennoch in dieser Periode wesentliche Schritte für die Herausbildung der Pflanzenzüchtung zu einer selbständigen agrarwissenschaftlichen Spezialdisziplin. Kennzeichnend dafür waren neben der Formulierung solcher bedeutender theoretischer Grundlagen wie der Entwicklungslehre Darwins und der ebengenannten Mendelschen Vererbungsregeln[90] insbesondere die wachsenden Erfolge der praktischen Pflanzenzüchtung. Die Züchtung blieb allerdings nach wie vor eine Domäne landwirtschaftlicher oder gartenbaulicher Praktiker, die diesen entstehenden Wissenschaftszweig fast ausschließlich in Form einer empirischen Technik betrieben.

Der um 1830 in Deutschland wieder einsetzende Aufschwung der Rübenzucker-

[86] *Putsche, Carl Wilhelm Ernst*, Versuch einer Monographie der Kartoffeln oder ausführliche Beschreibung der Kartoffeln, nach ihrer Geschichte, Charakteristik, Cultur und Anwendung in Teutschland, hg. v. Friedrich Justus Bertuch, Weimar 1819; *Berchtold, Friedrich Graf v.*, Die Kartoffeln, Prag 1842; *Bary, Anton de*, Die gegenwärtig herrschende Kartoffelkrankheit, ihre Ursache und Verhütung, Leipzig 1861; *Busch, A.*, Der Kartoffelbau. Anteilung zum Anbau und zur Cultur der Kartoffel etc., Danzig 1874 (2. Aufl., Berlin/Leipzig 1876); *Rodiczky, E. v.*, Die Biographie der Kartoffel, Wien 1878.

[87] *Blomeyer, Adolf*, Die mechanische Bearbeitung des Bodens mit Rücksicht auf Erfahrung und Wissenschaft, Berlin 1879; *Rosenberg-Lipinski, Albrecht*; Der praktische Ackerbau in Bezug auf rationelle Bodenkultur, nebst Vorstudien aus der unorganischen und organischen Chemie etc., 2 Bde., Breslau 1862 (bis 1879 erschien die 6. Auflage dieser Arbeit).

[88] *Schultz-Lupitz, Albert*, Die Kalidüngung auf leichtem Boden, Berlin 1882; *ders.*, Zwischenfruchtanbau auf leichtem Boden, Berlin 1895 (Arbeiten der Deutschen Landwirtschaftsgesellschaft, H. 7); siehe auch *Petersen, Asmus*, Schultz-Lupitz und sein Vermächtnis. Abhandlungen der Deutschen Akademie der Wissenschaften zu Berlin. Klasse Gesellschaftswissenschaften, Jg. 1953, Nr. 1, Berlin 1954; *Keune, Otto*, a. a. O., S. 104ff.; *Rieckmann, Hermann*, Albert Schultz-Lupitz, in: Große Landwirte, a. a. O., S. 237ff.

[89] *Stubbe, Hans*, Kurze Geschichte der Genetik bis zur Wiederentdeckung der Vererbungsregeln Gregor Mendels, Jena 1963, S. 88ff.

[90] Ebenda, S. 101f.; 115ff.; *Reitemeier, August*, a. a. O., S. 18.

produktion konzentrierte die Aufmerksamkeit der Züchter auf eine weitere Erhöhung des Zuckergehaltes der Rüben.[91] In Quedlinburg entstanden eine Anzahl gartenbaulicher Betriebe, die sich speziell mit dem Samenbau für Zuckerrüben beschäftigten.[92] Bei der Zuckerrübenzüchtung wurde die Selektion der Mutterrüben, die bisher ausschließlich nach den äußeren Formen der Rübe erfolgte, beträchtlich verbessert. 1859 ging *Mathias Rabethge* in Kleinwanzleben dazu über, nach französischem Vorbild den Zuckergehalt der Rüben in die Auslese miteinzubeziehen. Drei Jahre später führte *Carl Rabethge* die Verwendung des Polarimeters für diese Untersuchung ein und erreichte dadurch eine weitaus schnellere und genauere Prüfung der Nachkommenschaft für das Zuchtziel, Erhöhung des Zuckergehaltes.[93]

Die Getreidezüchtung erreichte noch nicht das Niveau der Zuckerrübenzüchtung, aber auch hier sind die Anfänge einer planmäßigen Züchtung auf der Grundlage schon seit langer Zeit bekannter Selektionsverfahren in dieser Periode zu datieren. Anfang der 60er Jahre des 19. Jahrhunderts wurde der Trend immer deutlicher, zu systematischen Zuchtmethoden überzugehen. Der wachsende Anteil der Hackfrüchte an der Ackerfläche, die damit einhergehende intensivere Bodenbearbeitung und Düngung unterstützten diesen Prozeß, denn die bisher angebauten Landsorten lagerten stark, und ihr Ertragspotential war unzureichend. Entscheidende Anregungen erhielten die ersten deutschen Getreidezüchter vor allem aus England, wo eine systematische Getreidezüchtung schon mehrere Jahrzehnte zuvor begonnen hatte.[94] Die in England üblichen Methoden wurden auch nach Deutschland übernommen. Man suchte bei der Auswahl von neuen Zuchtstämmen dem Zuchtziel entsprechende Variationen und bemühte sich dann, auf dem Wege der Reinzucht und ständiger weiterer Selektion die gewünschte Variation allmählich in eine konstante Eigenschaft umzuwandeln.[95] 1867 begann nach dieser Methode *Ferdinand Heine* (1840–1920) in Hadmersleben seine ersten Versuche für die Züchtung neuer Roggen- und Weizensorten.[96] Im gleichen Jahr nahm auch *Wilhelm Rimpau* (1842–1903) in Schlanstedt seine Tätigkeit als Getreidezüchter auf. Er zählte in den folgenden Jahrzehnten neben Heine zu den bedeutendsten Praktikern auf diesem Gebiet.[97] Anfang der 70er Jahre führte *Bestehorn* ebenfalls nach englischem Vorbild die ersten systematischen künstlichen Kreuzungen zwischen verschiedenen Sorten durch. Zahlreiche andere Züchter folgten diesem Beispiel. 1870 entstand in der Pfalz der erste deutsche Getreidezüchterverein.[98]

Die ersten Versuche einer systematischen Kartoffelzüchtung begannen in Deutschland Mitte des 19. Jahrhunderts. Die in den 40er Jahren verstärkt auftretende Krautfäule zwang zu züchterischen Abwehrmaßnahmen. Wichtigstes Zuchtziel war daher die Entwicklung von Sorten, die gegen die Krautfäule resistent waren. Nach fünf-

91 *Keune, Otto*, a. a. O., S. 205ff.
92 *Reitemeier, August*, a. a. O., S. 64.
93 *Heinisch, Ottokar*, a. a. O., S. 46ff.
94 *Reitemeier, August*, a. a. O., S. 22ff.
95 *Stubbe, Hans*, a. a. O., S. 86f.
96 *Keune, Otto*, a. a. O., S. 171ff.; *Reitemeier, August*, a. a. O., S. 89.
97 *Keune, Otto*, a. a. O., S. 175ff.; *Meyer, Konrad*, Wilhelm Rimpau, in: Große Landwirte, a. a. O., S. 271ff.; *Reitemeier, August*, a. a. O., S. 84ff.
98 Ebenda, S. 81.

zehnjährigen mühseligen Versuchen gelang *Wilhelm Paulsen*[99] (1828–1901) 1871 der erste durchschlagende Erfolg. Er hatte eine Sorte entwickelt, die noch im September grünes Kraut hatte. Vier Jahre später, 1875, gründete Paulsen die erste „Zucht- und Prüfungsstation für neue Kartoffelvaritäten" in Nassengrund. Neben Paulsen erwarb sich vor allem der Zwickauer Gärtner *Wilhelm Richter* (1832–1909) um die deutsche Kartoffelzüchtung größere Verdienste.[100] 1869 begann er mit Kreuzungen englischer und amerikanischer Sorten. Annähernd 100 neue Sorten, von denen viele noch nach 1945 angebaut wurden, waren das Arbeitsergebnis dieses Züchters.

Die praktischen Erfolge der Pflanzenzüchtung bildeten nun auch die entscheidende Grundlage für die Entstehung einer neuen agrarwissenschaftlichen Spezialdisziplin. Schon Wilhelm Rimpau hatte versucht, aus seinen Züchtungsergebnissen verallgemeinernde wissenschaftliche Schlußfolgerungen zu ziehen.[101] Gelöst wurde diese Aufgabe erst durch *Kurt von Rümker* (1859–1940), der 1889 in Göttingen die ersten Vorlesungen zur Pflanzenzüchtung an einer Universität hielt und damit die Pflanzenzüchtungslehre als agrarwissenschaftliche Disziplin in Deutschland begründete.[102]

Mit der Zunahme des Intensitätsgrades des Pflanzenbaus wuchsen die durch Pflanzenkrankheiten verursachten Schäden. Damit schlug die Geburtsstunde für ein weiteres agrarwissenschaftliches Fachgebiet, die Phytopathologie.[103] Zwar hatten sich schon seit langer Zeit landwirtschaftliche Praktiker mit Maßnahmen zum Schutze der Kulturpflanzen gegen Krankheiten beschäftigt.[104] Als Wissenschaftsdisziplin entstand die Phytopathologie in Deutschland jedoch erst im Laufe des 19. Jahrhunderts, als die naturwissenschaftlichen Grundlagenfächer die dafür erforderlichen theoretischen Voraussetzungen geschaffen hatten. Den ersten Höhepunkt erreichte diese Entwicklung Mitte des Jahrhunderts. Schwerpunkte bildeten der Aufbau eines Systems der Pflanzenpathologie und die Versuche zur Entdeckung der Ursachen für die Kartoffelfäule und den Getreidebrand. Neben dem Oesterreicher *Franz von Unger*[105] (1800–1870) erwarben sich in Deutschland vor allem *F. J.F. Meyen*[106] (1804–1840), *Anton de Bary*[107] (1831–1888) und *Julius Kühn* (1825–1910) große Verdienste um diese Entwicklung. Ihr wichtigstes Forschungsergebnis bestand in der Klärung der Ursachen für den Getreidebrand und die Kartoffelfäule, so daß nun in der Folgezeit in immer stärkerem Maße wissenschaftlich begründete Schutzmaßnahmen zur Bekämpfung dieser Pflanzenkrankheiten eingeleitet werden konnten. 1853 wies

[99] Ebenda, S. 102f.; *Ueberschär, Kurt*, Geschichte der Kartoffelzüchtung in Deutschland, Berlin 1929, Entwurf einer landwirtschaftl. Diss. (Ms), S. 44ff.; 97ff.; *Keune, Otto*, a. a. O., S. 230ff.

[100] *Ueberschär, Kurt*, a. a. O., S. 40ff.; 95ff.; *Reitemeier, August*, a. a. O., S. 100f.; *Keune, Otto*, a. a. O., S. 232ff.

[101] *Reitemeier, August*, a. a. O., S. 86f.; *Mayer, Konrad*, a. a. O., S. 275, *Keune, Otto*, a. a. O., S. 178f.

[102] *Reitemeier, August*, a. a. O., S. 110ff.; *Keune, Otto*, a. a. O., S. 145f.

[103] *Braun, Hans*, Geschichte der Phytomedizin. Handbuch der Pflanzenkrankheiten, hg. v. Harald Richter u. Bernhard Rademacher, Bd. 1, 1. Lieferung, 7. Aufl., Hamburg 1965, S. 104; 107f.

[104] *Fraas, Carl*, Geschichte der Land- und Forstwissen ..., a. a. O. S. 165f.; *Möbius, Martin*, a. a. O., S. 410f.

[105] *Braun, Hans*, a. a. O., S. 45ff.

[106] Ebenda, S. 50f.

[107] Ebenda, S. 54ff.; *Keune, Otto* a. a. O., S. 266ff.; *Möbius, Martin*, a. a. O., S. 413.

Antony de Bary in seiner Habilitationsschrift[108] nach, daß das Auftreten von Brandpilzen bei Getreide nicht eine Folge von Zellenerkrankungen, sondern die Ursache der Brandkrankheit sei und daß diese Erscheinung auf Infektion der befallenen Pflanzen zurückzuführen sei. 1861 stellte er fest, daß auch die Knollen- und Krautfäule der Kartoffel parasitären Ursprungs waren.[109] Diese Ansichten wurden vor allem durch die Forschungen von Julius Kühn erhärtet.[110] Mit seinem Buch „Die Krankheiten der Kulturgewächse, ihre Ursache und Verhütung"[111] erteilte er der Konstitutionspathologie der vergangenen Jahrzehnte eine eindeutige Absage und leitete damit zugleich eine neue Etappe des Pflanzenschutzes ein, der von nun an immer exakter wissenschaftlich begründet wurde.

Die Fortschritte der agrarwissenschaftlichen Disziplinen auf dem Gebiet der Tierproduktion erreichten zwar auch in dieser Periode noch nicht das Niveau der pflanzenbaulichen Fachgebiete, denn nach wie vor galt die besondere Aufmerksamkeit der kapitalistischen Großgrundbesitzer der wachsenden Erzeugung von pflanzlichen Produkten. Dennoch wurden auch hier bedeutende neue wissenschaftliche Ergebnisse erzielt. Das galt besonders für die Tierhaltungs- und Tierernährungslehre. Die mit der Industriellen Revolution sich immer mehr verstärkende Nachfrage nach tierischen Agrarprodukten und die daraus resultierende Intensivierung der Tierproduktion waren dafür wesentliche Ursachen.

August Weckherlin (1794–1868) publizierte 1846 in 1. Auflage „Die landwirtschaftliche Thierproduktion" und leitete damit für die deutsche Agrarwissenschaft eine neue Etappe der Tierhaltungslehre ein.[112] In dieser Arbeit wurden nicht nur die bisher erreichten Ergebnisse auf diesem Gebiet in hervorragender Weise kritisch zusammengefaßt, sondern Weckherlin steuerte selbst zahlreiche neue Forschungsergebnisse auf dem Gebiet der Tierzucht- und Tierernährungslehre bei. In der praktischen Tierzucht war aber der Widerhall dieser Arbeit vorerst gering. Im Unterschied zur Schafzucht, wo die von Thaer nach englischem und französischem Vorbild propagierten systematischen Zuchtmethoden zielstrebig weiterentwickelt wurden, erhoffte man sich bei der Rinder- und Schweinezucht vor allem durch planloses Kreuzen verschiedener Rassen die größten Erfolge.[113] Verstärkte Importe von Simmentaler Rindern nach Süddeutschland und von englischen Schweinerassen nach Norddeutschland deuteten jedoch auch hier auf eine allmähliche Neuorientierung hin.[114]

[108] *Bary, Heinrich Anton de,* Untersuchungen über die Brandpilze und die durch sie verursachten Krankheiten der Pflanzen mit Rücksicht auf das Getreide und andere Nutzpflanzen, Berlin 1853.

[109] *Möbius, Martin,* a. a. O., S. 413.

[110] *Klinkowski, Maximilian,* Der Phytopathologie Julius Kühn, Kühn-Archiv 1960, Bd. 74, S. 15ff.; *Keune, Otto,* a. a. O., S. 269ff.; *Braun, Hans,* a. a. O., S. 63ff.; *Dittrich, Mauriz,* Julius Kühn, in: Große Landwirte, a. a. O., S. 223f.

[111] *Kühn, Julius,* Die Krankheiten der Kulturgewächse, ihre Ursachen und ihre Verhütung, Berlin 1858.

[112] Das Werk erschien in erster Auflage 1846 in Stuttgart/Tübingen und umfaßte drei Bände: Allgemeine Tierzucht, Rindviehzucht, Schafzucht, Die dritte Auflage (1857) berücksichtigte schon die Forschungsergebnisse Liebigs und Darvins. – Siehe *Settegast, Hermann Gustav,* Deutsche Viehzucht . . ., a. a. O., S. 73; *Goltz, Theodor v. d.,* a. a. O., Bd. 2, 80f. 245.

[113] *Fraas, Carl,* Geschichte der Land- und Forstwissen . . ., a. a. O. S. 287 f.; *Settegast, Hermann Gustav,* a. a. O., S. 73.

[114] *Haushofer, Heinz,* a. a. O., S. 95f.

Um die Entwicklung der Tierzucht- und Tierhaltungslehre haben sich in der beginnenden 2. Hälfte des 19. Jahrhunderts neben dem schon genannten August Weckherlin vor allem *Hermann* (1809–1879), *Wilhelm* (1821–1899) und *Heinrich von Nathusius* (1824–1890) sowie *Hermann Gustav Settegast* (1819–1908) und *Ottomar Rohde* (1816–1881) verdient gemacht.[115] Ihre Versuche und Publikationen lieferten die wissenschaftlichen Grundlagen für eine systematische Rinder- und Schweinezüchtung. Der in diesen Jahrzehnten verstärkt einsetzende Intensivierungsprozeß in der deutschen Rinder- und Schweinehaltung, neben der verbesserten Fütterung insbesondere auch ein Ergebnis der Züchtung, wurde also durch die Arbeiten dieser Wissenschaftler maßgeblich stimuliert.

Die wichtigsten Veränderungen bahnten sich allerdings Mitte des 19. Jahrhunderts in der Tierernährungslehre an. Dafür waren der sich beträchtlich ausdehnende Feldfutterbau mit seinem weitaus vielfältigeren Futterangebot und der Aufschwung des chemischen Grundlagenwissens vorrangige Ursachen. Die von Thaer und seinen Schülern entwickelten Methoden zur Berechnung der effektivsten Futterrationen wurden weiter verfeinert. Weckherlin, *Franz Xaver Wilhelm Hlubeck* (1802–1880), *Heinrich Wilhelm Pabst* (1798–1868) und andere bemühten sich, die Auswirkungen der einzelnen Futtermittel auf den Fett- und Fleischansatz der verschiedenen Nutztierarten zu erfassen.[116] Da aber die Heuwerttheorie nach wie vor die entscheidende theoretische Grundlage für ihre Berechnungen bildete, waren die Ergebnisse trotz aller Bemühungen, neue chemische und tierphysiologische Erkenntnisse in diese Überlegungen mit einzubeziehen, unzureichend.

Den entscheidenden Wechsel leitete Justus v. Liebig ein, der 1842 sein Buch „Die Tierchemie oder die organische Chemie in ihrer Anwendung auf Physiologie und Pathologie" publizierte.[117] Liebig zeichnete in dieser Arbeit nicht nur ein klares Bild des Ernährungsprozesses bei Tieren und Menschen, sondern entschied auch den wissenschaftlichen Meinungsstreit um den Stoffwechsel im animalischen Körper zugunsten der chemisch begründeten Ernährungslehre.

In den folgenden Jahrzehnten wurde nun auch die landwirtschaftliche Fütterungs-

115 *Nathusius, Hermann v.*, Ueber Constanz in der Tierzucht, Berlin 1860; *ders.*, Vorträge über Viehzucht und Rassenkenntnis, 2 Bde. ,Berlin 1872 u. 1880; *Settegast, Hermann Gustav*, Über die Tierzüchtung und die dabei zur Anwendung kommenden Grundsätze, Berlin 1859; *ders.*, Die Tierzucht, Breslau 1868 (bis 1888 erschienen fünf Auflagen dieses Werkes). *Rohde, Ottomar*, Die Schweinezucht nach ihrem jetzigen rationellen Standpunkt, Berlin 1860 (bis 1820 erschienen sechs Auflagen dieses Werkes); *ders.*, Die Rindviehzucht nach ihrem jetzigen rationellen Standpunkt, Bd. 2: (nur für diesen Band ist Rohde Autor) Racen, Milchwirtschaft, Züchtung und Fütterung, Berlin 1872; siehe auch *Goltz, Theodor v. d.*, a. a. O., Bd. 2, S. 309ff.; *Krzymowski, Richard*, a. a. O., S. 406; *Sommer, Otto*, Hermann Gustav Settegast, in: Große Landwirte, a. a. O., S. 197ff.

116 *Weckherlin, August*, Die Landwirtschaftliche Tierproduktion, Stuttgart/Tübingen 1846, Bd. 1, S. 178ff.; *Fraas, Carl*, Geschichte der Land- und Forstwissen . . ., a. a. O., S. 291ff., 310.

117 Die erste Auflage erschien 1842 in Braunschweig. Bis 1846 wurden noch zwei weitere Auflagen herausgegeben. Siehe J. v. Liebig im Lichte der Forschung des 20. Jahrhunderts in: Zeitschrift der Landwirtschaftlichen Forschung, Frankfurt/ Main 1953, 3. Sonderh. S. 24ff.; *Blunk Richard*, a. a. O., S. 158ff.; *Nehring, Kurt*, a. a. O., S. 9; *Settegast, Hermann Gustav*, Deutsche Viehzucht, a. a. O., S. XXII f.

lehre durch exakte naturwissenschaftlich-chemische Erkenntnisse begründet, und es entstanden damit die entscheidenden wissenschaftlichen Voraussetzungen für die endgültige Formulierung der modernen landwirtschaftlichen Tierernährungslehre durch *Oskar Kellner* (1851–1911).

1851 begann der schon mehrmals genannte Agrikulturchemiker Emil von Wolff mit seinen Versuchen zur Entwicklung von Bewertungsmaßstäben für Futtermittel, die ausschließlich auf chemischen Maßwerten basierten. Von 1852 bis 1854 publizierte er diese Versuchsergebnisse.[118] In den folgenden Jahren wurden nun in die Analyse und Bewertung der Futtermittel neben ihrer chemischen Zusammensetzung die Verdaulichkeit der Nährstoffe durch die Tiere einbezogen.[119] Bahnbrechende wissenschaftliche Leistungen vollbrachten dabei erneut Emil von Wolff und *Wilhelm Henneberg* (1825–1890). Wilhelm Henneberg stützte sich bei seinen Forschungen vor allem auf die Arbeiten Justus von Liebigs.[120] In der von ihm 1857 in Weende gegründeten Versuchsstation versuchte er, den realen Nährwert der einzelnen Futtermittel exakt zu erfassen. Nach mehrjährigen Versuchen (1858–1865) kam er zu dem Schluß, daß für die Bestimmung der Wertigkeit eines Futtermittels die chemische Rohnährstoffzusammensetzung nicht ausreiche, sondern daß es vor allem darauf ankäme, die Verdaulichkeit dieser Nährstoffe zu ermitteln. Die zu diesem Zweck von Henneberg entwickelte „Weender Methode“ für die chemische Futteranalyse wird bis zur Gegenwart noch angewendet. Auch die von Henneberg und seinen Mitarbeitern in den 60er Jahren gefundenen Gesetze über den Fleisch- und Fettansatz von Wiederkäuern besitzen heute noch ihre volle Gültigkeit.

Emil von Wolff war nun vor allem bestrebt, diese Erkenntnisse Hennebergs für die Praxis nutzbar zu machen. Das von ihm 1874 publizierte Werk „Die rationelle Fütterung der landwirtschaftlichen Nutztiere“ – blieb über drei Jahrzehnte die wichtigste Standardarbeit der allgemeinen Fütterungslehre innerhalb der deutschen agrarwissenschaftlichen Literatur.[121] Sowohl Henneberg als auch Wolff mußten feststellen, daß auch die exakte Bestimmung des Gehaltes an verdaulichen Nährstoffen noch keine eindeutige Bewertung der einzelnen Futtermittel zuließ. Immer wieder zeigte es sich bei ihren Versuchen, daß trotz gleicher Versuchsbedingungen und eines gleichen Gehaltes an verdaulichen Nährstoffen einzelne Futtermittel eine recht unterschiedliche Ernährungswirkung besaßen. Die Klärung dieses von Henneberg und Wolff schon klar erkannten wissenschaftlichen Problems und damit die endgültige Formulierung der modernen landwirtschaftlichen Tierernährungslehre blieb Oskar Kellner vorbehalten.[122]

Die Entwicklung der landwirtschaftlichen Lehr- und Forschungsinstitutionen

Auch in der Periode von 1830 bis 1870 standen die Fortschritte der Agrarwissenschaften in enger Wechselwirkung mit der Entwicklung der landwirtschaftlichen Lehr- und Forschungsinstitutionen.

118 *Nehring, Kurt*, a. a. O., S. 13f.

119 Siehe *Fraas, Carl*, Buch der Natur für Landwirthe oder landwirthschaftliche Naturkunde, München 1860, S. 314ff.; 325ff.; 336ff.

120 *Keune, Otto*, a. a. O., S. 290ff.

121 Die erste Auflage erschien 1874 in Stuttgart. Bis 1899 erschienen sechs weitere Auflagen.

122 *Wöhlbier, Werner*, Oskar Kellner, in: Große Landwirte, a. a. O., S. 286ff.; *Keune, Otto*, a. a. O., S. 299ff.

Die akademische landwirtschaftliche Ausbildung und damit ein erheblicher Teil der agrarwissenschaftlichen Forschung wurden weiterhin maßgeblich durch die nach dem Mögliner Vorbild entstandenen landwirtschaftlichen Akademien beherrscht. Mehrere derartige Akademien entstanden sogar erst in diesen Jahrzehnten, so z. B. Eldena (1835), Proskau (1847) in Schlesien, Poppelsdorf (1847) und Weende (1851). Um die Möglichkeiten der Studenten für eine breitere Allgemeinbildung, insbesondere auch auf dem Gebiet der Naturwissenschaften, zu verstärken, strebten die Akademien danach, engere Beziehungen zu den Universitäten zu erlangen.[123] Jena, Eldena (Greifswald), Poppelsdorf (Bonn) und Weende (Göttingen) standen daher schon von ihrer Gründung an in direkter Verbindung mit den dortigen Universitäten.[124] In Jena verfügte zwar die Akademie selbständig über ihre finanziellen Mittel, aber die Studenten waren an der Universität immatrikuliert, der Direktor der Akademie, J. G. Schulze, war ordentlicher Professor an der Universität und auch die Lehrer, insbesondere für die naturwissenschaftlichen Fachgebiete, waren meistens zugleich Dozenten an der Universität.[125]

In den 50er Jahren des 19. Jahrhunderts vollzog sich in Inhalt und Organisation der chemischen landwirtschaftlichen Ausbildung ein gewisser Wandel. Infolge der sich ständig verstärkenden naturwissenschaftlichen Fundierung der Agrarwissenschaften nahm der Anteil der entsprechenden Grundlagenfächer und der naturwissenschaftlich orientierten agrarwissenschaftlichen Disziplinen auf Kosten der agrarökonomischen Lehrgebiete ständig zu.[126] Um 1860 begann erneut eine lebhafte Diskussion um den Inhalt und die Form der akademischen landwirtschaftlichen Ausbildung.[126a] Zum Höhepunkt dieser Debatten wurden zwei Reden, die Justus von Liebig in seiner Eigenschaft als Präsident der bayrischen Akademie der Wissenschaften gehalten hatte.[127]

123 Siehe *Schwabe, Heinz*, Zur Idee der universitas literarum bei Julius Kühn und seinen Nachfolgern. 100 Jahre landwirtschaftliche Institute der Universität Halle, Halle 1963, S. 36; *Lohmeyer, E.*, a. a. O., S. 45; *Thaer, Albrecht*, Die Landbau-Wissenschaft als Universitätsdisziplin, Berlin 1871, S. 1.

124 *Goltz, Theodor v. d.*, Die Entwicklung des höheren landwirtschaftlichen Unterrichtes in Deutschland und die Stellung der Akademie in Poppeldorf innerhalb derselben. Festschrift zur Feier des 50-jährigen Bestehens der Kgl. Preußischen Akademie Poppelsdorf, Bonn 1897, S. 83ff.; Pflege der Landwirtschaftswissenschaft an der Universität Greifswald. Festschrift zur 500-Jahrfeier der Universität Greifswald, Bd. 2, Greifswald 1956, S. 571ff.; *Tornau, Otto*, Die Entwicklung der Landwirtschaftswissenschaften in Göttingen, in: Zeitschrift für Agrargeschichte und Agrarsoziologie, 6. Jg., 1958, H. 2, S. 148ff.; *Goltz, Theodor v. d.*, Geschichte der deutschen Landw. . ., a. a. O, Bd. 2, S. 124ff.; *Haushofer, Heinz*, a. a. O., S. 162f.

125 *Schulze, Friedrich Gottlob*, Geschichtliche Mittheilungen . . ., a. a. O., S. 125ff.; Geschichte der Universität Jena, a. a. O., Bd. 1, S. 419.

126 Universität Hohenheim – landwirtschaftliche Hochschule, a. a. O., S. 62ff.; *Goltz, Theodor v. d.*, Geschichte der deutschen Landw. . ., a. a. O., Bd. 2, S. 280f.; siehe auch den Lehrplan für Eldena in: *Baumstark, E.*, Die königl. Staats- und Landwirtschaftliche Academie Eldena, Berlin 1870, S. 40ff.

126a *Birnbaum, Karl*, Die Universitäten und die isolierten landwirthschaftlichen Lehranstalten. Historisch-kritische Zusammenstellung aller Urteile älterer und neuer competenter Fachmänner, Gießen 1862, S. 1ff; 146ff.; 194ff.

127 *Liebig, Justus v.*, Reden und Abhandlungen, Leipzig/Heidelberg 1874, S. 189ff.; 202ff.; siehe auch *Goltz, Theodor v. d.*, Geschichte der deutschen Landw. . ., a. a. O., Bd. 2, S. 280f.

In diesen Reden warf Liebig, der die Landwirtschaft nur als angewandte Naturwissenschaft aufgefaßt sehen wollte, den Landwirtschaftlichen Akademien vor, daß sie die naturwissenschaftliche Ausbildung ihrer Studenten sträflich vernachlässigt und daher jede wissenschaftliche Bedeutung verloren hätten. Liebig forderte, die akademische Ausbildung von Landwirten auf naturwissenschaftliche Fachgebiete zu beschränken und nur noch an den Universitäten durchzuführen, weil einzig allein dort eine zufriedenstellende naturwissenschaftliche Lehre gewährleistet wäre. Diese Kritik hatte eine negative und positive Seite. Negativ an ihr war vor allem ihre Einseitigkeit. Teilweise wurde an den landwirtschaftlichen Akademien –, das traf besonders für Hohenheim zu, – eine recht fundierte naturwissenschaftliche Forschung und Lehre durchgeführt. Ganz abgesehen davon, daß die Überbetonung der naturwissenschaftlichen Grundlagengebiete im Sinne Liebigs und Kühns für die akademische landwirtschaftliche Ausbildung schon allein daher nicht akzeptierbar war, weil für die Organisierung des landwirtschaftlichen Produktionsprozesses die Berücksichtigung ökonomischer Faktoren von ebenso großer Bedeutung wie naturwissenschaftliche Überlegungen waren und sind.[128]

Positiv an der Kritik Liebigs war, daß sie dem Bemühen der Agrarwissenschaftler, die akademische landwirtschaftliche Ausbildung endlich als voll gleichberechtigtes hochschulmäßiges Studienfach durchzusetzen, neuen Auftrieb gab. Nachdem schon ab 1826 unter Leitung von Friedrich Gottlob Schulze in Jena ein akademisches Landwirtschaftsstudium in direkter Verbindung zur Universität durchgeführt wurde, entstanden nun ab 1860 an mehreren anderen Universitäten landwirtschaftliche Institute, die ein eigene agrarwissenschaftliche Ausbildung übernahmen.[129] Vor allem das 1863 durch Julius Kühn eröffnete landwirtschaftliche Insitut an der Universität Halle erlangte sehr bald internationale Berühmtheit.[130] Einige kleinere Akademien lösten sich auf, andere wie z. B. Weende und Möglin gingen in Universitätsinstitute über. Hohenheim, Bonn-Poppelsdorf und schließlich auch Berlin[130a] entwickelten sich zu selbständigen landwirtschaftlichen Hochschulen. 1871 gab es auf dem Gebiet des damaligen deutschen Reiches sieben selbständige landwirtschaftliche Akademien und elf landwirtschaftliche Institute bzw. Lehrstühle an Universitäten und polytechnische Schulen. Außerdem bestanden 69 niedere Ackerbauschulen.[130b]

[128] *Kulisch, Paul,* a. a. O., S. 750ff.; *Goltz, Theodor v. d.*, Geschichte der deutschen Landw. . ., a. a. O., Bd. 2, S. 319ff.; *Frauendorfer, Sigmund v.*, a. a. O., S. 451ff.; Die Polemik von Heinz Schwabe (a. a. O., S. 58ff.) gegen diese kritischen Auffassungen ist teilweise zu einseitig.

[129] *Franz, Günther*, Liebig und Hohenheim, a. a. O., S. 15; *Mühle, E.*, Zum 85jährigen Bestehen der Landwirtschaftlichen Institute der Karl-Marx-Universität Leipzig, in: Wissenschaftliche Zeitschrift der Universität Leipzig, Mathematisch-Naturwissenschaftliche Reihe, 1954, H. 55, S. 261ff.; *Goltz, Theodor v. d.*, Geschichte der deutschen Landw. . ., a. a. O., Bd. 2, S. 322f.

[130] *Kühn, Julius*, Das Studium der Landwirtschaft an der Universität Halle, Halle 1888; *Schwabe, Heinz*, a. a. O., S. 49; *Dittrich, M.*, Julius Kühn und sein landwirtschaftliches Institut in Halle, in: Zeitschrift für Agrargeschichte und Agrarsoziologie, Jg. 10/1962, H. 1, S. 61ff.

[130a] Die königliche landwirtschaftliche Hochschule zu Berlin. Ihre Begründung und Einrichtung nebst einem Verzeichnis der Vorlesungen für das Sommersemester 1881, Berlin 1881.

[130b] *Thaer, Albrecht*, Die Landbauwissenschaft . . ., a. a. O., S. 1.

Aktivierend wirkte sich die Kritik Liebigs auch auf die Gestaltung der naturwissenschaftlichen Ausbildung und Forschung an den landwirtschaftlichen Universitätsinstituten und Akademien aus, denn die Forderungen des weltberühmten Chemikers orientierten natürlich auf eine weitere naturwissenschaftliche Begründung und Vertiefung der Landwirtschaftslehre.[131] Und dieser positive Aspekt wird auch dadurch nicht aufgehoben, daß solche bedeutenden Agrikulturchemiker wie Emil Wolff und Adolf Meyer mit vollem Recht vor einer einseitig naturwissenschaftlichen Betrachtungsweise der Agrarwissenschaften wiederholt nachdrücklich warnten.[132] Trotz ihrer konzeptionellen Mängel haben sich also Justus von Liebig und in seinem Gefolge Julius Kühn um die moderne naturwissenschaftliche Neuorientierung des akademischen landwirtschaftlichen Unterrichtwesens in Deutschland einen wesentlichen Verdienst erworben.[132a]

Veränderungen vollzogen sich in diesen Jahrzehnten auch innerhalb des landwirtschaftlichen Vereinswesens. Die Zahl dieser Vereine, die vor allem Diskussionen zu den verschiedensten agrarwissenschaftlichen Fragen förderten und teilweise landwirtschaftliche Forschungen materiell unterstützten, wuchs weiterhin rasch an. 1837 gab es in Preußen 95 derartige Vereine, 1850 hatte sich ihre Zahl schon auf 133 erhöht, und 1870 waren es schon 865 Vereine mit über 100000 Mitgliedern.[133]

Die wichtigste qualitative Veränderung des landwirtschaftlichen Vereinswesens in dieser Periode bestand darin, daß die Vereine versuchten, ihre zersplitterten Kräfte stärker zu zentralisieren und ihre wissenschaftlichen Potenzen zu stärken. Das prägnanteste Beispiel für diese Tendenz bildete die Gründung des „Nationalvereins der deutschen Landwirtschaft“ und die durch ihn organisierte „Wandersammlung deutscher Land- und Forstwirte“ seit 1837. Natürlich kam die Tätigkeit dieser Organisation fast ausschließlich den entstehenden agrarkapitalistischen Betrieben zugute.[133a] Zugleich hat aber die „Wanderversammlung“ selbstverständlich auch einen positiven Einfluß auf die Entwicklung der Agrarwissenschaften und damit auf die landwirtschaftlichen Produktivkräfte ausgeübt.[134] Regelmäßig einmal pro Jahr organisierte der Verein eine zentrale Tagung, die mit einer landwirtschaftlichen Ausstellung und einem Meinungsaustausch über aktuelle agrarwissenschaftliche Probleme verbunden war. Die Diskussionen und die dazu publizierten Protokolle des Vereins zu agrikulturchemischen Fragen – dem dazu auf der 3. Wanderversammlung (1839) gebildeten Ausschuß gehörten unter anderem von Wulffen, Block, Sprengel und von Thünen an[135] – haben z. B. maßgeblich dazu beigetragen, Forschungsergebnisse auf diesem Gebiet zu popularisieren.

[131] *Fraas, Carl*, Geschichte der Land- und Forstwissensch ..., a. a. O., S. 455ff.; *Franz, Günther*, Liebig und Hohenheim, a. a. O., S. 11f.

[132] *Goltz, Theodor v. d.*, Die agrarischen Aufgaben der Gegenwart, Jena 1894, S. 21ff.; *ders.* Geschichte der deutschen Landw ..., a. a. O., Bd. 2, S. 319ff.; *Kulisch, Paul*, a. a. O., S. 750ff.

[132a] Siehe *Schwabe, Heinz*, a. a. O., S. 51ff.; 61ff.

[133] *Stadelmann, R.*, Das landwirtschaftliche Vereinswesen in Preußen, Halle 1874, S. 298f., 301.

[133a] Siehe ebenda, S. 9ff.; *Fraas, Carl*, Geschichte der Land- und Forstwissensch ..., a. a. O., S. 394, 414ff.

[134] Ebenda, S. 394ff.; *Haushofer, Heinz*, a. a. O., S. 157f.

[135] *Fraas, Carl*, Geschichte der Land- und Forstwissensch ..., a. a. O., S. 403f.

Der Aufschwung des landwirtschaftlichen Vereinswesens und der Akademien bildete außerdem die Grundlage für eine wichtige Neugestaltung der Organisation der agrarwissenschaftlichen Forschung. Mitte der 40er Jahre wurde immer deutlicher, daß die Kapazität der Akademien allein nicht mehr ausreichte, die sich aus dem Aufschwung der Naturwissenschaften bedingenden umfangreichen agrarwissenschaftlichen Forschungsaufgaben allein zu bewältigen, ganz abgesehen davon, daß die vorrangig auf Ausbildungsaufgaben ausgerichteten Akademien den sich aus der unmittelbaren territorialen Situation ergebenden Forschungsanforderungen teilweise nicht mehr nachkommen konnten. Es mehrten sich die Forderungen, landwirtschaftliche Institute zu schaffen, die sich ausschließlich mit agrarwissenschaftlicher Forschung beschäftigten. Träger dieser Versuchsstationen sollten die landwirtschaftlichen Vereine sein, die Finanzierung sollte durch staatliche Subventionen und durch Auftragsforschung erfolgen.[136] Die benötigten Wissenschaftler bildeten die Akademien aus.

Erst 1850 nach mehrjährigen vergeblichen Versuchen folgte diesen Plänen die Tat. Im Oktober 1850 beschloß die Leipziger ökonomische Societät, eine landwirtschaftliche Versuchsstation zu gründen.[137] Noch im gleichen Jahr nahm die Station in Leipzig Möckern ihre Tätigkeit auf und eröffnete damit eine neue Periode der Organisation des landwirtschaftlichen Forschungswesens im kapitalistischen Deutschland.

Das Beispiel Möckerns machte schnell Schule.[138] Ende des 19. Jahrhunderts haben ca. 70 derartige Stationen in Deutschland bestanden. Der Schwerpunkt der agrikulturchemischen Forschung verlagerte sich vor allem in diese Institutionen, aber auch auf den meisten anderen agrarwissenschaftlichen Gebieten wurden in den Versuchsstationen in diesen Jahrzehnten wichtige wissenschaftliche Ergebnisse erzielt.

In den ersten Jahrzehnten des 19. Jahrhunderts hatten sich in Deutschland die Agrarwissenschaften endgültig als selbständige Wissenschaftsbereiche konstituiert. Ca. 1830 begann die Periode der verstärkten naturwissenschaftlichen Fundierung der Agrarwissenschaften. Sie ging 1870/80 zu Ende. Julius Kühn definierte nun die Landwirtschaftslehre als eine Disziplin, „die nach ihrem wesentlichen Inhalte als die Physiologie oder Biologie der Kulturorganismen bezeichnet werden kann.“[139] Das war sicherlich eine einseitige Übertreibung, die mit Recht schon zu Lebzeiten Kühns stark kritisiert worden ist, dennoch brachte sie prägnant die damals erreichte Qualitätsstufe. der Agrarwissenschaften zum Ausdruck.

Die Düngerlehre, die Lehre vom Acker- und Pflanzenbau und die Tierernährungslehre hatten eine umfassende chemische, biologische und physikalische Begründung erhalten. Als neues agrarwissenschaftliches Fachgebiet entstand die Phytopathologie. Bei der Pflanzenzüchtung zeigten sich erste Tendenzen der Umwandlung aus einer empirischen Technik in eine exakte Wissenschaft. An den deutschen Universitäten

136 *Goltz, Theodor* v. d., Geschichte der deutschen Landw . . ., a. a. O., Bd. 2, S. 325ff.; *Krzymowski, Richard*, a. a. O., S. 283; *Haushofer, Heinz*, a. a. O., S. 157.

137 *Nehring, Kurt*, a. a. O., S. 10ff.; *Fraas, Carl*, Geschichte der Land- und Forstwissensch., a. a. O., S. 365f.

138 *Nehring, Kurt*, a. a. O., S. 13ff.; *Fraas, Carl*, Geschichte der Land- und Forstwissensch. . . ., a. a. O., S. 366.

139 *Kühn, Julius* Das Studium der Landwirtschaft an der Universität Halle, a. a. O,. S. 22; siehe auch *Schwabe, Heinz*, a. a. O., S. 43ff.

setzte sich das Studium der Landwirtschaft als gleichberechtigtes Studienfach durch. Immer deutlicher dokumentierte sich in dieser Periode die wachsende Bedeutung der Agrarwissenschaften als Produktivkraft.

Die wachsende Bedeutung der Agrarwissenschaften als Produktivkraft

Das verstärkte Eindringen kapitalistischer Produktionsverhältnisse in die deutsche Landwirtschaft, die mit der sich vollendenden Industriellen Revolution immer größer werdenden volkswirtschaftlichen Anforderungen an die Landwirtschaft führten nicht nur zu einem Aufschwung der Agrarwissenschaften, sondern schufen auch neue Möglichkeiten für die Wissenschaft, ihre Rolle als Produktivkraft besser wahrzunehmen. Das wird vor allem durch drei Merkmale bestätigt:

1. Das wachsende fachliche Bildungsniveau eines Teils der Leiter des Produktionsprozesses in den entstehenden agrarkapitalistischen Betrieben,
2. die stärkere Anwendung neuer agrarwissenschaftlicher Erkenntnisse im landwirtschaftlichen Produktionsprozeß,
3. der nicht zuletzt dadurch bedingte Anstieg der Produktion und Arbeitsproduktivität in der Landwirtschaft.

Deutlichste Kennzeichen für dieses höhere fachliche Niveau stellten die zahlreichen neuen Forschungs- und Bildungsmöglichkeiten dar, die dem Leiter der kapitalistischen landwirtschaftlichen Betriebe in Form der landwirtschaftlichen Akademien, der Universitätsinstitute, der Versuchsstationen, der Tagungen und Ausstellungen der Vereine sowie in der enorm anwachsenden Zahl der landwirtschaftlichen Publikationen zur Verfügung standen. Zwar war die Anzahl der Landwirte mit einer akademischen landwirtschaftlichen Ausbildung auch 1870 noch relativ gering.[139a] An der Mögliner Akademie A. D. Thaers waren pro Jahr ca. 25 Studenten eingeschrieben,[140] in Jena betrug diese Zahl von 1839 bis 1858 pro Jahr ca 50[140a], in Hohenheim studierten von 1842 bis 1870 jährlich ca. 70 Studenten,[141] und am landwirtschaftlichen Institut der Universität Halle, der in der 2. Hälfte des 19. Jahrhunderts führenden deutschen Ausbildungseinrichtung, belief sich diese Zahl 1872 auf 200.[142] Und dabei ist noch zu bedenken, daß viele dieser Studenten ihr Studium nur zeitweise durchführten und oftmals ohne einen Abschluß abbrachen. Gegenüber der vorhergehenden Zeit handelte es sich aber um einen wesentlichen Fortschritt. Solche bedeutenden landwirtschaftlichen Praktiker und Agrarwissenschaftler wie z. B. von Thünen, Koppe, Sprengel, Papst, Kühn, Rohde, Settegast und Schulz-Lupitz hatten an diesen neuen Institutionen studiert.

Der stärkere Einsatz neuer agrarwissenschaftlicher Erkenntnisse im Produktionsprozeß kam in diesen Jahrzehnten vor allem in einer erheblichen Erweiterung und Systematisierung der mineralischen und organischen Düngung, in der Verschiebung der Anbaustruktur, in ersten Erfolgen der Pflanzenzüchtung und in einer Steigerung der Leistungen der Tierbestände zum Ausdruck.

139a Ebenda, S. 41f.
140 *Skibbe, Bruno*, a. a. O., S. 240.
140a *Schulze, Friedrich Gottlob*, Geschichtliche Mittheilungen, a. a. O., S. 175.
141 *Franz, Günther*, Liebig und Hohenheim, a. a. O., S. 15.
142 *Goltz, Theodor v. d.*, Geschichte der deutschen Landw . . ., a. a. O., Bd. 2, S. 322.

Während der 40er Jahre des 19. Jahrhunderts begannen erste nennenswerte Chilesalpeter- und Guanoimporte nach Deutschland.[143] Seit 1861 wurden bei Staßfurt Kalisalze abgebaut, um sie als Düngemittel zu verarbeiten.[144] Zum ersten Male produzierte 1855 eine chemische Fabrik in Deutschland Superphosphat.[145] Trotz dieser Fortschritte blieb aber die systematische Verwendung derartiger Düngemittel in der deutschen Landwirtschaft bis 1880 noch relativ selten. Größer waren dagegen die Erfolge bei der Anwendung der Erkenntnisse der Pflanzenbaulehre. Von 1816 bis 1882 sank der Anteil Brache an Acker- und Gartenland im Königreich Preußen von 21,4 auf 14 Prozent Die Anbaustruktur veränderte sich erheblich zugunsten der Hackfrüchte und grünen Futterpflanzen (1816: 5,2 Prozent der Anbaufläche, 1882: 25,7 Prozent)[146] und dokumentierte damit nachdrücklich, daß die schon von von Thaer propagierten Fruchtfolgemethoden, die ökonomisch fortschrittlich denkende und handelnde Landwirte seit vielen Jahrzehnten praktizierten, sich nun in breitem Umfange in der Praxis durchsetzten.

Besonders beweiskräftige Beispiele für die wachsende Bedeutung der Agrarwissenschaft als Produktivkraft im 19. Jahrhundert stellten die Ergebnisse der Zuckerrübenzüchtung und der Tierzucht- bzw. Tierernährungslehre dar. Mit Hilfe der systematischen Züchtung, ergänzt durch eine bessere Düngung, sorgfältige Bodenbearbeitung und eine wissenschaftlich begründete Fruchtfolgegestaltung konnte der Zuckergehalt der Rüben von 7,8 Prozent im Durchschnitt der Jahre 1850/59 auf 11,3 Prozent in den Jahren 1880/89 gesteigert werden. Der durchschnittliche Zuckerertrag wuchs in der gleichen Zeitspanne von 18,6 auf 34,5 dt Zucker ja ha Rübenanbaufläche.[147] Vor allem durch die Verbesserung der Fütterung und züchterische Maßnahmen gelang es im Königreich Preußen, von 1816 bis 1883 die jährliche Milchleistung einer Kuh von 640 auf 1700 kg zu erhöhen.[148] Das durchschnittliche Schlachtgewicht von Rindern und Schweinen verdoppelte sich in dieser Zeit.[148a]

Insgesamt gesehen führte die verstärkte Anwendung der Agrarwissenschaften zu einer erheblichen Steigerung der Produktionsergebnisse und der Arbeitsproduktivität. Natürlich spielten bei diesen Fortschritten noch eine Anzahl anderer gesellschaftlicher Faktoren eine Rolle, aber ein maßgeblicher Anteil entfiel eindeutig auf den Einsatz neuer agrarwissenschaftlicher Erkenntnisse. Nach den Berechnungen von G. Helling entwickelte sich der Index der deutschen Agrarproduktion von 1800/1810 (=100) bis 1881/85 auf 292 (auf der Basis von Getreidewerten) bzw. auf 257 Punkte, (auf der Basis fester Preise).[149] In der gleichen Zeit wuchs der Index für die landwirtschaftliche Produktion je Arbeitskraft (errechnet auf der Basis von Getreidewerten) von

[143] *Bielecke, H.*, a. a. O., S. 29ff.; 36ff.

[144] Ebenda, S. 49ff.; *Lemmermann, Otto*, a. a. O., S. 37.

[145] *Schütt, Hans Werner*, a. a. O., S. 90f.

[146] *Finck v. Finckenstein, Hans Wolfram Graf*, Die Entwicklung der Landwirtschaft in Preußen und Deutschland 1800–1930, Würzburg 1960, S. 100.

[147] *Heinisch, Ottokar*, a. a. O., S. 56.

[148] *Finck v. Finckenstein, Hans Wolfram Graf*, a. a. O., S. 263.

[148a] *Bittermann, Eberhard*, Die landwirtschaftliche Produktion in Deutschland 1800–1950, Kühn Archiv, Bd. 70, Halle 1956, S. 98.

[149] *Helling, Gertrud*, Berechnung eines Index der Agrarproduktion in Deutschland im 19. Jahrhundert, in: Jahrbuch für Wirtschaftsgeschichte, 1965, Teil 4, S. 140.

100 auf 262,[150] also auf mehr als das Zweieinhalbfache. Nach Schätzungen von E. Bittermann stieg in der deutschen Pflanzenproduktion während dieser Zeit der durchschnittliche Ertrag je ha landwirtschaftlicher Nutzfläche von 7,3 auf 14,0 dt Getreideeinheiten.[151] Von dieser Steigerung um 6,7 dt, so meint Bittermann, wären 1,3 dt (19,4 Prozent) auf die bessere Stall- und Mineraldüngung und 5,4 dt (80,6 Prozent) auf richtigere Fruchtfolgen, exaktere Bodenbearbeitung sowie die Verwendung geeigneteren Saatgutes zurückzuführen.

Diese großartigen Erfolge der jungen Agrarwissenschaften als Produktivkraft können jedoch nicht darüber hinwegtäuschen, daß für die Überführung ihrer Erkenntnisse in die Agrarproduktion auch im 19. Jahrhundert schon zahlreiche Hemmnisse auftraten. Die kapitalistischen Eigentumsverhältnisse, der daraus resultierende Zwang zur Zahlung der Grundrente, die Weiterexistenz feudaler Relikte, die einseitige Bevorzugung des Großgrundbesitzes durch die staatliche Agrarpolitik und die große Zersplitterung der Produktion bewirkten nicht nur ein Zurückbleiben der Landwirtschaft hinter der industriellen Entwicklung, sondern behinderten auch erheblich die stimulierende Rolle der Agrarwissenschaften als Produktivkraft.

So waren z. B. um 1860 in Deutschland alle entscheidenden wissenschaftlichen Voraussetzungen für den Übergang zur systematischen mineralischen Düngung geschaffen worden. Aber erst zu Beginn des 20. Jahrhunderts kam diese Methode in der landwirtschaftlichen Praxis voll zur Wirkung.[152] Sicherlich gab es für diese Erscheinung eine Anzahl wissenschaftlich-technischer und ökonomischer Motive, aber entscheidend dürften die kapitalistischen gesellschaftlichen Verhältnisse in der deutschen Landwirtschaft gewesen sein. Schon zu Beginn des 19. Jahrhunderts waren in der deutschen agrarwissenschaftlichen Literatur die Probleme einer intensiven Fruchtfolgegestaltung eindeutig geklärt worden. 1882 nahm jedoch die Branche noch 14 Prozent des Acker- und Gartenlandes in Preußen ein.[153] Und noch Mitte des 20. Jahrhunderts monierte der bekannte Pflanzenzüchter *Theodor Roemer* (1883–1951) an der kapitalistischen deutschen Landwirtschaft: „Der Fortschritt auf allen landwirtschaftlichen Teilgebieten ist ungleich langsamer als auf handwerklichem, industriellem oder wissenschaftlichem Gebiet. Eine bestimmte Erkenntnis der Landbauwissenschaft im weitesten Sinne zur Auswirkung zu bringen, erfordert etwa 30 Jahre."[154]

Alle Fortschritte der Agrarwissenschaften und des landwirtschaftlichen Bildungswesens während des 19. Jahrhunderts nutzten jedoch den meisten bäuerlichen Betriebsinhabern nur unwesentlich. Die akademischen Ausbildungsstätten waren den Bauern verschlossen, da ihre unzureichende Vorbildung, ihre begrenzten materiellen Mittel und die hohe physische Belastung im Arbeitsprozeß von vornherein unüberwindliche Schranken setzten. Auch an der Ausbildung der in der ersten Hälfte des 19. Jahrhunderts in Deutschland entstehenden, „niederen Landwirtschaftsschulen"[155] nahm nur eine kleine Minderheit der bäuerlichen Bevölkerung, vor allem

150 *Dies.*, Zur Entwicklung der Produktivität in der deutschen Landwirtschaft im 19. Jahrhundert, in: Ebenda, 1966, Teil I, S. 134.

151 *Bittermann, Eberhard*, a. a. O., S. 122.

152 Siehe *Klemm, Volker*, Zur Bedeutung des Werkes Justus v. Liebig . . ., a. a. O., S. 110f.

153 *Finck v. Finckenstein, Hans Wolfram Graf*, a. a. O., S. 100.

154 Zit. nach: *Nathusius, Lilly v.*, Theodor Roemer. Lebensabriß und bibliographischer Überblick, Halle 1955, S. 42.

155 Siehe *Goltz, Theodor v. d.*, Geschichte der deutschen Landw. . ., a. a. O., Bd. 2, S. 127ff.;

wohlhabende Bauern, teil. Die landwirtschaftlichen Vereine berücksichtigten die Interessen der bäuerlichen Betriebe kaum. Nur jeder zehnte Inhaber oder Leiter eines landwirtschaftlichen Betriebes war 1873 Mitglied eines derartigen Vereins.[155a] Die Leitungen der Vereine führten „nur schöne Redensarten von heißer Fürsorge für das Wohl der Ackerbauern."[156] Dazu kam, daß die ökonomische Kraft der meisten bäuerlichen Wirtschaften nicht ausreichte, um wissenschaftlich begründete Maßnahmen sofort erfolgreich anzuwenden, ganz abgesehen davon, daß die Realisierung vieler neuer Erkenntnisse für die bäuerliche Parzellenwirtschaft erst einmal unrentabel war. So vergingen im Regelfalle immer noch mehrere Jahrzehnte, bevor schon seit langem bekannte agrarwissenschaftliche Forschungsergebnisse allgemein in der landwirtschaftlichen Praxis angewendet wurden.

Trotz dieser retardierenden Wirkung der kapitalistischen Gesellschaftsordnung auf den Einsatz der Agrarwissenschaften als Produktivkraft ist es allerdings unbestritten, daß die endgültige Konstituierung und die nachfolgenden Fortschritte der Agrarwissenschaften bis 1870/80 für den raschen Aufschwung der deutschen Agrarproduktion im 19. und beginnenden 20. Jahrhundert eine wesentliche Triebkraft gewesen sind. „Es ist eins der großen Resultate der kapitalistischen Produktionsweise, daß sie einerseits die Agrikultur aus einem bloßen empirischen und mechanisch sich forterbenden Verfahren des unentwickeltsten Teils der Gesellschaft in bewußte wissenschaftliche Anwendung der Agronomie verwandelt, soweit dies überhaupt innerhalb der mit dem Privateigentum gegebenen Verhältnisse möglich ist."[157] Auch für das heute in der sozialistischen Landwirtschaft der Deutschen Demokratischen Republik erreichte Niveau der Pflanzen- und Tierproduktion wurden in diesen Jahrzehnten wichtige wissenschaftliche Voraussetzungen geschaffen. Die agrarwissenschaftliche Entwicklung von Ende des 18. Jahrhunderts bis 1870/80 in Deutschland ist daher unbedingt zu den progressiven Perioden der Geschichte der Agrarwissenschaften zu zählen.

Fraas, Carl, Geschichte der Land- und Forstwissensch. . ., a. a. O., S. 478f.; *Haushofer, Heinz,* a. a. O., S. 83f.; *Nagel, Fritz,* a. a. O., S. 40ff.; 50ff.; 58ff.

155a *Stadelmann, R.,* a. a. O., S. 301.

156 *Fraas, Carl,* Geschichte der Land- und Forstwissensch. . ., a. a. O., S. 228.

157 *Marx, Karl/Engels, Friedrich,* Werke, Bd. 25, Berlin 1965, S. 630.

Hans-Heinrich Müller

Die Entwicklung des Ackerbaus und der Aufschwung der landwirtschaftlichen Nebenindustrie von 1800 bis 1870

(Die Bedeutung des Kartoffel- und Zuckerrübenanbaus)

Einleitung

Der Intensivierungsprozeß ist ein Vorgang im Bereich der gesamten Produktivkräfte, der daher auch die Landwirtschaft nachhaltig beeinflußt. Dabei verläuft er in steter Abhängigkeit von der jeweiligen Produktionsweise. Gab es bereits im letzten Drittel des 18. Jahrhunderts beachtliche Veränderungen der Produktivkräfte und der Produktionsorganisation, die im Kampf gegen die feudalen Produktionsverhältnisse eine Vorbereitung der kapitalistischen Intensivierung darstellten, so wurde der eigentliche kapitalistische Intensivierungsprozeß mit den Agrarreformen von 1807, deren erste Etappe bis in die späten sechziger Jahre des 19. Jahrhunderts dauerte, eingeläutet. In dieser Periode bildeten die Jahre um 1830 und 1850 gewisse Einschnitte, die sich durch eine jeweilige Beschleunigung der landwirtschaftlichen Intensivierung auszeichneten. Wurden bis 1830 die feudalen Produktionsverhältnisse nur schleppend abgebaut, so setzte sich danach der Prozeß der Durchsetzung der kapitalistischen Produktionsverhältnisse um so mehr fort, der um 1870 mit dem Aufbau der ökonomischen Basis des Kapitalismus abgeschlossen wird.

Die Entfaltung der kapitalistischen Produktionsweise, die mit einer Bevölkerungszunahme, Entstehung des Fabriksystems, Ausweitung des Handels und Verkehrs, Entstehung des nationalen Marktes, Zunahme des nationalen und internationalen Konkurrenzkampfes, Veränderung des Sozialstruktur und anderem mehr einher ging, bestimmte die volkswirtschaftlichen Anforderungen an die Landwirtschaft auf neue Weise. Es nahm nicht nur der Bedarf an landwirtschaftlichen Erzeugnissen außerordentlich und absolut zu, sondern auch die Bedarfsstruktur war erheblichen Veränderungen unterworfen. Die entstehende Industrie hatte einen viel größeren Bedarf an Rohstoffen aus der Landwirtschaft als das frühere Handwerk und die Manufakturen. Um diese Forderungen zu erfüllen, mußte die eigene Produktion erheblich gesteigert werden. Bis 1870 konnte der Nahrungsmittel- und Rohstoffbedarf einigermaßen gedeckt sowie ein beträchtlicher Teil der landwirtschaftlichen Erzeugnisse exportiert werden, wenngleich Ende der sechziger Jahre schon einzelne Produkte, etwa Gerste, bereits eingeführt werden mußten. Dies hing nicht zuletzt mit dem sich seit den fünfziger und sechziger Jahren vollziehenden Übergang vom Agrarstaat zum Agrar-Industrie-Staat zusammen, jener Phase, in der die Industrielle Revolution ihrem Ende zuging und die allgemeine Industrialisierung einen neuen Entwicklungsabschnitt in der deutschen Wirtschaft markiert.

Während in der Industrie neue Betriebe errichtet wurden, um die Produktion auszudehnen, war das in der Landwirtschaft nur in sehr beschränktem Umfange möglich. Für eine Extension der landwirtschaftlichen Produktion fehlte in der Regel unbebauter Boden. Durch den Urbanisierungsprozeß, den Bau industrieller Anlagen, die Errichtung von Eisenbahnen und Erweiterung des Kanal-, Straßen- und Wegenetzes wurde in zunehmenden Maße der Land- und Forstwirtschaft Boden entzogen. Die Erhöhung der landwirtschaftlichen Produktion mußte in Deutschland im wesentlichen auf der vorhandenen Bodenfläche, von der bisher sich zur Kultur nur wenig geeigneter Boden (Grenzböden) noch der Forstwirtschaft (Aufforstung) zugeführt wurde, erreicht werden. Auf der vorhandenen landwirtschaftlichen Nutzfläche mußte daher mehr lebendige und vergegenständlichte Arbeit eingesetzt werden, um höhere Erträge zu erzielen. Die Intensivierung verlangte deshalb mehr Kapitel. Der Kapitalbesatz pro Bodeneinheit erhöhte sich. Darin ist eines der wesentlichsten Merkmale des kapitalistischen Intensivierungsprozesses zu ersehen. Die Großgrundbesitzer erhielten die für die kapitalistische Intensivierung notwendigen Kapitalien in der Initialphase vor allem aus den Loskaufgeldern der Bauern, denen deshalb in dieser Zeit beträchtliche Geldmittel fehlten, um im gleichen Maße wie die Großbetriebe ihre Wirtschaften verbessern zu können. Trotzdem war auch bei einem großen Teil der Bauern, insbesondere der kapitalistisch wirtschaftenden Großbauern, ein nicht zu unterschätzender Fortschritt der Produktion zu erkennen.

Für den erfolgreichen Verlauf der kapitalistischen Intensivierung war es notwendig, die traditionelle Organisation der Nutzung der Dorffluren rascher als bisher zu beseitigen, wobei es um die Aufhebung von gemeinwirtschaftlichen Formen der Bodennutzung und um die Gemengelage der Parzellen ging. Das Aufeinandertreffen der deutschen Getreidewirtschaft und der internationalen Konkurrenz zwang seit den fünfziger Jahren zu einem größeren Tempo in der Intensivierung der Feld- und Viehwirtschaft, die durch neue Gesetze der Landeskultur in den Einzelstaaten gefördert wurde. Zwar dauerte die Arrondierung einige Jahrzehnte und konnte unter den Bedingungen des Kapitalismus auch nicht völlig ihr Ziel erreichen, aber sie beschleunigte trotz aller Einschränkungen die Intensivierung. Im Zusammenhang mit dem Anbau produktiverer Kulturen, der Einführung neuer und intensiver Viehrassen, der Verbesserung der Weide- und Stallwirtschaft bildeten sich nunmehr die für die kapitalistische Produktionsweise in der Landwirtschaft typischen Bodennutzungsverhältnisse zwischen 1850 und 1870 heraus. Das Ackerland erhielt seine größte Ausdehnung, und zwischen den einzelnen Kulturarten entstand ein optimales Verhältnis.

Entscheidend für die kapitalistische Intensivierung war auch der wissenschaftliche Vorlauf. Bis 1830 entstanden die Agrarwissenschaften, in denen zunächst die Agrarökonomie dominierte, die die Landwirte zum ökonomischen Denken des Kapitalismus (Thaer) erzog. Doch seit den zwanziger und dreißiger Jahren vollzog sich die Hinwendung der Agrarwissenschaften zur Chemie. Damit begann jene fruchtbare Wechselwirkung zwischen Grundlagenwissenschaften und angewandten Naturwissenschaften, die die wissenschaftliche Basis des raschen Aufschwungs der agraren Produktivkräfte nach 1870 werden sollte, aber bereits in der Intensivierungsperiode von 1830 bis 1870 erste positive Auswirkungen zeitigte.

Wissenschaftlicher Vorlauf, Flurbereinigung und Freisetzung der Arbeitskräfte von den feudalen Fesseln begünstigten die Intensivierung des Feldbaus, in dem der Anbau neuer Kulturpflanzen, und zwar Hackfrüchte und Futterkräuter, die ewige Getreidekette durchbrach, die biologische Struktur des Bodens verbesserte und zur beträchtlichen Ertragssteigerung des Getreides führte.

Die Intensivierung der Landwirtschaft, insbesondere der Feldwirtschaft, wurde neben der Anwendung neuer Kulturen, Bodennutzungssysteme, wissenschaftlicher Erkenntnisse und rationellen Einsatzes der Arbeitskräfte auch mit den im Prinzip bekannten Maschinen und Geräten erreicht. Bis 1870 wurden überwiegend solche Geräte und Transportmittel verwandt, die auf dem Dorf von verschiedenen Handwerkern in gemeinsamer Arbeit angefertigt wurden. Viele Geräte stellten die Bauern selbst her. Seit den vierziger Jahren begann jedoch schon eine gewisse industrielle Herstellung landwirtschaftlicher Produktionsmittel (Pflüge, Eggen, Kultivatoren, Sä- und Dreschmaschinen), die zumeist nach englischen Modellen angefertigt wurden. Gelegentlich kauften größere Gutsbesitzer englische Maschinen und Geräte. Insgesamt war jedoch der Einsatz moderner Maschinen noch relativ gering, so daß die Intensivierung der Landwirtschaft, die zwischen 1830 und 1870 auch zu einer weiteren Differenzierung unter den unmittelbaren Produzenten führte, von der Landwirtschaft im wesentlichen selbst getragen wurde, bis dann nach 1870 die Industrie außerhalb der Landwirtschaft die Voraussetzungen für die Verwirklichung der Mechanisierung und wissenschaftlichen Erkenntnisse (chemische Düngung und Züchtung) und die bis 1870 noch geringe volkswirtschaftliche Verflechtung von Industrie und Landwirtschaft schuf.

Im Rahmen der Intensivierung des Ackerbaus spielten Kartoffel und Zuckerrübe eine hervorragende Rolle. Letztere war dabei gewissermaßen die Leitkultur der kapitalistischen Landwirtschaft, da sie als ausgesprochen arbeitsintensive und ertragreichste Pflanze nachhaltig die Bodenbearbeitung, Verbesserung der Viehhaltung und die Mechanisierung der Landwirtschaft beeinflußte und einen ausgezeichneten Demonstrationseffekt auf die gesamte Landwirtschaft ausübte, wie sie schließlich auch ein enges, allerdings nur in bestimmten Gebieten vorhandenes Wechselverhältnis zwischen Landwirtschaft und Industrie über die Zuckerrübenfabriken gestaltete. Daher wollen wir auf den nächsten Seiten einige Skizzen von den neueren Bodennutzungssystemen, vom Anbau der Kartoffeln und Zuckerrüben und von der Entwicklung der landwirtschaftlichen Nebenindustrie zeichnen, die Vorarbeiten für größere zusammenhängende Darstellungen bilden und geeignet sind, die Erforschung der Produktivkräfte anzuregen und zu vertiefen.

Der Übergang von den alten Bodennutzungssystemen zur Fruchtwechselwirtschaft

Die Bodennutzungssysteme, die Art und Weise der Verwendung des Bodens zur landwirtschaftlichen Produktion, die zeitlich geregelte Folge der auf den einzelnen Schlägen des Ackerlandes anzubauenden Kulturpflanzenarten boten um 1800 ein recht mannigfaltiges Bild. Am verbreitetsten waren jedoch die Dreifelderwirtschaft, die verbesserte Dreifelderwirtschaft, die Mecklenburgische Schlagwirtschaft und die aufkommende Fruchtwechselwirtschaft.

Die Dreifelderwirtschaft, wohl das verbreitetste Bodennutzungssystem, bildete die produktionstechnische Grundlage der feudalen Produktionsweise in der Landwirtschaft. Sie war durch den jährlichen Wechsel von Wintergetreide, Sommergetreide und Brache bei Bewirtschaftung der Felder mit Flurzwang gekennzeichnet. Zwei Drittel des Ackerlandes wurden mit Getreide bestellt, während ein Drittel als Brache liegen blieb, auf der im Regelfalle eine „gründliche" Bodenbearbeitung und Düngung erfolgte. Gegen Ende des 18. Jahrhunderts hatte sich die Dreifelderwirtschaft überlebt, weil sie den gesellschaftlichen Anforderungen nicht mehr gewachsen war. Die Erträge beliefen sich auf etwa 8 dz je Hektar, was dem Vierfachen der Aussaat entsprach.

Mit dem Aufkommen neuer Kulturen – Klee, Esparsette, Luzerne, Rüben, Kartoffeln, Farbkräuter – veränderten sich allmählich die Produktionsmethoden. Man ging zur teilweisen oder ganzen Bebauung der Brache über. Die Entwicklung vollzog sich noch weitgehend innerhalb der herrschenden Dreifelderwirtschaft, in vielen Fällen noch bei Fortbestehen der Gemengelage und des Flurzwanges. Die verbesserte Dreifelderwirtschaft, wie man diese Art nannte, bedeutete jedoch einen sehr großen Fortschritt gegenüber der reinen oder strengen Dreifelderwirtschaft, wenngleich sie in dem strengen Verhältnis von zwei Drittel Getreide und ein Drittel Brache nur selten vorkam. Durch die teilweise oder ganze Beseitigung der Brache konnte viel unbebautes Land in die pflanzliche Produktion einbezogen werden. Der Anbau verschiedener intensiverer Früchte führte zu einer Verbesserung der Viehhaltung, zur Vermehrung des Düngeraufkommens sowie zu einer besseren Bodenbearbeitung. Doch der Getreidebau blieb weiterhin vorherrschend, dessen Ertragslage sich aber besserte, etwa um zehn bis zwanzig Prozent.

Die verbesserte Dreifelderwirtschaft bildete vielfach eine Übergangsstufe zur Vierfelderwirtschaft und zur Fruchtwechselwirtschaft, indem nun zwischen die Getreideschläge ein Schlag mit Blatt- und Hackfrüchten eingeschoben wurde.

Das *historische* Beispiel der Fruchtwechselwirtschaft war England. Es war vor allem der Norfolker Fruchtwechsel: 1. Rüben, 2. Gerste, 3. Klee- und Hülsenfrüchte, 4. Roggen und Weizen, der bekanntlich von Albrecht Thaer propagiert wurde, obgleich Thaer auch in Deutschland schon im 18. Jahrhundert Vorbilder für die Fruchtwechselwirtschaft, wie etwa in der Pfalz, bei Erfurt, in Ostbayern oder in Oberösterreich, hätte finden können. Doch die englische Fruchtwechselwirtschaft, deren Anwendung in Deutschland, besonders in Brandenburg am Ende des 18. und zu Beginn des 19. Jahrhunderts in modifizierter Form erfolgte und die die völlige Beseitigung der Hemmnisse des produktionstechnischen Fortschritts voraussetzte, fand wohl aber deshalb so große Aufmerksamkeit, weil sie nicht nur den Stand einer kapitalistisch betriebenen Landwirtschaft repräsentierte, sondern weil sie auch ein unabdingbarer Bestandteil einer fortschrittlichen und überlegenen Gesellschaftsordnung war und nicht zuletzt wohl auch das Phänomen „Industrielle Revolution“ erklären half. Die Fruchtwechselwirtschaft war Teil eines welthistorischen Entwicklungsprozesses und mußte daher zwangsläufig die fortschrittlichen Ökonomen und Landwirte in Deutschland, wie überhaupt auf dem europäischen Kontinent, ansprechen, weit mehr als die Beispiele deutscher „Intensitätsinseln“, die von den herrschenden feudalen Verhältnissen überdeckt wurden.

In den nördlichen Küstenzonen herrschte die Koppelwirtschaft. Hervorgegangen aus der ungeregelten Feldgraswirtschaft in Holstein, hatte sie bereits im 18. Jahrhundert eine kräftigere Entwicklung im Ackerbau und in der Viehzucht eingeleitet. Ackerland und Wiesen wurden nicht mehr getrennt gehalten, sondern man bezog sie in einen periodischen Wechsel ein. Das anbaufähige Land wurde in eine bestimmte, von den jeweilig herrschenden Bodenverhältnissen abhängige Anzahl von Koppeln oder Schlägen eingeteilt. Auf die Brache folgten zum Beispiel drei Getreide- und drei Weideschläge, in die zunehmend Klee und spezielle, ertragreichere Gräser gesät wurden. Voraussetzung der Koppelwirtschaft war ein zusammenhängender Besitz, eine bereinigte Feldflur, sie trug auch erheblich zur Separationsbewegung bei. In Mecklenburg war sie dabei von einem erheblichen Bauernlegen begleitet. Bei dem Stand der damaligen Produktivkräfte im 18. Jahrhundert war die Koppelwirtschaft ein effektiveres Nutzungssystem als die Dreifelderwirtschaft oder andere extensive Feldbauweisen. Die von Zeit zu Zeit umgebrochene und verjüngte „Wechselweide“ verbesserte die Futtergrundlage und erlaubte eine Vergrößerung der Viehzucht, die auf längere Sicht auch erreicht wurde. Der erhöhte und qualitativ bessere Dunganfall kam dem Ackerbau zugute. Die Bodenbereicherung des Ackers wurde von Thünen allein in jedem Weidejahre bei der siebenschlägigen Rotation ungefähr dreimal höher geschätzt als bei der althergebrachten Dreifelderwirtschaft. Die Getreideerträge sind demzufolge auch recht erheblich gestiegen. Auf schweren Böden wurden sie etwa mit dem Achtfachen, auf mittleren mit dem Fünffachen und auf sandigen Böden mit dem Dreifachen der Aussaat angegeben. Im Durchschnitt ist etwa eine Ertragssteigerung von 20 bis 30 Prozent erzielt worden. Die Aussaatfläche hat sich durch die Verbreitung des neuen Feldsystems gegen früher wohl verdoppelt.

Fortschritte in der Mecklenburger Koppel- oder Schlagwirtschaft zeigten sich dann in der Einschaltung eines Schlages mit Winterölfrüchten (Raps oder Rübsen), die zumeist nach der Brache angebaut wurden.

Eine Veränderung und zum Teil erhebliche Verbesserung erfuhr die Koppelwirtschaft, als sie am Ende des 18. und zu Beginn des 19. Jahrhunderts zunächst auf das nördliche, später auch auf das mittlere Brandenburg übertragen wurde. In der bewußten Absicht, sich die Vorteile der Fruchtwechselwirtschaft anzueignen, schob man zwischen die Getreideschläge vorzugsweise Hackfrüchte (Kartoffeln) ein. Um diese sozusagen kombinierte Fruchtwechsel- und Feldgraswirtschaft hat sich vor allem J. G. Koppe große Verdienste erworben, wobei er zugleich einer Weidehaltung des Viehs und der aufkommenden Kartoffelbrennerei Rechnung trug. Die „märkische Koppelwirtschaft“, wie sie auch bezeichnet wurde, verbreitete sich in dieser oder ähnlicher Form später über das nordöstliche Deutschland.

Die neueren Bodennutzungssysteme breiteten sich in der ersten Hälfte des 19. Jahrhunderts aus. In diesem Zeitraum erreichten die Bodennutzungssysteme ihre größte Umgestaltung. Um 1850 weist dabei Deutschland ein äußerst buntscheckiges Bild der verschiedenen Systeme und Fruchtfolgen auf. Keineswegs hatte die Fruchtwechselwirtschaft mit ihrem Verhältnis von 50 Prozent Getreide- und 50 Prozent Blattfruchtanbau und die gemäße Form einer kapitalistischen Landwirtschaft die eindeutige Vorherrschaft angetreten.

Die Umgestaltung des Ackerbaus, die Einführung neuer Bodennutzungssysteme oder die Verbesserung bisheriger Betriebsweisen, die Entwicklung der agraren Produktivkräfte hing von zahlreichen natürlichen, ökonomischen, sozialen und politischen Faktoren ab. Bodenverhältnisse, Klima und Kulturlandschaft waren zu berücksichtigen. Ablösungen, Gemeinheitsteilungen und Separationen beeinflußten Einführung, Verlauf und Tempo. Urbanisierung, Markt, Handel und Kommunikationen entschieden über Intensität und Produktionsstruktur. Entstehende landwirtschaftliche Nebengewerbe und industrieller Rohstoffbedarf griffen in das Anbaugefüge ein. Mangelnder oder ausreichender Kapitaleinsatz verzögerten oder beschleunigten die notwendigen Verbesserungen. Krisen oder Konjunkturen schließlich konnten zu Verschiebungen im Anbaugefüge führen und über Erfolg oder Mißerfolg neuer Betriebsweisen entscheiden.

So hat zweifellos die Agrarkrise in den zwanziger Jahren, die einen rapiden Verfall der Getreidepreise herbeiführte und hauptsächlich die ostelbischen Güter schwer traf, den Getreidebau eingeschränkt und den Anbau von Kartoffeln, Tabak, Raps, Klee,

Rüben und Flachs gefördert, wenn nicht sogar durchgesetzt. Überproduktionskrisen (Getreide) konnten also erheblich die Produktionsstruktur verändern helfen, zu neuen Bodennutzungssystemen führen, eine Verbesserung des Ackerbaus, also eine günstige Entwicklung der Produktivkräfte bewirken, wenngleich arge soziale Folgen damit verbunden waren (Konkurse, Verschuldung usw.).

Wie sich die einzelnen Bewirtschaftungssysteme bis 1850 in Deutschland durchgesetzt haben, zeigt folgender Überblick: Die Fruchtwechselwirtschaft, „das vollendetste Wirtschaftssystem", wie es schon die Zeitgenossen nannten, ist im ausgedehnteren Maße zu Hause im südlichen Westfalen, in der Pfalz, im Kreise Siegen, im westlichen und nördlichen Baden und in Württemberg, in Sachsen, Südschlesien, in der Provinz Preußen und Sachsen. Den meisten Boden besitzt jedoch die verbesserte Dreifelderwirtschaft. Diese erstreckte sich über Nord- und Ostschlesien, Ostpreußen, Hannover, Braunschweig, Hessen und Bayern. Die Koppelwirtschaft findet sich fast im ganzen Norden, in Oldenburg, Ostfriesland, Holstein, Mecklenburg und Vorpommern, ferner im nordwestlichen Teile Westfalens, in Nassau, der Eifel und im Hunsrück und Erzgebirge sowie in der Form der Egartenwirtschaft im Alpengebiet. Eine Verbindung der Koppelwirtschaft mit der Dreifelderwirtschaft findet im südlichen Württemberg statt, und in den Fruchtwechsel geht sie über in der Mark Brandenburg, hauptsächlich im Oderbruch, und in Teilen von Pommern. Darüber hinaus herrschen in einigen Gebietsstrichen sogenannte freie Körner- und Wechselwirtschaften. Die Aufeinanderfolge der Anbaufrüchte wurde nach freiem, eigenem und lokalem Ermessen geregelt. So baute man beispielsweise im nördlichen Münsterlande auf den schlechten Sandböden vier bis 15 Jahre hintereinander Roggen, um im letzten Schlag Spörgel oder Rüben einzubringen, darauf Buchweizen zu säen, um die Reihe wieder mit Roggen zu beginnen. Der Roggen erhielt jedoch jedes Jahr eine Düngung. Auch in der Ober- und Niederlausitz und in höheren Gegenden des Voigtlandes wurde vier bis fünf Jahre hintereinander der Halmfruchtanbau fortgesetzt, um von einem reinen Brachschlag unterbrochen zu werden.[1]

Nicht jede Fruchtwechselwirtschaft, die in der zeitgenössischen Literatur oder in den Quellen nachgewiesen oder beschrieben wird, war in reiner Gestalt eingerichtet. Nicht selten waren in der Rotation zwei aufeinanderfolgende Getreideschläge zu finden. Und nicht alle Gegenden, die für Fruchtwechselwirtschaft bekannt waren, wurden ausschließlich von ihr beherrscht. So befand sie sich in Sachsen vornehmlich nur auf den größeren Gütern, während auf den Bauernwirtschaften die verbesserte Dreifelderwirtschaft in einer neunschlägigen Fruchtfolge (zum Beispiel 1. Winterweizen, 2. Hafer, 3. Kartoffeln, 4. Winterweizen, 5. Sommergerste, 6. Futterrüben, 7. Weizen, 8. Roggen und 9. Rotklee) angewandt wurde.

Es ist schwierig, allgemeine Entwicklungstendenzen bei der Verbreitung und Durchsetzung der verschiedenen Bodennutzungssysteme zu fixieren. Aber man könnte unter Berücksichtigung aller bereits aufgezählten Faktoren[1a] feststellen: Die kapitalaufwendigere Fruchtwechselwirtschaft wird zumeist in Ostelbien vor allem auf den größeren Gütern angewandt, auf den Domänen, die von kapitalkräftigen und intelligenten Pächtern verwaltet wurden, dabei weit eher und schneller als auf den adligen

[1] Vgl. *Lengerke, Alexander v.*, Landwirtschaftliche Statistik der deutschen Bundesstaaten, Bd. 2, Teil 1, Braunschweig 1840, S. 332ff.; Die Landwirtschaft in ihrer wissenschaftlichen Epoche, in: Gegenwart, Bd. 9, Leipzig 1854, S. 34.

[1a] Vgl. S. 219.

Rittergütern. Ebenfalls ist die Einrichtung der Koppelwirtschaft in der Regel eine Angelegenheit der großen Güter, die damit zugleich auch die Basis einer ausgedehnten, zum Teil konjunkturbedingten oder den Getreideausfall ersetzenden Viehhaltung (Schafhaltung) abgibt. Die verbesserte Dreifelderwirtschaft erobert sich überwiegend die Bauernwirtschaften, wenngleich Großbauern, die viel schneller zum Fortschritt übergehen, auch die Fruchtwechselwirtschaft einführen. In westlichen Gebieten Deutschlands, wo ausgedehnter Kleinbesitz, äußerst zersplitterter Bodenbesitz herrscht, finden wir, beeinflußt durch günstige Bodenverhältnisse, größere Absatzzentren und günstigere bäuerliche Abhängigkeitsverhältnisse in der Vergangenheit eine schon mehr im Stile des Gartenbaus betriebene Fruchtwechselwirtschaft vor. Einen recht anschaulichen Eindruck bietet dafür die Gemarkung Gonsenheim (Kreis Mainz), von der zwar nicht die Fruchtfolgen, aber die Anbauverhältnisse um 1844 bekannt sind. Die Gemarkung umfaßte 2356 Morgen, die in 9918 Parzellen aufgeteilt sind. Mancher Landwirt, wenn er überhaupt diesen Namen noch verdient, besaß 50 bis 60 Parzellen, die noch keine zwei Hektar ausmachten. Von den 2356 Morgen Land wurden bebaut: 597 Morgen Roggen, 102 Morgen Spelz, 50 Morgen Gerste, 25 Morgen Hafer, 10 Morgen Weizen, 650 Morgen Kartoffeln, 50 Morgen Runkelrüben, 105 Morgen Klee, 13 Morgen Wicken und Linsen, 455 Morgen Kirschenwäldchen und Spargelbeete, 130 Morgen Gemüse, 19 Morgen Zwiebeln und Schwarzwurzeln, 130 Morgen gelbe und rote Rüben, 13 Morgen Bohnen, 5 Morgen Kohl und 2 Morgen Magsamen (Mohn).[2]

Wenn die Bauernwirtschaften vornehmlich zur verbesserten Dreifelderwirtschaft übergehen, so verwundert es auch nicht, wenn sie als größte und umfangreichste Gruppe aller landwirtschaftlichen Betriebsgrößenklassen das Bild der Bodennutzungssysteme bestimmen. Die Vorherrschaft der verbesserten Dreifelderwirtschaft um 1870 findet letzten Endes auch ihre Entsprechung in der Anbaustruktur des Ackerlandes, das in Deutschland zu dieser Zeit etwa zu 60 Prozent von Getreide eingenommen wird.[3]

Mit der Einführung neuer oder verbesserter Betriebsweisen, die nunmehr auch die bisher dürftigen Weiden, Wiesen und kultiviertes Öldand zunehmend einbeziehen, dehnte sich das Ackerland in ganz Deutschland zwischen 1820 und 1870 um etwa 40 bis 45 Prozent aus, wobei Preußen schon um 1860 seine größte Ausdehnung des Ackerlandes erreichte. Die von Kellermann übermittelten anhand aufgefundener und mitgeteilter Zahlen für Preußen sind in der Tabelle 1 ersichtlich.

Die Ausdehnung des Ackerlandes ging zugleich mit der Zurückdrängung der Brache einher. Betrug sie um 1800 noch etwa 25 Prozent der landwirtschaftlichen Nutzfläche, so waren es 1850 etwa 15 Prozent, um gegen 1870 auf 9 bis 10 Prozent zu fallen. Das waren immerhin noch 2,5 bis 3 Millionen Hektar Land. Doch eine weit größere Fläche wurde durch die Beseitigung der Brache gewonnen, und zwar rund 4 Millionen Hektar, was zugleich einen beträchtlichen Zuwachs der pflanzlichen Produktion und eine erhebliche Intensivierung des Getreidebaus mit sich brachte.

Von den neueren Kulturpflanzen, die nun auf dem Brachland angebaut oder zwischen die Getreideschläge eingeschaltet wurden, waren vom agrotechnischen Stand-

[2] Zeitschrift für die landwirtschaftlichen Vereine des Großherzogtums Hessen, 1844, S. 4f.
[3] Vgl. *Krzymowski, Richard*, Geschichte der deutschen Landwirtschaft, Stuttgart 1951, S. 270.

Tabelle 1
Die Entwicklung des Ackerlandes in Preußen im Verhältnis zur Gesamtfläche des Staates zwischen 1802 und 1878

Jahr	Ackerland v. H.	Jahr	Ackerland v. H.
1802	36,51	1852	44,59
1817	39,81	1855	45,58
1830	43,53	1858	46,98
1842	43,62	1864	50,57
1845	42,53	1878	52,20
1849	42,70		

Quelle: *Kellermann, Wilh.*, Die Steigerung des Ackerlandes in Deutschland seit Anfang des 19. Jahrhunderts, in: Landwirtschaftliche Jahrbücher, Bd. 35, Berlin 1906, S. 291.

punkt zwei Gruppen von besonderer Bedeutung: die Hackfrüchte (Kartoffeln und Rüben) und die Futterkräuter (Klee, Luzerne, Esparsette). Ihr Anbau verbesserte im Zusammenhang mit dem Einsatz neuer oder veränderter Bodenbearbeitungsgeräte die chemische, physikalische und biologische Struktur des Ackerlandes, indem sie nicht nur die ewige Getreidekette durchbrachen, sondern auch die oberen Bodenschichten mit den aus der Tiefe geholten Nährstoffe bereicherten, wie schließlich durch die zahlreichen Pflegearbeiten auch die Bodengare erheblich verbessert wurde.

Dieser Anbau wirkte sich günstig auf den nachfolgenden Getreidebau aus, dessen Erträge stiegen. Und im Laufe der Zeit wurde den Vorfrüchten des Getreides immer größere Bedeutung eingeräumt, weil von einem entsprechenden Vorfrucht-Getreide-Verhältnis optimale Getreideerträge erzielt werden konnten. Beispielsweise wurden Kartoffeln oder Rüben als Vorfrucht für Weizen geschätzt, der danach besonders gut gedieh. Doch nicht nur höhere Erträge waren günstige Folgen des Anbaus neuer Kulturpflanzen, sondern auch erntetechnische Verbesserungen stellten sich ein, indem zum Beispiel das früher so häufige Lagern des Getreides (abgesehen von witterungsbedingten Faktoren, die auch nach wie vor zu erheblichen Ertragsschwankungen führten) vermindert wurde.

Die Erhöhung der Erträge je Flächeneinheit dürfte in den ersten drei Jahrzehnten des 19. Jahrhunderts um etwa 10 Prozent gestiegen sein, um in den vierziger und fünfziger Jahren um weitere 50 Prozent zuzunehmen.[4]

Etwas besser sind wir über die landwirtschaftliche Bruttoproduktion informiert. Sie stieg nach Helling, die die offizielle (unzulängliche) Statistik einzelner deutscher Länder auswertete (vgl. Tabelle 2), recht beachtlich.

Aus diesen Daten der vier Länder, die etwa vier Fünftel ganz Deutschlands umfassen, ergibt sich, daß die pflanzliche Produktion eine Verdopplung erfahren hat.

Hat der Anbau der Hack- und Futterkräuterkulturen in der ersten Hälfte des 19. Jahrhunderts schon eine erhebliche Veränderung in die vom Getreide beherrschte traditionelle Anbaustruktur gebracht, so verschob sich nun auch die Getreidebaustruktur selbst, die sich jedoch regional unterschiedlich entwickelt. Für Sachsen zum

[4] Vgl. *Henning, Friedrich-Wilhelm*, Die Industrialisierung in Deutschland 1800 bis 1914, Paderborn 1973, S. 186.

Tabelle 2
Getreide- und Kartoffelproduktion in Deutschland 1800 bis *1860*
(in 1000 Tonnen Getreidewerteinheiten)

Jahr	Preußen	Sachsen	Bayern	Württemberg	Zusammen
1800	4800	410	720	378	6308
1820	5411	510	1000	489	7410
1840	7661	830	1860	599	10950
1860	8923	1026	2500	727	13176

Quelle: Helling, Gertrud, Berechnung eines Index der Agrarproduktion in Deutschland im 19. Jahrhundert, in: Jahrbuch für Wirtschaftsgeschichte Berlin 1965, Teil 4, S. 144.

Beispiel gibt die in Abb. 1 wiedergegebene graphische Darstellung über die Entwicklung des Getreide- und Kartoffelbaus Auskunft.

Die Veränderungen im Getreideanbau, insbesondere die relativ schnellere Zunahme von Weizen und Gerste, die durch Veränderungen in der Ernährungsstruktur, Entstehung und Entwicklung von Verarbeitungsbetrieben landwirtschaftlicher Produkte (Brauereien und Brennereien), Export von Weizen u. a. m. beeinflußt wurde, zeichnen sich in jenen Gebieten noch stärker ab, wo bestimmte Kulturen, wie etwa der Dinkel in Süddeutschland, allmählich verschwinden. So nahm zum Beispiel der Weizen- und Gerstenanbau in Bayern erheblich zu, während die Roggen-, Dinkel- und Haferanbauflächen zurückgingen.

Diese Verschiebungen können wir an den Karten, die die Weizen- und Gerstenanbauflächen in Bayern von 1812 und 1853 ausweisen, ablesen (vgl. Abb. 2).

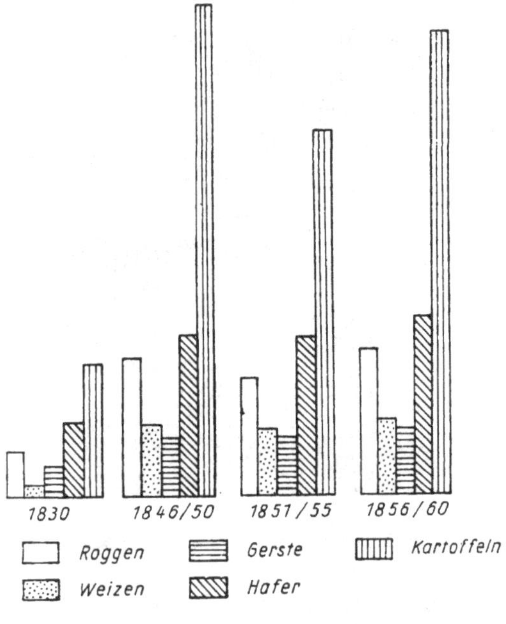

Abb. 1
Die Entwicklung des Getreide- und Kartoffelanbaus in Sachsen von 1830 bis 1860
Quelle: Gross, Reiner, Die bürgerliche Agrarreform in Sachsen in der ersten Hälfte des 19. Jahrhunderts, Weimar 1968, S. 152.

Der Hackfruchtanbau

Hatten wir bei der Einführung der Bodennutzungssysteme schon auf gewisse soziale Abhängigkeiten verwiesen, so ist die Verflechtung von Sozialstruktur und dem Anbau von Hackfrüchten und Feldfutterpflanzen noch viel eher gegeben. Der Feldfutterbau wurde von den Gutsbetrieben und großbäuerlichen Wirtschaften in stärkerem Um-

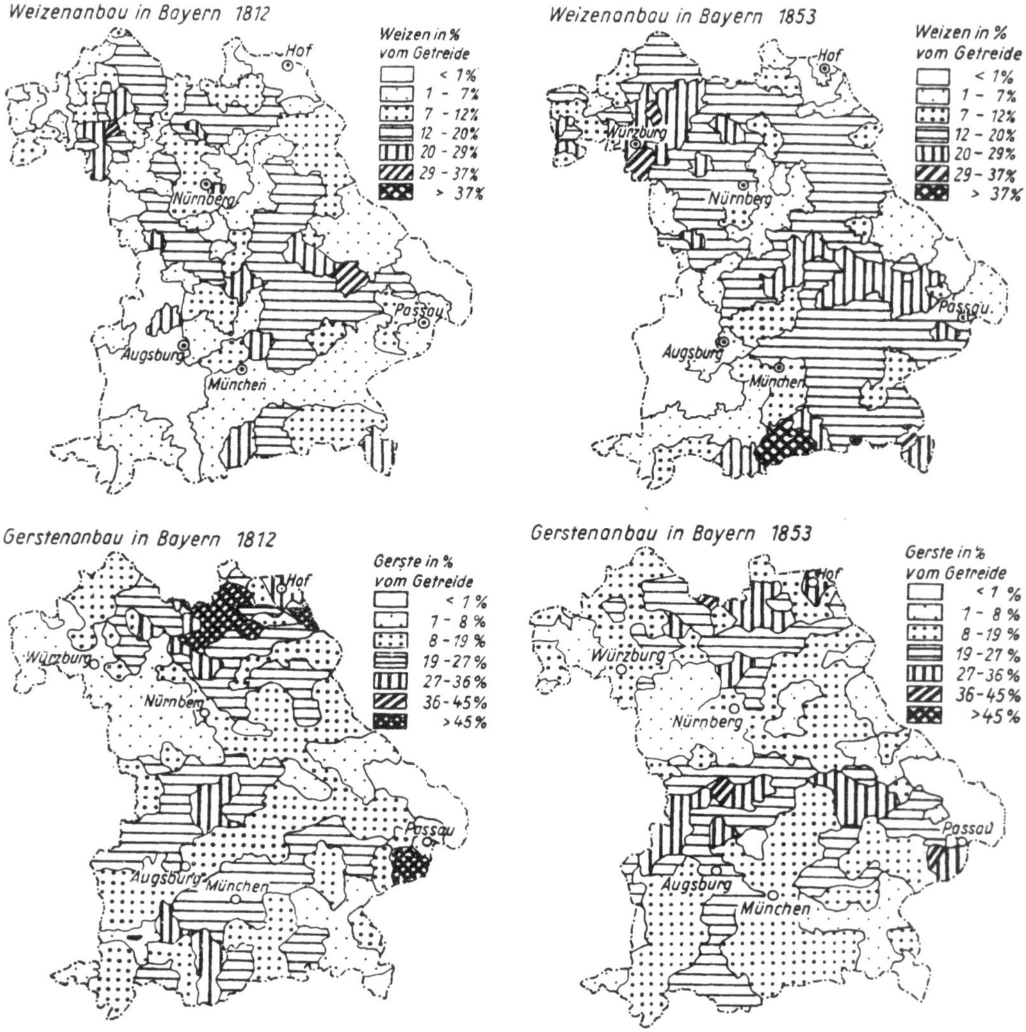

Abb. 2

Die Veränderung der Getreideanbaustruktur (Weizen und Gerste) in Bayern zwischen 1812 und 1853

Quelle: Borcherdt, Christoph, Die Innovation als agrargeographische Regelerscheinung, in: Universität des Saarlandes. Arbeiten aus dem Geographischen Institut, Bd. VI, 1961, S. 36 und 38.

fange betrieben als von dem mittleren und Kleinbesitz, wie auch die größeren Güter die Schrittmacher bei der Ausbreitung des Futterkräuteranbaues gewesen sind. Dagegen verbreitete sich die Kartoffel, die seit den Mißernten von 1771/72 einen beschleunigten Weg von den Gärten auf die offenen Feldfluren nahm und die als der eigentliche Sturmbock gegen die veraltete Ackerbauweise des Feudalismus gilt, da keine Frucht besser geeignet war als sie, das System der Dreifelderwirtschaft zu zerstören und in die Fruchtfolgen als wesentliches Glied der Wechselwirtschaft einzurücken, vor allem auf den landwirtschaftlichen Kleinbetrieben. Eine genaue kartographische Erfassung des Anbaus und Verbreitungsgebietes von Kartoffeln und Feldfutterpflanzen, die jedoch aus Materialgründen kaum durchzuführen ist, würde zugleich auch die sozialökonomische Differenzierung auf dem Lande widerspiegeln. Insbesondere für das entstehende ländliche Proletariat und den bäuerlichen Kleinbesitz bildete die Kartoffel eine unerläßliche Existenzgrundlage. Mißernten, wie sie in den vierziger Jahren auftraten, hervorgerufen durch die Kartoffelfäule, mußten daher unter ihnen zu katastrophalen Hungersnöten führen.

Die soziale Bedeutung der Kartoffel, die viel höhere Flächen- und Nährstofferträge (Kohlenhydrate) lieferte als das Getreide und zu einer tragenden Säule der Ernährungswirtschaft wurde, mag an einer geschätzten Zusammensetzung der menschlichen Ernährung in Deutschland in der ersten Hälfte des 19. Jahrhunderts, die zugleich auch eine Vorstellung von der Ausweitung ihres Anbaus vermittelt, demonstriert werden (vgl. Tabelle 3).

Tabelle 3
Veränderungen in der Zusammensetzung der Ernährung von 1800 bis 1850 in v. H. des Gesamtkalorienverzehrs

Herkunft der Kalorien pro Person in v. H.

Nahrungsmittel	1800	1835	1850
Getreide	52	44	44
Kartoffeln	8	26	28
Kohl und Gemüse	25	19	17
Tierische Produkte	15	11	11
Zusammen	100	100	100

Quelle: Henning, Friedrich-Wilhelm, Die Industrialisierung in Deutschland 1800 bis 1914, Paderborn 1973, S. 53.

Tabelle 4
Kartoffelproduktion in Bayern um 1840
(in Scheffel)

Oberbayern	612022	Mittelfranken	957031
Niederbayern	935795	Oberfranken	1597279
Oberpfalz/ Regensburg	1231958	Unterfranken/ Aschaffenburg	2505327
Schwaben/ Neuburg	707500	Pfalz	2735237

Quelle: Lengerke, Alexander v., Landwirtschaftliche Statistik der deutschen Bundesstaaten, Bd. 2, Teil 2, Braunschweig 1841, S. 318.

Die Kartoffel verbreitete sich in der ersten Hälfte des 19. Jahrhunderts in ganz Deutschland, wobei natürlich regionale Unterschiede sich recht deutlich ausprägen. Nehmen wir wieder Bayern, welches um 1840 etwa 11300000 Scheffel Kartoffel erzeugte. Daran waren die einzelnen Kreise recht unterschiedlich beteiligt, wie Tabelle 4 zu erkennen gibt.

Ein noch differenzierteres Bild über den bayerischen Kartoffelanbau bietet die Abb. 3, die die Verhältnisse von 1853 ausweist und denen der Feldfutteranbau gegenüber gestellt wurde. Die Gegenüberstellung läßt in gewisser Weise die sozialökonomische Bedingtheit der Anbauverhältnisse erkennen: Starker Kartoffelanbau (Klein- und mittelbäuerlicher Besitz) vermindert den Feldfutteranbau wie auch umgekehrt starker Feldfutterbau den Kartoffelanbau beeinträchtigt.

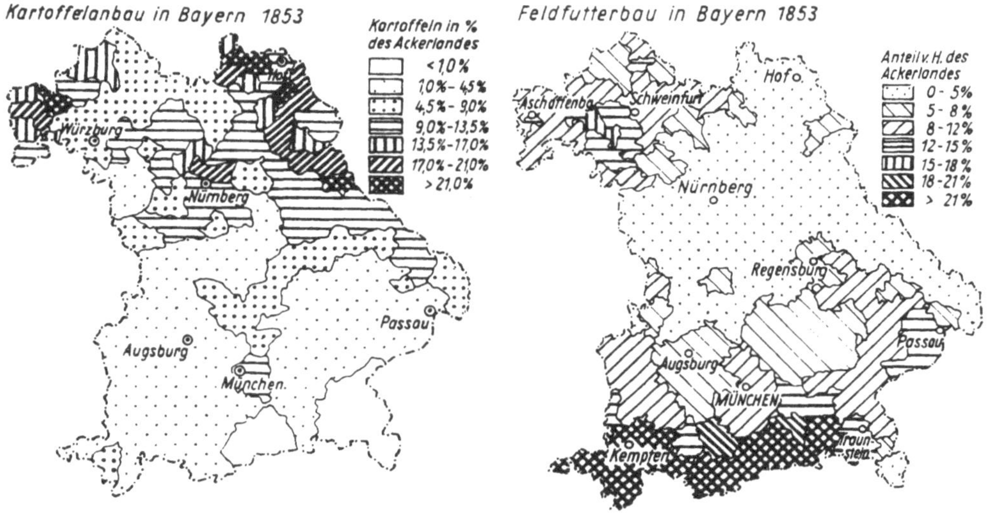

Abb. 3

Kartoffel- und Feldfutteranbauverhältnisse in Bayern 1853

Quelle: *Borcherdt, Christoph,* Die Innovation als agrargeographischer Regelerscheinung, in: Universität des Saarlandes. Arbeiten aus dem Geographischen Institut, Bd. VI, 1961, S. 18 und 26.

Bei der geographischen Verbreitung der Kartoffel können wir bemerken, daß gebirgige Gegenden, wie etwa Oberschlesien, Erzgebirge, Fichtelgebirge, Spessart, fränkische Jura, Rhönvorland, Westerwald, in denen eine ärmere Bevölkerung ansässig ist, einen starken Anbau aufweisen. 14 bis 18 Prozent der Ackerfläche wurden mit Knollen bestellt. Doch die größte Ausdehnung erfuhr der Kartoffelanbau in Preußen. Er fand nicht nur in Thaer und Koppe seine eifrigsten Propagandisten, die mit „besonderer Genauigkeit" die Kartoffel einführten und über die landwirtschaftliche Akademie zu Moeglin recht nachhaltig zu deren Verbreitung beitrugen[5], sondern Bodenverhältnisse, technische Gewerbe und Viehmast waren ebenfalls fördernde Faktoren. Die Kartoffel erwies sich als eine ausgezeichnete Kultur für sandige,

[5] Zentrales Staatsarchiv (im folgenden: ZStA), Abt. II, Rep. 164a, Landes-Ökonomie-Kollegium, Nr. 51, S. 14.

ärmere Böden, so daß sie in Preußen mit seinen ausgedehnten Flächen schlechter Bodengüte schnell Aufnahme fand. Die Kartoffel war zumindest in der ersten Hälfte des 19. Jahrhunderts ein äußerst bedeutsamer Intensivierungshebel der ostelbischen Landwirtschaft. Sie erforderte zudem viel Handarbeit und trug zweifellos zum steigenden Einsatz von Lohnarbeit (Akkord) bei. „Der Kartoffelbau, welcher jetzt in so ausgedehntem Umfange getrieben wird", wie die preußische Regierung 1843 feststellte, bezeichnet man „mit Recht als das eigentümlich Charakteristische der märkischen Landwirtschaft", um wenig später noch einmal zu unterstreichen: „Mergel und Kartoffelbau sind also die beiden Hilfsmittel, durch welche die Landwirtschaft auf ihren gegenwärtigen Zustande gebracht" wurde.[6] Was hier auf Brandenburg gemünzt ist, gilt natürlich auch für die anderen ostelbischen Provinzen. Und vor allem mit der Entwicklung des Brennereigewerbes erhielt die Kartoffel auf den Junkerwirtschaften eine überragende Bedeutung. Im ersten Drittel des Jahrhunderts wurden auf den Gütern oft bis zu einem Drittel des Ackerlandes mit Kartoffeln angebaut.[7] Doch mit den zunehmenden Erkenntnissen von den Prinzipien des Fruchtwechsels und der Bedeutung des Kleebaus ging das Verhältnis auf etwa 10 bis 20 Prozent zurück. Aber auch die Bauernwirtschaften betrieben einen regen und ausgedehnten Anbau. Im Oderbruch zum Beispiel kultivierte der „aufgeklärte und tüchtige Bauernstand", wie Koppe 1845 berichtete, „den vollen vierten Teil der Fläche seit 40 Jahren mit dem allerbesten Erfolg" mit Kartoffeln.[8] Von einem Morgen erntete er bis zu 130 Zentner. Das waren schon herausragende Ergebnisse. Koppe dagegen erzielte auf seiner musterhaft bewirtschafteten Domäne Wollup nur 65 bis 70 Zentner pro Morgen. Allgemein beliefen sich die Erträge, abhängig von der jeweiligen Bodengüte, Düngung und Bodenbearbeitung, auf 40 bis 180 Zentner pro Morgen, wobei zum Beispiel Bayern um 1850 bereits um die Hälfte höhere Erträge je Flächeneinheit erzielte als Preußen.[9]

Groß war die Bedeutung der Kartoffel für die Brennerei, Viehfütterung und Düngerwirtschaft (Schlempe und Dunganfall über Viehmagen), für den Fruchtwechsel und die Intensivierung der Landwirtschaft. Doch als Leitkultur der Intensivierung spielte merkwürdigerweise die Zuckerrübe eine größere Rolle, obwohl ihr Anbau bei weitem nicht den Umfang des Kartoffelanbaus erreichte. Die Zuckerrübenfläche betrug, bezogen auf ganz Deutschland, kaum mehr als zwei bis drei Prozent des Ackerlandes und erstreckte sich bei einem drei- bis vierjährigen Fruchtwechsel höchstens auf 8 Prozent des Ackerlandes, wenngleich die territoriale Konzentration der Zuckerrübe (vgl. Tabelle 7) gebietsweise natürlich einen unvergleichlich größeren Einfluß auf die Landwirtschaft ausübte.

Die Zuckerrübe konnte Leitkultur werden, weil von ihr ohne Zweifel ein ungleich größerer Intensivierungseffekt auf die Feldwirtschaft ausging als von der Kartoffel. Sie erforderte einen hohen Arbeitsaufwand, zahlreiche Pflegearbeiten und schließlich verhalf ihr die Zuckerrübenindustrie, die auf den Anbau der Rübenkultur einen immensen Einfluß ausübte, zu einem betriebs- und volkswirtschaftlichen Demon-

[6] Ebenda, Rep. 87 B, Landwirtschaftliche Statistik, Nr. 4.

[7] Ebenda, Rep. 164a, Nr. 119, Bd. 1.

[8] Ebenda.

[9] Vgl. *Helling, Gertrud*, Berechnung eines Index der Agrarproduktion in Deutschland im 19. Jahrhundert, in: Jahrbuch für Wirtschaftsgeschichte, Berlin 1965, Teil 4, S. 132.

strationseffekt, wie ihn die Kartoffel niemals erreicht hat und auch nicht erreichen konnte.

Mit dem Zuckerrübenanbau und der Zuckergewinnung hatte man sich schon vor 1830 beschäftigt, aber durch die Aufhebung der Kontinentalsperre erdrückte der Rohrzucker die junge deutsche Zuckerindustrie. In der Zwischenzeit hatte der schlesische Gutsbesitzer v. Koppy erfolgreich an der Züchtung von Rüben mit höherem Zuckergehalt gearbeitet und aus der weißen schlesischen Rübe den Prototyp der Zuckerrübe gezüchtet. Als um 1830 die deutsche Zuckerindustrie wieder auflebte, konnte sie auf die Züchtungen Koppy's zurückgreifen. Der Zuckerrübenanbau und die Zuckerfabrikation entwickelten sich seitdem weiter. Die verarbeiteten Rüben, wie sie in Tabelle 5 ausgewiesen sind, entsprechen wohl zugleich der Ausweitung der Rübenkultur. Über die Vergrößerung der Anbaufläche wirkte die Zuckerrübe nachhaltig auf den gesamten landwirtschaftlichen Betrieb ein.

Ein Hektar Zuckerrüben brachte doppelten Nutzen. Allein die Abfälle an Rübenköpfen, Blättern und der Rückkauf an Trockenschnitzeln und Melasse hatten in Stärkewerteinheiten mehr Nährwert für das Vieh als das Futter von einer gleich großen guten Wiese. Den Zucker hatte der Landwirt als zusätzlichen Gewinn. In den Zuckerrübenanbaugebieten nahmen deshalb die Milchkuhbestände am schnellsten zu.

Die Zuckerrübe verlangte eine tiefe und gründliche Bodenbearbeitung und reichliche Düngung, die durch die erhöhten Viehbestände auch möglich war. Bis weit in die fünfziger Jahre geschah die Bodenbearbeitung mit der Hand. Auf zahlreichen Rittergütern in der Provinz Sachsen, dem größten Rübenanbaugebiet Deutschlands, wurden tausend und mehr Morgen mit dem Spaten gegraben. Auf diese Spatenkultur folgte ebenfalls in Handarbeit das Säen der Rübenkerne, Verziehen der Pflanzen, zwei- bis sechsmaliges Behacken der Früchte und Köpfen der Blätter.[10] Der Rübenanbau hinterließ den Boden in einem günstigen nährstoffmäßigen Zustand, so daß die nachfolgenden Kulturen höhere Erträge lieferten. Die tiefe Bodenbearbeitung und die vielen Pflegearbeiten begünstigten seit der Jahrhundertmitte die Mechanisierung, die in der Provinz Sachsen und im Anhalt am zeitigsten und stärksten verlief.

Die Zuckerrübe, dessen Erträge sich in der Magdeburger Börde um 1850 auf 120 bis 150 Zentner pro Morgen beliefen (Runkelrüben ca. 250 Zentner), wurde auch als erste Feldfrucht züchterisch bearbeitet und ihr Zuckergehalt kontinuierlich gesteigert (vgl. Tabelle 5). Sie hat die Entstehung der wissenschaftlichen Pflanzenzüchtung befruchtet, ja ihren Aufschwung überhaupt erst veranlaßt. Schließlich erlaubte die Zuckerverarbeitung auch eine bessere Auslastung der Arbeitskräfte und brachte damit den Agrarkapitalisten zusätzliche Einnahmen. Da bekanntlich die Rüben als letzte Feldfrucht geerntet wurden, konnten jetzt die Landarbeiter, für die sonst die „arbeitsarme" Zeit begann, voll in der Zuckerfabrikation eingesetzt werden.

All die genannten Faktoren, wie sie keine andere Frucht auf sich vereinigte, verhalfen ihr zu der Funktion der „Leitkultur" in einer intensiv betriebenen kapitalistischen Landwirtschaft.

[10] Darstellung der Runkelrüben-Zuckerindustrie in der näheren Umgebung von Magdeburg, in: Annalen der Landwirtschaft in den Königlich Preußischen Staaten, Jg. 2, Bd. 4, 1844, S. 148f.; *Bielefeldt, Karl*, Das Eindringen des Kapitalismus in die Landwirtschaft unter besonderer Berücksichtigung der Provinz Sachsen und der angrenzenden Gebiete, Berlin 1911, S. 58.

Die Entwicklung der Zuckerrübenindustrie

Mit der Entwicklung und Ausbreitung der agraren Produktivkräfte im Ackerbau vollzogen sich auch bedeutsame Veränderungen in den landwirtschaftlichen Nebengewerben der ersten Verarbeitungsstufe. Traditionelle Gewerbe, wie die Brennereien, wurden auf neue Rohstoffgrundlagen umgestellt oder neue Kulturen, wie die Zuckerrüben, riefen eine neue Industrie ins Leben.

Von größter Bedeutung für die Entwicklung der Landwirtschaft waren die Zuckerrübenfabriken. Ihr Aufschwung setzte um die Mitte der dreißiger Jahre ein. Waren die vor dieser Zeit bestehenden Betriebe mehr Versuchsanstalten, die infolge der Napoleonischen Kriege und unter dem Druck des den europäischen Kontinent überflutenden Rohrzuckers wieder eingingen, so entwickelten sich seit 1835 die Zuckerrübenfabriken, nicht zuletzt durch die Ausnutzung französischer Erfahrungen, als eigenständige industrielle Unternehmen, die in technischer, finanzieller, ökonomischer, organisatorischer und volkswirtschaftlicher Hinsicht ziemlich schnell aus den Rahmen eines „landwirtschaftlichen Nebengewerbes" hinauswuchsen. Gab es 1836 bereits 122 Zuckerrübenfabriken, so stieg ihre Anzahl im Jahre 1870/71 auf 304. Im gleichen Zeitraum nahm die verarbeitete Rübenmenge um das 120fache zu.

Tabelle 5
Die Entwicklung der Rübenzuckerindustrie in Deutschland von 1836 bis 1871

Jahr	Zahl der Fabriken	Rüben verarbeitet dz	Rohzucker erzeugt dz	Pro Fabrik Rüben verarbeitet dz	Pro Fabrik Rohzucker erzeugt dz	Ausbeute Rohzucker %	Rüben auf 1 dz Rohzucker dz
1836/37	122	253 461	14 081	2 077	115	5,55	18,0
1840/41	145	2 414 662	142 051	16 650	969	5,88	17,0
1845/46	96	2 227 546	151 534	23 200	1 575	6,66	14,7
1850/51	184	7 362 154	533 489	40 000	2 894	7,25	13,8
1855/56	216	10 919 899	873 594	50 550	4 044	8,00	12,5
1860/61	247	14 677 016	1 265 260	59 920	5 122	8,62	11,6
1865/66	295	21 726 386	1 856 956	73 645	6 294	8,55	11,7
1870/71	304	30 506 456	2 629 867	100 350	8 650	8,62	11,6

Quelle: Lippmann, Edmund O. v., Die Entwicklung der Deutschen Zuckerindustrie von 1850 bis 1900, Leipzig 1900, S. VI; *Amtlicher Bericht über die Wiener Weltausstellung 1873*, Bd. 3, Abt. 1, H. 3,

Neben der Textilindustrie war die Zuckerrübenindustrie einer der größten Investitionsträger während der Periode der Industriellen Revolution. Sie war zugleich ein eminent wichtiger Schrittmacher bei der Durchsetzung des Kapitalismus in der Landwirtschaft, wie sie auch den Wechselbeziehungen zwischen Landwirtschaft und Industrie den sichtbarsten Ausdruck verlieh.

Drei Viertel aller deutschen Zuckerrübenfabriken befanden sich in Preußen, die 1851/52 fast 77 Prozent der den Fabriken zugeführten Rüben verarbeiteten.

Prozent aller verarbeiteten Rüben entfielen auf die Provinz Sachsen, davon allein die Hälfte auf die Magdeburger Börde. Zusammen mit Anhalt, Braunschweig, später auch Hannover bildete die Provinz Sachsen das wichtigste Zuckerrübenanbaugebiet, das mehr als zwei Drittel der Rübenmenge an die Fabriken lieferte. Außer diesem relativ geschlossenen Rübenanbau- und -verarbeitungsgebiet gab es nur noch in Schlesien eine ins Gewicht fallende Rüben- und Zuckerproduktion, während alle übrigen deutschen Gebiete eine untergeordnete Rolle spielten, wenngleich die Zuckerrübenfabriken in den einzelnen Orten einen nachhaltigen Einfluß auf die landwirtschaftliche Produktion ausüben konnten.

Tabelle 6
Anzahl der Rübenzuckerfabriken in den einzelnen deutschen Ländern bis 1871/72

Länder	1837/38	1841/42	1851/52	1861/62	1871/72
Brandenburg	10	4	9	11	18
Pommern	11	6	6	8	7
Posen	6	5	8	1	–
Provinz Sachsen }	40	} 48	102	120	143
Anhalt }			21	29	35
Schlesien	16	21	47	39	42
Rheinland	8	8	1	2	6
Bayern	17	11	6	6	4
Württemberg	4	2	4	6	5
Baden und Elsaß	9	8	3	1	1
Braunschweig	–	–	8	14	26
Hannover	–	–	–	2	10
Gesamt	121	113	215	239	297

Quelle: *Schuchart, Theodor*, Die volkswirtschaftliche Bedeutung der technischen Entwicklung der deutschen Zuckerindustrie, Leipzig 1908, S. 184.

Die Konzentration der Zuckerrübenfabriken auf die Provinz Sachsen, Anhalt, Braunschweig, Hannover und in geringerem Maße auf Schlesien beruhte auf folgenden Voraussetzungen: Guter, fruchtbarer Lößboden für den Anbau des Rohmaterials, der Zuckerrüben, natürliche Wasserstraßen (Elbe und Oder), die handelsstrategische Bedeutung besaßen, relativ gut entwickeltes Straßen- und Wegenetz für die Anfuhr der Rüben und des Transportes von Rohzucker, früher Beginn des Eisenbahnwesens (Magdeburg um 1850 schon Schnittpunkt von sechs Eisenbahnlinien), bereits schon früher vorhandene intensive Landwirtschaft, günstige sozialökonomische Verhältnisse der unmittelbaren Produzenten sowie eine relativ größere Zahl kapitalkräftiger Unternehmer und Landwirte.

Außerordentlich wichtig war die Versorgung der Zuckerrübenfabriken, die seit den vierziger Jahren zunehmend mit Dampfmaschinen- und -kesseln arbeiteten, mit Brennstoffen. 1850 verbrauchten die 102 Fabriken der Provinz Sachsen, berechnet auf die Verarbeitung von 10 Millionen Zentner Rüben, schon eine Million Tonnen Braunkohlen und eine halbe Million Steinkohlen, die zunächst aus Böhmen und England beschafft, zunehmend jedoch in und aus der eigenen Provinz gewonnen und bezogen wurden. Nicht selten war die Errichtung einer Zuckerrübenfabrik mit der

Tabelle 7
Rübenzuckerfabriken im deutschen Zollverein 1851/52

Staat	Anzahl	Versteuerte Rüben Zentner	Anteil %
Ostpreußen	4	98093	0,54
Posen	8	150575	0,82
Pommern	6	357907	1,96
Schlesien	47	3184410	17,41
Brandenburg	9	630272	3,44
Sachsen	102	9612174	52,55
Westfalen	1	16313	0,09
Rheinland	1	16652	0,09
Preußen	178	14066396	76,90
Anhalt Bernburg	8	775663	4,24
Anhalt Köthen	9	796210	4,35
Anhalt Dessau	4	376000	2,06
Schwarzburg-Rudolstadt	1	74039	0,41
Lippe	1	11314	0,06
Bayern	6	196920	1,08
Württemberg	4	315922	1,73
Baden	3	706853	3,87
Kurhessen	4	58662	0,32
Thüringen	4	162394	0,88
Braunschweig	8	607813	3,32
Frankfurt a. M.	1	34850	0,20
Zollverein	234	18289901	100,00

Quelle: *Reden, Friedr. Wilh. v.*, Erwerbs- und Verkehrs-Statistik des Königsstaats Preußen. In vergleichender Darstellung, Bd. 3, Darmstadt 1854, S. 1873.

Eröffnung einer Braunkohlengrube gekoppelt. Aber nicht nur 1 $^1/_2$ Millionen Tonnen Kohlen waren nötig, sondern auch etwa 60000 Zentner Salzsäure, große Mengen Knochenkohle, für 100000 Taler Preßtücher (aus Westfalen), Eisen- und Kupferbleche, Metallwaren, Seiler- und Lederwaren, wie schließlich auch spezielle Maschinenfabriken (fünf entstanden bis 1850 in Magdeburg) unentbehrlich wurden, die die Zuckerrübenfabriken mit allen notwendigen technischen Anlagen ausrüsteten.[11] So entwickelten sich schon frühzeitig enge Wechselbeziehungen zwischen der Zuckerrübenindustrie und dem Bergbau, Textil-, Maschinenbau- und chemischer Industrie.

Doch nicht nur Bodenverhältnisse, Verkehrslage und günstige Brennstoffversorgung förderten die Entwicklung der Zuckerindustrie vornehmlich in der Provinz Sachsen,

[11] Vgl. Einige Nachrichten von dem gegenwärtigen Zustande der Landwirtschaft und insbesondere der landwirtschaftlichen technischen Gewerbe in der königlich preußischen Provinz Sachsen, Magdeburg 1850. – Im Betriebsjahr 1845/46 arbeiteten in der Provinz Sachsen 37 Fabriken mit 60 Reiben und 178 hydraulischen Pressen. In 23 Fabriken waren 30 Dampfmaschinen mit 341 PS Nutzleistung in Betrieb, während eine Fabrik mit Wasserkraft, die übrigen 13 mit Göpelwerken betrieben wurden, die mit 59 Zugtieren bespannt waren.

vor allem in der Magdeburger Börde, sondern auch die schon seit Ende des 18. Jahrhunderts betriebene Hackkultur, insbesondere der weitverbreitete Zichorien- und Runkelrübenanbau, leistete der Zuckerrübenkultur raschen Vorschub.

Diese seit langen Jahren vorherrschenden intensiven Anbaumethoden erklären sich nicht zuletzt aus den günstigen sozialökonomischen Verhältnissen in der Landwirtschaft. Im Gegensatz zu den ostelbischen, gutsherrschaftlichen Provinzen bestanden in der Provinz Sachsen, in Braunschweig, Hannover und im Anhalt (was in vielerlei Hinsicht auch auf das niederschlesische Zuckerrübenanbaugebiet zutrifft) vor den Agrarreformen und der Industriellen Revolution günstigere bäuerliche Rechtsverhältnisse: volles Eigentum der Bauern bei persönlicher Freiheit bzw. Erbpacht- oder Erbzinsverhältnisse, nur wenig Arbeitsrenten, vorherrschende geldliche Leistungen an die Grund- oder Gutsherrschaft, Unteilbarkeit des Bauerngutes im Erbgang, eine relativ große Landausstattung der Bauerngüter, eine in langer Tradition gefestigte Landgemeinde.

Diese bäuerlichen Verhältnisse ermöglichten infolge günstigerer Absatz- und Marktverhältnisse eine beachtliche Verbesserung der Produktion und eine gewisse Kapitalakkumulation, wie auch die Gutsherrschaften und Domänen durch die Anwendung produktiverer Lohnarbeit allgemein höhere Leistungen erzielten als in Brandenburg, Pommern oder Ostpreußen. Schließlich haben die Bauern auch die Agrarreformen recht gut überstanden. Der Landbesitz blieb fast ungeschmälert, und trotz hoher Kapitalentschädigungen für feudale „Rechte" (zum Beispiel Provinz Sachsen 35872000 und Hannover 45772000 Mark) entwickelte sich ein kräftiger Groß- und Mittelbauernstand. Andererseits schufen die Reformen auch eine große Masse ländlicher Proletarier. Und da die Zuckerrübenfabriken einen saisonbedingten Charakter haben und es auf intensive Pflege der Rübenkulturen und schnellste Verarbeitung der geernteten Rüben ankam und die laufend entstehenden Zuckerrübenfabriken einen großen Bedarf an Arbeitskräften hatten, räumte man ziemlich schnell mit allen feudalen Relikten, wie Dreschanteil, Deputaten, Kontrakten, Instverhältnissen und ähnlichem, auf und verwandelte die Landarbeiter in freie Arbeiter, die nur noch gegen Geld entlohnt wurden. Nirgends haben sich die freien Lohnarbeiter in der Landwirtschaft so schnell herausgebildet wie in den Zuckerrübenregionen. Die Provinz Sachsen, Braunschweig und der Anhalt gehören zu den am schnellsten durchkapitalisierten Gebieten Deutschlands.

Waren die ersten Zuckerrübenfabriken meist Gründung von Kaufleuten (Zichorienhändler), so wurden sie in der Folge mehr und mehr von kapitalkräftigen Gutsbesitzern und Domänenpächtern, mitunter auch von Maschinenfabrikanten, errichtet, wobei sie häufig Bankkredite in Anspruch nahmen. Einzelbesitzungen waren in der Provinz Sachsen, besonders in der ersten Gründungsphase bis etwa 1850, nicht selten, doch zunehmend entstanden die Fabriken als Kapitalgesellschaften. Da in Preußen Aktiengesellschaften bis 1870 konzessioniert werden mußten und Konzessionen nur ungern erteilt wurden, wählten die Fabrikanten und Rübenproduzenten in der Regel die Form der Offenen Handelsgesellschaft, die jedoch auf Grund von Aktienausgaben wie Aktiengesellschaften (Aktienvereine) funktionierten. In Braunschweig, Anhalt und Hannover wurden die Fabriken von Anfang an als Aktiengesellschaften aufgezogen. Dabei beteiligten sich auch in starkem Maße Bauern, hauptsächlich Groß- und Mittelbauern, an den Gründungen. Aber auch Kleinbauern und selbst Tagelöhner, wenn auch nur in geringerer Anzahl, waren in der Lage, Aktien einer Zuckerrübenfabrik zu erwerben.[12] Nicht selten ging die Errichtung einer Zuckerrübenfabrik auf bäuerliche Initiativen zurück. Bäuerliche Betriebsgründungen setzten in der Regel erst mit den fünfziger Jahren ein, doch gab es in der Magdeburger Börde auch schon in den dreißiger Jahren bäuerliche Zuckerrübenfabriken (zum Beispiel Wanzleben, Seehausen, Ochtmersleben, Etgersleben und Ottersleben).[13]

Bürgerliche Landwirte und kapitalistisch wirtschaftende Bauern waren die Gründer und Teilnehmer, die treibenden Kräfte bei der Entwicklung der Produktivkräfte in der Zuckerrübenindustrie. Adlige waren nur sehr wenig darunter. In der Provinz Sachsen zählte man bis 1870 nur sieben adlige Zuckerrübenfabrikanten, was jedoch nicht heißt, daß sich die adligen Gutsbesitzer nicht kräftig mit den gewinnbringenden Rübenlieferungen an die Fabriken befaßt hätten. Sie waren industrielle Grundeigentümer, die „den Ackerbau ohne feudalistische Illusion und ohne ritterschaftliche Nonchalance als Geschäft, eine Industrie mit den bürgerlichen Hilfsmitteln, Sachkenntnis und Arbeit“ betrieben.[14] Daher ähnelten sie in vielerlei Beziehungen viel eher den englischen Agrarkapitalisten als den ostelbischen Junkern. Wenn die adligen Gutsbesitzer Zuckerfabriken anlegten, so besuchten sie vorher eine Reihe von Bürgerlichen betriebene Zuckerfabriken, um technische und wirtschaftliche Erfahrungen zu sammeln, als Rübenlieferer traten sie den bürgerlichen Zuckerfabrikanten, selbst wenn sie von den einst von ihnen abhängigen Bauern geleitet wurden, als gleichberechtigte Partner gegenüber, sie paßten ihre Landwirtschaft dem Industriebetrieb an, ja manche von ihnen gingen so weit, daß sie ihre Gutswirtschaften zusammenlegten, um sie im Interesse einer rationellen Landwirtschaft und produktiveren Rübenzuckerfabrikation gemeinschaftlich zu bewirtschaften, wie zum Beispiel 1865 von Krosigk und von Veltheim, Besitzer der Rittergüter Klein Sandersleben, Nordgermersleben und Eichenbarleben (Kreis Neuhaldensleben und Wolmirstedt).[15]

Mit dem wachsenden Rübenhunger der Zuckerfabriken mußte die Beschaffung der erforderlichen Mengen des Rohmaterials in vielen Fällen auf Schwierigkeiten stoßen. Die mangelhafte Qualität der gekauften Rüben in den Anfangsjahren der Zuckerrübenindustrie gefährdete die Rentabilität der Zuckerrübenfabriken. Daher gingen die Fabriken dazu über, die gesamten Rüben selbst anzubauen. Sie kauften oder pachteten ganze Bauernwirtschaften oder Rittergutsländereien, um sie mit dem Fabrikbetrieb zu verbinden und auf ihnen die Zuckerrüben anzubauen. Es entstanden größere Komplexe, die als „Fabrikwirtschaften“ bezeichnet wurden.

Die Entwicklung der „Fabrikwirtschaften“ wirkte nachhaltig auf die bäuerliche Struktur und Lebensweise ein. Das Pachtland der „Fabrikwirtschaften“ wurde gegewöhnlich zu hohen Preisen (20 bis 30 Taler pro Morgen) von den Bauern erstanden. In den eigentlichen Fabrikbezirken, wie etwa um Magdeburg, Halle, Staßfurt oder Calbe, führte diese Entwicklung zur teilweisen Ausschaltung der Bauern aus der

[12] Vgl. *Hagelberg, Gerhard B./Müller, Hans-Heinrich,* Kapitalgesellschaften für Anbau und Verarbeitung von Zuckerrüben in Deutschland im 19. Jahrhundert, in: Jahrbuch für Wirtschaftsgeschichte, 1974, Teil 4.

[13] Historisch-geographisch-statistisch-topographisches Handbuch vom Regierungsbezirk Magdeburg, hg. v. J. A. F. Hermes u. M. J. Weigelt, Teil 1, Magdeburg 1843, S. 114ff.

[14] *Engels, Friedrich,* Der Status quo in Deutschland, in: MEW, Bd. 4, Berlin 1959, S. 47.

[15] Staatsarchiv Magdeburg, Rep. H, Alvensleben, Nr. 242.

Landwirtschaft. So heißt es zum Beispiel in einem Bericht an das preußische Landes-Ökonomie-Kollegium vom Jahre 1851: „Die Dörfer Westerhüsen, Fermersleben, Salbke, Dodendorf, Lemsdorf, Groß und Klein Ottersleben, Ebendorf, Alvenstedt, Eichenbarleben sowie viele andere nahe bei Magdeburg gelegenen Dörfer haben ihren Bauernstand ganz oder fast ganz verloren, und so ist es überall, wo große Zuckerfabriken eine Reihe von Jahren hindurch bestehen."[16] Zwar erhielten die verpachtenden oder ihre Besitzungen verkaufenden Bauern beträchtliche Summen, verwandelten sie sich in rentengenießende Kapitalisten und ein Teil von ihnen mochte Zeit und Vermögen der Spekulation in Börsenpapieren in den nahe liegenden Städten widmen, aber in der Öffentlichkeit und bei der Regierung wurden diese Erscheinungen mit recht gemischten Gefühlen betrachtet, weniger die vermögenden, aus der landwirtschaftlichen Produktion ausscheidenden Bauern, als vielmehr die sich in diesem Zusammenhange unvermittelt auftuende soziale Gegenüberstellung von großen grundbesitzenden kapitalistischen Fabrikwirtschaften und Kleinbauern und besitzlosen Landarbeitern, eine Polarisation, die die „Landarbeiterfrage" als gesellschaftliches Problem auf die Tagesordnung setzte.

Dieser Entwicklung wurde seit etwa 1850 Einhalt geboten, indem sich die Bauern, insbesondere nach der Durchführung der Gemeinheitsteilungen und Separation, selbst an den Zuckerrübenfabriken beteiligten oder solche gründeten. Mit ihrem Beitritt, was auch für jeden anderen teilnehmenden Landwirt galt, verpflichteten sie sich, eine bestimmte Morgenzahl Rüben anzubauen oder eine bestimmte Rübenmenge zu liefern. Saatgut, Anbau, Düngung, Pflegearbeiten und Ernte wurden dabei von der Fabrik vorgeschrieben, Maßnahmen, denen sich auch alle übrigen Rüben liefernden Landwirte, die nicht Mitbesitzer der Fabrik waren, unterwerfen mußten. Auf diese Weise sicherten sich die Fabriken nicht nur das begehrte Rohmaterial, sondern beeinflußten auch in erfolgreicher Weise die Qualität der Rüben. Damit stellten die Zuckerrübenfabriken gleichzeitig eine organische Verbindung mit dem Feldbau her und als industrielle Unternehmen, die technisch-organisatorisch auf einer höheren Entwicklungsstufe standen als die landwirtschaftlichen Betriebe, und im Interesse ihres Profits übten sie auf die Betriebe der Landwirtschaft ständig Druck aus, sich den Bedürfnissen des Fabrikationsverfahrens anzupassen. Die vertraglichen Regelungen mit den Rübenbauern, bei denen sich seit den vierziger Jahren auch zunehmend die wissenschaftlichen Erkenntnisse der Pflanzenzüchtung und -ernährung niederschlugen, die ständigen Kontrollen des landwirtschaftlichen Produktions- und Arbeitsprozesses seitens der Fabrik zwangen die Landwirte zum intensiven Anbau rationeller Bewirtschaftung, wirtschaftlicher Rechnungsführung, zu einer kapitalistischen Landwirtschaft. Die Fabriken stellten jene Verhältnisse her, wie sie Marx im „Kapital" beschrieb: „An die Stelle des gewohnheitsfaulsten und irrationellsten Betriebs tritt bewußte, technologische Anwendung der Wissenschaft. Die Zerreißung des ursprünglichen Familienbandes von Agrikultur und Manufaktur, welches die kindlich unentwickelte Gestalt beider umschlang, wird durch die kapitalistische Produktionsweise vollendet. Sie schafft aber zugleich die materiellen Voraussetzungen einer neuen, höheren Synthese, des Vereins von Agrikultur und Industrie, auf Grundlage ihrer gegensätzlich ausgearbeiteten Gestalten."[17]

[16] ZStA, Abt. II, Rep. 164a, Nr. 135, Bd. 2, Bl. 144.
[17] *Marx, Karl*, Das Kapital, Bd. 1, in: MEW, Bd. 23, Berlin 1962, S. 528.

Die „Fabrikwirtschaften", einschließlich die bäuerlichen, die „kapitalistische Erziehungsarbeit" in der Landwirtschaft leisteten, unterlagen genauso wie alle übrigen kapitalistischen Unternehmen den ökonomischen Gesetzen der Konzentration und Zentralisation. Wenn ihre Anzahl bis 1870 auch ständig stieg, so gingen jedoch auch gleichzeitig kleinere und unrentable Fabriken ein. Und jede Neugründung erfolgte auf größerer Stufenleiter der Produktion. Sie fand ihren besonderen Ausdruck in dem zunehmenden Zusammenschluß vieler Unternehmer und Landwirte, wobei aber wohl mehr als der steigende Kapitalbedarf der steigende Rohstoffbedarf für die Errichtung einer Zuckerfabrik die Bildung und Ausbreitung kapitalistischer Gesellschaften in der deutschen Zuckerwirtschaft forcierte. Sie war zugleich von einem Wachstum des bäuerlichen Kapitalismus begleitet, das sich insbesondere in der Vergrößerung oder Neubildung vieler großbäuerlicher Wirtschaften widerspiegelte.[18]

Der steigende Rohstoffbedarf der Zuckerrübenfabriken beeinflußte natürlich auch in entscheidender Weise die Bodenbewirtschaftung. Der Rübenbau beherrschte die Landwirtschaft der Fabrikwirtschaften, ihre sonstige landwirtschaftliche Produktion war beinahe von nebensächlicher Bedeutung. Man betrieb Monokultur, die letzten Endes nur den Profitinteressen der kapitalistischen Zuckerrübenfabriken entsprach. Die Fabrikwirtschaften bebauten bis in die sechziger Jahre bis zu zwei Drittel ihrer Anbaufläche mit Rüben. Es gab Fälle, nach welchen zum Beispiel in der Magdeburger Börde auf gepachteten Wirtschaften (60 Morgen Größe) innerhalb von zwölf Jahren zehnmal Rüben und zweimal Weizen angebaut wurde.[19] Dieser übertriebene Rübenbau konnte auf die Dauer nicht ohne schwere Schädigung für die Landwirtschaft bleiben. So erfolgte beispielsweise im Jahre 1868 ein völliges Versagen des Bodens für den Rübenbau in dem Gebiet um Staßfurt. Auch in anderen Bezirken waren die Erträge bereits schon in den fünfziger Jahren um ein bis zwei Drittel zurückgegangen. Die Rübenmüdigkeit des Bodens (Nematoden) zwang daher die Rübenwirtschaften zum Übergang zu einer geregelteren Fruchtfolge. Doch die Fabrikwirtschaften konnten sich mit der Fruchtwechselwirtschaft, die im Anhalt, Braunschweig und in der Provinz Sachsen seit etwa 1855 Eingang fand, keineswegs begnügen. Sie wandten vielmehr die sogenannte „Industriewirtschaft" an, die den Bedürfnissen der Zuckerrübenfabriken weit entgegenkam, in der zwar nun eine gewisse Fruchtfolge und eine ausreichende Düngung der Rübenmüdigkeit entgegenwirkte oder sie beseitigte, aber insgesamt trotzdem noch ein erheblicher Anteil der Anbaufläche mit Rüben kultiviert wurde.

Die Brennereien

Wie die Zuckerrübenfabriken blühten auch die Brennereien auf. Waren erstere jedoch im 19. Jahrhundert entstanden, so gehörten die Brennereien zum traditionellen Gewerbe, dessen betriebs- und volkswirtschaftliches Gewicht andere Züge aufwies als das der Zuckerfabriken. Beiden gemeinsam war die Verbindung mit der Landwirtschaft, beide brachten dem landwirtschaftlichen Betrieb unmittelbare Vorteile. Die

[18] Vgl. *Humbert, G.*, Agrarstatistische Untersuchungen über den Einfluß des Zuckerrübenanbaus auf Land- und Volkswirtschaft, in: Sammlung nationalökonomischer und statistischer Abhandlungen, Bd. 1, o. O. 1877, S. 104.

[19] *Hildebrandt, Alfred*, Die Entwicklung des deutschen Zuckerrübenbaues mit besonderer Berücksichtigung der Ackerbautechnik, landwirtschaftl. Diss., Berlin 1928, S. 18f.

Zuckerfabriken lieferten Abfälle, wie Schnitzel und Melasse, die eine wertvolle Futterquelle darstellten. Der anfallende Kalk wurde zum Düngen der Felder verwandt. Das gleiche traf auf die Brennereien zu, deren Schlempe sich vor allem für die Schweinemast ausgezeichnet eignete. Andererseits konnten die Brennereien alle Kartoffeln verarbeiten, die sich nicht mehr für die menschliche Ernährung verwenden ließen. Doch während bei den Zuckerfabriken auch die bäuerlichen Wirtschaften Nutzen aus den wertvollen Rückständen zogen, kamen sie bei den Brennereien fast ausschließlich nur den junkerlichen Großbetrieben zugute, weil letztere die Branntweinherstellung weitgehend monopolisiert hatten.

Ursprünglich wurde der Branntwein aus Korn destilliert, und die Produktion war nicht sonderlich groß. Am Ende des 18. Jahrhunderts beschränkten sich die mehr auf Qualität als auf Quantität sehenden Brennereien meist nur auf wenige Städte, wie Münster, Ulrichshausen, Nordhausen und andere. Gegen Anfang des 19. Jahrhunderts vermehrten sich die Kornbrennereien auf dem Lande als Nebengewerbe der größeren Gutsbesitzer und Pächter, besonders in Hannover und Braunschweig. Sie fanden Abnehmer sowohl durch den steigenden Branntweingenuß wie auch durch die stets wachsenden Armeen, die ihrerseits den Geschmack am Branntwein in weite Kreise der Bevölkerung trugen. So dehnten sich die als Nebengewerbe betriebenen Kornbrennereien auf größeren Gutsbetrieben am Niederrhein, in Brandenburg, in der Lausitz und Provinz Sachsen aus.

Der Wendepunkt für die Brennerei war aber die Entdeckung, daß man Branntwein auch aus Kartoffeln herstellen kann. Damit wurde das Gewerbe revolutioniert. Die Brennerei verlagerte sich nun stärker denn je auf das Land und der kornbrennende Großgrundbesitzer wurde vom kartoffelbrennenden Großgrundbesitzer verdrängt, die Brennerei verzog sich vom Kornland auf das Kartoffelland, von Nordwestdeutschland nach Ostelbien.

Als Ausgangspunkt der Kartoffelbrennereien als landwirtschaftliches Gewerbe kann 1810 dienen, das Jahr, in dem in Preußen die allgemeine Erlaubnis für die Errichtung von Brennereien erteilt wurde. Doch wichtiger für ihren Aufschwung, an dem auch die chemische Industrie mitwirkte, waren wohl die Mißernte und Hungersnot von 1816, die die Kornpreise ungemein erhöhten, und, daß Korn als Rohstoff keine Verwendung mehr fand. Die Kartoffel trat nun an seine Stelle. Beschleunigt wurde der ostelbische Brennereibetrieb noch durch die Ablösungen der Bauern, die seit etwa 1816 bis 1819 mit dem Steigen der Getreidepreise einen rascheren Fortgang nahmen. Das den Bauern abgenommene Geld legten die Junker zu einem großen Teil in Brennereien an. 1827 erzeugte Preußen bereits 125 Millionen Quart, während Hannover, fünfzehn Jahre vorher noch der führende Branntweinlieferant, nur 18 Millionen Quart lieferte.

Brandenburg, Pommern, Preußen, die Altmark, das nördliche Niederschlesien und der deutschsprechende Teil Posens waren die Kerngebiete der Branntweinbrennereien, sie waren die „Zentralschnapsfabrik der Welt".[20] Das ostelbische Preußen erzeugte bis 1870 etwa zwei Drittel der gesamten deutschen Alkoholproduktion.

Wurden die Zuckerrübenfabriken auf guten Böden errichtet, die bereits früher eine beachtliche Intensivierung aufwiesen, so unterwarfen sich die Brennereien zu-

[20] *Engels, Friedrich,* Preußischer Schnaps im Deutschen Reichstag, in: MEW, Bd. 19, Berlin 1962, S. 46.

nehmend die leichten Böden Ostelbiens. Die Kartoffelbrennereien waren zweifellos in der ersten Hälfte des 19. Jahrhunderts ein nicht unwesentlicher Hebel zur Intensivierung dieser vordem nur ungenügend genutzten Böden. Doch diese Intensivierung kam fast nur den junkerlichen Betrieben zugute, weil, wie schon erwähnt, die Kartoffelbrennereien fast ausschließlich auf den junkerlichen Betrieben errichtet wurden. Unter diesen Umständen und herrschenden gesellschaftlichen Verhältnissen waren die Brennereien ein geeignetes Mittel, „eine neue Lebensfrist für das Junkertum" zu gewähren.[21]

Wie sich die Gewinne der Brennereien und damit des Kartoffelbaues, wozu auch noch die einträgliche Schafzucht gehörte, die in den dreißiger und vierziger Jahren, besonders aber während der Agrarkrise ein Rettungsanker der junkerlichen Wirtschaft war, zu Buche schlugen, mag eine Einnahme-Bilanz eines Junkergutes aus dem Jahre 1827 ausweisen (vgl. Tabelle 8).

Tabelle 8

Einnahmen des Hardenberg-Reventlowschen Gutes Neuhardenberg im Jahre 1827

Art der Einnahmen	Taler	Groschen	Pfennige
Jurisdikationsgefälle	147	3	7
Dienstgeld der Bauern	1413	9	5
Zins, Zehnt, Schutzgeld	1588	9	5
Ackerbau	2548	–	–
Gartennutzung	50	–	–
verkauftes Rindvieh	947	–	–
verkauftes Schafvieh und Wolle	4665	14	10
Kuhnutzung	924	2	8
Schweine und Federvieh	194	16	–
Bierbrauerei	1136	6	6
Branntweinbrennerei	3746	21	10
Vorschuß aus gräflicher Kasse in Berlin	300	–	–
Extra Ordinärie	16	1	5

Quelle: Staatsarchiv Potsdam, GA Neuhardenberg, Nr. 1452 L 70

Diese Verquickung von junkerlichem Betrieb und Branntweinbrennerei und entsprechende vom halbfeudalen Staat begünstigte Preismanipulationen sicherten Preußen das Monopol an der Herstellung von Kartoffelsprit, jenem Artikel, „was Eisen und Baumwollwaren für England sind, der Artikel, der es auf dem Weltmarkt repräsentiert".[22]

Die zahlenmäßige Entwicklung der Brennereien und des Getreide- und Kartoffelverbrauchs in Preußen von 1831 bis 1865, insbesondere aber die Überholung der Kornbrennereien durch die Kartoffelbrennereien, sowie den Anteil der einzelnen preußischen Provinzen an der Branntweinproduktion ersehen wir aus den Tabellen 9 und 10.

Aus diesen Zahlen erkennen wir einmal die starke Ausbreitung der Brennereien auf dem Lande und zum anderen eine kräftige Verringerung der Anzahl der Brennereien in der Zeit von 1830 bis 1870, deren Ursache in einer Betriebsgrößenveränderung,

[21] Ebenda.

[22] Ebenda, S. 45.

vor allem in einem erheblichen Wachstum des durchschnittlichen Betriebsumfanges der einzelnen Brennereien, zu suchen ist. Den Konzentrationsprozeß im Brennereigewerbe verdeutlichen einige überlieferte Zahlen über die Betriebsgrößenentwicklung der Brennereien in der Zeit zwischen 1845 und 1875 (vgl. Tabelle 11).

Tabelle 9
Entwicklung der Brennereien in Preußen 1831 bis 1865

	1831	1851	1865
Gesamtzahl der Brennereien	22969	11343	7711
Davon in Betrieb	13806	7948	6209
in den Städten	4407	1150	1103
auf dem Lande	9399	6398	5106
mit Getreide gebrannt (gesamt)	4125	2121	1730
in den Städten	2280	912	756
auf dem Lande	1845	1209	974
mit Kartoffeln gebrannt (gesamt)	8654	4509	3147
in den Städten	2002	493	194
auf dem Lande	6652	4016	2953

An Getreide verbraucht	1831	4341144	Scheffel
	1851	3375763	Scheffel
	1865	4690300	Scheffel
An Kartoffeln verbraucht	1831	13215164	Scheffel
	1851	19089050	Scheffel
	1865	27177893	Scheffel

Quelle: Meitzen, August, Der Boden und die landwirtschaftlichen Verhältnisse des Preußischen Staates, Bd. 4, Berlin 1869, S. 552ff.

Tabelle 10
Branntweinproduktion in den preußischen Provinzen 1846 bis 1848
(in Prozent)

Provinzen	1846	1847	1848
Ostpreußen	8,0	7,6	8,3
Westpreußen	7,2	6,2	6,2
Posen	10,0	9,3	8,4
Pommern	10,2	8,5	9,6
Schlesien	13,7	12,8	10,9
Brandenburg	26,9	25,3	24,1
Sachsen	15,8	17,6	19,3
Westfalen	3,3	3,7	5,5
Rheinland	4,9	9,0	7,7

Quelle: Reden, Friedr. Wilh. v., Erwerbs- und Verkehrs-Statistik des Königsstaates Preußen. In vergleichender Darstellung, Bd. 3, Darmstadt 1854, S. 1861.

Um die Mitte des 19. Jahrhunderts stellte die landwirtschaftliche Nebenindustrie im Verhältnis zu der sich entwickelnden eigentlichen Industrie (Maschinenbau, Textilindustrie, Bergbau, Chemie u. a.) einen recht beachtlichen volkswirtschaftlichen Faktor dar, zumindest von der Seite der Arbeitskräfte. 1849 waren in Preußen in den Zuckerrübenfabriken, im Brennerei- und Brauereigewerbe sowie in den Ziegeleien,

Tabelle 11
Zahl der Brennereien nach Größenklassen im ostelbischen Preußen von 1845 bis 1874 (in Größenklassen der Maischraumsteuer)

Größenklasse	1845	1854	1864	1874
Zwergbrennereien (unter 150 Mark)	591	89	112	69
Kleine Brennereien (150 – 1500 Mark)	5185	1173	615	402
Mittlere Brennereien (1500–15000 Mark)	1887	2036	2160	1815
Große Brennereien (über 150000 Mark)	115	123	529	1011

Quelle: *Ehle, Walter*, Der Einfluß der deutschen Branntweinsteuergesetzgebung auf die Entwicklung des Brennereigewerbes, landwirtschaftl. Diss. Berlin 1926, S. 29.

Kalkbrennereien und Teeröfen, die häufig von Gutsbesitzern und Pächtern betrieben wurden, rund 75000 Arbeitskräfte beschäftigt (vgl. Tabelle 12), während im gleichen Jahr 1849 zum Beispiel in den 720 Eisenwerken, die eine wichtige Voraussetzung für den Maschinenbau und die Metallindustrie bildeten, erst 18687 Arbeiter tätig waren.[23]

Tabelle 12
Industrie auf dem Lande in Preußen 1849

Zahl	Industriezweig	Zahl der Arbeiter
5521	Ziegeleien	24634
1822	Kalkbrennereien	5501
522	Teeröfen davon 4 in Städten	1084
116	Zuckerrübenfabriken	15055
8020	Bierbrauereien davon 4438 auf dem Lande	13087
7452	Branntweinbrennereien davon 5902 auf dem Lande	15429
	Gesamt	74790

Quelle: *Jahrbuch für Volkswirtschaft und Statistik*, hg. von Otto Hübner, 1852, S. 34 u. 55.

Im gesamten deutschen Zollverein waren in der Zuckerrübenindustrie und im Brennerei- und Brauereigewerbe im Jahre 1846 reichlich 72000 Arbeiter beschäftigt. In der Zuckerrübenindustrie war Preußen eindeutig führend, es vereinigte 10935 Arbeiter von insgesamt 12625 auf sich, während in den Brennereien 16990 Arbeiter auf Preußen und 10500 Arbeiter auf die übrigen Zollvereinsstaaten fielen. Im Brauerei-

23 Vgl. *Obermann, Karl*, Die Arbeiteremigration in Deutschland im Prozeß der Industrialisierung und der Entstehung der Arbeiterklasse in der Zeit von der Gründung bis zur Auflösung des deutschen Bundes (1815 bis 1867), in: Jahrbuch für Wirtschaftsgeschichte, Berlin 1972, Teil 1, S. 161.

gewerbe dagegen besaßen die außerpreußischen Zollvereinsstaaten ein deutliches Übergewicht, und zwar 18013 zu 13095 Arbeiter (vgl. Tabelle 13 und 14).[24]

Diese Zahlen deuten bereits einen hohen Grad von Mobilität der arbeitenden Bevölkerung und Eingliederung in den kapitalistischen Arbeits- und Ausbeutungsprozeß im landwirtschaftlichen industriellen Sektor an. Die Ausbeutung war in den

Tabelle 13
Zuckerraffinerien und Zuckerrübenfabriken sowie Anzahl der Arbeiter im deutschen Zollverein im Jahre 1846

Staat	Zuckerraffinerien Anzahl	Arbeiter	Zuckerrübenfabriken Anzahl	Arbeiter	Arbeiter insgesamt
Preußen	57	2907	85	8028	10935
Davon im Reg. Bezirk					
Magdeburg	12	159	36	5016	5175
Breslau	1	67	20	1666	1733
Köln	13	707	–	–	707
Stettin	3	528	3	80	608
Merseburg	1	45	6	554	599
Stadt Berlin	6	427	1	53	480
Königsberg	3	305	–	–	305
Posen	–	–	8	296	296
Potsdam	2	213	2	25	238
Düsseldorf	9	203	–	–	203
Stralsund	–	–	1	165	165
Gumbinnen	1	49	2	80	129
Liegnitz	2	72	1	12	84
Minden	2	74	–	–	74
Oppeln	–	–	2	54	54
Danzig	1	34	–	–	34
Aachen	1	24	–	–	24
Frankfurt	–	–	2	17	17
Erfurt	–	–	1	10	10
Bayern	7	293	10	372	665
Württemberg*	–	–	–	–	–
Baden	2	116	3	297	413
Kurf. Hessen	2	114	3	84	198
Sachsen	2	33	2	59	92
Thüringen	–	–	2	81	81
Braunschweig	–	–	3	240	240
Gesamt	70	3463	108	9161	12624

* keine Angaben überliefert

Quelle: *Reden, Friedrich Wilhelm v.*, Erwerbs- und Verkehrs-Statistik des Königsstaat Preußen. In vergleichender Darstellung, Bd. 3, Darmstadt 1854, S. 1872f.

[24] Vgl. dazu die Zahlen über die Brauereien bei *Reden, Friedrich Wilhelm v.*, Erwerbs- und Verkehrs-Statistik des Königsstaats Preußen. In vergleichender Darstellung, Bd. 3, Darmstadt 1854, S. 1862f.

Tabelle 14
Brennereien im deutschen Zollverein 1846 (Getreide, Kartoffel u. a.)

Staat	Brennereien		Destillationen		Arbeiter
	Zahl	Arbeiter	Zahl	Arbeiter	insgesamt
Reg. Bezirk:					
Düsseldorf	1233	1435	88	170	1605
Breslau	649	1018	184	230	1248
Frankfurt	370	985	108	149	1134
Potsdam	279	973	84	125	1098
Liegnitz	813	952	97	139	1091
Posen	176	870	94	154	1024
Gumbinnen	427	965	37	48	1013
Magdeburg	258	790	54	151	941
Oppeln	359	822	92	112	934
Stettin	159	634	106	185	819
Königsberg	296	683	70	86	769
Marienwerder	132	651	36	49	700
Koblenz	411	517	15	19	536
Trier	369	504	8	8	512
Köslin	97	402	48	57	459
Arnsberg	224	331	18	41	372
Köln	291	359	24	60	419
Münster	299	344	10	19	363
Danzig	51	204	75	143	347
Bromberg	71	275	42	60	335
Merseburg	145	253	43	71	324
Berlin	3	26	91	239	265
Erfurt	80	202	21	34	236
Minden	85	166	39	57	223
Aachen	112	127	27	34	161
Stralsund	28	48	16	22	70
Preußen	7417	14536	1527	2462	16998
Bayern	5107	5405	125	161	5566
Württemberg	7707		14		
Baden	168	216	9	19	235
Großherzt. Hessen	1169	1487	29	44	1531
Kurhessen	524	848	35	42	880
Nassau	652	677	13	17	694
Sachsen	899	1203	193	244	1447
Thüringen	29		43		
Braunschweig	72	144	12	13	157

Quelle: *Reden, Friedrich Wilhelm v.*, Erwerbs- und Verkehrs-Statistik des Königsstaates Preußen. In vergleichender Darstellung, Bd. 3, Darmstadt 1854, S. 1849.

landwirtschaftlichen industriellen Betrieben groß. So bestanden zum Beispiel in den Zuckerrübenfabriken des Kreises Wanzleben 1850 folgende tägliche Arbeitszeiten[25]:

[25] Staatsarchiv Magdeburg, Rep. C 28 I f, Nr. 299, Bd. 2, Bl. 3.

In einer Zuckerrübenfabrik von 3 bis 19 Uhr
In zwei Zuckerrübenfabriken von 3 bis 18.30 Uhr
In vier Zuckerrübenfabriken von 3 bis 18 Uhr
In zwei Zuckerrübenfabriken von 4 bis 19 Uhr
In drei Zuckerrübenfabriken von 4 bis 18 Uhr
In einer Zuckerrübenfabrik von 5 bis 18.30 Uhr

Diese Arbeitszeit fand in der Regel neun Monate statt, wobei häufig auch die Sonntage inbegriffen waren. In den übrigen drei Monaten wurde von 5 bis 19 Uhr gearbeitet. Vier Zuckerfabriken gewährten dabei um 9 Uhr eine halbe Stunde Frühstückspause, um 12 Uhr eine Stunde Mittagsbrot und um 16 Uhr nochmals eine Pause von 30 Minuten, während sieben Zuckerrübenfabriken die Nachmittagspause nicht erlaubten.[26]

Als Lohn erhielten die Arbeiter im Jahre höchstens 110 Taler, doch das Existenzminimum wurde in Preußen mit 172 Taler berechnet.[27] Ähnliche Arbeits- und Lohnverhältnisse dürften auch in den Brennereien geherrscht haben.

Dennoch sind einige sozialökonomische Unterschiede in den technischen Gewerben der Landwirtschaft zu beachten. Wenn die Zuckerrübenfabriken und die Brennereien sich gleichermaßen durch den Saisoncharakter der Produktion und der Arbeit auszeichnen, so ist der Saisoncharakter der Zuckerrübenfabriken gegenüber den Brennereien besonders ausgeprägt, wie auch die Arbeiter in den Brennereien unter anderen gesellschaftlichen Verhältnissen ausgebeutet werden.

Die Lohnarbeiter in den ostelbischen Brennereien stammten in der Hauptsache aus der nächsten Umgebung der Betriebe, die im Prozeß der Agrarreformen und der Separationen entstanden. Sie wurden als „freie" Lohnarbeiter beschäftigt, aber indem die Junker die Arbeiter zu einem erheblichen Teil mit Naturalien und Deputaten entlohnten und sie auch mit einem Stück Ackerland ausstatteten, banden sie die Arbeiter nicht nur während der Zeit der Spritverarbeitung an ihre Betriebe, sondern sie wurden auch darüber hinaus als „freie Landarbeiter" oder Gutstagelöhner auf den herrschaftlichen Gütern eingesetzt. Das verhinderte nicht unbeträchtlich die Fluktuation der Arbeitskräfte, die gleichzeitig damit auch der Beeinflussung durch die feudale oder halbfeudale Ideologie ausgesetzt waren. Ganz anders in den Zuckerrübengebieten.

Je mehr sich die Zuckerrübenindustrie ausdehnte, desto mehr breitete sich der wirklich freie Arbeiter, der auch keinen irgendwelchen halbfeudalen Beschränkungen unterworfen ist, rasch aus. Und mit dem Saisoncharakter der Produktion hing auch der Übergang von Zeit- oder Tagelohn zum Stück- oder Akkordlohn zusammen. Bereits in den vierziger Jahren ist der Akkordlohn in der Provinz Sachsen recht verbreitet. Je mehr aber auch die Landwirtschaft der Fabrikwirtschaften und auch der Maschinendrusch den Charakter eines Saisongewerbes annahm, um so weniger genügten die einheimischen freien Arbeitskräfte, die freilich durch das Anwachsen der modernen Großindustrie zu einem beträchtlichen Prozentsatz in die Städte zogen. Aber eben diese Industrie bot durch den Bau der Eisenbahnen der Landwirtschaft auch wieder die Mittel, billige Arbeitskräfte von weit her zu beziehen. Die Sachsengängerei entstand, jene periodischen Wanderungen ländlicher Arbeiter, die stets größere Dimensionen annahm. Zunächst gingen die brotlosen Arbeiter aus dem Eichs-

[26] Ebenda, Nr. 231, Bl. 3

[27] Deutsche Geschichte. Kleine Enzyklopädie, Leipzig 1965, S. 244.

feld auf Wanderschaft, die bis in die sechziger Jahre den Arbeitskräftebedarf der Fabrikwirtschaften bei Halle, Magdeburg und im Anhalt deckten. Dann kamen Arbeiter aus dem Oder- und Netzebruch, und um 1870 wurden schon größere Massen von Landarbeitern aus Pommern und sogar aus Schweden in der Provinz Sachsen beschäftigt, bis schließlich im letzten Drittel des 19. Jahrhunderts immer größere Teile der Landbevölkerung aus Polen, Rußland und Ungarn in die Wanderbewegung hineingezogen wurden.[28]

[28] Vgl. *Kärger, Karl*, Die Sachsengängerei, in: Jahrbücher der deutschen Landwirtschaftsgesellschaft, o. O. 1890.

Rudolf Berthold

Die Entstehung der deutschen Landmaschinen- und Düngemittelindustrie zwischen 1850 und 1870

Für die Entwicklung der landwirtschaftlichen Arbeitsmittel waren die Jahrzehnte zwischen 1850 und 1870 bedeutungsvoll. Es entstanden die Landmaschinen- und die Düngemittelindustrie sowie Fabriken für landwirtschaftliche Geräte. Deren Produktionskapazität war zwar in der Entstehungsphase noch gering, aber der hier erreichte Qualitätssprung leitete eine neue Etappe in der Geschichte der landwirtschaftlichen Produktivkräfte ein. Es begann die Zusammenarbeit zwischen Industrie und Landwirtschaft. Landwirtschaftliche Maschinen und industriell hergestellte Düngemittel wurden nach 1870 im zunehmenden Maße bestimmend für den weiteren Verlauf der kapitalistischen Intensivierung der Landwirtschaft, so daß die Industrie und deren Fortschritte wesentlichen Einfluß auf die Entwicklung der Landwirtschaft erhielten. Auch veränderte sich der Güterfluß zwischen Industrie und Landwirtschaft in qualitativer Hinsicht. Hatte bislang die Industrie vor allem Konsumgüter für die landwirtschaftliche Bevölkerung und Halbfabrikate für das Dorfhandwerk geliefert, so kamen jetzt Fertigfabrikate und neue Halbfabrikate für den Produktionsprozeß der Betriebe hinzu, die eines Tages wertmäßig die traditionellen Halbfabrikate überstiegen. Die Industrie erschloß sich damit im eigenen Lande einen Absatzmarkt für ihre Erzeugnisse, der außerordentlich ausdehnungsfähig war.

Die Ursachen für die Entstehung eines eigenen landwirtschaftlichen Maschinenwesens und für die Anwendung wirtschaftsfremder Düngemittel seit der Mitte des 19. Jahrhunderts waren durchaus vielschichtig. Vor allem mußte die industrielle Entwicklung selbst so weit gediehen sein, um eine weitergehende Spezialisierung und Arbeitsteilung zuzulassen, die das Entstehen neuer Zweige ermöglichte. Eisengießerei und Maschinenbau hatten bis 1850 diesen Produktionsstand erreicht, um das bis dahin noch weitgehend fremde Gebiet des Landmaschinenbaus und des chemischen Apparatebaus erschließen zu können, wobei nicht verschwiegen werden soll, daß vor 1850 auf diesem Gebiet schon Erfahrungen vorlagen und Landmaschinen in sehr kleinen Serien gebaut wurden. Vielfach waren es aber nur Einzelfertigungen.

Die seit der Mitte des 19. Jahrhunderts deutlich erkennbare Expansionskraft der Industrie traf gesetzmäßig mit wesentlichen Veränderungen in der Landwirtschaft zusammen. Die Befreiung des Bodens von feudaler Belastung war weit fortgeschritten und die Arbeitskraft von persönlicher Bindung befreit. Das kapitalistische Eigentum in der Landwirtschaft war zwar quantitativ nicht vorherrschend, aber es bestimmte die Produktionsweise. Durch die kapitalistische Bauernbefreiung hatten die Eigentümer der kapitalistischen landwirtschaftlichen Großbetriebe so umfangreiche Geldmittel erhalten, die es ihnen ermöglichten, die Intensivierung schneller als die Bauern vorantreiben zu können.

Die Intensivierung der landwirtschaftlichen Produktion verlangte einen erhöhten

Arbeitsbedarf. Die Kulminationspunkte wurden durch größere Erntemengen verstärkt. Aber die Befreiung der menschlichen Arbeitskraft von feudaler Bindung hatte dieselbe mobilisiert. Auf dem Lande waren nicht mehr alle dafür in Frage kommenden Arbeitskräfte gewillt, auch dort als Lohnarbeiter zu arbeiten. Nach 1850 setzte eine erhebliche Abwanderung ein, die vor allem die früheren gutsherrlichen Gebiete des Ostens und Nordostens erfaßte und zwischen 1860 und 1870 einen Höhepunkt erreichte. Viele dieser Arbeitskräfte fanden einen Arbeitsplatz außerhalb der Landwirtschaft, so daß eine Umschichtung in der Struktur der Arbeitskräfte erfolgte, wobei die Gesamtzahl der Beschäftigten in der Landwirtschaft zunahm. Die Wirtschaft der deutschen Teilstaaten war aber noch nicht so weit entwickelt, um alle Abwanderer aufnehmen zu können, so daß ein erheblicher Teil auswanderte.

Während die Landwirtschaft potentielle und tatsächliche Arbeitskräfte verlor, entwickelten sich die Absatzchancen ausgesprochen günstig, so daß steigende Landarbeiterlöhne sich keinesfalls nachteilig auswirkten. Durch das Wegfallen der Zollgrenzen im Zuge der Bildung des Zollvereins und durch den beginnenden Ausbau eines modernen Verkehrswesens (Eisenbahn, Straßen, Kanäle und Flußregulierungen) konnte sich der Güteraustausch zwischen den deutschen Teilstaaten rascher als bisher ausdehnen. Die Großstädte und Industriezentren erweiterten ihr Einzugsgebiet für landwirtschaftliche Erzeugnisse. Berlin erhielt sogar aus Sachsen landwirtschaftliche Erzeugnisse. Das rheinisch-westfälische Industriegebiet bezog aus Mecklenburg Pommern, Sachsen, Hessen, Baden usw. Produkte. Es entstand ein interregionaler Austausch für landwirtschaftliche Erzeugnisse, der wesentlich zur Herausbildung eines einheitlichen Marktes beitrug und sich stimulierend auf die landwirtschaftliche Produktion auswirkte.

Die Staaten des Zollvereins nutzten gleichzeitig den Wirtschaftsliberalismus der damaligen Zeit aus und erweiterten auf der Grundlage von Handelsverträgen den Absatz landwirtschaftlicher Erzeugnisse. Vor allem steigerten die Agrargebiete des Nordens und Nordostens, die traditionell Handel mit Westeuropa betrieben, ihre Ausfuhr erheblich. Hauptimporteur wurde das wirtschaftlich führende England. Der deutsche Zollverein verdrängte in den östlichen Häfen Englands die anderen Agrarexporteure und brachte die absolut größten Posten an Nahrungsmitteln und landwirtschaftlichen Rohstoffen.

Gegenüber der Erweiterung des Binnenhandels soll zeitweise die Ausdehnung des Exports größer gewesen sein. Das traf vor allem für die Landwirtschaft des Nordens und Nordostens zu. Gleichzeitig ermöglichte der gesteigerte Export traditioneller Waren nach England die Einfuhr des technischen Fortschritts aus diesem führenden Land. Durch die Einfuhr landwirtschaftlicher Maschinen war auch die Landwirtschaft als Hauptexporteur Nutznießer der Ausdehnung des Außenhandels. Selbst in dem durch seine Agrarstruktur ausgesprochen rückständigen Mecklenburg gab es um die Mitte des 19. Jahrhunderts fast in jedem landwirtschaftlichen Großbetrieb die eine oder die andere oder auch mehrere landwirtschaftliche Maschinen englischen Ursprungs, wie Sä-, Mäh-, Dresch-, Häcksel-, Butter-, Düngerstreu- sowie Samenreinigungs- und Getreidesortiermaschinen, aber auch Heuwender, Schrotmühlen, Kornquetscher, Rübenschneider, Dampflokomobilen und Wasserpumpen.

Es traf also die Expansion der Industrie mit der Anhäufung von erheblichen Geldmitteln bei den Eigentümern der landwirtschaftlichen Großbetriebe und der Abwanderung von Arbeitskräften in einem Zeitabschnitt zusammen, in dem die Absatzlage für landwirtschaftliche Erzeugnisse günstig war und die Intensivierung der Produktion zunahm. Das ermöglichte und bedingte zwischen 1850 und 1870 die Entstehung der Landmaschinen- und Düngemittelindustrie sowie der fabrikmäßigen Herstellung landwirtschaftlicher Geräte.

Die wissenschaftlichen und technischen Bedingungen für das Entstehen der deutschen Landmaschinen- und Düngemittelindustrie

Bevor aber in Deutschland die Bedingungen für eine eigene Landmaschinenindustrie herangereift waren, gab es bereits in England und den USA eine leistungsfähige Landmaschinenindustrie. Eine größere Zahl von Erfindern und Praktikern hatte in den angelsächsischen Ländern bekannte landwirtschaftliche Geräte verbessert und neue Maschinen erfunden. Doch diese Geräte und Maschinen blieben vorerst nur einem kleinen Kreis von Landwirten bekannt. Als 1837 in England die Royal Agricultural Society gegründet wurde, sah sie es als ihre Aufgabe an, die Landwirtschaft mit neuen Erkenntnissen vertraut zu machen. 1838 führte sie ihre erste Tierschau durch, zu der so viel Hersteller landwirtschaftlicher Geräte und Maschinen erschienen, daß eine gesonderte Schau von Pflügen, Eggen, Kultivatoren, Walzen, Sämaschinen usw. notwendig wurde. Damit war von vornherein die Landtechnik auf den neu entstandenen Wanderausstellungen vertreten. Die Wanderausstellungen förderten die Entwicklung des Landmaschinenwesens in England erheblich. Die Landwirtschaft wurde mit den neuesten Maschinen, Geräten und Verfahren vertraut gemacht, konnte Vergleiche anstellen und kaufen. Die besten Maschinen wurden prämiert und so eine gewisse Vorauswahl für den Käufer getroffen.

Begünstigt wurde die frühzeitige Entwicklung des landwirtschaftlichen Maschinenwesens in England durch die Durchsetzung des Kapitalismus in der Landwirtschaft bereits vor der Industriellen Revolution und die steigende Tendenz der Landarbeiterlöhne. Aber auch die englische Industrie war in der Lage, solche Geräte und Maschinen zu bauen, die die Landwirtschaft benötigte. Im Prinzip waren es ähnliche Faktoren wie in Deutschland, aber sie trafen erheblich früher zusammen.

Bis zur Mitte des 19. Jahrhunderts waren die englischen landwirtschaftlichen Großbetriebe vielfach mit den damals modernsten Bodenbearbeitungsgeräten sowie mit Sämaschinen, Dreschmaschinen und Getreidereinigungs- und -sortiermaschinen ausgerüstet. Deutsche Landwirte hatten auf ihren Reisen die Gelegenheit, solche gut eingerichteten Betriebe kennenzulernen.

Weitere erhebliche Impulse erhielt die Entwicklung des landwirtschaftlichen Maschinenwesens durch die Weltausstellungen, deren erste 1851 in London (440 Aussteller landwirtschaftlicher Geräte und Maschinen) stattfand und der weitere 1855 in Paris (500 Aussteller Landwirtschaft) und 1862 in London folgten. Erstmalig war ein internationaler Vergleich möglich, was den Wettbewerb beträchtlich förderte. Auf der Weltausstellung von 1851 trat auch der Landmaschinenbau der USA international in Erscheinung. Die Amerikaner gingen in der Konstruktion eigene Wege. Das war besonders deutlich an den Mähmaschinen zu erkennen, deren Konstruktionsprinzipien weitgehend von den technischen Vorstellungen europäischer Fachleute abwichen, aber auch die ersten wirklich brauchbaren Maschinen für das Mähen bildeten. Die amerikanischen Schwingpflüge, Dreschmaschinen und Mähmaschinen stellten eine Sensation dar. Diesen Maschinen war anzusehen, daß man sie nicht für die Landwirtschaft konstruiert hatte, sondern ihre konstruktiven Ideen aus der Landwirtschaft kamen. Im Unterschied zu England suchte in den USA nicht so sehr die Industrie Absatz in der Landwirtschaft, sondern die Landwirtschaft brauchte Maschinen, um die anfallende Arbeit der zunehmend in die Industrie abwandernden Lohnarbeiter erledigen zu können.

Durch die steigenden Landarbeiterlöhne und die riesigen Anbauflächen war die Maschinenanwendung viel wirtschaftlicher als in Europa. Es entstand ein Massenbedarf an Maschinen, was für die Entwicklung der amerikanischen Landmaschinenindustrie günstige Bedingungen schuf. Durch die klimatischen Unterschiede gab es in den USA eine viel längere Arbeitsperiode in der Landwirtschaft als in Europa. Die amerikanischen Landmaschinenfabriken hatten faktisch das ganze Jahr Absatzmöglichkeit für große Serien. Das führte zu einer schnellen Spezialisierung der Betriebe. Von 1850 bis 1870 stieg die Zahl der Landmaschinenfabriken von 1333 auf 2076, die Zahl der Arbeiter von 7220 auf 25249 und der Wert der Produktion von 28 auf 216 Millionen Mark. Für europäische Vorstellungen stellte das ein gigantisches Wachstum dar.

Die Weltausstellungen machten nicht nur die Landwirte und Agrarpolitiker mit dem neuesten Fortschritt der Landtechnik bekannt. Es entstand gleichzeitig ein Welthandel mit landwirtschaftlichen Maschinen. Damit dehnte sich der Konkurrenzkampf auf die internationale Ebene aus. Unter den Bedingungen der kapitalistischen Wirtschaft zwang das zu einer ständigen Verbesserung, wobei sich die USA und England als die führenden Länder zeigten. England hatte Drill- und Breitsämaschinen, Getreidereinigungs- und -sortiermaschinen sowie Hand- und Maschinendreschmaschinen (Schlagleisten) entwickelt, die eine führende Stellung einnahmen. Aus den USA kamen die besten Mähmaschinen. Der amerikanische Schwingpflug entsprach den Festlandsbedingungen in Europa besser als der englische, während die sehr leistungsfähige Stiften-Dreschmaschine Hartgetreide verlangte, das in Zentral- und Nordeuropa nicht angebaut wurde, jedoch in den Trockengebieten Osteuropas.

Der unmittelbare Augenschein auf den internationalen und nationalen englischen landwirtschaftlichen und Industrieausstellungen besaß für die Verbreitung des landwirtschaftlichen Maschinenwesens eine große Bedeutung. Aber er kam doch nur einer kleinen Gruppe von Spezialisten zugute. Deshalb war die Multiplikation dieser Kenntnisse wichtig. In Deutschland übernahmen diese Aufgaben die landwirtschaftlichen Vereine, die sich generell mit der Verbreitung des landwirtschaftlichen Fortschritts befaßten, und die landwirtschaftlichen Unterrichtsanstalten.

Die landwirtschaftliche Lehranstalt Thaers in Möglin (seit 1804) machte ihre Studenten mit den englischen Maschinen und Geräten vertraut, die Thaer in seinen Schriften ausführlich beschrieben hatte. Die 1818 in Hohenheim bei Stuttgart eröffnete landwirtschaftliche Unterrichts- und Versuchsanstalt beeinflußte maßgeblich die Errichtung einer Ackergerätefabrik, in der englische, französische und belgische Pflüge nachgebaut und verbessert wurden. 1845 erschien das ausführliche Werk von Wilhelm Hamm über die landwirtschaftlichen Geräte und Maschinen Englands.

In Ausstellungen, Vorträgen und Zeitschriften informierten die landwirtschaftlichen Vereine ihre Mitglieder über landwirtschaftliche Geräte und Maschinen. Manche der Vereine kauften Maschinen und Geräte und führten sie den Landwirten ihres Wirkungsbereiches vor. Andere befaßten sich mit der Beschaffung derselben für ihre Mitglieder, die sie entweder an dieselben verkauften oder verliehen.

In Schlesien und der Provinz Sachsen, wo der Zuckerrübenbau, die Zuckerrübenverarbeitung und das landwirtschaftliche Nebengewerbe (1. Verarbeitungsstufe) schon in der ersten Hälfte des 19. Jahrhunderts eine beachtliche Verbreitung besaßen, war auch das technische Wissen in der Landwirtschaft größer. In beiden Provinzen entfalteten die landwirtschaftlichen Vereine besondere Aktivitäten bei der Propagierung des technischen Fortschritts. Der 1842 gegründete Schlesische Zentralverein führte alle zwei Jahre in Breslau Tierschauen durch, die mit einer Maschinenausstellung in Verbindung standen. Aus derselben ging als feste Einrichtung ein landwirtschaftlicher Maschinenmarkt hervor. Die Landwirte der Magdeburger Börde gründeten 1839 den „Verein für Landwirtschaft und landwirtschaftliches Maschinenwesen". Der Verein legte eine Sammlung der gebräuchlichsten landwirtschaftlichen Geräte und Maschinen an. Neue Maschinen wurden gekauft und auf einem eigenen Versuchsfeld getestet. Die Erfolge dieses Vereins regten zur Gründung ständiger Maschinenausstellungen in Halle und Dresden an.

Die Tätigkeit der landwirtschaftlichen Vereine für die Herausbildung eines deutschen Maschinenwesens ist positiv einzuschätzen, obwohl vor allem die Großbetriebe den größten Nutzen dabei hatten. Bereits in den vierziger Jahren des 19. Jahrhunderts ließen sich in dieser Tätigkeit zwei Prinzipien erkennen, die für die Zukunft größere Bedeutung besaßen, die genossenschaftliche Nutzung von Maschinen und das Prüfwesen. Oft wurden der Kauf und Verkauf und die Nutzung der teuren Maschinen genossenschaftlich organisiert. Die Sachverständigen der Vereine, gelegentlich bestanden Prüfungskommissionen, prüften die neuen Geräte und Maschinen und halfen durch ihre Arbeit den Landwirten bei der Auswahl der zweckmäßigsten Modelle.

In Deutschland wurden in den vierziger Jahren des 19. Jahrhunderts nach ausländischem Vorbild Industrieausstellungen veranstaltet. 1844 und 1855 fanden allgemeine deutsche Gewerbeausstellungen statt, die erste in Berlin und die zweite in München mit bereits 103 Ausstellern landwirtschaftlicher Geräte und Maschinen. Industrie- und Gewerbeausstellungen gab es 1856 in Braunschweig, 1863 in Hamburg, 1865 in Köln, Stettin und Dresden. Diese Ausstellungen vermittelten ebenfalls viele Anregungen für die Herausbildung des deutschen Landmaschinenwesens.

Die landwirtschaftlichen Lehranstalten, die Vereine und die Ausstellungen informierten vor allem über englische, belgische, französische und böhmische Pflüge, englische Drill- und Sämaschinen, englische Bodenbearbeitungsgeräte und Dreschmaschinen sowie über amerikanische Schwingpflüge und Mähmaschinen, wobei der englische Anteil an Informationen und Demonstrationen überwog.

Es gab zwar deutsche Verbesserungen ausländischer Modelle, aber keine eigenen Ideen und Erfindungen. In der zweiten Hälfte des 18. Jahrhunderts war das noch keineswegs so. Doch dann überflügelten andere Länder das Gerätewesen der deutschen Landwirtschaft. Während in Deutschland erst die Produktionsverhältnisse verändert werden mußten, nahmen in anderen Ländern, vor allem in England, die Produktivkräfte einen raschen Aufschwung und standen bald an der Spitze des landwirtschaftlichen Fortschritts. Auf dem Gebiet des landwirtschaftlichen Maschinenwesens wurde Deutschland zum Kostgänger dieser Länder.

Wie sehr in Deutschland in der ersten Hälfte des 19. Jahrhunderts die Agrarreformen im Vordergrund standen, läßt sich schon daraus erkennen, daß beispielsweise die Zahl der Landvermesser schnell zunahm, aber keine landwirtschaftlichen Maschinentechniker ausgebildet wurden. Der damals wissenschaftlich ausgebildete

Maschinentechniker verstand nichts von Landmaschinen. Deren Einsatzbereich und die daraus resultierenden konstruktiven Anforderungen blieben vorerst den deutschen technischen Wissenschaften noch unbekannt.

Im Gegensatz zu England war das Los der wenigen deutschen Erfinder kümmerlich. Sie wurden von der Öffentlichkeit nicht anerkannt. Teilweise gingen sie nach England, um dort ihre Erfindungen zu realisieren. So hatte beispielsweise Rudolf Sack 1850 seinen ersten Pflug entwickelt und in einer Dorfschmiede gebaut. Als er aber 1857 einen russischen Auftrag über 120 Pflüge erhielt, mußte er nach England fahren und sie dort bauen lassen.

Zur gleichen Zeit wie Deutschland im landwirtschaftlichen Maschinenwesen der Kostgänger des Auslandes, vor allem Englands, wurde, trat es an die Spitze des Fortschritts auf dem Gebiete der Agrikulturchemie. 1840 erschien Liebigs Werk „Die Chemie in ihrer Anwendung auf Agrikultur und Physiologie", das bereits in den 40er Jahren mehrere Nachdrucke erlebte. Mit dieser und weiteren Veröffentlichungen Liebigs und den Arbeiten anderer deutscher Chemiker wurde für die Entstehung der Düngemittelindustrie und die Anwendung wirtschaftsfremder Düngemittel das wissenschaftliche Fundament geschaffen.

Die Entstehung der deutschen Düngemittelindustrie

Für die deutsche Landwirtschaft blieben zwar der wirtschaftseigene Stalldung und die Wurzelmasse der Leguminosen die wichtigsten Nährstofflieferanten für die Nutzpflanzen, aber auf die Dauer reichte das nicht mehr aus. Durch die Intensivierung stieg der Nährstoffbedarf schneller, als ihn die Landwirtschaft befriedigen konnte. Deshalb trat mit der zunehmenden Intensivierung seit der Mitte des 19. Jahrhunderts stärker der Bedarf an wirtschaftsfremden, d. h. industriell hergestellten Düngemitteln in Erscheinung.

An wirtschaftsfremden Düngemitteln wurde damals zwischen mineralischen und animalischen unterschieden. Zu den mineralischen zählten Kalk, Kali, Gips, Phosphorit und Ammoniak, zu den animalischen Knochen, Hornmehl, Guano, Tierresidua, Gewerbeabfälle, Lumpen usw. Unter den aufgezählten Düngemitteln besaßen Kali, Knochenmehl und Guano eine besondere Bedeutung, weil sie vorerst die Grundlage für die Entstehung der deutschen Düngemittelindustrie bildeten und auch die für die Pflanzenernährung wichtigsten Elemente Stickstoff, Phosphor und Kalium enthielten.

Knochenmehl wurde wegen der Phosphorsäure und zum Teil wegen des Stickstoffs angewandt. Die Knochen wurden roh vermahlen. Aber diese Art Knochenmehl konnte von den Pflanzen nur sehr schwer ausgenutzt werden. Deshalb wurden durch Kochen oder Destillieren die Leim- und Fettbestandteile den Knochen entzogen und diese Art von Knochenmehl als mürbes Knochenmehl gehandelt. Da der phosphorsaure Kalk des mürben Knochenmehles sich noch nicht schnell genug im Boden zersetzte, wurde mit Hilfe von Schwefelsäure der phosphorsaure Kalk in eine leicht lösliche Verbindung überführt und hieraus ein vorzügliches Düngemittel erzeugt, das damals als Superphosphat bezeichnet wurde, obwohl es nur als ein Übergang zu dem späteren Superphosphat anzusehen ist, das aus mineralischem Roh-Phosphat gewonnen wird.

Guano war als Düngemittel durch Alexander von Humboldt 1804 in Europa bekannt geworden. Der Guano bestand aus Vogelkot und sonstigen Vogelresidua. Der beste war der Peru-Guano, der zu zwei Drittel seiner Masse aus stickstoffhaltigen organischen Substanzen und zu einem Drittel aus phosphorsaurem Kalk bestand. Der Reinstickstoffgehalt schwankte zwischen 13 bis 14 Prozent. Durch Auswaschungen ging der Stickstoffgehalt des Guanos anderer Fundstellen zurück. Diese Art von Guano wurde phosphatischer Guano genannt und wurde als Bakerguano oder Avesguano gehandelt. Trotz verschiedener Versuche mit Guano setzte erst 1842 die Einfuhr von Guano nach Hamburg ein. England ging 1840 voran. In den vierziger Jahren nahm die Einfuhr schnell zu. Ganze Flotten aus europäischen Ländern erschienen an der Küste Perus und seinen benachbarten Staaten, um Guano abzuholen. Die stärkste Einfuhr nach Europa gab es 1856 und 1870, im ersten Jahr betrug sie 324000 Tonnen und im letzteren 522000.

Für das Königreich Sachsen sind ausführliche statistische Angaben für den Verbrauch an Guano aus den vierziger und fünfziger Jahren überliefert. Im Jahre 1842 wandten erstmalig mehrere landwirtschaftliche Betriebe in der Nähe von Freiberg und Großenhain den neuen Dünger an. Die guten Erfolge veranlaßten den landwirtschaftlichen Hauptverein, durch die Lokalvereine Subskribtion für den weiteren Bezug vornehmen zu lassen, die gleichzeitig eine wirksame Propaganda war. Doch erst in den fünfziger Jahren sollte der Verbrauch schneller zunehmen, wie folgende Grafik zeigt.

In den einzelnen sächsischen Kreisdirektionsbezirken erreichte der Guano-Verbrauch eine unterschiedliche Höhe, wie eine Berechnung für das Jahr 1852 zeigt (vgl. Abb. 1 und Tabelle 1).

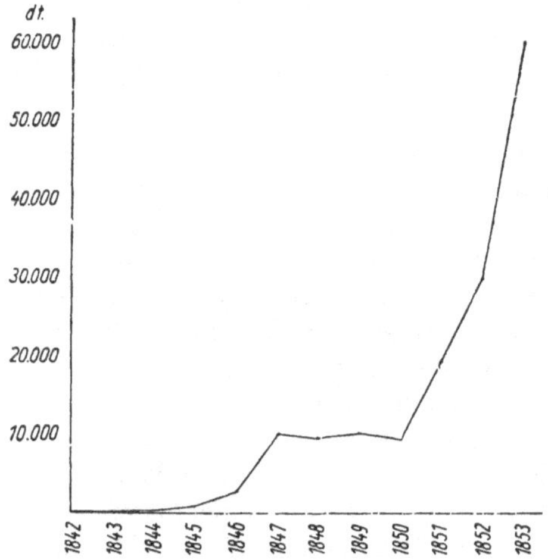

Abb. 1 *Der Guano-Verbrauch im Königreich Sachsen von 1842–1853* (in Dezitonnen)

Quelle: Reuning, Th. v., Die Entwicklung der sächsischen Landwirtschaft in den Jahren 1845–1854, Dresden 1856, S 106/107.

Auffällig ist der relativ hohe Guano-Verbrauch im Bereich der Kreisdirektion Dresden. Er erklärt sich aus der Wirksamkeit der dortigen landwirtschaftlichen Akademie in Tharandt und der lokalen Landwirtschaftsvereine.

Der aus Übersee ankommende Guano wurde in den deutschen Fabriken zermahlen und gesiebt und so in den Handel gebracht. Jedoch gab es hier wie bei dem Knochenmehl Schwierigkeiten mit dem phosphorsauren Kalk. Deshalb wurde Guano mit

Tabelle 1
Guano-Verbrauch in den Kreisdirektionsbezirken des Königsreiches Sachsen im Jahre 1852

Kreisdirektionsbezirk	dt	kg/ha
Dresden	19850	8,4
Leipzig	2119,5	1,0
Zwickau	4532	2,4
Bautzen	3740,5	3,6

Quelle: *Reuning, Th. v.*, Die Entwicklung der sächsischen Landwirtschaft in den Jahren 1845–1854, Dresden 1856, S. 106f.; Der Chemische Ackersmann, hg. von J. A. Stöckhard, Leipzig 1875, S. 12.

konzentrierter Schwefelsäure behandelt und das Produkt in gemahlener Form als aufgeschlossener Guano der Landwirtschaft angeboten. Seit der Mitte der sechziger Jahre des 19. Jahrhunderts kam Guano fast nur noch in dieser Form zur Anwendung. Bei dem phosphatischen Bakerguano empfahl sich das Aufschließen mit Schwefelsäure von vornherein.

Neben der Verarbeitung von Knochen und Guano trat die Verwendung anderer organischer Substanzen erheblich zurück. So wurde beispielsweise versucht, Guano künstlich herzustellen, wie Granatguano, der aus kleinen Seekrebsen bestand, Fleischguano, der aus Abfällen der Häuteproduktion in Südamerika hergestellt wurde (hier wurden jährlich 5 Millionen Rinder nur wegen der Häute getötet) und Fischguano aus Fischabfällen. Sogar aus menschlichen Fäkalien und Blutrückständen der Schlachthäuser wurde Guano produziert. Diese Versuche waren auf die Dauer aus verschiedenen Gründen zum Scheitern verurteilt. Vor allem konnten die genannten Rohstoffe viel nutzbringender eingesetzt werden. So wurden beispielsweise im Frühjahr 1861 4000 dt Fischguano von den Lofoten eingeführt. Bei anderer Aufbereitung hätte man hieraus ein wertvolles Viehfutter erhalten können. Doch diese Erkenntnisse mußten erst in der Praxis gewonnen werden.

Ungefähr zur gleichen Zeit, wie Guano in der Landwirtschaft als Düngemittel eingeführt wurde, begann auch die Verwendung der Kalisalze zur Erhaltung und Steigerung der Bodenfruchtbarkeit. Bei Staßfurt wurde 1839 nach Steinsalz gebohrt. Man fand zwar ausgedehnte Steinsalzlager, die aber unter Kalisalzen lagerten. Mit den Kalisalzen wußte man vorerst nichts anzufangen und lagerte sie auf Halden als Abraum. Erst unter dem Einfluß der Agrikulturchemie wurde der Wert der Kalisalze erkannt und sie als Düngemittel für die Landwirtschaft aufbereitet. Nach 1860 setzte dann der Aufschwung in der Kalidüngung ein. Das wirkte sich auf die Förderleistung aus, die 1861 erst 2300 Tonnen betrug und bis 1870 bereits auf 288600 Tonnen anstieg. Es wurden auch weitere Kalilagerstätten für die Förderung erschlossen, so in der Provinz Sachsen, in Hannover, Braunschweig und Thüringen. Der mitteldeutsche Raum wurde zum Zentrum der deutschen Kaliindustrie.

Mit der Herstellung und dem Vertrieb der wirtschaftsfremden Düngemittel und der Beschaffung ihrer Rohstoffe beschäftigten sich nach 1850 derartig viele Arbeitskräfte, Fabriken und Handelsunternehmungen, die über beträchtliche Kapitalien verfügten, daß durchaus von der Entstehung einer Düngemittelindustrie gesprochen werden kann. Jedoch gab es auch schon Fälscher, die minderwertige Substanzen als Düngemittel anboten. Da der Landwirt mit seinen betrieblichen Mitteln den Wert der gekauften Düngemittel erst während des Pflanzenwachstums erkennen kann, entstanden chemisch-physikalische Untersuchungsanstalten.

Territorial verteilten sich die Düngemittelfabriken in den sechziger Jahren des 19. Jahrhunderts bereits über ganz Deutschland. In der Provinz Preußen gab es Dampfknochenmühlen zu Königsberg, Tilsit, Memel und Schilleningken, die Knochenmehl, gebranntes Knochenschrot für die Zuckerfabrikation und Knochenfett herrstellten. Mürbes Knochenmehl kosteten 50 kg 8 Mark und aufgeschlossenes 12 Mark. Der Insterburger Dampfgipsmühle war eine Knochenbrennerei und Knochenmühle angeschlossen. In der Provinz Pommern existierten die Stettiner Kraftdüngerfabrik und eine weitere Superphosphatfabrik von Proschwitzky und Hofrichter. Letztere Fabrik verarbeitete jährlich 3250 dt Bakerguano und Rohphosphate, 2500 dt Schwefelsäure und 750 dt Kalisalze und schwefelsaures Ammoniak. In der Provinz Brandenburg gab es große Knochenmühlen in Berlin und Frankfurt/Oder und kleinere Fabriken in anderen Städten. Eine der größeren Fabriken in Frankfurt/Oder lieferte jährlich 4200 dt Knochenmehl und 2500 dt gebranntes Knochenschrot für Zuckerfabriken. In der Provinz Schlesien bestanden viele Knochenmühlen, die über ausreichende Aufträge verfügten und deren Produktion bereits auf der Einfuhr von Knochen aus Galizien und Österreich basierte. Nachteilig wirkten sich hier die hohen russischen und österreichischen Ausfuhrzölle aus. Eine Breslauer Düngemittelfabrik beschäftigte schon 60 Arbeitskräfte und besaß eine Dampfmaschine von 30 PS. Sie produzierte über 25000 dt. Superphosphat aus Bakerguano und Knochen. Die Sorauer Knochenmühle stellte 14000 dt Superphosphat im Werte von 240000 Mark her. In Lauban gab es vier Knochenmühlen. In der Provinz Sachsen besaßen die Kalifabriken von Staßfurt und Schönebeck große Bedeutung für die Entstehung der deutschen Kaliindustrie. Daneben bestand noch in anderen Orten eine umfangreiche Produktion von phosphorsaurem Kalk aus Knochen und Guano. Magdeburg bildete einen Schwerpunkt in der Verarbeitung von Guano. Die Düngerlager der Provinz standen unter der Kontrolle der chemischen Versuchsstation zu Halle, die pro Dezitonne 20 Silbergroschen Gebühren verlangte. Die Jahreseinnahmen aus den Prüfgebühren betrugen 6000 Mark, was einer kontrollierten Menge von 30000 dt entspricht.

In Hamburg, dem Einfuhrhafen für Guano, bestand die große Düngemittelfabrik von Ohlendorff, die sich große Verdienste bei der technischen Entwicklung der Guanoaufschließung mit konzentrierter Schwefelsäure erworben hatte. Im Süderlande importierten die dortigen Knochenmühlen ebenfalls ihre Rohstoffe.

Bei Minden in Westfalen wurde in Knochenmühlen Knochenkohle für die Zuckerfabrikation hergestellt. In Dortmund produzierte eine Düngemittelfabrik jährlich 4100 dt Superphosphat. Die Düngemittelfabrik Vorster und Grüneberg in Kalk bei Köln gehörte zu den größten des Rheinlandes. Sie besaß noch vier Zweigbetriebe und mehrere Phosphoritgruben im Nassauischen. Sie produzierte Kalidünger, Kalisalpeter, konzentrierten Dünger, Superphosphat, Pottasche und Soda. Die chemische Fabrik Rhenania in Aachen verarbeitete jährlich 4000 dt Knochen. Daneben gab es in vielen Kreisen Knochenmühlen.

In Kassel und Frankfurt/Main gab es ebenfalls Unternehmungen für mürbes Knochenmehl, Superphosphat und Hornmehl, deren Absatz ständig stieg. In Amöneberg bei Biebrich (Kreis Wiesbaden) hatten 1857 die Gebrüder Albert eine Düngerfabrik mit Dampfmühle gegründet, die ein Walz- und Stampfwerk, eine Zentrifugalmaschine, eine Anlage zur Knochenverkohlung, eine Anlage zum Knochendämpfen, eine Anlage für die Gasproduktion zur Gewinnung von Ammoniak und Anlagen zur Sulfat- und Salzsäuregewinnung besaß. 1866 wurden hier mit 50 Arbeitskräften 52000 dt Knochen, Phosphorit, Chlorkalium, Horn-, Woll-, Haar- und Lederabfälle sowie Säuren und Salze verarbeitet und daraus 45000 dt Superphosphat, Knochenmehl, künstliches Guano, Ammoniaksalz und gebranntes Knochenschrot hergestellt. Diese Fabrik versandte ihre Erzeugnisse auch an Magdeburger Düngemittelhändler.

In Rheinbayern (Rheinpfalz) gab es im Kreise Pirmasens vier Knochenmühlen. Weitere Düngemittelfabriken existierten in Kaiserslautern und Ludwigshafen, die Superphosphat, Knochenmehl, phosphorsauren Kalk und gebrannten Gips herstellten.

In Württemberg gab es bereits 28 Knochenmühlen. Die bedeutendsten Knochenmühlen befanden sich in den Oberämtern Ulm, Gmünd, Hall, Crailsheim und Oberndorf. Weitere Düngemittelfabriken bestanden in Reutlingen, Heilbronn, Tübingen und Biberach.

Tabelle 2
Die Knochenmühlen im deutschen Zollverein
Mitte der sechziger Jahre des 19. Jahrhunderts

Land/Provinz	Knochenmühlen	Beschäftigte
Preußen	17	73
Posen	5	30
Pommern	6	11
Brandenburg	29	199
Schlesien	69	195
Prov. Sachsen	12	64
Westfalen	72	125
Rheinprovinzen	154	264
Altpreußen	364	961
Hannover	16	94
Kurhessen	2	3
Nassau	20	59
Königreich Preußen	402	1117
Bayern	86	189
Württemberg	28	68
Baden	8	238
Süddeutsche Staaten	122	495
Königreich Sachsen	42	87
Thüringische Staaten	11	37
Anhalt	2	22
Obersächsische Staaten	55	146
Braunschweig	2	20
Oldenburg	3	2
Lippe	6	13
Niedersächsische Staaten	11	35
Großherzogtum Hessen	10	22
Total Zollverein	600	1815

Quelle: *Viebahn, Georg*, Statistik des zollvereinten nördlichen Deutschlands, Bd. 3, Tierzucht, Gewerbe, Politische Organisation, Berlin 1868, S. 824.

In Karlsruhe wurde Trockendünger aus verschiedenen tierischen Ausgangsstoffen hergestellt. Mannheim hatte eine Düngemittelfabrik. Die chemische Fabrik in Rüppurr (bei Karlsruhe) erzeugte erhebliche Mengen an rohem und mürbem Knochenmehl.

In Dresden und Umgegend arbeiteten drei Knochenmühlen und eine Düngemittelfabrik, die auch Superphosphat herstellten.

Nach der Statistik des deutschen Zollvereins gab es Mitte der sechziger Jahre bereits 600 Knochenmühlen, die 1815 Arbeitskräfte beschäftigten. Die Masse dieser Betriebe verfügte nicht über viel Arbeitskräfte, meist weniger als drei Beschäftigte. Aber aus einigen einst kleinen Werkstätten waren bereits ansehnliche Unternehmungen herausgewachsen, wie die folgende Aufstellung ausweist (vgl. Tabelle 2).

Bei den hohen Preisen der damaligen wirtschaftsfremden Düngemittel wurden diese nur für solche Kulturen angewandt, deren Verkaufspreise den Einsatz lohnten. Das betraf Sonderkulturen auf dem Felde und teilweise den Zuckerrübenbau, vor allem aber den Garten-, Obst- und Weinbau. Territorial wurde in den landwirtschaftlich entwickelteren Gebieten auch mehr wirtschaftsfremder Dünger eingesetzt als in den rückständigeren Gebieten des Ostens und Nordostens. Das läßt sich bereits aus der Verteilung der Knochenmühlen im Zollverein erkennen.

Die Entstehung der deutschen Landmaschinenindustrie

Ähnliche ökonomische Erwägungen und Tatbestände wie beim Einsatz der wirtschaftsfremden Düngemittel lassen sich auch bei der Anwendung der Landmaschinen erkennen. Wirtschaftsstarke Betriebe, arbeitsintensive Kulturen mit guten Verkaufserlösen und landwirtschaftlich entwickeltere Gebiete gingen in der Einführung der Maschinen voran.

Es war die kapitalistische Intensivierung der Landwirtschaft, die zu einer Zunahme des Arbeitsaufwandes führte und neue Arbeitsspitzen brachte, die durch die Kulminationspunkte der immer größer werdenden Erntemengen noch verstärkt wurden. Diese Arbeitsspitzen ließen sich durch den Maschineneinsatz abbauen. Die Landmaschine vervielfachte die Arbeitskraft des Menschen. Vorerst stand das mehr im Vordergrund als die Einsparung von menschlicher Arbeitskraft.

Durch die Entlastung der Getreideernte von umfangreicher Handarbeit konnte von den gleichen Arbeitskräften mehr Getreide angebaut werden. Der Einsatz der mechanischen Geräte zur Saat und Pflege der Hackfrüchte ermöglichte erst deren stärkeren Anbau, ohne daß erheblich mehr Arbeitskräfte benötigt wurden. Weiterhin konnte der Anbau von Gemenge und Klee sowie die Brache zugunsten von Getreide und Hackfrüchten eingeschränkt werden.

Der Einsatz der Maschinen erlaubte eine gleichmäßigere Auslastung der Arbeitskräfte unter den Bedingungen der kapitalistischen Intensivierung. Das wurde während des Intensivierungsprozesses zu einem erstrangigen ökonomischen Problem und spielte in der später auftauchenden Landarbeiterfrage eine entscheidende Rolle. Gleichmäßigere Auslastung der Arbeitskräfte brachte den Agrarkapitalisten höhere Profite und den Lohnarbeitern weniger Lohnschwankungen, wobei die Vorteile der gleichmäßigeren Löhne viel geringer als die Erhöhung der Profite waren.

Der Maschineneinsatz in der Landwirtschaft unterschied sich jedoch von dem in der Industrie. Aus den besonderen Bedingungen der Landwirtschaft ergaben sich eine

Reihe von konstruktiven Anforderungen, die damals erst erkannt werden mußten. Die Industrie hatte eine kontinuierliche Produktion gleicher oder ähnlicher Produkte, die ein zeitliches oder räumliches Nebeneinander zuließen. Produktions- und Arbeitsprozeß waren im wesentlichen identisch, so daß die Maschinen so lange genutzt werden konnten, wie produziert wurde. In der Landwirtschaft fallen Produktions- und Arbeitsprozeß nur teilweise zusammen. Durch das Zusammenwirken von biologischen und chemischen Prozessen mit der Arbeit des Menschen haben wir es mit einer Stufenfolge im Produktionsprozeß zu tun, bei der die menschliche Arbeit nur in bestimmten und begrenzten Abschnitten eingesetzt werden kann. Zwar bestimmt auch in der Landwirtschaft die menschliche Arbeit den Produktionsprozeß, aber sie kann nur in Abhängigkeit und in Verbindung mit den biologischen und chemischen Prozessen eingesetzt werden. Dieser grundlegende Umstand wirkte sich auf den Maschineneinsatz in der Landwirtschaft aus.

Die Landwirtschaft konnte vorerst, d. h. für einen längeren Zeitraum, nur Einzelmaschinen einsetzen. Für die Vielzahl der Operationen im Produktionsprozeß wurden deshalb eine Fülle von Einzelmaschinen benötigt. Die Einsatzzeit der Landmaschine blieb zeitlich begrenzt. Sie betrug nur einen Bruchteil der Einsatzzeit in der Industrie. Die Betriebsgrößenstruktur wirkte sich zusätzlich ungünstig auf die Art und den Umfang des Maschineneinsatzes aus. Der wertbildende Faktor der Maschine in der Landwirtschaft war unter kapitalistischen Bedingungen größeren Beschränkungen unterworfen und konnte für einen längeren Zeitraum nicht die Bedeutung wie in der Industrie erreichen.

Der unterschiedliche Einsatzbereich bedingte spezielle Anforderungen an die Landmaschinen. Sie sollten widerstandsfähig gegen Witterungsunbilden sein, eine große Betriebssicherheit wegen der termingebundenen Arbeit haben, billig in der Anschaffung sein, leistungsfähig und vielseitig verwendbar sein und sich leicht reparieren lassen. Das stellte hohe Anforderungen an die Konstruktion.

Viele Erfinder befaßten sich mit der Konstruktion von Landmaschinen. Für einen bestimmten Einsatzbereich wurden unterschiedliche Modelle mit verschiedenartigen technischen Lösungswegen angeboten. Nur sehr wenige Modelle bewährten sich im Dauereinsatz. Der ökonomische Konkurrenzkampf ließ nur die besten Lösungen eines vorgegebenen Problems bestehen. Dieser hohe gesellschaftliche Aufwand war in der damaligen Zeit notwendig, um zu optimalen Ergebnissen zu gelangen.

Ähnlich wie die deutsche Düngemittelindustrie nach 1850 langsam aus kleinen Werkstätten herauswuchs, entstanden im gleichen Zeitraum die meisten Landmaschinenfabriken aus ähnlichen Anfängen. Aus Dorfschmieden, Schlosserwerkstätten oder kleinen mechanischen Werkstätten in den Landstädten wurden nach und nach größere Werkstätten und schließlich Landmaschinenfabriken. Manchmal gingen aus den Reparaturwerkstätten der Landmaschinenhändler, die meist ausländische Maschinen und Geräte vertrieben, Produktionsbetriebe hervor. Schließlich bestand bei bestehenden Maschinenfabriken und Eisengießereien mit mechanischen Werkstätten das Bestreben, für ihren Einzugsbereich alle erforderlichen Metallwaren herzustellen, auch landwirtschaftliche Geräte und Maschinen. Aus einigen dieser Fabriken wurden im Laufe der Zeit spezialisierte Landmaschinenfabriken. Vorerst hinderte die breite Produktionspalette die Arbeitsteilung und Spezialisierung, zeigte sich aber bei Absatzschwankungen durch die Ausweichmöglichkeiten auf andere Erzeugnisse als günstig. Bei der damaligen Unerfahrenheit der Maschinenproduktion bildete das eine durchaus verständliche Erscheinung. Sie minderte das Geschäftsrisiko, das viele Geldmittelbesitzer abhielt, ihre Reichtümer in der Industrie anzulegen.

Vor allem waren die Pflugfabriken, die das wichtigste Gerät für die Bodenbearbeitung herstellten, vielfach aus kleinen Werkstätten hervorgegangen. Die Dorfschmieden hatten für die traditionellen Pflüge der einzelnen deutschen Landschaften die Eisenteile hergestellt und kannten auch die Vorzüge der importierten Pflüge. Mit der Zunahme der Eisenverwendung im Pflugbau übernahmen sie dann die Herstellung des gesamten Pfluges und konnten schließlich zur Herstellung größerer Stückzahlen übergehen. Ein typisches Beispiel bildete die Landmaschinenfabrik von Rudolf Sack in Plagwitz bei Leipzig. Sack war Landwirt und kannte die Unzulänglichkeit der damaligen Pflüge. Um seine Ideen eines besseren Pfluges in die Praxis umzusetzen, erlernte er das Schmieden von Pflugteilen in seinem Nachbardorf Peissen. Die von ihm hergestellten Pflüge fanden Anerkennung bei den Landwirten, aber seine erste größere Serie von 200 Stück mußte er in England herstellen lassen. Die dort gesammelten Erfahrungen befähigten ihn, 1863 in Plagwitz bei Leipzig die genannte Pflug- und Landmaschinenfabrik zu gründen, die einen raschen Aufschwung nahm und den höchsten Produktionsausstoß an Pflügen unter allen deutschen Landmaschinenfabriken erreichte.

Sack war aber keineswegs die älteste Pflugfabrik. Als die früheste Gründung gilt die schon erwähnte Ackergerätefabrik in Hohenheim bei Stuttgart, die Schwerz und Heiler 1819 einrichteten. In dieser Fabrik wurde Wesentliches für die Verbesserung der süddeutschen Pflüge durch die Übernahme Brabanter und flandrischer Modelle geleistet. Die Entwicklung in der zweiten Hälfte des 19. Jahrhunderts wurde durch andere Betriebe bestimmt wie die schon genannte Pflugfabrik von Sack. Hierzu gehörte auch Heinrich Ferdinand Eckert, der 1846 in Berlin eine Schlosserwerkstatt gründete, bald Pflüge baute, die er laufend verbesserte. Mit der Zeit wurde aus der Schlosserwerkstatt eine große Landmaschinenfabrik in Berlin-Lichtenberg. Den gleichen Weg ging die Pflugfabrik von Wilhelm und Albert Eberhardt in Ulm, die aus einer 1854 gegründeten Pflugschmiede entstand. Zu dieser Gruppe gehörten noch die alten Pflugfabriken von Schütz und Bethke in Lippehne (Kreis Soldin, Reg.-Bezirk Frankfurt/Oder), gegründet 1857, und Schwartz und Sohn in Berlinchen (Kreis Soldin), gegründet 1858.

Aus kleinen Werkstätten gingen weitere bekannte Landmaschinenfabriken hervor, wie die Landmaschinenfabrik von Friedrich Dähne in Halberstadt. 1853 übernahm er die väterliche Schmiede und reparierte vorwiegend Drillmaschinen und Dreschmaschinen. Nach genügender Kenntnis dieser Maschinen begann er mit dem Bau von Landmaschinen. 1854 gründete in der kleinen Landstadt Gassen (Kreis Sorau, Reg.-Bez. Frankfurt/Oder) der Schmiedemeister Flöther eine Werkstatt, aus der eine Landmaschinenfabrik hervorging. Die Landmaschinenfabrik von C. A. Klinger in Stolpen in Sachsen entstand aus einer 1854 eröffneten Werkstatt. Franz Richter in Döbeln in Sachsen gründete 1861 eine Landmaschinenfabrik und W. Speiser in Göppingen in Württemberg 1864. Der Gutsschmied Rudolf Wermke eröffnete 1870 in Heiligenbeil (Kreis Königsberg/Ostpreußen) eine Landmaschinenfabrik, die später in die Ostdeutsche Maschinenfabrik AG umgewandelt wurde.

Für den Übergang vom Landmaschinenhandel und der Landmaschinenreparatur zum Landmaschinenbau bildete Heinrich Lanz in Mannheim das beste Beispiel. Der Landmaschinenhändler kannte die ausländischen Maschinen durch die Vorführung und Unterweisung der Kunden gut. Er war auch über die Bedürfnisse der Landwirte seines Absatzgebietes informiert. Die Notwendigkeit des Aufbaus eines Reparaturnetzes veranlaßte die Landmaschinenhändler oft, eigene Werkstätten einzurichten. Als Lanz 1859 seinen Landmaschinenhandel begann, sah er sich schon 1860 gezwungen, eine Reparaturwerkstatt mit zunächst zwei Arbeitern einzurichten, weil die Dorfschmiede sich meist außerstande sahen, die komplizierten englischen Drill- und Dreschmaschinen zu reparieren. Aus der Reparaturwerkstatt von Lanz entstand 1867 eine kleine Landmaschinenfabrik, die anfangs Futterschneidemaschinen sowie Hand- und Göpeldreschmaschinen herstellte.

Auf dem dritten Weg, der Aufnahme von Landmaschinen in das bestehende Produktionsprogramm, entstand ebenfalls eine große Zahl von Landmaschinenfabriken bzw. von Landmaschinenabteilungen in Maschinenfabriken und Eisengießereien. Oft waren es Betriebe, die bereits mit der Landwirtschaft durch den Bau von Ausrüstungen für Zuckerfabriken, Brennereien, Brauereien und Mühlen, durch Wagenbau und die Herstellung von landwirtschaftlichen Geräten in Verbindung standen. Hierzu gehörten W. Platz und Söhne AG, gegründet 1834 in Weinheim (Kreis Mannheim) als mechanische Werkstatt mit Eisengießerei. Bis in die sechziger Jahre wurden vornehmlich Brauerei- und Brennereieinrichtungen hergestellt, dann erfolgte der Übergang zum Bau von Landmaschinen. Die spätere Spezialfabrik für Getreidereinigungs- und -sortiermaschinen der Gebrüder Röber in Wutha war 1852 als Werkstatt für Wagen- und Pflugbau gegründet worden. Die Fabrik für gelochte Bleche Meyer & Co. in Kalk bei Köln ging 1868 zum Bau von Trieuren (sortiert Unkrautsamen aus Getreide) über, deren Blechtrommel aus gelochtem Blech besteht. R. Wolf in Buckau bei Magdeburg begann 1862 mit dem Bau von Lokomobilen. Für diese Lokomobilen kaufte er in England Dreschmaschienen und Strohpressen und rüstete damit seine Lokomobilen zu geschlossenen Sätzen aus.

Der entstehende deutsche Landmaschinenbau, der sich mit der Herstellung von Pflügen, Eggen, Walzen, Kultivatoren, Drill- und Breitsämaschinen sowie Dreschmaschinen und Getreidereinigungsmaschinen beschäftigte, fußte konstruktiv auf ausländischen Vorbildern, vor allem englischen, aber ging bald dazu über, diese oder jene Einzelheit zu verändern, um so besser den andersartigen deutschen Verhältnissen gerecht zu werden. Das traf besonders auf den Pflugbau zu, der vorerst Schwerpunkt der deutschen Landmaschinenproduktion war. Rudolf Sack wurde schon genannt. Auch Eckert in Berlin erwarb sich große Verdienste um die Vervollkommnung des Pfluges. Die in dieser Fabrik gebauten Pflüge waren als „Eckertsche Schüttpflüge" bekannt und wurden vielfach nachgebaut. Schwartz und Sohn in Berlinchen produzierten ebenfalls Pflüge nach dem Schüttsystem. Sie erhielten 1860 ein Patent für ihren Schüttpflug, dem eine sehr exakte Arbeitsweise nachgesagt wurde.

Nachdem 1854 der Schweizer Gutsbesitzer von Erlach erstmalig theoretische Überlegungen über die Wirkungsweise der Eggen und die Art der Anbringung der Zugketten angestellt hatte, wurden dieselben besser und wirkungsvoller gebaut.

Die schon genannte Eckertsche Landmaschinenfabrik in Berlin verbesserte in den sechziger Jahren die dort gebauten Drillmaschinen. Es ging vor allem um die Verbesserung der Mechanismen, die die Samenmenge für die Aussaattrichter proportionierten. Auch Schneitler und Andrée in Berlin bauten zu gleichen Zeit Sämaschinen mit neuen Bauelementen. 1869 berichtete Eckert über eine bei ihm gebaute einfache Breitsämaschine, die relativ billig und doch leistungsfähig sein sollte. Sack verbesserte zur gleichen Zeit ebenfalls seine Drillmaschinen, von denen bis 1873 1000 Stück gebaut wurden. Selbst an den Nachbau der komplizierten ausländischen Mähmaschinen wagten sich in den sechziger Jahren deutsche Landmaschinenfabriken, wie Eckert in Berlin, die Stralsunder Maschinenfabrik von Goetjes sowie Bergmann und Co. in Reudnitz bei Leipzig. Auf der ersten deutschen Mähmaschinen-Ausstellung 1868 in Berlin wurden diese und andere Modelle gezeigt. Im Anschluß an die Ausstellung fand ein Probemähen statt, bei dem die deutschen Modelle einen guten Eindruck hinterließen. Den 1. Preis erhielt jedoch eine englische Mähmaschine der Firma Samuelson. Die Mähmaschinen dieser Zeit sollen es bereits auf 5 ha pro Tag gebracht haben, was als eine durchaus respektable Leistung anzusehen ist.

Der sich seit den vierziger Jahren stärker ausdehnende Zuckerrübenanbau stellte der jungen deutschen Landmaschinenindustrie eine neue Aufgabe. Es mußte eine Maschine entwickelt werden, die die schwere Arbeit übernahm, die Rüben aus dem Boden zu befördern. Der übliche Pflug zum Wenden des Bodens verrichtete diese Operation unzureichend. Damals angestellte Versuche führten zu einem Gerät, das dem Untergrundpflug ähnelte. Diese ersten Rübenrodepflüge fuhren mit ihrem Schar unter die Rübe, die Erde stieg am Schar empor, so daß die gelockerte Rübe von Hand aus der Erde gezogen werden konnte. Die neuen Pflugfabriken, wie Sack, W. Siedersleben in Bernburg (Provinz Sachsen), Lefeldt in Schöningen (Kreis Helmstedt) u. a., verbesserten die einscharigen Rübenrodepflüge. Bei einer Anspannung von zwei Pferden konnte pro Tag ein Hektar Rüben gerodet werden.

Bereits 1861 brachte Siedersleben ein Gerät für das Heben der Rüben heraus, das neue konstruktive Merkmale aufwies. Der erste Rübenheber hatte zwei verstellbare Heber, die in einem mit Rädern versehenen viereckigen Rahmen saßen. Der Rübenheber war über seine Vorderräder lenkbar und hob die Rüben zweier Reihen zur gleichen Zeit. Die doppelte Leistung gegenüber dem Rübenrodepflug wurde jedoch mit einer erheblich höheren Zugleistung erkauft. Er galt schon Anfang der siebziger Jahre als das beste Gerät zum Roden der Rüben.

Wie langsam sich der Bau deutscher Landmaschinen, ausgenommen die Fabrikation der Pflüge, in den fünfziger und sechziger Jahren entwickelte, zeigte mit großer Deutlichkeit die Dreschmaschine. In Europa besaß auf diesem Gebiet die englische Landmaschinenindustrie eine führende Stellung. In den vierziger Jahren soll schon Th. Weiße in Dresden Handdreschmaschinen gebaut haben. Bei einem 1846 angestellten Versuch wurden 60 Garben von zwei Arbeitern in einer Stunde ausgedroschen. Kehlmann in Bad Bergen bei Hannover brachte an dieser Maschine einen Rechen an, der das Stroh besser ablegte.

1855 wurden auf der Pariser Weltausstellung deutsche Dreschmaschinen ausgestellt, u. a. ein Exemplar der Landmaschinenfabrik von Drewitz und Rudolph aus Thorn, das jedoch englischen Vorbildern entsprach. Auch Schneitler und Andrée in Berlin bauten Göpeldreschmaschinen, die „Berliner Dreschmaschinen“ genannt wurden. Bis 1872 wurden davon erst rund 800 Exemplare verkauft. Die schon genannte Landmaschinenfabrik von Kehlmann baute ebenfalls Göpeldreschmaschinen nach englischem Vorbild, wovon bis 1865 587 Exemplare ihren Käufer fanden.

Auf den Industrie- und Gewerbeausstellungen in Stettin und Köln im Jahre 1865 wurden neben englischen Fabrikaten deutsche ausgestellt. Ein amtlicher österreichischer Bericht beurteilte die Göpeldreschmaschinen von J. Pintus und Co. in Brandenburg/Havel, H. F. Eckert in Berlin, G. Hambruch, Vollbaum und Co. in Elbing als gut. Als unzulänglich wurden die Nachbauten von Dampfdreschmaschinen durch C. A. Klinger, Stolpen/Sachsen und der Maschinenfabrik Karlsruhe bezeichnet.

Heinrich Lanz, Mannheim, verkaufte nach der Eröffnung seines Landmaschinenhandels 1860 seine erste Dreschmaschine nur mit Mühe. Bis 1866 hatte er noch nicht einmal 200 verkauft. Schneller ging es dann mit dem Verkauf der ab 1867 im eigenen Betrieb gebauten Dreschmaschinen. 1870 waren bereits die ersten 1000 Stück abgesetzt.

Gegenüber den Umsatzzahlen der englischen und französischen Landmaschinenfabriken blieb der Absatz der deutschen noch bescheiden. Dieselben erreichten pro Fabrik einen Umsatz bis zu 1000 Stück pro Jahr. Trotz des geringeren Absatzes an eigenen Dreschmaschinen in Deutschland bleibt doch die zunehmende Steigerung desselben unverkennbar. Um 1870 wurden schon erheblich mehr deutsche Dreschmaschinen abgesetzt als um 1860.

Die damaligen Dreschmaschinen wiesen eine geringe Leistung auf. Die Handdreschmaschinen brachten es auf 25 kg Getreide in der Stunde und die Göpeldreschmaschinen auf 1–2 dt. Doch schon bei der Handdreschmaschine lag die Leistung doppelt so hoch wie bei reiner Handarbeit. Hinzu kam beim Maschinendrusch die höhere Körnerausbeute (5–7 Prozent). Die Handdrescher arbeiteten nicht schlechter als die Maschine. Der geringere Körnergewinn bei Handdrusch ergab sich aus dem weitaus höheren Arbeitsaufwand bei fast vollständigem Ausdrusch, den die in Stücklohn arbeitenden Drescher nicht bezahlt erhielten.

In technologischer Hinsicht waren die Dreschmaschinen für die Entwicklung des Landmaschinenwesens von besonderer Bedeutung. Abgesehen von den in Deutschland nur wenig verbreiteten Handdreschmaschinen verlangten die leistungsfähigen Modelle eine entsprechende Antriebskraft. Hierzu eigneten sich die schon bekannten Göpel für Pferdeantrieb am besten. In England wurden leichte transportable Göpel für den Antrieb der Dreschmaschinen entwickelt, die auch nach Deutschland exportiert wurden. 1865 begann Eckert in Berlin als erster mit dem Bau von kleinen eisernen Göpeln für die Landwirtschaft. Wenige Jahre später nahm Lanz die Produktion von Göpeln auf. Da die Kraftübertragungselemente ungeschützt kurz über dem Erdboden sich befanden, war die Unfallgefahr besonders groß.

In den vierziger Jahren wurde in England mit der Lokomobile eine neue Antriebsmaschine für die Landwirtschaft entwickelt, die vor allem den Einsatz der Dreschmaschine förderte. Das waren Dampfmaschinen mit geringer PS-Zahl, die sich ohne Schienen fortbewegen konnten und sich auch für den stationären Betrieb eigneten. Innerhalb von 10–15 Jahren wurden die Lokomobilen erheblich verbessert, so daß sie große Landmaschinen und Aggregate wirtschaftlich antreiben konnten. So betrug beispielsweise im Jahre 1847 pro Lokomobil/PS der Verbrauch 14 kg Kohle in der Stunde und sank bis 1871 auf 1,2 kg ab.

In Deutschland erkannte man sehr schnell, daß der Lokomobile als Antriebsmaschine für eine längere Zeit eine große Bedeutung zukam, und nahm schon in den fünfziger Jahren den Nachbau englischer Fabrikate auf. Doch erst in den sechziger Jahren bildete sich die sehr zweckmäßige Bauart mit der über dem Dampfkessel liegenden Dampfmaschine heraus.

Große Verdienste erwarb sich um die Verbesserung der deutschen Lokomobilen R. Wolf in Buckau bei Magdeburg, der 1862 seine Lokomobilbau-Firma gründete. Ständig verbesserte er seine Modelle und konnte schon 1865 einen Wirkungsgrad von 73 Prozent erreichen, während die Lokomobilen anderer deutscher Fabrikanten nur

50 Prozent brachten. Mit diesen Lokomobilen konnte sich Wolf mit besten englischen Konstruktionen messen. Auch verbesserte er das Fahrgestell. Die Hinterräder wurden erheblich vergrößert, so daß sich die Lokomobile auch auf schlechten Wegen noch gut fortbewegen konnte. Problematisch blieb die Funkensicherung bei Getreidedrusch. Die Drahthauben auf dem Schornstein stellten keine gute Lösung dar, weil sie leicht verstopften und dadurch die Luftzufuhr für das Feuer behinderten.

Die entstehende deutsche Landmaschinenindustrie hatte es nicht leicht, sich im eigenen Lande durchzusetzen. Die noch nicht sehr hohen, aber seit der Mitte des 19. Jahrhunderts schneller steigenden Bedürfnisse an Landmaschinen deckte der Importhandel mit den meist besser konstruierten und zuverlässiger arbeitenden ausländischen, besonders englischen Fabrikaten. Die deutschen Landwirte sahen es auch nicht ein, für die schlechteren Nachbauten englischer Modelle den gleichen Preis wie für die Originalmaschinen zu zahlen. Deutsche Landmaschinen erzielten deshalb niedrigere Preise als Importe. Lediglich bei der Pflugfabrikation lag die Sache anders. Hier gab es deutsche Erzeugnisse, für die oftmals ausländische Pflüge als Vorbild gedient hatten, die den Importen überlegen und eine gute Absatzlage zu verzeichnen hatten, so daß größere und steigende Stückzahlen gebaut werden konnten. Die niedrigeren Preise begünstigten keinesfalls eine schnellere Entwicklung der entstehenden deutschen Landmaschinenindustrie, aber sie zwangen zu rationeller Produktion zweckmäßiger Modelle.

Die entstehende deutsche Landmaschinenindustrie und der Importhandel boten den Landwirten für den gleichen Einsatzbereich verschiedene Modelle von Maschinen an, deren konstruktive Merkmale Unterschiede aufwiesen und deren Preise differierten. Die Landwirte besaßen kaum ausreichende agrartechnische Kenntnisse, um die zweckmäßigsten Maschinen für ihren Betrieb auswählen zu können. Deshalb kam seit den fünfziger und sechziger Jahren der bereits von den landwirtschaftlichen Vereinen ausgeübten Prüftätigkeit eine stärkere Bedeutung zu. Aber auch das Prüfwesen mußte erst Erfahrungen sammeln und zweckmäßige Prüfmethoden entwickeln, die den Einsatzbedingungen der Maschinen entsprachen. Auf der Stettiner Industrie- und Gewerbeausstellung von 1865 wurden die Dreschmaschinen nach folgender Methode geprüft. Jede Maschine erhielt 250 kg Roggen zum Drusch. In 3–4 Minuten Druschzeit schafften die englischen Modelle diese Menge, womit sie schneller als die deutschen waren und erhielten dafür den 1. Preis. Mit diesem 1. Preis war aber noch nichts über die Leistungen bei anderen Getreidearten und über das Langzeitverhalten sowie über den Zustand der ausgedroschenen Körner ausgesagt. Deshalb war die Prüfmethode der Vereine besser, die auf den Feldern und im Stall die Geräte und Maschinen prüften. Die Urteile über die geprüften Modelle waren zwar umfassender, aber noch abhängig von vielen subjektiven und zufälligen Faktoren.

Einen wesentlichen Fortschritt bedeutete es, als 1867 der landwirtschaftliche Verein in Halle eine Prüfungsstation für landwirtschaftliche Geräte und Maschinen einrichtete. Die Leitung wurde dem bekannten Hallenser Agrarwissenschaftler Professor Julius Kühn übertragen. Die Geschäftsführung und damit die eigentliche Arbeit oblag dem Dozenten für die Maschinenkunde am landwirtschaftlichen Institut der Universität Halle. Der Prüfungskommission gehörten Landwirte an, die die Belange der Praxis vertraten. Damit konnte bei der wissenschaftlichen Prüfung von landwirtschaftlichen Geräten und Maschinen von vornherein die Zusammenarbeit von Wissenschaft und Praxis gesichert werden.

Als erster Geschäftsführer der Hallenser Prüfungsstation fungierte Emil Perels. Da er gleichzeitig die Maschinenkunde am Hallenser landwirtschaftlichen Institut vertrat (seit 1867), kann er als der erste Hochschullehrer Deutschlands für Landtechnik angesehen werden. Damit war in der akademischen Lehre die Verbindung zwischen Acker- und Pflanzenbau und Agrartechnik gelöst. Diese Lösung war durch die Entwicklung der Maschinen bedingt, deren Detailkenntnisse Ingenieurwissen verlangten, das die akademisch gebildeten Landwirte nicht im ausreichenden Maße besaßen. Die Hochschullehrer für Landtechnik kamen deshalb vorwiegend vom Ingenieurwesen und vertraten in ihren Lehrveranstaltungen mehr die technische als die landwirtschaftliche Seite des Maschinenwesens. Diese Einseitigkeit war gegenüber der alten Einheit von Acker- und Pflanzenbau und Landtechnik ein zeitbedingter Nachteil.

Das wissenschaftliche Prüfungswesen verbreitete sich sehr schnell in ganz Deutschland. Zeitlich fiel es mit der Errichtung der schon erwähnten physikalisch-chemischen Untersuchungsanstalten für die Düngemittel zusammen.

Die fabrikmäßige Herstellung von landwirtschaftlichen Geräten und Halbfabrikaten

Der große Aufschwung der deutschen Landmaschinenindustrie sollte erst nach 1870 unter veränderten allgemeinen ökonomischen und politischen Bedingungen erfolgen. In der Entstehungsperiode der deutschen Landmaschinenindustrie zwischen 1850 und 1870 bildeten die Maschinen noch kein entscheidendes Produktionsmittel zur Lösung der durch die kapitalistische Intensivierung gestellten Aufgaben. Das entscheidende Produktionsmittel blieben vorerst noch die herkömmlichen landwirtschaftlichen Geräte, die in ihrer überwiegenden Zahl Handarbeitsgeräte waren. Durch die Zunahme der landwirtschaftlichen Arbeit wuchs der Bedarf an diesen Geräten ganz erheblich an. Obwohl die Zahl der Dorfhandwerker stark zunahm, konnten sie den Bedarf nicht mehr decken.

1849 gab es im Königreich Preußen 18011 Stellmacher mit 6756 Gesellen, wovon 78 Prozent der Meister und 56 Prozent der Gesellen auf dem Lande arbeiteten. Bis 1861 stieg die Zahl der Meister auf 19991 und die der Gesellen auf 11068 an, gleichzeitig ging die Zahl der Stellmacher in den großen Städten zurück. Bei den Schmieden erhöhte sich im gleichen Zeitraum die Zahl der Gesellen von 22079 auf 31194. Wie bei den Stellmachern beschäftigte die Landwirtschaft den größten Teil der Schmiede.

Die Deckung des zusätzlichen Bedarfs an landwirtschaftlichen Geräten und sonstigem Zubehör übernahmen Fabriken für Metallverarbeitung. Sie stellten vor allem Sensen, Sicheln, Strohmesser, Äxte, Beile, Schaufeln, Hacken, Ketten, Wagenachsen, Radfelgen, Wagenketten, Geschirre und Beschläge her.

Die fabrikmäßige Herstellung von landwirtschaftlichen Geräten fand oft an den alten Sitzen der Metallverarbeitung statt. So bildete das Rheinland einen Hauptsitz der Herstellung landwirtschaftlicher Geräte (Remscheid, Lüttringhausen). Aus Kronenberg (Regierungsbezirk Düsseldorf) kamen Schafscheren, Äxte und Sensen. In Neunkirchen bei Saarbrücken wurden hauptsächlich schwere Wagenachsen produziert.

In Westfalen stellten Hagen, das benachbarte Wehringhausen und Enneper Straße die Hauptplätze für die Herstellung von Sensen, Sicheln, Strohmessern und ähnlicher Geräte. Auch Pflugschare, Ketten, Hacken, Äxte, Beile, Schaufeln, Spaten, Heugabeln, Schaf- und Heckenscheren sowie Hämmer und Zangen wurden produziert. Mehrere Werkstätten stellten Dampfmaschinen als Antriebskraft auf. So auch in Gevelsberg (Enneper Straße) die Firma Kuhlmann & Co., die schon im 18. Jahrhundert Sensen, Sicheln, Strohmesser und Picken anfertigte. In den sechziger Jahren wurden mit Dampfkraft 15 Hämmer, 6 Schleifsteine und ein Polierwerk angetrieben. In den Kreisen Iserlohn und Altena wurden Sensen und Ketten neben anderen Geräten in großer Stückzahl erzeugt. Die Fabrik von Bigge und Schmallenberg in Hamm fertigte unter Einsatz mehrerer mechanischer Hämmer jährlich rund 70000 Sensen, Strohmesser, Äxte, Beile und 105 dt Pflugschare im Werte von rund 90000 Mark.

In Neuenburg im Schwarzwald wurden in zwei Fabriken Sensen, Sicheln und Strohmesser in großer Zahl produziert. Die jährliche Erzeugung von Haumessern betrug 400000 Stück.

Im Kreise Dortmund stellten zwei Gießereien unter anderem Ackergeräte her.

Im Thüringer Wald bestand um Schmalkalden ein Zentrum für Schneidwerkzeuge für die Land- und Gartenwirtschaft. In Erfurt gab es eine Fabrik für Gewächshauseinrichtungen. In der Stadt wurden weiterhin Garten- und landwirtschaftliche Geräte produziert. Das gräflich Einsiedelsche Hüttenwerk in Lauchhammer (Regierungsbezirk Merseburg) stellte unter anderem landwirtschaftliche Geräte her.

In Schlesien produzierte das alte Werk zu Königshuld bei Oppeln im Jahre 1864 187000 Sensen, 27000 Strohmesser, 40000 Schaufeln, 800 Draingeräte, 4000 Sägen, 4500 Pflugschare und Streichbretter und 1600 dt Roh- und Raffinierstahl mit 150 Arbeitskräften, die 57000 Mark an Lohn erhielten. In Malapane und Teresienhütte wurden ebenfalls landwirtschaftliche Geräte hergestellt.

Diese durchaus unvollständigen Angaben verweisen darauf, wie bedeutungsvoll die fabrikmäßige Herstellung landwirtschaftlicher Geräte bereits in den sechziger Jahren war.

Neue Aufgaben für die Ziegeleien

Durch die Errichtung neuer Wirtschaftsgebäude und Stallungen nahmen die Lieferungen der Ziegeleien an Ziegeln und Dachsteinen für die Landwirtschaft erheblich zu. Seit den fünfziger Jahren kam noch ein neues Erzeugnis hinzu, das große Bedeutung für die Landwirtschaft bekommen sollte, die gebrannte Drainröhre.

In England verbreitete sich seit 1835 die Entwässerung der Felder durch Tonröhren. 1844 wurde in diesem Lande die Tonröhrenpresse erfunden, die eine fabrikmäßige Herstellung der Tonröhren erlaubte. Dieselbe fand schnell auf dem Kontinent Verbreitung. Das preußische Landwirtschaftsministerium sandte Gutsbesitzer und landwirtschaftliche Spezialisten zum Studium der neuen Röhrendrainung nach England und Belgien. Mitte des 19. Jahrhunderts begann in Deutschland die Entwässerung mit Tonröhren.

Die Ziegeleien erkannten die neuen Absatzchancen und bauten vielfach Produktionsstätten für Tonröhren auf. In den sechziger Jahren war diese Produktion schon weit verbreitet. Allein die 13 Ziegeleien um Elbing in Ostpreußen stellten 1865 bereits eine Million Drainröhren neben ihrer Ziegelproduktion her. Für den Bedarf der Landwirtschaft an Drainage waren diese Stückzahlen gering, doch für die Ziegeleien bedeutungsvoll.

Abschließend kann festgestellt werden, daß die beiden Jahrzehnte zwischen 1850 und 1870 die Periode eines wichtigen Neubeginns waren. Die Industrie begann fabrikmäßig Produktionsmittel für die Landwirtschaft herzustellen, und neue Industriezweige, wie die Landmaschinen- und Düngemittelindustrie, entstanden. Der mengenmäßige Umfang war durchaus noch bescheiden. Aber dieser Neubeginn war wichtiger Bestandteil der tiefen Veränderungen im System der agraren Produktivkräfte des 19. Jahrhunderts, die zuerst die Franzosen mit dem Begriff „Agrarrevolution" bezeichneten und der sich langsam im deutschen Sprachgebrauch durchsetzt.

Literaturverzeichnis

Ahrens, Rudolf, Die deutsche Landmaschinenindustrie, ihre Entwicklung und ihre heutige Lage, Greifswald 1926, in: Greifswalder staatswissenschaftliche Abhandlungen, 25.

Beck, Otto, Die Erntemaschinen in der preußischen Rheinprovinz und der 1859 abgehaltene Concours, Köln 1860.

Bensing, F., Der Einfluß der landwirtschaftlichen Maschinen auf Volks- und Privatwirtschaft, Breslau 1897.

Bielecke, Hermann, Die Geschichte der künstlichen Düngung und der Kunstdüngerversorgung, Berlin, Landw. Diss. 1936.

Braungart, Richard, Die Ackerbaugeräte in ihren praktischen Beziehungen wie nach ihrer ungeschichtlichen und ethnographischen Bedeutung, Heidelberg 1881.

Broch, Erich, Die Entwicklung des landwirtschaftlichen Maschinenbaues und seine Bedeutung für die deutsche Volkswirtschaft, Frankfurt, W.-u. sozialwiss. Diss. 1923.

Burg, Adam v. und Sohn, Illustriertes Maschinenverzeichnis, Wien 1857.

Eschenbach, Christian Gotthold, Beschreibung neu erfundener, höchst wichtiger Maschinen für die Landwirtschaft, Leipzig 1802.

Eyth, Max v., Die Entwicklung des landwirtschaftlichen Maschinenwesens in Deutschland, England und Amerika, Vortrag, in: Journal für Landwirtschaft, Jahrgang 41 1893, S. 95–135.

Filly, Carl, Amtlicher Bericht über die internationale Mähe-Maschinenkonkurrenz . . . vom 8. bis 11. Juli 1868 bei Berlin veranstaltet . . ., Berlin 1869.

Fischer, Gustav und andere, Die Entwicklung des landwirtschaftlichen Maschinenwesens in Deutschland, Berlin 1910, in: Arbeiten der Deutschen Landwirtschaftsgesellschaft, H. 177.

Fischer, Gustav, Die soziale Bedeutung der Maschine in der Landwirtschaft, in: Staats- und sozialwissenschaftliche Forschungen, Bd. 20, H. 5, 1902.

Hamm, Wilhelm, Der landwirtschaftliche Teil der Weltausstellung zu Paris im Jahr 1855, Leipzig 1856.

Hamm, Wilhelm, Die landwirtschaftlichen Geräte und Maschinen Englands, Braunschweig 1845.

Haushofer, Heinz, Entwicklungslinien der Landtechnik, in: Ein Jahrhundert der Technik – 100 Jahre VDI, Düsseldorf 1956.

Heiden, Eduard, Lehrbuch der Düngerlehre, Bd. 2, Hannover 1887.

Herlemann, H.-H., Technisierungsstufen der Landwirtschaft. Versuch einer Erweiterung der Intensitätslehre Thünens, in: Berichte über Landwirtschaft, Bd. 32 1954, S. 335–342.

Ein Jahrhundert landwirtschaftlicher Technik in der Rheinprovinz, Bonn 1934.

Klein, Ernst, Die Entwicklung des Hohenheimer Pfluges, in: Zeitschrift für Agrargeschichte und Agrarsoziologie, 10. Jahrgang 1962, S. 45–56.

Klein, Ernst, Die Hohenheimer Ackergerätefabrik, in: Zeitschrift für württembergische Landesgeschichte, Jahrgang 22, 1963, S. 302–376.

Klein, Ernst/Krepela, Wilhelm, Die historischen Pflüge der Hohenheimer Sammlung landwirtschaftlicher Geräte und Maschinen, Stuttgart 1967.

Kleyle, Carl Ritter v., Der Pflug, der Anhäufler und der Wühler, Wien 1847.

Krieger, Johannes, Gestaltung, Größe und Standorte der Betriebe der deutschen landwirtschaftlichen Maschinenindustrie, Berlin, Phil. Diss. 1920.

Labahn, Theodor, Bericht über landwirtschaftliche Maschinen und Ackergeräte, welche sich in dem Industrie-Ausstellungsgebäude zu London befanden. Besonderer Abdruck aus den Eldenaern Jahrbüchern, Greifswald 1852.

Landmaschinen-Adreßbuch, Berlin 1923.

Lasteyrie, Graf v., Sammlung von Maschinen, Instrumenten, Gerätschaften, Gebäuden, Apparaten etc. für landwirtschaftliche, häusliche und industrielle Ökonomie, Stuttgart und Tübingen 1821/23.

Löbe, William, Anleitung zum rationellen Betrieb der Ernte, Leipzig 1861.

Maier-Bode, Friedrich Wilhelm, Die drei Stufen der Düngung, Opladen 1948.

Meyn, L., Die natürlichen Phosphate und deren Bedeutung für die Zwecke der Landwirtschaft, Leipzig 1872.

Meyn, L., Die richtige Würdigung des Peru-Guano in der Landwirtschaft für den Rest des Jahrhunderts, Halle 1872.

Neubauer, Paul, Heinrich Lanz, 50 Jahre des Wirkens in Landwirtschaft und Industrie 1859–1909, Berlin 1909.

Perels, Emil, Die Dreschmaschinen, Getreidereinigungsmaschinen und die Motoren der Dreschmaschinen, Leipzig 1862.

Perels, Emil, Die Fortschritte auf dem Gebiet des landwirtschaftlichen Maschinenwesens in den Jahren 1863 bis 1865, Berlin 1865.

Perels, Emil, Die Bodenbearbeitungsgeräte, Jena und Leipzig 1866.

Perels, Emil, Die landwirtschaftlichen Maschinen und Geräte auf der Welt-Ausstellung zu Paris 1867, Berlin 1867.

Pintus, J., Die Mähe-Maschine. Eine monograph. Skizze. Berlin 1862.

Pintus, J., Die landwirtschaftlichen Maschinen und Ackergeräthe auf der Industrie-Ausstellung aller Nationen zu London 1862, Berlin 1863.

Ransome, I., Allen, The implements of agriculture, London 1843.

Rau, Karl Heinrich, Geschichte des Pfluges, Heidelberg 1845.

Rau, Karl Heinrich, Die landwirtschaftlichen Geräte der Londoner Ausstellung im Jahre 1851. Amtlicher Bericht mit Zusätzen und Abbildungen, Berlin 1853.

Rau, Ludwig, Abhandlung über die Zochen und Betrachtung über die Entstehung der Pflüge überhaupt, in: Annalen der Landwirtschaft in den Kgl. Preußenischen Staaten, 19. Jahrgang 1861, S. 327–340.

Rau, Ludwig, Beschreibung und Abbildung der nutzbarsten Ackerwerkzeuge, Stuttgart 1862.

Rudolf Sack, Sein Leben und sein Werk, herausgegeben von der Firma Rudolf Sack, Leipzig-Plagwitz 1926.

Schneitler, C./Andrée, J., Die neueren und wichtigeren landwirtschaftlichen Maschinen und Geräthe, ihre Theorie, Construction, Wirkungsweise und Anwendung. Ein Handbuch. – Leipzig 1857–1861.

Slight, Jas./Burn, R. Scott, Book of Farm Implements an Mashines, Ed. by Henry Stephens, Edinburg und London 1858.

Steinhardt, Friedrich, Heinrich Ferdinand Eckert, Ein Lebensbild des ersten deutschen Pflugkonstrukteurs, Berlin 1921.

Stöckhardt, Julius Adolf, Guanobüchlein, Leipzig 1856, 4. Auflage.
Thaer, Albrecht, Beschreibung der nutzbarsten neuen Ackergeräthe, H. 1–3, Hannover 1803–1806.
Thomas, I., Farm Implements and Farm Machinery and the Principle of their Construktion and use, New York 1869.
Weichardt, Hans, Produktion und Absatz landwirtschaftlicher Maschinen in Deutschland. Dargestellt an der Entwicklung eines typischen Großbetriebs, Würzburg, R.-u. staatswiss. Diss. 1920.
Wottitz, J., Special-Bericht über die Maschinen und Geräthe der internationalen Industrie- und landwirthschaftlichen Ausstellungen zu Stettin und Cöln im Mai und Juni 1865, Wien 1866.

Hartmut Harnisch

Bevölkerungsgeschichtliche Probleme der Industriellen Revolution in Deutschland

Zur Bevölkerungstheorie kapitalistischer Produktionsverhältnisse im Zeitalter der Industriellen Revolution nach Marx

Die Zusammenhänge zwischen der industriellen Revolution und der Bevölkerungsentwicklung sind seit langem Gegenstand der wissenschaftlichen Diskussion. Besonders in England, dem Ursprungsland der Industriellen Revolution, hat sich seit einigen Jahrzehnten ein lebhafter Meinungsstreit über dieses Thema entwickelt. Die Kontroverse hat sich vor allem auf die Frage zugespitzt, ob die verstärkte Bevölkerungszunahme seit der Mitte des 18. Jahrhunderts die Industrielle Revolution maßgeblich ausgelöst hat, oder ob umgekehrt die Industrielle Revolution ein schnelles Bevölkerungswachstum nach sich zog.[1]

Am Beispiel Englands haben auch Marx und Engels ihre Auffassungen über die Zusammenhänge zwischen der Bevölkerungsentwicklung und der kapitalistischen Produktionsweise gewonnen. Bekanntlich haben uns Marx und Engels keine geschlossene Bevölkerungstheorie hinterlassen. Ihre Werke behandeln jedoch in vielfältiger Weise und in den verschiedensten Zusammenhängen die Beziehungen und Interdependenzen zwischen der ökonomischen und der demographischen Entwicklung, vor allem unter den Bedingungen der Industriellen Revolution und der vollentwickelten kapitalistischen Produktionsweise. Besonders im „Kapital" finden wir im Zusammenhang mit der Analyse der Bewegungsgesetze des Kapitals in ihren Auswirkungen auf die Lage der Arbeiter unter den Bedingungen der entstehenden Großindustrie und der damit verbundenen Herausbildung der industriellen Reservearmee zahlreiche grundlegende Feststellungen und Hinweise, die für die Herausarbeitung einer marxistischen Bevölkerungstheorie, von Populationsgesetzen, wie Marx sagt, grundsätzlich sind.

Diese Ausführungen von Marx über die Zusammenhänge von kapitalistischer Produktionsweise und Bevölkerungsentwicklung beziehen sich fast ausschließlich auf England, das klassische Land der Industriellen Revolution und des industriellen Kapitalismus. Marx stellte am Beispiel Englands fest, daß die Industrielle Revolution, die Entstehung der „großen Industrie", zu einem starken Anwachsen der Arbeiterbevölkerung und auch der Gesamtbevölkerung führte. In den „Theorien über den Mehrwert" schreibt Marx bei der Behandlung der Grundrententheorie Ricardos „... namentlich wenn die Population plötzlich bedeutend wächst, wie von 1807–1815 infolge der Fortschritte der Industrie".[2] Damit wird natürlich noch keine Aussage darüber gemacht, ob das Bevölkerungswachstum aus einer Vergrößerung des Geburtenüberschusses oder aus einer starken Zuwanderung resultiert.

[1] *Lee, Robert,* Probleme der Bevölkerungsgeschichte in England. Fragestellungen und vorläufige Ergebnisse, in: Vierteljahresschrift für Sozial- und Wirtschaftsgeschichte, Bd. 60, 1973, S. 298.

[2] *Marx, Karl,* Theorien über Mehrwert, in: MEW, Bd. 26/2, Berlin 1972, S. 134.

Für unser Thema sind besonders die Bemerkungen von Marx über die Entstehung und Funktion der industriellen Reservearmee im Prozeß der Akkumulation des Kapitals von größtem Interesse. Die berühmte, grundsätzliche Feststellung von Marx zu dieser Frage findet sich im ersten Band des „Kapitals" und lautet: „Mit der durch sie selbst produzierten Akkumulation des Kapitals produziert die Arbeiterbevölkerung also in wachsendem Umfang die Mittel ihrer eigenen Überzähligmachung. Es ist dies ein der kapitalistischen Produktionsweise eigentümliches Populationsgesetz, wie in der Tat jede besondre historische Produktionsweise ihre besondren, historisch gültigen Populationsgesetze hat. Ein abstraktes Populationsgesetz existiert nur für Pflanze und Tier, soweit der Mensch nicht geschichtlich eingreift."[3] Hier ist zuerst vor allem die für eine marxistische Bevölkerungstheorie und Bevölkerungsgeschichte grundlegende Feststellung wichtig, daß es nach Marx keine abstrakten Bevölkerungsgesetze gibt, sondern daß die Bemühungen zur Erforschung der demographischen Gesetzmäßigkeiten immer von der konkret historisch gegebenen sozialökonomischen Struktur ausgehen müssen. Unter vollentwickelten kapitalistischen Produktionsverhältnissen sind es also die Bewegungsgesetze des Kapitals, die auch die demographische Entwicklung bestimmen. Marx sagt hierzu: „Das Gesetz der kapitalistischen Produktion, das dem angeblichen ‚natürlichen Populationsgesetz' zugrunde liegt, kommt einfache auf dieses heraus: Das Verhältnis zwischen Kapital, Akkumulation und Lohnrate ist nichts als das Verhältnis zwischen der unbezahlten, in Kapital verwandelten Arbeit und der zur Bewegung des Zusatzkapitals erforderlichen zuschüssigen Arbeit. Es ist also keineswegs ein Verhältnis zweier voneinander unabhängiger Größen, einerseits der Größe des Kapitals, andererseits der Größe der Arbeiterbevölkerung, es ist vielmehr in letzter Instanz nur das Verhältnis zwischen der unbezahlten und der bezahlten Arbeit derselben Arbeiterbevölkerung."[4] Die nachfolgende Tabelle zeigt deutlich, was hier gemeint ist, auch wenn sie die Verhältnisse in England nach dem Abschluß seiner Industriellen Revolution betrifft. Der entsprechend dem Krisenzyklus unterschiedlich hohe Beschäftigungsgrad der Industriearbeiter spiegelt sich unmittelbar in der natürlichen Bevölkerungsbewegung wider (vgl. Tabelle 1).

Für die Anwendung dieser von Marx aufgedeckten gesetzmäßigen Zusammenhänge zwischen Kapital, Akkumulation und Lohnrate und der zahlenmäßigen Entwicklung der Arbeiterbevölkerung in ihren Auswirkungen auf die Eheschließungs- und Geburtenfrequenz in der Periode der Industriellen Revolution und vor allem auch auf die kontinentaleuropäischen Länder, ist es wichtig, einen weiteren bevölkerungsgeschichtlich bedeutsamen Hinweis von Marx zu beachten. Er stellt nämlich fest, daß sich der „eigentümliche Lebenslauf der modernen Industrie"[5] nur sehr allmählich herausgebildet hat. Für die Beurteilung des Einflusses der industriellen Revolution auf die Bevölkerungsentwicklung sind hier noch folgende Bemerkungen sehr wichtig: „Seiner (d. h. der Zusammensetzung des Kapitals d. Vf.) Akkumulation entsprach also im Ganzen verhältnismäßiges Wachstum der Arbeitsnachfrage. Langsam wie der Fortschritt seiner Akkumulation, verglichen mit der modernen Epoche, stieß er auf Naturschranken der exploitablen Arbeiterbevölkerung, welche nur durch später zu erwähnende Gewaltmittel wegräumbar waren."[6] Und auf die Einflüsse der vollent-

[3] *Marx, Karl*, Das Kapital, Berlin 1962, in: MEW, Bd. 23, Bd. 1, S. 660.
[4] Ebenda, S. 648f.
[5] Ebenda, S. 661.
[6] Ebenda, S. 661f.

Tabelle 1
Natürliche Bevölkerungsbewegung und Beschäftigungsgrad der Industriearbeiter in England 1850 bis 1870 (ohne Irland und Schottland)

Jahr	Beschäftigungsgrad in Prozent	Eheschließende je 1000 der Bevölkerung	Geburten
1850	96,0	17,2	33,4
1851	96,1	17,2	34,2
1852	94,0	17,5	34,3
1853	98,3	17,9	33,3
1854	97,1	17,2	34,1
1855	94,6	16,2	33,7
1856	95,3	16,7	34,5
1857	94,0	16,5	34,4
1858	88,1	16,0	33,7
1859	96,2	17,0	35,0
1860	98,1	17,1	34,4
1861	94,8	15,9	34,6
1862	91,6	15,7	34,9
1863	94,0	16,5	35,2
1864	97,3	16,9	35,5
1865	97,9	17,2	35,4
1866	96,7	17,2	35,2
1867	92,6	16,2	35,4
1868	92,1	15,8	35,8
1869	93,3	15,6	34,7

Quellen: Beschäftigungsgrad nach: *Kuczynski, Jürgen,* Die Geschichte der Lage der Arbeiter unter dem Kapitalismus, Teil II: Die Geschichte der Lage der Arbeiter in England, in den Vereinigten Staaten von Amerika und in Frankreich, Bd. 24, Darstellung der Lage der Arbeiter in England von 1832 bis 1900, Berlin 1965, S. 116. Es handelt sich um eine von den Gewerkschaften geführte Statistik, die hauptsächlich die gelernten Arbeiter erfaßt. Natürliche Bevölkerungsbewegung: Statistik des Deutschen Reiches. Neue Folge, Bd. 44, Stand und Bewegung der Bevölkerung des Deutschen Reiches und fremder Staaten in den Jahren 1841 bis 1886, Berlin 1892, S. 57.

wickelten kapitalistischen Großindustrie übergehend, schreibt Marx dann: „Die plötzliche und ruckweise Expansion der Produktionsleiter ist die Voraussetzung ihrer plötzlichen Kontraktion, letztere ruft wieder die erstere hervor, aber die erstere ist unmöglich ohne disponibles Menschenmaterial, ohne eine vom absoluten Wachstum der Bevölkerung unabhängige Vermehrung von Arbeitern.“[7] Diese vom „absoluten Wachstum der Bevölkerung unabhängige Vermehrung von Arbeitern“ zielt auf die Probleme der Übervölkerung, die nach Marx bekanntlich in drei Formen auftritt, der fließenden, der latenten und der stockenden[8]. Unter der fließenden Überbevölkerung sind männliche Arbeiter zu verstehen, die nur im Jugendalter Beschäftigung fanden und in der Mehrzahl mit Eintritt in das Erwachsenenalter auf die Straße gesetzt wurden. Ihnen blieb die Auswanderung nach Übersee und häufiger Ortswechsel auf der Suche nach Arbeit. Eine schnelle Ablösung der Arbeiterbevölkerung

[7] Ebenda, S. 662.
[8] Ebenda, S. 670ff.

ist damit verbunden. Die latente Überbevölkerung stellt die relative Überbevölkerung des Landes, die ständige oder den größten Teil des Jahres währende Arbeitslosigkeit eines hohen Prozentsatzes der Landarmut dar. Eine Folge der ständigen Unterbeschäftigung eines Teils der Landbevölkerung ist ihre Bereitschaft, bei jeder sich bietenden Gelegenheit in die Städte abzuwandern und in das industrielle Proletariat überzugehen. Die stockende Übervölkerung ist ein Teil der aktiven Arbeiterbevölkerung. Sie ist jedoch ständig unterbeschäftigt, und sie stellt den Hauptteil der disponiblen Arbeitskraft der industriellen Reservearmee. Für die Anwendung dieser grundsätzlichen theoretischen Abstraktionen über die Zusammenhänge zwischen der Herausbildung und vollen Durchsetzung der kapitalistischen Produktionsweise und der Bevölkerungsentwicklung auf den Verlauf der Industriellen Revolution und die Entfaltung des volletablierten Kapitalismus in England selbst, vor allem aber auch die übrigen Länder Europas, die zur Industriellen Revolution übergingen, muß schließlich immer beachtet werden, daß Marx ausdrücklich feststellte: „Die relative Überbevölkerung zeigt sich um so auffallender in einem Lande, je mehr die kapitalistische Produktionsweise in ihm entwickelt ist.“[9] Je stärker sich also in einem Lande die kapitalistische Produktionsweise durchgesetzt hatte, je mehr die große Industrie das ökonomische Entwicklungsniveau eines Landes und damit die Lebensbedingungen der ausgebeuteten breiten werktätigen Massen beherrschte, um so mehr mußten auch der Krisenszyklus des industriellen Kapitals und die demographische Entwicklung, also auch die natürliche Bevölkerungsbewegung, in einen ursächlichen Zusammenhang kommen, wie es sich ja auch am Beispiel England zwischen 1850 und 1870 sehr deutlich zeigte (vgl. Tabelle 1).

Wir können also aus den Ausführungen von Marx über die Bewegungsgesetze des Kapitals in ihren Auswirkungen auf die demographische Entwicklung den Schluß ziehen, daß er in der Periode der Industriellen Revolution sehr enge Beziehungen zwischen der ökonomischen und der demographischen Entwicklung sah. Um diese Zusammenhänge in ihren Einzelheiten für die verschiedenen Länder und Regionen aufdecken zu können, bedarf es neben einem möglichst detaillierten bevölkerungsstatistischen Material auch eingehender Kenntnisse über die allgemeine ökonomische Entwicklung und besonders auch über die Sozialstruktur und ihre Veränderungen.

Von den marxistischen Wirtschaftshistorikern der DDR ist bisher nur Jürgen Kuczynski dem Fragenkomplex des Zusammenhangs von Industrieller Revolution und Bevölkerungsentwicklung nachgegangen. Besonders eingehend hat er das am Beispiel Englands getan.[10] Für die deutschen Staaten des 19. Jahrhunderts fehlen marxistische Arbeiten zur Bevölkerungsgeschichte fast ganz. Obermann hat mit einer Untersuchung über die Arbeitermigrationen zwischen 1815 und 1867 kürzlich einen Teilaspekt behandelt.[11]

[9] Ebenda, Bd. 3, S. 246.

[10] *Kuczyński, Jürgen*, Die Geschichte der Lage der Arbeiter unter dem Kapitalismus, Teil 2: Die Geschichte der Lage der Arbeiter in England, in den Vereinigten Staaten von Amerika und in Frankreich, Bd. 23, Darstellungen der Lage der Arbeiter in England von 1760 bis 1832, Berlin 1964, S. 94 ff.

[11] *Obermann, Karl*, Die Arbeitermigrationen in Deutschland im Prozeß der Industrialisierung und der Entstehung der Arbeiterklasse in der Zeit von der Gründung bis zur Auflösung des Deutschen Bundes (1815–1867), in: Jahrbuch für Wirtschaftsgeschichte, 1972, Teil 1, S. 135ff.

Die bürgerliche deutsche Forschung hat sich mit dem Problemkomplex mehrmals befaßt, ohne allerdings akzeptable Lösungen anzubieten oder auch nur fruchtbare Fragestellungen aufzuwerfen. Die Mehrzahl dieser Arbeiten erschien erst nach 1945 in der BRD.[12] Eine wesentliche Ausnahme in der bürgerlichen Forschung aus der BRD macht der knappe Abriß, den Walther G. Hoffmann in einem englischen Sammelband veröffentlicht hat.[13] Hoffmann, der vor allem wegen seiner Verdienste um die Aufstellung langer Reihen zur ökonomischen Entwicklung Deutschlands unter dem Kapitalismus bekannt geworden ist, schrieb 1965 über die Zusammenhänge zwischen der Industriellen Revolution und der natürlichen Bevölkerungsbewegung: „The growth of population set in shortly before, or simultaneously with, the onset of economic growth and was stronger in regions which experienced quick industrialization than in regions which stagnated. Hence there would seem to be some interrelation between the growth of population and the growth of economy. However, industrialization is neither the cause nor the outcome of the growth of population. In fact, the development of population and the transistion into sustained growth are each dependent on the same circumstances: the dissolution of the old social order. This rendered possible economic growth and encouraged the growth of population.“[14] Eine zweifellos interessante und geistreiche Formulierung, von der man auch nicht ohne weiteres sagen kann, sie sei unzutreffend. Allerdings wird man feststellen müssen, daß die Frage nach Ursachen und Wirkung zwar gestellt wird, aber warum und unter welchen Bedingungen „the dissolution of the old social order“ erfolgte, bleibt unbeantwortet. Ein anderer namhafter bürgerlicher Forscher, Gerhard Mackenroth, lehnte 1953 eine Ursachenverknüpfung zwischen einem verstärkten Bevölkerungswachstum und der Industriellen Revolution ausdrücklich ab. Er schreibt dazu: „Die europäische Bevölkerungswelle, die in der Mitte des 18. Jahrhunderts einsetzt, muß in ihren Anfängen noch aus alter Bevölkerungsweise und alter Wirtschaftsweise erwachsen.“[15] Mackenroth fährt dann fort: „Danach müssen alle die Thesen zurückgewiesen werden, die den auslösenden Faktor der Bevölkerungswelle in der industriellen Revolution sehen wollen.“[16] Als Begründung führt er dann an: „Die in England im 18. Jahrhundert zuerst entwickelte Steigerung der agrarischen Produktivität hat die englische Bevölkerungswelle zuerst getragen. Ohne sie wäre nie eine gewerbliche Aufstockung möglich gewesen. Die Steigerung der agrarischen Arbeitsproduktivität ‚speist‘ die gewerbliche Aufstockung in zweierlei Hinsicht: sie liefert die gewerbliche Arbeitskraft durch ihre Freisetzung aus der agrarischen Produktion und sie ermöglicht ihre Ernährung durch Mehrproduktion der im agrarischen Sektor verbleibenden Restbevölkerung“.[17] Schließlich formuliert Mackenroth ganz eindeutig: „Auf diesem be-

[12] Siehe *Köllmann, Wolfgang,* Grundzüge der Bevölkerungsgeschichte Deutschlands im 19. und 20. Jahrhundert, in: Studium generale, Bd. 12, 1959, S. 381ff.; *Bog, Ingomar,* Wirtschaft und Gesellschaft im Zeitalter der industriellen Revolution, in: Geschichte in Wissenschaft und Unterricht, Bd. 19, 1969, S. 193ff.

[13] *Hoffmann, Walther G.,* The Take – off in Germany, in: The economics of the Take-off into sustained growth, hg. v. W. W. Rostow, London 1964, S. 95ff.

[14] Ebenda, S. 96.

[15] *Mackenroth, Gerhard,* Bevölkerungslehre, Theorie, Soziologie und Statistik der Bevölkerung, Berlin (West) Göttingen/Heidelberg 1953, S. 468.

[16] Ebenda.

[17] Ebenda, S. 469.

völkerungsgeschichtlichen Hintergrund muß die sog. ‚Industrielle Revolution' gesehen werden, die ohne diese gleichzeitige, vielleicht sogar zeitlich voraneilende Agrarrevolution gar nicht denkbar ist."[18] Mackenroth nennt die im Zuge der ursprünglichen Akkumulation des Kapitals vonstatten gehenden Einhegungen, die Vernichtung der Schicht der mittleren Bauern Englands nicht als eine der Voraussetzungen der Industriellen Revolution, aber er weiß wohl, daß ein bedeutender Teil des entstehenden Industrieproletariats aus dem agrarischen Bereich kommt. Kann es über die Bedeutung des expropriierten Landvolkes für die Industrielle Revolution keine Zweifel geben, so wird man über Mackenroths These, daß auch die Steigerung der landwirtschaftlichen Produktion eine unabdingbare Voraussetzung gewesen sei, geteilter Meinung sein können. England bezog bekanntlich schon am Ende des 18. Jahrhunderts, also bereits in einem frühen Stadium seiner Industriellen Revolution, bedeutende und ständig zunehmende Getreidemengen aus dem baltischen Raum und aus Nordamerika. Mackenroth unterschätzt hier u. E. die auch zu Beginn der Industriellen Revolution England beträchtlichen Möglichkeiten der internationalen Arbeitsteilung.

Unerläßlich für das schnelle Fortschreiten der Industriellen Revolution war aber zweifellos der Tatbestand, den Marx wie folgt beschreibt: „Die Rückwirkung der agricolen Revolution auf die Industrie: Die stoßweise und stets erneuerte Expropriation und Verjagung des Landvolkes lieferte, wie man sah, der städtischen Industrie wieder und wieder Massen ganz außerhalb der Zunftverhältnisse stehender Proletarier."[19] Insofern war die beschleunigte Entwicklung der agraren Produktivkräfte, die in England in der ersten Hälfte des 18. Jahrhunderts einsetzte, tatsächlich eine der wesentlichen Voraussetzungen der Industriellen Revolution. In England wurde die Freisetzung der Landbevölkerung durch das schnelle Eindringen des Kapitals in die Landwirtschaft beschleunigt. Marx hat dazu festgestellt: „Erst die große Industrie liefert mit den Maschinen die konstante Grundlage der kapitalistischen Agrikultur, expropriiert radikal die ungeheure Mehrzahl des Landvolkes."[20] Es wird zu zeigen sein, daß gerade hier im Vergleich zu den deutschen Staaten in der Periode der Industriellen Revolution wesentliche Unterschiede bestehen.[21]

In dem eingangs erwähnten Forschungsbericht zur Bevölkerungsgeschichte Englands zwischen 1750 und 1850 von Robert Lee[22] werden die Denkmodelle der modernen bürgerlichen Wirtschaftstheorie referiert, soweit sie sich auf die Probleme der Industriellen Revolution anwenden lassen. Eine große Rolle spielt dabei die Frage des Bedarfs, der Nachfrage nach Industrieerzeugnissen. Das schnelle Ansteigen der Nachfrage hätte stimulierend auf die Produktion gewirkt und zur Entstehung zahlreicher neuer Arbeitsplätze geführt. Damit wären dann auch die Voraussetzungen für ein verstärktes Bevölkerungswachstum gegeben gewesen. Offenkundig konnte hier auf Marx zurückgegriffen werden, der mehrfach dargelegt hat, daß die Herausbildung der großen Industrie im Zuge der Industriellen Revolution dem industriellen Kapital den inneren Markt öffnete.[23] Die Entstehung des inneren Marktes geht mit der Vernichtung des ländlichen Hausgewerbes einher. Sehr eindringlich zeigt Marx, daß die

[18] Ebenda, S. 472.
[19] *Marx, Karl*, Das Kapital, Bd. 1, S. 773.
[20] Ebenda, S. 776.
[21] Siehe S. 310.
[22] *Lee, Robert*, a. a. O., S. 291 ff.
[23] *Marx, Karl*, Das Kapital, Bd. 1, in: MEW, Bd. 23, Berlin 1962, S. 776.

expropriierten Bauern und Kleinbauern nunmehr das als Ware kaufen müssen, was sie großenteils bisher selbst erzeugt haben.[24] Er formuliert das wie folgt: „In der Tat, die Ereignisse, die die Kleinbauern und ihre Lebens- und Arbeitsmittel in sachliche Elemente des Kapitals verwandeln, schaffen gleichzeitig diesem letzteren seinen inneren Markt. Früher erzeugte und bearbeitete die Bauernfamilie die Lebensmittel und Rohstoffe, die sie größtenteils nachher selbst verzehrte. Diese Rohstoffe und Lebensmittel sind jetzt Waren geworden, der Großpächter verkauft sie, in den Manufakturen findet er seinen Markt. Garn, Leinwand, grobe Wollenzeuge, Dinge, deren Rohstoffe sich im Bereich jeder Bauernfamilie vorfanden und von ihr zum Selbstgebrauch versponnen und verwebt wurden – verwandeln sich jetzt in Manufakturartikel, deren Absatzmarkt gerade die Landdistrikte bilden. Die zahlreiche zerstreute Kundschaft, bisher bedingt durch eine Menge kleiner, für eigene Rechnung arbeitender Produzenten, konzentriert sich jetzt zu einem großen, vom industriellen Kapital versorgten Markt."[25] Und schließlich weist Marx darauf hin, daß das industrielle Kapital dank seiner Überlegenheit billig zu produzieren vermag und damit die handwerksmäßige Produktion anderer Länder, speziell der Kolonien, ruiniert und sie in Produktionsfelder seines Rohmaterials verwandelt.[26] Bekanntestes Beispiel ist Indien. Die Frage des Marktes, des Bedarfs bzw. der Absetzbarkeit der produzierten Waren spielt also bei Marx eine entscheidende Rolle im Prozeß der Industriellen Revolution und ist damit auch für eine Untersuchung über die Zusammenhänge zwischen Industrieller Revolution und Bevölkerungsentwicklung von größtem Interesse.

Die schnelle Zunahme der Bevölkerung infolge des Wachstums der Industrie, die Marx in England besonders für die Jahrzehnte von 1780 bis 1815 konstatierte, ist also Ergebnis der Ausweitung der Produktion, der gewaltigen Zunahme der Beschäftigten in der Industrie und basiert gleichermaßen auf der Anwendung neuer Produktivkräfte wie der Schaffung des nationalen Marktes und der Unterwerfung ausländischer Märkte. Es ist eine allgemein bekannte Tatsache, daß im Verlaufe der Industriellen Revolution in allen betreffenden Ländern eine sehr beträchtliche Bevölkerungszunahme festzustellen ist. Es liegt daher nahe, die Beziehungen und Interdependenzen zwischen den beiden Prozessen zu untersuchen. Gerade der Forschungsbericht über England von Lee beweist, wie kompliziert die Materie offensichtlich ist, denn nach fünfzig Jahren lebhafter Forschung sind dort noch immer keine voll befriedigenden Ergebnisse erzielt worden. 1968 konnte ein englischer Wirtschaftshistoriker im Hinblick auf laufende und geplante Untersuchungen sagen: „Historical Demography is in its heroic age."[27]

Die englische Forschung hat sich vor allem auf die Frage nach den auslösenden Faktoren des verstärkten Bevölkerungswachstums konzentriert. Habakukk formuliert dieses Problem wie folgt: „Hat die Revolution in der Industrie ihre eigenen Arbeiter geschaffen? Oder haben die Wirkungen von Krankheit und Wetter eine vermehrte Bevölkerung produziert, die weiter den Prozeß der Industrialisierung stimuliert hat, oder das Glück gehabt hat, gleichzeitig mit einer unabhängig hergestellten Industrialisierung zu existieren."[28] Damit wird, etwas überspitzt, die Frage aufgeworfen, ob

[24] Ebenda, S. 775.
[25] Ebenda.
[26] Ebenda, S. 474f.
[27] *Lee, Robert*, a. a. O., S. 310.
[28] Ebenda, S. 290f.

nicht eine Reihe meteorologisch günstiger Jahre mit geringer Seuchensterblichkeit eine „Bevölkerungswelle“ ausgelöst haben könnte, die dann auf dem Umweg über die Erhöhung des Arbeitskräfteangebotes und der Nachfrage zur Auslösung der Industriellen Revolution führte. Es bedarf unter marxistischen Wirtschaftshistorikern heute nicht mehr des Nachweises, daß solche wirtschaftsexogenen Ereignisse wie „die Wirkungen von Krankheit und Wetter“ derartig weltverändernde ökonomische Prozesse wie die Industrielle Revolution niemals hervorrufen konnten.[29] Es ist selbstverständlich, daß wir die letzten Gründe in sozialökonomischen Entwicklungsprozessen suchen müssen. Dennoch ist es für das kontinentale Europa ungenügend erforscht, welche Beziehungen hier zwischen der Industriellen Revolution und der Bevölkerungsentwicklung bestehen oder, anders ausgedrückt, woher die Arbeiter kamen, die die Industrielle Revolution trugen. Das bevölkerungsgeschichtlich grundlegende Problem der Industriellen Revolution ist u. E. tatsächlich die Frage nach der Herkunft der Arbeiter, wobei sich als Kernfrage stellt, daß es ja „eine vom absoluten Wachstum der Bevölkerung unabhängige Vermehrung von Arbeitern“ geben mußte.[30] Es geht dabei sowohl um die geographische Herkunft der Arbeiter und, konkret historisch engstens damit verbunden, um die Frage, aus welcher Klasse bzw. Schicht diese Menschen sich lösten. In engem Zusammenhang mit dieser Kernfrage steht das Problem von agricoler und Industrieller Revolution in den deutschen Staaten des 19. Jahrhunderts, wobei eine besondere Bedeutung der Frage der kapitalistischen Bauernbefreiung und der Entstehung des Kapitalismus in der Landwirtschaft zukommt. Zielt diese Fragestellung auf die latente Übervölkerung, die strukturelle Übervölkerung und ständige Teilarbeitslosigkeit der Landbevölkerung, so müssen jedoch auch die Gebiete beachtet werden, die bereits im Spätfeudalismus eine überdurchschnittlich hohe gewerbliche Durchdringung aufwiesen und dann auch, wenigstens in einigen Fällen, besonders schnell Anschluß an die Industrielle Revolution gewonnen haben, denn am Beispiel dieser Gebiete könnte die Frage geklärt werden, ob die Industrielle Revolution in gewissem Umfang und bis zu einem gewissen Entwicklungsstadium ihre eigenen Arbeiter erzeugte.

Bevölkerungsstatistische Vorbemerkungen

Bis zum Abschluß der Industriellen Revolution lagen die Geburten- und Sterbeziffern in den deutschen Staaten in einer Größenordnung, wie sie uns auch schon im Spätfeudalismus begegnen, d. h. die Geburtenziffern lagen zwischen 30 und 50 pro mille und die Sterbeziffern, von Katastrophenjahren abgesehen, zwischen 25 und 40 pro mille. Ein Absinken der Sterblichkeit ist langfristig ebensowenig festzustellen wie die Auswirkungen einer von breiten Schichten eingehaltenen Geburtenbeschränkung. Die beträchtlichen Unterschiede in der Höhe der Eheschließungs-, Geburten- und der Sterbeziffer je 1000, die wir im regionalen Nebeneinander und im zeitlichen Nacheinander zwischen den deutschen Staaten bzw. den größeren Verwaltungsbe-

[29] Siehe *Kuczynski, Jürgen*, Einige Überlegungen über die Rolle der Natur in der Gesellschaft anläßlich der Lektüre von Abels Buch über Wüstungen, in: Jahrbuch für Wirtschaftsgeschichte, 1963, Teil 3, S. 284ff.

[30] *Marx, Karl*, Das Kapital, Bd. 1, a. a. O., S. 662.

zirken derselben feststellen, können also nicht auf irgendwelche Auswirkungen eines Geburtenrückganges oder einer Verminderung der Gesamtsterblichkeit bzw. der Säuglings- und Kindersterblichkeit zurückgeführt werden. Ebensowenig können für diesen Zeitraum konfessionelle Gründe zur Erklärung der unterschiedlich hohen Geburtenziffern herangezogen werden. Beispielsweise lag im katholischen Münsterland die Geburtenziffer immer vergleichsweise niedrig, während sie in dem vorwiegend protestantischen Sachsen überdurchschnittlich hoch lag.

Hinsichtlich der langfristigen Entwicklung der Geburten- und Sterbeziffer pro 1000 bestanden beträchtliche Unterschiede zur demographischen Entwicklung in England und Frankreich. Von der englischen Forschung sind für das 18. Jahrhundert, also auch schon für einen längeren Zeitabschnitt der Industriellen Revolution, zwei lange Reihen der Werte der natürlichen Bevölkerungsbewegung pro 1000 vorgelegt worden, die nicht unerheblich differieren[31], was natürlich auf die unsichere Quellenbasis und die Methoden in der Berechnung durch die Bearbeiter zurückgeführt werden muß. Der Unterschied liegt bei der Geburtenziffer beispielsweise bei 2–3 pro Mille im Jahr, ein Wert, der für die Größe des Geburtenüberschusses und damit für das Tempo des Bevölkerungswachstums gar nicht unbeträchtlich ist. Nach beiden Reihen tritt aber mit dem Einsetzen der Industriellen Revolution eine Erhöhung der Geburtenrate ein, und nach beiden Reihen setzt in England seit dem Jahrzehnt von 1791–1800 an ein andauernder und zunehmender Rückgang der Sterblichkeit ein. Der Rückgang der Sterblichkeit führte daher zu einer beträchtlichen Erhöhung der Rate des Geburtenüberschusses pro 1000. Zweifellos hat Kuczynski recht, wenn er zur Interpretation langer Reihen der natürlichen Bevölkerungsbewegung Englands schreibt: „Die Tabelle, roh wie sie ist, zeigt doch ganz deutlich an, daß die starke Bevölkerungsvermehrung während der industriellen Revolution auf die Senkung der Sterblichkeit ... zurückzuführen ist.“[32] England wies trotz der ständigen Auswanderung nach Übersee eine starke Zunahme seiner Bevölkerung auf. Eine langfristige Abnahme der Geburtenziffer pro 1000 setzt seit etwa 1880 ein[33], also erst lange nach dem Ende der Industriellen Revolution in England.

Auch in Frankreich haben die bürgerliche Revolution und das Einsetzen der Industriellen Revolution zu einem starken Bevölkerungswachstum geführt. Im Jahre 1784 wird die Einwohnerzahl Frankreichs mit 24,8 Millionen angegeben.[34] 1801 ergab die Volkszählung bereits 27,35 Millionen Einwohner, und 1811 waren es 29,09 Millionen, trotz der fast ununterbrochenen Kriege Napoleons.[35]

Eine fortlaufende Statistik der natürlichen Bevölkerungsbewegung liegt seit dem Jahrzehnt von 1771/80 an vor, leider mit einer Lücke für die Jahre 1791 bis 1800.

31 *Glass, D. V.*, Population and population Movements in England and Wales 1700 to 1850, in: Population in History, hg. v. D. V. Glass und D. E. C. Eversley, London 1965, S. 241.

32 *Kuczynski, Jürgen*, Geschichte der Lage der Arbeiter unter dem Kapitalismus, Bd. 23, S. 95.

33 Statistik des Deutschen Reiches, Bd. 150, Die Volkszählung am 1. Dezember 1900 im Deutschen Reich, S. 370f.

34 Die Angabe soll auf den Finanzminister Necker zurückgehen. Vgl. *Levasseur, Emile* La Population Francaise. Histoire de la population avant 1789 et demographie de la France comparêe a celle des autres nations au XIXe siecle, Bd. 1, Praxis 1889, S. 218.

35 Ebenda, Bd. 2, Paris 1891, S. 6.

Demnach wuchs die Geburtenziffer von 35,4 pro mille im Jahrzehnt von 1771 bis 1780 auf 38,3 pro mille in den Jahren 1783 bis 1789 an.[36] Die Vermutung liegt nahe, auch in Frankreich die Steigerung der Geburtenziffer auf eine im Zusammenhang mit der heranreifenden Industriellen Revolution stehende Zunahme der Eheschließungsziffer zurückzuführen. Charakteristisch wurde jedoch für die weitere Bevölkerungsentwicklung Frankreichs der bereits seit dem Jahrzehnt von 1801 bis 1810 an zu beobachtende Rückgang der Geburtenziffer,[37] der letztlich auf das generative Verhalten der durch die Große Französische Revolution von den feudalen Fesseln befreiten Bauernschaft zurückgeht, die nun aus Gründen der Besitzsicherung zur Geburtenbeschränkung überging.

Während es aber in England in der Zeit der Industriellen Revolution bereits zu einem bemerkenswerten Rückgang der Sterblichkeit kam, blieben in Frankreich die Sterblichkeit hoch und der Geburtenüberschuß gering. Die Sterblichkeit pro 1000 war in Frankreich zwar gegenüber den meisten deutschen Staaten vergleichsweise geringer, aber offenbar lag das überwiegend daran, daß auch die Geburtenziffer niedriger lag. Da die Höhe der Sterbeziffer pro 1000 insgesamt sehr wesentlich durch die Säuglings- und Kindersterblichkeit bestimmt wurde, war mit einer geringeren Geburtenziffer auch die Sterblichkeit geringer. Vor allem lag die Säuglingssterblich-

Tabelle 2
Geburtenziffer und Säuglingssterblichkeit ausgewählter europäischer Länder zwischen 1841 und 1850

	Geburtenziffer pro 1000		Geburtenüberschuß pro 1000	
England	32,6		10,2	
Frankreich	28,2		4,0	
Preußen	38,2		9,6	
Sachsen	41,3		11,0	
Schleswig-Holstein	32,3		9,2	
Säuglingssterblichkeit pro 1000				
England	1841/45	14,7	1846/50	15,7
Frankreich	1840/44	15,9	1845/49	16,1
Preußen	1841/45	18,26	1846/50	18,90
Sachsen	1841/45	26,26	1846/50	26,00
Schleswig-Holstein	1845/54	12,7		

Quellen: Geburtenziffer und Geburtenüberschuß: Statistik des Deutschen Reiches, Neue Folge, Bd. 44, Stand und Bewegung der Bevölkerung des deutschen Reiches und fremder Staaten 1841 bis 1866, Berlin 1892, Preußen ist hier im Gebietsumfang vor 1866 zu verstehen.

Säuglingssterblichkeit: *Prinzing, Friedrich*, Die Entwicklung der Kindersterblichkeit in den europäischen Staaten, in: Jahrbücher für Nationalökonomie und Statistik, III. Folge Bd. 17, 1899, S. 577–635.

[36] Ebenda; siehe auch Grundriß zum Studium der politischen Ökonomie, hg. v. I. Conrad, Teil 4: Statistik, I. Allgemeine Statistik, Bevölkerungsstatistik, Jena 1923, S. 162.
[37] Ebenda.

keit etwas niedriger als in den meisten deutschen Staaten[38], was vornehmlich darauf zurückzuführen ist, daß dem einzelnen Kind bei einer geringeren Geburtenziffer (d. h. einer durchschnittlich kleineren ehelichen Fruchtbarkeit) im allgemeinen eine sorgfältigere Pflege zuteil wird. Ferner blieb in Frankreich auch in der Periode der Industriellen Revolution der größere Teil der Bevölkerung auf dem Lande wohnen, und auch in den meisten deutschen Gebieten war in dieser Zeit die Säuglings- und Kindersterblichkeit der Landbevölkerung kleiner als die der Stadtbevölkerung. Frankreich hatte in der Periode der Industriellen Revolution ein wohl kontinuierliches, aber kein stürmisches Wachstum seiner Einwohnerzahlen zu verzeichnen. Die Zusammenhänge zwischen der Höhe der Geburtenziffer und der Säuglingssterblichkeit mögen noch einmal durch die Tabelle 2 verdeutlicht werden.

In den deutschen Staaten lagen während des gesamten Zeitraumes Geburtenziffer und Geburtenüberschuß sehr hoch, wenngleich es beträchtliche zeitliche und regionale Unterschiede gab. Wir werden noch darauf einzugehen haben.

Bis über den Abschluß der Industriellen Revolution hinaus blieb die Säuglings- und Kindersterblichkeit sehr hoch, im Prinzip in einer Größenordnung, wie sie uns schon in den letzten Jahrzehnten des Spätfeudalismus entgegentritt, soweit wir aus dieser Zeit bereits entsprechendes bevölkerungsstatistisches Material haben. Die Säuglingssterblichkeit, also die vor Vollendung des ersten Lebensjahres gestorbenen Kinder eines Geburtsjahrganges, kann aus einigen preußischen Landesteilen für das Ende des 18. Jahrhunderts berechnet werden (vgl. Tabellen 3 und 4).
Je höher also offenbar der Anteil der Beschäftigten in der Industrie stieg, je mehr sich städtische Agglomerationen herausbildeten, um so mehr stieg mit dem Fortschreiten der Industriellen Revolution also auch die Säuglingssterblichkeit an. Diese grausame Bilanz muß eindeutig als eine unmittelbare Auswirkung der unmenschlichen kapitalistischen Ausbeutung dieser Jahrzehnte angesehen werden.

Der Anteil der Säuglings- und Kindersterblichkeit (d. h. der bis zur Vollendung

Tabelle 3
Säuglingssterblichkeit preußischer Landesteile am Ende des 18. Jahrhunderts

Gebiet	Zeitraum	Säuglingssterblichkeit
Pommern	1790–1792	16,0
Neumark	1789–1798	15,7
Kurmark (einschl. Berlin)	1789–1798	18,4

Quellen: Pommern: *Leonhardi, Friedrich Gottlob.* Erdbeschreibung der preußischen Monarchie, 3. Bd., 2. Abt., Halle 1794, S. 561.
Kurmark und Neumark: *Müller, W. H.*, Tabellarische Nachrichten über die Population der gesamten königlich preußischen Staaten, 1. Theil, welcher die Provinzen Kur- und Neumark enthält, Berlin 1799, S. 110f. In der Provinz Brandenburg (ohne Berlin) lag der entsprechende Wert zwischen 1871 und 1875 bei 24, 93, in Berlin sogar bei 33, 99 und in der Provinz Pommern im gleichen Zeitraum bei 19, 87.

[38] *Prinzing, Friedrich,* Die Entwicklung der Kindersterblichkeit in den europäischen Staaten, in: Jahrbücher für Nationalökonomie und Statistik, III. Folge, Bd. 17, 1899, S. 577ff.

Tabelle 4
Die Säuglingssterblichkeit in Preußen zwischen 1816 und 1880

1816 – 1820	16,90	1851 – 1855	19,43
1821 – 1825	16,70	1856 – 1860	19,90
1826 – 1830	18,10	1861 – 1865	20,82
1831 – 1835	18,48	1866 – 1870	21,36
1836 – 1840	18,08	1871 – 1875	22,36
1841 – 1845	18,26	1876 – 1880	20,45
1846 – 1850	18,90		

Quelle: Prinzing, Friedrich: Die Entwicklung der Kindersterblichkeit in den europäischen Staaten in: Jahrbücher für Nationalökonomie und Statistik, III. Folge, Bd. 17, 1899, S. 585.

des 15. Lebensjahres Verstorbenen) begann erst in den beiden letzten Jahrzehnten des 19. Jahrhunderts langsam zu sinken. Beispielsweise betrug der Anteil der Säuglings- und Kindersterblichkeit an der Gesamtzahl aller Sterbefälle in der Kurmark Brandenburg (einschließlich Berlins) zwischen 1789 und 1798 46,1 Prozent[39], und in der Neumark lag im gleichen Zeitraum dieser Wert bei 45,9 Prozent. In der Provinz Brandenburg machte im Durchschnitt der Jahre 1872 bis 1880 die Säuglings- und Kindersterblichkeit an der Gesamtheit aller Sterbefälle nicht weniger als 55,3 Prozent und in Berlin sogar 60,4 Prozent[40] aus.

Die Zahlen belegen, daß die Kinder- und Säuglingssterblichkeit in den Jahren der zum Abschluß gelangenden Industriellen Revolution höher lag als in der Zeit des ausgehenden Spätfeudalismus. Tatsächlich war es besonders die Säuglingssterblichkeit, die im Verlaufe des Untersuchungszeitraumes eine ansteigende Tendenz aufwies. Ganz eindeutig gab es hier eine Korrelation zwischen dem Anteil der Beschäftigten in Gewerbe und Industrie und der Höhe der Säuglingssterblichkeit. Je stärker der Industrialisierungsgrad ausgeprägt war, um so höher war auch die Säuglingssterblichkeit. Prinzing hat hierzu aus Sachsen eindrucksvolle Zahlen veröffentlicht.[41] Die höchste Kindersterblichkeit wiesen demnach in dem Jahrfünft von 1865 bis 1870 die Stadt Chemnitz und die Amtshauptmannschaft Chemnitz mit 33,1 Prozent auf, gefolgt von den Webereidistrikten von Zittau, Rochlitz und Glauchau mit 32,1 Prozent. Am niedrigsten war die Säuglingssterblichkeit mit 23,1 Prozent in den agrarisch bestimmten Teilen der Oberlausitz. Niedrige Werte wiesen vergleichsweise auch die agrarischen Gebiete von Großenhain, Oschatz, Grimma und Borna mit 24,1 Prozent auf. Prinzing weist ganz eindeutig den Zusammenhang zwischen der Höhe des Anteils der in der Industrie Beschäftigten und der Kindersterblichkeit nach. In der Kreishauptmannschaft Zwickau waren von 1000 Frauen über 16 Jahre 186,3 in der Industrie beschäftigt, die Säuglingssterblichkeit lag hier im Jahrzehnt von 1880 bis 1889 bei 33,4 Prozent. In der Amtshauptmannschaft Kamenz arbeiteten im gleichen

[39] *Müller, W. H.*, Tabellarische Nachrichten über die Population der gesamten preußischen Staaten, 1. Theil, welcher die Provinzen Kur- und Neumark enthält, Berlin 1799, S. 78f.

[40] Statistik des Deutschen Reiches, Neue Folge, Bd. 44, Stand und Bewegung der Bevölkerung des deutschen Reiches und fremder Staaten, 1841–1866, Berlin 1892, S. 63.

[41] *Prinzing, Friedrich*, a. a. O., S. 595.

Zeitraum von 1000 Frauen über 16 nur 43,6 in der Industrie, die Kindersterblichkeit lag hier bei 20,4 Prozent.[42] Ohne Zweifel war die hohe Säuglingssterblichkeit und ihre Zunahme im Verlauf der Industriellen Revolution eine eine Folge der erbarmungslosen Ausbeutung der werktätigen Massen. Gerade Sachsen mit seiner Textilindustrie ist hier ein typisches Beispiel. Der Anteil der Beschäftigung von Frauen war hoch, das Lohnniveau extrem niedrig. Prinzing schreibt hierzu: „Die Ursache der hohen Kindersterblichkeit ist darin zu suchen, daß gewöhnlich nur vier Wochen lang den Kindern die Brust gereicht wird und nur in Ausnahmefällen bis zu drei Monaten und länger.“[43] Es war also bitterste Not, die die Frauen zwang, die Säuglingspflege auf ein Minimum zu beschränken, um ihren Arbeitsplatz wieder voll einnehmen zu können. Hier ist Mecklenburg ein interessantes Gegenbeispiel. Das Einkommen der in der Landwirtschaft tätigen Tagelöhner, die die Masse der mecklenburgischen Landbevölkerung ausmachten, war zweifellos ebenfalls sehr niedrig. Aber die Arbeit in der Landwirtschaft gab den Frauen bessere Möglichkeiten für die Säuglingspflege, indem der Korb mit dem Säugling mit auf das Feld genommen wurde. Die Säuglingssterblichkeit war daher auch beträchtlich niedriger. Sie lag in Mecklenburg-Schwerin zwischen 1867 und 1870 bei 15,36 Prozent und 1871 bis 1875 bei 16,01 Prozent.[44]

Prinzing weist allerdings auch bei einigen Kreishauptmannschaften Sachsens, wie Bautzen und Dresden, nach, daß die Säuglingssterblichkeit auf dem Lande beträchtlich über der der Städte lag. Unmißverständlich schreibt er dazu: “Vor allem darf man aber nicht vergessen, daß die Dürftigkeit der Lebenshaltung der Tagelöhner auf dem Lande oft aller Beschreibung spottet.“[45]

Eine sehr hohe Säuglingssterblichkeit hatten während des Untersuchungszeitraumes auch einige Regierungsbezirke Bayerns aufzuweisen. In den Regierungsbezirken Ober- und Niederbayern sowie Schwaben lag die Säuglingssterblichkeit zwischen 1835/41 und 1869/78 im Minimum bei 33,6 Prozent (Niederbayern 1848/55) und im Maximum bei 42,0 Prozent (Oberbayern 1855/62).[46] Prinzing, dessen Arbeit wir diese Zahlen entnommen haben, vermag keine überzeugende Erklärung zu geben. Die Auswirkungen einer in schnellem Tempo verlaufenden Industriellen Revolution und einer besonders scharfen kapitalistischen Ausbeutung in der Industrie haben keine besondere Rolle gespielt. Wahrscheinlich war es eine besonders ausgeprägte Rückständigkeit, Aberglauben und das Fehlen jeglicher Kenntnisse über die Hygiene.

Die Höhe der Säuglings- und Kindersterblichkeit ist selbstverständlich für das Bevölkerungswachstum, soweit es auf dem Geburtenüberschuß beruht, von größtem Einfluß. Beispielsweise hatte das Königreich Sachsen während des gesamten Untersuchungszeitraumes immer eine der höchsten Geburtenziffern unter den deutschen Staaten (bzw. den größeren Verwaltungsbezirken). Infolge der hohen Kinder- und Säuglingssterblichkeit war der Geburtenüberschuß jedoch niedriger als in Gebieten, die eine günstigere altersspezifische Sterblichkeit aufzuweisen hatten. Ein Vergleich zwischen dem Königreich Sachsen und der preußischen Provinz Pommern zeigt das (vgl. Tabelle 5).

[42] Ebenda, S. 596.

[43] *Prinzing, Friedrich*, Handbuch der medizinischen Statistik, Jena 1906, S. 308.

[44] *Ders.*, Die Entwicklung der Kindersterblichkeit in den europäischen Staaten, a. a. O., S. 597.

[45] Ebenda, S. 596f.

[46] Ebenda, S. 599ff.

Tabelle 5
Natürliche Bevölkerungsbewegung im Königreich Sachsen und in der Provinz Pommern zwischen 1841/45 und 1871/80 je 1000

	Provinz Pommern			Königreich Sachsen		
	Geburten	Sterbefälle	Überschuß	Geburten	Sterbefälle	Überschuß
1841/50	39,9	25,2	14,7	41,3	30,3	11,0
1851/60	39,9	25,6	14,3	41,0	28,9	12,1
1861/70	39,9	26,6	13,3	42,3	29,9	12,4
1871/80	40,2	25,0	15,2	44,7	30,9	13,8

Säuglingssterblichkeit

Provinz Pommern		Königreich Sachsen	
1834/48	15,30	1841/45	26,26
1849/63	16,43	1846/50	26,00
1864/70	19,30	1851/55	25,32
1871/75	19,87	1856/60	25,62
		1861/70	27,01

Quellen: Geburten, Sterbefälle, Geburtenüberschuß: Statistik des Deutschen Reiches, Neue Folge, Bd. 44, Stand und Bewegung der Bevölkerung des Deutschen Reiches und fremder Staaten in den Jahren 1841–1886.
Säuglingssterblichkeit: *Prinzing, Friedrich,* Die Entwicklung der Kindersterblichkeit in den europäischen Staaten, in: Jahrbücher für Nationalökonomie und Statistik, III. Folge, Bd. 17, 1899.

Seutemann[47] hat nachgewiesen, daß die Säuglings- und Kindersterblichkeit bei den ärmeren Bevölkerungsschichten ganz eindeutig wesentlich höher war als bei den wohlhabenderen Schichten. Offenbar hat sich die bereits früher festzustellende Differenzierung der Säuglings- und Kindersterblichkeit[48] nach Klassen und Schichten, also nach den Einkommensverhältnissen, im Verlaufe der Industriellen Revolution noch verstärkt.

Das Absinken der Säuglings- und Kindersterblichkeit und der beginnende Rückgang der Geburtenziffer sind demographische Phänomene, die der Zeit nach dem Abschluß der Industriellen Revolution in Deutschland angehören. Sie stehen daher auch in diesem Zusammenhang nicht mehr zur Debatte.

Wir haben hier noch einen weiteren bevölkerungsstatistischen Begriff einzuführen, der vor allem in der bevölkerungswissenschaftlichen Literatur in der Mitte des 19. Jahrhunderts viel behandelt wurde.[49] Es handelt sich um die Verehelichtenquote,

[47] *Seutemann, Karl,* Kindersterblichkeit sozialer Bevölkerungsgruppen. Insbesondere im preußischen Staate und seinen Provinzen, in: Beiträge zur Geschichte der Bevölkerung in Deutschland seit dem Anfange dieses Jahrhunderts, hg. v. Friedrich Julius Neumann, Bd. V, Tübingen 1894.

[48] *Caspar, Johann Ludwig,* Die wahrscheinliche Lebensdauer des Menschen in den verschiedenen bürgerlichen und geselligen Verhältnissen, nach ihren Bedingungen und Hemmnissen untersucht, Berlin 1835, S. 185.

[49] Siehe *Wappäus, Johann Eduard,* Allgemeine Bevölkerungsstatistik Bd. 1 u. 2, Leipzig 1881. – Besonders Bd. 2, S. 215ff. – dort auch weitere Literatur.

d. h. den Anteil der in der Ehe lebenden Personen an der Gesamtbevölkerung. Es wird zu zeigen sein, daß es da sehr bedeutende Unterschiede gab. Zweifellos wäre es statistisch zutreffender, den Anteil der in der Ehe lebenden Personen jeweils nur an der Erwachsenenbevölkerung zu messen, da infolge der unterschiedlichen Höhe der Geburtenziffer und der Säuglings- und Kindersterblichkeit der Anteil der Kinder bis zum vollendeten 14. Lebensjahr erheblich schwankte. Das statistische Material ist jedoch nicht durchweg ausreichend, um diesen Wert bestimmen zu können, und da die Verehelichtenquote an bevölkerungsgeschichtlicher Aussage durch den Vergleich im regionalen Nebeneinander und zeitlichen Nacheinander gewinnt, begnügen wir uns mit dem Wert des Anteils der Verehelichten an der Gesamtbevölkerung. Mit dem Wert der Verehelichtenquote wurde, soweit wir sehen, in der deutschsprachigen bevölkerungsgeschichtlichen Forschung bisher nicht gearbeitet, obwohl darin, das wird ausführlich zu zeigen sein, erhebliche Erkenntnismöglichkeiten liegen. Größenordnung und Veränderungen während der Industriellen Revolution sollen hier am Beispiel Preußens demonstriert werden, ohne bereits eine Interpretation zu versuchen (vgl. Tabelle 6).

Tabelle 6
Die Verehelichtenquote in Preußen 1816, 1861 und 1875
(in Prozent)

	Anteil der Verehelichten an der Gesamtbevölkerung	Anteil der Kinder bis zum vollendeten 14. Lebensjahr an der Gesamtbevölkerung
1816	36,2	34,7
1861	32,8	34,2
1875	33,4	

Quellen: Berechnet nach: 1816: Neues Topographisch-Statistisch-Geographisches Wörterbuch des preußischen Staates, bearbeitet von A. A. Mützell unter Aufsicht von Leopold Krug, Halle 1825, Bd. VI, S. 394f.
1861: Die Ergebnisse der Volkszählung und Volksbeschreibung nach den Aufnahmen vom 3. December 1861, resp. Anfang 1862, Berlin 1864 (Preußische Statistik, Bd. V), S. 2ff.
1875: Die Ergebnisse der Volkszählung und Volksbeschreibung vom 1. December 1875. Preußische Statistik (Amtliches Quellenwerk), Band XXXIX (Erste Hälfte), Berlin 1877, S. VIf. Als Bezugsgebiet wurde der Gebietsstand in den Grenzen vor den Annexionen von 1866 gewählt. Der Anteil der Kinder unter 14 ließ für 1875 sich nicht berechnen, da die Altersgruppen nur in 5-Jahresabschnitten angegeben sind.

Wirtschaft und Bevölkerung in den deutschen Territorien in der Epoche des Spätfeudalismus

Um die Auswirkungen der Industriellen Revolution auf die Bevölkerungsentwicklung und die Bedeutung der spezifischen Formen des Übergangs von feudalen zu kapitalistischen Produktionsverhältnissen in der Landwirtschaft für die Schnelligkeit und Intensität dieses gewaltigen Umwälzungsprozesses besser beurteilen zu können, sind zunächst einige Bemerkungen über die Zusammenhänge zwischen der sozialökonomischen Struktur und der natürlichen Bevölkerungsbewegung unter den Bedingungen des Spätfeudalismus notwendig.

Statistisches Material zur Aufdeckung der Zusammenhänge zwischen der sozialökonomischen Struktur und der natürlichen Bevölkerungsbewegung steht in Mitteleuropa vom 16. Jahrhundert an zur Verfügung. Es handelt sich um die aus den Kirchenregistern jahrweise zusammengestellten Zahlen der Trauungen, Taufen und Sterbefälle. Erst seit dem Ende des 17. Jahrhunderts werden für einzelne größere Territorien die Unterlagen aus den Gemeinden zusammengetragen. Regelmäßige Volkszählungen werden in einigen deutschen Territorialstaaten seit der Mitte des 18. Jahrhunderts vorgenommen. Trotz vieler statistischer Unzulänglichkeiten ist von dieser Zeit an das Material völlig ausreichend, um die Zusammenhänge zwischen sozialökonomischer und demographischer Entwicklung beurteilen zu können.[50]

Bei der Untersuchung der die natürliche Bevölkerungsbewegung bestimmenden Faktoren muß in dieser Zeit zwischen den Gebieten mit noch reinen oder doch fast reinen feudalen Produktionsverhältnissen und denen unterschieden werden, wo in mehr oder minder starkem Maße bereits kapitalistische Produktionsverhältnisse im Schoße des Feudalismus wirksam waren. Das Bevölkerungsgesetz des ‚reinen' Feudalismus ist von dem Prinzip der Trennung zwischen den familientragenden Vollerwerbsstellen und den für eine Familiengründung nicht ausreichenden Stellen (Knechte, Mägde, Gesellen) bestimmt. Unter diesen Verhältnissen sind nur die Bauern- bzw. Kossätenstellen und die Handwerkerstellen geeignet, eine Familie zu tragen. Ungeachtet aller Unterschiede in der sozialökonomischen Struktur auf dem Lande, die hier nur mit den Begriffen Grundherrschaft und Gutsherrschaft angedeutet zu werden brauchen, konnten die feudal ausgebeuteten Bauern ihren Bedarf an familienfremden Arbeitskräften nur durch ledige Knechte und Mägde decken, die in den Haushalt der Bauernfamilie aufgenommen wurden. Das gilt für die großen Bauern in den preußischen Gebieten östlich der Elbe, die der Gutsherrschaft unterworfen waren, also Fronarbeit als einen wesentlichen oder sogar den wesentlichsten Teil der Feudalrente leisten mußten, ebenso wie für die großen Bauern in Niedersachsen, Westfalen und großen Teilen Alt-Bayerns, die vorwiegend Geld- und Produktenrente leisten mußten. Ein großer Teil der erwachsenen Bevölkerung kam so erst spät zur Familiengründung oder war sogar zur lebenslangen Ehelosigkeit verurteilt. Das Heiratsalter lag unter diesen Bedingungen relativ hoch, die Eheschließungsziffer war niedrig und trotz der durchschnittlich großen ehelichen Fruchtbarkeit tendierte die Geburtenziffer zu vergleichsweise niedrigen Werten. Wir verdeutlichen das an einigen Beispielen aus preußischen Landesteilen, für die das notwendige statistische Material zur Verfügung steht. Pommern und die Neumark verkörpern dabei den Typ der feudalen Gutsherrschaft, Ostfriesland und das erst durch den Reichsdeputationshauptschluß von 1803 an Preußen gelangte Münsterland den Typ der Grundherrschaft mit großen Bauern (vgl. Tabelle 7).

Es muß hier noch bemerkt werden, daß die Peuplierungspolitik der preußischen Könige, darunter auch die Heranziehung von Siedlern aus nichtpreußischen Gebieten, nach dem Tode Friedrich II. (1786) fast ganz aufgehört hatte. Es ist daher auch nicht zutreffend, wenn Köllmann meint[51], daß die Peuplierungspolitik des preußischen

[50] Vgl. *Harnisch, Hartmut,* Bevölkerung und Wirtschaft. Über die Zusammenhänge zwischen sozialökonomischer und demographischer Entwicklung im Spätfeudalismus, in: Jahrbuch für Wirtschaftsgeschichte Berlin, 1975, Teil 2, S. 57ff.

[51] *Köllmann, Wolfgang,* a. a. O., S. 382.

Tabelle 7
Natürliche Bevölkerungsbewegung in ausgewählten preußischen Landesteilen zwischen 1786 und 1803

1. = Eheschließungen je 1000; 2. = Geburtenziffer je 1000,
3. = Sterbeziffer je 1000; 4. = Durchschnittliche Kinderzahl je Eheschließung

	Pommern				Neumark			
	1.	2.	3.	4.	1.	2.	3.	4.
1786/90	7,3	34,2	24,1	4,7	7,6	34,3	25,9	4,6
1791/95	7,7	35,0	25,7	4,6	8,3	35,7	26,0	4,3

	Ostfriesland				Preußisches Münsterland				
	1.	2.	3.	4.		1.	2.	3.	4.
1786/90	8,4	31,8	24,7	3,6	1803/04	8,0	28,1	22,6	3,5
1791/95	9,1	32,4	25,3	3,8					

Quellen: Pommern, Neumark und Ostfriesland berechnet nach den absoluten Werten bei: Behre, Otto, Geschichte der Statistik in Brandenburg-Preußen bis zur Gründung des königlichen statistischen Bureaus, Berlin 1905, S. 444ff.
Münsterland: Eheschließungs-, Geburten- und Sterbeziffer nach Generalliste der Getrauten, Geborenen und Gestorbenen in den preußischen Staaten. 1803 in: Annalen der preußischen Staatswirtschaft und Statistik, 1. Bd. 1804, S. 67 (H. 1). 1804: Annalen der preußischen Staatswirtschaft und Statistik, Bd. 2. 1805: nach S. 212. Einwohnerzahlen: nach *Viebahn, Georg v.*, Statistik des zollvereinten und nördlichen Deutschlands, 1. Theil, Berlin 1858, S. 124. (Hier wurde das Mittel von 1802 und 1804 als Bezugsbasis genommen.)

Feudalabsolutismus eine Bevölkerungswelle in den ostelbischen Gebieten Preußens ausgelöst habe, die dann unmittelbar in die aus den kapitalistischen Agrarreformen nach 1815 resultierende übergehen würde.

Auch in den mittel- und kleinbäuerlichen Gebieten verschiedener deutscher Territorialstaaten, etwa den Realteilungsgebieten Württembergs oder der Rheinpfalz, kann die Abhängigkeit der Familiengründung vom Besitz einer – wenn auch vielfach extrem kleinen – Nahrungsstelle beobachtet werden. In den Realteilungsgebieten bestanden allerdings nicht selten obrigkeitliche Ehebehinderungen, die aus Furcht vor einer Übervölkerung erlassen wurden und die Eheschließung ausdrücklich an den Besitz einer Nahrungsstelle knüpften. Durch die Realteilung des landwirtschaftlichen Grundbesitzes erhielten die erbberechtigten Kinder einen Landanteil, doch die Teilungsstellen lagen vielfach unter der Grenze einer Familiennahrung. Sofern nicht Land zugeheiratet werden konnte oder handwerkliche Betätigung hinzu trat, waren diese Stellen nicht mehr lebensfähig. Im 18. Jahrhundert setzt daher aus diesen Gebieten bekanntlich eine starke Auswanderung ein. Durch die Realteilung reproduziert sich jedoch diese strukturelle Übervölkerung des Landes immer wieder, da die Erbteilung zunächst vielfach die Möglichkeit zur Gründung einer Familiennahrung in der Heimat zu ermöglichen schien. Sobald Mißernten und Steigerung der Getreidepreise eintraten, boten diese Zwergbetriebe keine Lebensgrundlage mehr. Realteilung, strukturelle Übervölkerung des Landes und immer wiederholte Wellen der Massenauswanderung bedingen sich in diesen Gebieten gegenseitig, bis in der 2. Hälfte des 19. Jahrhunderts im Zuge der Industriellen Revolution sich hier die Industrie auf dem Lande ansiedelte und Beschäftigungsmöglichkeiten schafft.

Es muß noch erwähnt werden, daß auch die spätfeudale Stadt, soweit sie in ihrer Sozialstruktur von Ackerbürgern und Handwerkern bestimmt war, in ihrer demographischen Entwicklung durch das Prinzip der Nahrungsstelle bestimmt war.

Zu einer zeitweiligen Erhöhung der Eheschließungs- und Geburtenziffern kam es unter den sozialökonomischen Bedingungen eines „reinen" Feudalismus nur dann, wenn im Zuge der landesherrlichen Peuplierungspolitik des Absolutismus bisheriges Unland kultiviert und besiedelt wurde. Für einige Jahre lagen dann in diesen Gebieten Eheschließungs- und Geburtenziffern sehr hoch, bis auch hier alle Stellen besetzt waren.[52]

Sofern nicht Kriege oder Seuchen die Bevölkerung dezimierten, gab es auch unter diesen Bedingungen der natürlichen Bevölkerungsbewegung einen beständigen Geburtenüberschuß. Aber wenn man bedenkt, wieviel Menschen als Söldner und Bedienstete aller Art, als Matrosen usw. von den eigenen oder fremden Potentaten buchstäblich „verbraucht" wurden, also nicht zur Eheschließung kamen, dann ist es verständlich, daß in den Territorien mit noch weitgehend intakten feudalen Produktionsverhältnissen, und in denen bei dem gegebenen Entwicklungsniveau der Produktivkräfte und Produktionsverhältnisse die vorhandenen ländlichen und städtischen Vollerwerbsstellen besetzt waren, nur noch eine geringe Bevölkerungszunahme festzustellen war. Johann Peter Süßmilch, der berühmte Bevölkerungsstatistiker des 18. Jahrhunderts, drückte diese das spätfeudale Bevölkerungsproblem charakterisierenden Zustände sehr treffend wie folgt aus „Jedes Dorf hat eine abgemessene Flur und gewisse Zahl Ackerhöfe, wozu denn noch eine proportionierliche Zahl Tagelöhner und Handwerker gehören. Hat jedes Dorf soviel Menschen und Familien, als es braucht, so erlangt das Heyrathen einen Stillstand. Die ledigen und erwachsenen Leute können daher nicht heyrathen, wenn sie wollen, sondern wenn der Tod Platz macht. Daher in einer hinlänglich besetzten und bevölkerten Provinz nur jährlich eine gewisse Anzahl neuer Ehen entstehen kann. So lange aber noch eine Gelegenheit zur Nahrung vorhanden ist, so lange folgt der Mensch dem natürlichen Triebe und sucht zu heyrathen."[53] Klarer können die wesentlichen Elemente eines Populationsgesetzes des Feudalismus kaum umschrieben werden.

Neben den Gebieten mit noch fast „reinen" feudalen Produktionsverhältnissen stehen jedoch auch solche, in denen, teilweise schon sehr früh, kapitalistische Produktionsverhältnisse in mehr oder weniger starkem Ausmaß wirksam waren. Wir finden sie vor allem im Bergbau sowie im Verlags- und Manufakturwesen. Soweit wir über bevölkerungsstatistisches Material verfügen – es reicht in günstigen Fällen bis in das 16. Jahrhundert zurück – zeigt sich deutlich, daß allein schon die Wirksamkeit kapitalistischer Produktionsverhältnisse im Schoße des Feudalismus zu einem anderen

52 So z. B. im Oderbruch nach der Kultivierung und Erschließung 1753.– Vgl. *Harnisch, Hartmut*, a. a. O.,

53 *Süßmilch, Johann Peter*, Die göttliche Ordnung in der Veränderung des menschlichen Geschlechts aus der Geburt, dem Tode und der Fortpflanzung erwiesen, bearb. v. Christian Jacob Baumann, Berlin 1775, Bd. 1, S. 141.

demographischen Verhalten führte. Das in diesen Bereichen angelegte Kapital tendierte zur erweiterten Reproduktion und damit zur Ausweitung der Produktion und des Marktes. Angesichts des Entwicklungsstandes der Produktivkräfte bedeutete das eine Vergrößerung der Zahl der ausgebeuteten Arbeiter. Mindestens im Bergbau und im Verlag (bzw. in der dezentralisierten Manufaktur) werden die so entstandenen Arbeitsplätze familientragende Stellen gewesen sein, vor allen Dingen, wie es in verschiedenen Regionen nachzuweisen ist, wenn der Ausweitung der gewerblichen oder bergbaulichen Produktion eine starke landwirtschaftliche Besitzzersplitterung parallel ging. In solchen Gebieten waren aber nicht nur die Chancen zur Eheschließung größer, was allein zu einer Erhöhung der Geburtenziffer führen mußten, sondern es zeigt sich auch schon in dieser Zeit, daß die armen Volksschichten gegenüber den Wohlhabenderen eine höhere eheliche Fruchtbarkeit aufwiesen. So lag beispielsweise zwischen 1617 und 1630 in Freiberg/Sachsen, einer ausgesprochenen Bergarbeiterstadt, die durchschnittliche Kinderzahl pro Eheschließung bei 4,1, während sie zwischen 1617 und 1629 in Leipzig, das ökonomisch durch seine Funktion als Messestadt und Sitz einer großen Universität bestimmt wurde, nur bei 2,8 lag.[54] In Haldensleben[55], einer Ackerbürgerstadt am Nordrande der Magdeburger Börde, lag zwischen 1610 und 1630 die durchschnittliche Kinderzahl je Eheschließung bei 2,7, in Eisleben[56] hingegen, wo trotz aller Niedergangserscheinungen noch immer Kupferbergbau und Kupferverhüttung sowie die damit zusammenhängenden Gewerbe von großer Bedeutung waren, lag der entsprechende Wert zwischen 1601 und 1605 bei 4,2, 1606 bis 1612 bei 3,7 und 1613 bis 1620 bei 3,8.

Mit der Ausdehnung des Verlagswesens und der zentralisierten bzw. dezentralisierten Manufakturen wurden die bevölkerungsgeschichtlichen Auswirkungen kapitalistischer Produktionsverhältnisse im Schoße des Feudalismus bedeutungsvoller. Sie erfaßten ganze Regionen, die sich durch hohe Eheschließungs- und Geburtenziffern und einen hohen Geburtenüberschuß auszeichneten. Die Möglichkeit einer Familiengründung für die Arbeiter in den zentralisierten Manufakturen scheint regional und zeitlich mit dem Lohnniveau sehr unterschiedlich gewesen zu sein. Dennoch läßt sich zeigen, daß in Gebieten mit überdurchschnittlich starker gewerblicher Durchdringung die Eheschließungs- und Geburtenziffer über der von solchen Gebieten lag, in denen die Produktionsverhältnisse noch weniger vom Kapitalismus beeinflußt waren. Wir zeigen das anhand der Tabelle 8.

Ganz eindeutig lagen also in den Gebieten mit einer überdurchschnittlich hohen gewerblichen Durchdringung die Eheschließungs- und Geburtenziffern über denen der noch überwiegend „rein" feudalen Agrargebiete, wie der Vergleich mit Pommern deutlich zeigt. Es sei hier noch einmal darauf hingewiesen, daß die hohe Geburtenziffer mit einer hohen Sterblichkeit verbunden war, was vor allem eine Folge einer hohen Kindersterblichkeit war. Die überwiegend jämmerlichen Lebensbedingungen der Arbeiter in Gewerbe und Manufakturen werden die Sterblichkeit zusätzlich erhöht haben.

[54] Ebenda, Anhang, S. 30.

[55] *Behrends, Peter Wilhelm*, Neuhaldenslebensche Kreischronik, Teil I, Neuhaldensleben, 1824, S. 191.

[56] *Gelbke, Karl*, Die Volkszahl der Stadt Eisleben von der Mitte des 15. Jahrhunderts bis zur Gegenwart, in: Mansfelder Blätter, 4. Jg., 1890, S. 85ff.

Tabelle 8
Natürliche Bevölkerungsbewegung in Gebieten mit überdurchschnittlicher gewerblicher Durchdringung am Ende des 18. Jahrhunderts (Pommern als Vergleich)

1. = Eheschließung je 1000; 2. = Geburten je 1000;
3. = Sterbeziffer je 1000; 4. = durchschnittl. Kinderzahl je Eheschließung

	Jahre	1.	2.	3.	4.
Minden/Ravensberg	1796/1800	9,7	42,5	33,3	4,3
Schlesien	1796/1800	10,1	45,5	35,4	4,5
Vogtländischer Kreis Kursachsens	1794/1798	11,5	48,9	37,4	4,5
Pommern	1796/1800	8,6	37,6	27,0	4,3

Quellen: Minden/Ravensberg, Schlesien und Pommern berechnet nach: *Behre, Otto*, Geschichte der Statistik in Brandenburg-Preußen bis zur Gründung des königlichen statistischen Bureaus, Berlin 1905, S. 444ff.
Vogtländischer Kreis nach: *Leonhardi, Friedrich, Gottlob*, Erdbeschreibung der Churfürstlich sächsischen Lande, 3. Auflage, Bd. 1, Leipzig 1801, S. 49ff.

Es ist u. E. nicht klar, ob die hohen Werte der Eheschließungs- und Geburtenziffer auch auf die Arbeiter in den zentralisierten Manufakturen zutreffen. Für Minden Ravensberg, Schlesien und das sächsische Vogtland sind das verlagsmäßig organisierte Leinengewerbe bzw. die dezentralisierte Manufaktur charakteristisch, und in den genannten Gebieten war in den ausgesprochenen Gewerbedistrikten auch eine weitgehende landwirtschaftliche Besitzzersplitterung anzutreffen. Der Besitz einer landwirtschaftlichen Kleinstelle und die Arbeit in Verlag oder dezentralisierter Manufaktur waren die Grundlage der hohen Eheschließungs- und Geburtenziffer.

Extrem niedrige Werte aber finden wir im letzten Drittel des 18. Jahrhunderts gerade in den wichtigsten Manufakturstädten der Kurmark Brandenburg, wie die Beispiele in Tabelle 9 zeigen.

In Berlin und Potsdam waren auf Grund des Residenzcharakters beider Städte die Zahlen unverehelichter Bediensteter zweifellos überdurchschnittlich hoch. Auf der anderen Seite fand in diese Städte jedoch eine ständige Zuwanderung statt, so daß mit einer günstigen altersspezifischen Zusammensetzung der Einwohnerschaft gerechnet werden kann, die eigentlich hohe Werte der Eheschließungs- und Geburtenziffer

Tabelle 9
Natürliche Bevölkerungsbewegung kurmärkischer Manufakturstädte 1781–1785 (nur Zivilbevölkerung)
1. = Eheschließungen je 1000; 2. = Geburtenziffer je 1000.

	1.	2.
Berlin	6,8	34,6
Potsdam	5,3	23,4
Brandenburg/Havel	6,2	28,6

Quellen: Berechnet nach: Berlin: Zentrales Staatsarchiv, Gen. Dir. Kurmark, Tit. CCLXV, Nr. 6, vol. I–III. Potsdam und Brandenburg: Staatsarchiv Potsdam, Pr. Br. Rep. 1919, Steuerrat Potsdam, Nr. 980.

erwarten ließe. Gerade im Vergleich mit den Gebieten eines über das Land ausgebreiteten Gewerbes sind die Eheschließungs- und Geburtenziffern in diesen Manufakturstädten extrem niedrig, so daß die Frage, inwieweit die Arbeiter der zentralisierten Manufakturen eine Familie gründen konnten, mindestens sehr zweifelhaft ist.

Die bevölkerungsgeschichtliche Forschung ist sich darüber einig, daß im 18. Jahrhundert die verheerenden großen Seuchen an Wirksamkeit verloren haben. Es gab aber dennoch immer wieder Spitzenwerte der Sterblichkeit, die oft jedoch nur regional begrenzt festzustellen sind. Aber auch überregionale Katastrophen traten auf, wie die große Hungersnot von 1771/72, die besonders in den dichter besiedelten Gegenden große Opfer forderte. Große Bevölkerungsverluste mit einem beträchtlichen Rückgang der Einwohnerzahlen brachten auch immer wieder Kriege, so insbesondere der Siebenjährige Krieg für größere Teile Preußens und Kursachsens. Blutige Verluste und Seuchen waren gleichermaßen daran beteiligt. Trotzdem ist im 18. Jahrhundert eine im wesentlichen kontinuierliche Zunahme der Bevölkerung auf Grund eines stetigen, wenn auch in der Regel relativ kleinen Geburtenüberschusses festzustellen.

In den letzten beiden Jahrzehnten des 18. Jahrhunderts trat dann eine wesentliche Vergrößerung des Bevölkerungswachstums ein. Im letzten Drittel des 18. Jahrhunderts begannen sich in Landwirtschaft und Gewerbe neue Produktivkräfte durchzusetzen. Die feudalen Produktionsverhältnisse wurden zunehmend unterhöhlt, und es begann die Umwälzung zu kapitalistischen Produktionsverhältnissen.

In breitem Umfang begannen sich zuerst in der Landwirtschaft die Fortschritte der Produktivkräfte durchzusetzen. Wir haben hier nur auf die Forschungen von Berthold und Müller[57] über die Entwicklung der agraren Produktivkräfte in den letzten Jahrzehnten vor den kapitalistischen Agrarreformen in der ersten Hälfte des 19. Jahrhunderts hinzuweisen, die die qualitativen und quantitativen Veränderungen der landwirtschaftlichen Produktion unter dem Kapitalismus einleiteten. Als die entscheidenden Veränderungen seien die Einführung neuer Feldsysteme, die Sommerstallfütterung des Rindviehs und die Ablösung der feudalen Arbeitsrente, insbesondere der Spanndienste, genannt.

Tabelle 10

Natürliche Bevölkerungsbewegung preußischer Landesteile am Ende des 18. Jahrhunderts

1. =Eheschließungen je 1000; 2. =Geburten je 1000;
3. =Sterbefälle je 1000;. 4. =Durchschnittl. Kinderzahl je Eheschließung

	Pommern				Neumark			
	1.	2.	3.	4.	1.	2.	3.	4.
1791/95	7,7	35,0	25,7	4,6	8,3	35,7	26,0	4,3
1796/1800	8,6	37,6	27,0	4,3	8,8	38,4	25,8	4,4
1801/05	8,3	40,0	25,4	4,8	8,6	40,6	25,9	4,7

Quelle: Berechnet nach: *Behre, Otto*, Geschichte der Statistik in Brandenburg-Preußen bis zur Gründung des königlichen statistischen Bureaus, Berlin 1905, S. 444ff.

57 *Berthold, Rudolf*, Die Entwicklungstendenzen des Ackerbaus in spätfeudaler Zeit unter besonderer Berücksichtigung des Anteils der Bauern am landwirtschaftlichen Fortschritt, phil. habil. Schrift, Berlin 1963; *Müller, Hans Heinrich*, Märkische Landwirtschaft vor den Reformen von 1867, in: Veröffentlichungen des Bezirksheimatmuseums Potsdam, Potsdam 1967, H. 13.

Diese beginnende Umwälzuung von der feudalen zur kapitalistischen Landwirtschaft hatte nun auch wesentliche Auswirkungen auf die demographische Entwicklung und war besonders in den Gebieten, die von der feudalen Gutsherrschaft geprägt waren, also in den östlichen Teilen der preußischen Monarchie und Mecklenburg, wirksam. Wir zeigen das zunächst anhand der Tabelle 10.

Die Intensivierung des landwirtschaftlichen Betriebes führte zu einem erhöhten Arbeitskräftebedarf, und die beginnende Ablösung der Arbeitsrente, vor den kapitalistischen Agrarreformen in Preußen in der ersten Hälfte des 19. Jahrhunderts vor allem im Bereich der Domänenämter schon sehr verbreitet, hatte die Begründung zahlreicher Büdner- und Einliegerstellen zur Folge. Während aber die familienfremden Arbeitskräfte der großen Bauernstellen keine eigene Familie gründen konnten, waren die neuen Arbeitsplätze der zur kapitalistischen Gutswirtschaft übergehenden bisherigen gutsherrlichen Teilbetriebswirtschaften zum erheblichen Teil als familientragende Stellen angelegt.

Sehr deutlich läßt sich diese Entwicklung am Beispiel Preußisch-Pommerns anhand der großen Gruppen der Landbevölkerung zeigen (vgl. Tabelle 11).

Tabelle 11

Die Hauptgruppen der Landbevölkerung in Preußisch-Pommern zwischen 1795 und 1805 (Index in Klammern)

	1795	1800	1805
Freischulzen, Schulzen, Cölmer	1161 (100)	1071 (92)	1109 (96)
Bauern, Halbbauern, Krüger	16257 (100)	16452 (101)	16495 (101)
Kossäten, Gärtner, Häusler	15037 (100)	16272 (108)	16957 (113)
Einlieger, Losgänger, Instleute	17191 (100)	19344 (112)	19641 (114)

Quelle: Zentrales Staatsarchiv, Gen. Dir. Pommern, Hist. Tab. Nr. 2, 3, 4, 5.

Während die Gruppen der mittleren und großen Bauern nur eine geringe Zunahme aufzuweisen haben oder sogar stagnieren, ist bei den Stellen der landarmen und landlosen Produzenten geradezu eine sprunghafte Zunahme festzustellen.

Interessant für die Frage nach Ursache und Wirkung ist gerade bei Pommern auch der Vergleich mit dem damals noch schwedischen Vorpommern. Infolge eines ungehinderten Bauernlegens durch den Adel im 18. Jahrhundert gab es hier im Bereich der Adelsbesitzungen kaum noch selbständige Bauernstellen.[58] Eine Ablösung der feudalen Arbeitsrente und die Überwindung des gutsherrlichen Teilbetriebes spielte daher auch keine nennenswerte Rolle mehr. So können wir in diesem Gebiet am Ende des 18. und zu Beginn des 19. Jahrhunderts zwar auch einen leichten Anstieg der Geburtenziffer feststellen, aber der sprunghafte Anstieg der Eheschließungs- und Geburtenziffer, wie er in den preußischen Teilen Pommerns durch die Begründung zahlreicher ländlicher Kleinstellen auftrat, ist nicht festzustellen (vgl. Tabelle 12).

[58] Vgl. *Peters, Jan*, Ostelbische Landarmut — Statistisches über landlose und landarme Produzenten im Spätfeudalismus (Schwedisch-Pommern und Sachsen), in: Jahrbuch für Wirtschaftsgeschichte, Berlin 1970, Teil 1, S. 117ff.

Tabelle 12
Geburtenziffer in Schwedisch Pommern zwischen 1781/85 und 1803/85 (je 1000)

1781/85	33,3
1785/90	32,9
1791/95	34,4
1796/1800	34,4
1803/05	35,9

Quelle: Berechnet nach: Schwedisch-Pommersche und Rügianische Bevölkerungs- Geburts- und Sterbelisten vom Jahre 1781 bis zum Jahre 1813, in: Almanach für Ärzte und Nichtärzte auf das Jahr 1816, hg. v. Georg Heinrich Masius, Rostock 1816. Für 1794 und 1795, 1801 und 1802 liegen die Zahlen nicht vor. Die Eheschließungsziffern sind ebenfalls nicht angegeben. Dem Staatsarchiv Greifswald danke ich für den Hinweis auf dieses seltene Werk.

Es muß noch darauf hingewiesen werden, daß auch in den Gebieten mit einer vorwiegend grundherrschaftlichen geprägten Struktur auf dem Lande ein Anstieg der Geburtenziffer festgestellt werden kann, allerdings nicht so sprunghaft wie in den Gebieten der in Auflösung übergehenden feudalen Gutsherrschaft. Wir zeigen das am Beispiel einiger preußischer Landesteile (vgl. Tabelle 13).

Tabelle 13
Natürliche Bevölkerungsbewegung in den preußischen Kammerdistrikten Magdeburg/Mansfeld, Halberstadt/Hohenstein und Ostfriesland zwischen 1791 bis 1805

1. = Eheschließungen je 1000; 2. = Geburten je 1000;
3. = Sterbefälle je 1000

	Magdeburg/ Mansfeld			Halberstadt/ Hohenstein			Ostfriesland		
	1.	2.	3.	1.	2.	3.	1.	2.	3.
1791/95	8,1	34,3	27,0	7,8	34,0	26,9	9,1	32,4	25,4
1796/1800	8,8	35,1	29,4	9,0	34,7	30,3	10,4	37,3	24,5
1801/05	8,5	37,7	29,2	9,1	34,1	33,4	9,2	36,0	23,9

Quellen: Berechnet nach: *Behre, Otto*, Geschichte der Statistik in Brandenburg-Preußen bis zur Errichtung des königlichen statistischen Bureaus, Berlin 1905, S. 444ff.

Im Gebiet des preußischen Kammerdistriktes Magdeburg/Mansfeld ist, wie in den ostelbischen Landesteilen, ebenfalls mit den Folgewirkungen einer Ablösung der feudalen Arbeitsrente zu rechnen, wenngleich bei weitem nicht in diesem Umfang. Darüber hinaus entstand aber natürlich auch in den vorwiegend grundherrschaftlichen Gebieten durch die neuen Anbaumethoden und Anbaufrüchte ein erhöhter Arbeitskräftebedarf in der Landwirtschaft, der eine verstärkte Gründung familientragender Stellen ermöglichte.

Aber nicht nur in der Landwirtschaft begannen sich am Ende des 18. Jahrhunderts die beginnenden Umwälzungen zu kapitalistischen Produktionsverhältnissen in demographischer Hinsicht auszuwirken, sondern auch bei der Stadtbevölkerung ist eine Erhöhung der Eheschließungs- und Geburtenziffer festzustellen. Leider steht uns bevölkerungsstatistisches Material aus dieser Zeit, getrennt nach Stadt- und Landbevölkerung, bisher nur für die Kurmark Brandenburg zur Verfügung, und die Reihen enden bereits 1798. Wir legen zunächst das statistische Material in der Tabelle 14 vor.

Für die Entwicklung der Stadtbevölkerung in der Kurmark Brandenburg war natürlich der Anteil der Einwohner Berlins, der im Jahre 1800 bereits 43,9 Prozent ausmachte, von großer Bedeutung.

Tabelle 14
Natürliche Bevölkerungsbewegung in der Kurmark Brandenburg zwischen 1781 und 1798, getrennt nach Stadt und Land

1. = Eheschließungen je 1000; 2. = Geburten je 1000;
3. = Sterbeziffer je 1000.

	Stadt			Land		
	1.	2.	3.	1.	2.	3.
1781/85	6,2	32,4	31,6	8,0	34,7	27,2
1786/90	7,0	31,1	32,1	8,1	35,4	26,6
1791/95	8,3	32,7	31,0	8,2	35,9	26,6
1795/97	9,5	35,9	31,4	8,9	37,4	27,0

Quelle: Berechnet nach: Zentrales Staatsarchiv, Gen. Dir. Kurmark, Materien, Tit. CCLXV, Nr. 6, vol. II und III.

Der Anstieg der Eheschließungs- und Geburtenziffer der Stadtbevölkerung im letzten Jahrzehnt des 18. Jahrhunderts kann nur im Zusammenhang mit dem Wachstum der gewerblichen Wirtschaft und der Entwicklung des Reallohnes der breiten Massen lohnabhängiger Arbeiter beurteilt werden. Über das Wachstum der „Nationalfabrikation", also der Produktion der Manufakturen, Verlage und Zünfte, soweit sie nicht für den örtlichen Konsum arbeiteten (wie Bäcker, Fleischer, Schmiede, Stellmacher) haben wir ausreichendes Zahlenmaterial. Ihr Wert betrug 1785/86 bereits 26067315 Taler und stieg bis 1802 auf 52778750 Taler[59], also auf etwas mehr als das Doppelte. Dabei spielte der Gebietszuwachs, den Preußen in diesem Zeitraum im Zuge seiner Okkupationen aus den polnischen Teilungen aufwies, infolge des geringen gewerblichen Entwicklungsstandes dieser Gebiete keine nennenswerte Rolle.

In der Kurmark Brandenburg (einschließlich Berlin) stieg der Wert der Nationalfabrikation von 8577178 Talern im Jahre 1780 auf 10340484 Taler im Jahre 1793 und erreichte 1800 den Wert von 12354357 Talern, oder, 1780 gleich 100 gesetzt, waren es 1793 bereits 120 und 1800 dann 144. Süßmilch hob in seinem berühmten Werk tadelnd hervor, daß die Manufakturarbeiter leichtfertig zur Familiengründung schreiten würden.[60] Allerdings bezieht sich diese Angabe auf die Verhältnisse in der Mitte des 18. Jahrhunderts. Krüger[61] stellte im letzten Drittel des 18. Jahrhunderts

[59] 1785/86 nach: *Behre, Otto*, Geschichte der Statistik in Brandenburg-Preußen, Berlin 1905, S. 355. 1802 nach: *Krug, Leopold*, Abriß der neuesten Statistik, des preußischen Staates, Halle 1805, S. 93.

[60] *Süßmilch, Johann Peter*, a. a. O., Bd. 1, S. 673.

[61] *Krüger, Horst*, Zur Geschichte der Manufakturen und der Manufakturarbeiter in Preußen, Berlin 1958, S. 362f.

ein Absinken der Löhne der Manufakturarbeiter in Berlin und in der Kurmark fest. Die extrem niedrigen Eheschließungsziffern in den wichtigsten Manufakturstädten Brandenburgs, die wir zwischen 1780 und 1785 ermitteln konnten, stützen m. E. die Ergebnisse Krügers und lassen die Vermutung zu, daß ein beträchtlicher Teil der Manufakturarbeiter wegen bitterster Armut nicht zur Eheschließung kam.

Aber im letzten Jahrzehnt des 18. Jahrhunderts war auch hier eine deutliche Wende festzustellen. Eheschließungs- und Geburtenziffern in den großen Manufakturstädten stiegen erstaunlich an, wie die Tabelle 15 zeigt.

Tabelle 15:
Eheschließungs- und Geburtenziffer brandenburgischer Manufakturstädte Ende des 18. Jahrhunderts (nur Zivilbevölkerung)

1. = Eheschließungen pro 1000; 2. = Geburten pro 1000

	Berlin		Brandenburg		Potsdam	
	1.	2.	1.	2.	1.	2.
1781/85	6,8	34,6	6,2	28,6	5,3	23,4
1786/90	7,7	34,2	5,9	29,4	5,2	21,4
1791/95	8,0	33,8	8,5	31,6	8,2	27,2
1796/98	9,2	36,8	8,1	33,2	14,2	42,4

Quellen: Berechnet nach: Staatsarchiv Potsdam, Pr. Br. Rep. 19, Steuerrat Potsdam, Nr. 980. Berlin: Zentrales Staatsarchiv, Gen. Dir. Kurmark, Materien, Tit. CCLXV, Nr. 6, vol. I–III.

Das sehr beachtliche Ansteigen der Eheschließungs- und Geburtenziffer seit 1790 wirft die Frage auf, ob für die Manufakturarbeiter insgesamt oder doch größere Teile unter ihnen eine so beträchtliche Verbesserung der Lebensverhältnisse eingetreten war, daß ihnen Eheschließung und Familiengründung nunmehr wesentlich leichter fielen. Hier werden erst eingehende Untersuchungen über die Lohnentwicklung der verschiedenen Gruppen lohnabhängiger Beschäftigter weitere Klärung bringen können.

Das Wachstum der Nationalfabrikation und der Anstieg der Beschäftigtenzahlen müssen sich aber insgesamt doch günstig auf die Chancen zur Eheschließung und damit die Erhöhung der Geburtenziffer ausgewirkt haben. Auch wenn die Kaufkraft der breiten Massen gering war, so werden doch von der zunehmenden Stadtbevölkerung eine ganze Reihe von Handwerkszweigen, wie das Nahrungsmittel- und Bekleidungshandwerk, die Bauhandwerker, das Transportgewerbe und andere Gewerbezweige stimuliert worden und mindestens in diesen Bereichen müssen zahlreiche neue familientragende Stellen entstanden sein.

Wir können hier als Zwischenergebnis festhalten, daß sowohl im agrarischen wie auch im gewerblichen Bereich die Beschleunigung in der Herausbildung kapitalistischer Produktionsverhältnisse – Folge der sich durchsetzenden neuen Produktivkräfte – zu einem beträchtlichen Anstieg der Eheschließungs- und Geburtenziffer führte und damit ein verstärktes Bevölkerungswachstum einleitete. Sowohl die beginnende Umwälzung zu kapitalistischen Produktionsverhältnissen in der Landwirtschaft als auch die Zunahme des manufakturellen Gewerbebetriebes waren also bevölkerungsgeschichtlich sehr bedeutsam, und es hat den Anschein, daß das Bevölkerungswachstum in der Landwirtschaft und im Gewerbe ziemlich gleichzeitig einsetzte.

Zur Frage der „Bevölkerungswelle" nach den napoleonischen Kriegen

Die bürgerliche deutsche Forschung ging bei der Behandlung der Bevölkerungsgeschichte des 19. Jahrhunderts, also dem Zeitalter des Sieges und der vollen Durchsetzung kapitalistischer Produktionsverhältnisse, immer von zwei Prämissen aus, die sich knapp wie folgt formulieren lassen:

1. Die kapitalistischen Agrar- und Gewerbereformen in der ersten Hälfte des 19. Jahrhunderts haben zu einem schnellen Anstieg der Eheschließungs- und Geburtenziffern geführt und damit ein schnelles Bevölkerungswachstum ausgelöst. Im Hinblick auf den Geltungsbereich der preußischen Agrarreformgesetze ab 1807 heißt es über die preußischen Ostprovinzen im „Bevölkerungs-Ploetz": „Hier wird die Bevölkerungswelle ausgelöst. Einlieger und Gesinde kommen zur Familiengründung."[62]

2. Diese „Bevölkerungswelle" soll noch dadurch verstärkt worden sein, daß es nach den Jahren der napoleonischen Kriege zu einer besonders ausgeprägten Welle der Eheschließungen und Geburten gekommen sein soll. Lösch[63], der im Zusammenhang mit der bürgerlichen Konjunkturforschung nach dem I. Weltkrieg den Bevölkerungswellen in ihrer Auswirkung auf den Krisenzyklus in Deutschland und Europa eine Untersuchung widmete, war der Meinung, daß diese Bevölkerungswelle aus verschiedenen Gründen erst um 1820 einsetzte und daß fast alle europäischen Staaten von ihr betroffen wurden.

Während die erste der beiden Prämissen im Kern richtig ist und lediglich den Zeitpunkt des demographischen Wirksamwerdens der Auswirkungen der beginnenden Umwälzung von der feudalen zur kapitalistischen Landwirtschaft um mindestens zwei Jahrzehnte zu spät ansetzt, wird die Bevölkerungswelle nach den napoleonischen Kriegen offenbar stark überschätzt.

Bevölkerungsstatistisches Material aus den Jahren der napoleonischen Kriege ist aus den deutschen Staaten bisher allerdings nur wenig verarbeitet worden. An Beispielen läßt sich jedoch zeigen, daß auch in diesen Jahren die Eheschließungs- und Geburtenziffern hoch lagen. Für die Kurmark Brandenburg liegt das entsprechende bevölkerungsstatistische Material vor, das wir hier zu Tabelle 16 zusammenstellen.

Der Anstieg der Eheschließungs- und Geburtenziffer, den wir also seit etwa 1790 beobachten können und der in den gutsherrschaftlich strukturierten Gebieten besonders stark ausgeprägt war, setzte sich auch in den Jahren der napoleonischen Vorherrschaft fort.

Eine lange Reihe der Werte der natürlichen Bevölkerungsbewegung, allerdings ohne die Eheschließungsziffer, steht uns für Mecklenburg zur Verfügung. Auch in dem Rheinbundstaat Mecklenburg-Schwerin lag die Geburtenziffer in diesen Jahren außerordentlich hoch (vgl. Tabelle 17).

Es kann bei dem derzeitigen Forschungsstand nicht mit Sicherheit gesagt werden, ob auch in den Jahren zwischen 1807 und 1815 die Auflösung der alten gutsherrlichen Teilbetriebswirtschaft und der Übergang zum kapitalistischen Junkerbetrieb die entscheidenden Ursachen des Anstiegs der Eheschließungs- und Geburtenziffer waren.

[62] Raum und Bevölkerung in der Weltgeschichte. Bevölkerungsploetz bearb. v. Ernst Kirsten, Ernst Wolfgang Buchholz und Wolfgang Köllmann, Bd. 4; Raum und Bevölkerung in neuer und neuester Zeit, Würzburg 1965, S. 23.

[63] *Lösch, August*, Bevölkerungswellen und Wechsellagen, Jena 1936, S. 5ff.

Tabelle 16
Natürliche Bevölkerungsbewegung in der Kurmark Brandenburg in den Jahren 1796/98 und 1810/12 (in beiden Zeitabschnitten ohne die Altmark, die 1807 an das Königreich Westphalen kam; nur Zivilbevölkerung) in absoluten und in Relativzahlen (je 1000)

	1796/98	1810/12
a. absolut		
Getraut	5916	7653
Geburten	23866	27986
Sterbefälle	18299	22053
b. relativ		
Getraut	9,1	12,4
Geburten	36,6	42,4
Sterbefälle	28,2	31,5

Quellen: 1796/98: Zentrales Staatsarchiv, Gen. Dir. Kurmark, Materien Tit. CCLXV, Nr. 6, vol. I–III
1810/12: Staatsarchiv Potsdam, Pr. Br. Rep. 2 A Regierung Potsdam I St. 771 (ohne den Kreis Jerichow, der in diesen Jahren zur Kurmark gehörte). Die Relativzahlen beziehen sich nur auf das Jahr 1810 und sind entnommen: *Bassewitz, Magnus Freiherr v.*, Die Kurmark Brandenburg im Zusammenhang mit den Schicksalen des Gesamtstaates Preußen während der Jahre 1809 und 1810, Leipzig 1860, Bd. 3, Beilage A Volkszählung für das Jahr 1810.

Tabelle 17
Geburtenziffer in Mecklenburg-Schwerin zwischen 1796/1800 und 1811/15 (je 1000)

1796/1800	48,5	1806/10	43,4
1801/1805	47,1	1811/15	46,8

Quelle: Berechnet nach: Spengler, L., Nachrichten über die Geburts- und Sterbefälle im Großherzogtum Mecklenburg-Schwerin während der letzten 71 Jahre, in: Zeitschrift des Vereins für deutsche Statistik, Bd. II, 1848, S. 712–715.

Von wesentlicher Bedeutung war aber ganz zweifellos das beachtliche Sinken der Getreidepreise nach 1807. In der bevölkerungswissenschaftlichen Literatur des 19. Jahrhunderts wurde das Problem der Abhängigkeit der Eheschließungsziffer von der Höhe der Getreidepreise immer wieder erörtert und .mit Beispielen belegt.[64] Der österreichische Statistiker Rauchberg[65] konstatierte bei seinen Untersuchungen zur Bevölkerungsgeschichte von Böhmen im 18. und 19. Jahrhundert einen unmittelbaren Zusammenhang zwischen der Höhe der Brotgetreidepreise und der Heiratsfrequenz bzw. der Geburtenziffer. In Böhmen soll sich diese unmittelbare Abhängigkeit seit der Mitte der 1870er Jahre gelöst haben.

64 Besonders ausführlich in: Statistische Mitteilungen aus dem Königreich Sachsen, hg. vom statistischen Bureau des Ministeriums des Innern, Zweite Abt. Bewegung der Bevölkerung, Dresden 1852, S. 23f.

65 Über die Entwicklung der Bevölkerung Böhmens im 19. Jahrhundert, in: Mitteilungen des Vereins für die Geschichte Böhmens, Bd. III, Nr. IV. – Der Aufsatz lag uns nicht vor. Wir folgen hier dem ausführlichen Referat „Bevölkerungsbewegung, Lebensmittelpreise, Arbeitslohn“, in: Zeitschrift für Sozialwissenschaft, Bd. VIII, 1905, S. 462f.

In der Kurmark Brandenburg sanken nach dem extrem hohen Stand von 1805 die Getreidepreise stark ab. Wir zeigen das an zwei Beispielen in der Tabelle 18.

Die fortschreitende Auflösung der feudalen Gutsherrschaft und die niedrigen Getreidepreise dürften die Ursache dafür gewesen sein, daß sich der am Ende des 18. Jahrhunderts einsetzende Anstieg der Eheschließungs- und Geburtenziffer auch während der Jahre der napoleonischen Vorherrschaft und der Befreiungskriege fortsetzte. Es ist denn auch nicht verwunderlich, daß die Nachkriegswelle der Eheschließungen und Geburten keineswegs besonders auffällig hoch war. Um zunächst bei dem Beispiel der Provinz Brandenburg zu bleiben, so zeigt sich in der Tabelle 19 folgendes Bild der natürlichen Bevölkerungsbewegung zwischen 1800 und 1825:

Tabelle 18
Getreidepreise in Potsdam und Prenzlau zwischen 1805 und 1813
(Groschen. Pfennig je Scheffel)

	Potsdam Weizen	Roggen	Prenzlau Weizen	Roggen
1805/07	96,1	73,8	78,0	68,8
1808/10	57,3	41,8	50,5	35,0
1811/13	61,5	42,3	43,9	36,3

Quelle: *Bassewitz, Magnus Freiherr v.*, Die Kurmark Brandenburg im Zusammenhang mit den Schicksalen des Gesamtstaates Preußen während der Jahre 1809 und 1810, Leipzig 1860, Bd. 3, Tab. XI, Nachweisung der Martini-Durchschnittspreise in den Städten Potsdam, Wittstock, Ruppin, Prenzlau u. a., 1804–1815.

Tabelle 19
Natürliche Bevölkerung in Brandenburg zwischen 1800 und 1825
(je 1000)

		Getraut	Geboren	Gestorben
Kurmark	1801/05	8,8	37,5	30,3
Kurmark (ohne Altmark)	1812	12,4	42,4	31,5
Prov. Brandenburg	1816/19	11,31	40,98	27,22
	1820/22	9,73	40,80	23,74
	1823/25	9,44	40,06	24,66

Quellen: Berechnet nach: 1801/05: *Behre, Otto*, Geschichte der Statistik in Brandenburg-Preußen bis zur Begründung des königlichen statistischen Bureaus, Berlin 1905, S. 444ff.
1812: *Bassewitz, Magnus Freiherr v.*, Die Kurmark Brandenburg im Zusammenhang mit den Schicksalen des Gesamtstaates Preußen während der Jahre 1809 und 1810, Leipzig 1860, Bd. 3, Beilage A, Volkszählung für das Jahr 1810.
1816/19–1823/25: Preußische Statistik Bd. XLVIII A Rückblick auf die Bewegung der Bevölkerung im preußischen Staat während des Zeitraumes vom Jahre 1816 bis zum Jahre 1875 bearb. v. A. Frhr. v. Fircks Berlin 1879.

Man kann also sagen, daß die Bevölkerungswelle auf Grund vieler Nachholheiraten aus den Jahren der napoleonischen Kriege in Brandenburg nicht besonders ausgeprägt waren. Das Maximum an Eheschließungen nach 1815 kann also keine große Rolle gespielt haben und war in der Zählperiode von 1820/22 schon abgeschlossen.

In den westlichen Provinzen des preußischen Staates, Rheinland und Westfalen und auch in der Provinz Sachsen ist die Bevölkerungswelle nach 1815 nur schwach ausgeprägt, wie die Tabelle 20 zeigt.

Betrachten wir das Problem der Bevölkerungswelle nach den napoleonischen Kriegen noch am Beispiel einiger preußischer Ostgebiete, für die wir auch das notwendige statistische Material aus der Zeit vor 1806 haben (vgl. Tabelle 21).

Es zeigt sich also auch hier, daß die Bevölkerungswelle keineswegs besonders stark ausgeprägt war, und auch in Schlesien, wo ein Anstieg der Ehefrequenz und der Geburtenziffer eintrat, stellt sich die Frage, ob die Auswirkungen der Nachkriegsheiraten bzw. -geburten der napoleonischen Zeit oder die demographischen Folgen der fortschreitenden kapitalistischen Agrarreformen stärker daran beteiligt waren.

Die Vorstellung, daß es nach dem Ende der Kriege zu hohen Eheschließungs- und Geburtenziffern gekommen sein müsse, hat Lösch offenbar von den Erfahrungen nach

Tabelle 20
Natürliche Bevölkerungsbewegung in den preußischen Provinzen Sachsen, Rheinland und Westfalen zwischen 1816/19 und 1823/25
1. = Eheschließungen 2. = Geburten 3. = Sterbefälle je 1000

	1816/19			1820/22			1823/25		
	1.	2.	3.	1.	2.	3.	1.	2.	3.
Sachsen	10,28	38,69	26,60	9,54	39,96	25,73	9,04	39,04	24,55
Westfalen	9,11	35,03	28,06	8,54	37,37	25,18	8,59	38,03	24,03
Rheinprovinz	7,39	36,15	27,96	7,63	37,38	24,54	7,78	37,62	24,54

Quelle: Preußische Statistik, Bd. XLVIII A., a. a. O.

Tabelle 21
Natürliche Bevölkerungsbewegung in Preußen und Schlesien zwischen 1803/05 und 1823/25
1. = Eheschließungen, 2. = Geburten, 3. = Sterbefälle je 1000

	Preußen			Schlesien		
	1.	2.	3.	1.	2.	3.
1803/05	11,4	55,1	36,6	9,4	45,5	33,2
1816/19	13,87	55,97	32,19	11,7	47,99	33,39
1820/22	10,85	53,45	28,95	10,25	47,66	29,98
1823/25	9,42	50,01	29,90	9,6	45,32	31,6

Quellen: 1803/05: absolute Zahlen der natürlichen Bevölkerungsbewegung aus: Generalliste der Getrauten, Geborenen und Gestorbenen in den preußischen Staaten, in: Annalen der preußischen Staatswirtschaft und Statistik Bd. 1, 1804, Heft 4, S. 88; Bd. 2, 1805, S. 212 und *Behre, Otto*, Geschichte der Statistik in Brandenburg-Preußen bis zur Begründung des königlichen statistischen Bureaus, Berlin 1905, S. 444ff. Die Einwohnerzahlen als Bezugsbasis sind ebenfalls nach *Behre, Otto*, a. a. O., und *Viebahn, Georg v.*, Statistik des zollvereinten und nördlichen Deutschlands, Bd. 1, Berlin 1858, S. 124.
1816/19–1823/25: Preußische Statistik, Bd. XLVIII A, a. a. O.
Die Grenzen der Verwaltungsdistrikte von 1803/05 decken sich nicht völlig mit denen ab 1815, insbesondere bei Schlesien, zu dem nach 1815 die von Sachsen abgetretenen Teile der Oberlausitz kamen. Preußen ist hier das Gebiet der späteren Provinzen Ost- und Westpreußen.

dem I. Weltkrieg abgeleitet. Wir finden eine überzeugende Erklärung dafür, weshalb nach 1813/15 die Bevölkerungswelle offenbar doch nur recht schwach ausgebildet war, im Jahrbuch für die amtliche Statistik des preußischen Staates von 1867.[66] Zur Interpretation einer Statistik der männlichen Arbeiter und Dienstboten in den preußischen Provinzen aus den Jahren 1810 und 1814 heißt es nämlich: „So viel geht aus der Tabelle unmittelbar hervor, daß durch die Befreiungskriege vorzugsweise die Classe der Knechte und Jungen bei der Landwirtschaft und verwandten Gewerben in Anspruch genommen ward, während seitens der übrigen Classen eine normale Betheiligung an den Feldzügen stattgefunden zu haben scheint." Das aber war diejenige Schicht der Dorfbevölkerung, die unverehelicht, entweder im Haushalt einer Bauernfamilie oder auf einem Gut lebte, ohne in der Regel die Chance einer Familiengründung zu haben. Auch nach dem Kriege hat sich darin für sie zunächst nichts Grundsätzliches geändert, und erst der fortschreitende Übergang zur kapitalistischen Junkerwirtschaft verbesserte für einen Teil der „Knechte und Jungen", bei weitem jedoch nicht für alle, die Möglichkeiten zur Familiengründung.

Wir können also feststellen, daß eine Bevölkerungswelle nach den Befreiungskriegen, also ein mehrjähriges Maximum der Eheschließungs- und Geburtenziffern, insgesamt doch nur recht schwach ausgeprägt war. Diese Erkenntnis wurde vor allem dadurch möglich, daß hier über die Entwicklung der Eheschließungs- und Geburtenziffern vor 1806 einiges Material vorgelegt werden konnte. August Lösch[67], der diese Bevölkerungswelle durch das 19. Jahrhundert zu verfolgen suchte und der die Maxima bzw. Minima an arbeitsfähiger Bevölkerung bestimmen und die Einflüsse dieser Schwankungen auf den Konjunkturverlauf der zunehmend kapitalistischen Charakter gewinnenden Wirtschaft herausarbeiten wollte, hatte übersehen, daß eine echte Bevölkerungswelle, bedingt durch ökonomische Ursachen, bereits in den östlichen Teilen Preußens, in Mecklenburg und wahrscheinlich auch in anderen, gutsherrschaftlich strukturierten Gebieten, etwa Böhmen, am Ende des 18. Jahrhunderts einsetzte. Die von Lösch aus dem bevölkerungsstatistischen Material abgelesenen großen Schwingungen der Bevölkerungswellen – er rechnet mit einem durchschnittlichen Generationsabstand von 33 Jahren – werden also vorwiegend auf andere Ursachen zurückzuführen sein.

Zur Frage der Bevölkerungswelle nach 1815 ist noch eine weitere Bemerkung notwendig. Diese soll nämlich zusätzlich noch dadurch verstärkt worden sein, daß in den Kriegsjahren die Sterblichkeit besonders hoch war und damit viele Sterbefälle gewissermaßen vorweggenommen wurden. Hoffmann formuliert diese Auffassung wie folgt: „Behindes, in periodes of hardship the deathrates tend to be higher than normal because the old and the sick die earlier as a result of destitution. At the close of the emergency period, on the other hand, the deathrantes are below normal due the prevoius icidence of deaths."[68] Tatsächlich bieten aber die Sterblichkeitsstatistiken aus den Kriegsjahren doch ein anderes Bild. Die Sterblichkeit lag nämlich in den Kriegsjahren nicht so beträchtlich über der in normalen Jahren, um die Annahme zu rechtfertigen, daß nach 1815 die niedrige Sterblichkeitsrate und im Zusammenhang

[66] Jahrbuch für die amtliche Statistik des preußischen Staates, hg. vom königlichen Statistischen Bureau, Jg. II, Berlin 1867, S. 232.

[67] *Lösch, August*, a. a. O.

[68] *Hofmann, Walther G.*, a. a. O., S. 97.

Tabelle 22
Die Sterblichkeit in den preußischen Provinzen zwischen 1810 und 1816/19

	Ostpreußen	Westpreußen	Pommern	Schlesien	Brandenburg
1810	28749	13724	14354	63730	31411
1811	34563	16292	17968	76099	35819
1812	41082	16481	17231	75700	31320
1813	50463	25714	19183	90534	43126
1814	25924	16402	14626	77375	31959
1815	24300	11586	12105	58584	26011
1816/19	31071	18154	17517	66398	34899
1810/15	34195	16700	15912	73670	33274

Qelle: Übersicht über die Zahl der im Preußischen Staate und nach dem Jahre 1806 bis zu Ende 1850 an den natürlichen Pocken gestorbenen Menschen, in: Mittheilungen des statistischen Bureaus in Berlin. Vierter Jahrgang 1851, S. 309–340. Die Verwaltungsgrenzen decken sich 1810/15 und 1816/19 nicht immer. So ist bei der Provinz Pommern 1816/19 das ehemalige Schwedisch-Vorpommern zweifellos mit einbezogen.

damit der hohe Geburtenüberschuß als Folge einer extrem hohen Sterblichkeit der vorhergegangenen Kriegsjahre anzusehen wäre. Wir können das anhand der Tabelle 22 zeigen.

Trotz mancher Unzulänglichkeiten der Vergleichbarkeit wird deutlich, daß nur 1813, also dem Jahr, während dessen der Krieg sich auf dem Territorium Preußens abspielte, die Sterblichkeit in allen preußischen Ostprovinzen hoch war. Ostpreußen, das Aufmarschgebiet gegen Rußland, war auch 1811 und 1812 überdurchschnittlich stark betroffen. Es erscheint uns unwahrscheinlich, daß die hohe Sterblichkeit des Jahres 1813 allein für die vergleichsweise niedrigen Sterblichkeitsraten nach 1815 verantwortlich ist. Wahrscheinlich wird die relativ niedrige Säuglingssterblichkeit in den Jahren nach 1815 für den Umfang der Gesamtsterblichkeit von größerer Bedeutung gewesen sein. Diese lag im preußischen Gesamtstaat zwischen 1816 und 1820 bei 16,90 Prozent 1821 bis 1825 bei 16,70 Prozent und stieg 1871 bis 1875 auf das Maximum von 22,36 Prozent an.[69]

Eine beträchtliche Auswirkung auf die Gesamtsterblichkeit hatte vor allem auch der Rückgang der Pockensterbefälle. Die Pockenschutzimpfung setzte sich in Preußen zwischen 1802 und 1810 weitgehend durch. Nach einer Untersuchung für den größten Teil des preußischen Staatsgebietes entfielen in den Jahren 1776 bis 1780 noch 8,20 Prozent aller Sterbefälle auf die Pocken, 1810 bis 1815 waren es noch 2,62 Prozent und 1816 bis 1831 nur noch 0,70 Prozent.[70] Ein erheblicher Teil der Pockensterbefälle entfiel immer auf Kinder. Die beachtlichen Ergebnisse bei der Bekämpfung der Pocken werfen daher ein um so bezeichnenderes Licht auf den Anstieg der Sterblichkeit und insbesondere der Säuglings- und Kindersterblichkeit, der sich zur Mitte des

69 *Prinzing, Friedrich,* Die Entwicklung der Kindersterblichkeit in den europäischen Staaten, a. a. O., S. 585.

70 Übersicht über die Zahlen der im preußischen Staate vor und nach dem Jahre 1806 bis zu Ende 1850 an den natürlichen Pocken gestorbenen Menschen, in: Mittheilungen des statistischen Bureaus in Berlin, 4. Jg., 1851, S. 309ff.

19. Jahrhunderts hin immer deutlicher in den preußischen Provinzen bemerkbar machte.[71]

Die Existenz von Bevölkerungswellen, auf die hier nun zurückzukommen ist, soll auch hier nicht geleugnet werden. Die Fragestellung von Lösch ist auch für uns insofern interessant, als eine Bevölkerungswelle zu einem Maximum im Arbeitskräfteangebot führt (bzw. auch zu einem Minimum) und damit für die Höhe der Reallöhne der Arbeiter von großer Bedeutung werden kann, was wiederum für die Entwicklung der Heiratsfrequenz wichtig ist. Bis zum Abschluß der Industriellen Revolution in Deutschland und darüber hinaus halten wir für die tatsächliche Höhe der Eheschließungs- und Geburtenfrequenz nicht die durch Kriege ausgelösten Bevölkerungswellen für ausschlaggebend, sondern vielmehr die aus der ökonomischen Entwicklung resultierende materielle Lage der breiten Masse des Volkes.

Ernst Engel, einer der bedeutendsten deutschen Statistiker des 19. Jahrhunderts, führt u. E. auf die tatsächlichen Ursachenzusammenhänge, wenn er schreibt: „Die Zahl der Verehelichungen eines Landes ist ein sehr getreuer Ausdruck der Hoffnungen und Erwartungen, welche die große Masse der Bevölkerung von der Zukunft hegt, und man kann deshalb die Schwankungen, welche sich in der Zahl der jährlichen Trauungen bemerkbar machen, mit um so größerem Rechte für ein sicheres Barometer des öffentlichen Wohls halten, je selbständiger ein Volk ist, von dem die Beobachtungen gelten. Die Verheirathbarkeit ist demnach ein ebenso sicheres Maß für Furcht und Hoffnung, wie der Börsenstand es in bezug auf den Geldmarkt ist."[72]

Die Unterschiede in der sozialökonomischen Struktur und – unter vollentwickelten kapitalistischen Produktionsverhältnissen – der Krisenzyklus haben einen ganz entscheidenden Einfluß auf den Anteil der Verehelichten an der Gesamtbevölkerung.

Betrachten wir den Anteil der Verehelichten an der Gesamtbevölkerung, so zeigen sich da bemerkenswerte Unterschiede. Wappäus, ein fruchtbarer Statistiker und Geograph des 19. Jahrhunderts, hat dazu viel Material zusammengetragen.[73] Aus seinem Material wählen wir einige Beispiele aus, um zunächst einmal die mögliche Variationsbreite dieses Wertes zu zeigen (vgl. Tabelle 23).

Die Erklärung dieser Unterschiede ist nicht einfach und verlangt eingehende Kenntnisse über die sozialökonomische Struktur der betreffenden Länder, über eventuelle obrigkeitliche Festlegungen zum Recht der Eheschließung und über das Erbrecht. Letztlich sind jedoch obrigkeitliche Eheerschwerungen wie auch das Erbrecht Ausdruck der ökonomischen Verhältnisse und der Klassensituation eines Landes. Da die Gründung einer Familie zu den selbstverständlichen Wünschen im Lebensplan eines durchschnittlichen Menschen gehört, ist die Verehelichtenquote eine wichtige Kennziffer für Untersuchungen über die Zusammenhänge zwischen der sozialökonomischen Struktur und der demographischen Entwicklung. Auch Wappäus meinte, die Behauptung, daß „die Proportion des nicht zur Verheirathung kommenden Theils unter den Erwachsenen einer Bevölkerung im umgekehrten Verhältnis zu ihrer allgemeinen Prosperität stehe"[74], wäre überwiegend zutreffend.

[71] *Prinzing, Friedrich,* Die Entwicklung der Kindersterblichkeit in den europäischen Staaten, a. a. O., S. 587.

[72] Statistische Mittheilungen aus dem Königreich Sachsen, Zweite Abt. Bewegung der Bevölkerung, Dresden 1852, S. 90.

[73] *Wappäus, Eduard,* a. a. O., Bd. II, S. 215ff.

[74] Ebenda, S. 225.

Tabelle 23
Verehelichtenquote europäischer Länder um die Mitte des 19. Jahrhunderts
(in Prozent)

Land	Jahr	Anteil der Verehelichten an der Gesamtbevölkerung
Frankreich	1851	38,94
England	1851	33,32
Preußen	1852	33,09
Sachsen	1849	34,97
Hannover	1852	32,82
Belgien	1856	30,51
Bayern	1852	28,64

Quelle: Wappäus, Johann Eduard, Allgemeine Bevölkerungsstatistik, Bd. 2, Leipzig 1861, S. 219.

Wir werden auf die Probleme und Erkenntnismöglichkeiten der unterschiedlich hohen Verehelichtenquote noch zurückkommen. In bezug auf die Bevölkerungswelle nach dem Ende der napoleonischen Kriege soll hier nur noch vermerkt werden, daß es auch zwischen den verschiedenen deutschen Territorien bzw. größeren Verwaltungsbezirken erhebliche Unterschiede im Anteil der Verehelichten an der Gesamtbevölkerung gab und daß dieser Anteil über längere Zeiträume hinweg sehr beachtliche Veränderungen aufwies. Wir zeigen das am Beispiel einiger preußischer Regierungsbezirke in der Tabelle 24.

Tabelle 24
Verehelichtenquote preußischer Regierungsbezirke 1816 und 1861
(in Prozent)

	1816	1861
Köslin	37,5	32,9
Frankfurt/Oder	38,4	34,4
Münster	32,8	30,9

Quellen: 1816: Berechnet nach: Neues Topographisch-Statistisch-Geographisches Wörterbuch des preußischen Staates, bearb. v. A. A. Mützell unter Aufsicht von Leopold Krug, Halle 1825, Bd. VI, S. 394f.
1861: Berechnet nach: Die Ergebnisse der Volkszählung und Volksbeschreibung nach den Aufnahmen vom 3. Dezember 1861, resp. Anfang 1862, Berlin 1864 (=Preußische Statistik, Bd. V), S. 52/53.

Die beträchtlichen Unterschiede in der Verehelichtenquote, die wir 1816 wie 1861 zwischen den verschiedenen Landesteilen Preußens konstatieren können, und die Veränderungen in diesen 45 Jahren sind für die Stärke der Geburtsjahrgänge zweifellos von viel größerer Bedeutung als die Nachholheiraten und -geburten der Befreiungskriege von 1813–1815. Die Verehelichtenquote aber, das dürfte sich aus den bisherigen Ausführungen zur Frage der Bevölkerungswelle nach 1815 ergeben, ist eine Folge der sozialökonomischen Struktur bzw. des Grades der Auflösung der alten feudalen Produktionsverhältnisse. Die demographischen Auswirkungen der Umwälzung von feudalen zu kapitalistischen Produktionsverhältnissen bestimmten daher die Bevölkerungsgeschichte in den deutschen Staaten bis über die Mitte des 19. Jahrhunderts hinaus.

Offenbar kann man also nicht von einer besonders auffällig ausgeprägten Bevölkerungswelle als Folge der napoleonischen Kriege sprechen, und das Problem der Bevölkerungswelle und der Verehelichtenquote in ihren Ursachen, sozialökonomischen Bedingtheiten und Auswirkungen dürfte nunmehr zu stellen sein.

Kapitalistische Bauernbefreiung und Industrielle Revolution in ihren Auswirkungen auf die demographische Entwicklung der Landbevölkerung

Im dritten Band des „Kapitals“ schreibt Marx über die Entwicklung des zahlenmäßigen Verhältnisses zwischen der Agrar- und Industriebevölkerung: „Es liegt in der Natur der kapitalistischen Produktionsweise, daß sie die ackerbauende Bevölkerung fortwährend vermindert im Verhältnis zur nichtackerbauenden.[75]

Von dem Zeitpunkt an, von dem uns eine brauchbare Berufsstatistik zur Verfügung steht, ist das auch für das Gebiet des deutschen Zollvereins bzw. des deutschen Reiches festzustellen, wie die Tabelle 25 zeigt.

Das schnelle Wachstum der Industriebevölkerung ist also unverkennbar, trotzdem waren am Ende der Industriellen Revolution (1875) noch immer 49,2 Prozent aller Beschäftigten in der Landwirtschaft tätig und nur 27,6 Prozent in der Industrie. Hier besteht ein ganz wesentlicher Unterschied zu England. Kuczynski wertet die

Tabelle 25
Die Entwicklung der Beschäftigtenzahlen im deutschen Zollverein bzw. deutschen Reich nach Wirtschaftsbereichen zwischen 1849 und 1875
(in 1000)

Jahr	Einwohner		Beschäftigte insgesamt		Landwirtschaft, Forsten, Fischerei	
1849	25013	100	14813	100	8298	100
1855	36138	103	15198	103	8195	99
1861	38003	109	15967	108	8253	99
1867	40032	114	16171	109	8333	100
1875	45118	129	18643	126	9230	111

Jahr	Industrie, Bergbau, Handwerk		Handel, Banken, Versicherungen, Gastronomie	
1849	3491	100	867	100
1855	3866	111	941	109
1861	4361	125	1053	121
1867	4370	125	1150	133
1875	5439	156	1465	169

Quelle: *Hoffmann, Walther G.*, Das Wachstum der deutschen Wirtschaft seit der Mitte des 19. Jahrhunderts, Berlin Heidelberg New York 1965, S. 205.

75 *Marx, Karl*, Das Kapital, Bd. 3, in: MEW, Bd. 25, Berlin 1964, S. 650.

Berechnungen englischer Forscher über die Anteile der einzelnen Berufsgruppen an der Gesamtbeschäftigtenzahl zwischen 1801 und 1831 aus.[76] Danach waren in England 1831, also etwa zum Zeitpunkt des Abschlusses seiner Industriellen Revolution, 40,8 Prozent in Bergbau, Industrie und Bauwirtschaft beschäftigt und nur 24,6 Prozent in der Land- und Forstwirtschaft. Die Zahl der Arbeitskräfte in der Landwirtschaft stagnierte seit 1811 und blieb bei etwa 1,8 Millionen stehen. Ihr Anteil an der Gesamtzahl der Beschäftigten sank jedoch von 35,9 Prozent auf 24,6 Prozent während gleichzeitig der Anteil der in Bergbau, Industrie und Bauwirtschaft Beschäftigten von 29,7 Prozent auf 40,8 Prozent anstieg.[77] In Frankreich lebten 1845, also ebenfalls etwa am Ende der Industriellen Revolution dieses Landes, noch 62 Prozent der Bevölkerung von der Landwirtschaft, 18 Prozent von der Industrie, 6 Prozent vom Handel und von Dienstleistungen, 5 Prozent lebten von freien Berufen und 9 Prozent waren anderes.[78]

Die Gegenüberstellung der Beschäftigtenstrukturen in diesen drei Ländern während der Industriellen Revolution führt auf einen auch bevölkerungsgeschichtlich sehr wesentlichen Tatbestand. Bereits vor, hauptsächlich aber während der Industriellen Revolution wurde in England bekanntlich die Schicht der selbständigen Bauern beseitigt. In den deutschen Staaten, auch in den preußischen Ostprovinzen, ist diese Entwicklung jedoch nicht eingetreten. Die Bauern dieser Gebiete verloren zwar im Zuge der Auseinandersetzungen mit dem Adel über die gutsherrlich-bäuerlichen Verhältnisse sehr beträchtliche Landflächen an ihre ehemaligen Gutsherrn, aber die Schicht der „spannfähigen Bauern" konnte die Entwicklung des Kapitalismus in der Landwirtschaft nach dem preußischen Wege erstaunlich gut überstehen. Für Preußen kann die zahlenmäßige Entwicklung der Landwirtschaftsbetriebe während des ganzen Zeitraumes gut überblickt werden. 1816 werden in den preußischen Ostprovinzen (Ost- und Westpreußen, Polen, Schlesien, Pommern, Brandenburg, Sachsen) 283823 Betriebe über 15 Morgen (3,75 ha) gezählt[79], die etwa den „spannfähigen Stellen" gleichgesetzt werden können. 1859 wurden im gleichen Gebiet 308812 spannfähige bäuerliche Nahrungen gezählt.[80] Die zur kapitalistischen Agrarreform in Preußen erlassenen Gesetze gaben zwar den Junkern die Möglichkeit, zahlreiche Bauernstellen einzuziehen und zum Gutsland zu schlagen, aber ihre genaue Zahl konnte bisher nicht ermittelt werden. Nach zeitgenössischer Schätzung sollen es 30000 Stellen mit ca. 2000000 Morgen Land gewesen sein.[81] Dieser Verlust an Bauernstellen wurde zahlenmäßig – nicht dem Landbesitz nach – mehr als aufgewogen durch die gewaltige Zahl der neu entstandenen Kleinbauernstellen. 1816 wurden in ganz Preußen 376641 Bauernwirtschaften über 15 Morgen und 533176 unter15 Morgen gezählt, zusammen also 909817.[82] Außerdem gab es 12000–14000 ausdrücklich als solche privilegierte Ritter-

[76] *Kuczynski, Jürgen*, a. a. O., Bd. 23, S. 99.

[77] Ebenda.

[78] Ebenda, Bd. 32: Darstellung zur Lage der Arbeiter in Frankreich von 1789 bis 1848, Berlin 1967, S. 207.

[79] Neues Topographisch-Statistisch-Geographisches Wörterbuch des preußischen Staates, bearb. v. A. A. Mützell unter Aufsicht v. Leopold Krug, Bd. VI, Halle 1825, S. 394.

[80] *Meitzen, August*, Der Boden und die landwirtschaftlichen Verhältnisse des preußischen Staates nach dem Gebietsumfang von 1866, Bd. IV, S. 324f.

[81] *Hering, K. L.*, Die agrarische Gesetzgebung in Preußen, Berlin 1837, S. 112.

[82] Neues Topographisch-Statistisch-Geographisches Wörterbuch vom preußischen Staate, a. a. O., Bd. IV, S. 394.

güter. 1849 wurden insgesamt bereits 1790118 landwirtschaftliche Betriebe aller Größenklassen gezählt. Davon waren 1391915 Kleinbauernstellen unter 30 Morgen (7,5 ha), 369950 waren Mittel- und Großbauernstellen zwischen 30 und 300 Morgen, der Rest entfiel auf die kapitalistischen Gutswirtschaften und eine kleine Anzahl großbäuerlicher Wirtschaften über 300 Morgen.[83]

Bis 1858 stieg die Gesamtzahl der Landwirtschaftsbetriebe in Preußen auf 2119982 an. Darunter waren jetzt 1786909 Stellen unter 30 Morgen.[84] In allen Landesteilen Preußens war es vor allem die Schicht der Klein- und Kleinstbauern, die zahlenmäßig gewaltig zunahm. In dieser Summe, das muß unter bevölkerungsgeschichtlichem Aspekt besonders hervorgehoben werden, sind nicht die sog. Insten enthalten, also gutsabhängige Produzenten, die in gutseigenen Häusern wohnten und in der Regel für die Dauer ihrer Beschäftigung neben der Wohnung etwas Land zur Nutzung zugewiesen bekamen.

Demographisch gesehen bedeutete die Entstehung jeder Kleinbauernstelle die Gründung einer Familie. Die während der gesamten Industriellen Revolution im Vergleich zu England und Frankreich immer hohe Geburtenziffer hatte einen ihrer Gründe in dieser bemerkenswerten Zunahme der ländlichen Kleinstellen, zumal offenbar die Kleinbauern in keiner Weise eine Beschränkung der ehelichen Fruchtbarkeit anstrebten.

Aus England gibt es aus der Periode der Industriellen Revolution keine brauchbare Statistik der Landwirtschaftsbetriebe[85], so daß die Frage, ob es neben der Konzentration des Bodens im Besitz weniger Landlords und dem Vorherrschen der Großpächter auch die Bildung landwirtschaftlicher Kleinstellen gab, nicht mit Sicherheit beantwortet werden kann. Die Entwicklung der Beschäftigtenzahlen in der Landwirtschaft während der Industriellen Revolution läßt jedoch den Schluß zu, daß eine solche Entwicklung ländlicher Kleinstellen sich in engen Grenzen gehalten haben dürfte. Es ist nicht anzunehmen, daß in England die natürliche Bevölkerungszunahme in breiterem Umfang auf der Neubildung familientragender ländlicher Kleinstellen beruht. Erst im letzten Drittel des 19. Jahrhunderts wurde die Gründung der cottages gefördert, um die Bildung eines festen Stammes landwirtschaftlicher Arbeiter zu sichern.[86]

Wieder anders lagen die Verhältnisse in Frankreich. Unter allen größeren Staaten Europas wies Frankreich die höchste Verehelichtenquote auf. Dieser Tatbestand bestätigt sich auch dann, wenn die Verehelichtenquote auf die Zahl der Erwachsenen bezogen wird, also der auf Grund der verschieden hohen Geburtenziffer unterschiedlich große Anteil der Kinder eleminiert wird (vgl. Tabelle 26).

[83] Übersicht der ländlichen Erwerbsverhältnisse in den verschiedenen Regierungsbezirken des preußischen Staates am Ende des Jahres 1849, in: Mittheilungen des statistischen Bureaus in Berlin, 5. Jg., 1852, S. 65ff.

[84] *Meitzen, August*, a. a. O., Bd. IV, S. 498f.

[85] So lautet auch das Urteil in dem Artikel „Grundbesitz" (Statistik) von A. Wirminghaus im „Handwörterbuch der Staatswissenschaften", 3. Aufl., Bd. 5, Jena 1910, S. 150. Einiges Material enthält auch: *Nasse, Erwin*, Agrarische und landwirthschaftliche Zustände in England. Schriften des Vereins für Sozialpolitik, Bd. XXVII, 1884, S. 130ff.

[86] Ebenda, S. 184ff.; siehe auch *Dörries, Hans*, Die britischen Inseln. Handbuch der geographischen Wissenschaften, hg. v. Fritz Klute, Bd. West- und Nordeuropa, Potsdam 1938, S. 374f.

Tabelle 26
Anteil der Verehelichten, Verwitweten und Geschiedenen an der Erwachsenenbevölkerung verschiedener Länder um die Mitte des 19. Jahrhunderts

Land	Jahr	Von 1000 erwachsenen Einwohnern sind oder waren verheiratet
Frankreich	1851	7358
England	1851	6219
Preußen	1852	6126
Sachsen	1849	6517
Hannover	1852	6232
Bayern	1852	5329

Quelle: *Wappäus, Johann Eduard*, Allgemeine Bevölkerungsstatistik, Bd. 2, Leipzig 1861, S. 223.

Da der überwiegende Teil der Bevölkerung Frankreichs während und bei Abschluß der Industriellen Revolution auf dem Lande lebte und in der Landwirtschaft arbeitete, liegt der Schluß nahe, daß hier die Bedingungen zur Familiengründung relativ günstig waren. Von ganz wesentlicher Bedeutung war auch zweifellos, daß die durch die Große Französische Revolution befreiten Bauern zur Sicherung des einmal Erreichten sehr früh dazu übergingen, die Kinderzahlen klein zu halten. In die gleiche Richtung muß allerdings auch die Verteuerung des Bodens und die zunehmende Verschuldung der Bauern gewirkt haben, auf die Marx besonders hinweist.[87]

Immerhin hat die geringe eheliche Fruchbarkeit der Landbevölkerung zur Folge, daß die den Hof übernehmenden Erben selbstverständlich eine Familie gründen konnten und wohl auch die eventuellen weichenden Erben Abfindungen in einer Höhe erhielten, die ebenfalls vielfach die Gründung einer Familiennahrung gestatteten. Trotz der Verteuerung des Bodens, die Marx besonders hervorhebt, entstand in Frankreich offenbar nur in geringem Maße eine latente Übervölkerung und blieb die Abwanderung in die Stadt vergleichsweise gering. Der Vergleich zwischen England, Frankreich und Deutschland zeigt, daß der Übergang von feudalen zu kapitalistischen Produktionsverhältnissen in der Landwirtschaft auf sehr unterschiedliche Weise vor sich ging und daß diese Unterschiede auch demographisch sehr folgenreich wurden.

Wir haben uns nun speziell den Verhältnissen in Deutschland zuzuwenden. Die demographische Entwicklung der Landbevölkerung weist bemerkenswerte und für die Geschichte der Industriellen Revolution wesentliche Unterschiede auf. Die sozialökonomische Struktur auf dem Lande in den verschiedenen regionalen Ausprägungen des Spätfeudalismus und die spezifische Art und Weise der Entstehung einer kapitalistischen Eigentumsordnung an Grund und Boden, wie sie mit den kapitalistischen Agrarreformen erfolgte, und die weitere Entwicklung der kapitalistischen Landwirtschaft hatten beträchtliche Unterschiede im demographischen Verhalten der Landbevölkerung zur Folge. Wir müssen hier an das anknüpfen, was über die Zusammenhänge zwischen der sozialökonomischen Struktur und der Eheschließungs- und Geburtenfrequenz in der Zeit des Spätfeudalismus gesagt wurde.

In den grundherrschaftlichen Gebieten, in denen der größte Teil der landwirtschaft-

[87] *Marx, Karl*, Die Klassenkämpfe in Frankreich 1848 bis 1850, in: MEW, Bd. 7, S. 83.

lichen Nutzfläche in den Händen großer Bauern war, deren Feudalrente zum größten Teil in Geld- bzw. Naturalrente geleistet werden mußte, und die Arbeitsrente nur eine untergeordnete Rolle bei der Bewirtschaftung der ohnehin durchschnittlich kleinen Eigenbetriebe des Adels spielte, blieben auch nach den kapitalistischen Agrar-

Tabelle 27

Natürliche Bevölkerungsbewegung und altersspezifische Fruchtbarkeit der Frauen zwischen 15 und 45 ausgewählter preußischer Regierungsbezirke zwischen 1803/04 und 1856/71

1. = Eheschließungen, 2. = Geburten, 3. = Sterbefälle pro 1000

Preußisches Münsterland Reg. Bez. Münster	1.	2.	3.	Ostfriesland Landdrosteibez. Aurich	1.	2.	3.
1803/04	8,0	28,1	22,6	1801/05	9,2	36,0	23,3
1816/28	7,7	31,1	23,5	1826/28	7,5	31,7	24,7
1829/40	7,8	30,0	25,4	1829/40	7,5	31,5	20,9
1841/55	7,4	29,5	24,0	1841/55	7,8	31,6	19,1
1856/71	7,3	29,9	24,3	1856/71	7,7	31,2	20,6

	Landdrosteibez. Lüneburg			Landdrosteibez. Osnabrück				Reg. Bez. Köslin		
1826/28	7,1	32,3	21,7	8,2	33,3	22,5	1816/28	9,8	44,2	25,0
1829/40	7,5	30,2	22,5	7,6	32,8	23,0	1829/40	8,8	40,4	25,5
1841/55	8,4	30,6	22,2	7,0	29,8	22,1	1841/55	8,6	40,0	24,7
1856/71	8,7	30,5	22,8	8,4	33,0	23,0	1856/71	8,0	40,8	25,1

Alterspezifische Fruchtbarkeit der Frauen im Alter zwischen 15 und 45 (auf 1000 Frauen dieser Altersgruppe entfielen Geburten im Jahr)

Reg. Bez. bzw. Landdrosteibez.	Aurich	Lüneburg	Osnabrück	Münster	Köslin
1816/28				132,8	196,9
1829/40	134,0	125,0	140,9	124,6	181,8
1841/55	131,9	124,0	126,7	123,2	170,8
1856/71	144,0	133,4	136,9	127,3	171,9

Quellen: Ostfriesland 1801/05 berechnet nach: *Behre, Otto*, Geschichte der Statistik in Brandenburg-Preußen bis zur Begründung des königlichen statistischen Bureaus, Berlin 1905, S. 444 ff.

Preußisches Münsterland 1803/04: Eheschließungs-, Geburten- und Sterbeziffern berechnet nach: Generalliste der Getrauten, Geborenen und Gestorbenen in den preußischen Staaten. 1803 in Annalen der preußischen Staatswirtschaft und Statistik, 1. Bd. 1804, H. 1, S. 67.

1804: Ebenda, Bd. 2, 1805, nach S. 212. Einwohnerzahlen als Bezugsbasis nach: *Viebahn, Georg v.*, Statistik des zollvereinten und nördlichen Deutschlands, 1. Theil, Berlin 1858, S. 214.

Die Werte von 1816/28 ff. sind alle entnommen: Preußische Statistik, Bd. XLVIII A, Rückblick auf die Bewegung der Bevölkerung im preußischen Staate während des Zeitraumes vom Jahre 1816 bis zum Jahre 1874, bearb. v. A. Frhr. v. Fircks, Berlin 1879.

reformen Eheschließungs- und Geburtenziffern vergleichsweise gering, und der Anteil der Verehelichten an der Gesamtbevölkerung lag niedrig. Die Fruchtbarkeit der Frauen zwischen 15 und 45 Jahren lag erheblich unter dem gesamtpreußischen Durchschnitt und noch mehr unter dem der östlichen Landesteile (vgl. Tabelle 27).

Selbstverständlich sind die relativ niedrigen Werte der Geburtenziffer und der altersspezifischen Fruchtbarkeit in den Großbauerngebieten der ehemals grundherrschaftlichen Struktur des Westens vornehmlich eine Folge der von den Großbauern aus Gründen der Besitzsicherung betriebenen Geburtenbeschränkung. Die Säuglings- und Kindersterblichkeit war natürlich auch in diesen Gebieten groß, und unter Berücksichtigung dieser war offenbar das Ziel der „Familienplanung", nur soviel Kinder zu zeugen, um schließlich zwei oder drei aufzuziehen. Im Zusammenhang mit dem Streit um die sog. Dismembrationen, bei dem es um die volkswirtschaftlichen, vor allem aber auch um die politischen Folgen der Zerteilung geschlossener Bauernhöfe bzw. den parzellenweisen Abverkauf von Land von solchen ging, verglich der Freiherr von Ulmenstein, ein Befürworter der Dismembrationen, den Zustand der Bodenkultur in der gewerbereichen Grafschaft Mark, wo der Kleinbesitz vorherrschend war, mit den „Einöden" des großbäuerlichen Münsterlandes.[88] Ulmenstein verurteilte auch die Neigung der großen Bauern, die Kinderzahl zu beschränken.[89] Vom Ende der 1870er Jahre berichtete der Freiherr von Canstein, Generalsekretär des landwirtschaftlichen Provinzialvereins der Mark Brandenburg und der Niederlausitz: „Bei bäuerlichen Besitzern scheint vielfach sogar die Kinderzahl abzunehmen, und in einigen Fällen scheint man schon fast zu dem „Zweikindersystem" gelangt zu sein".[90]

Eine logische Folge der niedrigen Eheschließungsziffer in den Großbauerngebieten war auch der vergleichsweise geringe Anteil der Verehelichten an der Bevölkerung, worauf bereits hingewiesen wurde. Es kann angenommen werden, daß auch in anderen großbäuerlichen Gebieten ehemals grundherrschaftlicher Struktur der Anteil der Verehelichten ähnlich niedrig lag, und im Verlaufe der Entwicklung der kapitalistischen Landwirtschaft hat sich daran offenbar nicht viel geändert.

Die Zahlen der altersspezifischen Fruchtbarkeit der Frauen im Alter zwischen 15 und 45 Jahren beweisen, daß die geringere Geburtenziffer nicht auf eine schwache Besetzung der im zeugungsfähigen Alter stehenden Jahrgänge zurückgeführt werden kann. Ebensowenig kann die niedrige Verehelichtenquote durch einen geringeren Anteil der im Erwachsenenalter Stehenden begründet werden.

Der Anteil der Verehelichten blieb vergleichsweise gering, obwohl auch in diesen Gebieten in beachtlichem Maße neue klein- und kleinstbäuerliche Stellen entstanden. Es ist daher nicht zu verwundern, wenn aus den großbäuerlichen Gebieten westlich der Elbe, vor allem und zuerst aus Westfalen, eine stetige Abwanderung in das aufblühende Ruhrgebiet einsetzte, das bis etwa 1860 seinen Arbeitskräftebedarf weitgehend aus Nahwanderern decken konnte.[91] Die insgesamt doch geringen Möglichkei-

88 *Ulmenstein, Heinrich Christian v.*, Über die unbeschränkte Theilbarkeit des Bodens, in: Möglinsche Annalen, Bd. 19, 1827, S. 189.

89 Ebenda, S. 233.

90 *Canstein, Freiherr v.*, Von den bäuerlichen Erwerbs- und Wohlstandsverhältnissen der Mark, Brandenburg. Landwirtschaftliche Jahrbücher Bd. XII, Suplement I, Berlin 1883, S. 100.

91 *Brepohl, Wilhelm*, Der Aufbau des Ruhrvolkes im Zuge der Ost-West-Wanderungen, Dortmund 1948, S. 62f.

ten, die die großbäuerlichen Gebiete für eine Familiengründung boten, waren Grund genug zur Abwanderung in die Industrie. Denn trotz der vergleichsweise niedrigen Geburtenziffer[92] war in diesen Gebieten doch ein stetiger, beachtlicher Geburtenüberschuß vorhanden, der mit darauf beruhte, daß hier eine relativ niedrige Säuglingssterblichkeit zu verzeichnen war.

Ein anderes Bild zeigen die Gebiete der in Auflösung begriffenen Grundherrschaft, in denen der überwiegende Teil der landwirtschaftlichen Nutzfläche im Spätfeudalismus in der Hand von Klein- und Mittelbauern war. Es handelt sich um die fränkischen Regierungsbezirke Bayerns, die überwiegenden Teile von Württemberg und Baden, die bayerische Rheinpfalz, Hessen-Darmstadt und Hessen-Kassel und die südlichen Teile der preußischen Rheinprovinz. Mit Ausnahme der Rheinprovinz sind die abschließenden Gesetze zur kapitalistischen Bauernbefreiung erst im Gefolge der Revolution von 1848/49 erlassen worden. Die kapitalistischen Agrarreformen haben in diesen Gebieten zu keiner nennenswerten Veränderung der landwirtschaftlichen Betriebsstruktur geführt. In einigen der genannten Staaten waren nach 1815 wieder obrigkeitliche Ehebeschränkungen eingeführt worden[93], so in Bayern (mit Ausnahme der Rheinpfalz), Württemberg, Baden, den beiden Hessen. Sie entsprangen der Furcht vor einer zunehmenden Übervölkerung und waren Ausdruck des Unvermögens der Staatsführung in den betreffenden Ländern, der wachsenden Bevölkerung eine Existenz zu bieten. Zweifellos stand hinter solchen Maßnahmen auch die Besorgnis, das Anwachsen der besitzlosen Massen könnte zu einer revolutionären Situation führen. Die Gesetze zur Beschränkung der Eheschließungen wurden erst 1868 bzw. 1871 aufgehoben. Zu dieser Zeit war die Industrielle Revolution in so schnellem Fortschreiten begriffen und der Arbeitskräftebedarf der Industrie so stark, daß derartige Gesetze nicht mehr notwendig erschienen.

In der Praxis wurde die Genehmigung zur Eheschließung entweder an bestimmtes Alter oder den Nachweis eines gewissen Vermögens gebunden. Eine fast selbstverständliche Folge der gesetzlichen Ehebeschränkungen war ein unverhältnismäßig hoher Anteil unehelicher Geburten mit allen ihren schweren Diskriminierungen für Mütter und Kinder.

In Bayern läßt sich der Einfluß obrigkeitlicher Ehebehinderungen auf den Anteil der außerehelichen Geburten gut zeigen, da nur in den altbayerischen Gebieten und in den fränkischen Regierungsbezirken Ehebehinderungen wirksam waren, jedoch nicht in der Rheinpfalz (vgl. Tabelle 28).

Obwohl in den Gebieten der in Auflösung begriffenen Grundherrschaft mit klein- und mittelbäuerlicher Struktur der Anteil der außerehelichen Geburten hoch lag, war für sie doch außerdem eine erstaunlich hohe eheliche Fruchtbarkeit kennzeichnend, die sogar beachtlich über der ostelbischer Agrardistrikte lag (vgl. Tabelle 29).

Es ist anzunehmen, daß wir die ausgeprägt klein- und mittelbäuerliche Struktur der ländlichen Gebiete Württembergs, Badens und der Pfalz für die hohe eheliche Fruchtbarkeit verantwortlich machen können. In der Kleinbauernfamilie ist jedes

[92] Preußische Statistik, Bd. XLVIIIA Rückblick auf die Bewegung im preußischen Staate während des Zeitraumes vom Jahre 1816 bis zum Jahre 1874, bearb. v. A. Frhr. v. Fircks, Berlin 1879, S. 16f.

[93] *Braun, Karl,* Das Zwangs-Zölibat für Mittellose in Deutschland, in: Vierteljahrsschrift für Volkswirtschaft und Kulturgeschichte, Bd. XX, 1868, S. 1ff.

Tabelle 28
Außereheliche Geburten pro 1000 Einwohner in Bayern zwischen 1841/50 und 1861/70

	Königreich Bayern	Fränkische Reg. Bez.	Ober- und Nieder-bayern, Schwaben	Rhein-pfalz
1841/50	7,24	7,84	7,85	3,32
1851/60	7,51	7,91	8,29	3,36
1861/70	8,06	8,11	9,03	4,02

Quelle: Statistik des Deutschen Reiches, Neue Folge, Bd. 44, Stand und Bewegung der Bevölkerung des deutschen Reiches und fremder Staaten in den Jahren 1841 bis 1886, Berlin 1892.

Tabelle 29
Eheliche Fruchtbarkeit ausgewählter Gebiete zwischen 1841/50 und 1851/60 (Kinder je Ehe)

	1841/50	1851/60
Württemberg	5,1	5,4
Bayerische Pfalz	4,9	4,8
Baden	4,6	4,8
Prov. Pommern	4,2	4,4
Prov. Ostpreußen	3,8	4,2

Quelle: Statistik des Deutschen Reiches, Neue Folge, Bd. 44, Stand und Bewegung der Bevölkerung des deutschen Reiches und fremder Staaten in den Jahren 1841 bis 1886, Berlin 1892.

Kind schon von klein auf eine zusätzliche Arbeitskraft. So lag die Geburtenziffer in den klein- und mittelbäuerlichen Gebieten trotz einer im Vergleich zu den preußischen Ostgebieten und selbst zu den Großbauerngebieten in Niedersachsen und Westfalen sehr viel niedrigeren Eheschließungsziffer immer sehr hoch. Wir zeigen das an Tabelle 30.

Tabelle 30
Eheschließungs- und Geburtenziffer in Württemberg, Baden und der Pfalz zwischen 1841/50 und 1871/80

1. = Eheschließungen, 2. = Geburten je 1000

	Württemberg		Baden		Pfalz	
	1.	2.	1.	2.	1.	2.
1841/50	7,26	42,56	7,22	39,19	7,52	39,92
1851/60	5,92	37,36	5,99	34,20	6,45	34,70
1861/70	8,37	42,47	8,30	38,28	8,13	37,57
1871/80	8,50	44,76	8,14	39,84	8,51	42,11

Quelle: Statistik des Deutschen Reiches, Neue Folge, Bd. 44, Stand und Bewegung der Bevölkerung des deutschen Reiches und fremder Staaten in den Jahren 1841 bis 1886, Berlin 1892.

Infolge einer hohen Kindersterblichkeit blieb der Geburtenüberschuß fast immer unter 10 pro 1000 im Jahr.

Wir haben bereits bei der Behandlung der Situation im 18. Jahrhundert auf die Realteilungssitte des ländlichen Grundbesitzes und ihre demographischen Auswirkungen hingewiesen.[94] Diese Zustände dauerten auch in der Periode des Übergangs zu kapitalistischen Eigentumsverhältnissen fort und hatten bis über den Abschluß der Industriellen Revolution hinaus eine Massenauswanderung zur Folge, die schon bald nach dem Abschluß der napoleonischen Kriege wieder einsetzte. Zeitweise erreichte die Auswanderung einen Umfang, der sogar für einige Zählperioden zu einem Rückgang der absoluten Einwohnerzahlen in Württemberg, Baden, der Rheinpfalz und Hessen-Darmstadt führte. Ab 1841 steht für alle Staaten des deutschen Zollvereins eine Statistik zur Verfügung, die den Umfang der Wanderungsverluste (bzw. Gewinne) nach Dreijahresdurchschnitten nachweist. Dabei zeigt sich deutlich, daß die klein- und mittelbäuerlichen Gebiete ehemals grundherrschaftlicher Struktur schon in den 1840er Jahren hohe Wanderungsverluste aufzuweisen hatten. Das gilt für Baden, Württemberg, die Rheinpfalz, Hessen-Kassel und Hessen-Darmstadt und für die fränkischen Regierungsbezirke Bayerns. Aus den nordhessischen Gebieten erfolgte eine Abwanderung in das Ruhrgebiet und in das Wuppertal.[95] Auch die Rheinprovinz hatte schon in dem Jahrzehnt von 1850 bis 1860 einen leichten Wanderungsgewinn zu verzeichnen.[96] Die Masse der Abwanderer aus diesen Gebieten aber ging nach Übersee, da der Arbeitskräftebedarf der Industrie in den deutschen Staaten noch zu gering war. Das offenkundige Vorhandensein von Übervölkerungserscheinungen hat in den genannten Gebieten keineswegs zu einem früheren Einsetzen oder schnelleren Verlauf der Industriellen Revolution geführt, ein Beweis dafür, daß ein „Bevölkerungsdruck“ allein nicht die entscheidende Ursache für das Auslösen der Industriellen Revolution sein kann.

Tabelle 31
Wanderungsverluste in Württemberg, Baden und der Rheinpfalz zwischen 1850 und 1875 (je 1000 der Bevölkerung) jährlich

	Württemberg	Baden	Rheinpfalz
1850/52	11,40	9,01	16,49
1853/55	14,43	13,63	19,02
1856/58	2,02	2,75	5,66
1859/61	3,84	1,79	4,96
1862/64	3,78	+3,41	3,74
1865/67	4,30	8,57	11,70
1868/71	3,35	2,78	13,23
1872/75	4,08	4,51	5,38

Quelle: Statistik des Deutschen Reiches, Neue Folge, Bd. 44, Stand und Bevölkerung des Deutschen Reiches und fremder Staaten in den Jahren 1841 bis 1886, Berlin 1892.

[94] Siehe S. 283 f.

[95] *Köllmann, Wolfgang*, Sozialgeschichte der Stadt Barmen im 19. Jahrhundert, Tübingen 1970, S. 79.

[96] Statistik des deutschen Reiches, neue Folge, Bd. 44; Stand und Bewegung der Bevölkerung des deutschen Reiches und fremder Staaten, in den Jahren 1841–1886, Berlin 1892, S. 16.

Mit dem verstärkten Einsetzen der Industriellen Revolution in diesen Gebieten ist aber dann auch hier ein erheblicher Rückgang der Wanderungsverluste festzustellen, wie die Tabelle 31 zeigt.

Der Anstieg der Eheschließungsziffer, der sich seit 1860 mit dem vollen Einsetzen der Industriellen Revolution in diesen Gebieten beobachten läßt, hat dann selbstverständlich auch wieder zu einem Anstieg der Verehelichtenquote geführt, die uns für Württemberg bekannt ist und uns noch einmal die bevölkerungsgeschichtliche Situation dieses Landes und, man wird sagen können, auch der übrigen sozialökonomisch ähnlich strukturierten Regionen widerspiegelt (vgl. Tabelle 32).

Tabelle 32
Verehelichtenquote im Königreich Württemberg zwischen 1812 und 1872/80 (in Prozent der Gesamtbevölkerung)

1812	33,8
1846	32,3
1861	31,3
1872/80	34,0

Quelle: 1812–1861: Württembergische Jahrbücher 1863, Stuttgart 1865, S. 121; 1872/80: Berechnet nach: Statistik des Deutschen Reiches, Neue Folge, Bd. 44, Stand und Bewegung der Bevölkerung des Deutschen Reiches und fremder Staaten in den Jahren 1841 bis 1886, Berlin 1892, S. 25 und S. 34/35.

Nachdem wir versucht haben, die natürliche Bevölkerungsbewegung in den Gebieten zu analysieren, die agrargeschichtlich durch die Auflösung einer grundherrschaftlichen Struktur bestimmt waren, und dabei zwei mögliche Varianten, den großbäuerlichen und den klein- und mittelbäuerlichen Typ feststellen konnten, haben wir uns nun der Entwicklung in den ehemals gutsherrschaftlichen Gebieten zuzuwenden.

In den Gebieten der in Auflösung begriffenen Gutsherrschaft setzte sich der seit dem Ende des 18. Jahrhunderts zu beobachtende Anstieg der Eheschließungs- und Geburtenziffer infolge des Übergangs von der gutsherrlichen Teilbetriebswirtschaft zur kapitalistischen Junkerwirtschaft fort.

Die kapitalistischen Agrarreformgesetze – in Preußen ab 1807 – haben diesen auf Grund der Fortentwicklung der agraren Produktivkräfte in den letzten Jahrzehnten des 18. Jahrhunderts einsetzenden Prozeß gesetzlich geregelt und in eine bestimmte Richtung gelenkt. Auf Grund der hohen Entschädigungsleistungen der Bauern an die Junker in Form von Landabtretung oder bzw. und Geldzahlungen war für die Bauern dieser Weg des Übergangs vom Feudalismus zum Kapitalismus besonders schwierig und opferreich. Bevölkerungsgeschichtlich war diese Variante des preußischen Weges kapitalistischer Agrarentwicklung nicht nur dadurch bedeutsam, daß die betriebswirtschaftliche Umstellung der Gutswirtschaften von feudaler Arbeitsrente auf bezahlte Lohnarbeit zur Gründung zahlreicher neuer familientragender Stellen führte, sondern offenbar hat der Übergang zur kapitalistischen Landwirtschaft über die Ersetzung der bisherigen Arbeitsrente hinaus mit der Einführung neuer Fruchtfolgesysteme, der gewaltigen Ausweitung der Anbauflächen und der Intensivierung der Viehwirtschaft einen zusätzlichen Bedarf an Arbeitskräften nach sich gezogen.

Zugleich setzte der Prozeß der Dismembrationen voll ein, da die Bauern in beträchtlichem Umfang Land verkaufen mußten, um sich gegenüber den kapitalistischen

Agrarreformen behaupten zu können. Auch dadurch entstanden zahlreiche neue familientragende Kleinstellen.

Der Zusammenhang des beginnenden Übergangs von der Teilbetriebswirtschaft der feudalen Gutsherrn Ostelbiens zur kapitalistischen Junkerwirtschaft mit dem starken Anstieg der Eheschließungs- und Geburtenziffern in diesen Gebieten konnte für die Jahre vor 1806 nachgewiesen werden. Es stellt sich nun die Frage, in welchem Maße und wie lange in die Periode der Entwicklung des Kapitalismus in der Landwirtschaft nach dem preußischen Weg hinein die gesamte bevölkerungsgeschichtliche Entwicklung der weithin agrarisch bleibenden preußischen Ostprovinzen in enger Abhängigkeit von den kapitalistischen Agrarreformen gesehen werden muß. Leider sind die Agrarreformen bisher fast immer – von regionalgeschichtlichen Arbeiten abgesehen – in zusammenfassender Sicht behandelt worden. Wir wissen nur wenig über die regionalen Unterschiede, und wir wissen sehr wenig über den zeitlichen Ablauf, also über das Tempo, in dem die Regulierungen, Ablösungen, Gemeinheitsteilungen und Separationen vor sich gingen. In einer Studie haben wir den Versuch[97] unternommen, auf Grund der amtlichen Zusammenstellungen der Regulierungs- und Ablösungsergebnisse von 1821 (bis Jahresende 1820) und bis einschließlich 1838 den zeitlichen Ablauf der kapitalistischen Agrarreformen in den preußischen Ostprovinzen genauer zu erfassen. Zweifellos reichen diese beiden Querschnitte für eine genaue Synchronisation in der Betrachtung der demographischen Entwicklung und der kapitalistischen Agrarentwicklung nicht aus, aber einige Gesichtspunkte bieten sich doch an. Einer der Gründe für die Entstehung familientragender Kleinstellen im Zuge des Übergangs von der Teilbetriebswirtschaft zur kapitalistischen Junkerwirtschaft war die Notwendigkeit des Ersatzes der wegfallenden bäuerlichen Spann- und Handdienste. Die Kenntnis des Anteils der bis zu einem bestimmten Zeitpunkt abgeschlossenen Regulierungs- und Ablösungsverfahren – ausgedrückt in der Zahl der betroffenen Bauernstellen und der aufgehobenen Spann- bzw. Handdienste an der Gesamtheit der überhaupt einbezogenen Stellen und aufgehobenen Arbeitsrente müßte demnach auch für die Entwicklung der Eheschließungs- und Geburtenziffer wichtig sein. Es war daher ein überraschendes Ergebnis, daß offenbar ein direkter Zusammmenhang zwischen der Höhe der Eheschließungs- und Geburtenziffer und dem Umfang der aufgehobenen Spann- und Handdiensttage nicht nachweisbar war. Es muß hier vorausgeschickt werden, daß nach unserer erwähnten Untersuchung[98] der Querschnitt der bis Ende 1838 abgeschlossenen Regulierungs- und Ablösungsergebnisse trotz mancher Widersprüche zu der 1849 aufgestellten Zusammenfassung des bis Ende 1848 erreichten Standes erweist, daß bis 1838 von den Bauern ehemals schlechter Besitzqualität (reguliert auf Grund des Regulierungsedikts von 1811 bzw. der Deklaration dazu von 1816) über 90% und von den Bauern ehemals besserer Besitzqualität (auf Grund der Ablösungsordnung von 1821) etwa 55 Prozent ihre Verfahren abgeschlossen hatten. Da die Bauern ehemals schlechter Besitzqualität durchweg einer schärferen feudalen Ausbeutung unterworfen waren, ist es einleuchtend, daß 1838 bereits der größte Teil der Spanndienstage und gut zwei Drittel der Handdiensttage abgelöst waren. Am Beispiel der Provinz Posen läßt sich das Fehlen eines unmittelbaren Zusammenhangs zwischen

[97] *Harnisch, Harmut*, Statistische Untersuchungen zum Verlauf der kapitalistischen Agrarreformen in den preußischen Ostprovinzen (1811–1865), in: Jahrbuch für Wirtschaftsgeschichte, Berlin 1974, Teil 4, S. 149–182.

[98] Ebenda, S. 162; S. 176 f.

der Ablösung der Arbeitsrente und der Eheschließungs- und Geburtenziffer zeigen. Für diese Provinz wurde nämlich erst 1823 ein entsprechendes Agrarreformgesetz erlassen. Die kapitalistische Bauernbefreiung setzte dann mit großer Schnelligkeit ein. Bis 1831 waren 9884 Bauernstellen abgelöst, und diese Zahl stieg bis 1838 auf 22592 an. Die Bilanz von 1849 wies dann bis Ende 1848 einen Anstieg auf 25086 Stellen auf. Bis Ende 1838, also in 15 Jahren, wurden in dieser Provinz 1799604 Spann- und 3835131 Handdiensttage abgelöst.[99] Wenn in der Periode der kapitalistischen Bauernbefreiung ein unmittelbarer Zusammenhang zwischen abgelöster feudaler Arbeitsrente und der Eheschließungs- und Geburtenziffer vorhanden war, dan müßte es am Beispiel der Provinz Posen deutlich werden. Das ist jedoch nicht der Fall, wie die Tabelle 33 zeigt.

Tabelle 33
Eheschließungs- und Geburtenziffer in der Provinz Posen zwischen 1816/19 und 1838/40 (pro 1000 Lebende)

	1.	2.		1.	2.
1816/19	11,2	54,03	1829/31	8,6	38,8
1820/22	9,6	51,03	1832/34	11,5	41,3
1823/25	8,5	46,3	1835/37	9,5	41,5
1826/38	8,2	40,6	1838/40	10,1	44,2

Quelle: Preußische Statistik, Bd. XLVIII A, Rückblick auf die Bewegung der Bevölkerung im preußischen Staate während des Zeitraumes vom Jahre 1816 bis zum Jahre 1874, Berlin 1879.

Das gleiche ließe sich für die Provinzen Pommern und Brandenburg zeigen.

Der Anstieg der Eheschließungsziffer von 1832/34, der in allen preußischen Provinzen festzustellen war, auch in den Provinzen Westfalen und Rheinland, kann durchaus nicht mit einem Höhepunkt der Regulierungen und Ablösungen erklärt werden, sondern mit einem starken Fallen der Getreidepreise.

Im Arbeitskräftebedarf der Gutswirtschaften können also die Arbeitsrenten nicht mehr generell von so ausschlaggebender Bedeutung gewesen sein, um bei ihrer Aufhebung sofort auch demographische Auswirkungen in Form einer Gründung familientragender Landarbeiterstellen auszulösen.

Wenngleich sich offenbar eine direkte Abhängigkeit zwischen der Aufhebung der feudalen Arbeitsrente und der demographischen Entwicklung nicht nachweisen läßt, so gibt es doch einige mehr indirekte Beziehungen. Die erste ergibt sich aus der Form der bäuerlichen Entschädigungsleistungen an die Gutsherrn. Nach den Agrarreformgesetzen konnten die preußischen Junker entweder Landabtretung fordern oder Geld- bzw. Rentenzahlungen, vielfach gab es auch eine Kombination der verschiedenen Entschädigungsformen. Sofern die Landabtretung die Hauptentschädigungsleistung darstellte, war das für die Bauern zwar eine schwere Landeinbuße – in nicht wenigen Fällen konnten die Bauern sich nicht auf ihren Reststellen halten und mußten verkaufen –, aber die Auseinandersetzung mit dem Gutsherrn war für die Bauern, die diesen Landverlust überstanden, in der Hauptsache abgeschlossen.

Anders bei den Bauern, die sich durch einmalige Geldzahlungen oder fortlaufende

[99] Ebenda, S. 176–178.

Geldrenten befreien mußten. Hier war die finanzielle Belastung der Bauernwirtschaften sehr hoch, die oft noch dadurch erschwert wurde, daß jetzt auch die weichenden Erben voll nach dem Wert des Hofes ausgezahlt werden mußten. In breitem Umfang waren diese Bauern daher gezwungen, Land zu verkaufen, um die Entschädigungen an die Gutsherrn abdecken zu können oder sonstigen finanziellen Verpflichtungen nachzukommen. Der parzellenweise Verkauf von Acker oder die Zerschlagung ganzer Bauernhöfe zu Kleinstellen (d. h. die Dismembrationen) war daher in den Kreisen größer, in denen das gutsherrlich-bäuerliche Verhältnis vorwiegend oder doch in hohem Maße mit Geldzahlungen bzw. Renten abgelöst wurde, als in den Gebieten, wo die Landabtretung eine größere Rolle spielte. Die Unterschiede im Vorwiegen der bäuerlichen Entschädigungsleistungen an die Junker spiegeln sich auch demographisch wider. In der Provinz Brandenburg waren in den Kreisen Ost- und Westprignitz Geldzahlungen und Renten stark verbreitet, und die Ablösungen und Regulierungen gingen hier zunächst sehr schnell voran. In den Kreisen der Uckermark hingegen, also Angermünde, Prenzlau und Templin, spielte die Landabtretung eine große Rolle unter den bäuerlichen Entschädigungsleistungen. In der Ost- und Westprignitz erreichte daher auch die Dismembration ein besonders starkes Ausmaß, wie sich aus einer vom Oberpräsidium der Provinz Brandenburg geführten Statistik der Dismembrationsergebnisse ergibt. Von 1823 bis 1838 wurden insgesamt aus der Hand spannfähiger Bauern an Kleinbesitzer verkauft (vgl. Tabelle 34).

Tabelle 34
Dismembrationsergebnisse einiger Kreise der Provinz Brandenburg zwischen 1832 und 1838 nach Hufen, Morgen und Quadratruten
(1 Hufe = 30 Morgen, 1 Morgen = 0,2532 ha, 1 Quadratrute = 14,185m²)

Kreis	Hufen	Morgen	Quadrat-ruten	in ha
Ostprignitz	77	9	105	592,26
Westpringnitz	77	18	139	594,60
Prenzlau	18	9	54	140,25
Templin	10	1	73	76,96
Angermünde	31	21	141	243,0

Quelle: Staatsarchiv Potsdam, Pr. Br. Rep. 1, Oberpräsident, Nr. 357, 358, 359.

Die demographischen Auswirkungen des unterschiedlichen Umfanges der Dismembrationen mag zunächst die Tabelle 35 der natürlichen Bevölkerungsbewegung in diesen Kreisen zeigen.

In dem Jahrfünft von 1816 bis 1820 muß zweifellos ein Teil der hohen Eheschließungs- und Geburtenziffer auf die Nachholheiraten der Kriegsjahre von 1813 bis 1815 zurückgeführt werden. In den eineinhalb Jahrzehten von 1821 bis 1835 fällt aber in den beiden Kreisen der Prignitz die gegenüber der Uckermark höhere Eheschließungsziffer auf. Wir meinen, die Ursache dafür einmal in dem größeren Umfang der Dismembrationen in der Prignitz zu sehen, die also eine unmittelbare Folge des spezifischen Verlaufs der kapitalistischen Bauernbefreiung dieser Gebiete ist und sich in einer verstärkten Gründung ländlicher Kleinstellen zeigt, und zum anderen wird man auch den vergleichsweise noch sehr hohen Umfang der in Prignitz abgelösten Spann- und Handdienste, aus der sich für die Güter die Notwendigkeit der Errichtung von Instenstellen ergab, als Erklärung heranzuziehen haben.

Tabelle 35
Eheschließungs- und Geburtenziffer in den Landgemeinden brandenburgischer Kreise zwischen 1816/20 und 1836/40
(1. = Eheschließungen, 2. = Geburten je 1000)

	Prenzlau		Templin		Angermünde		Ostprignitz		Westprignitz	
	1.	2.	1.	2.	1.	2.	1.	2.	1.	2.
1816/20	11,7	44,6	11,8	48,3	11,7	48,1	11,1	41,4	11,7	42,2
1821/25	9,5	43,7	9,0	43,0	9,3	43,3	10,2	41,3	10,0	42,5
1826/30	9,0	42,6	8,3	40,7	8,4	40,8	9,5	39,3	9,9	39,6
1831/35	9,0	40,7	8,3	39,6	8,8	39,7	9,4	38,4	9,3	38,0
1836/40	9,3	40,7	8,7	40,3	8,5	38,5	8,8	36,6	8,8	37,0

Quellen: Staatsarchiv Potsdam. Eheschließungs- und Geburtenziffer berechnet nach: Pr. Br. Rep. 1, Oberpräsident, Nr. 1402/1403 (bis einschließlich 1832); ab 1832 Pr. Br. Rep. 2 A, Reg. Potsdam, IST. Nr. 790–798. Einwohnerzahlen Pr. Br. Rep. 2 A I St. Nr. 737 (bis 1834) und Pr. Br. Rep. 1, Oberpräsident Nr. 1404–1406.

Eine weitere Beobachtung, die für die Bevölkerungsgeschichte der Industriellen Revolution von erheblichem Interesse ist, knüpft sich wieder an die Verehelichtenquote. Auf die beträchtlichen Unterschiede zwischen Gebieten mit großbäuerlicher Struktur in Westfalen und der in Auflösung begriffenen Gutsherrschaft in den preußischen Ostgebieten wurde schon hingewiesen. Am Beispiel kleinerer Verwaltungsbezirke soll hier diese Frage weiter behandelt werden, wozu wir zunächst Tabelle 36 bringen.

Tabelle 36
Verehelichtenquote ausgewählter Kreise der Provinz Brandenburg 1816, 1834 und 1855 (in Prozent der Gesamtbevölkerung)

Verwaltungsbezirk	1816	1834	1855
Reg. Bez. Potsdam/Stadt	35,9	33,2	33,4
Reg. Bez. Potsdam/Land	37,8	35,8	34,2
Kreis Prenzlau/Landgemeinden	36,7	36,0	32,8
Kreis Templin/Landgemeinden	38,7	35,8	33,7
Kreis Angermünde/Landgemeinden	36,4	34,5	33,0
Kreis Ostprignitz/Landgemeinden	39,7	38,1	36,9
Kreis Westprignitz/Landgemeinden	40,3	37,0	35,9

Quellen: Berechnet nach: 1816: Neues Topographisch-Statistisch-Geographisches Wörterbuch des preußischen Staates, bearbeitet von A. A. Mützell unter Aufsicht von Leopold Krug, Bd. VI, Halle 1825.
1834: Staatsarchiv Potsdam, Pr. Br. Rep. 2 A, I St. Nr. 737.
1855: Staatsarchiv Potsdam, Pr. Br. Rep- 1, Oberpräsident, Nr. 1407.

Es zeigt sich also deutlich, daß 1916 der Anteil der Verehelichten überall am höchsten lag. Zweifellos war das noch nicht eine Auswirkung der kapitalistischen Agrarreformen, und es ist auch noch nicht eine Folge der Nachholheiraten der Kriegsjahre von 1813/15, sondern muß auf die erwähnte Bevölkerungswelle[100] seit dem letzten

[100] Siehe S. 281 ff.

Jahrzehnt des 18. Jahrhunderts zurückgeführt werden. Das Absinken der Verehelichtenquote kann auch nicht auf einen Rückgang des Anteils der Erwachsenen oder der Frauen im gebärfähigen Alter zurückgeführt werden, wie die Tabelle 37 deutlich macht.

Tabelle 37
Anteil der Erwachsenen (über 14) und der Frauen im gebärfähigen Alter (14–45) ausgewählter Kreise der Provinz Brandenburg 1816 und 1855
(in Prozent)

Verwaltungsbezirk	1816 Erwachsene	Frauen von 14–45	1855 Erwachsene	Frauen von 14–45*
Reg. Bez. Potsdam	66,5	24,1	63,3	22,0 (2,0)
Kreis Prenzlau	63,5	23,9	64,7	22,1 (2,1)
Kreis Templin	63,1	23,2	63,1	21,2 (2,1)
Kreis Angermünde	62,3	23,3	63,3	21,8 (2,3)
Kreis Ostpringnitz	65,1	24,2	66,7	22,3 (2,0)
Kreis Westprignitz	65,0	24,3	66,7	22,2 (2,0)

Quellen: Berechnet nach: 1816: Neues Topographisch-Statistisch-Geographisches Wörterbuch des preußischen Staates, bearbeitet von A. A. Mützell unter Aufsicht von Leopold Krug, Halle 1825, Bd. VI.
1855: Staatsarchiv Potsdam, Pr. Br. Rep. 2 A, I St. Nr. 737.
* Die Zählung von 1855 bringt die Altersgruppen bis zu den 15–16jährigen nicht nach Geschlechtern getrennt. Um die Vergleichbarkeit mit 1816 zu erreichen, wurde die Gesamtzahl der Altersgruppe der 15–16jährigen halbiert. Der Anteil dieser beiden Jahrgänge an der Gesamtbevölkerung ist hier in Klammern angefügt.

Man muß also den Schluß ziehen, daß zwischen 1816 und 1855 die Chancen zur Familiengründung erheblich schlechter wurden. Die Ledigenquote der Bevölkerung muß dadurch beträchtlich angestiegen sein. Diese Erscheinung kann für die ehemals gutsherrschaftlichen Gebiete Ostelbiens insgesamt nachgewiesen werden. In den überwiegend ländlichen Regierungsbezirken der preußischen Westprovinzen hingegen ist der Rückgang der Verehelichtenquote nicht so augenfällig. Wir legen zunächst Tabelle 38 dazu vor.

Der Anteil der Verehelichten sank also besonders in den preußischen Ostgebieten zwischen 1816 und 1843 ganz erheblich ab, und es ist hier noch einmal generell darzulegen, daß dieses Absinken nicht mit einer Abnahme der Frauen im gebärfähigen Alter erklärt werden kann. Zwischen 1816 und 1843 war in einigen Regierungsbezirken sogar ein leichtes Ansteigen der Frauen in der entsprechenden Altersgruppe zu verzeichnen, wie sich aus der Tabelle 39 ergibt.

Das Absinken der Verehelichtenquote bei nahezu unveränderter altersmäßiger Zusammensetzung der Bevölkerung (vgl. Tabelle 36 bis 39) kann nur als ein Ausdruck der Verschlechterung in der Lebenslage der breiten Volksmassen gedeutet werden. Im großen und ganzen war in den Regierungsbezirken der Rückgang zwischen 1816 und 1834 stärker als zwischen 1834 und 1843, und der Rückgang war in den östlichen Regierungsbezirken Preußens mit ihrer in Auflösung begriffenen gutsherrschaftlichen Struktur erheblich stärker als in den westlichen Bezirken. Sehr wahrscheinlich ist das auf den spezifischen Verlauf der kapitalistischen Agrarreformen in den preußischen Ostprovinzen zurückzuführen. Aus diesem demographischen Befund eines besonders

Tabelle 38
Verehelichtenquote preußischer Regierungsbezirke 1816 und 1861
(in Prozent)

Regierungsbezirk	1816	1834	1843	1861
Königsberg/Pr.	37,0	34,0	32,7	33,9
Stettin	36,0	34,2	33,6	33,0
Köslin	37,5	34,6	33,0	32,9
Frankfurt/Oder	38,4	36,6	35,2	34,4
Potsdam	37,8	35,8	33,8	34,7
Münster	32,8	31,1	31,5	30,9
Arnsberg	33,8	32,1	31,8	31,1
Trier	34,0	32,3	31,6	31,5
Koblenz	33,4	32,3	32,0	32,1

Quelle: Berechnet nach: 1816: Neues Topographisch-Statistisch-Geographisches Wörterbuch des preußischen Staates, bearb. v. A. A. Mützell unter Aufsicht von Leopold Krug, Bd. VI, Halle 1825.
1834: Zentrales Staatsarchiv. Hist. Abt. II, Rep. 87 B, Nr. 12586, Bl. 38/39.
1843: Die statistischen Tabellen des Preußischen Staates nach den amtlichen Aufnahmen des Jahres 1843, hg. v. C. F. W. Dieterici, Berlin 1845, S. 15–17.
1861: Die Ergebnisse der Volkszählung und Volksbeschreibung nach den Aufnahmen vom 3. December 1861, resp. Anfang 1862 (=Preußische Statistik, Bd. V), Berlin 1864, S. 62/53.

Tabelle 39
Altersgliederung der Bevölkerung und der Anteil der Frauen im gebärfähigen Alter (14–45 Jahre) in einigen preußischen Regierungsbezirken nach dem Stande von 1816 und 1843
(in Prozent)

Regierungs-bezirk	1816 Kinder unter 14 Jahre	Erwach-sene	Frauen zwischen 15 u. 45	1843 Kinder unter 14 Jahre	Erwach-sene	Frauen zwischen 15 u. 45
Königsberg	35,5	64,5	24,7	33,3	66,7	25,0
Stettin	36,0	64,0	23,9	35,6	64,4	23,7
Köslin	36,2	63,8	22,7	37,1	62,9	23,5
Frankfurt	34,3	65,7	23,5	34,3	65,7	23,8
Potsdam	34,8	65,2	24,1	34,1	65,9	23,5
Münster	33,3	66,7	23,3	31,0	69,0	24,3
Arnsberg	35,7	64,3	22,7	35,9	64,1	22,8
Trier	35,2	64,8	22,2	35,9	64,1	22,9
Koblenz	38,2	61,8	21,7	35,0	65,0	23,2

Quellen: 1816: Neues Topographisch-Statistisch-Geographisches Wörterbuch des preußischen Staates, bearb. v. A. A. Mützell unter Aufsicht von Leopold Krug, Bd. VI, Halle 1825.
1843: Die statistischen Tabellen des preußischen Staates nach den amtlichen Aufnahmen des Jahres 1843, hg. v. C. F. W. Dieterici, Berlin 1845, S. 15–17.

in den preußischen Ostprovinzen stark ausgeprägten Rückgangs der Verehelichtenquote läßt sich ein für die Agrargeschichte der Übergangsperiode von feudalen zu kapitalistischen Agrarverhältnissen und für die Geschichte der Industriellen Revolution gleichermaßen interessanter Schluß ziehen.

Wir hatten aus der mehrfach erwähnten Statistik[101] der Regulierungs- und Ablösungsergebnisse bis Ende 1838 die Schlußfolgerung gezogen, daß bis zu diesem Zeitpunkt (mit Ausnahme der Provinz Schlesien) der Übergang der ehemaligen gutsherrlichen Teilbetriebswirtschaften zu kapitalistischen Junkerwirtschaften weitgehend abgeschlossen gewesen sein muß. Diese These wird durch die Entwicklung der Verehelichtenquote gestützt. Der durch die Ablösung der feudalen Arbeitsrenten und den bedeutenden Fortschritt der agraren Produktivkräfte entstandene Mehrbedarf an Arbeitskräften konnte durch die im Zuge der Dismembrationen entstehenden selbständigen landwirtschaftlichen Kleinstellen gedeckt werden. Diese konnten von ihrem eigenen Land nicht leben und waren auf zusätzlichen Verdienst angewiesen, den sie nach Lage der Dinge vornehmlich in den kapitalistischen Junkerwirtschaften suchten. Zum anderen wurden von den Gutsbesitzern in breitem Maße die sog. Instenstellen ausgelegt, die nach der Meinung von Max Weber[102] die Arbeitsverfassung der kapitalistischen Junkerbetriebe bis in die letzten Jahrzehnte des 19. Jahrhunderts hinein bestimmt haben. Die Insten saßen auf gutszugehörigen und gutsabhängigen Stellen, zu denen jeweils ein Wohnhaus gehörte. Ferner hatte der Inste als Drescher einen bestimmten Anteil am Dreschergebnis, er erhielt außerdem entweder Deputate oder eine bestimmte Fläche mit Kartoffeln und Lein bestelltes Land, während die Barentlohnung ganz gering blieb. Ihr Verbreitungsgebiet waren die preußischen Ostprovinzen, namentlich Ost- und Westpreußen, Pommern und Brandenburg. In den Provinzen Schlesien und Sachsen traten sie nur in geringerer Anzahl auf. Eine einigermaßen brauchbare Statistik des Instenwesens für die erste Hälfte des 19. Jahrhunderts scheint es nicht zu geben. Nach einer Schätzung aus dem Jahre 1849[103] wurde die Zahl der Instleute auf dem Lande mit 200000 angegeben. Auf jeden Fall stellte die Instenstelle eine Familiennahrung dar. Bei den Zählungen der Landwirtschaftsbetriebe von 1816, 1837 und 1858 wurden die Insten nicht gesondert aufgeführt, da jeweils nur die selbständigen Betriebe gezählt wurden. Die tatsächliche Zunahme der landwirtschaftlichen Nahrungsstellen ist statistisch daher kaum genau zu erfassen.

Da die Errichtung der Instenstellen aber eine Folge des steigenden Arbeitskräftebedarfs im Zuge des Übergangs zur Fruchtwechselwirtschaft war, mußte die Neubildung derartiger Stellen abnehmen, sobald die wichtigsten Etappen dieses Umstellungsprozesses einen gewissen Abschluß erreicht hatten. Hier sind vor allem die weitgehende Zurückdrängung der Brache zu nennen, sowie der vermehrte Anbau von Hack- und Futterfrüchten. Auch hier dürfte das Jahrzehnt von 1830 bis 1840 einen Einschnitt darstellen. Ein verstärktes Absinken der Verehelichtenquote muß etwa seit 1830 bis

[101] Siehe Anm. 97.

[102] *Weber, Max*, Entwicklungstendenzen in der Lage der ostelbischen Landarbeiter, in: Max Weber, Gesammelte Aufsätze zur Sozial- und Wirtschaftsgeschichte, Tübingen 1924, S. 470ff.

[103] Über die Zahl der Urwähler im preußischen Staate und deren Vertheilung nach Geschäften und Erwerbszweigen, in: Mittheilungen des statistischen Bureaus in Berlin, Bd. 2, 1849, S. 31.

1835 angenommen werden und ist so in Abhängigkeit von der Entwicklung der agraren Produktivkräfte und deren Auswirkungen unter den speziellen Bedingungen der ostelbischen Variante der preußischen kapitalistischen Agrarentwicklung zu sehen. Man wird annehmen können, daß von dieser Zeit an weder die Gründung von Instenstellen noch die im Zuge der Dismembrationen entstehenden Kleinstellen ausreichten, um den Zuwachs an Arbeitswilligen zu binden. Da eine Abwanderung, sei es in entstehende Industriegebiete oder nach Übersee, noch keine wesentliche Rolle spielte, wird man hier von der Zeit um 1840 an mit der Herausbildung einer latenten Übervölkerung des Landes rechnen müssen.

In diesem Zusammenhang sind die Berichte des Regierungsrats und Ökonomiekommissars bei der Generalkommission Stargard in Pommern Georg Friedrich Haese über die Durchführung der preußischen Agrarreformen von großem Interesse.[104] Haese war selbst praktischer Landwirt gewesen und kannte die Agrarverhältnisse vor den Reformen genau. Er war vor allem ein Mann, dessen Sympathien auf seiten der Bauern und der kleinen Leute lagen, und er war ein begeisterter Anhänger der rationellen Landwirtschaft. Unter anderem hat Haese auch immer wieder über die demographischen Auswirkungen der Agrarreformen berichtet und vor allem das schnelle Bevölkerungswachstum als eine Folge der Gründung zahlreicher ländlicher Kleinstellen geschildert. Er legte dar, daß die bei den Gemeinheitsteilungen mit einigen Morgen Land abgefundenen Büdner und Häusler aus den ihnen meist als schlechtes Weideland zugeteilten Parzellen in ganz kurzer Frist Acker machten. Diese Kleinbauern waren dann in zäher Arbeit bemüht, ihre Stellen zu vergrößern, indem sie immer wieder Ackerparzellen hinzukauften. Andere Kleinstellen entstanden überhaupt erst im Zuge der Dismembrationen von Großbauernstellen. Aber schon seit Anfang der dreißiger Jahre berichtet Haese, daß die Bedingungen für die Landarmen, sich eine eigene Stelle zu gründen, immer schwieriger werden. In einem Reisebericht aus dem Jahre 1837 warnte er vor dem Anwachsen des landlosen Proletariats im Dorf und beklagt, daß die Gutsbesitzer wohl zahlreiche Bauernhöfe auskauften, aber selbst nicht bereit waren, an die kleinen Leute Land zur Gründung einer eigenen Stelle zu verkaufen.[105] Die strukturelle Übervölkerung des Dorfes, dessen äußerer Ausdruck das Absinken der Verehelichtenquote ja letztlich nur ist, hatte sich herausgebildet.

Es erscheint uns als ein Beweis dieser Gedankenführung, wenn wir feststellen, daß sich in der Magdeburger Börde offensichtlich unter dem Einfluß des Zuckerrübenanbaus seit der Mitte der 1830er Jahre die Chancen für eine Familiengründung wieder verbesserten. Seit dem Ende der dreißiger Jahre entwickelten sich Zuckerrübenanbau und Zuckerrübenverarbeitung sprungartig. Wir können das in seinen demographischen Auswirkungen am Beispiel des Kreises Wanzleben, dem Zentrum des entstehenden Zuckerrübenanbaus, zeigen (vgl. Tabelle 40).

Das Absinken der Verehelichtenquote in den typischen Junkerbezirken des preußischen Ostens war also der demographische Ausdruck einer drastischen Verschlechterung der Lebenslage breiter Schichten der ausgebeuteten Massen. Darin spiegelt sich zugleich die zunehmende Entstehung der latenten Übervölkerung des Dorfes wider, die zu einer dauernden Teilarbeitslosigkeit der lohnabhängigen Bevölkerung führte und um die Mitte des 19. Jahrhunderts ihren Höhepunkt erreichte.

[104] Zentrales Staatsarchiv, Rep. 87 B, Nr. 6433–6437. Die Berichte reichen bis 1837.
[105] Ebenda, Nr. 6437, fol. 89ff.

Tabelle 40
Natürliche Bevölkerungsbewegung und Entwicklung der Verehelichtenquote im Kreis Wanzleben

1. Eheschließungen, 2. Geburten je 1000
a) Natürliche Bevölkerungsbewegung

	1.	2.
1836/40	8,9	39,2
1841/45	10,0	43,7
1846/50	10,2	43,5

b) Verehelichtenquote

	Reg. Bez. Magdeburg	Kreis Wanzleben
1834	35,6	35,4
1849	34,6	37,6

Quelle: Berechnet nach: Staatsarchiv Magdeburg, Rep. C 20 Ia, Nr. 1903, vol. I–III

Diese latente Übervölkerung hätte noch einen weit größeren Umfang erlangt, wenn nicht die während des gesamten Zeitraumes fortwährende Dismembration zu einer ständigen Neugründung ländlicher Kleinstellen geführt hätte. Diese Zunahme war in allen preußischen Regierungsbezirken vorhanden. In einigen Bezirken, besonders in den östlichen Provinzen, läßt sich eine unmittelbare Beziehung zwischen dem Bevölkerungswachstum und der Zunahme der Landwirtschaftsbetriebe feststellen, die, wie erwähnt[106], fast ganz auf die Kleinstellen entfällt (Tabelle 41).

Neben den auch von der zeitgenössischen Literatur genannten Mängeln der Zählung – beispielsweise ist anzunehmen, daß im Regierungsbezirk Trier auch die Hausgärten mitgezählt worden sind, da sonst eine Vervierfachung unerklärlich bleibt – muß die Errichtung der nicht mitgezählten gutsabhängigen Instenstellen einen Unsicherheitsfaktor für die Beurteilung der Zusammenhänge zwischen dem Bevölkerungswachstum und der zahlenmäßigen Entwicklung der Nahrungsstellen bleiben.

Die während des gesamten Zeitraumes vonstatten gehende Gründung ländlicher Kleinstellen hat die Eheschließungs- und Geburtenziffer auch über den Zeitpunkt hinaus auf einem vergleichsweise hohen Niveau gehalten, von dem an der im Zusammenhang mit der Durchsetzung neuer Produktivkräfte in der Landwirtschaft und dem weitgehenden Ersatz der feudalen Arbeitsrente entstandene hohe Arbeitskräftebedarf der Güter zunächst abgedeckt war. Am Beispiel Mecklenburgs läßt sich zeigen, wie sich Eheschließungs- und Geburtenziffer gestalteten, wenn es nicht zu einer massenhaften und kontinuierlichen Neugründung von Kleinstellen kam (Tabelle 42).

Nach einem ausgedehnten Bauernlegen während des 18. Jahrhunderts, vor allem im Bereich des Adels, werden in Mecklenburg-Schwerin in dem sehr großen Gebiet des Landesherrn, dem sog. Domanium, seit 1773 bei Neuverpachtung die Domänenpächter verpflichtet, die Arbeitsrenten der Bauern durch Geldzahlungen abzulösen[107]. Als Folge davon kam es zur Gründung zahlreicher Instenstellen. Die frühesten uns

[106] Siehe S. 301 f.
[107] *Mager, Friedrich,* Geschichte des Bauerntums und der Bodenkultur im Lande Mecklenburg, Berlin 1955, S. 341.

Tabelle 41
Die Zunahme der Landwirtschaftsbetriebe und die jährliche Bevölkerungszunahme preußischer Regierungsbezirke 1816 bis 1849

Reg. Rez.	Ansteig der Landwirtschaftsbetriebe von 1816 bis 1849 von 100 auf	Jährliche Bevölkerungszunahme in Prozent
Gumbinnen	176	2,35
Bromberg	209	2,98
Stettin	216	2,43
Frankfurt/Oder	138	1,55
In einigen Bezirken ist jedoch trotz sehr hoher Bevölkerungszunahme die Zahl der Landwirtschaftsbetriebe nicht so stark angewachsen:		
Köslin	169	2,76
Marienwerder	156	2,80
Auch in den westlichen Regierungsbezirken ist nur teilweise ein direkter Zusammenhang zu beobachten		
Münster	146	0,67
Arnsberg	228	1,66
Koblenz	172	1,50
Trier	400	2,22

Quellen: Berechnet nach: Landwirtschaftsbetriebe 1816. Neues Topographisch-Statistisch-Geographisches Wörterbuch des preußischen Staates, bearbeitet von A. A. Mützell unter Aufsicht von Leopold Krug, Bd. VI, Halle 1825.
1849: Übersicht der ländlichen Erwerbsverhältnisse in den verschiedenen Regierungsbezirken des preußischen Staates am Ende des Jahres 1849, in: Mitt. des statist. Bureaus in Berlin, 5. Jg. 1852, S. 65ff.
Bevölkerungszunahme: Statistische Übersicht und Vergleichung der Zunahme der christlichen und der jüdischen Bevölkerung in den Zeitperioden von 1816 bis 1825, 1825 bis 1834, 1834 bis 1843 und 1843 bis 1846 in den einzelnen Regierungsbezirken des Preußischen Staates, in: Mitt. des statist. Bureaus in Berlin, 2. Jg. 1849, S. 356–392, hier S. 386.

überlieferten Zahlen zur natürlichen Bevölkerungsbewegung sind recht typisch für einen solchen mit der Gründung zahlreicher neuer Familienstellen verbundenen Vorgang. Leider steht uns das bevölkerungsstatistische Material nicht in der wünschenswerten Vollständigkeit zur Verfügung, insbesondere fehlen über längere Zeiten die Eheschließungsziffern.

Die Tabelle 42 zeigt, daß auch hier die Geburtenziffer und höchstwahrscheinlich auch die Eheschließungsziffer sehr hoch war, solange die Ablösung der feudalen Arbeitsrente und der Übergang zur kapitalistischen Junkerwirtschaft dauerte. Danach sank die Geburtenziffer beträchtlich ab. Am Beginn der 1830er Jahre leitete die Regierung von Mecklenburg-Schwerin auf ihren Domänen eine von Mager als „zweite Büdnerkolonisation" bezeichnete Ansetzung von Kleinstellen ein[108], die dann auch sofort demographisch wirksam wurde. Danach sanken Eheschließungs- und Geburtenziffer wieder stark ab.

[108] Ebenda, S. 400f.

Tabelle 42
Natürliche Bevölkerungsbewegung in Mecklenburg-Schwerin zwischen 1791/95 und 1861/70.
1. Eheschließung, 2. Geburten je 1000

Jahr	1.	2.	Jahr	1.	2.
1791/95	11,1	45,1	1826/30	7,7	35,9
1797/1800		48,5	1831/35	8,7	44,6
1801/05		47,1	1836/40	7,6	35,8
1806/10		43,4	1841/50	7,1	34,0
1811/15		46,8	1851/60	6,7	30,8
1816/20	8,4	39,1	1861/70	8,2	32,3
1821/25	8,3	38,3			

Quellen: Berechnet nach: Natürliche Bevölkerungsbewegung (ohne Eheschließungen) 1791 – 1840 sowie die Einwohnerzahlen als Bezugsbasis nach: *Spengler, L.*, Nachrichten über die Geburts- und Sterbefälle im Großherzogthum Mecklenburg-Schwerin während der letzten 71 Jahre, in: Zeitschrift des Vereins für deutsche Statistik, Bd. II, 1848, S. 712 – 715. Eheschließungen 1791/95: Herzogthum Mecklenburg. Bruchstücke zu einer Statistik der deutschen Staaten, in: Magazin für Geographie, Staatenkunde und Statistik, hg. v. Johann Ernst Fabri, Bd. 2, Nürnberg, 1797, S. 107–109.
Eheschließungen 1816/20 bis 1831/35 aus den „Mecklenburg-Schwerinschen Staatskalendern für die Jahre 1816 bis 1835". Ich darf dem Staatsarchiv Schwerin an dieser Stelle für die freundliche Hilfe bei der Beschaffung dieser Zahlen danken.
1841/50 bis 1861/70: Statistik des Deutschen Reiches, Neue Folge, Bd. 44, Stand und Bewegung der Bevölkerung des deutschen Reiches und fremder Staaten in den Jahren 1841 bis 1886, Berlin 1892, S. 26.

Mecklenburg hatte infolge einer vergleichsweise niedrigen Säuglingssterblichkeit (Mecklenburg-Schwerin 1867/70 = 15,27; 1871/75 = 16,01; Preußen 1866/70 = 21,36; 1871/75 = 22,36)[109] einen beträchtlichen Geburtenüberschuß. Aber die Grundbesitzverteilung, auf der einen Seite die großen Güter, auf der anderen Seite die Massen landarmer und landloser Produzenten bei geringen Möglichkeiten zur Gründung eigener Familiennahrungen, führte zu Verhältnissen, die ein Zeitgenosse aus dem Jahre 1860 eindrucksvoll wie folgt schildert: „Die Zahl der zu besetzenden kleinen Stellen auf dem platten Lande wird nämlich sorglich gehütet, und tritt eine Veränderung ein, so ist es meist eine Verminderung dieser Stellen. So sind die jungen Leute nur ausnahmsweise imstande, sich einen eigenen Haushalt zu gründen, welcher doch die Bedingung zur Heirath ist. Die unehelichen Geburten entspringen in Mecklenburg nicht immer aus Liederlichkeit und Ausschweifunge, sondern sind Früchte sogenannter wilder Ehen, des Zusammenlebens ohne priesterliche Trauung und bürgerliche Geltung, die nachweisbare Folge des gestörtern Rechts auf Niederlassung."[110] Der anonyme Verfasser geht dann auf die Massenabwanderung der Mecklenburger Landarmut ein, der zu dieser Zeit ja auch schon entstehende Industriegebiete und Großstädte ein Ziel boten.

In den preußischen Ostgebieten hat das „gestörte Recht auf Niederlassung", das wir etwa von der Zeit um 1840 an konstatieren müssen, zunächst kein Ventil in einer

[109] *Prinzing, Friedrich*, a. a. O., S. 597.
[110] Mecklenburg in den Jahren 1850–1860, in: Unsere Zeit. Jahrbuch zum Konversationslexikon, Bd. 4, Leipzig 1860, S. 686.

Massenabwanderung vom Lande gefunden. In vielen Regierungsbezirken der Ostprovinzen wuchs bis über die Mitte des 19. Jahrhunderts hinaus die Landbevölkerung schneller als die der Städte, wie die Tabelle 43 zeigt.

Tabelle 43
Relatives Wachstum der Bevölkerung preußischer Regierungsbezirke nach Stadt- und Landbevölkerung 1816 bis 1859

Reg. Bez.		1816	1831	1849	1859
Preußen insg.	Stadt	1000	1249	1590	1817
	Land	1000	1269	1461	1672
Königsberg	Stadt	1000	1221	1374	1582
	Land	1000	1396	1681	1835
Gumbinnen	Stadt	1000	1154	1329	1505
	Land	1000	1549	1867	1965
Danzig	Stadt	1000	1228	1588	1749
	Land	1000	1468	1925	2107
Marienwerder	Stadt	1000	1366	1810	2098
	Land	1000	1407	1952	2142
Köslin	Stadt	1000	1366	1810	2098
	Land	1000	1393	1911	2116
Oppeln	Stadt	1000	1396	1808	2022
	Land	1000	1390	1847	2060

Quelle: Jahrbuch für die amtliche Statistik des preußischen Staates, hg. vom königl. statistischen Bureau, 1. Jg., 1853, S. 110.

Erst in dem Zeitraum von 1849 bis 1859, der durch ein schnelles Wachstum der Industrie und der Beschäftigtenzahlen in der Industrie gekennzeichnet war, verstärkt sich überall merklich das absolute und gegenüber der Landbevölkerung auch das relative Wachstum der Stadtbevölkerung.

Im preußischen Staat insgesamt entwickelte sich in dem Jahrzehnt zwischen 1831 und 1840 das Wachstum der städtischen Bevölkerung schneller als das der Landbevölkerung, also etwa seit der Zeit, von der an wir auch den Beginn der Industriellen Revolution ansetzen. Eine leichte absolute Verminderung der Landbevölkerung tritt erstmals in dem Zeitraum von 1849 bis 1859 in den Regierungsbezirken Erfurt, Minden und Düsseldorf auf[111], wobei die extrem schlechten Lebensverhältnisse auf dem Eichsfeld im Regierungsbezirk Erfurt und die Krisenerscheinungen im Bielefelder Leinengewerbe[112] im Regierungsbezirk Minden eine besondere Rolle gespielt haben werden. Das Ausmaß der latenten Übervölkerung, das sich hinter den Relationen des Wachstums von Stadt- und Landbevölkerung verbirgt, und die auch in den Bezirken der Ostprovinzen vorhanden war, in denen die Stadtbevölkerung schon eine schnellere Zunahme aufzuweisen hatte, wird im Zusammenhang mit den bereits erörterten Faktoren der Verehelichtenquote usw. noch einmal deutlich.

[111] Jahrbuch für die amtliche Statistik des preußischen Staates, hg. vom königlichen statistischen Bureau, Jg. 1, 1863, S. 110.

[112] *Horstmann, Kurt,* Bevölkerungs- und Wirtschaftsentwicklung in Minden-Ravensberg, Lippe, Osnabrück im ersten und zweiten Drittel des 19. Jahrhunderts, in: Historische Raumforschung. Forschungs- und Sitzungsberichte der Akademie für Raumforschung und Landesplanung, Bd. XX, Hannover 1965, S. 97ff.

Dabei muß auch darauf hingewiesen werden, daß das schnelle Wachstum der Landbevölkerung in den Ostprovinzen Preußens auch deswegen besonders drückend als latente Übervölkerung in Erscheinung trat, als hier außer Brennereien, Ziegeleien und Sägewerken, kaum Industrie auf dem Lande ansässig wurde, und die Masse der Städte ihrem Charakter nach kleine Landstädte ohne eine nennenswerte Industrie blieben. In den mittleren und westlichen Bezirken Preußens begann sich die Industrielle Revolution mit ihrem steigenden Arbeitskräftebedarf in den Städten früher bemerkbar zu machen. Frühzeitig entwickelten sich auch schon Land-Stadt-Pendler, wie es am Beispiel der Berliner Randgebiete gezeigt werden kann. In den Zuckerrübenanbaugebieten der Provinz Sachsen entstanden mit den Zuckerfabriken selbst Ansätze einer industriellen Durchdringung des Landes, und der verbreitete Abbau zahlreicher lokaler Braunkohlevorkommen bot der Dorfbevölkerung Arbeitsmöglichkeiten in der Heimat.

Trotz des unbezweifelbaren Anwachsens der latenten Übervölkerung blieb die Abwanderung bis über die Jahrhundertmitte hinaus verhältnismäßig gering. In erster Linie wird das darauf zurückzuführen sein, daß der Arbeitskräftebedarf der Industriegebiete zunächst noch weitgehend aus Nahwanderern gedeckt werden konnte. Das zeigt sich am Beispiel Berlins deutlich, das natürlich während des ganzen Zeitraumes hohe Wanderungsgewinne zu verzeichnen hatte. Aber während die Provinzen Ost- und Westpreußen noch bis 1864 fast immer Wanderungsgewinne aufwiesen und die Provinzen Posen und Pommern nur geringe Wanderungsverluste hatten, verzeichnete die Provinz Brandenburg doch schon recht erhebliche Wanderungsverluste.[113]

In der Zeit nach 1815 hatten die preußischen Ostprovinzen noch beachtliche Wanderungsgewinne zu verzeichnen.[114] Erst nach der Jahrhundertmitte begann dann

Tabelle 44
Die jährliche Abwanderung pro 1000 der ortsanwesenden Bevölkerung aus einigen preußischen Provinzen zwischen 1841/43 und 1872/75

	Pommern	Posen	Ost-preußen	West-preußen	Branden-burg
1841/43	0,57	+0,63	+1,18	+1,88	1,87
1844/46	+0,51	0,13	0,77	+2,61	+2,30
1847/49	0,94	2,46	4,61	1,35	0,45
1850/52	0,75	0,67	+3,01	+2,63	1,90
1853/55	2,37	1,48	+0,35	+0,62	2,25
1856/58	4,12	0,79	+2,74	+2,04	2,86
1859/61	1,72	0,22	+0,33	0,32	0,20
1862/64	5,57	6,90	+0,64	+1,34	3,08
1865/67	7,44	5,04	0,95	3,55	3,71
1868/71	13,61	7,58	3,37	5,91	7,11
1872/75	10,84	11,49	7,29	9,62	+3,24

Quelle: Statistik des Deutschen Reiches, Neue Folge, Bd. 44, Stand und Bewegung der Bevölkerung des deutschen Reiches und fremder Staaten in den Jahren 1841 bis 1886, Berlin 1892.

113 Statistik des Deutschen Reiches. Neue Folge, Bd. 44, a. a. O., S. 7.

114 Statistische Übersicht und Vergleichung der Zunahme der christlichen und der jüdischen

die Abwanderung, die sowohl als Binnenwanderung innerhalb Preußens bzw. Deutschlands als auch in einer Auswanderung nach Übersee in Erscheinung trat. Die Werte der Abwanderung, ausgedrückt in pro mille der ortsanwesenden Bevölkerung, spiegeln dabei getreulich den Verlauf der Industriellen Revolution in Deutschland wider, wie es in der Tabelle 44 gezeigt werden kann.

Den Spitzenwert der Abwanderungen erreichte in diesem Zeitraum die Provinz Pommern mit 13,61 pro mille zwischen 1868 und 1871. Seit der Mitte des 19. Jahrhunderts begann sich also die latente Übervölkerung der preußischen Ostprovinzen in der Abwanderung ein Ventil zu suchen. Bereits früher hatte die ständiger Teilarbeitslosigkeit unterworfene Bevölkerung in der saisonalen Arbeiterwanderung eine Abhilfe ihrer Not gesucht. Aus dem Jahre 1846 berichtet Lengerke von einem Besuch bei dem berühmten Amtsrat Koppe auf der Domäne Wollup im Oderbruch[115], daß dieser zur Deckung des Arbeitskräftebedarfs seiner Güter regelmäßig 130 bis 140 Wanderarbeiter aus dem Warthebruch beschäftigen würde. Die Saisonwanderung konnte das Problem der strukturellen Übervölkerung dieser Gebiete nicht lösen, das noch durch die seit den 1850er Jahren verstärkt einsetzende Verwendung landwirtschaftlicher Maschinen eine besondere Zuspitzung erfuhr. Im Jahre 1856 heißt es in einem zeitgenössischen Journal[116]: „In Pommern wächst in bedenklicher Art die Auswanderungslust der Landleute, die sich durch die erweiterte Anwendung der Ackerbaumaschinen in ihrem Verdienst geschmälert sehen."

Friedrich Engels schrieb 1845 in seinem Jugendwerk „Die Lage der arbeitenden Klasse in England": „Die rasche Ausdehnung der englischen Industrie hätte nicht stattfinden können, wenn England nicht an der armen und zahlreichen Bevölkerung von Irland eine Reserve gehabt hätte. Der Irländer hatte daheim nichts zu verlieren, in England viel zu gewinnen, und seit der Zeit, daß es in Irland bekannt wurde, auf der Ostseite des Georgkanals sei sichre Arbeit und guter Lohn für starke Arme zu finden, sind jedes Jahr Scharen von Irländern herübergekommen."[117]

Die Parallelität der Situation zu den Verhältnissen in Preußen bzw. Deutschland ist unübersehbar. Auch hier gab es in den vierziger und fünfziger Jahren in großen Gebieten eine breite Schicht in kümmerlichsten und unsicheren Lebensverhältnissen, die „daheim nichts zu verlieren" hatten, von der Arbeit in der Stadt und in der Industrie aber Verdienst, eine größere Unabhängigkeit als in den heimischen Gutsbezirken und gegebenenfalls auch die Gründung einer eigenen Familie erhofften.

Bevölkerung in den Zeitperioden 1816 bis 1825, 1825 bis 1834, 1834 bis 1843 und 1843 bis 1846 in den einzelnen Regierungsbezirken des preußischen Staates, in: Mittheilungen des statistischen Bureaus in Berlin, 2. Jg., 1849, S. 377ff.

115 *Lengerke, Alexander v.*, Betrachtungen auf landwirtschaftlichen Reisen in den königlich-preußischen Staaten. Die Provinzen Schlesien und Sachsen, Berlin 1846 S. 22.

116 Illustrierte Zeitung, Bd. XXVI, Leipzig 1856, S. 307.

117 *Engels, Friedrich*, Die Lage der arbeitenden Klasse in England, in: MEW, Bd. 2, Berlin 1957, S. 320.

Die Auswirkungen der Industriellen Revolution auf die Bevölkerung in den entstehenden Industriegebieten

Die höchst komplizierten Zusammenhänge zwischen der Kapitalverwertung durch die Bourgeoisie und dem Wachstum der Produktivkräfte in ihren Auswirkungen auf die demographische Entwicklung hat Marx wie folgt zusammengefaßt: „. . . daß es dem Kapitalisten um value zu tun ist, 2. daß historisch mit dem Progreß der Produktivkräfte (. . .) der Reichtum als solcher, i. e. die Wertsumme wächst. Wie dies nun erklären? Die Kapitalien akkumulieren sich schneller als die Bevölkerung, damit steigt das Salär, damit die Population, damit die Kornpreise, damit die Schwierigkeit der Produktion und damit die Tauschwerte. Bei diesen wird also endlich auf Umweg angelangt. . . . Mit der Akkumulation der Kapitalien steigt das Salär, wenn die Population nicht gleichzeitig wächst, der Arbeiter heiratet, Sporn wird der Produktion gegeben oder seine Kinder leben besser, sterben nicht vorzeitig etc. Kurz die Population wächst. Ihr Wachstum aber bringt Konkurrenz unter den Arbeitern hervor, und zwingt so den Arbeiter sein Arbeitsvermögen wieder zu seinem Wert dem Kapitalist zu verkaufen oder momentan auch noch darunter."[117a]

In Phasen schneller Zunahme der Kapitalakkumulation, d. h. in diesen Jahrzehnten gleichzeitig schnellen Wirtschaftswachstums, war also der Bedarf an Arbeitskräften groß, der entweder durch Zuwanderer oder durch eine Steigerung der Eheschließungsziffer (damit schließlich auch der Verehelichtenquote) und der Geburtenziffer gedeckt wurde. In den Jahrzehnten der Industriellen Revolution, die durch ein insgesamt starkes, zeitweise sogar stürmisches, Wirtschaftswachstum gekennzeichnet waren, ergaben sich daher immer wieder Phasen, während derer Zuwanderer vom Lande Arbeit und die Chance zur Familiengründung fanden und dadurch das ohnehin schnelle Wachstum der Bevölkerung noch beschleunigt wurde.

Betrachten wir nun die Verhältnisse am Beispiel einiger Gebiete, in denen sich die Industrielle Revolution schon frühzeitig auch demographisch auswirkte. In der bevölkerungswissenschaftlichen Literatur des 19. Jahrhunderts war es eine vieldiskutierte Frage, ob die Industrialisierung zu einer Erhöhung der Eheschließungs- und Geburtenziffer führen würde oder nicht. Für unsere Thematik ergibt sich daraus die Fragestellung, ob und wie lange in den bereits in der Manufakturperiode bestehenden gewerbereichen Distrikten und in den neu entstehenden Industriegebieten die „Industrie ihre eigenen Arbeiter erzeugte".[118] Wir verfolgen diese Problematik am Beispiel Sachsens.

Die Diskussion wurde besonders durch die Veröffentlichung einer von Ernst Engel, dem späteren Direktor des preußischen statistischen Bureaus, bearbeiteten umfangreichen Publikation „Bewegung der Bevölkerung oder die Geburten, Sterbefälle, Trauungen und Eheschließungen, Zu- und Wegzüge im Königreich Sachsen in den Jahren 1834—1850"[119] angeregt, in der ein breites Tabellenmaterial eingehend interpretiert wurde. Wir haben bereits aus dieser Arbeit die durch viele Beispiele zu bele-

[117a] *Marx, Karl*, Grundrisse zur Kritik der politischen Ökonomie, Berlin 1953, S. 257.

[118] *Lee, Robert*, a. a. O., S. 298.

[119] Statistische Mittheilungen aus dem Königreich Sachsen, hg. vom Statistischen Bureau des Ministeriums des Innern, 1. Abt. Stand der Bevölkerung nach der Zählung vom 3. Dec. 1849, Dresden 1851.

genden Auffassungen Engels über die Zusammenhänge der Schwankungen der Eheschließungsziffer mit der allgemeinen wirtschaftlichen Lage der breiten Volksmassen zitiert.[120]

Bei der Interpretation der Reihe der Eheschließungsziffer von 1831 bis 1850 weist Engel auf den 1834 einsetzenden Anstieg hin und schreibt dazu: „Es ist dies das Jahr des Zollanschlusses des Königreichs Sachsen an den Zollverein, durch welchen Beitritt die industrielle Thätigkeit dieses Landes einen regen Impuls erhielt, der eine Menge Hände den Gewerben überhaupt und dem Fabrikwesen insbesondere zuführte, und durch intensivere Beschäftigung vielfach zur Begründung einer Familie sowohl unter der Ackerbau- als auch unter der Industrie-Bevölkerung Veranlassung ward."[121] Tatsächlich zeigt die Eheschließungsziffer Sachsens in dieser Zeit eine beträchtliche Zunahme (vgl. Tabelle 45).

Tabelle 45
Eheschließungsziffer in Sachsen von 1831/34 bis 1849/51 (je 1000)

1831/34	7,97	1841/42	8,68	1846/48	8,20
1835/37	8,39	1843/45	8,43	1849/51	9,28
1838/40	8,28				

Quelle: *Burckhardt, F.*, Die Entwicklung der sächsischen Bevölkerung in den letzten 100 Jahren, in: Zeitschrift des sächsischen statistischen Landesamtes, 77. Jg. 1931, S. 1–69, hier S. 28.

Unter den Kreisdirektionsbezirken hatte dabei immer Bautzen die höchste Eheschließungsziffer aufzuweisen, gefolgt von Dresden. Am niedrigsten lag sie im Kreisdirektionsbezirk Leipzig.[122] Eine Folge des Anstiegs der Eheschließungsziffer ab 1831 ist die im Vergleich zu anderen Gebieten bevölkerungsgeschichtlich bemerkenswerte Tatsache, daß die Verehelichtenquote, auf deren Bedeutung für die Untersuchung der Zusammenhänge zwischen der ökonomischen und demographischen Entwicklung unseres Zeitraumes wir schon mehrfach hinwiesen, eine nur leicht sinkende Tendenz aufwies, während sie in manchen preußischen Regierungsbezirken, namentlich in den Ostprovinzen, sehr beträchtlich absank (Sachsen–vgl. Tabelle 46).

Engel geht in der Einleitung zu seinem Tabellenmaterial immer wieder auf die Einflüsse der industriellen Entwicklung auf die Eheschließungsziffer ein und weist beispielsweise darauf hin, daß die „günstigen Industrie-Verhältnisse des Jahres 1846 eine hohe Eheschließungsziffer zur Folge hatten, während umgekehrt das keineswegs

Tabelle 46
Verehelichtenquote in Sachsen zwischen 1834 und 1849
(in Prozent der Gesamtbevölkerung)

1834	34,82	1840	34,43	1846	34,28
1837	34,59	1843	34,45	1849	34,05

Quelle: Berechnet nach: Statistische Mitt. aus dem Königreich Sachsen, Herausgegeben vom Statistischen Bureau des Ministeriums des Innern. Bevölkerung, 1. Abt. Stand der Bevölkerung nach der Zählung vom 3. Dec. 1849. 1. Lieferung, Dresden 1851, S. 220.

120 Siehe S. 298.
121 Statistische Mitteilungen aus dem Königreich Sachsen, a. a. O., S. 90.
122 Ebenda, 2. Abt. Bewegung im Königreich Sachsen in den Jahren 1834–1850, Dresden 1852, S. 92.

vereinzelte Darniederliegen der Geschäfte im Jahre 1849" ein Absinken derselben zur Folge hatte.[123]

Die Verehelichtenquote, nach den zitierten Ausführungen von Engel Ausdruck der wirtschaftlichen Lage für das arbeitende Volk über einen längeren Zeitraum hinweg, weist nun auch unter den größeren Verwaltungsbezirken Sachsens, den Kreishauptmannschaften, beachtenswerte Unterschiede auf (vgl. Tabelle 47).

Tabelle 47
Verehelichtenquote in den sächsischen Kreishauptmannschaften 1834 und 1849
(in Prozent der Erwachsenen)

	1834	1849
Bautzen	39,5	38,1
Dresden	34,7	33,5
Leipzig	33,6	33,0
Zwickau	34,3	33,3

Quelle: Berechnet nach: Statistische Mitt. aus dem Königreich Sachsen. Stand der Bevölkerung. Erste Abt., Dresden 1851, S. 214ff.

Engel hat den Fragen nach der unterschiedlichen Ehefrequenz und der ehelichen Fruchtbarkeit der Landgemeinden und der Städte mit jeweils vorwiegend landwirtschaftlicher bzw. gewerblicher Beschäftigtenstruktur eine sehr eingehende Untersuchung gewidmet und dabei sieben Gruppen mit Stufen von 31–40 Prozent bis 91–100 Prozent ackerbautreibender bzw. gewerblicher Bevölkerung gebildet. Er kommt nun zu der Feststellung, daß die verbreitete Meinung, derzufolge die in der Industrie beschäftigte Bevölkerung eine höhere Eheschließungsfrequenz aufzuweisen hätte, unzutreffend wäre.[124] Die Tabellen der Landgemeinden mit vorwiegender Ackerbaubevölkerung und der mit vorwaltender Gewerbe- bzw. Handelsbevölkerung sowie die der Städte erweist dann aber doch im Durchschnitt der Jahre von 1840 bis 1849 in den Landgemeinden mit 91–100 Prozent der Beschäftigten in Handel und Gewerbe die höchste Eheschließungsziffer[125], ein Ergebnis, demgegenüber Engel zur Vorsicht rät, während die Dörfer mit 91–100 Prozent der Beschäftigten in der Landwirtschaft die niedrigste Eheschließungsziffer aufweisen. Engel formuliert für den Zeitraum von 1840 bis 1849 sein Urteil über die Frage der Auswirkungen der Industrie auf die Verehelichungschancen wie folgt: „Wenn es ferner bewiesen ist, daß die Verheirathbarkeit unter den Ackerbauern im Laufe der Jahre ohngeachtet der ansehnlichen Verdichder Bevölkerung nicht gesunken ist, so kann das seinen Grund ebensosehr darin haben, daß die Industrie immer mehr Consumenten geschaffen, als auch in der Thatsache daß, der Grundbesitz ein freierer geworden und unter dem Schirm eines vortrefflichen Gesetzes über die Ablösungen und Gemeinheitstheilungen sich mehr und mehr der darauf haftenden Feudallasten entledigen konnte, welchem Umstande noch die eingetretene größere Theilung des Grundbesitzes zu Hilfe gekommen ist. Da sich aber auch gleichzeitig die Ehen in den gewerblichen Ortschaften gemehrt haben (allerdings etwas weniger), so ist zu gewahren, daß mit dem Wachstum der industriellen Productivkraft des Volkes (so-

123 Ebenda, S. 93.
124 Ebenda, S. 96.
125 Ebenda, S. 97.

weit die Vermehrung der Familien in den industriellen Ortschaften ein indirectes Anhalten dafür ist) das Wachstum der Agriculturcraft ziemlich gleichen Schritt gehalten hat."[126]

Die Unterteilung nach Stadt und Land zeigt bei der Verehelichtenquote beachtliche Unterschiede, wie die Tabelle 48 zeigt.

Tabelle 48
Verehelichtenquote der sächsischen Kreisdirektionsbezirke 1849 in Prozent, unterteilt nach Stadt und Land

	Stadt	Land	Insgesamt
Bautzen	34,0	38,9	38,1
Dresden	31,3	34,7	33,5
Leipzig	31,8	33,9	33,1
Zwickau	33,4	33,2	33,3
Sachsen	32,5	34,8	34,0

Quelle: Berechnet nach: Statistische Mitteilungen aus dem Königreich Sachsen, hg. v. Statistischen Bureau des Ministeriums des Innern. Bevölkerung. Erste Abt. Stand der Bevölkerung nach der Zählung vom 3. Dec. 1849, Dresden 1851, S. 214.

Mit Ausnahme des Kreisdirektionsbezirkes Zwickau lag also 1849 überall die Verehelichtenquote auf dem Lande höher als in der Stadt. Die im Kreisdirektionsbezirk Bautzen gegenüber der Landbevölkerung auffallend niedrige Verehelichtenquote in den Städten führt der Bearbeiter, sicher mit Recht, auf den Umstand zurück, daß die Städte dieses Bezirks noch sehr stark an der Exklusivität der Zünfte festgehalten haben und diese noch immer geschlossen wären.[127] Mit Ausnahme des Kreisdirektionsbezirks Zwickau waren die Unterschiede der Verehelichtenquote zwischen Stadt und Land recht beträchtlich.

Die Bezirke Zwickau und Bautzen waren unzweifelhaft die am stärksten von der Industriellen Revolution erfaßten Gebiete Sachsens. Nach einer Mitteilung aus dem Jahre 1855 wurde der Grad der gewerblichen Entwicklung der großen sächsischen Verwaltungsgebiete durch die Anzahl der in der Industrie Tätigen im Verhältnis zur Einwohnerzahl ausgedrückt. Danach stellte sich diese Proportion wie folgt dar[128]:

Dresden	1:5,62	Zwickau	1:3,54
Leipzig	1:5,39	Bautzen	1:3,97

Eingehendere Aufschlüsse gewährt die folgende Berufsstatistik der Tabelle 49.

Obwohl sich die Bezirke Zwickau und Bautzen deutlich mit ihrem hohen Grad der Beschäftigten in der Industrie von den noch vorwiegend landwirtschaftlichen Bezirken Dresden und Leipzig abheben, weisen sie dennoch eine relativ hohe Verehelichtenquote auf. Hier muß sich also die Industrielle Revolution günstig auf die Chancen zur Familiengründung ausgewirkt haben. Die Geburtenziffer war daher hoch, und trotz der sehr beträchtlichen Säuglings- und Kindersterblichkeit wuchs die Bevölkerung auf eigener Basis schnell an, wenngleich Sachsen schon einen beachtlichen Wanderungsgewinn zu verzeichnen hatte.

126 Ebenda, S. 97f. 127 Ebenda, S. 94.
128 Die Verteilung des Grundbesitzes im Königreich Sachsen, in: Zeitschrift des Statistischen Bureaus des königlich-sächsischen Ministeriums des Innern, 1. Jg., 1855, S. 27.

Tabelle 49
Die Berufsgliederung der Erwerbstätigen in Sachsen nach Kreisdirektionsbezirken 1849
(in Prozent)

	Dresden	Leipzig	Zwickau	Bautzen	Kgr. Sachsen
Land- u. Forstwirtsch.	39,02	38,31	26,75	37,41	34,27
Bergbau und Hüttenwesen	4,76	0,50	1,96	0,37	2,11
Fabrikindustrie	1,43	3,02	5,78	1,51	3,34
Hausindustrie	2,99	4,16	32,66	27,99	17,67
Handwerk	14,47	17,08	13,08	11,00	14,03
Freie Gewerbe	2,22	2,10	1,69	1,62	1,92
Handarbeiter	7,60	8,75	3,26	6,38	
Handel und Verkehr	5,50	6,34	3,90	2,94	4,70
Wissenschaften, Künste, Militär, Hof- und Privatbeamte	12,29	11,55	5,82	5,37	8,74
Sonstige	9,82	8,19	5,10	5,41	7,09

Quelle: Die Beschäftigten des Königreichs Sachsen nach ihrer Beschäftigung und ihrem Erwerbe 1861, in: Zeitschrift des Statistischen Bureaus des kgl. Sächs. Ministeriums des Innern, 9. Jg., 1861, S. 45–92, hier S. 74/75.

Wir betrachten nun einen zweiten Typ des Einflusses der Industriellen Revolution auf die natürliche Bevölkerungsbewegung und die Verehelichtenquote, der sich besonders deutlich am Beispiel der Industriegebiete in den Provinzen Rheinland und Westfalen zeigt. Der Regierungsbezirk Düsseldorf galt bis zum Ende der Industriellen Revolution als der gewerbereichste Preußens. Eine Statistik aus dem Jahre 1861 zeigt den Vorsprung des Regierungsbezirks Düsseldorf gegenüber dem Gesamtstaat (vgl. Tabelle 50)

Die Anteile der Berufsgruppen sind in Prozent der Gesamtbevölkerung angegeben. Hier erfolgte eine Umrechnung auf die Anteile an der Gesamtbeschäftigtenzahl.

Hinsichtlich des Anteils der in der Landwirtschaft Beschäftigten lag also 1861

Tabelle 50
Berufsgliederung der Erwerbstätigen im Regierungsbezirk Düsseldorf und in Gesamtpreußenim Jahre 1861
(in Prozent)

	Reg. Bez. Düsseldorf	Preußen insgesamt
Landwirtschaft	24,9	45,2
Bergbau	3,1	1,6
Fabrikindustrie	27,2	10,5
Handwerk	15,9	14,1
Handel und Transportgewerbe	7,3	7,5
In Industrie- und Verkehrs-Handarbeit	15,2	16,1

Quelle: Gewerbestatistik von Preußen. 3. Theil. Der Regierungsbezirk Düsseldorf. Statistik des Regierungsbezirks Düsseldorf, II. 1, Iserlohn 1865, S. 175.

der Regierungsbezirk Düsseldorf etwa auf dem Niveau des sächsischen Kreisdirektionsbezirks Zwickau 1849. Was den Anteil der Beschäftigten in der Industrie anbetrifft, so ist auch hier in der Größenordnung etwa das Niveau gleich, nur, daß im Bezirk Zwickau, ganz wie im Kreisdirektionsbezirk Bautzen, der größte Teil der Industriearbeiter auf die Hausindustrie entfiel. Offenbar liegt hier der auch in demographischer Hinsicht entscheidende Unterschied. Die Statistik der Verehelichtenquote im Regierungsbezirk Düsseldorf weist für die Jahrzehnte der Industriellen Revolution ständig ein wesentlich geringeres Niveau auf als in den vergleichbaren sächsischen Industriebezirken. Wir zeigen das an Tabelle 51.

Tabelle 51
Verehelichtenquote im Regierungsbezirk Düsseldorf und den Kreisdirektionsbezirken Zwickau und Bautzen zwischen 1834 und 1861
(in Prozent)

	Düsseldorf	Zwickau	Bautzen
1834	32,24	34,3	39,5
1849	31,71	33,3	38,1
1855	30,99		
1861	31,74	33,7	37,5

Quellen: Berechnet nach: Reg. Bez. Düsseldorf. Gewerbestatistik von Preußen. 3. Theil. Der Regierungsbezirk Düsseldorf. Statistik des Regierungsbezirks Düsseldorf, II. Bd. 1, Iserlohn 1865, S. 90.
Sachsen 1834 und 1849: Statistische Mitteilungen aus dem Königreich Sachsen, hg. v. Statistischen Bureau des Ministeriums des Innern, Bevölkerung, 1. Abt. Stand der Bevölkerung nach der Zählung vom 3. Dec. 1851, S. 220.
1855 und 1861: Die Hauptresultate der Volkszählung im Königreich Sachsen vom 3. Dec. 1861, in: Zeitschrift des statistischen Bureaus des königlich-sächsichsen Ministeriums des Innern. 8. Jg., 1862, S. 1–80.

Das Absinken der Verehelichtenquote von 1822 (=33,15) auf 1861 (=31,74) im Regierungsbezirk Düsseldof wird von dem Bearbeiter in vorsichtigem Beamtendeutsch wie folgt begründet: „Es darf nicht ohne weiteres aus dem Umstande, daß die Ehen in diesen 40 Jahren nicht gleichen Schritt mit der Zunahme der Bevölkerung gehalten haben, auf einen Rückgang der Moralität geschlossen werden. Man hat vielmehr hierbei in Berücksichtigung zu ziehen, daß mit dem Dichterwerden der Bevölkerung die Eheschließung erschwert wird, daß in dem hohen Culturstande dieses Landes die Bedürfnisse einer Familie unverhältnismäßig gewachsen sind und daß die Industrie des Bezirks sich in diesen 40 Jahren vorzugsweise auf die Massenproduction geworfen und den stärkeren Conjuncturen unterliegenden Fabrikationszweigen zugewendet hat, in welchen die zeitweise eintretenden Fluctuationen die Existenz des Einzelnen mehr gefährden und daher vielen die Annehmlichkeiten eines eigenen Hausstandes versagen. In gleicher Richtung dürfte die außerordentliche Zunahme des städtischen Lebens gewirkt haben, welches gleichen und mehreren Comfort auch ohne Gründung eines Hausstandes gewährt." [129]

129 Gewerbestatistik von Preußen, 3. Theil: Der Regierungsbezirk Düsseldorf. Statistik des Regierungsbezirks Düsseldorf, bearb. v. Otto v. Mühlmann, II. Bd., 1. Hälfte, Iserlohn 1865, S. 91.

Auch Köllmann[130] kam zu dem Ergebnis, daß in Barmen die Löhne in der Mitte des 19. Jahrhunderts auf dem Niveau blieben, die der im Haushalt eines Handwerksmeisters lebende Geselle hatte. Die Ablösung des Status eines ledigen Gesellen und der Übergang zum verheirateten Lohnarbeiter hätte nicht eine entsprechende Lohnsteigerung nach sich gezogen, vielmehr hätte nun von dem Gesellenlohn eine Familie leben müssen.

Es ist daher kein Wunder, wenn wir in Barmen eine sehr niedrige Verehelichtenquote finden. (vgl. Tabelle 52).

Tabelle 52
Verehelichtenquote in der Stadt Barmen während des 19. Jahrhunderts
(in Prozent)

1837	31,6	1864	30,7
1852	28,7	1880	32,4

Quelle: *Köllmann, Wolfgang*, Sozialgeschichte der Stadt Barmen im 19. Jahrhundert. Tübingen 1960, S. 76.

Tabelle 53
Verehelichtenquote im Regierungsbezirk Arnsberg 1816, 1861 und 1872/80
(in Prozent der Bevölkerung)

1816	33,8	1861	31,1	1872/80	32,5

Quellen: Berechnet nach: 1816: Neues Topographisch-Statistisch-Geographisches Wörterbuch des preußischen Staates, bearb. v. A. A. Mützell unter Aufsicht von Leopold Krug, Bd. VI, Halle 1825.
1861: Die Ergebnisse der Volkszählung und Volksbeschreibung nach den Aufnahmen vom 3. Dec. 1861, resp. Anfang 1861, Berlin 1864 (=Preußische Statistik, Bd. V, S. 52/53).
1872/80: Statistik des Deutschen Reiches, Neue Folge, Bd. 44, Stand und Bewegung der Bevölkerung des Deutschen Reiches und fremder Staaten in den Jahren 1841 bis 1886, Berlin 1892, S. 25, 34/35.

Betrachten wir zur weiteren Klärung noch die Verehelichtenquote in einem der Kerngebiete der Industriellen Revolution, dem sich zum schwerindustriellen Zentrum entwickelnden Regierungsbezirk Arnsberg (vgl. Tabelle 53).

Der niedrige Wert für 1861 ist wiederum besonders interessant, denn zweifellos hat das aufstrebende Revier zu dieser Zeit schon eine Zuwanderung Arbeitswilliger aufzuweisen. Nehmen wir als Zuwanderer besonders die Altersgruppe von 19–40 Jahren an und berücksichtigen dabei, daß besonders im Ruhrgebiet der industrielle Aufschwung in den 1850er Jahren stark einsetzte, so gibt die folgende Gegenüberstellung in der Tabelle 54 der Verehelichtenquote und des Anteils der 19- bis 40jährigen interessante Aufschlüsse.

Trotz der infolge Zuwanderung vergleichsweise günstigen altersmäßigen Zusammensetzung im Regierungsbezirk Arnsberg liegt hier die Verehelichtenquote am niedrigsten. Im Vergleich zu den sächsischen Industriegebieten zeigen sich hier in bevölkerungsgeschichtlicher Beziehung zwei Typen der demographischen Auswirkungen der Industriellen Revolution auf die natürliche Bevölkerungsbewegung. Die südliche Oberlausitz und der Bezirk Zwickau, die beiden Hauptzentren der Industriellen Revolution in Sachsen, haben in der Manufakturperiode vor allem die dezentralisierte

[130] *Köllmann, Wolfgang*, Sozialgeschichte der Stadt Barmen im 19. Jahrhundert, Tübingen 1960, S. 139.

Tabelle 54
Verehelichtenquote und Anteil der im Alter von 19 bis 45 Jahren Stehenden in einigen Regierungsbezirken Preußens 1861
(in Prozent an der Gesamtbevölkerung)

	Verehelichten-quote	Anteil der 19- bis 45jährigen an der Gesamtbevölkerung (männlich und weiblich)
Arnsberg	31,1	32,1
Trier	31,5	30,2
Frankfurt/Oder	34,4	30,2

Quelle: Berechnet nach: Die Ergebnisse der Volkszählung und Volksbeschreibung nach den Aufnahmen vom 3. Dec. 1861, resp. Anfang 1862, Berlin 1864 (=Preußische Statistik, Bd. V), S. 52/53. Der Regierungsbezirk Frankfurt (O) ist hier als Vergleichsbeispiel eines östlichen Agrarbezirks angefügt.

Manufaktur bzw. den Verlag als ökonomische Grundlage. Hand in Hand mit diesen ging eine weitgehende landwirtschaftliche Besitzzersplitterung. Die verlegten Handwerksmeister bzw. die Arbeiter in den dezentralisierten Manufakturen besaßen zum großen Teil ein Haus und etwas Land.[131]

Der diesem Typ des demographischen Einflusses der Industriellen Revolution zugrunde liegende Entwicklungsstand wird in einer zeitgenössischen Abhandlung wie folgt geschildert: „Das ursprünglichste Gewerbe des Bergbaus des beregten Zwickauer Kreisdirektionsbezirkes erwuchs aus den natürlichen Verhältnissen des Bodens, der Bergbau schuf die Hand- und Hausindustrie, die Hausindustrie die Fabrikindustrie und beide wurden die Ursache der zunehmenden Bevölkerung auf einem der Landwirthschaft weniger günstigen Boden."[132]

Auch Blaschke[133] betont die Bedeutung der vorindustriellen Textilgewerbezentren der südlichen Oberlausitz und des Vogtlandes als günstige Voraussetzung des schnellen Verlaufs der Industriellen Revolution. Wir haben im Hinblick auf die südliche Oberlausitz im Anschluß an den zitierten zeitgenössischen Bericht darauf hinzuweisen, daß der Bergbau nicht unbedingt die Voraussetzung eines besonders ausgeprägten Verlags- und Manufakturwesens sein muß, sondern daß der Kreisdirektionsbezirk Zwickau hier einen Sonderfall darstellt. Umgekehrt hat nicht jedes hochentwickelte Verlags- und Manufakturgebiet einen schnellen Anschluß an die Industrielle Revolution gefunden, wie die Leinenwebergebiete im schlesischen Gebirgsland und auch im Gebiet von Minden und Ravensberg beweisen.[134]

Die hohen Eheschließungs- und Geburtenziffern, die wir in Verlags- und Manufak-

[131] *Bein, Louis*, Die Industrie des sächsischen Vogtlandes, 2. Teil: Die Textilindustrie, Leipzig 1884, S. 276ff.

[132] Die Vertheilung des Grundbesitzes im Königreich Sachsen, a. a. O., S. 26.

[133] *Blaschke, Karlheinz*, Industrialisierung und Bevölkerung in Sachsen von 1830 bis 1890, in: Historische Raumforschung. Forschungs- und Sitzungsberichte der Akademie für Raumforschung und Landesplanung, Bd. XX/5, Hannover 1965, S. 74.

[134] *Horstmann, Kurt*, Bevölkerungs- und Wirtschaftsentwicklung in Minden-Ravensberg, Lippe und Osnabrück im ersten und zweiten Drittel des 19. Jahrhunderts, a. a. O., S. 108 – spricht ab 1840 von Krisenerscheinungen im Bielefelder Leinengewerbe.

turgebieten mit starker landwirtschaftlicher Besitzzersplitterung schon in der Periode des Spätfeudalismus feststellen konnten, setzten sich also unter bestimmten Voraussetzungen auch in der Periode der Industriellen Revolution fort.

Den zweiten Typ demographischer Auswirkungen der Industriellen Revolution haben wir also offenbar in den entstehenden Industriegebieten des Rheinlandes und der Provinz Westfalen vor uns. Hier herrschte nicht die Hausindustrie vor. In der mehrfach herangezogenen Statistik des Regierungsbezirks Düsseldorf aus dem Jahre 1861 kommt der Begriff Haus- oder Heimindustrie nicht einmal im Register vor. Hier dominierte von vornherein die geschlossene Fabrik. Selbstverständlich waren diese Betriebe zum allergrößten Teil sehr klein und hatten meistens eine Beschäftigtenzahl, die unter 50 lag.[135] Vor allem in der Textilindustrie herrschte offenbar noch ganz der Kleinbetrieb vor, während es in der Hüttenindustrie schon ausgesprochene Großbetriebe gab. Diese Konzentration hatte gegenüber der Heimindustrie Sachsens jedoch die selbstverständliche Folge, daß die Familiennahrung nicht wie dort auf den beiden Säulen der gewerblichen Heimarbeit und der landwirtschaftlichen Kleinstelle basieren konnte.

Die Arbeit in der Fabrik (bzw. im Regierungsbezirk Arnsberg im Bergwerk) zwang auch dazu, in der Nähe des Arbeitsplatzes zu wohnen, wodurch die Städte erheblich anwuchsen bzw. neue städtische Siedlungen entstanden. Zwangsläufig entwickelte sich bei den hier beschäftigten Arbeitermassen die Form des Wohnens in geschlossenen Arbeitersiedlungen, die zunehmend den Charakter von Mietskasernen annahmen. Die ganze Lebenshaltung wurde dadurch wesentlich teurer. Hinzu kommt noch, daß in den westlichen Regierungsbezirken die Lebensmittelpreise immer beträchtlich über denen in den Ostprovinzen lagen, wie wir am Beispiel des Brotgetreidepreises verdeutlichen können (vgl. Tabelle 55).

Tabelle 55
Durchschnittsroggenpreise in verschiedenen preußischen Provinzen zwischen 1841/50 und 1851/60
(in Silbergroschen pro Scheffel)

	Preußen	Pommern	Sachsen	Westfalen	Rheinprovinz
1841/50	42,1	45,7	49,2	56,6	61
1851/60	57,3	63	68,8	73,8	75,5

Quelle: Engel, Ernst, Die Getreidepreise, die Ernteerträge und der Getreidehandel im preußischen Staate, in: Zeitschrift des königlichen preußischen statistischen Landesamtes, Bd. 1, 1861, S. 253.

Ihre volle Aussagekraft würden diese Zahlen erst durch die Gegenüberstellung mit den Reallöhnen bekommen. Aber selbst dann dürfte das Bild nicht ganz den Tatsachen entsprechen, da in Ostelbien ein wesentlicher Teil der lohnabhängigen Arbeiter auf dem Lande wohnte, dort entweder etwas Land und ein Haus (bzw. eine Instenstelle) hatte oder doch wenigstens Nahrungsmittel im Deputat erhielt und somit vor den Schwankungen und Steigerungen des Brotgetreidepreises besser gesichert

[135] Statistik des Regierungsbezirks Düsseldorf, bearb. v. Otto v. Mühlmann, II. Bd., 2. Hälfte, Iserlohn 1867, S. 554ff. – Übersicht der Fabriken und vorwiegend für den Großhandel beschäftigten Gewerbeanstalten sowie der für gewerbliche Zwecke arbeitenden mechanischen Kräfte im Regierungsbezirke Düsseldorf für das Jahr 1861.

war als die Arbeiter in den westlichen Industriegebieten, die alle Nahrungsmittel kaufen und außerdem die Wohnungsmiete aufbringen mußten. Unzweifelhaft war die Lebenshaltung in den entstehenden Industriegebieten an Rhein und Ruhr trotz höherer Real- und Nominallöhne bis zum Ende der Industriellen Revolution teurer und die Familiengründung schwieriger als in den Gebieten der sächsischen Heimindustrie.

Bleiben wir noch einmal bei diesen, so ist noch kurz auf den Unterschied in der Verehelichtenquote zwischen den Bezirken Zwickau und Bautzen einzugehen. Immer wieder hatte sich gezeigt, daß diese im Bezirk Bautzen höher lag. Nach den Ausführungen über die Verhältnisse im Ruhrgebiet und im Bezirk Düsseldorf liegt die Vermutung nahe, daß die stärkere Entwicklung einer Fabrikindustrie, die sich im Bezirk Zwickau in der Textilindustrie, aber auch in der Maschinenbauindustrie seit der Jahrhundertmitte durchsetzte, schließlich auch der Steinkohlenbergbau in Zwickau ebenfalls zur teilweisen Trennung der Arbeiter von ländlichen Kleinstellen, zur Konzentration in größeren Städten und damit zur Verschlechterung der Chance zur Familiengründung, also zu einer Erhöhung der Ledigenquote, führte.

Es ist nicht uninteressant, an dieser Stelle die Entwicklung in Württemberg zu betrachten, das man als einen dritten Typ der Auswirkungen der Industriellen Revolution auf die demographische Entwicklung ansehen kann. Wir hatten darauf hingewiesen, daß die Realteilung des ländlichen Grundbesitzes hier zu einer extremen Übervölkerung des Dorfes und zu einer jahrzehntelangen Massenauswanderung geführt hatte. Deutlicher Ausdruck dieser Verhältnisse waren die niedrigen Eheschließungsziffern in den Jahren nach 1850. Aber noch in der zweiten Hälfte der 1850er Jahre setzte in Württemberg die Industrielle Revolution voll ein. In einem Bericht aus dem Jahre 1865 heißt es: „Seit der Mitte der 50er Jahre ist Württemberg in ein entschieden neues Stadium seiner wirtschaftlichen Entwicklung eingetreten. Den Aufschwung, welchen das Gewerbewesen von diesem Zeitpunkt an genommen, und die überraschenden Fortschritte, die es seitdem gemacht hat, sind ein bedeutsamer Wendepunkt in der Geschichte der materiellen Interessen des Landes und bilden einen Markstein, an welchem die künftigen Fort- wie Rückschritte zu messen sind.“[136]

Für die Entwicklung der Industrie in Württemberg wurde es nun kennzeichnend, daß sie eine enge Verbindung mit dem ländlichen Kleinbesitz einging, sich gewissermaßen auf die Realteilungssitte einstellte. Es entstanden keine ausgesprochen industriellen Ballungsgebiete, in zunehmendem Maße ging die Industrie sogar auf das Dorf. Die demographischen Folgen haben wir bereits erwähnt. Die Eheschließungs- und Geburtenziffern, ebenso wie natürlich die Verehelichtenquote, stiegen an, und die Auswanderung ging zurück.

Die Gegenüberstellung der drei Typen demographischer Auswirkungen der Industriellen Revolution, also die an die alten Manufakturen anknüpfende sächsische Hausindustrie, die entstehende Großindustrie in Rheinland-Westfalen und die auf die ländlichen Realteilungsgebiete aufgestockte Klein- und Mittelindustrie auf dem Lande bzw. in den Klein- und Mittelstädten Württembergs zeigen, daß wir mit beträchtlichen Unterschieden in den Eheschließungs- und Geburtenziffern zu rechnen haben, mithin die Frage, ob sich die Industrie ihre eigenen Arbeiter schafft, sehr differenziert

[136] Übersicht des Erwerbslebens in Württemberg während der Jahre 1856 bis 1862, in: Württembergische Jahrbücher, Jg. 1863, Stuttgart 1865, S. 24.

beantwortet werden muß. Die Industrielle Revolution hat also keineswegs generell zu einer Erhöhung der Eheschließungs- und Geburtenziffer geführt, sie hat nicht für alle Arbeiter die Chancen zu einer Familiengründung geschaffen.

Mackenroth[137] schreibt in seiner Bevölkerungslehre, allerdings ohne sich zeitlich näher festzulegen: „Die alte Trennung von Vollstellen und Nicht-Vollstellen fällt in der kapitalintensiven Wirtschaft ganz weg. Jeder Arbeitsplatz männlicher erwachsener Arbeiter ist tendenziell ausgestattet auf eine Familie hin, er ist generativ vollwertig." Offenbar war aber unter den Bedingungen der entstehenden Großindustrie im Ruhrgebiet und am Niederrhein bis zum Ende der Industriellen Revolution hin keineswegs jeder männliche Arbeitsplatz generativ vollwertig. Die niedrigen Verehelichungsquoten der Bevölkerung und ihr Absinken im Laufe der Industriellen Revolution machen es doch wahrscheinlich, daß viele Arbeiter wegen der jämmerlichen Arbeitsbedingungen nicht heiraten konnten oder auch nicht wollten.

In der letzten Periode der Industriellen Revolution bahnte sich hier offenbar eine Änderung an, und mit leichten Schwankungen stiegen seit etwa 1860 die Eheschließungsziffern an. In der Verehelichtenquote spiegelt sich das in der Tabelle 56 wider.

Tabelle 56
Verehelichtenquote industriell überdurchschnittlich entwickelter Gebiete in Deutschland 1861 und 1872/80
(in Prozent der Gesamtbevölkerung)

	1861	1872/80
Sachsen	33,8	35,8
Württemberg	31,3	34,0
Reg. Bez. Arnsberg	31,1	32,5
Reg. Bez. Düsseldorf	31,7	32,1

Quellen: Berechnet nach: 1861 Sachsen: Die Hauptresultate der Volkszählung im Königreich Sachsen am 3. Dec. 1861, in: Zeitschrift des statistischen Bureaus des Königl.-Sächs. Ministeriums des Innern, Bd. 8, 1862, S. 1–80, hier S. 46. Württemberg: Die württembergische Bevölkerung nach Alter, Geschlecht und Familienstand auf Grund der Zählung vom 3. Dec. 1861, in: Württembergische Jahrbücher, Jahrgang 1863, Stuttgart 1865, S. 56–144, hier S. 120. Reg. Bezirke Düsseldorf und Arnsberg: Die Ergebnisse der Volkszählung und der Volksbeschreibung nach den Aufnahmen vom 3. Dec. 1861, resp. Anfang 1862. Berlin 1862, S. 52/53 (=Preußische Statistik, Bd. 5).
1872/80: Statistik des Deutschen Reiches, Neue Folge, Bd. 44, Stand und Bewegung der Bevölkerung des Deutschen Reiches und fremder Staaten in den Jahren 1841 bis 1886, Berlin 1892, S. 25 und 34/35.

Man wird nicht fehlgehen, das auf den Anstieg der Reallöhne zurückzuführen, der ebenfalls kurz vor 1860 einsetzte.

Wir können das an der Gegenüberstellung der Reallohnentwicklung und der natürlichen Bevölkerungsbewegung in Deutschland zeigen (vgl. Tabelle 57).

Wir haben nun noch der Frage nachzugehen, inwieweit sich während der Industriellen Revolution die Bewegungsgesetze des Kapitals, der Krisenzyklus, auf die natürliche Bevölkerungsbewegung auswirkte, können wir doch nach Marx darin einen Ausdruck des Reifegrades der kapitalistischen Produktionsweise sehen.[138]

[137] *Mackenroth, Gerhard*, a. a. O., S. 439.
[138] *Marx, Karl*, Das Kapital, Bd. 3, a. a. O., S. 246.

Tabelle 57
Reallöhne und natürliche Bevölkerungsbewegung in Deutschland 1850 bis 1875

	Reallöhne (1900 = 100)		Eheschließungen je 1000	Geburten
1850–59	69	1851/60	7,81	36,80
1860–67	75	1861/70	8,51	38,17
1867–75	76	1871/75	9,43	42,42

Quellen: Reallöhne: *Kuczynski, Jürgen,* Die Geschichte der Lage der Arbeiter unter dem Kapitalismus, Teil I: Die Geschichte der Lage der Arbeiter in Deutschland von 1789 bis zur Gegenwart, Bd. 3, Darstellung der Lage der Arbeiter von 1871 bis 1900, Berlin 1962, S. 302. Nat. Bevölkerung: Statistik des Deutschen Reiches, Neue Folge, Bd. 44, Stand und Bewegung der Bevölkerung des Deutschen Reiches und fremder Staaten in den Jahren 1841 bis 1886, Berlin 1882, S. 2.

Es zeigt sich, daß die Krise von 1856 demographisch noch keine Auswirkungen hatte. Das gilt für das Gesamtgebiet des Zollvereins, wie die Tabelle 58 zeigt.

Tabelle 58
Natürliche Bevölkerungsbewegung in Deutschland in der Zeit der Krise von 1856
(Preise des Roggenbrots und -mehls zum Vergleich)

	Eheschließungen je 1000	Geburten	Preis für 1 kg Roggenbrot und -mehl in Pfg.
1854	7,07	35,38	45
1855	6,99	33,50	46
1856	7,52	34,90	44
1857	8,34	37,32	31
1858	8,52	38,39	28

Quellen: Natürliche Bevölkerungsbewegung: Statistik des Deutschen Reiches, Neue Folge, Bd. 44, Stand und Bewegung der Bevölkerung des Deutschen Reiches und fremder Staaten in den Jahren 1841 bis 1886, Berlin 1892, S. 2. Roggenpreis, *Hoffmann, Walther G.* u. a., Das Wachstum der deutschen Wirtschaft seit der Mitte des 19. Jahrhunderts, Berlin Heidelberg New York 1965, S. 578.

Aber auch in den schon stärker industrialisierten Gebieten sind die Auswirkungen nicht spürbar, wie wir am Beispiel des Königreichs Sachsen zeigen können (vgl. Tabelle 59).

Auch im Regierungsbezirk Düsseldorf lassen die absoluten Zahlen der Eheschließungen und Geburten nichts von einem Einfluß der Krise 1856 erkennen. Weitaus entscheidender wirkten noch immer die Schwankungen der Getreidepreise.

Dagegen zeigen sich 1875 nach dem Einsetzen der Krise auch sofort die Auswirkungen auf die Eheschließungs- und Geburtenziffern (vgl. Tabelle 60).

Bevölkerungsgeschichtlich ist damit das eingetreten, was in der eingangs zitierten Bemerkung von Marx zum Ausruck kommt: „Die relative Übervölkerung zeigt sich

Tabelle 59
Natürliche Bevölkerungsbewegung in Sachsen in der Zeit der Krise von 1856 (Roggenpreis als Vergleich)

	Eheschließungen je 1000	Geburten	Preis je Scheffel Roggen Taler. Groschen. Pfennige.
1854	7,58	39,95	5. 18. 7
1855	6,53	36,12	5. 29. 4
1856	7,92	39,30	5. 11. 2
1857	9,27	42,30	3. 20. 4
1858	9,37	42,73	3. 16. 9

Quellen: Natürliche Bevölkerungsbewegung: Statistik des Deutschen Reiches, Neue Folge, Bd. 44, Stand und Bewegung der Bevölkerung des Deutschen Reiches und fremder Staaten in den Jahren 1841 bis 1886, Berlin 1892, S. 22. Roggenpreis: Zur Statistik der Getreideproduktion, der Getreidepreise und des Getreideverkehrs im Königreich Sachsen, in: Zeitschrift des statistischen Bureaus des königlichen Ministeriums des Innern, Bd. 7, 1861, S. 125–147.

Tabelle 60
Natürliche Bevölkerungsbewegung im Deutschen Reich, Sachsen und Westfalen in den Jahren 1871/75 – 1880

	Deutsches Reich		Kgr. Sachsen		Prov. Westfalen		Preis (in Pfg) je kg Roggenbr.
	Eheschl.	Geb.	Eheschl.	Geb.	Eheschl.	Geb.	
1871/75	9,43	42,42	9,91	44,28	9,96	41,50	36
1875	9,10	42,31	10,62	45,72	9,22	44,01	32
1876	8,52	42,61	9,54	47,27	8,80	44,25	33
1877	7,98	41,64	8,79	45,81	7,99	43,03	35
1878	7,70	40,45	8,61	44,54	7,64	41,04	33
1879	7,51	40,47	8,64	44,76	7,57	41,19	31
1880	7,48	39,12	8,66	43,42	7,74	40,33	33

Quellen: Natürliche Bevölkerungsbewegung: Statistik des Deutschen Reiches, Neue Folge, Bd. 44, Stand und Bewegung der Bevölkerung des Deutschen Reiches und fremder Staaten in den Jahren 1841 bis 1886, Berlin 1892.
Roggenpreis: *Hoffmann, Walther G.* u. a. Das Wachstum der deutschen Wirtschaft seit der Mitte des 19. Jahrhunderts, Berlin Heidelberg New York 1965, S. 578.

um so auffallender in einem Lande, je mehr die kapitalistische Produktionsweise in ihm entwickelt ist."[139]

Je stärker aber die industrielle Reservearmee war, um so deutlicher mußte sich auch der Krisenzyklus in der natürlichen Bevölkerungsbewegung widerspiegeln. Bei Ausbruch der Krise von 1875 war dann das ökonomische Entwicklungsniveau in Deutschland soweit vom Kapital und seinen Bewegungsgesetzen bestimmt, um sich auch bevölkerungsgeschichtlich unmittelbar auszuwirken. Auch dieses Ergebnis, so meinen wir, berechtigt uns, den Abschluß der Industriellen Revolution mit der Krise

139 Ebenda.

von 1875 anzusetzen. Die bevölkerungstheoretische Gesetzmäßigkeit, die hier deutlich wird, formulierte Marx in der folgenden Weise: „Es ist, wie wir gesehn, Gesetz des Kapitals Surplusarbeit, disponible Zeit zu schaffen, es kann dies nur, indem es notwendige Arbeit in Bewegung setzt – d. h. Tausch mit dem Arbeiter eingeht. Es ist daher seine Tendenz möglichst viel Arbeit zu schaffen, wie es ebensosehr seine Tendenz ist, die notwendige Arbeit auf ein Minimum zu reduzieren. Es ist daher ebensosehr Tendenz des Kapitals, die arbeitende Bevölkerung zu vermehren, wie einen Teil derselben beständig als Surplusbevölkerung – Bevölkerung, die zunächst nutzlos ist, bis das Kapital sie verwerten kann – zu setzen. (Daher die Richtigkeit der Theorie von Surplusbevölkerung und Surpluskapital.) Es ist ebensosehr Tendenz des Kapitals, menschliche Arbeit überflüssig zu machen (relativ), als menschliche Arbeit ins Maßlose zu treiben."[140]

Die gegenwärtigen demographischen Verhältnisse in den kapitalistischen Industriestaaten bestätigen die gesetzmäßige Wirksamkeit dieser Zusammenhänge in besonders augenfälliger Weise.

Ergebnisse und Schlußfolgerungen

Kommen wir abschließend zu der Ausgangsfrage zurück, ob die Industrielle Revolution ihre eigenen Arbeiter erzeugen kann. Wir haben drei Typen der demographischen Auswirkungen der Industriellen Revolution herausgearbeitet, die sich mit den geographischen Verbreitungsgebieten Sachen, Westfalen/Rheinland und Württemberg umschreiben lassen.

In Sachsen ist zweifellos der allergrößte Teil der Industriearbeiter aus dem Lande selbst gekommen. Sachsen hatte zwischen 1834 und 1875 einen Wanderungsgewinn von 153820 Personen zu verzeichnen. Im gleichen Zeitraum wuchs seine Bevölkerung von 1595668 auf 2760586 Einwohner an, der Wanderungsgewinn machte also 13,1 Prozent der Zunahme aus. In Sachsen haben wir nun den Fall vor uns, daß die Industrielle Revolution zuerst in Gebieten zum Durchbruch kam, die bereits im Spätfeudalismus durch ein hochentwickeltes Verlags- und Manufakturwesen gekennzeichnet waren. Da wir wissen, daß in diesen Gebieten die Geburtenziffer immer hoch lag, kann angenommen werden, daß die Industrie zunächst ein ausreichendes Reservoir an Arbeitskräften vorfand. Auch im Ruhrgebiet konnte zunächst der Bedarf an Arbeitskräften aus dem Lande selbst und durch Nahwanderer gedeckt werden. Später war dann das Ruhrgebiet neben Berlin das Gebiet der Arbeiterzuwanderung in Deutschland schlechthin. In Württemberg schließlich spielte die Zuwanderung kaum eine Rolle, die Arbeitskräfte kamen hier fast ausschließlich aus dem Lande selbst, und da die Industrie sich auf dem Lande und in den kleinen Städten ansiedelte, brauchte sich der Industriearbeiter nicht einmal von seiner ländlichen Kleinstelle zu trennen. Es entstand hier der berühmte Typ des württembergischen Arbeiterbauern.

Eindeutig war jedoch die Industrielle Revolution, die Entstehung der großen Industrie, je mehr der Prozeß voranschritt, auf die Zuwanderung von Arbeitskräften angewiesen, die nach Lage der Dinge nirgends anders herkommen konnten als aus der Landwirtschaft. Die Tatsache aber, daß in Deutschland die Landwirtschaft in so

[140] *Ders.*, Grundrisse zur Kritik der politischen Ökonomie, a. a. O., S. 302f.

großem Umfang Menschen an die entstehende Industrie abgeben konnte, ist primär zunächst keine Auswirkung der Industriellen Revolution, wohl aber eine ihrer ganz wesentlichen Voraussetzungen.

Erst seit den fünfziger Jahren beginnt die Maschinenverwendung in der Landwirtschaft stärker zu werden und beschleunigt sich damit die Abwanderung vom Lande.

Die Bevölkerungsgeschichte in der Periode der Industriellen Revolution weist zwischen den drei wichtigsten Ländern Europas, die im 19. Jahrhundert von ihr erfaßt wurden, England, Frankreich und Deutschland, bemerkenswerte Unterschiede auf. In England und in Deutschland liegt vor der Industriellen Revolution die Umwälzung der feudalen zur kapitalistischen Landwirtschaft, während in Frankreich Industrielle Revolution und die Umwälzung der feudalen Ordnung in der Landwirtschaft etwa gleichzeitig einsetzen.[141] In England haben die Einhegungen, also die Vernichtung der Schicht der mittleren Bauern, die erste Welle der ländlichen Zuwanderer in die Industrie geliefert. Das Eindringen der Maschinen in die Landwirtschaft führt dann zur Expropriation der ungeheuren Mehrzahl des Landvolkes.

Wir haben darauf hingewiesen, daß in den deutschen Staaten bei allen Varianten in der Form des Übergangs von feudalen zu kapitalistischen Produktionsverhältnissen in der Landwirtschaft die Klasse der selbständig wirtschaftenden Bauern nicht vernichtet wurde, sondern daß das Kleinbauerntum sogar einen bedeutenden zahlenmäßigen Zuwachs erfuhr. Die für die Bevölkerungsgeschichte in der Periode der Industriellen Revolution wesentlichste Tatsache war jedoch zweifellos die ostelbische Variante des preußischen Weges kapitalistischer Agrarentwicklung, einmal weil der Wegfall der Frondienste und der erhöhte Arbeitskräftebedarf im Zuge der Einführung der Fruchtwechselwirtschaft auf den Gütern zur Gründung zahlreicher ländlicher Kleinstellen führte und zum anderen die Art und Weise der Ablösung der feudalen Lasten durch die Bauern die Dismembrationen im Gefolge hatten, und dadurch ebenfalls im großen Umfang Kleinstellen entstanden. Hier lagen die Wurzeln der strukturellen Übervölkerung des Dorfes und der massenhaften Abwanderung in der zweiten Hälfte des 19. Jahrhunderts, die im Vergleich zu England vielleicht als eine Expropriation auf „kaltem Wege“ bezeichnet werden kann. Auf jeden Fall haben diese ostelbischen Gebiete dann für die letzte Phase der Industriellen Revolution, die wir nach der Krise von 1856 ansetzen können, die Massen Arbeitswilliger geliefert, die „dahin nichts zu verlieren hatten“ (Engels). Die Wanderungsstatistik weist das eindeutig nach.

Interessant ist auch der Vergleich zu Frankreich. Die große Revolution von 1789 hatte mit der entschädigungslosen Enteignung aller Feudallasten die Agrarfrage zunächst gelöst. Die Bauern hatten mindestens für eine Generation so günstige Bedingungen, daß sie von einem Eindringen des Kapitals in die Landwirtschaft nichts zu fürchten hatten und eine Expropriation nach dem Beispiel Englands nicht stattfand. Die Überwindung der feudalen Produktionsverhältnisse erfolgte aber auch nicht unter Bedingungen, durch die eine Schicht landarmer oder landloser Produzenten mit einer schichtenspezifisch hohen ehelichen Fruchtbarkeit entstand und zur stärksten Gruppe im Dorf wurde, wie das in Ostelbien der Fall war.

Der Industriellen Revolution Frankreichs stand daher auch nie eine so breite Masse

[141] *Kuczynski, Jürgen,* Darstellung der Lage der Arbeiter in Frankreich von 1789–1848, a. a. O., S. 27.

von Arbeitswilligen gegenüber, wie sie in England die expropriierte Landbevölkerung und später die Iren darstellten und wie sie in Deutschland die weithin beschäftigungslose Landarmut in Ostelbien darstellte. Dieses Massenangebot von Arbeitskräften, die sich nahezu allen Ausbeutungsbedingungen unterwerfen mußten, hat zweifellos zum schnellen Verlauf der Industriellen Revolution in Deutschland geführt, und es hat ein Lohnniveau ermöglicht, das den Unternehmern hohe Profite versprach und sie damit international konkurrenzfähiger machte.

Die unbezweifelbare Tatsache einer strukturellen Übervölkerung auf dem Lande, die besonders in Ostelbien, aber auch in den südwestdeutschen Staaten vorhanden und für die Industrielle Revolution in Deutschland von größter Bedeutung war, darf nicht zu der Schlußfolgerung verführen, daß sie die entscheidende oder gar auslösende Voraussetzung war. Wir finden im 19. Jahrhundert mehrfach Übervölkerungserscheinungen, ohne daß es zu einer Industriellen Revolution kam. Die Massenauswanderung aus den südwestdeutschen Staaten beweist, daß dort eine Übervölkerung vorhanden war, lange ehe die Industrielle Revolution einsetzte. Ähnlich war es auch in Polen seit dem letzten Drittel des 19. Jahrhunderts.

Der bevölkerungsgeschichtliche Aspekt gehört ohne Frage in den Gesamtzusammenhang der Erforschung der Industriellen Revolution. Ja, er ist vielleicht sogar geeignet, wichtige grundsätzliche Einsichten zu vermitteln. Marx schreibt in seiner Auseinandersetzung mit den pseudowissenschaftlichen Bevölkerungstheorien von Malthus: „. . . so muß noch mehr die Populationsentwicklung, worin sich die Entwicklung aller Produktivkräfte resumiert, eine äußere Schranke vorfinden“[142], eine theoretische Aussage, die bevölkerungsgeschichtlichen Forschungen als Teil der Wirtschaftsgeschichte großes Interesse sichern sollte.

[142] *Marx, Karl,* Grundrisse zur Kritik der politischen Ökonomie, a. a. O., S. 498.

Wilfried Strenz

Zum Prozeß der Bevölkerungsagglomeration unter den Bedingungen der Industriellen Revolution des Kapitalismus am Beispiel der Entwicklung im Königreich Preußen in seiner territorialen Ausdehnung vor 1866. Eine Materialstudie unter historisch-geographischem Aspekt.

Die Industrielle Revolution des Kapitalismus war nicht nur ein Zeitraum enormer Entwicklung der Produktivkräfte, des Übergangs von der feudalen zur kapitalistischen Produktionsweise, sondern sie zeigte sich auch als eine Etappe umfassender Bevölkerungsentwicklung und -bewegung. Jede Produktionsweise hat ihre eigenen Bevölkerungsgesetze. Als materielle Existenzbedingung existiert auf jeder Stufe der gesellschaftlichen Entwicklung eine bestimmte Bevölkerungszahl und -dichte, die entsprechend dem Stand der Produktivkräfte und dem Charakter der Produktionsverhältnisse zur Sicherung des gesellschaftlichen Reproduktionsprozesses notwendig sind.[1]

Die etwa seit den 30er Jahren des 19. Jahrhunderts auf dem Territorium der 1871 zu Deutschland gehörenden Gebiete (ohne Elsaß-Lothringen) vor sich gehende revolutionäre Umwälzung der Produktionsverhältnisse führte zu einschneidenden Veränderungen in den ökonomischen Existenzbedingungen der Bevölkerung. Der Produzent, unter den neuen Produktionsverhältnissen in der Regel Nichteigentümer von Produktionsmitteln, behielt allein seine Arbeitskraft. Im Rahmen des kapitalistischen Produktionsprozesses wurde er damit zu einem mobilen Faktor, der entsprechend den Bedürfnissen kapitalistischer Profitwirtschaft überall eingesetzt werden konnte. Für die Kapitalisten gewann mit zunehmender Durchsetzung ihrer Produktionsverhältnisse die Ware Arbeitskraft, insbesondere als die Grenze der extensiven Ausbeutung dieser Ware erreicht war, einen steigenden Stellenwert, der bestimmte Reproduktionsbedingungen zur Sicherung dieser Ware Arbeitskraft durch die kapitalistische Gesellschaft erforderlich machte. Hinzu kam, daß über Jahrhunderte angehäufte empirische Erkenntnisse in der Medizin, verbunden mit ersten zielgerichteten Maßnahmen der Seuchenbekämpfung, während dieser Zeit zu einem allgemeinen Rückgang der Sterblichkeit führten. Das Ergebnis dieser Entwicklung brachte eine ansteigende Lebenserwartung mit zunehmenden Bevölkerungszahlen in einer Größenordnung, die im Untersuchungsgebiet vorher noch nicht aufgetreten war und in diesem Umfang nicht nur über den Untersuchungszeitraum bis zum Beginn des 20. Jahrhunderts andauerte, sondern nach 1870 sogar noch leicht anstieg.[2]

Die vorstehende Untersuchung will den Prozeß der Bevölkerungsbewegung während des Zeitraumes der Industriellen Revolution des Kapitalismus, untergliedert nach ihren beiden Etappen mit dem Einschnitt um 1850, auf dem Territorium des Kgr.

[1] *Khalatbari, Parviz*, Zu einigen Grundsatzfragen der marxistisch-leninistischen Demographie, in: Jahrbuch für Wirtschaftsgeschichte 1974, Teil I, S. 26f.

[2] *Wischnewski, A. G.*, Die demographische Revolution, in: Sowjetwissenschaft, Gesellschaftswissenschaftliche Beiträge, 1973, H. 6, S. 635f.

Preußen in seiner *regional* differenzierten Verteilung und Entwicklung unter Beachtung des räumlichen Vergleichs erfassen und analysieren und dabei versuchen, die Ursachen für diesen Verlauf darzulegen.[3] Sie ist damit eine geographisch akzentuierte Arbeit.

Die während der Industriellen Revolution vor sich gehende Ablösung der feudalen Produktionsbedingungen durch die nach allseitiger Expansion drängende kapitalistische Warenproduktion[4] setzte an die Stelle räumlich begrenzter, in sich abgeschlossener Standortstrukturen zunehmend Standortstrukturen mit einer immer großräumigeren Erstreckung, wobei auch die Bevölkerungsentwicklung diesem Prozeß untergeordnet war. Das Streben der Kapitalisten nach Kapitalverwertung, d. h. nach Erzielung von Maximalprofiten, ordnet die entstehende, kapitalistischen Gesetzmäßigkeiten folgende räumliche Standortstruktur den hinsichtlich der geographischen Verteilung unterschiedlich ausgebildeten Verwertungsbedingungen des Kapitals unter. Als Folge dieser Unterordnung entstehen in der räumlichen Standortstruktur der Wirtschaft regional differenzierte Standortkonzentrationen.

Die Industrielle Revolution verstärkt die bisher nur schwach ausgebildete Tendenz zur ungleichmäßigen wirtschaftlichen Entwicklung einzelner geographischer Regionen. Durch das Mehrwertgesetz und das auf seiner Grundlage wirkende Gesetz der Konkurrenz und Anarchie der Produktion entstehen neue Standorte bzw. bleiben die alten Standorte der Produktion ausschließlich in den Gebieten erhalten, in denen infolge der historischen Entwicklung ein bereits größeres Angebot von Arbeitskräften allgemeiner oder besonderer Produktionserfahrungen existiert und günstige Marktbedingungen zur Förderung der Austausch-, d. h. Verwertungsbeziehungen vorhanden sind, also insgesamt Verhältnisse gegeben sind, die dem Streben der Kapitalisten nach höchstmöglichem Profit entsprechen. Auf der Grundlage dieser vorangestellten gesellschaftlichen Entwicklungsbedingungen vollzog sich im Zeitraum der Industriellen Revolution auch der Prozeß der Bevölkerungsentwicklung und -bewegung; am Ende des Untersuchungszeitraumes zeigt die Bevölkerungsverteilung infolge dieser gesellschaftlichen Entwicklung beachtliche Merkmale einer räumlichen Konzentration.

Diese Entwicklung führte zu einer zunehmenden Verdichtung von gesellschaftlichen Produktivkräften in den Gebieten und Orten, die hinsichtlich der Kapitalverwertung aus den unterschiedlichsten Gründen die günstigsten Bedingungen besaßen. Zentralisation von industriellen Produktionsmitteln an den Plätzen der günstigsten Kapitalverwertung und Agglomerationstendenzen der Hauptproduktivkraft Mensch als Arbeitskraft zur Bedienung dieser Produktionsmittel führten auf dieser Stufe der gesellschaftlichen Entwicklung zu einer Konzentration der Bevölkerung und im Rahmen der Siedlungsentwicklung zu einer zunehmenden Urbanisierung sowie hinsicht-

[3] Vgl. *Strenz, Wilfried,* Entwicklungstendenzen in der regionalen Verteilung der Bevölkerung im Prozeß der Industriellen Revolution des Kapitalismus auf dem heutigen Territorium der DDR. Eine Materialstudie unter historisch-geographischem Aspekt, in: Jahrbuch für Wirtschaftsgeschichte, 1976, Teil I, S. 163ff.; *ders.*, Angaben über die regionale Verteilung der Bevölkerung auf dem Gebiet der heutigen DDR für die Jahre 1831, 1852 und 1871. Statistische Ausgangsdaten, Quellenbasis und neue Ermittlungen zu einer Materialstudie unter historisch-geographischem Aspekt, in: Ebenda, Teil IV, S. 235ff.

[4] *Engels, Friedrich,* Die Entwicklung des Sozialismus von der Utopie zur Wissenschaft, in: MEW, Bd. 19, Berlin 1962, S. 227.

lich des anwachsenden ökonomischen Potentials zu wirtschaftlichen Verdichtungszonen, die sich mit fortschreitender Entwicklung der Gesellschaft bei gleichbleibender, bestimmt aber mit zunehmender Gunst zur Kapitalverwertung zu den Ballungsgebieten der Gegenwart entwickelten.[5]

Der Umfang des im Zusammenhang mit der Industriellen Revolution vor sich gehenden Urbanisierungsprozesses wird durch einen Vergleich der Bevölkerungszahlen[6] aller Orte über 50000 Einwohner aus den Jahren um 1830 und 1871 auf dem Territorium der 1871 zu Deutschland gehörenden Gebiete (ohne Elsaß-Lothringen und ohne Herzogtum Schleswig) deutlich. Lebten um 1830 in den entsprechenden Orten erst 2,8 Prozent der Gesamtbevölkerung, hatte sich diese Anzahl 1871 auf 8,9 Prozent erhöht[7], d. h. es zeigte sich ein Ansteigen um 218 Prozent bei einem Anwachsen der Gesamtbevölkerungszahl von nur um 41 Prozent. Der Prozeß der Urbanisierung vollzieht sich demnach, wenn das Anwachsen der Bevölkerung innerhalb dieser Ortsgröße zugrunde gelegt wird, etwa 5–6mal (!) so schnell wie die zahlenmäßige Zunahme der Gesamtbevölkerung.[8] Hinzu kommt, daß sich generell die Entfernungen zwischen den größeren Siedlungen als den Hauptstandorten der industriellen Produktion im gleichen Zeitraum untereinander merklich verringerten und die Zusammenballung von Siedlungen beispielsweise im Ruhrgebiet bereits zu einem außerordentlichen Faktor des betreffenden geographischen Milieus wurde.

Die Herausbildung ökonomischer Standortkonzentrationen bedingt eine Polarisierung in der regionalen Verteilung der gesellschaftlichen Produktivkräfte, was besonders im Zeitraum nach 1850 deutlich wird. Industriellen Verdichtungszonen, die mit einer hohen Bevölkerungs- und Siedlungsdichte parallel gehen, stehen unter- bzw. wenigentwickelte Standortregionen gegenüber, die durch verstreut liegende Standortanlagen gesellschaftlicher Produktivkräfte, eine niedrige Bevölkerungsdichte, negative Bevölkerungsbilanzen sowie geringe Siedlungsgrößen gekennzeichnet sind. Fehlende für die Kapitalisten günstige Kapitalverwertungsmöglichkeiten führten zu den sog. „klassischen" Notstandsgebieten, wie sie mit der Durchsetzung kapitalistischer Produktionsverhältnisse u. a. im Bayrischen Wald, in der Rhön und in großen Teilen des Emslandes, aber auch in bestimmten mecklenburgischen Gebieten entstanden.[9]

Abgrenzung und Eckwerte des Untersuchungsgebietes

Auf dem Territorium der 1871 zu Deutschland gehörenden Gebiete (ohne Elsaß-Lothringen) lebten 1831 27,6 Millionen Einwohner, ihre Anzahl hatte sich bis 1871 auf 39,5 Millionen erhöht. Unter Berücksichtigung der in diesem Zeitraum recht be-

[5] *Mohs, Gerhard*, Ballung und Ballungsgebiete als Problem und Gegenstand geographischer Untersuchungen, in: Geographische Berichte, 13, 1968, S. 206ff.

[6] Wird im Folgenden nur von Bevölkerung oder Gesamtbevölkerung gesprochen, ist damit immer die Bevölkerung des Untersuchungsgebietes, d. h. also die Bevölkerung im Kgr. Preußen, gemeint. Andere regionale Zuordnungen sind entsprechend ausgewiesen.

[7] Vgl. S. 357; die entsprechenden Ausführungen für das Untersuchungsgebiet.

[8] *Thümmler, Heinzpeter*, Zur regionalen Bevölkerungsentwicklung in Deutschland 1816 bis 1871, in: Jahrbuch für Wirtschaftsgeschichte, 1977, Teil I, S. 66.

[9] *Schmidt-Renner, Gerhard*, Elementare Theorie der Ökonomischen Geographie nebst Aufriß der Historischen Ökonomischen Geographie, Berlin 1961, S. 105.

trächtlichen Auswandererzahlen von ca 2,5 Millionen Menschen[10], deren Höhe mit der allgemeinen Verschlechterung der Lebensbedingungen der Produzenten auf Grund der noch vor allem extensiv betriebenen kapitalistischen Ausbeutung zu erklären ist, aber auch nach dem Fehlschlagen der Revolution von 1848 durch zusätzliche Auswanderung gesellschaftlich-progressiver Bevölkerungsteile bestimmt wurde[11], ergibt sich entsprechend der Formel[12] $p = 1000 \left(\sqrt[n]{\frac{b}{a}} - 1 \right)$ eine jährliche Zuwachsrate von 11 pro mille. Diese durchschnittliche Zuwachsrate ist für diesen Zeitraum als relativ hoch anzusehen.[13] Sie steht jedoch in keinem Verhältnis zu den gegenwärtigen Steigerungsraten in den Entwicklungsländern, die im Durchschnitt über 20 pro mille liegen, in den Extremen sogar den Wert von 30 pro mille überschreiten.[14]

Zum Untersuchungsgebiet gehören acht preußische Provinzen, die mit 274000 km² über die Hälfte (52 Prozent der 1871 zu Deutschland gehörenden Gebiete (ohne Elsaß-Lothringen) einnehmen. Sie lassen sich nach ihrem ökonomischen Entwicklungsstand regional einteilen in
die östlichen Provinzen: Preußen, Posen, Pommern;
die mittleren Provinzen: Brandenburg, Schlesien, Sachsen;
die westlichen Provinzen: Westfalen, Rheinland.
Nicht in die Betrachtung einbezogen wurden die 1850 dem preußischen Staat einverleibten Fürstentümer Hohenzollern, die den Regierungsbezirk Sigmaringen bildeten. Die Provinzen sind in 25 Regierungsbezirke und in die Stadt Berlin gegliedert. Zwei ungleichgroße Flächen markieren den preußischen Staat in seiner Territorialausdehnung bis 1866, wobei das größere Areal die östlichen und mittleren Provinzen, das kleinere die westlichen Provinzen umfaßt. In diesem Gebiet nahm die Bevölkerung im Zeitraum von 1831 bis 1871 von 13,0 Millionen auf 20,1 Millionen zu, was einem Ansteigen um 55 Prozent entspricht. Im 1871 zu Deutschland gehörenden Gebiet (ohne Elsaß-Lothringen) betrug im gleichen Zeitraum die Zunahme nur 43 Prozent, d. h. in den preußischen Provinzen vollzog sich das Ansteigen der Bevölkerung um

[10] *Köllmann, Wolfgang,* Bevölkerung und Raum in neuerer und neuester Zeit, in: Raum und Bevölkerung in der Weltgeschichte, Bd. 2, Würzburg 1956, S. 162; *Thümmler, Heinzpeter,* Zur regionalen Bevölkerungsentwicklung in Deutschland 1816 bis 1871, a. a. O., S. 56.

[11] *Kuczynski, Jürgen,* Die Geschichte der Lage der Arbeiter unter dem Kapitalismus, Teil 1, Bd. 1. Darstellung der Lage der Arbeiter in Deutschland von 1789–1849, Bd. 2, Darstellung der Lage der Arbeiter in Deutschland von 1849–1870, Berlin 1961, 1962, S. 239ff.; 141f.

[12] p = Zuwachsrate in Promille, n = Anzahl der zwischen den beiden Bevölkerungszahlen b(jüngere) und a(ältere) liegenden Jahre. – Vgl. *Witthauer, Kurt,* Bevölkerungszahlen im Wandel. Lawine oder Aufgabe? in: Geographische Bausteine, Neue Reihe 7. Gotha/Leipzig 1971. S. 35f.,

[13] Sie erreicht jedoch nicht den Wert des in der Industrialisierung fortgeschritteneren Großbritannien (ohne Irland), das für den Zeitraum 1830 – 1870 eine Zuwachsrate von 15‰besaß, an seinem Ende sogar noch eine Steigerung aufwies, wohingegen Deutschland erst nach diesem Zeitabschnitt eine bemerkenswert höhere Zuwachsrate erzielte. Dagegen hatte das noch vorwiegend industriell-agrare Frankreich für den gleichen Zeitraum nur eine Zuwachsrate von 4‰, die in der Tendenz zudem noch rückläufig war.

[14] Atlas zur Geschichte, Bd. 2: Von der Großen Sozialistischen Oktoberrevolution 1917 bis 1976, 2. Aufl. Gotha/Leipzig 1978, Karte 105.

mehr als ein Viertel schneller. Berücksichtigt man, daß im Gesamtgebiet noch das bedeutende Industriegebiet des Königreichs Sachsen mit einer Bevölkerungszunahme von 82 Prozent lag, ferner die Hafenstandorte Hamburg und Bremen enthalten waren, wird deutlich, wie intensiv die Bevölkerungsentwicklung im Untersuchungsgebiet insgesamt, besonders aber in Teilgebieten vor sich gegangen sein muß.

Entwicklung der Bevölkerungsanzahl und -dichte 1831, 1852 und 1871

Zunächst zur Entwicklung der Anzahl der Bevölkerung.[15] Fügt man für das Untersuchungsgebiet zu den Eckwerten 1831 und 1871 noch einen Zwischenwert für 1852 ein, zeigt sich für beide Zeiträume eine annähernd gleichgroße Zunahme der Bevölkerungsanzahl. Beide Etappen besitzen hier keinen bemerkenswerten Unterschied. Einer durchschnittlichen Vermehrung pro Jahr im ersten Zeitraum von 183000 Personen steht eine Zunahme von 175000 Menschen pro Jahr im zweiten Zeitraum gegenüber, so daß sogar von einer leichten Rückläufigkeit innerhalb der Gesamtentwicklung gesprochen werden kann.[16] Erst die Jahre nach 1870, in denen sich die Produktionsverhältnisse vom Kapitalismus der freien Konkurrenz zum Monopolkapitalismus veränderten, bringen eine größere Bevölkerungszunahme.

Die Bevölkerungsdichte nimmt im Betrachtungszeitraum (1831–1871) von 47,6 auf 73,6 Einwohner/km^2 zu.[17] Als Durchschnittswert geben sie den allgemeinen Trend

[15] Die Grundlage für die Betrachtung bildete die Auswertung der Bevölkerungszahlen der Jahre 1831, 1852 und 1871, wie sie in zeitgenössischen Publikationen (*Hoffmann Wilhelm*, Encyklopädie der Erd-, Völker- und Staatenkunde, eine geographisch-statistische Darstellung, 3 Bde., Leipzig 1862–1869; *Kloeden, Gustav Adolph v.*, Handbuch der Länder- und Staatenkunde von Europa, Teil 1: Das deutsche Reich, die Schweiz, die österreichisch-ungarische Monarchie, Berlin 1875; *Stein, Christian Gottfried Daniel*, Handbuch der Geographie und Statistik der teutschen Bundesstaaten, nach neueren Ansichten bearb. v. D. Ferdinand Hörschelmann, Bd. 2, Leipzig 1834–Handbuch der Geographie und Statistik für die gebildeten Stände 2; *Ungewitter, F. H.*, Die Preußische Monarchie nach den zuverlässigsten Quellen geographisch, statistisch, topographisch und historisch ausführlich und übersichtlich dargestellt, Berlin 1859) bzw. in amtlichen Veröffentlichungen über die Bevölkerungszählungen als statistisches Material (Übersicht der Einwohnerzahl in den einzelnen Städten und Kreisen des Preußischen Staats nach der zu Ende des Jahres 1852 veranstalteten polizeilichen Zählung. in: Tabellen und amtliche Nachrichten über den Preußischen Staat für das Jahr 1852, Berlin 1855; Die Ergebnisse der Volkszählung und Volksbeschreibung im Preußischen Staate vom 1. December 1871. Preußische Statistik, Bd. 30, Berlin 1875) erschienen sind. Entsprechend dem Modus der Zählung, so für 1852 und 1871, wurde die jeweils ortsanwesende Bevölkerung (Zivil- und Militärpersonen) aufgenommen, d. h. die Bevölkerung, die am Tage der Zählung definitiv (einschließlich der kurzfristig Anwesenden) am jeweiligen Ort vorhanden war.

[16] Hierbei wurde nur von der tatsächlichen Einwohnerzahl ausgegangen. Unberücksichtigt blieb die Auswanderungsquote, die besonders in der Zeit nach 1850 anstieg und vor allem auch preußische Gebiete erfaßte. Die Zuwachsrate der Bevölkerung war jedoch so hoch, daß die Auswanderungswerte paralysiert werden konnten, so daß im Ergebnis eine nahezu gleichgroße Bevölkerungszunahme auftrat.

[17] Diese Werte entsprechen gegenwärtig (1977) in der DDR den Bevölkerungsdichten der Landkreise Hagenow (47,2 Einwohner/ km^2) und Schleiz (73,6 Einwohner/km^2). – Vgl.

wider, sagen jedoch nichts über die regionale Entwicklung in den einzelnen Gebieten aus.

Faßt man hingegen auf der Grundlage der administrativen Kreiseinheiten die Flächen zusammen, deren Einwohnerdichten über bzw. unter dem Durchschnittswert liegen, zeigt sich, daß der größte Teil des Untersuchungsgebietes (1831 zwei Drittel, 1871 nahezu drei Viertel) eine unter dem Durchschnitt liegende Bevölkerungsdichte besitzt, dessen Anteil sich während des Untersuchungszeitraumes noch verstärkt (vgl. Tabelle 1). Demgegenüber weisen 1831 ein Drittel, 1871 mehr als ein Viertel des Untersuchungsgebietes über dem Durchschnitt liegende Bevölkerungsdichten auf. Die räumliche Konzentration der Bevölkerung erstreckt sich also auf verhältnismäßig wenige Gebiete, deren Fläche im Betrachtungszeitraum weiter zurückgeht. Dieser Prozeß führt, wie die Indexzahlen ausweisen, zu einer beträchtlichen Erhöhung des Konzentrationsgrades der Bevölkerung in den Gebieten mit überdurchschnittlicher Bevölkerungsdichte. In den Gebieten mit unterdurchschnittlicher Bevölkerungsdichte verändert sich dagegen der durchschnittliche Konzentrationsgrad nicht.

Tabelle 1
Anteil der Fläche und Bevölkerung in Gebieten mit über- bzw. unterdurchschnittlicher Bevölkerungsdichte
(in Prozent; nach der Kreiseinteilung von 1831)

	a	b	c	d	e	f
1831	33,3	66,7	56,2	43,8	169	66
1871	25,8	74,2	51,3	48,7	199	66

Erläuterung: a, b = Fläche mit über-, unterdurchschnittlicher Bevölkerungsdichte
c, d = Bevölkerung in Gebieten mit über-, unterdurchschnittlicher Bevölkerungsdichte
e, f = Index Bevölkerung/Fläche in Gebieten mit über-, unterdurch- durchschnittlicher Bevölkerungsdichte

Quelle: Zusammengestellt aus: Statistik des Deutschen Reichs, Bd. 30, H. 3, Berlin 1878; Preußische Statistik, Bd. 30, Berlin 1875; *Stein, C. G. D.*, Handbuch der Geographie und Statistik der teutschen Bundesstaaten, Bd. 2, Leipzig 1834.

Der regionale Konzentrationsprozeß der Bevölkerung, insbesondere im Bereich der Gebiete mit überdurchschnittlicher Bevölkerungsdichte, wird auch dadurch unterstrichen, daß sich die Abstände der extremen Dichtewerte (ohne Berücksichtigung der Orte mit über 100000 Einwohnern) vergrößern und die Schwankungsbreite von 285,6 Einwohner/km^2 (1831) über 423,6 Einwohner/km^2 (1852) auf 633,2 Einwohner/km^2 (1871) zunimmt, wobei insbesondere die über dem Durchschnitt liegenden Werte um 332,7 Einwohner/km^2 ansteigen, die unter dem Durchschnitt liegenden Werte sich dagegen nur um 14,9 Einwohner/km^2 vergrößern. Der allgemeinen Auszehrung einer großen Fläche steht also ein nicht unbeträchtlicher Konzentrationsprozeß der Bevölkerung in bestimmten räumlichen Gebieten gegenüber, was zu einer zunehmenden Polarisierung in der Bevölkerungsverteilung führt.

Die größte Bevölkerungsdichte besitzt, abgesehen von den Orten über 100000 Einwohner, während des gesamten Zeitraumes das Gebiet um die Orte Elberfeld und

Statistisches Jahrbuch 1978 der Deutschen Demokratischen Republik, Jg. 23, Berlin 1978, S. 6; 3.

Barmen (1831 300,9 Einwohner/km^2, 1871 659,6 Einwohner/km^2)[18] am Südrand der sich seit den 40er Jahren des 19. Jahrhunderts herausbildenden gewerblichen Verdichtungszone des rheinisch-westfälischen Industriegebietes. Es handelt sich hier um ein Gebiet, das sich schon seit Jahrhunderten durch eine rege gewerbliche Produktion auszeichnet und in dem jetzt besonders auf Grund günstiger kapitalistischer Profitbedingungen die Baumwollweberei und -färberei die dominierende Rolle spielen[19], von dem Friedrich Engels in seinen Briefen aus dem Wuppertal[20] ein anschauliches Bild der Arbeits- und Lebensverhältnisse der arbeitenden Menschen am Ende der 30er Jahre des 19. Jahrhunderts entwirft.

Für 1831 ist festzustellen, daß, abgesehen von eingestreuten Inseln, die im wesentlichen durch Orte größerer Bevölkerungszahl repräsentiert werden, wobei besonders Berlin herausragt, die östlichen Provinzen und von den mittleren Provinzen die Regierungsbezirke Frankfurt, Potsdam und Magdeburg überwiegend eine unterdurchschnittliche Bevölkerungsdichte aufweisen. In den übrigen Regierungsbezirken überwiegen die über dem Durchschnitt liegenden Werte; der Regierungsbezirk Erfurt und innerhalb der westlichen Provinzen die Regierungsbezirke Münster, Düsseldorf und Köln besitzen hierin eine Ausschließlichkeit. Damit ist in geographischer Hinsicht ein Dichtegefälle generell von Westen nach Osten festzustellen, wobei in einzelnen Gebieten auch abweichende Werte auftreten.

Die ungleichmäßige regionale Entwicklung der kapitalistischen Industrialisierung als Folge unterschiedlicher Voraussetzungen[21] günstiger Kapitalverwertung zur Erzielung von Maximalprofit führte bis 1871 zu einer Herausbildung der Bevölkerungsdichte, die in ihrer räumlichen Verbreitung im Prinzip dem Dichtegefälle von 1831, jedoch in verstärkter Ausprägung, entsprach. Wie bereits ausgeführt, nahm bis Ende des Betrachtungszeitraumes die Fläche mit einer unter dem Durchschnitt liegenden Bevölkerungsdichte gegenüber 1831 beachtlich zu. In den östlichen Landesteilen waren es vor allem die rechts der Oder liegenden Gebiete des Regierungsbezirks Breslau, die Uckermark und große Teile Vorpommerns, die in der Bevölkerungsentwicklung zurückblieben (vgl. Tabelle 2). Selbst in den westlichen Provinzen existierten in den Regierungsbezirken Münster und Minden entsprechende Regionen. Am augenfälligsten war der Rückgang im Regierungsbezirk Münster, wo gegenüber 1831 nur noch die Stadt Münster mit ihrem unmittelbaren Umland eine über dem Durchschnitt liegende Bevölkerungsdichte besaß, sämtliche übrigen Gebiete hinsichtlich der Bevölkerungsentwicklung stagnierten bzw. sogar eine absoluten Rückgang aufwiesen.

Ursache für diese Entwicklung in der regionalen Bevölkerungsverteilung war das Wirken des Grundgesetzes der kapitalistischen Produktion, das unter dem Primat der Sicherung des Maximalprofits entweder historisch entstandene Gewerbe ohne Sicherung neuer Arbeitsplätze zerstörte (wie beispielsweise im Münsterland das Leinwand-

[18] 1831 durch den Kreis Elbersfeld ausgewiesen; 1871 durch die Stadtkreise Elberfeld und Barnen und den Landkreis Mettmann repräsentiert.

[19] 1774 Einführung der Maschinenspinnerei in Elberfeld und Barmen und 1780 Aufnahme der Türkischrotfärberei. – Vgl. *Viehbahn, Georg v.*, Statistik des zollvereinten und nördlichen Deutschlands, Teil III, Berlin 1868, S. 925.

[20] *Engels, Friedrich*, Briefe aus dem Wuppertal, in: MEW, Bd. 1, Berlin 1964, S. 413ff.

[21] Dazu gehört unter anderem auch die überkommene regionale Verteilung der Bevölkerung als lokal vorhandenes ursprüngliches Arbeitskräftereservoir.

Tabelle 2
Flächenmäßiger Anteil (auf der Basis der administrativen Einteilung in Stadt- und Landkreise) der Gebiete mit einer über- bzw. unterdurchschnittlichen Bevölkerungsdichte 1831 und 1871 nach Regierungsbezirken
(in Prozent)

	über dem		unter dem	
		Durchschnitt		
	1831	1871	1831	1871
östliche Provinzen:				
Königsberg	5,1	5,1	94,9	94,9
Gumbinnen	6,0	5,1	94,0	94,9
Danzig	31,5	21,3	68,5	78,7
Marienwerder	–	–	100,0	100,0
Posen	29,0	6,3	71,0	93,7
Bromberg	–	–	100,0	100,0
Köslin	–	–	100,0	100,0
Stettin	11,4	11,4	88,6	88,6
Stralsund	–	–	100,0	100,0
mittlere Provinzen:				
Stadt Berlin	100,0	100,0	–	–
Potsdam	–	8,1	100,0	91,9
Frankfurt	4,3	6,1	95,7	93,9
Liegnitz	53,0	46,7	47,0	53,3
Breslau	82,7	55,8	17,3	44,2
Oppeln	57,0	63,4	43,0	36,6
Magdeburg	36,7	36,7	63,3	63,3
Merseburg	74,2	52,2	25,8	47,8
Erfurt	100,0	100,0	–	–
westliche Provinzen:				
Münster	100,0	11,9	–	88,1
Minden	85,4	50,7	14,6	49,3
Arnsberg	65,2	49,9	34,8	50,1
Koblenz	90,9	73,9	9,1	26,1
Köln	100,0	92,5	–	7,5
Trier	55,6	43,3	44,4	56,7
Düsseldorf	100,0	100,0	–	–
Aachen	60,6	51,9	39,4	48,1

Quelle: Zusammengestellt aus: Statistik des Deutschen Reichs, Bd. 30, H. 3, Berlin 1878; Preußische Statistik, Bd. 30, Berlin 1875; *Stein, C. G. D.*, Handbuch der Geographie und Statistik der teutschen Bundesstaaten, Bd. 2, Leipzig 1834.

gewerbe) oder die Industrialisierung auf Gebiete günstiger Profitgewinnung beschränkte, dadurch die Entwicklung in den anderen Gebieten entscheidend vernachlässigte (wie beispielsweise in den rechts der Oder liegenden Gebieten Mittelschlesiens) und auf diese Weise die regionale Ungleichmäßigkeit der industriellen Standortverteilung der Produktion verstärkte. Die regional unterschiedliche Entwicklung der Bevölkerungsdichte innerhalb dieses Zeitraumes ist nur der Ausdruck für die ungleichmäßige räumliche Entwicklung der kapitalistischen Industrialisierung. Die Gebiete absoluter

Bevölkerungsabnahme wurden zu entscheidenden Quellen für die Agglomeration der Bevölkerung in den entstehenden Industriegebieten.

In den mittleren und östlichen Provinzen, die das Hauptareal der Gebiete mit unterdurchschnittlicher Bevölkerungsdichte bildeten, blieben oder wurden allein der zu enormer Bedeutung herangewachsene Industriestandort Berlin, ferner der im Zusammenhang mit Bergbau (Braunkohle, Salz) und Rübenzuckerproduktion entstehende Industriebereich im nördlichen und östlichen Harzvorland sowie das nach 1850 in seiner industriellen Entwicklung hervortretende oberschlesische Industrierevier neben dem historischen Textilproduktionsgebiet in den mittelschlesischen Gebirgen die Zentren überdurchschnittlicher Bevölkerungsdichte. Zu einer überaus bemerkenswerten Konzentration der Bevölkerung entwickelte sich in den westlichen Provinzen das rheinisch-westfälische Industriegebiet.

Gebiete mit intensiver Bevölkerungsentwicklung

Wo lagen und welches waren die Gebiete mit besonders intensiver Bevölkerungsentwicklung? Zugrundegelegt wird dieser Betrachtung das Verhältnis der relativen Veränderung der absoluten Bevölkerungsdichte zur relativen Veränderung der durchschnittlichen Bevölkerungsdichte, unterteilt in die Zeiträume 1831–1852 und 1852–1871. Stärker noch als bei einer Einschätzung der jeweils absoluten Bevölkerungsdichte zur durchschnittlichen Bevölkerungsdichte zeigen sich im Vergleich der relativen Bevölkerungsdichten und ihrer Entwicklung diejenigen Areale, in denen die räumliche Konzentration des mobilsten Elements der Produktivkräfte, der Arbeitskräfte, d. h. also der Bevölkerung, unter den Bedingungen kapitalistischer Produktionsverhältnisse besonders intensiv vor sich geht. Durch das Wirken kapitalistischer Gesetzmäßigkeiten entstehen im Betrachtungszeitraum herausragende Verdichtungsgebiete der Bevölkerung, die hinsichtlich ihrer Größe, ihres Inhalts und ihrer Wachstumsdynamik bislang unbekannt waren und potentielle Konzentrationsgebiete kapitalistischer Produktion darstellen.

Auf 24,1 Prozent der Fläche des Untersuchungsgebietes überstieg zwischen 1831 und 1852 die Zunahme der Bevölkerungsdichte die der durchschnittlichen Entwicklung. Hier lebten etwas mehr als 40 Prozent der Bevölkerung, deren absolute Anzahl sich in diesem Zeitraum um35 Prozent erhöhte und damit anteilig zur Gesamtbevölkerung um 4 Prozent zunahm (vgl. Tabelle 3).

Im Verhältnis zur durchschnittlichen Bevölkerungsdichte wuchs die Bevölkerungsdichte dieses Gebietes aber doppelt so schnell. Bei einer Betrachtung der räumlichen Verteilung dieser Fläche lassen sich vier größere Einheiten erkennen: Rheingebiet, Provinz Sachsen, Mittel- und Oberschlesien und Weichselgebiet.

Von diesen vier Gebieten nimmt Mittel- und Oberschlesien die größte Fläche ein. Sie umfaßt in der Hauptsache die überwiegenden Teile der Regierungsbezirke Breslau und Oppeln mit einigen kleineren Randgebieten des Regierungsbezirks Liegnitz. Die Zentren der Entwicklung sind durch die Stadt Breslau, das entstehende oberschlesische Industriegebiet um Beuthen und Kattowitz sowie durch den am mittelschlesischen Gebirgsrand liegenden Ort Waldenburg markiert. Textilindustrie, Metallwarenproduktion, Bergbau und Metallurgie bestimmen hier das industrielle Produktionsprofil.

Tabelle 3
Gebiete überdurchschnittlicher Zunahme der Bevölkerungsdichte 1852:1831
(vgl. dazu auch Tabelle 1871:1852)

	a	b	c	d
östliche Provinzen:				
Königsberg	0,4	0,8	0,7	129,5
Weichselgebiet	3,8	3,4	3,7	117,3
Posen	0,4	0,5	0,5	148,2
Stettin	0,5	0,6	0,7	227,3
Demmin/Pom.	0,4	0,3	0,3	109,4
mittlere Provinzen:				
Berlin	0,7	2,3	3,1	880,6
Mittel-, Oberschlesien	6,2	9,5	10,0	185,6
Wartenberg/Schl.	0,3	0,3	0,3	118,7
Glogau	0,3	0,5	0,4	106,5
Görlitz	0,5	0,8	0,8	129,5
Lausitz	0,6	0,5	0,5	102,9
Provinz Sachsen	3,3	5,8	5,8	179,9
westliche Provinzen:				
Bielefeld-Minden	0,5	1,1	1,1	189,2
Rheingebiet	5,3	12,7	13,1	266,2
Saargebiet	0,9	1,6	1,5	131,7
Summe:	24,1	40,7	42,5	202,2

Erläuterung: a = Fläche 1852 in % zur Fläche des Untersuchungsgebietes
b, c = Bevölkerung 1831, 1852 in % zur Bevölkerung des Untersuchungsgebietes
d = Verhältnis der relativen Veränderung der absoluten Bevölkerungsdichte zur relativen Veränderung der durchschnittlichen Bevölkerungsdichte 1852:1831 in %

Quelle: Zusammengestellt aus: Statistik des Deutschen Reichs, Bd. 30, H. 3, Berlin 1878; Tabellen und amtliche Nachrichten über den Preußischen Staat für das Jahr 1852, Berlin 1855; *Stein, C.G.D.*, Handbuch der Geographie und Statistik der teutschen Bundesstaaten, Bd. 2, Leipzig 1834.

Um diese zusammenhängende Fläche sind einzelne kleinere Inseln mit gleichfalls überdurchschnittlicher Zunahme der Bevölkerungsdichte, die über Ausdünnungszonen mit dem schlesischen Gebiet verbunden sind, angeordnet.

Geringer an Fläche, dafür erheblich stärker in der Bevölkerungsentwicklung, ist das Rheingebiet, das sich zu beiden Seiten des Rheins von Koblenz bis zur niederländischen Grenze, in ost-westlicher Richtung von Aachen bis nach Westfalen in den Raum von Arnsberg erstreckt. Nach Berlin nimmt dieses Gebiet den zweiten Platz hinsichtlich des Umfangs der überdurchschnittlichen Bevölkerungszunahme ein; es besitzt gegenüber dem durchschnittlichen Anstieg der Bevölkerungsdichte einen mehr als 2,5-fachen Wert. Seine Intensivzone verläuft im Gebiet östlich des Rheins etwa auf der Linie Köln – Solingen – Elberfeld – Duisburg mit einer Ausbuchtung nach Osten in das heutige Ruhrgebiet (bis Dortmund), das zu jener Zeit in seinem standortmäßigen Grundgerüst erst im Entstehen begriffen ist. Hauptzentren der Entwicklung sind die Kreise Elberfeld (rechtsrheinisch) und Krefeld (linksrheinisch), deren Bevölkerungsdichten um das 10fache schneller steigen als die durchschnittliche Zunahme der Bevölkerung im Untersuchungsgebiet und damit die Entwicklung im übrigen Rheingebiet um das 4fache übertreffen. Beide Kreise werden von einer außerordentlich hohen Bevölkerungsdynamik getragen. Die Ausweitung der Textilproduktion zum führenden und äußerst produktionsstarken Industriezweig des Gebietes bestimmte die Entwicklung beider Kreise. Kleinere Zentren überdurchschnittlicher Bevölkerungszunahme existieren daneben in Aachen und Koblenz.

Das an Fläche drittgrößte Areal liegt im Nordosten des Untersuchungsgebietes beiderseits der Weichsel von Thorn bis Danzig. Mit Ausnahme von Elbing, das eine noch größere Entwicklung der Bevölkerungsdichte als Danzig aufweist, besitzen alle anderen Gebiete dieser Region eine aber nur knapp über dem Durchschnitt liegende Position.

Die vierte Stelle nehmen nach der Flächengröße große Teile der Provinz Sachsen ein. Der Schwerpunkt der Entwicklung konzentriert sich hier etwa auf die Linie Magdeburg–Calbe–Halle–Weißenfels–Zeitz mit den Orten Magdeburg und Halle als die wichtigsten Zentren. Ursache für die in diesem Zeitraum einsetzende bemerkenswerte Bevölkerungskonzentration in diesem Gebiet, die die Bevölkerungsdichte überdurchschnittlich anwachsen ließ, war der Aufbau einer für die bedeutende Rübenzuckerproduktion, für den Salz- und Braunkohlenbergbau zweckgebundenen Produktionsmittelindustrie (Maschinenbau), war die ebenfalls auf dieser Basis entstehende Chemische Industrie. Daneben sind, etwas räumlich abgesetzt, innerhalb des Regierungsbezirks Erfurt die Lokalzentren Erfurt und Nordhausen zu erwähnen. Und auch die Eichsfeldkreise Worbis und Heiligenstadt gehören in diesem Zeitraum noch zu den Gebieten, deren Bevölkerungsdichte über dem Durchschnitt zunahm.

Neben diesen vier Gebieten, die zusammen 77 Prozent des in Rede stehenden Areals umfassen, existieren noch eine Reihe lokalwichtiger aktiver Bevölkerungsgebiete, unter denen besonders die Orte Berlin und Stettin herausragen. Infolge der annähernden Verdoppelung der Bevölkerungszahl im Zeitraum 1831–1852, die in dieser Dimension pro Flächeneinheit nicht einmal in den Zentren des entstehenden rheinisch-westfälischen Industriegebietes erreicht wurde, entwickelte sich Berlin zum Einzelstandort mit der größten Bevölkerungszunahme. Beachtlich war auch die Bevölkerungsentwicklung von Stettin, dem wichtigsten Hafen- und Handelsplatz an der preußischen Ostseeküste. Bevor Berlin über das Eisenbahnnetz 1846 mit dem Nordseehafen Hamburg Verbindung bekam, war Stettin der wichtige Seehafen für den Außenhandel der Berliner Industrie und in dieser Funktion auch eine bedeutende gewerbliche Produktionsstätte (für Schiffbau etc.).

Insgesamt nahm – mit einer Ausnahme – überall im Untersuchungsgebiet die Bevölkerungszahl absolut zu, lediglich im Bereich des Kreises Warendorf (Regierungsbezirk Münster) war eine Stagnation mit dem Trend eines leichten Rückgangs zu erkennen. Allerdings deutet sich hier ein Prozeß an, der nach 1850 größere Ausmaße erreichte. Die Zunahme erfolgte entsprechend den gesellschaftlichen Bedingungen regional unterschiedlich. Das weitaus größte Areal des Untersuchungsgebietes wies aber nicht nur eine unterdurchschnittliche Bevölkerungsdichte auf, sondern besaß hinsichtlich der Entwicklung dieser Dichte auch einen nur unterdurchschnittlichen Wert. Lediglich auf etwa einem Viertel der Fläche des Untersuchungsgebietes stieg die Bevölkerungsdichte überdurchschnittlich an, wobei sich vier größere zusammenhängende Flächen erkennen lassen (Rheingebiet, Provinz Sachsen, Mittel- und Oberschlesien, Weichselgebiet). Daneben existieren einige Inseln herausragender Entwicklung, unter denen besonders Berlin als Standort größter absoluter Zunahme herausragt. Diese Zentren besonders überragender Entwicklung der Bevölkerungsdichte (Berlin, Rheingebiet, Stettin, Bielefeld–Minden, Mittel- und Oberschlesien sowie die mittleren und südlichen Teile der Provinz Sachsen) repräsentieren die Hauptgebiete der industriellen Entwicklung jener Zeit.

Die regionale Entwicklung der Bevölkerungsdichte zeigt zwischen 1852 und 1871 gegenüber dem bisherigen Verlauf erhebliche Unterschiede. Sie ist unmittelbare Folge der steigenden räumlichen Konzentration der Standortverteilung kapitalistischer Produktion in den entstehenden Industriegebieten.

Die Fläche, auf der sich die Bevölkerungsdichte über dem Durchschnitt entwickelt, schrumpft erheblich zusammen; sie erreicht 1871 mit 17,1 Prozent der Fläche des Untersuchungsgebietes nur noch etwa 70 Prozent des Standes von 1852. Dieser Rückgang im Flächenanteil spricht für einen beträchtlich verstärkten räumlichen Konzentrationsprozeß der Bevölkerung in diesem Zeitraum. Zwischen 1852 und 1871 nahm die Bevölkerungszahl in den Gebieten mit einem überdurchschnittlichen Anstieg der

Tabelle 4

Gebiete überdurchschnittlicher Zunahme der Bevölkerungsdichte 1871:1852

(vgl. dazu auch Tabelle 1852:1831)

	a	b	c	d
östliche Provinzen:				
Königsberg	0,4	0,7	0,8	288,1
Löbau/Pr.	0,3	0,2	0,2	113,1
Weichselgebiet	2,0	2,2	2,3	155,0
Posen	0,4	0,5	0,6	173,8
Stettin	0,5	0,7	0,8	272,3
mittlere Provinzen:				
Berlin	1,1	3,6	5,2	1 238,2
Mittel-, Oberschlesien	4,0	7,0	8,0	329,5
Görlitz	0,3	0,4	0,4	231,2
Lausitz	1,3	1,1	1,2	119,6
Provinz Sachsen	2,6	4,9	5,1	234,1
westliche Provinzen:				
Bielefeld – Minden	0,1	0,3	0,3	321,6
Rheingebiet	3,2	9,5	11,7	715,7
Siegerland	0,5	0,5	0,5	150,4
Saargebiet	0,4	0,8	1,0	506,0
Summe:	17,1	32,4	38,1	394,2

Erläuterung: a = Fläche 1871 in % zur Fläche des Untersuchungsgebietes
b, c = Bevölkerung 1852, 1871 in % zur Bevölkerung des Untersuchungsgebietes
d = Verhältnis der relativen Veränderung der absoluten Bevölkerungsdichte zur relativen Veränderung der durchschnittlichen Bevölkerungsdichte 1871:1852 in %

Quelle: Zusammengestellt aus: Statistik des Deutschen Reichs, Bd. 30, H. 3, Berlin 1878; Preußische Statistik, Bd. 30, Berlin 1875; Tabellen und amtliche Nachrichten über den Preußischen Staat für das Jahr 1852, Berlin 1855.

Bevölkerungsdichte um 41 Prozent zu; anteilig zur Gesamtbevölkerung betrug die Zunahme 18 Prozent. Auch das Verhältnis der relativen Veränderung der absoluten Bevölkerungsdichte zur relativen Veränderung der durchschnittlichen Bevölkerungsdichte wies gegenüber der Etappe vor 1852 steigende Werte auf. Betrug es im Zeitraum 1831–1852 nur etwa das Doppelte der durchschnittlichen Entwicklung, hatte sich dieser Prozeß in den Jahren 1852–1871 in der Potenz gesteigert (vgl. Tabelle 4).

Im Ergebnis dieser Entwicklung lebten am Ende des Betrachtungszeitraumes 38 Prozent der Bevölkerung in den in Rede stehenden Gebieten, d. h. der Anteil an der Gesamtbevölkerung war damit auf einer wesentlich verkleinerten Fläche annähernd so hoch wie am Ende des Zeitraumes 1831–1852. In der absoluten Größe übertraf dieser Anteil aber den Wert von 1852 noch um 500000 Einwohner.

Weiter ist festzustellen, daß gegenüber dem vorangegangenen Zeitraum in keinem Fall mehr ein zusammenhängendes größeres Areal überdurchschnittlicher Entwicklung der Bevölkerungsdichte existiert. Mit dem zunehmenden Wirksamwerden der Gesetzmäßigkeiten kapitalistischer Produktion setzten sich die regional unterschiedlichen Bedingungen der Kapitalverwertung immer mehr durch, die auch die weitere Entwicklung der räumlichen Verteilung der Bevölkerung bestimmten. Die ehemals zusammenhängenden Gebiete überdurchschnittlicher Entwicklung der Bevölkerungsdichte gingen nicht nur in der Fläche zurück, sondern lösten sich in einzelne Inseln auf bzw. schrumpften zu Restflächen zusammen, in denen der Prozeß der Bevölkerungszunahme aber intensiver als vor 1852 erfolgte. Und schließlich hat sich gegenüber der ersten Etappe das Bild der regionalen Bevölkerungsentwicklung auch insofern verändert, als jetzt größere zusammenhängende Gebiete absoluter Bevölkerungsabnahme auftreten.

Die größten Flächen überdurchschnittlicher Entwicklung der Bevölkerungsdichte befinden sich auch jetzt in Mittel- und Oberschlesien. Das ehemals zusammenhängende Gebiet hat sich wesentlich verkleinert und in zwei Teilgebiete aufgelöst, wobei sich das eine auf Mittelschlesien mit den Zentren Breslau und Waldenburg konzentriert, das andere sich in Oberschlesien um das entstehende und sich entwickelnde oberschlesische Industriegebiet mit den Zentren Beuthen, Kattowitz und Zabrze gruppiert.

Als nach wie vor zweitgrößtes Areal ist, flächenmäßig jedoch sehr zurückgegangen, das Rheingebiet anzusehen; in den verbliebenen Gebieten nahm die Konzentration der Bevölkerung außerordentlich zu. Die annähernde Verdreifachung im Tempoanstieg der Bevölkerungsdichte gegenüber dem in der vergangenen Periode führte dazu, daß sich der Konzentrationsprozeß der Bevölkerung hier nunmehr 7mal so schnell wie die durchschnittliche Entwicklung im Untersuchungsgebiet vollzog.

Das Rheingebiet setzt sich aus drei Arealen zusammen. Das größte und gleichzeitig bedeutendste identifiziert sich im wesentlichen mit dem Raum des wirtschaftlich stark expandierenden rheinisch-westfälischen Industriegebietes; in westlicher Richtung fortsetzend umschließt es Krefeld und erstreckt sich nach Süden bis nach Köln. Mit den rechtsrheinisch gelegenen Orten Duisburg, Essen, Bochum, Dortmund, Elberfeld und Barmen sowie auf der linken Rheinseite mit Krefeld sind die Zentren der Entwicklung erfaßt. Als Teil des rheinisch-westfälischen Industriegebietes charakterisieren Duisburg, Essen, Bochum und Dortmund den damaligen Mittelpunkt des Ruhrgebietes mit seinem immer wichtiger werdenden Steinkohlenbergbau, seiner zunehmenden Eisen- und Stahlproduktion; Elberfeld und Barmen sowie Krefeld und Gladbach kennzeichnen die Hauptsitze der rheinischen Textilindustrie.

Gegenüber dem vorangegangenen Zeitraum verlagert sich der Schwerpunkt der zahlenmäßigen Zunahme der Bevölkerung von Krefeld und Elberfeld in das Gebiet Bochum–Duisburg. Das Ruhrgebiet mit seiner Schwerindustrie und dem gleichfalls entstehenden Maschinenbau überflügelt die vor allem auf Textilproduktion orientierten Gebiete. In diesem Zeitraum verdoppelt sich im Rheingebiet die Bevölkerung, ein Phänomen, das allein auf die enorme industrielle Entwicklung mit dem außerordentlich gestiegenen Arbeitskräftebedarf in diesem Raum[22] zurückzuführen ist und mit Ausnahme von Berlin zu dieser Zeit nirgendow in einer derartigen Größenordnung auftaucht, hinsichtlich der von ihm beeinflußten Fläche jedoch für sich allein dasteht.

Neben diesem sog. Kerngebiet existiert im Raum Aachen, gestützt auf Bergbau und Verhüttung, ein kleineres Zentrum mit einer gleichfalls bedeutenden Zunahme der Bevölkerungsdichte; desgleichen besteht im Süden mit dem Ort Koblenz ein weiteres Verdichtungsgebiet.

Den dritten Platz nehmen nunmehr die zentralen Teile der Provinz Sachsen ein. Hinsichtlich des Flächenanteils ebenfalls zurückgegangen, konzentrieren sich die Gebiete überdurchschnittlicher Entwicklung der Bevölkerungsdichte vornehmlich auf die Ortsreihe Magdeburg–Halle–Weißenfels mit den im Zusammenhang mit der industriellen Entwicklung immer mehr hervortretenden Zentren Magdeburg und Halle, wobei auch die benachbarten Gebiete dieser Orte in den Konzentrationsprozeß zunehmend einbezogen werden.

Auch das Weichselgebiet ist in seinem Flächenanteil zurückgegangen und hat sich in zwei Teilgebiete (Danzig–Elbing, Bromberg–Thorn) aufgelöst. Die nur zögernd voranschreitende Industrialisierung dieses Gebietes führt zu einem bemerkenswerten relativen Absinken in der Zunahme der Bevölkerungsdichte gegenüber dem Zeitraum vor 1850, wobei sich die Entwicklung mehr und mehr auf die örtlichen Zentren Danzig und Bromberg konzentriert.

Von den übrigen Gebieten mit überdurchschnittlicher Entwicklung der Bevölkerungsdichte ist auch jetzt wieder vor allem Berlin zu nennen, dessen Bevölkerungszahl während dieses Zeitraumes wiederum eine annähernde Verdoppelung aufweist. Für Berlin zeigt sich damit im Vergleich zum allgemeinen Prozeß eine 12mal (!) schnellere Entwicklung der Bevölkerungsdichte, die den Konzentrationsprozeß der Bevölkerung im Rheingebiet mit dem bedeutenden rheinisch-westfälischen Industriegebiet noch um das Doppelte übersteigt. Der große Bevölkerungszustrom nach Berlin[23] läßt die Einwohnerzahl dieses herausragenden Industriestandortes bereits in der ersten Hälfte der 70er Jahre des 19. Jahrhunderts die Millionengrenze überschreiten. Berlin wird damit zur ersten Millionenstadt in Deutschland.

Zu einem zwar flächenmäßig nur kleinen, hinsichtlich der Bevölkerungsentwicklung aber sehr aktiven Industriegebiet bildete sich nach 1850 auch das Saargebiet heraus. Nach Berlin und dem Rheingebiet mit seinem rheinisch-westfälischen Industriegebiet als Schwerpunkt belegte dieses Areal den dritten Platz im Tempo der Zunahme der Bevölkerungsdichte. Wie im Ruhrgebiet als dem Zentrum des rheinisch-westfälischen Industriegebietes und in Oberschlesien sind es auch hier der Auf- und Ausbau der für

[22] *Markov, Alexis*, Das Wachstum der Bevölkerung und die Entwicklung der Aus- und Einwanderungen, Ab- und Zuzüge in Preußen und Preußens einzelnen Provinzen, Bezirken und Kreisgruppen von 1824 bis 1885, Tübingen 1889, S. 184.

[23] *Mottek, Hans*, Wirtschaftsgeschichte Deutschlands. Ein Grundriß, Bd. 2, Berlin 1964, S. 228.

die Industrialisierung wichtigen Industriebereiche Steinkohlenbergbau und Metallurgie, die eine entsprechend große überdurchschnittliche Entwicklung der Bevölkerungsdichte hervorrufen.

Diesen Gebieten z. T. beträchtlich überdurchschnittlicher Entwicklung der Bevölkerungsdichte stehen jetzt nicht mehr nur (wie im Zeitraum vor 1852) Gebiete der unterdurchschnittlichen Entwicklung gegenüber, sondern als neues Element erscheinen auch Gebiete absoluter Bevölkerungsabnahme. Diese Gegebenheit tritt erstmalig in dem Zeitabschnitt nach 1852 in größerem Umfang auf und ist ein wesentliches Charakteristikum der regionalen Bevölkerungsentwicklung dieser Etappe. Die Gebiete absoluter Bevölkerungsabnahme sind die Widerspiegelung des Wirkens kapitalistischer Gesetzmäßigkeiten der ungleichmäßigen regionalen Entwicklung der Produktion auf die räumliche Verteilung der Bevölkerung. Gebiete stärkerer industrieller Entwicklung werden zu Magneten des Bevölkerungszuzuges aus noch nicht oder erst wenig industrialisierten Gebieten, sofern diese der Konkurrenz der „entwickelteren" Gebiete nicht standhalten.

Dabei können bei entsprechend veränderten ökonomischen Bedingungen sogar Gebiete ehemals überdurchschnittlicher Entwicklung der Bevölkerungsdichte in den Sog der räumlichen Bevölkerungsbewegung (Wanderung) gezogen werden, wie es beispielsweise im Zusammenhang mit der Expansion des rheinisch-westfälischen Industriegebietes im westfälischen Gebiet auf den Kreis Herford oder aber im Regierungsbezirk Düsseldorf auf den Kreis Cleve zutrifft. Auch das Eichsfeld ist als Beispiel zu erwähnen. Innerhalb des Zeitraumes vor 1852 noch ein Gebiet mit überdurchschnittlicher Entwicklung der Bevölkerungsdichte, zeigen die Kreise Worbis und Heiligenstadt nunmehr im Rahmen der ortsanwesenden Bevölkerung einen absoluten Bevölkerungsrückgang. Verlust der einheimischen Arbeitsplätze durch Niedergang des örtlichen Leinwandgewerbes infolge zunehmender kapitalistischer Konkurrenz insbesondere der englischen Leinenindustrie[24], gekoppelt mit dem fehlenden Aufbau eines den neuen Produktionsbedingungen entsprechenden Industriezweiges, führten hier in kurzer Zeit zu einer relativen Überbevölkerung und damit zur Abwanderung.[25] Diese Abwanderung äußerte sich teils in einer echten Auswanderung in andere Gebiete und nach Übersee, besonders aber war sie durch die jetzt entstehende charakteristische soziale Schicht des eichsfeldischen Proletariats, die Wanderarbeiter, gekennzeichnet. 1875 waren allein im Kreis Worbis über 4000 Personen als zeitweilig ortsabwesend registriert.[26]

Die als Folge der ungleichmäßigen räumlichen Entwicklung der kapitalistischen Produktion zunehmend auftretende Binnenwanderung[27] wird zu einem wichtigen

[24] Statistische Darstellung des Kreises Worbis [für 1864], Nach amtlichen Quellen zusammengestellt im landräthlichen Büreau, Worbis 1867, S. 99.

[25] Gleicht die natürliche Bevölkerungsbewegung durch Geburtenüberschuß den negativen Wanderungssaldo (Überwiegen der Abwanderung gegenüber der Zuwanderung) nicht aus, geht die Bevölkerung in der Anzahl absolut zurück.

[26] *Demme, Hans*, Zum Prozeß der Herausbildung des Proletariats auf dem Eichsfeld in der 2. Hälfte des 19. Jahrhunderts, in: Eichsfelder Heimathefte, Sonderausgabe 1973, Worbis/Heiligenstadt 1973, S. 16; 50.

[27] Auf das gesellschaftliche Problem der Auswanderung soll in diesem Zusammenhang nicht eingegangen werden. Für die vorliegende Betrachtung ist allein von Interesse, daß durch die Wanderung eine räumliche Bevölkerungsbewegung auftritt. Infolge der

Kriterium in der regionalen Bevölkerungsentwicklung und -verteilung. Die Wanderung beginnt als Nahwanderung, indem die entstehenden Industriegebiete die Bevölkerung der umliegenden Landgebiete als Arbeitskräfte aufsaugen, wie es augenfällig in den westlichen preußischen Provinzen im Zusammenhang mit der Entwicklung des rheinisch-westfälischen Industriegebietes, insbesondere des Ruhrgebietes, der Fall ist. Die Fernwanderung steht dagegen erst in den Anfängen. Sie ist Ausdruck der in bestimmten Gebieten infolge steigender Geburtenüberschüsse und ungenügender Industrialisierung auftretenden sog. Überbevölkerung und wirkt bereits im Zuzug schlesischer Bevölkerungsteile nach Berlin, die schon in den 50er Jahren des 19. Jahrhunderts einsetzt. Die Abwanderung der relativen Überbevölkerung aus den nordöstlichen preußischen Provinzen in südwestlicher Richtung zunächst nach Berlin und später in westlicher Richtung sich fortsetzend zum Ruhrgebiet beginnt erst am Ende des Betrachtungszeitraumes wirksam zu werden.

Für die Etappe 1852–1871 zeigen sich im Untersuchungsgebiet drei Räume herausragender absoluter Bevölkerungsabnahme, die jeweils Wanderungsquellen für entstehende Industriezentren darstellen und damit zur Bevölkerungsagglomeration in diesen Gebieten beitragen: Westfalen und Rheinland (für das rheinisch-westfälische Industriegebiet), Niederschlesien (für Berlin) und Uckermark – Vorpommern (für Stettin und Berlin).

Zusammenfassend ist festzustellen, daß der Zeitraum 1852–1871 im Zusammenhang mit der endgültigen Durchsetzung der kapitalistischen Produktionsverhältnisse eine Periode großer Mobilität der Bevölkerung ist. Die zunehmende Polarisierung in der Bevölkerungsdichte, ausgewiesen einmal durch eine beachtliche Zunahme im räumlichen Konzentrationsprozeß der Bevölkerung, zum anderen durch das absolute Zurückgehen der Bevölkerungszahlen sichtbar gemacht, zeigt augenfällig das Wirken der kapitalistischen Gesetzmäßigkeit von der ungleichmäßigen räumlichen Entwicklung der Standortverteilung der industriellen Produktion entsprechend der regionalen Differenzierung der Profitrate gemäß den vorhandenen ökonomischen und natürlichen Bedingungen auf die geographische Verteilung der Bevölkerung.

Neben der verstärkten räumlichen Konzentration der Bevölkerung in bestimmten Gebieten, der zunehmenden Polarisierung in der Bevölkerungsdichte als Ausdruck der kapitalistischen Industrialisierung war für den in Rede stehenden Zeitraum noch ein weiteres Moment der Bevölkerungsentwicklung bemerkenswert, dessen Komplex abschließend betrachtet werden soll. Es zeigte sich nicht nur eine zahlenmäßige Zunahme der Orte mit höheren Einwohnerzahlen, sondern es machte sich vor allem im Zusammenhang mit dem Trend zur Herausbildung von Bevölkerungskonzentrationen in den entstehenden Industriegebieten eine immer stärkere Ballung der Bevölkerung in bestimmten Orten bemerkbar, die schließlich zum Entstehen zahlreicher Mittel- und Großstädte gerade in den Industriegebieten führte.[28]

damaligen relativ hohen natürlichen Zuwachsrate hat die Auswanderung auf die zahlenmäßige Entwicklung der Bevölkerung in den entstehenden Industriegebieten keinen direkten Einfluß, da Abwanderung aus diesen Gebieten durch entsprechende Binnenwanderung innerhalb des Territoriums ausgeglichen werden konnte. Für die Bevölkerungsentwicklung insgesamt bedeutete die Auswanderung jedoch einen beachtlichen Aderlaß. Vgl. S. 343f.

[28] Vgl. Die Gemeinden bzw. Wohnplätze des Deutschen Reichs mit ihren Einwohnerzahlen am 1. Dezember 1875 und 1871 nach Staaten und Landestheilen systematisch geordnet,

Bevölkerungsentwicklung und Entwicklung der Siedlungsgrößen

Lebten 1831 88 Prozent der Bevölkerung des Untersuchungsgebietes in Siedlungen[29] unter 5000 Einwohner, hatte sich dieser Anteil bis 1871 auf 74 Prozent verringert. Andererseits hatte die Bevölkerung in Siedlungen ab dieser Größenordnung von 12 Prozent auf 26 Prozent zugenommen. Am stärksten war dabei die Zunahme der Bevölkerung in den Orten ab 50000 Einwohner, d. h. in für damalige Verhältnisse sehr großen Siedlungen. Im Betrachtungszeitraum vergrößerte sich die Einwohnerzahl in den Größenklassen 5 und 6 (vgl. Tabelle 5) hinsichtlich des jeweiligen Anteils an der Gesamtbevölkerung auf das 2,6 fache (von 3,9 Prozent auf 10,0 Prozent) und übertraf damit die anteilige Entwicklung in Deutschland, die im gleichen Zeitraum zwischen 2,8 Prozent und 8,9 Prozent verlief, im Entwicklungstempo jedoch das 3,2-fache erreichte. Absolut stieg die Bevölkerung in diesen Größenklassen im Untersuchungsgebiet auf annähernd das Vierfache, in Deutschland hingegen auf das 4,5-fache. Dadurch wird deutlich, daß noch in anderen als dem Untersuchungsgebiet der Prozeß der Ortsentwicklung mit höheren Einwohnerzahlen stark voranschritt, so z. B. im Königreich Sachsen. In zunehmendem Maße wanderte die Bevölkerung aus Siedlungen kleinerer Größe in Orte größerer Einwohnerzahlen. Gab es beispielsweise 1831 erst einen Ort im Untersuchungsgebiet mit einer Größenordnung von über 100000 Einwohnern (Berlin), hatte sich die Anzahl bis 1871 auf vier vergrößert (Berlin, Breslau, Köln, Königsberg), in der Größenordnung 50000–100000 Einwohner

Tabelle 5
Zuordnung der Bevölkerung zu Gemeindegrößenklassen

	1831	1852	1871
Bevölkerung in Millionen	13,0	16,9	20,2
davon			
in Größenklassen (in Prozent)			
1 unter 5000 Einw.	87,7	82,5	73,9
2 5000 – 10000 Einw.	4,1	5,2	6,9
3 10000 – 25000 Einw.	3,2	4,2	6,9
4 25000 – 50000 Einw.	1,1	2,3	2,3
5 50000 – 100000 Einw.	2,0	1,9	3,7
6 über 100000 Einw.	1,9	3,9	6,3

Quelle: Zusammengestellt aus: *Stein, C. G. D.*, Handbuch der Geographie und Statistik der teutschen Bundesstaaten, Bd. 2, Leipzig 1834; Tabellen und amtliche Nachrichten über den Preußischen Staat für das Jahr 1852, Berlin 1855; Statistik des Deutschen Reichs, Bd. 25, H. 7, Berlin 1877.

in: Statistik des Deutschen Reichs, Bd. 25, H. 7, Berlin 1877; *Stein, Christian Gottfried Daniel*, Handbuch der Geographie und Statistik der teutschen . . ., a. a. O.; Übersicht der Einwohnerzahl in den einzelnen Städten und Kreisen des Preußischen Staats . . ., a. a. O.

29 Im Folgenden wird nur von Siedlungen und Orten, nicht von Städten gesprochen, da es keine eindeutige „Stadt"-definition gibt. – Vgl. *Witthauer, Kurt*, Bevölkerungszahlen im Wandel . . ., a. a. O., S. 75f.

hatte die Anzahl der Orte von vier auf elf zugenommen, von denen sechs im rheinisch-westfälischen Industriegebiet und zwei im Bevölkerungskonzentrationsgebiet der Provinz Sachsen existierten.

Mit dem Anwachsen des Bevölkerungsanteils in Siedlungen größerer Einwohnerzahl zur Gesamtbevölkerung deutet sich ein Prozeß an, der (im Zusammenhang mit dem inneren Strukturwandel in diesen Siedlungen) als Urbanisierung bezeichnet wird. Die Entwicklung zur Urbanisierung steht in engem Zusammenhang mit der kapitalistischen Industrialisierung, mit der Herausbildung von Industriegebieten bzw. lokalen Zentren.[30]

Die regionale Verteilung der Siedlungen zu Beginn des Untersuchungszeitraumes ist das Ergebnis feudalgesellschaftlicher Entwicklung. Kleine und kleinste Orte, oftmals nur wenige 100 Einwohner groß, bestimmen das Siedlungsbild. Die hauptsächliche Orientierung auf feudale Agrarproduktion, die im wesentlichen nur für den Eigenbedarf, nicht für den Austausch betrieben wurde, setzte den Einwohnerzahlen dieser Siedlungen im Rahmen des noch relativ niedrigen Entwicklungsstandes der Produktivkräfte objektive Grenzen.[31] So gibt es im Untersuchungsgebiet weite Areale, insbesondere in den östlichen Provinzen, auf denen Siedlungsgrößen von über 5000 Einwohnern fehlen. Demgegenüber existieren einige Regionen, in denen nicht nur Orte ab diesem Schwellenwert vermehrt auftreten, sondern Orte generell in größerem Umfang vorhanden sind, die damit Ansätze zu einer Agglomeration zeigen. Sie erscheinen herausragend in den mittelschlesischen (um Breslau nach Süden in Richtung Gebirge) und mittelrheinischen (repräsentiert durch die Orte Köln, Elberfeld, Düsseldorf) Gebieten sowie in den zentralen Teilen der Provinz Sachsen (im nördlichen Harzvorland und im Übergangsgebiet nach Thüringen). Hinzu treten einzelne Inseln, vor allem Berlin und daneben an der Ostseeküste die Orte Stettin, Danzig und Königsberg. Es handelt sich um Gebiete und Orte, die innerhalb der feudalen Gesellschaft nicht ausschließlich und in der Hauptsache auf Agrarwirtschaft orientiert waren, sondern überwiegend eine gewerbliche Produktion besaßen und für den Austausch, für den Markt produzierten.

Diese Situation war Ausgangspunkt für die Entwicklung während der Industriellen Revolution des Kapitalismus. Die regionale Verteilung der Orte zeigt für 1831 eine sehr unterschiedliche Ortsdichte der Siedlungen mit einer Bevölkerungszahl von mehr als 5000 Einwohnern. Gruppiert man nach Provinzgruppen, ist die Ortsdichte in den

[30] Industriegebiete und -zentren erforderten zur Gewährleistung ihrer Produktionsprozesse entsprechend dem damaligen Stand der Produktivkräfte eine räumliche Massierung von Arbeitskräften. Eine Pendelwanderung der Arbeitskräfte zwischen Wohnort und Arbeitsort war wegen fehlender oder ungenügend entwickelter kommunikativer Einrichtungen nicht oder nur beschränkt möglich. Das zahlenmäßige Anwachsen der Bevölkerung führt infolge der noch notwendigen engen örtlichen Bindung der Arbeitskraft an die Produktionsstätte zwangsläufig zu einer räumlichen Verdichtung der Bevölkerung, aus der Siedlungen entstehen, die eine andere Struktur aufweisen als die von Siedlungen nichtindustrieller Gebiete. Mit zunehmender Größe der Siedlungen verändert sich auch deren innere Struktur.

[31] Das spricht nicht gegen das Vorhandensein einzelner Siedlungen mit tlw. respektabler Bevölkerungsgröße. Diese Siedlungen basieren in der Hauptsache aber nicht auf Ackerbau und Viehzucht, sondern Gewerbe und Handel, also feudalfremde Arbeiten, bestimmen im wesentlichen deren ökonomische Struktur.

Tabelle 6
Entwicklung der durchschnittlichen Ortsdichte, der Bevölkerungsanteile in Orten über 5 000 Einwohner zur Bevölkerung und der Bevölkerungszunahme nach Provinzgruppen

	a	b	c	d	e
östliche Provinzen	4193	1871	9,3	15,0	154
mittlere Provinzen	1917	793	15,5	30,0	158
westliche Provinzen	1549	369	10,6	32,6	151

Erläuterung: a, b = durchschnittliche Ortsdichte 1831, 1871 in km²/Ort
c, d = Bevölkerungsanteil in Orten über 5000 Einwohner zur Bevölkerung der Provinzgruppe 1831, 1871 in %
e = Bevölkerungszunahme 1831 – 1871 innerhalb der Provinzgruppe in %

Quelle: Zusammengestellt aus: Statistik des Deutschen Reichs, Bd. 30, H. 3, Berlin 1878; Statistik des Deutschen Reichs, Bd. 25, H. 7, Berlin 1877;
Preußische Statistik, Bd. 30, Berlin 1875;
Stein, C. G. D., Handbuch der Geographie und Statistik der teutschen Bundesstaaten. Bd. 2, Leipzig 1834.

mittleren und westlichen Provinzen (1831) 2–3mal höher als in den östlichen Provinzen(vgl. Tabelle 6). Die größte Ortsdichte wird in den westlichen Provinzen erreicht. Für 1871 ergibt sich das gleiche geographische Gefälle, doch haben sich die Relationen erheblich verändert. Die Herausbildung bedeutender Industriegebiete besonders in den westlichen Provinzen führte dazu, daß die Bevölkerung als Hauptproduktivkraft in der Masse der Siedlungen rasch zunahm, so daß die Ortsdichte entsprechend der vorgegebenen Größenordnung nunmehr in den westlichen Provinzen den fünffachen Wert wie in den östlichen Provinzen erreichte und den doppelten Wert wie in den mittleren Provinzen aufwies. Berücksichtigt man dazu noch die Entwicklung der Bevölkerungszahlen in den Siedlungen über 5000 Einwohner und setzt sie in Beziehung zur Entwicklung der Bevölkerung nach Provinzgruppen, zeigt sich die dominierende Stellung der westlichen Provinzen.

Vergleicht man das zahlenmäßige Anwachsen der Orte in den einzelnen Provinzgruppen sowie die Bevölkerungszunahme der Orte innerhalb der ausgewiesenen Gemeindegrößenklassen und ordnet diese den Gebieten zu, die eine über- bzw. unterdurchschnittliche Entwicklung der Bevölkerungsdichte aufweisen, zeigt sich folgendes Bild:

In der mittleren und westlichen Provinzgruppe nimmt in den Gebieten überdurchschnittlicher Entwicklung der Bevölkerungsdichte die Anzahl der Orte beträchtlich zu, wobei die Aktivität in den westlichen Provinzen bedeutend höher ist und der Spitzenwert der Entwicklung in der Zeit nach 1850 liegt. In der östlichen Provinzgruppe bleibt die Anzahl der Orte in diesen Gebieten nahezu konstant. Demgegenüber liegen in den Gebieten unterdurchschnittlicher Entwicklung der Bevölkerungsdichte die Spitzenwerte in den östlichen und mittleren Provinzen, wobei in der Zeit nach 1850 diese Entwicklung sich nur in den östlichen Provinzen fortsetzt und in der Hauptsache auf Siedlungen in der Größenordnung 5000–10000 Einwohner bezieht. Hierbei handelt es sich in den meisten Fällen um Orte, die im Zusammenhang mit der allgemeinen Bevölkerungszunahme infolge steigender natürlicher Zuwachsraten den Schwellenwert 5000 Einwohner überschreiten, in der Folgezeit aber nur einen geringen Trend zur Weiterentwicklung aufweisen. (vgl. Tabelle 7). Das Auftreten

Tabelle 7
Entwicklung der Anzahl der Orte nach Gemeindegrößenklassen sowie der Bevölkerungsanteile in Orten über 5000 Einwohner zur Gesamtbevölkerung nach Gebieten über- bzw. unterdurchschnittlicher Entwicklung der Bevölkerungsdichte innerhalb der Provinzgruppen

	a	b	c	d	e	f	a	b	c	d	e	f
Zeitraum 1831–1852												
	1831						1852					
A	4	2	2	2	–	31,6	4	4	1	3	–	33,4
B	17	2	–	–	–	4,3	25	9	–	–	–	6,6
mittlere Provinzen:												
A	17	8	1	1	1	24,3	24	17	2	1	2	31,0
B	21	6	–	–	–	8,0	43	8	2	–	–	12,9
westliche Provinzen:												
A	16	8	1	1	–	16,6	26	13	5	1	1	26,1
B	3	1	–	–	–	2,7	5	1	1	–	–	4,2
	78	27	4	4	1		127	52	11	5	3	
Zeitraum 1852 – 1871												
	1852						1871					
östliche Provinzen:												
A	–	3	1	3	–	40,9	4	1	2	3	1	44,1
B	29	10	–	–	–	6,9	40	13	1	–	–	9,6
mittlere Provinzen:												
A	17	14	3	1	2	37,3	28	28	4	2	2	48,3
B	50	11	1	–	–	11,5	50	17	2	–	–	14,1
westliche Provinzen:												
A	23	9	5	1	1	32,6	64	27	5	6	1	55,5
B	8	5	1	–	–	6,1	17	8	–	–	–	9,1
	127	52	11	5	3		203	94	14	11	4	

Erläuterung: a – e = Gemeindegrößenklassen 2–6 entsprechend Tabelle 5
f = Bevölkerungsanteil in Orten über 5000 Einwohner zur Bevölkerung der regionalen Einheit
A, B = Gebiete mit über- bzw. unterdurchschnittlicher Entwicklung der Bevölkerungsdichte

Quelle: Zusammengestellt aus: *Stein, C. G. D.*, Handbuch der Geographie und Statistik der teutschen Bundesstaaten, Bd. 2, Leipzig 1834; Tabellen und amtliche Nachrichten über den Preußischen Staat für das Jahr 1852, Berlin 1855; Statistik des Deutschen Reichs, Bd. 25, H. 7, Berlin 1877; Preußische Statistik, Bd. 30, Berlin 1875.

dieser Siedlungen konzentriert sich besonders auf die Regierungsbezirke Potsdam, Frankfurt und Stettin. Diese Regierungsbezirke erreichen damit von der Anzahl der Orte her Dichtewerte, die zu diesem Zeitpunkt (1852) den Regierungsbezirken Köln und Aachen in den westlichen Provinzen entsprechen.

Die Entwicklung der Bevölkerungszahlen in den Orten ab 5000 Einwohner im Verhältnis zur Entwicklung der Gesamtbevölkerung vermittelt gleichfalls ein Bild vom Prozeß der zunehmenden Bevölkerungsballung. Augenfällig sind die beträchtlichen Unterschiede dieser Bevölkerungsanteile in den Gebieten mit über- bzw. unterdurchschnittlicher Entwicklung der Bevölkerungsdichte. In den Gebieten mit unterdurchschnittlicher Entwicklung ist der in Rede stehende Bevölkerungsanteil generell gering, obwohl, mit Ausnahme der westlichen Provinzen, hier die meisten, aber in der Mehrzahl nur kleinen Orte vorhanden sind. Beide Zeiträume (1831–1852 und 1852–1871) zeigen in den Siedlungen ab 5000 Einwohner jeweils ein Ansteigen der Bevölkerungsteile. Während die östlichen und mittleren Provinzen jeweils für sich in den Gebieten überdurchschnittlicher Entwicklung gleiche Steigerungsraten aufweisen, läßt sich in den westlichen nach 1852 ein deutliches Ansteigen erkennen. Am Ende des Betrachtungszeitraumes ist innerhalb des Untersuchungsgebietes in den westlichen Provinzen der höchste Konzentrationsgrad der Bevölkerung in den Siedlungen ab 5000 Einwohner vorhanden.

Im Rahmen des Gesamtprozesses lassen sich zwei Gebiete mit extrem überdurchschnittlicher Bevölkerungsentwicklung herausschälen: Berlin und das rheinisch-westfälische Industriegebiet. Sämtliche anderen Areale ordnen sich in ihrer Bedeutung diesen Gebieten unter. Beide Einheiten entstanden im Prozeß der Industriellen Revolution des Kapitalismus innerhalb des preußischen Staates als herausragende Industriebezirke und entwickelten sich zu den Hauptagglomerationsräumen der Bevölkerung.

Während Berlin bereits 1831 in der Größenordnung schon ein Ort mit einer Einwohnerzahl von über 100000 Einwohnern war, existierten innerhalb des rheinisch-westfälischen Industriegebietes[32] erst jeweils vier Orte in einer Größenordnung 10000–25000 Einwohner (Barmen, Elberfeld, Düsseldorf und Krefeld) und 5000–10000 Einwohner (Mülheim/Ruhr, Essen, Duisburg und Dortmund). Diese Siedlungen lagen in der Mehrzahl aber nicht in der späteren Kernzone (Ruhrgebiet) dieses Industriegebietes, sondern hatten ihren Platz im historisch entstandenen gewerblichen Verdichtungsgebiet auf der rechten Rheinseite zwischen Elberfeld und Duisburg. Vor allem die Textilerzeugung, aber auch das Metallwarengewerbe kennzeichnen dieses Gebiet als einen Schwerpunkt damaliger Produktion.

Der auf beiden Seiten der Ruhr vorhandene Steinkohlenbergbau und die darauf aufbauende Eisenmetallurgie forcierten unter den Bedingungen der Industriellen Revolution weitgehend die industrielle Entwicklung dieses Gebietes. Das Ruhrgebiet wurde, insbesondere auch mit dem Entstehen einer Produktionsmittelindustrie, zum eigentlichen Produktionszentrum dieses Raumes in einer Größenordnung, die 1871 in der Kapazität den ersten Platz unter den deutschen Industriegebieten einnahm. Die ständig steigende Nachfrage nach Arbeitskräften, die in zunehmendem Maße durch Zuwanderung, vor allem zunächst aus den umliegenden Agrar- bzw. wenig industrialisierten Gebieten, auszugleichen versucht wurde, ließ nicht nur die Bevölkerungsdichte enorm ansteigen, sondern verlagerte auch die Gebiete extremer Bevölke-

[32] Das rheinisch-westfälische Industriegebiet umfaßte 1871 mit ca 3400 km² die damaligen Landkreise Dortmund, Bochum, Hagen, Essen, Duisburg, Krefeld, Düsseldorf, Mettmann Solingen und Lennep sowie die Stadtkreise Essen, Krefeld, Düsseldorf, Elberfeld und Barmen.

rungszunahme aus dem Raum um Elberfeld und Barmen sowie Krefeld in das damalige Zentrum des Ruhrgebietes, in das Gebiet um Bochum und Essen.

Gegenüber 1831, als im rheinisch-westfälischen Industriegebiet erst 20 Prozent der Bevölkerung in acht Siedlungen über 5000 Einwohner lebten (damit bereits aber um 63 Prozent über dem Durchschnitt des Untersuchungsgebietes liegend), hatte sich dieser Anteil bis 1871 auf 64 Prozent in 52 Siedlungen erhöht und damit einen Wert erreicht, der um 145 Prozent (!) über dem Durchschnitt des Untersuchungsgebietes lag. Über 40 Prozent der Bevölkerung, die in Orten über 5000 Einwohner lebten, konzentrierten sich allein in fünf Siedlungen (Barmen, Elberfeld, Düsseldorf, Krefeld, Essen) und unterstrichen den Trend zur Urbanisierung, insbesondere zur zunehmenden Bevölkerungskonzentration innerhalb größerer Orte. Die Ortsdichte lag 1871 bei 63 km^2 pro Ort[33] und war damit um das Sechsfache höher als die durchschnittliche Ortsdichte im übrigen Gebiet der westlichen Provinzen, die sich wiederum beträchtlich von der in den östlichen Provinzen abhob. Zusammen mit den Orten unter 5000 Einwohner ergibt sich eine außerordentlich hohe Siedlungsdichte; sie zeigt, wie weit der Verdichtungsprozeß der Siedlungen unter den Bedingungen voll ausgebildeter kapitalistischer Produktionsverhältnisse bereits vorangeschritten ist.

Für Berlin ist bemerkenswert, daß der Ort über den gesamten Betrachtungszeitraum eine extrem hohe Bevölkerungszunahme besaß und mit 30,5 Prozent durchschnittlicher Zuwachsrate eine um 280 Prozent schnellere Entwicklung als die im Untersuchungsgebiet aufwies. Diese Größe übertraf noch die Zuwachsrate im rheinisch-westfälischen Industriegebiet und klassifiziert Berlin als Bevölkerungszentrum ersten Ranges. Die Bevölkerungsagglomeration in dieser Größenordnung auf engstem Raum, hervorgerufen vor allem durch Zuwanderungen zunächst aus den umliegenden Gebieten und mehr und mehr zunehmend aus den östlichen Bezirken, in der Zeit nach 1850 vor allem aus Niederschlesien, beginnend auch aus den östlichen Provinzen, schuf günstige Voraussetzungen für eine expandierende kapitalistische Industrieproduktion und ließ Berlin, im Gegensatz zu dem sich über eine größere Fläche erstreckenden rheinisch-westfälischen Industriegebietes, zu einem innerhalb eines sonst noch im allgemeinen industriearmen Areals überaus herausragenden Industrieeinzelstandort werden.

[33] Berechnet nach der Anzahl der Orte mit über 5000 Einwohner. Diese Ortsdichte entspricht einer durchschnittlichen Ortsentfernung von 9 km.

Register

1. Literatur

von Ingeborg Niemann

(Die in Klammern gesetzten Zahlen bezeichnen die Seiten, auf denen die Literatur zietiert wurde.)

Ahrens, Gerhard, Gaspar Voght und sein Mustergut Flottbeck, Hamburg 1969 = Beiträge zur Geschichte Hamburgs, Bd. 1 (193)

Ahrens, Rudolf, Die deutsche Landmaschinenindustrie, ihre Entwicklung und ihre heutige Lage, in: Greifswalder staatswissenschaftliche Abhandlungen 25, Greifswald 1926, (264)

Allgemeiner Wohnungsanzeiger für Berlin, Charlottenburg und Umgebungen auf das Jahr 1851, Berlin 1851 (156)

Amtliche Statistik des Preußischen Staates, Jg. 1, 1862, Berlin 1863 (52)

Amtlicher Bericht über die Wiener Weltausstellung 1873, Bd. 3, Abt. 1, H. 3, o. O. o. J. (229)

Annalen der Nidersächsischen Landwirthschaft, 1, 1799, o. O. (193)

Annalen der preußischen Staatswirtschaft und Statistik, Bd. 1, 1804, H. 1 (283, 304); H. 4 (295) o. O.

Archiv der Agriculturchemie für denkende Landwirthe, oder Sammlung der wichtigsten Entdeckungen, Erfahrungen und Beobachtungen aus dem Reiche der Physik und Chemie für rationelle Landwirthe, Güterbesitzer, Forstmänner und Freunde oder oeconomischen Gewerbe, Berlin 1804–1818 (188)

Aschoff, V., Die elektrische Nachrichtentechnik im 19. Jahrhundert, in: Technikgeschichte, Bd. 33, 1966, Nr. 4 o. O. (144)

Ashton, T. S., An economic history of England: The 18th century, London 1955 (10)

Atlas zur Geschichte, Bd 2: Von der Großen Sozialistischen Oktoberrevolution 1917 bis 1972 Gotha/Leipzig 1975 (344)

Baar, Lothar, Die Berliner Industrie in der industriellen Revolution, in: Veröffentlichungen des Instituts für Wirtschaftsgeschichte an der Hochschule für Ökonomie Berlin-Karlshorst, hg. v. Hans Mottek, Bd. 4, Berlin 1966 (127, 164, 170, 173, 174, 178)

Balard, Rapports du Jury international (Exposition de 1867) Bd. 7 (90).

Bary, Heinrich de, Die gegenwärtig herrschende Kartoffelkrankheit, ihre Ursache und Verhütung, Leipzig 1861 (201)

Bary, Heinrich Anton de, Untersuchungen über die Brandpilze und die durch sie verursachten Krankheiten der Pflanzen mit Rücksicht auf das Getreide und andere Nutzpflanzen, Berlin 1853 (204)

Bassewitz, Magnus Freiherr von, Die Kurmark Brandenburg im Zusammenhang mit den Schicksalen des Gesamtstaates Preußen während der Jahre 1809 und 1810, Bd 3, Beilage A, Volkszählung für das Jahr 1810, Leipzig 1860 (293, 294)

Baud, P., John Holker, et la fabrication de l'acide sulphurique en France 18éme siécle, in: Comptes rendus 196, 1933 (85)

Bauer, G., in: Offizieller Bericht über die Wiener Weltausstellung im Jahre 1873, 2. Bd, Wien 1873/74 (76)

Becher, Johann Joachim, Närrische Weisheit und weise Narrheit, Frankfurt 1687 (104)

Beck, Ludwig, Die Geschichte des Eisens in technischer und kulturgeschichtlicher Beziehung, 3. Abt.: Das 18. Jahrhundert, Braunschweig 1897 (99, 98)

Beck, Otto, Die Erntemaschinen in der preußischen Rheinprovinz und der 1859 abgehaltene Concours, Köln 1860 (264)

Beckmann, Johann, Grundsätze der teutschen Landwirthschaft, Göttingen 1769 (184)

Behre, Otto, Geschichte der Statistik in Brandenburg-Preußen bis zur Gründung des königlich statistischen Bureaus, Berlin 1905 (290, 283, 286, 287, 289, 294, 295, 304)

Behrends, Peter Wilhelm, Neuhaldenslebensche Kreischronik, T. I: Neuhaldensleben, o. O. 1824 (285)

Bein, Louis, Die Industrie des sächsischen Voigtlandes, T. 2: Textilindustrie, Leipzig 1884 (331)

Bensing, F., Der Einfluß der landwirtschaftlichen Maschinen auf Volks- und Privatwirtschaft, Breslau 1897 (264)

Berchtold, Friedrich Graf von, Die Kartoffeln, Prag 1842 (201)

Bericht über den Handel und die Industrie von Berlin im Jahre . . ., erstattet von den Aeltesten der Kaufmannschaft von Berlin.

Berlin 1850 und 1851 (34); 1852 und 1853 (34); 1855 (35); 1856 (33, 34, 35, 40, 181); 1857 (33, 34, 35); 1858 (35, 38); 1860 (38); 1861 (39); 1862 (37, 39); 1863 (37, 38, 39); 1867 (37); 1869 (38)

Bernal, J. D., Die Wissenschaft in der Geschichte, Berlin 1961 (152, 153)

Berthold, Rudolf, Die Entwicklungstendenzen des Ackerbaus in spätfeudaler Zeit unter besonderer Berücksichtigung des Anteils der Bauern am landwirtschaftlichen Fortschritt, phil. Habil.-Schrift, Berlin 1963 (287)

Die Beschäftigten des Königreichs Sachsen nach ihrer Beschäftigung und ihrem Erwerbe 1861, in: Zeitschrift des Statistischen Bureaus des kgl. Sächs. Ministeriums des Innern, 9. Jg., 1861 (328)

Bevölkerungsbewegung, Lebensmittelpreise, Arbeitslohn, in: Zeitschrift für Sozialwissenschaft, Bd. 8, 1905 (293)

Bevölkerungsploetz, bearb. v. Ernst Kristen, Ernst Wolfgang Buchholz und Wolfgang Köllmann, Bd. 4: Raum und Bevölkerung in neuer und neuester Zeit, Würzburg 1865 (292)

Bielecke, Hermann, Die Geschichte der künstlichen Düngung und der Kunstdüngerversorgung, landw. Diss., Berlin 1936 (198, 212, 264)

Bielefeldt, Karl, Das Eindringen des Kapitalismus in die Landwirtschaft unter besonderer Berücksichtigung der Provinz Sachsen und der angrenzenden Gebiete, Berlin 1911 (228)

Birnbaum, Karl, Das Genossenschaftsprinzip in Anwendung und Anwendbarkeit in der Landwirtschaft, Leipzig 1970 (192)

Birnbaum, Karl, Die Universitäten und die isolierten landwirthschaftlichen Lehranstalten. Hist.-krit. Zusammenstellung aller Urteile älterer und neuer competenter Fachmänner, Gießen 1862 (207)

Bittermann, Eberhard, Die landwirtschaftliche Produktion in Deutschland 1800—1950, Halle 1956 = Kühn Archiv, Bd. 70 (212, 213)

Blank, E., Handbuch der Bodenlehre, Bd. 1, Berlin 1929 (185, 189, 195, 198)

Blaschke, Karlheinz, Industrialisierung und Bevölkerung in Sachsen von 1830 bis 1890, in: Historische Raumforschung. Forschungs- und Sitzungsberichte der Akademie für Raumforschung und Landesplanung, Bd. 20/5, Hannover 1965 (331)

Block, Albrecht, Mittheilungen landwirtschaftlicher Erfahrungen, Ansichten und Grundsätze, 3 Bde., Breslau 1829—1834 (187) . . ., 4. Aufl. 1785 (187) . . ., 2. Aufl. Bd. 2, Breslau 1837 (192)

Blomeyer, Adolf, Die mechanische Bearbeitung des Bodens mit Rücksicht auf Erfahrung und Wissenschaft, Berlin 1879 (201)

Blumberg, Horst, Die deutsche Textilindustrie in der industriellen Revolution, Berlin 1965 (19, 23, 25, 32)

Blunck, Richard, Justus von Liebig, Hamburg 1946 (197, 198, 205)

Bondi, G., Deutschlands Außenhandel 1815–1870, Berlin 1958 (50)

Borcherdt, Christoph, Die Innovation als agrargeographische Regelerscheinung, in: Universität des Saarlandes. Arbeiten aus dem Geographischen Institut, Bd. VI, 1961 (224, 226)

Braun, Hans, Geschichte der Phytomedizin. Handbuch der Manzenkrankheiten, hg. v. Harald Richter u. Bernhard Rademacher, Bd. 1, 1. Lieferung, 7. Aufl., Hamburg 1965 (203, 204)

Braun, Karl, Das Zwangs-Zölibat für Mittellose in Deutschland, in: Vierteljahresschrift für Volkswirtschaft und Kulturgeschichte, Bd. 20, 1868 (306)

Braungart, Richard, Die Ackerbaugeräte in ihren praktischen Beziehungen wie nach ihrer urgeschichtlichen und ethnographischen Bedeutung, Heidelberg 1881 (264)

Braunreuther, K., Über die Bedeutung der physiokratischen Bewegung in Deutschland in der zweiten Hälfte des 18. Jahrhunderts, in: Wissenschaftliche Zeitschrift der Humboldt-Universität Berlin, Ges.- u. sprachwiss. Reihe, 5, 1955, H. 56 (184)

Brepohl, Wilhelm, Der Aufbau des Ruhrvolkes im Zuge der Ost-West-Wanderungen, Dortmund 1948 (305)

Brien, H., Achard als Rübensammenzüchter, in: Blatt für Zuckerrübenbau, 6/1899 (190)

Broch, Erich, Die Entwicklung des landwirtschaftlichen Maschinenbaues und seine Bedeutung für die deutsche Volkswirtschaft, w.- u. sozialwiss. Diss., Frankfurt 1923 (264)

Burckhardt, F., Die Entwicklung der sächsischen Bevölkerung in den letzten 100 Jahren, in: Zeitschrift des sächsischen statistischen Landesamtes, 77. Jg. 1931 (325)

Burg, Adam von und Sohn, illustriertes Maschinenverzeichnis, Wien 1857 (264)

Burger, Johann, Lehrbuch der Landwirthschaft. 2 Bde., Wien 1819–1821 (188)

Busch, A., Der Kartoffelbau. Anleitung zum Anbau und zur Cultur der Kartoffel etc. Danzig 1874 (201) . . ., 2. Aufl., Berlin/Leipzig 1876 (201)

Canstein, Freiherr von, von den bäuerlichen Erwerbs- und Wohlstandsverhältnissen der Mark Brandenburg. Landwirtschaftliche Jahrbücher, Bd. 12, Suplement I, Berlin 1883 (305)

Cardwell, D. S. L., From Watt to Clausius, London 1971 (132, 134)

Cardwell, D. S. L., Technology, Science and History, London 1972 (139)

Caspar, Johann Ludwig, Die wahrscheinliche Lebensdauer des Menschen in den verschiedenen bürgerlichen und geselligen Verhältnissen, nach ihren Bedingungen und Hemmnissen untersucht, Berlin 1835 (280)

Chaptal, J. A. C., De l'industrie françoise, I, Paris 1819 (72, 73)

Clapeyron, B. P. E., Mémoire sur la puissance de la Chaleur, in: Journal d l'école polytechnique, 1834, Nr. 14 (135)

Clément und Desormes, in: Annales de chimie 59 (85)

Coleman, D. C., Industry in Tudor and Stuart England, London/Basingstoke 1975 (10)

Darstellung der Runkelrüben-Zuckerindustrie in der näheren Umgebung von Magdeburg in: Annalen der Landwirtschaft in den Königlich Preußischen Staat, Jg. 2, Bd 4, 1844 (228)

Davy, Sir Humphry, Elements of agricultural chemistry, in a course of lectures for the Board of Agriculture, o. O. 1831 (195) Deutsche Übersetzung: Elemente der Agricultur-Chemie zur Beförderung des Ackerbaus, Vorwort v. A. D. Thaer, Berlin 1814 (195)

Demme, Hans, Zum Prozeß der Herausbildung des Proletariat auf dem Eichsfeld in der 2. Hälfte des 19. Jahrhunderts, in: Eichsfelder Heimathefte, Sonderausg., Worbis/Heiligenstadt 1973 (355)

Derry, T. K./Williams, T. J., A Short History of Technology, Oxford 1960 (86)

Deutsch, Reinhard, Untersuchungen zur Entwicklung der Landwirtschaftlichen Produktion in der Übergangsperiode vom Feudalismus zum Kapitalismus in Deutschland, landw. Diss., Berlin 1963 (Ms.) (184, 185)
Deutsche Geschichte. Kleine Enzyklopädie, Leipzig 1965 (242)
Dingler, Joh. G., Polytechnisches Journal, 1820, o. O. (65)
Dittrich, M., Julius Kühn und sein landwirtschaftliches Institut in Halle, in: Zeitschrift für Agrargeschichte und Agrarsoziologie Jg. 10/1962, H. 1, (208)
Dittrich, Mauriz, Julius Kühn, in: Große Landwirte. Frankfurt/Main (204)
Dörries, Hans, Die britischen Inseln. Handbuch der geographischen Wissenschaften, hg. v. Fritz Klute, Band: West- und Nordeuropa, Potsdam 1938 (302)
Dominik, Hans, Die Anfänge der Berliner Maschinenbauindustrie, in: Großberliner Kalender, Berlin 1915 (156, 167, 174)
Ein Jahrhundert landwirtschaftliche Technik in der Rheinprovinz, Bonn 1934 (264)
Ehle, Walter, Der Einfluß der deutschen Branntweinsteuergesetzgebung auf die Entwicklung des Brennereigewerbes, landw. Diss., Berlin 1926 (239)
Ehwald, Ernst, Entwicklungslinien in der Geschichte der Bodenkunde, in: Albrecht-Thaer-Archiv 8, 1964, H. 1–3 (185, 198, 199)
Einige Nachrichten von dem gegenwärtigen Zustande der Landwirtschaft und insbesondere der landwirtschaftlichen technischen Gewerbe in der königlich preußischen Provinz Sachsen, Magdeburg 1850 (231)
Engel, Ernst, Die Getreidepreise, die Ernteerträge und der Getreidehandel im preußischen Staate, in: Zeitschrift des königlichen preußischen statistischen Landesamtes, Bd. 1, 1861 (332)
Engelberg, Ernst, Zu methodologischen Problemen der Periodisierung, in: Zeitschrift für Geschichtswissenschaft, 1971, H. 10 (13)
Engels, Friedrich, Briefe aus dem Wuppertal, in: Marx, K./Engels, F., Werke (im folgenden: MEW) Bd. 1, Berlin 1964 (347)
Engels, Friedrich, Die Entwicklung des Sozialismus von der Utopie zur Wissenschaft, in: MEW, Bd. 19, Berlin 1962 (342)
Engels, Friedrich, Ergänzung der Vorbemerkung von 1870 zu „Der deutsche Bauernkrieg", in: MEW, Bd. 18, Berlin 1962 (19)
Engels, Friedrich, Herrn Eugen Dühring's Umwälzung der Wissenschaft, in: MEW, Bd. 20, Berlin 1962 (18)
Engels, Friedrich, Lage der arbeitenden Klasse in England, in: MEW, Bd. 2, Berlin 1957 (18)
Engels, Friedrich, Preußischer Schnaps im Deutschen Reichstag, in: MEW, Bd. 19, Berlin 1962 (236)
Engels, Friedrich, Die Rolle der Gewalt in der Geschichte, in: MEW, Bd. 21, Berlin 1962 (41)
Engels, Friedrich, Der Sozialismus des Herrn Bismarck, in: MEW, Bd. 19, Berlin 1962 (40)
Engels, Friedrich, Der Status quo in Deutschland, in: MEW, Bd. 4, Berlin 1959 (233)
Die Entwicklung der Retortenöffnung zur Leuchtgasbereitung, in: Zeitschrift des Vereins deutscher Ingenieure, 1886 (107)
Ernst, A., James Watt und die Grundlagen des modernen Dampfmaschinenbaus, in: Zeitschrift des Vereins deutscher Ingenieure, Bd. 40, 1856, Nr. 35, 36 (131, 132, 137)
Eschenbach, Christian Gotthold, Beschreibung neu erfundener, höchst wichtiger Maschinen für die Landwirtschaft, Leipzig 1802 (264)
Eyth, Max von, Die Entwicklung des landwirtschaftlichen Maschinenwesens in Deutschland, England und Amerika. Vortrag, in: Journal für Landwirtschaft, Jg. 41, 1893 (264)
Das Fabrikwesen Berlins in den Jahren 1805–1861. Besonderer Abdr. aus dem Königlichen Preußischen Staatsanzeiger, Jg. 1868, Nr. 3, 15, 22, 34, 40, 52, 98, 104, 109, 115 (24, 25, 27, 29, 170, 174)
Fallon, Friedrich Albert, Anfangsgründe der Bodenkunde, Dresden 1857 (200)

Fallon, Friedrich Albert, Pedologie oder allgemeine und besondere Bodenkunde, Dresden 1862 (200)

Fester, Gustav, Die Entwicklung der Chemischen Technik von ihren Anfängen bis ins 19. Jahrhundert, Berlin 1923 (72, 74, 75, 84)

Filly, Carl, Amtlicher Bericht über die internationale Mähe-Maschinenkonkurrenz ... vom 8. bis 11. Juli 1868 bei Berlin veranstaltet ..., Berlin 1869 (264)

Finck, J. H., Beantwortung der von Chevalier J. Sinclair aufgeworfenen Fragen betreffend der verschiedenen Schafarten in Deutschland, Halle 1798 (191)

Finck von Finckenstein, Hans Wolfram Graf, Die Entwicklung der Landwirtschaft in Preußen und Deutschland 1800–1930, Würzburg 1960 (212, 213)

Fischer, F., Über die Entwicklung der Rübenzuckerindustrie, in: Zeitschrift des Vereins Deutscher Ingenieure, Jg. 30, 1886 (119)

Fischer, Gustav u. a., Die Entwicklung des landwirtschaftlichen Maschinenwesens in Deutschland, Berlin 1910, in: Arbeiten der Deutschen Landwirtschaftsgesellschaft, H. 177 (264)

Fischer, Gustav, Die soziale Bedeutung der Maschine in der Landwirtschaft, in: Staats- und sozialwissenschaftliche Forschungen, Bd. 20, H. 5, 1902 (264)

Forberger, Rudolf, Die Aufnahme der maschinellen Fertigung durch sächsische Manufakturen, in: Jahrbuch für Wirtschaftsgeschichte, Berlin 1960 T. 1 (21)

Forberger, Rudolf, Die Industrielle Revolution in Sachsen. Zur Geschichte der sächsischen Fabrik (1800–1861). Bd. 1: Die Revolution der Produktivkräfte (1800–1830), Abschn.: Der Maschineneinsatz in den einzelnen Branchen, 1.1.2.2.2. (156, 173, 178); Abschn.: Sachsens Maschinenausführ und die Weitergabe mechanischer Herstellungsverfahren an das Ausland 1.1.2.3. (169, 170). (Unveröffentl. Ms.)

Fraas, Carl, Buch der Natur für Landwirthe oder landwirthschaftliche Naturkunde, München 1860 (206)

Fraas, Carl, Geschichte der Landbau- und Forstwirtschaft. Seit dem 16. Jahrhundert bis zur Gegenwart, München 1865 (192, 193, 203, 204, 205, 209, 210, 214)

Franz, Günther, Johann Nepomuk Hubert von Schwerz, in: Große Landwirte, Frankfurt/Main (187)

Franz, Günther, Liebig und Hohenheim. Reden und Abhandlungen, hg. v. d. Landwirtschaftlichen Hochschule Hohenheim. H. 15 (197, 198, 208, 209, 211)

Franz, H., Die Landwirtschaft in Thüringen und ihre Entwicklung in den letzten 50 Jahren, Berlin 1896 (117)

Frauendorfer, Sigmund von, Ideengeschichte der Agrarwirtschaft und Agrarpolitik im deutschen Sprachgebiet, Bd. 1, 1957 (184, 187, 188, 194, 200, 208)

Die gegenwärtige wissenschaftlich-technische Revolution. Eine historische Untersuchung, Berlin 1972 (175)

Gelbke, Karl, Die Volkszahl der Stadt Eisleben von der Mitte des 15. Jahrhunderts bis zur Gegenwart, in: Mansfelder Blätter, 4. Jg., 1890 (285)

Die Gemeinden bzw. Wohnplätze des Deutschen Reichs mit ihren Einwohnerzahlen am 1. Dezember 1875 nach Staaten und Landestheilen systematisch geordnet, in: Statistik des Deutschen Reichs Bd. 25, Berlin 1877, H. 7 (356, 357)

Gerhardt, E., Johann Gottlieb Koppe zur 100. Wiederkehr seines Todestages, in: Zeitschrift für Agrargeschichte und Agrarsoziologie, 1964, H. 1 (187)

Geschichte der Universität Jena 1548/58–1858. Festgabe zum 400jährigen Universitätsjubiläum, Bd. 1, Jena 1858 (187, 194, 207)

Gewerbestatistik von Preußen, 3. Theil: Der Regierungsbezirk Düsseldorf. Statistik des Regierungsbezirks Düsseldorf, bearb. v. Otto v. Mühlmann, II. Bd., 1. Hälfte Iserlohn 1865 (328, 329)

Glass, D. V., Population and population Movements in England and Wales 1700 to 1850. In: Population in History, hg. v. D. V. Glass und D. E. C. Eversley, London 1965 (275)

Glathe, Hans, Hermann Hellriegel, in: Große Landwirte. Frankfurt/Main (198)
Goethes Gespräche mit Eckermann, Leipzig o. J. (59)
Goldstein, J., Deutschlands Sodaindustrie in Vergangenheit und Gegenwart, Stuttgart 1896 (75, 79, 95, 96)
Goltz, Theodor v. d., Die Entwicklung des höheren landwirtschaftlichen Unterrichtes in Deutschland und die Stellung der Akademie in Poppelsdorf innerhalb derselben. Festschrift zur Feier des 50jährigen Bestehens der Kgl. Preußischen Akademie Poppelsdorf, Bonn 1897 (207)
Goltz, Theodor v. d., Die agrarischen Aufgaben der Gegenwart, Jena 1894 (209)
Goltz, Theodor v. d., Geschichte der deutschen Landwirtschaft, Bd. 1 (192, 194, 196, 198, 199, 200, 204, 205, 207, 208, 209, 210, 211)
Goltz, Theodor v. d., Rede zur Feier des 100jährigen Geburtstages von Friedrich Gottlob Schulze, Jena 1895 (187)
Gross, Reiner, Die bürgerliche Agrarreform in Sachsen in der ersten Hälfte des 19. Jahrhunderts, Weimar 1968 (223)
Grundriß zum Studium der politischen Ökonomie, hg. v. I. Conrad, T. 4: Statistik I: Allgemeine Statistik, Bevölkerungsstatistik, Jena 1923 (276)
Grundsätze der rationellen Landwirthschaft. Bd. 1–4, Berlin 1809–1812 (186)
Gussek, Karl Dieter, Analyse von Wechselbeziehungen zwischen der gesellschaftlichen Produktionsweise und der bürgerlichen landwirtschaftlichen Betriebslehre. landw. Habilschr. Rostock 1968 (Ms.) (187, 188, 190, 200)
Haber, L. F., The Chemical industry During the Nineteenth Century, Oxford 1958 (74, 88)
Hagelberg, Gerhard B./Müller, Hans-Heinrich, Kapitalgesellschaften für Anbau und Verarbeitung von Zuckerrüben in Deutschland im 19. Jahrhundert, in: Jahrbuch für Wirtschaftsgeschichte, Berlin 1974, T. 4 (233)
Hamm, Wilhelm, Der landwirtschaftliche Teil der Weltausstellung zu Paris im Jahr 1855, Leipzig 1856 (264)
Hamm, Wilhelm, Die landwirtschaftlichen Geräte und Maschinen Englands, Braunschweig 1845 (264)
Handwörterbuch der Staatswissenschaften, 3. Aufl., Bd. 5: Artikel Grundbesitz von A. Wirminghaus, Jena 1910 (302)
Harig, G., Über die Entstehung der klassischen Naturwissenschaften in Europa, in: Aufbau, 13. Jg. 1957 (56)
Harnisch, Hartmut, Bevölkerung und Wirtschaft. Über die Zusammenhänge zwischen sozialökonomischer und demographischer Entwicklung in Spätfeudalismus, in: Jahrbuch für Wirtschaftsgeschichte, Berlin 1975, T. 2 (282)
Harnisch, Hartmut, Statistische Untersuchungen zum Verlauf der kapitalistischen Agrarreformen in den preußischen Ostprovinzen (1811–1865), in: Jahrbuch für Wirtschaftsgeschichte, Berlin 1974, T. 4 (310)
Hasenclever, Robert, Über Sodafabrikation in Deutschland und Thelens mechanischen Eindampfapparat für Laugen, Salzsolen etc., in: Die chemische Industrie, 1. Jg., 1878 (82)
Hasenclever, Robert, Über Zinkblenderöstöfen mit Verwertung des ganzen Schwefelgehaltes der Erze, in: Zeitschrift des Vereins Deutscher Ingenieure, Bd. 30, 1886, Nr. 5 (91)
Hauck, W., Die galvanischen Elemente von Volta bis heute, Braunschweig 1881 (144)
Haushofer, Heinz, Die deutsche Landwirtschaft im technischen Zeitalter, Stuttgart 1963 (193, 194, 196, 204, 207, 209, 210, 214)
Haushofer, Heinz, Entwicklungslinien der Landtechnik, in: Ein Jahrhundert der Technik – 100 Jahre VDI, Düsseldorf 1956 (264)
Heiden, Eduard, Lehrbuch der Düngerlehre, 2. Aufl., Bd. 1, Hannover 1887 (198, 199, 267)
Heinrich, Ottokar, Die Zuckerrübe. Ihre Bedeutung im Verlauf der Entwicklung zur

neuen Kulturpflanze und Rohstoffpflanze für die Zuckererzeugung, Berlin 1960 (190, 202, 212)

Helling, Gertrud, Berechnung eines Index der Agrarproduktion in Deutschland im 19. Jahrhundert, in: Jahrbuch für Wirtschaftsgeschichte, Berlin 1965, T. 4 (212, 223, 227)

Helling, Gertrud, Zur Entwicklung der Produktivität in der deutschen Landwirtschaft im 19. Jahrhundert, in: Jahrbuch für Wirtschaftsgeschichte, Berlin 1966, T. 1 (213)

Hellriegel, H./Wilfarth, H., Untersuchungen über die Stickstoffnahrung der Gramineen und Leuguminosen, in: Zeitschrift des Vereins für die deutsche Rübenzuckerindustrie, Berlin 1888, Beilageh. November (198)

Henning, Friedrich-Wilhelm, Die Industrialisierung in Deutschland 1800 bis 1914, Paderborn 1973 (222, 225)

Hering, K. L., Die agrarische Gesetzgebung in Preußen, Berlin 1837 (301)

Herlemann, H.-H., Technisierungsstufen der Landwirtschaft. Versuch einer Erweiterung der Intensitätslehre Thünens, in: Berichte über Landwirtschaft, Bd 32, 1954 (264)

Hermbstädt, Sigismund Friedrich, Archiv der Agrikulturchemie, o. O. 1804 (195)

Herzogthum Mecklenburg. Bruchstücke zu einer Statistik der deutschen Staaten, in: Magazin für Geographie, Staatenkunde und Statistik, hg. v. Johann Ernst Fabri, Bd. 2, Nürnberg 1797 (320)

Hildebrandt, Alfred, Die Entwicklung des deutschen Zuckerrübenbaues mit besonderer Berücksichtigung der Ackerbautechnik, landw. Diss., Berlin 1928 (235)

Hjelt, E., Geschichte der organischen Chemie, Braunschweig 1916 (111)

Historisch-geographisch-statistisch-topographisches Handbuch vom Regierungsbezirk Magdeburg, hg. v. J. A. F. Hermes u. M. J. Weigelt, T. 1, Magdeburg 1843 (233)

Hoffmann, Walter G., The Take – off in Germany, in: The economics of the Take-off into sustained growth, hg. v. W. W. Rostow, London 1964 (271, 296)

Hoffmann, Walter G., Das Wachstum der deutschen Wirtschaft seit der Mitte des 19. Jahrhunderts, Berlin(West)/Heidelberg/New York 1965 (300, 335, 336)

Hoffmann, Wilhelm, Encyklopädie der Erd-, Völker- und Staatskunde, eine geographisch-statistische Darstellung. 3 Bde., Leipzig 1862–1869 (345)

Honcamp, F., Handbuch der Pflanzenernährung und Düngelehre. Bd. 1, Berlin 1931 (185, 189, 198, 199)

Hopkinson, J., Original Papers on Dynamo Machinery and allied Subjects, New York 1893 (150)

Horstmann, Kurt, Bevölkerungs- und Wirtschaftsentwicklung in Minden-Ravensberg, Lippe, Osnabrück im ersten und zweiten Drittel des 19. Jahrhunderts, in: Historische Raumforschung, Forschungs- und Sitzungsberichte der Akademie für Raumforschung und Landesplanung. Bd. 20, Hannover 1965 (321, 331)

Humbert, G., Agrarstatistische Untersuchungen über den Einfluß des Zuckerrübenanbaus auf Land- und Volkswirtschaft, in: Sammlung nationalökonomischer und statistischer Abhandlungen, Bd. 1, o. O. (235)

1815–1915. Hundert Jahre technische Erfindungen und Schöpfungen in Bayern. Jahrhundertschrift des Polytechnischen Vereins in Bayern, München 1922 (173)

Illustrierte Zeitung. Bd. 26, Leipzig 1856 (323)

Jacobi, C. G. J., Gesammelte Werke, Bd 7, Berlin 1891 (64)

Jacobi, M. H., Über die Prinzipien der elektro-magnetischen Maschinen, in: Annalen der Physik und Chemie, hg. v. J. C. Poggendorff, 51, 1840 (148)

Jahrbuch für die amtliche Statistik des preußischen Staates, hg. vom königl. statistischen Bureau, 1. Jg., Berlin 1853 (321), 2. Jg., Berlin 1867 (296)

Jahrbuch für Volkswirtschaft und Statistik, hg. von Otto Hübner. o. O., 1852 (239)

Jauert, H., Die Pflege der Landwirtschaftswissenschaft an der Universität Greifswald, Festschrift zur 500-Jahrfeier der Universität Greifswald, Bd. 2, Greifswald 1956 (194)

Johannsen, Otto, Geschichte des Eisens, Düsseldorf 1953, (97, 100)
Jonas, Wolfgang/Linsbauer, Valentine/Marx, Helga, Die Produktivkräfte in der Geschichte, Bd 1, Berlin 1969 (14, 155)
Jonas, Wolfgang, Thesen zum Wesen der Industriellen Revolution, in: Jahrbuch für Wirtschaftsgeschichte, Berlin 1974, T. 2, (15, 69, 157)
Josephson, M., Edison. A biography, New York 1959 (150)
Joule, J. P., On the use of electromagnets, made of iron wire for the electromagnetic machine, in: Annals of electricity 4, 1840 (148)
Kärger, Karl, Die Sachsengängerei, in: Jahrbücher der deutschen Landwirtschaftsgesellschaft, o. O. 1890 (243)
Karmasch, K., Geschichte der Technologie, München 1872 (136, 139, 144)
Karras, T., Geschichte der Telegraphie, Braunschweig 1909 (144, 146)
Kellermann, Wilhelm, Die Steigerung des Ackerlandes in Deutschland seit Anfang des 19. Jahrhunderts, in: Landwirtschaftliche Jahrbücher. Bd. 35, Berlin, 1906 (222)
Kerker, M., Sadi Carnot and the Steam Engine Engineers, in: Isis Vol. 51, 1960, No. 165 (134, 135)
Keune, Otto, Männer, die Nahrung schufen, Hannover 1952 (188, 190, 198, 201, 202, 203, 204, 206)
Khalatbari, Parviz, Zu einigen Grundsatzfragen der marxistisch-leninistischen Demographie, in: Jahrbuch für Wirtschaftsgeschichte, Berlin 1974, T. 1 (342)
Klein, Ernst, Die Entwicklung des Hohenheimer Pfluges, in: Zeitschrift für Agrargeschichte und Agrarsoziologie, 10. Jg., 1962 (265)
Klein, Ernst, Die Hohenheimer Ackergerätefabrik, in: Zeitschrift für württembergische Landesgeschichte, Jg. 22 (265)
Klein, Ernst/Krepela, Wilhelm, Die historischen Pflüge der Hohenheimer Sammlung landwirtschaftlicher Geräte und Maschinen, Stuttgart 1967 (265)
Klemm, Volker, Zur Bedeutung des Werkes Justus v. Liebigs für die Entwicklung der Pflanzenproduktion, in: Jahrbuch für Wirtschaftsgeschichte, Berlin 1973 T. 3 (112, 114, 197, 213)
Klemm, Volker, Albrecht Daniel Thaer. Begründer der landwirtschaftlichen Hochschulpädagogik in Deutschland, in: Wissenschaftliche Zeitschrift der Humboldt-Universität zu Berlin, Mathematisch-Naturwissenschaftliche Reihe, 1967, H. 5 (194)
Klemm, Volker/Meyer, Günther, Albrecht Daniel Thaer. Pionier der Agrarwissenschaften in Deutschland, Halle 1968 (186, 187, 189, 190, 191, 192, 193)
Kleyle, Carl Ritter von, Der Pflug, Der Anhäufler und der Wühler, Wien 1847 (265)
Kloeden, Gustav Adolph von, Handbuch der Länder- und Staatenkunde von Europa, T. 1: Das deutsche Reich, die Schweiz, die österreichisch-ungarische Monarchie, Berlin 1875 (345)
Knop, Wilhelm, Lehrbuch der Agrikulturchemie, Leipzig 1868 (199)
Köllmann, Wolfgang, Bevölkerung und Raum in neuerer und neuester Zeit. In: Raum und Bevölkerung in der Weltgeschichte, Bd. 2., 1956, (344)
Köllmann, Wolfgang, Grundzüge der Bevölkerungsgeschichte Deutschlands im 19. Jahrhundert und 20. Jahrhundert, in: Studium generale, Bd. 12, 1959 (271, 282)
Köllmann, Wolfgang, Sozialgeschichte der Stadt Barmen im 19. Jahrhundert. Tübingen, 1960 (308, 330)
„*Koeniglich Berlin*". *1763–1913.* Gedenkblatt zum 150jährigen Jubiläum der Königlichen Porzellan-Manufaktur Berlin, bearb. v. J. Erzgraber, Berlin o. J. (158, 174)
Die königliche landwirtschaftliche Hochschule zu Berlin. Ihre Begründung und Einrichtung nebst einem Verzeichnis der Vorlesungen für das Sommersemester 1881, Berlin 1881 (208)
Körting, Johannes, Geschichte der deutschen Gasindustrie, Essen 1963 (105, 106)
Koppe, Johann Gottlieb, Revision der Ackerbausysteme, Berlin 1818 (190)

Koppe, Johann Gottlieb, Unterricht im Ackerbau und in der Viehzucht, Berlin 1812 (187); . . ., 11. Aufl., 1885 hg. v. Emil v. Wolff, Berlin (187)

Krämer, O. P./Weiner, R./Fett, M., Die Geschichte der Galvanotechnik, Saulgau/Wttbg. 1959 (147)

Kredov, B. M., Die Entwicklung der Formen des Zusammenhangs zwischen Wissenschaft und Technik, in: Wissenschaft als Produktivkraft, hg. v. H. Hörz, E. Lange, M. Klein, Berlin 1974 (127)

Krieger, Johannes, Gestaltung, Größe und Standorte der Betriebe der deutschen landwirtschaftlichen Maschinenindustrie, phil. Diss., Berlin 1920 (265)

Krüger, Horst, Zur Geschichte der Manufakturen und der Manufakturarbeiter in Preußen, Berlin 1958 (290)

Krug, Leopold, Abriß der neuesten Statistik, des preußischen Staates, Halle 1805 (290)

Krzymowski, Richard, Geschichte der deutschen Landwirtschaft, Stuttgart 1951 (221)

Krzymowski, Richard, Geschichte der deutschen Landwirtschaft, Berlin (West) 1961 (190, 194, 205, 210)

Kuczynski, Jürgen, Einige Überlegungen über die Rolle der Natur in der Gesellschaft anläßlich der Lektüre von Abels Buch über Wüstungen, in: Jahrbuch für Wirtschaftsgeschichte, Berlin 1963, T. 3 (274)

Kuczynski, Jürgen, Darstellung der Lage der Arbeiter in Deutschland von 1789 bis zur Gegenwart, Bd 1–23; Die Geschichte der Lage der Arbeiter in England, in den Vereinigten Staaten von Amerika und in Frankreich, Bd. 24–34; Register 35; Zusammenfassung, Bd. 36–38, Berlin 1961 –1972 (21, 22, 24, 25, 26, 27, 30, 32, 34, 36, 38, 40, 52, 158, 269, 270, 275, 301, 335)

Kuczynski, Jürgen, Gestalten und Werke, Soziologische Studie zur deutschen Literatur Berlin 1969 (11)

Kuczynski, Jürgen, Vier Revolutionen der Produktivkräfte – Theorie und Vergleiche, Berlin 1975 (9)

Kuczynski, Jürgen, Wissenschaft und Gesellschaft. Studien und Essays über sechs Jahrtausende, Berlin 1972 (58)

Kühn, Julius, Die Krankheiten der Kulturgewächse, ihre Ursachen und ihre Verhütung, Berlin 1858 (204)

Kühn, Julius, Das Studium der Landwirtschaft an der Universität Halle, Halle 1888, (208, 210)

Kulisch, Paul, Die geschichtliche Entwicklung des akademischen landwirtschaftlichen Unterrichtes in Bayern, in: Bayrisches landwirtschaftliches Jahrbuch, 37, 1960 (194, 197, 198, 208, 209)

Kulischer, Josef, Allgemeine Wirtschaftsgeschichte des Mittelalters und der Neuzeit, mit e. Einleitung v. J. Kuczynski, Bd. 2: Die Neuzeit, Berlin 1954 (158)

Labahn, Theodor, Bericht über landwirtschaftliche Maschinen und Ackergeräte, welche sich in dem Industrie-Ausstellungsgebäude zu London befanden. Besonderer Abdr. aus: Eldenaer Jahrbücher, Greifswald 1852 (265)

Lärmer, Karl, Zur Einführung der Dampfkraft in die Berliner Wirtschaft in der ersten Phase der Industriellen Revolution – Vom Ausgang des 18. Jahrhunderts bis zum Jahre 1830, in: Jahrbuch für Wirtschaftsgeschichte, Berlin 1977, T. 4 (21, 156)

Lärmer, Karl, Maschinenbau in Preußen. Ein Beitr. zur Problematik Staat und Industrielle Revolution, in: Jahrbuch für Wirtschaftsgeschichte, Berlin, 1975, T. 2 (23, 158, 180)

Lärmer, Karl, Vierte Jahrestagung des interdisziplinären Arbeitskollektivs zur Erforschung der Geschichte der Produktivkräfte. Tagungsbericht, in: Jahrbuch für Wirtschaftsgeschichte, Berlin 1974, T. 2 (157)

Landmaschinen-Adreßbuch, Berlin 1923 (265)

Die Landwirtschaft in ihrer wissenschaftlichen Epoche, Gegenwart, Bd. 9, Leipzig 1854 (220)

Lasteyrie, C. J. Graf von, Abhandlungen über das spanische Schafvieh, Hamburg 1800 (191)

Lasteyrie, C. J. Graf von, Sammlung von Maschinen, Instrumenten, Gerätschaften, Gebäuden, Apparaten etc. für landwirtschaftliche, häusliche und industrielle Ökonomie, Stuttgart/Tübingen 1821/23 (265)

Lee, Robert, Probleme der Bevölkerungsgeschichte in England. Fragestellungen und vorläufige Ergebnisse, in: Vierteljahresschrift für Sozial- und Wirtschaftsgeschichte, Bd. 60, 1973, (267, 272, 273, 324)

Lehrplan für Eldena, in: Baumstark, E., Die Königliche Staats- und Landwirtschaftliche Academie Eldena, Berlin 1870 (207)

Lemmermann, Otto, Die Agrarkulturchemie und ihre Bedeutung für die Volksernährung, Braunschweig 1940 (196, 212)

Lengerke, Alexander von, Betrachtungen auf landwirtschaftlichen Reisen in den königlich-preußischen Staaten. Die Provinzen Schlesien und Sachsen, Berlin 1846 (323)

Lengerke, Alexander von, landwirtschaftliche Statistik der deutschen Bundesstaaten, Bd 2, T. 1 (220), Bd. 2, T. 2 (225). Braunschweig 1840, 1841

Lenin, W. I., Drei Quellen und drei Bestandteile des Marxismus, in: Lenin, W. I., Werke, Bd. 19, Berlin 1962 (9)

Lenin, W. I., Die Entwicklung des Kapitalismus in Rußland. In: Lenin, W. I., Werke, Bd. 3, Berlin 1956 (44)

Lenin, W. I., Die Entwicklung des Kapitalismus in Rußland, in: Lenin, W. I., Werke, Bd. 4, Berlin 1955 (45)

Lenin, W. I., Die Entwicklung der maschinellen Großindustrie, in: Lenin, W. I., Werke, Bd. 3, Berlin 1956 (18)

Lenin, W. I., Notiz zur Frage der Theorie der Märkte, in: Lenin, W. I., Werke, Bd. 4, Berlin 1955 (45)

Leonhardi, Friedrich Gottlob, Erdbeschreibung der churfürstlich sächsischen Lande, 3. Aufl., Bd. 1, Leipzig 1801 (286)

Leonhardi, Friedrich Gottlob, Erdbeschreibung der preußischen Monarchie, 3. Bd., 2. Abt., Halle 1794 (277)

Leuchs, Erhard Friedrich, Vollständige Düngerlehre, Nürnberg 1825 (189, 190, 192, 196)

Levasseur, Emilie, la Population Francaise. Historie de la population avant 1789 et demographie de la France comparêe a celle des autres nations au XIXe siecle, Bd. 1, 2, Paris 1889, 1897 (275)

Justus von Liebig im Lichte der Forschung des 20. Jahrhunderts, in: Zeitschrift für Landwirtschaftliche Forschung, Frankfurt/Main 1953. 3. Sonderh. (205)

Liebig, Justus von, Chemische Briefe, Heidelberg 1845 (86)

Liebig, Justus von, Die organische Chemie in ihrer Anwendung auf Agrikultur und Physiologie, 1. Aufl., Braunschweig 1840 (112, 197) ..., 6. Aufl. 1846 (197),..., 7. Aufl., 1862 (198)

Liebig, Justus von, Reden und Abhandlungen, Leipzig/Heidelberg 1874 (207)

Liebig, Justus von, Die Tierchemie, oder die organische Chemie in ihrer Anwendung auf Physiologie und Pathologie, 1. Aufl., Braunschweig 1842 (205)

Liebig, Justus von, Über Theorie und Praxis in der Landwirtschaft, Braunschweig 1856 (116, 117)

Lippmann, Edmund O. von, Die Entwicklung der Deutschen Zuckerindustrie von 1850 bis 1900, Leipzig 1900 (229)

Löbe, William, Anleitung zum rationellen Betrieb der Ernte, Leipzig 1861 (265)

Lösch, August, Bevölkerungswellen und Wechsellagen, Jena 1936 (292, 296)

Lohmann, H.-D., Über das historische Wechselverhältnis zwischen Kältephysik und Produktion – Ein Beitrag zur Geschichte der Entwicklung der Wissenschaft zur unmittelbaren Produktivkraft. Diss.-schr. zur Promotion A, Leipzig 1971 (130)

Lohmeyer, E., Das Studium der Landwirtschaft an der Universität Jena 1826–1854, Weimar 1854 (187, 194, 207)

Luck, Herbert, Zur ökonomischen Lehre des J. H. v. Thünen, Berlin 1956 (190)

Lunge, Georg, Handbuch der Schwefelsäurefabrikation und ihrer Nebenzweige, Bd. 1, 2, Braunschweig 1916 (84, 86, 87, 89, 90, 91, 92)

Lunge, Georg, Handbuch der Sodaindustrie und ihrer Nebenzweige, Bd. 2, 3, Braunschweig 1909 (73, 81, 82, 83, 84, 93)

Mackenroth, Gerhard, Bevölkerungslehre, Theorie, Soziologie und Statistik der Bevölkerung, Berlin-(West)/Göttingen/Heidelberg 1953 (271, 272, 334)

Mager, Friedrich, Geschichte des Bauerntums und der Bodenkultur im Lande Mecklenburg, Berlin 1955 (318, 319)

Mahr, O., Die Entstehung der Dynamomaschine, Berlin 1941 (147, 148, 149)

Maier-Bode, Friedrich Wilhelm, Die drei Stufen der Düngung, Opladen 1948 (265)

Manegold, K.-H., Eine École Polytechnique in Berlin, in: Technikgeschichte, Bd. 33, 1966 (64)

Manegold, K.-H., Universität, Technische Hochschule und Industrie. Ein Beitrag zur Emanzipation der Technik im 19. Jahrhundert und besonderer Berücksichtigung der Bestrebungen Felix Kleins, in: Schriften zur Wirtschafts- und Sozialgeschichte, Bd. 16, Berlin 1970 (65, 66)

Markov, Alexis, Das Wachstum der Bevölkerung und die Entwicklung der Aus- und Einwanderungen, Ab- und Zuzüge in Preußen und Preußens einzelnen Provinzen, Bezirken und Kreisgruppen von 1824 bis 1885,Tübingen 1889 (354)

Marx, Karl, (Brief) an Pawel Wassiljewitsch Annenkow in Paris, in: MEW, Bd. 27, Berlin 1963 (16)

Marx, Karl, Grundrisse zur Kritik der politischen Ökonomie, Berlin 1953 (61, 324, 337, 498)

Marx, Karl, Kommunistisches Manifest, in: MEW, Bd. 4, Berlin 1959 (60)

Marx, Karl, Das Kapital. Kritik der politischen Ökonomie, Bd. 1, in: MEW, Bd. 23, Berlin 1962 (22 f., 25, 31, 38, 57, 60 ff., 66, 155 ff., 179 f., 234, 268, 272 ff.)

Marx, Karl, die Klassenkämpfe in Frankreich 1848 bis 1850, in: MEW, Bd 7, Berlin 1962 (303)

Marx, Karl, Lohn, Preis und Profit, in: MEW, Bd. 16, Berlin 1962 (14)

Marx, Karl/Engels, Friedrich, Manifest der Kommunistischen Partei, in: MEW, Bd. 4, Berlin 1959 (9, 15)

Marx, Karl, Theorien über Mehrwert, in: MEW, Bd. 26/2, Berlin 1972 (267)

Mason, S. F., Geschichte der Naturwissenschaft, Stuttgart 1961 (58)

Matschoss, Conrad, Die Entwicklung der Dampfmaschine. Eine Geschichte der ortsfesten Dampfmaschine und Lokomobile der Schiffmaschine und Lokomotive, Bd. 1, Berlin 1908 (139, 158)

Mauel, K., Die Rivalität zwischen Heißluftmaschine und Verbrennungsmotor als Kleingewerbemaschine und seine Gründe in: Technikgeschichte in Einzeldarstellungen Nr. 2, Düsseldorf 1967 (138)

Mayer, Adolf, Lehrbuch der Agrikulturchemie, Heidelberg 1871 (199)

Mayer, Adolf, Resultate der Agrikulturchemie, Heidelberg 1903 (196, 199)

Meitzen, August, Der Boden und die landwirtschaftlichen Verhältnisse des Preußischen Staates, Bd. 4, Berlin 1869 (238, 301, 302)

Meyer, Konrad, Wilhelm Rimpau, in: Große Landwirte, Frankfurt/Main, 1970 (202)

Meyn, L., Die natürlichen Phosphate und deren Bedeutung für die Zwecke der Landwirtschaft, Leipzig 1872 (265)

Meyn, L., Die richtige Würdigung des Peru-Guana in der Landwirtschaft für den Rest des Jahrhunderts, Halle 1872 (265)

Mieck, Ilja, Merkantilismus und Liberalismus in der preußischen Gewerbepolitik von 1815 bis 1844 unter besonderer Berücksichtigung Berlins, phil. Diss., Freie Universität Berlin (West) 1957 (158, 159, 169, 170, 171, 172, 173, 179, 180, 181)

Möbius, Martin, Geschichte der Botanik, Jena 1937 (189, 199, 203, 204)

Mohr, Paul, Die Entwicklung des Großbetriebes in der Getreidemüllerei Deutschlands, Berlin 1899 (180)

Mohs, Gerhard, Ballung und Ballungsgebiete als Problem und Gegenstand geographischer Untersuchungen in: Geographische Berichte. 13, 1968 (343)

Mottek, Hans, Wirtschaftsgeschichte Deutschlands. Ein Grundriß. Bd. 2, Berlin 1969 (29, 35, 38, 49, 158, 354)

Muck, Fritz, Chemische Aphorismen über Steinkohle, Bonn 1876 (107)

Muck, Fritz, Chemische Beiträge zur Kenntnis der Steinkohlen, Bochum 1876 (107)

Mühle, E., Zum 85jährigen Bestehen der Landwirtschaftlichen Institute der Karl-Marx Universität Leipzig, in: Wissenschaftliche Zeitschrift der Universität Leipzig, Mathemat.-Naturwissenschaftliche Reihe, Leipzig 1954, H. 55 (208)

Müller, G., Die chemische Industrie, Leipzig 1909 (118)

Müller, Gerhard, Der kapitalistische Charakter der agrarpolitischen Grundlagen der bürgerlichen landwirtschaftlichen Betriebslehre, landw. Diss., Berlin 1962 (Ms) (200)

Müller, H.-H., Akademie und Wirtschaft im 18. Jahrhundert, Berlin 1975 (193)

Müller, H.-H., Albrecht Thaer und die Entwicklung der Agrarökonomie. In: Jahrbuch für Wirtschaftsgeschichte, Berlin 1973, T. 4 (185)

Müller, H. H., Einige Aspekte der Viehhaltung im ausgehenden 18. Jahrhundert. Eine Analyse auf Grund von Preisschriften der Preußischen Akademie der Wissenschaften über die Einführung der Stallfütterung aus dem Jahre 1788, in: Jahrbuch für Wirtschaftsgeschichte Berlin 1972 T. 3 (193)

Müller, Hans-Heinrich, märkische Landwirtschaft vor den Reformen von 1867, in: Veröffentlichungen des Bezirksheimatmuseums Potsdam, Potsdam 1967, H. 13 (287)

Müller, H.-H., Wirtschaftshistorische und agrarökonomische Preisaufgaben der deutschen Akademie der Wissenschaften im 18. Jahrhundert, in: Jahrbuch für Wirtschaftsgeschichte, Berlin 1972, T. 1 (193)

Müller, I., Über den Sättigungspunkt der Elektromagnete, in: Annalen der Physik und Chemie, hg. v. J. C. Poggendorff 82, 1851 (149)

Müller, W. H., Tabellarische Nachrichten über die Population der gesamten preußischen Staaten, 1. Thl., welcher die Provinzen Kur- und Neumark enthält, Berlin 1799 (277, 278)

Mulder, Gerhardus Johann, Die Chemie der Ackerkrume, nach der holländischen Originalausgabe dt. bearb. u. mit Erl. vers. v. J. Müller. 3 Bde., Berlin 1861–1963 (199)

Muspratts theoretische, praktische und analytische Chemie in Anwendung auf Künste und Gewerbe – Encyclopädisches Handbuch der Technischen Chemie, hg. v. H. Bunte, 6. Bd, Braunschweig 1898, Spalten 852–890 (77)

Nagel, Fritz, Ursprung und Entwicklungslinien des landwirtschaftlichen Unterrichtswesen in Deutschland, landw. Diss., Halle, 1948 (Ms.) (193, 195, 214)

Nasse, Erwin, Agrarische und landwirtschaftliche Zustände in England, in: Schriften des Vereins für Sozialpolitik, Bd. 17, 1884 (302)

Nathusius, Lilly von, Theodor Roemer, Lebensabriß und bibliographischer Überblick, Halle 1955 (213)

Nathusius, Hermann von, Ueber Constanz in der Tierzucht, Berlin 1860 (205)

Nathusius, Hermann von, Vorträge über Viehzucht und Rassenkenntnis. 2 Bd., Berlin, 1872, 1880 (205)

Nehring, Kurt, 100 Jahre landwirtschaftliche Versuchsstation Möckern 1852 bis 1952. Festschrift anläßl. d. 100jährigen Bestehens der Landwirtschaftlichen Versuchsstation Leipzig-Möckern, T. 2, Berlin 1954 (200, 205, 206, 210)

Neitz, Christine, Der Streit um die Notwendigkeit einer Stickstoffdüngung in der deutschen landwirtschaftlichen Literatur in der ersten Hälfte des 19. Jahrhunderts. Diplomarbeit an der Sektion für Pflanzenproduktion der Humboldt-Universität, 1977 (Ms.) (197)

Neubauer, Paul, Heinrich Lanz. 50 Jahre des Wirkens in Landwirtschaft und Industrie 1859–1909, Berlin 1909 (265)

Neues Topographisch-Statistisch-Geographisches Wörterbuch des preußischen Staates. bearb. v. A. A. Mützell unter Aufsicht von Leopold Krug, Bd. 6 Halle 1825 (281, 299, 313, 314, 315, 319)

Nisard, Desiré, Mélanges, Bd. 2, Paris 1838 (12)

Nou, Joosep, Studies in the Development of Agricultural Economics in Europe, Upsala 1967 (184, 185, 187, 200)

Obermann, Karl, Die Arbeiteremigrationen in Deutschland im Prozeß der Industrialisierung und der Entstehung der Arbeiterklasse in der Zeit von der Gründung bis zur Auflösung des Deutschen Bundes (1815–1867), in: Jahrbuch für Wirtschaftsgeschichte, Berlin 1972, T. 1 (239, 270)

Perels, Emil, Die Bodenbearbeitungsgeräte, Jena und Leipzig 1866 (265)

Perels, Emil; Die Dreschmaschinen, Getreidereinigungsmaschinen und die Motoren der Dreschmaschinen, Leipzig 1862 (265)

Perels, Emil, Die Fortschritte auf dem Gebiet des landwirtschaftlichen Maschinenwesens in den Jahren 1863 bis 1865 Berlin 1865 (265)

Perels, Emil, Die landwirtschaftlichen Maschinen und Geräte auf der Welt-Ausstellung zu Paris 1867, Berlin 1867 (265)

Peters, Jan, Ostelbische Landarmut – Statistisches über landlose und landarme Produzenten im Spätfeudalismus, in: Jahrbuch für Wirtschaftsgeschichte, Berlin 1970, T. 1 (288)

Petersen, Asmus, Schultz-Lupitz und sein Vermächtnis, in: Abhandlungen der Deutschen Akademie der Wissenschaften zu Berlin. Klasse Gesellschaftswissenschaften. Jg. 1953, Nr. 1. Berlin 1954 (201)

Pflege der Landwirtschaftswissenschaft an der Universität Greifswald. Festschrift zur 500-Jahrfeier der Universität Greifswald. Bd. 2, Greifswald 1956 (207)

Pictet, C., Erfahrungen und Beobachtungen über die spanischen Merinoschafe, Wien 1808 (191)

Pinet, G., Histoire de l'Ecole Polytechnique, Paris 1887 (63)

Pintus, J., Die landwirtschaftlichen Maschinen und Ackergeräthe auf der Industrie-Ausstellung aller Nationen zu London 1862, Berlin, 1863 (265)

Pintus, J., Die Mähe-Maschine. Eine monograph. Skizze, Berlin 1862 (265)

Plattner, C. F., Die metallurgischen Röstprozesse Freiberg 1856 (92)

Poggendorffs Annalen der Physik und Chemie, 1832, 24, 6100 (91)

Poutsche, Carl Wilhelm Ernst, Versuch einer Monographie der Kartoffeln oder ausführliche Beschreibung der Kartoffeln, nach ihrer Geschichte, Charakteristik, Cultur und Anwendung in Teutschland, hg. v. Friedrich Justus Bertuch, Weimar 1819 (201)

Preußische Statistik. Bd. 5, 30, 39, 48, Halle 1864–1879. (281, 299, 304, 306, 311, 345)

Prinzing, Friedrich, Die Entwicklung der Kindersterblichkeit in den europäischen Staaten in: Jahrbücher für Nationalökonomie und Statistik, 3. Folge, Bd. 17, 1899 (277, 278, 279, 320)

Prinzing, Friedrich, Handbuch der medizinischen Statistik, Jena 1906 (279)

Rachel, Hugo, Das Berliner Wirtschaftsleben im Zeitalter des Frühkapitalismus, Berlin 1931 (158, 159, 161, 165)

Rachel, Hugo/Wallich, Paul, Berliner Großkaufleute und Kapitalisten, Bd. 3, Berlin 1939 (170, 179)

Rankine, J. M., A manuel on the steam engine and other prime movers, London/Glasgow 1859 (137)

Ransome, I., Allen, the implements of agriculture, London 1843 (265)
Rau, Karl Heinrich, Geschichte des Pfluges, Heidelberg 1845 (265)
Rau, Karl Heinrich, Die landwirtschaftlichen Geräte der Londoner Ausstellung im Jahre 1851. Amtlicher Bericht mit Zusätzen und Abbildungen, Berlin 1853 (265)
Rau, Ludwig, Abhandlung über die Zochen und Betrachtung über die Entstehung der Pflüge überhaupt, in: Annalen der Landwirtschaft in den Kgl. Preußischen Staaten, 19. Jg. 1861 (265)
Rau, Ludwig, Beschreibung und Abbildung der nutzbarsten Ackerwerkzeuge, Stuttgart 1862 (265)
Reden, Friedrich Wilhelm von, Erwerbs- und Verkehrs-Statistik des Königsstaates Preußen. In vergleichender Darstellung, Bd. 3, Darmstadt 1954 (231, 238, 240)
Redtenbacher, Ferdinand, Die calorische Maschine, Mannheim 1853 (138)
Reitemeier, August, Geschichte der Züchtung landwirtschaftlicher Nutzpflanzen, phil. Diss., Breslau 1904 (190, 202, 203)
Rieckmann, Hermann, Albert Schultz-Lupitz, in: Große Landwirte, Frankfurt/Main 1970 (201)
Rodiczky, E. von, Die Biographie der Kartoffel, Wien 1878 (201)
Rosenberger, F., Die Geschichte der Physik in Grundzügen, 3. Teil, Braunschweig 1887–1890 (136, 142)
Rohde, Ottomar, Die Rindviehzucht nach ihrem jetzigen rationellen Standpunkt, Bd. 2: Racen, Milchwirtschaft, Züchtung und Fütterung, Berlin 1872 (205)
Rohde, Ottomar, Die Schweinzucht nach ihrem jetzigen rationellen Standpunkt, Berlin 1860 (205)
Rosenberg-Lipinski, Albrecht, Der praktische Ackerbau in Bezug auf rationelle Bodenkultur, nebst Vorstudien aus der unorganischen und organischen Chemie etc., 2 Bde., Breslau 1862 (201)
Sachs, Julius, Handbuch der Experimental-Physiologie der Pflanzen, Leipzig 1865 (199)
Sachs, Julius, Vorlesungen über Pflanzenphysiologie, Leipzig 1882 (199)
Rudolf Sack, Sein Leben und sein Werk, herausgegeben von der Firma Rudolf Sack, Leipzig-Plagwitz 1926 (265)
Sattelberg, K., Vom Elektron zur Elektronik, Berlin (West) 1971 (148)
Saussure, Théodore de, Recherches chimiques sur la végétation, Paris 1804 (108)
Saussure, Théodore de, Chemische Untersuchungen über die Vegetation, in: Oswalds Klassiker der exakten Wissenschaften, Nr. 16, Leipzig 1890 (108)
Schwindelwegh, Ursula, Der Beitrag A. D. Thaer zur Entwicklung der Schafzucht in Deutschland, landw. Diplomarb., Berlin 1968 (Ms.) (191)
Schmalz, Johann, Friedrich Lebrecht, Erfahrungen im Gebiete der Landwirthschaft, 5 Bde., Leipzig 1814–1824 (187)
Schmidt-Renner, Gerhard, Elementare Theorie der Ökonomischen Geographie nebst Aufriß der Historischen Ökonomischen Geographie, Berlin 1961 (343)
Schmiedecke, A., Johann Christian Schubart Edler vom Kleefeld, Zeitz 1956 (184)
Schmitt, Ludwig, Philipp Carl Sprengel, in: Große Landwirte, Frankfurt/Main 1970 (196)
Schneitler, C., Andrée J., Die neueren und wichtigeren landwirtschaftlichen Maschinen und Geräthe, ihre Theorie, Construction, Wirkungsweise und Anwendung. Ein Handbuch, Leipzig 1857–1861 (265)
Schröter, Alfred/Becker, Walter, Die deutsche Maschinenbauindustrie in der industriellen Revolution, Berlin 1962 (27, 34, 48, 50, 51)
Schuchart, Theodor, Die volkswirtschaftliche Bedeutung der technischen Entwicklung der deutschen Zuckerindustrie, Leipzig 1908 (230)
Schübler, Gustav, Grundsätze der Agrikulturchemie in näherer Beziehung zu land- u. forstwirtschaftlichen Gewerben, Leipzig 1832 (195, 196)

Schütt, Hans Werner, Anfänge der Agrikulturchemie in der ersten Hälfte des 19. Jahrhunderts, in: Zeitschrift für Agrargeschichte und Agrarsoziologie, Frankfurt/Main 1973, H. 1 (212)

Schultz-Lupitz, Albert, Die Kalidüngung auf leichtem Boden, Berlin 1882 (201)

Schultz-Lupitz, Albert, Zwischenfruchtanbau auf leichtem Boden, Berlin 1895 = Arbeiten der Deutschen Landwirtschaftsgesellschaft. H. 7 (201)

Schulze, Friedrich Gottlob, Geschichtliche Mitteilungen über das akademische Studium und Leben auf dem landwirtschaftlichen Institute zu Jena in den Jahren 1826–1858, Jena 1858 (194, 207, 211)

Schulze, Friedrich Gottlob, Nationalökonomie oder Volkswirtschaftslehre, vornehmlich für Land-, Forst und Staatswirthe, Leipzig 1856 (187)

Schumacher, Wilhelm, Die Physik in ihrer Anwendung auf die Agrikultur und Pflanzenphysiologie, 2 Bde., Berlin 1864–1867 (200)

Schwabe, Heinz, Zur Idee der universitas literarum bei Julius Kühn und seinen Nachfolgern. 100 Jahre landwirtschaftliche Institute der Universität Halle, Halle 1963 (207, 208, 209, 210, 211)

Schwedisch-Pommersche und Rügianische Bevölkerungs-, Geburts- und Sterbeliste vom Jahre 1781 bis zum Jahre 1813, in: Almanach für Ärzte und Nichtäzrte auf das Jahr 1816, hg. v. Georg Heinrich Masius, Rostock 1816 (289)

Schweitzer, August, Anleitung zum Betriebe der Landwirthschaft nach den vier Jahreszeiten geordnet etc., Leipzig 1832 (188)

Schweitzer, August, Kurzgefaßtes Lehrbuch eines Unterricthes in der Landwirthschaft zum Gebrauch bei Vorlesungen über dieselbe, 2 Bde., Leipzig 1831–1834 (188)

Schwerz, Johann Nepomuk Hubert von, Anleitung zur Kenntniß der Belgischen Landwirthschaft, 3 Bde., Halle 1807–1811 (187)

Senft, F., Lehrbuch der Bodenkunde, Jena 1847 (200)

Settegast, Hermann Gustav, Die deutsche Viehzucht, ihr Werden, Wachsen und gegenwärtiger Standpunkt, Berlin 1890 (191, 204)

Settegast, Hermann Gustav, Die Tierzucht, Breslau 1868 (205)

Settegast, Hermann Gustav, Über die Tierzüchtung und die dabei zur Anwendung kommenden Grundsätze, Berlin 1859 (205)

Seutemann, Karl, Kindersterblichkeit sozialer Bevölkerungsgruppen, insbesondere im preußischen Staate und seinen Provinzen, in: Beiträge zur Geschichte der Bevölkerung in Deutschland seit dem Anfange dieses Jahrhunderts, hg. v. Friedrich Julius Neumann, Bd. 5, Tübingen 1894 (280)

Siefert, Helmut, Das naturwissenschaftliche und medizinische Vereinswesen im deutschen Sprachgebiet (1750–1850) – Idee und Gestalt, Marburg 1867 (67)

Skalweit, August, Agrarpolitik, Handbuch der Wirtschafts- und Sozialwissenschaft in Einzelbänden, Bd. 17, Berlin 1924 (192)

Skibbe, Bruno, Zur Vorgeschichte der Landwirtschaftlich-Gärtnerischen Fakultät (1806 bis 1881), in: Wissenschaftliche Zeitschrift der Humboldt-Universität, Berlin 1959, H. 60, Beih. z. Jubiläumsjahrg. (194, 211)

Slight, Jas./Burn, R. Scott, Book of Farm Implements an Mashines, ed. by Henry Stephens, Edinburg/London 1858 (265)

Sombart, Werner, Die deutsche Volkswirtschaft im 19. Jahrhundert und im Anfang des 20. Jahrhunderts, Berlin 1921 (158)

Sommer, Otto, Hermann Gustav Settegast, in: Große Landwirte, Frankfurt/Main 1970 (205)

Spengler, L., Nachrichten über die Geburts- und Sterbefälle im Großherzogtum Mecklenburg-Schwerin während der letzten 71 Jahre, in: Zeitschrift des Vereins für deutsche Statistik, Bd. 2, 1848 (293, 320)

Sprengel, Carl, Die Bodenkunde, Leipzig 1837 (196)

Sprengel, Carl, Chemie für Landwirthe und Forstmänner, 2 Theile, Göttingen 1831/32 (110, 111, 196)

Sprengel, Carl, Die Lehre vom Dünger, Braunschweig 1839 (111, 112, 196)

Sprengel, Carl, vom Ammoniak und den Ammoniaksalzen etc., in: Land- und Forstwirthschaftliche Zeitschrift, Bd. 4, Braunschweig 1836 (196)

Sprengel, Carl, Von den Substanzen der Ackerkrume etc., in: Erdmanns Journal für Technische und ökonomische Chemie, Leipzig 1828 (196)

Stadelmann, R., Das landwirtschaftliche Vereinswesen in Preußen, Halle 1874 (193, 209, 214)

Stamer, Hans-Heinrich, Der wissenschaftliche Wert der Arbeiten Albert Daniel Thaers zu den Problemen der Messung und Steigerung der Bodenfruchtbarkeit, landw. Diss., Berlin 1968 (Ms.) (189)

Statistik des Deutschen Reichs Neue Folge, Bd. 30, H. 3. 1878. (348, 350)

. . . Bd. 44, 1892 (269, 278, 307, 308, 309, 320, 322, 332, 334); . . . Bd. 150 (275) Berlin

Statistische Darstellung des Kreises Worbis (für 1864). Nach amtl. Quellen zusammengest. im landräthlichen Bureau, Worbis 1867 (355)

Statistische Mitteilungen aus dem Königreich Sachsen, hg. v. statistischen Bureau des Ministeriums des Innern. 1, 2. Abt. Dresden 1851, 1852 (293, 298, 324, 325)

Statistische Tabellen des Preußischen Staates nach den amtlichen Aufnahmen des Jahres 1843, hg. v. C. F. W. Dieterici, Berlin 1845 (315)

Statistische Übersicht und Vergleichung der Zunahme der christlichen und der jüdischen Bevölkerung in den Zeitperioden von 1816 bis 1825, 1825 bis 1834, 1834 bis 1843 und 1843 bis 1846 in den einzelnen Reg.-bez. des Preußischen Staates, in: Mitt. des statist. Bureaus in Berlin, 2. Jg. 1849 (319, 322, 323)

Statistisches Jahrbuch der Deutschen Demokratischen Republik, 1977, Jg. 22, Berlin 1977 (346)

Stein, Christian Gottfried Daniel, Handbuch der Geographie und Statistik der teutschen Bundesstaaten, nach neueren Ansichten bearb. v. D. Ferdinand Hörschelmann, Bd. 2, Leipzig 1834 = Handbuch der Geographie und Statistik für die gebildeten Stände, 2 (345, 346, 348, 350, 357)

Steinhardt, Friedrich, Heinrich Ferdinand Eckert. Ein Lebensbild des ersten deutschen Pflugkonstrukteurs, Berlin 1921 (265)

Stöckhardt, Julius Adolf, Chemische Feldpredigten für deutsche Landwirte, 2 Teile, Leipzig 1851 (199) . . ., 4. unveränderte Aufl., 1857 (199)

Stöckhardt, Julius Adolf, Schule der Chemie, Leipzig 1846 (199)

Strenz, Wilfried, Angaben über die regionale Verteilung der Bevölkerung auf dem Gebiet der heutigen DDR für die Jahre 1831, 1852 und 1871. Statistische Ausgangsdaten, Quellenbasis und neue Ermittlungen zu einer Materialstudie unter historisch-geographischem Aspekt, in: Jahrbuch für Wirtschaftsgeschichte, Berlin 1976, T. 4 (342)

Strenz, Wilfried, Entwicklungstendenzen in der regionalen Verteilung der Bevölkerung im Prozeß der Industriellen Revolution des Kapitalismus auf dem heutigen Territorium der DDR. Eine Materialstudie unter historisch-geographischem Aspekt, in: Jahrbuch für Wirtschaftsgeschichte, Berlin 1976, T. 1 (342)

Streßmann, Gisela, Die Entwicklung der Auffassungen über die Bedeutung des Humus für das Niveau der Bodenfruchtbarkeit in der deutschen landwirtschaftlichen Literatur des 19. Jahrhunderts. Diplomarbeit an der Sektion für Pflanzenproduktion der Humboldt-Universität zu Berlin 1976 (Ms.) (189, 197, 199)

Strube, Irene, Zum Problem der Einheit von historischer und logischer Entwicklung der chemischen Theorien im 18. Jahrhundert, in: Schriftenreihe für Geschichte der Naturwissenschaft, Technik, und Medizin (im folgenden: NTM), Leipzig 1967, H. 10 (70)

Stubbe, Hans, Kurze Geschichte der Genetik bis zur Wiederentdeckung der Vererbungsregeln Gregor Mendels, Jena 1963 (201, 202)

Stumpf, Johann Georg, Lehr- und Handbuch der gesamten Feld- und Hauswirthschaft für Bürger und Bauern, Prediger und Schullehrer, selbst zu akademischen Vorlesungen etc., 2 Theile, Leipzig 1793/94 (192)

Stumpf, Johann Georg, Versuch einer pragmatischen Geschichte der Schäfereien in Spanien, u. d. Spanischen in Sachsen-Anhalt-Dessau, Leipzig 1785 (191)

Suedekum, F., Practische Bemerkungen über die Veredelung der Schafzucht auf niedersächsischen Schäfereien sowohl über die Hindernisse und Förderungsmittel, Braunschweig 1800 (191)

Süßmilch, Johann Peter, Die göttliche Ordnung in der Veränderung des menschlichen Geschlechts aus der Geburt, dem Tode und der Fortpflanzung erwiesen, bearb. v. Christian Jacob Baumann, Berlin 1775, Bd. 1 (284, 285, 290)

Thaer, Albrecht Daniel, Einleitung zur Kenntnis der englischen Landwirtschaft. Bd. 1, 2/2, Hannover 1801 (183, 184, 185, 187)

Thaer, Albrecht, Grundsätze der rationellen Landwirtschaft, 1, 2, 4. Hptstck., Berlin 1831 (109, 184, 185, 186, 192, 196)

Thaer, Albrecht, Die Landbau-Wissenschaft als Universitätsdisziplin, Berlin 1871 (207, 208)

Thaer, Albrecht, Leitfaden zur allgemeinen landwirtschaftlichen Gewerbslehre, Berlin/Wien 1805 = Annalen des Ackerbaus. 2. 1805 (185, 186, 188)

Thaer, Albrecht, Über die Gesetze der Natur, welche der Landwirth bei der Veredlung seiner Hausthiere und Hervorbringung neuer Rassen beobachtet hat und befolgen muß, in: Abhandlungen der physik. Klasse der Kgl. Preußischen Akademie der Wissenschaften aus den Jahren 1813–1823, Berlin 1816 (191)

Thümmler, Heinzpeter, Zur regionalen Bevölkerungsentwicklung in Deutschland 1916 bis 1871, in: Jahrbuch für Wirtschaftsgeschichte, Berlin 1977, Tl. 1 (343, 344)

Thünen, Johann Heinrich von, Der isolierte Staat in Beziehung auf Landwirtschaft und Nationalökonomie, 2. Aufl., Rostock 1842 (190)

Thünen, Johann Heinrich von, Der isolierte Staat in Beziehung auf Landwirtschaft und Nationalökonomie, neu herausgegeben v. Walter Breuer u. Eberhardt A. Gerhardt, Darmstadt 1966 (188)

Tornau, Otto, Die Entwicklung der Landwirtschaftswissenschaft in Göttingen, in: Zeitschrift für Agrargeschichte und Agrarsoziologie. 6. Jg., 1958, H. 2 (207)

Trénel, Max, Zur Frühgeschichte der Agrikulturchemie. Berliner Forschung und Lehre in den Landwirtschaftswissenschaften, Berlin 1956 (189, 198)

Treue, Wilhelm, Die Bedeutung der chemischen Wissenschaft für die chemische Industrie 1770–1870, in: Technikgeschichte, Bd. 33, Düsseldorf 1966, Nr. 1 (72, 75, 77, 88)

Trommer, C., Die Bodenkunde, Berlin 1857 (200)

Über die Entwicklung der Bevölkerung Böhmens im 19. Jahrhundert, in: Mitteilungen des Vereins für die Geschichte Böhmens, Bd. 3, Nr. 4 (293)

Über die Zahl der Urwähler im preußischen Staate und deren Vertheilung nach Geschäften und Erwerbszweigen, in: Mittheilungen des statist. Bureaus in Berlin, Bd. 2, 1849 (316)

Ueberschär, Kurt, Geschichte der Kartoffelzüchtung in Deutschland, Berlin 1923, (Entwurf e. landw. Diss. ⟨Ms.⟩) (203)

Übersicht der Einwohnerzahl in den einzelnen Städten und Kreisen des Preußischen Staats nach der zu Ende des Jahres 1852 veranstalteten polizeilichen Zählung, in: Tabellen und amtliche Nachrichten über den Preußischen Staat für das Jahr 1852, Berlin 1855 (345, 357)

Übersicht des Erwerbslebens in Württemberg während der Jahre 1856 bis 1862, in: Württembergische Jahrbücher, Jg. 1863, Stuttgart 1865 (333)

Übersicht der ländlichen Erwerbsverhältnisse in den verschiedenen Regierungsbezirken des preußischen Staates am Ende des Jahres 1849, in: Mitth. d. Statist. Bureaus in Berlin. 5. Jg., 1852 (302, 319)

Übersicht über die Zahlen der im preußischen Staate vor und nach dem Jahre 1806 bis zu Ende 1850 an den natürlichen Pocken gestorbenen Menschen, in: Mittheilungen des statistischen Bureaus in Berlin, 4. Jg., 1851 (297)

Ulmenstein, Heinrich Christian von, Über die unbeschränkte Theilbarkeit des Bodens, in: Möglinsche Annalen, Bd. 19, 1827 (305)

Ungewitter, F. H., Die Preußische Monarchie nach den zuverlässigsten Quellen geographisch, statistisch, topographisch und historisch ausführlich und übersichtlich dargestellt, Berlin 1859 (345)

Universität Hohenheim – Landwirtschaftliche Hochschule 1818–1868, hg. v. Günther Franz, Stuttgart 1968 (194, 207)

Vallery-Radot, R., Louis Pasteur, Freudenstadt/Paris 1948 (59)

Die Verteilung des Grundbesitzes im Königreich Sachsen, in: Zeitschrift des Statistischen Bureaus des königlich-sächsischen Ministeriums des Innern, 1. Jg., 1855 (327, 331)

Viehbahn, Georg v., Statistik des zollvereinten und nördlichen Deutschlands, 1, 3. Theil, Berlin 1858, 1868 (283, 295, 304, 347)

Wagner, Rudolf, Jahresbericht über die Fortschritte der Chemischen Technologie, Jg. 1, 1855, 20, 1875, Leipzig (94, 103, 104)

Wappäus, Johann Eduard, Allgemeine Bevölkerungsstatistik, Bd. 1, 2, Leipzig 1881 (280, 298, 299, 303)

Weber, Max, Entwicklungstendenzen in der Lage der ostelbischen Landarbeiter, in: *Max Weber*, Gesammelte Aufsätze zur Sozial- und Wirtschaftsgeschichte, Tübingen 1924 (316)

Weber, F., Der deutsche Dampfkesselbau in der ersten Hälfte des 20. Jahrhunderts, in: Technikgeschichte, Bd. 32 (1965), Nr. 3 (138)

Weber, W., Der Rotationsinduktor, in: Wilhelm Webers Werke, Berlin 1892, Bd 2 (148)

Weckherlin, August von, Die landwirtschaftliche Thierproduktion. 3 Bde., Stuttgart/Tübingen 1846 (192, 204, 205)

Welsch, Fritz, Die Entwicklung der Sodaindustrie in Deutschland, in: NTM. 1972. H. 2 (75)

Wendt, Günter, Carl Sprengel und die von ihm geschaffene Mineraltheorie als Fundament der neuen Pflanzenernährungslehre, Math.-naturwiss. Diss., Göttingen 1950 (189, 196, 198, 199)

Whittaker, E., A History of the Theories of Aether and Electricity. Vol 1, New York 1951 (145)

Wichmann, C. A., Dauberton, Katechismus der Schafzucht zum Unterrichte für Schäfer und Schäferei-Herren nach Anleitung eines franz. Werkes zum Besten Deutschlands, Leipzig/Dessau 1784 (191)

Winkler, Clemens, Die Entwicklung der Schwefelsäurefabrikation im Laufe des scheidenden Jahrhunderts, in: Zeitschrift für angewandte Chemie 1900 (92)

Wischnewki, A. G., Die demographische Revolution, in: Sowjetwissenschaft, Ges.-wiss. Beiträge, 1973, H. 6 (342)

Witthauer, Kurt, Bevölkerungszahlen in Wandel, o. O., o. J. (344, 357)

Wöhlbier, Werner, Oskar Kellner, in: Große Landwirte, Frankfurt/Main 1970 (206)

Wöhler, Friedrich und Mahla, Beobachtungen über die Bildung von Schwefelsäure aus schwefliger Säure und Sauerstoff, in: Liebigs Annalen der Chemie und Pharmazie, 1852, 81, 255 (92)

Woermann, Emil von, Albrecht Daniel Thaer, in: Große Landwirte, hrsg. v. Günther Franz u. Heinz Haushofer, Frankfurt/Main 1970 (186, 189)

Wolff, Emil von, Die Mineralstöffler und die Stickstöffler in der Landwirthschaft etc., Mitteilung aus Hohenheim, Stuttgart 1858 (198)

Wolff, Emil von, Die naturgesetzlichen Grundlagen des Ackerbaus nebst deren Bedeutung für Praxis, Leipzig 1856 (199)

Wolff, Emil von, Praktische Düngelehre, Berlin 1868 (199)
Wolff, Emil von, Die rationelle Fütterung der landwirtschaftlichen Nutztiere, Stuttgart 1874 (206)
Württembergische Jahrbücher 1863, Stuttgart 1865 (309)
Wußing, Hans, Die École Polytechnique – eine Errungenschaft der französischen Revolution, in: Pädagogik, 13. Jg. (1958), H. 9. (63)
Wußing, Hans, O vzaimootnosenii mezdu estestvennymi naukami i proizvodstvom, in: Voprosy istorii estestvozanija i techniki, Moskva 1974 (62)
Zeitschrift für Agrargeschichte und Agrarsoziologie, 1973, H. 1 (185)
Zeitschrift für die landwirtschaftlichen Vereine des Großherzogtums Hessen, 1844 (221)
Zernikow, F., Die Theorie der Dampfmaschinen, Braunschweig 1857 (134)
Zeuner, G., Grundzüge der mechanischen Wärmetheorie, Freiberg 1860 (137)
Zeuner, G., Technische Thermodynamik, 2 Bde, Leipzig 1890 (137)

2. Namen

von Ingeborg Niemann

Personen, Länder, Orte, Firmen, Institutionen, Organisationen, Gesellschaften (ausgenommen sind Namen, die im Literaturverzeichnis enthalten sind)

Autorenverzeichnis

Rudolf Berthold, Prof. Dr. sc. phil., Leiter der Abteilung Agrare Produktivkräfte, Institut für Wirtschaftsgeschichte, Akademie der Wissenschaften der DDR, Berlin.

Hartmut Harnisch, Dr. sc. phil., Wissenschaftlicher Arbeitsleiter, Institut für Wirtschaftsgeschichte, Akademie der Wissenschaften der DDR, Berlin.

Volker Klemm, Prof. Dr. phil. et agr. habil., Leiter der Arbeitsgruppe Agrargeschichte im Bereich Ausländische Landwirtschaft/Agrargeschichte der Sektion Pflanzenproduktion, Humboldt-Universität zu Berlin.

Jürgen Kuczynski, Ordentliches Mitglied der Akademie der Wissenschaften der DDR, Berlin.

Karl Lärmer, Dr. rer. oec. habil., Leiter der Abteilung Geschichte der Produktivkräfte/Industrie, Institut für Wirtschaftsgeschichte, Akademie der Wissenschaften der DDR, Berlin.

Hans-Heinrich Müller, Dr. rer. oec. habil., Wissenschaftlicher Arbeitsleiter, Institut für Wirtschaftsgeschichte, Akademie der Wissenschaften der DDR, Berlin.

Siegfried Richter, o. Prof. Dr. rer. oec. habil., Leiter der Lehrgruppe Wirtschafts- und Sozialgeschichte, Sektion Wirtschaftswissenschaften, Martin-Luther-Universität Halle-Wittenberg, Halle.

Wolfgang Schreier, Dr. rer. nat., Wissenschaftlicher Oberassistent am Karl-Sudhoff-Institut für Geschichte der Medizin und der Naturwissenschaften der Karl-Marx-Universität, Leipzig.

Wilfried Strenz, Dr. phil., Diplomgeograph, Leiter der Abteilung Geographische Wirtschaftsgeschichte, Institut für Wirtschaftsgeschichte, Akademie der Wissenschaften der DDR, Berlin.

Irene Strube, Dr. rer. nat., Wissenschaftlicher Oberassistent am Karl-Sudhoff-Institut für Geschichte der Medizin und der Naturwissenschaften der Karl-Marx-Universität, Leipzig.

Hans Wußing, Prof. Dr. sc. nat., Direktor des Karl-Sufhoff-Instituts für Geschichte der Medizin und Naturwissenschaften der Karl-Marx-Universität, Leipzig.